이렇게 ||||||||| 무료!?

해커스한국사
무료 학습자료 모음

무료 테스트

해커스한국사 바로가기

해커스한국사의 흥미 유발 테스트
초시생을 위한 흥미 유발성 테스트로 쉽고 재미있게 한국사 세계로 입문!

무료 학습자료

해커스한국사 바로가기

해커스한국사의 무료 퀴즈
빈출 문항만 집약해놓은 데일리/챕터별 퀴즈로 한국사 합격에 한걸음 더!

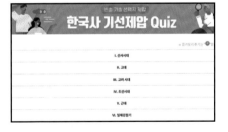

무료 강의

해커스한국사 구독하기

해커스한국사의 무료 유튜브 강의
개념 정리부터 고득점 문제 풀이는 물론, 시험장 TIP까지! 입맛대로 골라 듣기!

한능검의 모든 것 　해커스한국사　검색 에서 확인 가능합니다.　　history.Hackers.com

해커스

한국사능력검정시험

기본 [4·5·6급]

시대별 기출 200제

해커스

한 번에 합격하는 1+1 기출문제집,

해커스가 만들었습니다!

1 시대별 기출 200제

한국사능력검정시험은, 나오는 것이 계속 나옵니다!
기출문제를 시대별로 묶어서 공부하면 단기에 개념을 정복할 수 있어요.

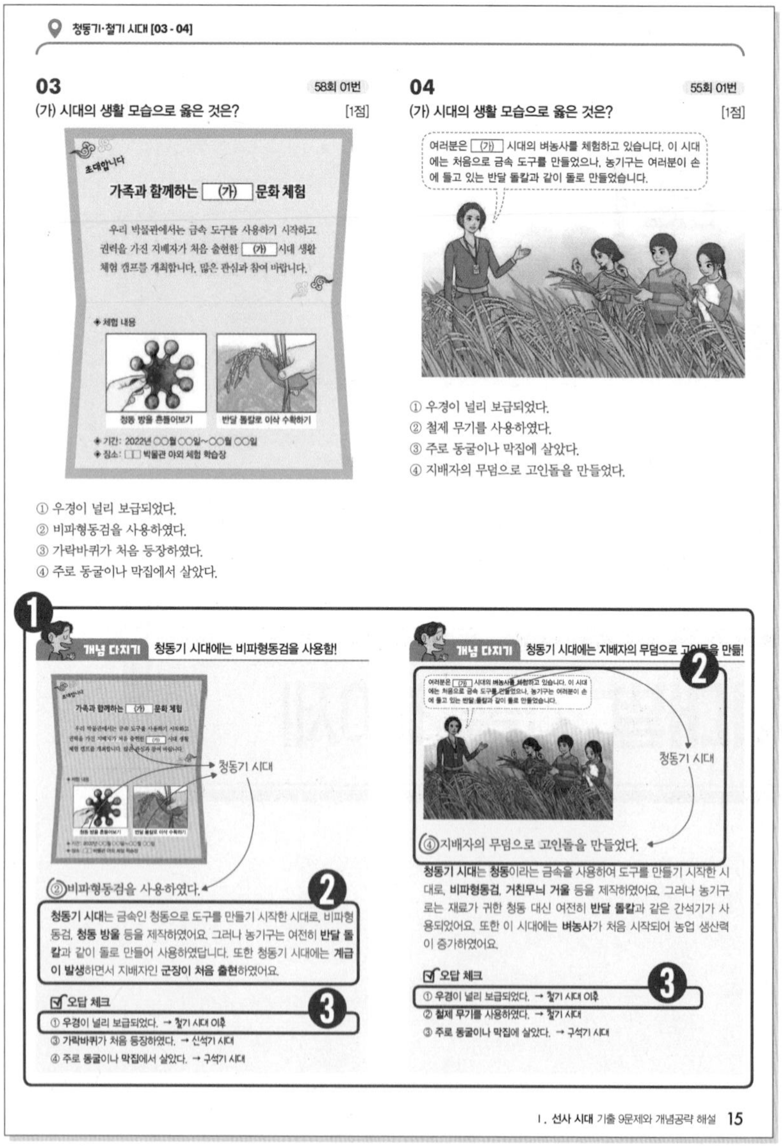

청동기·철기 시대 [03 - 04]

03 58회 01번

(가) 시대의 생활 모습으로 옳은 것은? [1점]

초대합니다

가족과 함께하는 (가) 문화 체험

우리 박물관에서는 금속 도구를 사용하기 시작하고 권력을 가진 지배자가 처음 출현한 (가) 시대 생활 체험 캠프를 개최합니다. 많은 관심과 참여 바랍니다.

◈ 체험 내용

청동 방울 흔들어보기 / 반달 돌칼로 이삭 수확하기

◈ 기간: 2022년 ○○월 ○○일~○○월 ○○일
◈ 장소: □□ 박물관 야외 체험 학습장

① 우경이 널리 보급되었다.
② 비파형동검을 사용하였다.
③ 가락바퀴가 처음 등장하였다.
④ 주로 동굴이나 막집에서 살았다.

04 55회 01번

(가) 시대의 생활 모습으로 옳은 것은? [1점]

여러분은 (가) 시대의 벼농사를 체험하고 있습니다. 이 시대에는 처음으로 금속 도구를 만들었으나, 농기구는 여러분이 손에 들고 있는 반달 돌칼과 같이 돌로 만들었습니다.

① 우경이 널리 보급되었다.
② 철제 무기를 사용하였다.
③ 주로 동굴이나 막집에 살았다.
④ 지배자의 무덤으로 고인돌을 만들었다.

개념 다지기 청동기 시대에는 비파형동검을 사용함!

청동기 시대

② 비파형동검을 사용하였다.

청동기 시대는 금속인 청동으로 도구를 만들기 시작한 시대로, 비파형동검, **청동 방울** 등을 제작하였어요. 그러나 농기구는 여전히 **반달 돌칼**과 같이 돌로 만들어 사용하였답니다. 또한 청동기 시대에는 **계급이 발생**하면서 지배자인 **군장이 처음 출현**하였어요.

오답 체크
① 우경이 널리 보급되었다. → 철기 시대 이후
③ 가락바퀴가 처음 등장하였다. → 신석기 시대
④ 주로 동굴이나 막집에서 살았다. → 구석기 시대

개념 다지기 청동기 시대에는 지배자의 무덤으로 고인돌을 만듦!

청동기 시대

④ 지배자의 무덤으로 고인돌을 만들었다.

청동기 시대는 **청동**이라는 금속을 사용하여 도구를 만들기 시작한 시대로, **비파형동검, 거친무늬 거울** 등을 제작하였어요. 그러나 농기구로는 재료가 귀한 청동 대신 여전히 **반달 돌칼**과 같은 간석기가 사용되었어요. 또한 이 시대에는 **벼농사**가 처음 시작되어 농업 생산력이 증가하였어요.

오답 체크
① 우경이 널리 보급되었다. → 철기 시대 이후
② 철제 무기를 사용하였다. → 철기 시대
③ 주로 동굴이나 막집에 살았다. → 구석기 시대

Ⅰ. 선사 시대 기출 9문제와 개념공략 해설 15

❶ 개념공략 해설로 풀이 방법과 이론 개념을 동시에 익혀요!

자료 해석부터 정답 선택까지 알려주는 **첨삭 해설**로 문제 풀이 방법을 익힐 수 있어요. 상세한 **정답 해설**로 개념을 익히고 **오답 체크**로 또 나올 선택지와 출제 포인트를 짚고 넘어가요.

❷ 이전 문제의 해설을 공부하면 다음 문제가 풀려요.

이전 문제의 정답 해설과 오답 체크에서 **학습한 내용으로 다음 문제를 풀 수 있어요.** 그래서 문제를 풀수록 **반복 학습**이 되고 풀이 속도도 빨라져요.

❸ 또 나온 선택지로 정답 선택과 오답 제거가 쉬워져요.

이전 **문제의 선택지가 다음 문제에서 반복**되므로 빠르게 반복 학습이 가능하고, 따라서 정답 선택과 오답 제거가 쉬워져요.

❷ 회차별 기출 300제

한국사능력검정시험은, 여러 회차를 전략적으로 풀어야 점수를 올릴 수 있어요!
최신 기출 6회를, 틀린 개념과 취약 시대를 집중 보완하며 풀면 합격권으로 점수를 끌어올릴 수 있어요.

기출문제

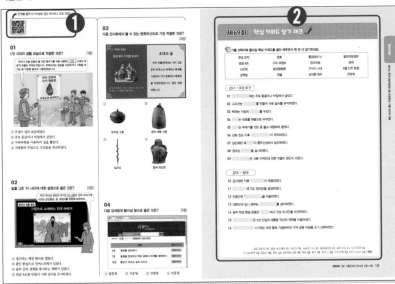

❶ 모바일로 바로 채점해요!
문제 첫 페이지에 있는 QR 코드를 찍고 모바일로 정답을 체크해 바로 **자동 채점**하고, 성적 분석을 통해 **취약 시대**를 파악하세요.

❷ 핵심 키워드 암기 체크로 개념을 확실하게 암기하세요!
기출 선택지로 구성된 핵심 키워드에 빈칸을 채우며 빈틈없이 합격 실력을 완성해보세요.

점수공략 해설

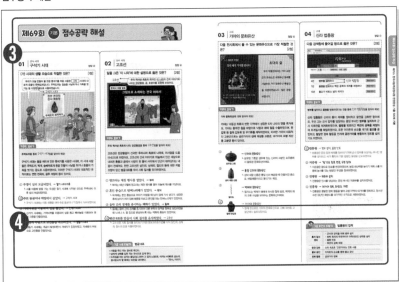

❸ 첨삭 해설로 정확한 문제 풀이 방법을 익혀요!
키워드 돋보기에서 **핵심 키워드**를 찾아 정답을 선택하는 과정을 빠르게 익힐 수 있어요.

❹ 시험에 꼭 나오는 기출 포인트/기출 사료/기출 자료/기출 선택지를 한 번 더 암기해요!
또 나올 기출 포인트/기출 사료/기출 자료/기출 선택지를 한 번 더 보면서 마지막으로 암기할 수 있어요.

한 번에 합격하는 1+1 기출문제집, 해커스가 만들었습니다!

❸ 시험장까지 가져가는 올인원 빈출 암기노트

시험장까지 가져갈 필수 암기노트!
한국사 이론서 한 권을 요약한 암기노트로 꼭 암기해야 할 빈출 포인트를 최종 정리하세요.

시대별 노트

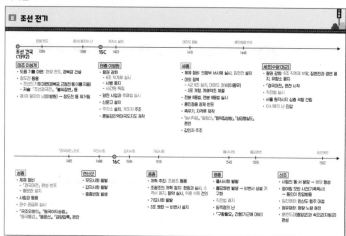

선사 시대부터 현대까지
한국사 이론서 한 권을 그대로 요약했어요!

시대별 핵심 연표와 빈출 내용을 모아 필기노트로 만들었습니다. 특히 취약 시대를 골라 집중 학습할 수 있어요.

주제별 노트

헷갈려서 어려운 문화재, 인물, 지역 등의
빈출 주제를 한 데 모았어요!

봐도 봐도 헷갈리는, 그래서 어렵게 느껴지는 **빈출 포인트들을 주제별로 한 번에 정리**했어요.
시험장에서 시험 직전에 마지막으로 한 번 더 점검하며 합격에 자신감을 느껴보세요.

❹ QR로 보는 기출문제 · 성적 분석 서비스

기출문제 풀이와 성적 분석까지 다 되는 QR 코드!
모바일로 쉽고 편하게 기출문제를 풀며 실전 감각을 극대화하고 합격을 예측하세요.

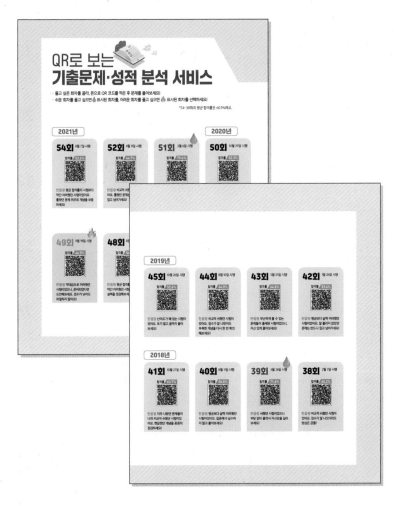

모바일로 풀고 싶은 회차를 골라 풀어요!
기출문제를 더 풀고 싶은 분들을 위해 54회~38회의 QR 코드를 수록했어요. 모바일로 언제 어디서든 풀고 싶은 회차의 QR **코드를 찍고 풀어보세요.**

난이도에 따라 기출문제를 풀며 실전 감각을 극대화해요!
각 회차별 합격률과 한줄평을 참고해 난이도에 따라 기출문제를 풀어 보세요. **실제 시험을 더 많이 풀어보며,** 실력을 점검하고 실전 감각을 극대화할 수 있어요.

성적 분석 서비스로 약점을 보완하여 완벽하게 시험 대비를 마무리하세요!
모바일로 빠르게 채점 결과를 확인하고 해설을 보며 틀렸거나 헷갈리는 개념은 짚고 넘어가세요. 또한 누적한 시험 결과로 **취약 시대를 파악해 약점을 보완하여 합격에 더 가까워지세요!**

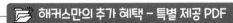
해커스만의 추가 혜택 – 특별 제공 PDF

폰 안에 쏙!
빈출 인물
카드

폰 안에 쏙!
빈출 문화재
퀴즈

해커스한국사 사이트 history.Hackers.com 에서 쿠폰번호 입력 후
추가 자료를 학습하세요.

⚲ 차례

시대별 기출 200제

시대별로 재구성된 4회분(60 ~ 55회)으로 개념 잡기!

별책부록 시험장까지 가져가는 **올인원 빈출 암기노트**

회차별 기출 300제 (별권)

최신 기출문제 6회분(69회 ~ 61회)으로 점수 잡기!

해커스와 함께하는
한국사능력검정시험 1주 합격 플랜

1주 합격 플랜

시험 전 **1주 동안** 집중해서 기출문제집을 학습하는 1주 합격 플랜입니다.
'한 번에 합격', 이 다짐만으로 직진해보세요!

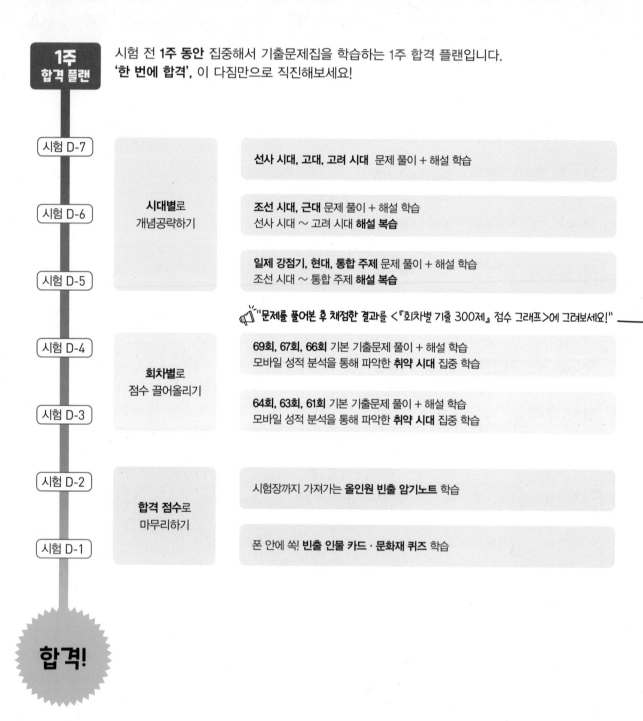

시험 D-7	**시대별로** 개념공략하기	**선사 시대, 고대, 고려 시대** 문제 풀이 + 해설 학습
시험 D-6		**조선 시대, 근대** 문제 풀이 + 해설 학습 선사 시대 ~ 고려 시대 **해설 복습**
시험 D-5		**일제 강점기, 현대, 통합 주제** 문제 풀이 + 해설 학습 조선 시대 ~ 통합 주제 **해설 복습**

📢 "문제를 풀어본 후 채점한 결과를 <『회차별 기출 300제』 점수 그래프>에 그려보세요!"

시험 D-4	**회차별로** 점수 끌어올리기	**69회, 67회, 66회** 기본 기출문제 풀이 + 해설 학습 모바일 성적 분석을 통해 파악한 **취약 시대** 집중 학습
시험 D-3		**64회, 63회, 61회** 기본 기출문제 풀이 + 해설 학습 모바일 성적 분석을 통해 파악한 **취약 시대** 집중 학습
시험 D-2	**합격 점수로** 마무리하기	시험장까지 가져가는 **올인원 빈출 암기노트** 학습
시험 D-1		폰 안에 쏙! **빈출 인물 카드 · 문화재 퀴즈** 학습

합격!

『회차별 기출 300제』점수 그래프

실제 시험을 보는 것처럼 70분 동안 문제를 풀어본 후 채점한 결과를 표시하여 그래프로 그려보세요!
합격 플랜에 따라 『시대별 기출 200제』를 학습한 후 『회차별 기출 300제』를 풀어보면,
한 회차씩 풀어갈 수록 합격 점수와 가까워질거예요!

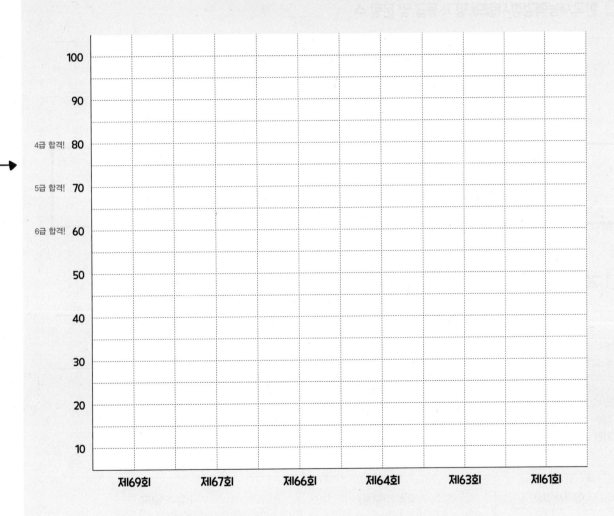

한국사능력검정시험 A to Z

☐ 한국사능력검정시험이란?

한국사능력검정시험은 한국사와 관련된 유일한 국가 자격 시험으로 국사편찬위원회에서 주관합니다. 한국사에 대한 전국민적 공감대를 형성하고 역사에 대한 관심을 확산·심화시키기 위한 목적으로 시행되는 시험이며, 선발 시험(상대 평가)이 아닌 일정 수준의 점수를 취득하면 인증서가 주어지는 인증 시험입니다.

☐ 한국사능력검정시험의 평가 등급 및 문항 수

시험 종류	인증 등급	합격 점수	문항 수(객관식)
심화	1급	80점 이상	50문항(5지 택1)
	2급	79점 ~ 70점	
	3급	69점 ~ 60점	
기본	4급	80점 이상	**50문항(4지 택1)**
	5급	79점 ~ 70점	
	6급	69점 ~ 60점	

☐ 2024년 한국사능력검정시험 기본 일정

구분		제69회	제71회
시행일		2월 17일(토)	8월 10일(토)
원서 접수 기간	접수 ※ 시도별 원서 접수 가능 일자가 다르니, 홈페이지를 참고하세요.	1월 16일(화)~ 1월 23일(화)	7월 9일(화)~ 7월 16일(화)
	추가 접수	1월 30일(화)~ 2월 2일(금)	7월 23일(화)~ 7월 26일(금)
합격자 발표		2월 29일(목)	8월 22일(목)

※ 2024년 제70회(5.25 토), 제72회(10.20 일) 시험은 심화만 시행

☐ 한국사능력검정시험 활용 및 특전(2024년 6월 기준)

1. 각종 공무원 시험의 응시자격 부여

· 국가 · 지방공무원 7급 공개경쟁채용시험(2급 이상)
· 5급 국가공무원 공개경쟁채용시험(2급 이상)
· 외교관 후보자 선발시험(2급 이상)
· 교원임용시험(3급 이상)
· 지역인재 7급 수습직원 선발시험 추천자격 요건

2. 한국사 시험 대체

· 군무원 공개경쟁채용시험의 한국사 시험
· 국비 유학생, 해외파견 공무원 선발시험의 한국사 시험
· 이공계 전문연구요원(병역) 선발 시 한국사 시험
· 경찰청 및 해양경찰청 순경 공개경쟁채용시험의 한국사 시험
· 소방 및 소방 간부후보생 공개경쟁채용시험의 한국사 시험
· 우정 9급(계리) 공개채용 필기시험의 한국사 시험

3. 일부 공기업 및 민간 기업 채용 · 승진

· 한국공항공사 5급(1급)
· 인천국제공항공사(2급 이상)
· 한국전력공사(3급 이상)
· 한국무역보험공사(2급 이상)
· 국민체육진흥공단(1~3급)
· 한국 콜마(2급 이상) 외 다수

4. 가산점 부여

· 4대 사관학교(공군 · 육군 · 해군 · 국군간호사관학교) 입시
  ※ 학교별 가산점 부여 방식이 상이함
· 공무원 경력경쟁채용시험

※ 한국사능력검정시험은 자체적인 유효 기간은 없습니다. 그러나 인증서를 요구하는 기관·기업마다 인정 기간·가산점 부여 방법 등이 다르므로, 반드시 지원하는 시험·기관·기업을 통해 인정 기간을 확인하시기 바랍니다.

☐ 한국사능력검정시험 To Do 리스트

시험 D–DAY

✔ 시험장 준비물 챙기기

① 수험표

② 신분증

③ 컴퓨터 수성사인펜, 수정 테이프

시험 응시 후

✔ 바로 채점하기

• 해커스 한국사 홈페이지 (history.Hackers.com)에서 오늘 본 시험의 정답을 확인하고 합격 여부를 예측해보세요.

• 보다 자세한 해설이 필요하시다면 해커스 한국사 홈페이지에서 무료 동영상 해설 서비스를 만나보실 수 있습니다.

합격자 발표일

✔ 합격 여부 확인하기

• 한국사 능력검정시험 홈페이지 (http://www.historyexam.go.kr/)에서 성적 통지서와 인증서를 출력할 수 있어요.

• 별도로 성적 통지서와 인증서를 발급해주지 않으니 필요할 때마다 직접 출력해야 합니다.

📍 선사 시대 기출문제 주제별로 모아 풀기

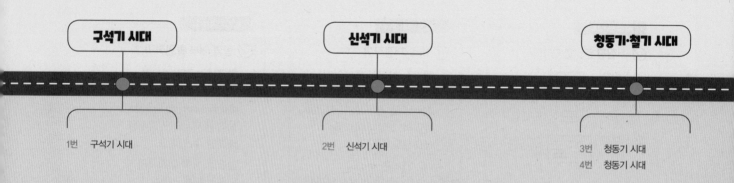

구석기 시대

신석기 시대

청동기·철기 시대

1번   구석기 시대

2번   신석기 시대

3번   청동기 시대

4번   청동기 시대

I. 선사 시대

기출 9문제와 개념공략 해설

- 최근 3개년 간 매 회 50문제 중 2~3문제(약 4%)가 출제되었어요.

- 선사 시대는 구석기·신석기·청동기 시대의 특징을 구분하여 알아두고,
  각 나라의 정치 형태와 주요 풍습을 꼭 암기하세요!

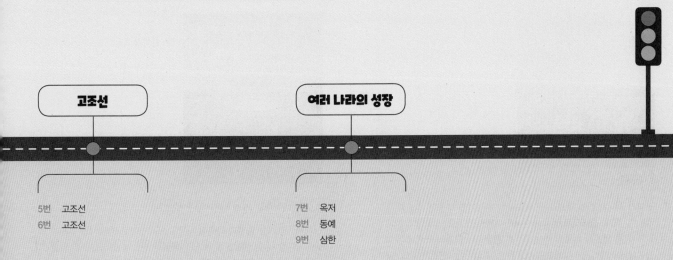

고조선

여러 나라의 성장

5번 고조선
6번 고조선

7번 옥저
8번 동예
9번 삼한

01

다음 축제에서 체험할 수 있는 활동으로 적절한 것은?　[1점]

① 가락바퀴로 실 뽑기
② 뗀석기로 고기 자르기
③ 점토로 빗살무늬 토기 빚기
④ 거푸집으로 청동검 모형 만들기

 개념 다지기　구석기 시대에는 뗀석기를 사용함!

② 뗀석기로 고기 자르기

구석기 시대는 돌을 깨뜨려 만든 도구인 **뗀석기**를 사용한 시대로, 주 먹도끼, 찍개, 슴베찌르개 등을 만들어 사용하였어요. 식량을 구하기 위해 **이동 생활**을 하였기 때문에 주로 **동굴**이나 **강가의 막집**에서 살 았어요. 이러한 구석기 시대의 대표적인 유적지로는 **연천 전곡리**, 공 주 석장리 등이 있어요.

☑️ **오답 체크**
① 가락바퀴로 실 뽑기 → 신석기 시대
③ 점토로 빗살무늬 토기 빚기 → 신석기 시대
④ 거푸집으로 청동검 모형 만들기 → 청동기 시대 후기~철기 시대

02

(가) 시대의 생활 모습으로 옳은 것은?　[2점]

① 가락바퀴를 이용하여 실을 뽑았다.
② 무덤 껴묻거리로 오수전 등을 묻었다.
③ 철제 농기구를 사용하여 농사를 지었다.
④ 의례 도구로 청동 방울 등을 사용하였다.

 개념 다지기　신석기 시대에는 가락바퀴를 사용함!

① 가락바퀴를 이용하여 실을 뽑았다.

신석기 시대에는 **농경과 목축이 시작**되었으며, 이로 인해 사람들이 한 곳에 머무는 **정착 생활**을 하게 되어 **움집**을 짓고 살았어요. 또한 **빗살 무늬 토기**를 만들어 식량을 조리하거나 저장하였으며, **가락바퀴**를 이 용하여 실을 뽑아 옷과 그물을 만들었어요.

☑️ **오답 체크**
② 무덤 껴묻거리로 오수전 등을 묻었다. → 철기 시대
③ 철제 농기구를 사용하여 농사를 지었다. → 철기 시대
④ 의례 도구로 청동 방울 등을 사용하였다. → 청동기 시대

03

(가) 시대의 생활 모습으로 옳은 것은? [1점]

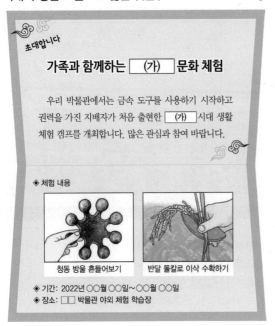

① 우경이 널리 보급되었다.
② 비파형동검을 사용하였다.
③ 가락바퀴가 처음 등장하였다.
④ 주로 동굴이나 막집에서 살았다.

04

(가) 시대의 생활 모습으로 옳은 것은? [1점]

① 우경이 널리 보급되었다.
② 철제 무기를 사용하였다.
③ 주로 동굴이나 막집에 살았다.
④ 지배자의 무덤으로 고인돌을 만들었다.

 개념 다지기 청동기 시대에는 비파형동검을 사용함!

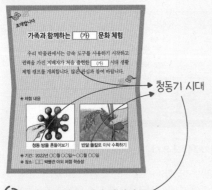

→ 청동기 시대

②비파형동검을 사용하였다. ←

청동기 시대는 금속인 청동으로 도구를 만들기 시작한 시대로, 비파형동검, **청동 방울** 등을 제작하였어요. 그러나 농기구는 여전히 **반달 돌칼**과 같이 돌로 만들어 사용하였답니다. 또한 청동기 시대에는 **계급이 발생**하면서 지배자인 **군장**이 **처음 출현**하였어요.

☑️ **오답 체크**

① 우경이 널리 보급되었다. → 철기 시대 이후
③ 가락바퀴가 처음 등장하였다. → 신석기 시대
④ 주로 동굴이나 막집에서 살았다. → 구석기 시대

개념 다지기 청동기 시대에는 지배자의 무덤으로 고인돌을 만듦!

→ 청동기 시대

④지배자의 무덤으로 고인돌을 만들었다. ←

청동기 시대는 **청동**이라는 금속을 사용하여 도구를 만들기 시작한 시대로, **비파형동검, 거친무늬 거울** 등을 제작하였어요. 그러나 농기구로는 재료가 귀한 청동 대신 여전히 **반달 돌칼**과 같은 간석기가 사용되었어요. 또한 이 시대에는 **벼농사**가 처음 시작되어 농업 생산력이 증가하였어요.

☑️ **오답 체크**

① 우경이 널리 보급되었다. → 철기 시대 이후
② 철제 무기를 사용하였다. → 철기 시대
③ 주로 동굴이나 막집에 살았다. → 구석기 시대

05

57회 03번

다음 자료에 해당하는 나라에 대한 설명으로 옳은 것은? [2점]

> ○ 위서에 이르기를, "지금으로부터 2천여 년 전에 단군왕검이 아사달에 도읍을 정하였다."고 하였다.
> ㅡ 『삼국유사』
>
> ○ 누선장군 양복(楊僕)이 군사 7천을 거느리고 먼저 왕검성에 도착하였다. 우거가 성을 지키고 있다가 양복의 군사가 적은 것을 알고 곧 나가서 공격하니 양복이 패하여 달아났다.
> ㅡ 『삼국유사』

① 신성 지역인 소도가 있었다.
② 낙랑, 왜 등에 철을 수출하였다.
③ 화백 회의에서 중요한 일을 결정하였다.
④ 사회 질서를 유지하기 위해 범금 8조를 만들었다.

06

55회 02번

(가) 나라에 대한 설명으로 옳은 것은? [2점]

① 낙랑과 왜에 철을 수출하였다.
② 영고라는 제천 행사를 열었다.
③ 서옥제라는 혼인 풍습이 있었다.
④ 건국 이야기가 『삼국유사』에 실려 있다.

개념 다지기 고조선은 사회 질서 유지를 위해 범금 8조를 만듦!

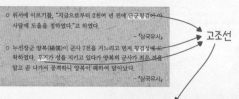 → 고조선

④ 사회 질서를 유지하기 위해 범금 8조를 만들었다.

고조선은 **단군왕검**이 아사달을 도읍(수도)으로 하여 건국한 **우리나라 최초의 국가**예요. 고조선은 위만 집권 이후 활발한 정복 사업과 중계 무역 등을 통해 발전하였지만, **우거왕** 때 중국 **한나라의 침략**을 받아 수도 **왕검성이 함락**되며 **멸망**하였어요. 한편 고조선에는 사회 질서를 유지하기 위한 **범금 8조(8조법)**가 있었는데, 이를 통해 살인죄, 상해죄, 절도죄 등을 처벌하였어요.

☑오답 체크
① 신성 지역인 소도가 있었다. → 삼한
② 낙랑, 왜 등에 철을 수출하였다. → 변한, 금관가야
③ 화백 회의에서 중요한 일을 결정하였다. → 신라

개념 다지기 고조선의 건국 이야기가 『삼국유사』에 실려 있음!

 → 고조선

④ 건국 이야기가 『삼국유사』에 실려 있다.

고조선은 단군왕검이 건국한 나라로, **단군의 건국 이야기**가 고려 시대에 일연이 편찬한 역사서인 **『삼국유사』**에 실려 있어요. 고조선에는 사회 질서를 유지하기 위한 **범금 8조(8조법)**가 있어 **살인죄, 상해죄, 절도죄** 등을 처벌하였어요.

☑오답 체크
① 낙랑과 왜에 철을 수출하였다. → 변한, 금관가야
② 영고라는 제천 행사를 열었다. → 부여
③ 서옥제라는 혼인 풍습이 있었다. → 고구려

07

다음 퀴즈의 정답으로 옳은 것은? [2점]

① 동예   ② 부여   ③ 삼한   ④ 옥저

08

(가)에 들어갈 내용으로 옳은 것은? [2점]

① 서옥제라는 혼인 풍습을 표현해 보자.
② 무예를 익히는 화랑도의 모습을 보여주자.
③ 특산물인 단궁, 과하마, 반어피를 그려 보자.
④ 지배층인 마가, 우가, 저가, 구가를 등장시키자.

 옥저에는 민며느리제라는 풍습이 있음!

④ 옥저

옥저는 함경도 해안 지대에 위치하였으며, 읍군, 삼로 등의 군장이 자기 부족을 통치하는 군장 국가였어요. 옥저에는 여자가 어렸을 때 남자 집에 가서 살다가, 여자가 성장한 후에 남자가 여자 집에 예물을 치르고 혼인을 하는 민며느리제라는 풍습이 있었어요. 또한 가족이 죽으면 가매장을 하였다가 나중에 그 뼈를 추려 가족 공동 무덤에 안치하는 장례 풍습이 있었어요.

☑ 오답 체크
① 동예 → 무천이라는 제천 행사 개최
② 부여 → 영고라는 제천 행사 개최
③ 삼한 → 신지, 읍차라 불린 지배자가 있음

 동예의 특산물은 단궁, 과하마, 반어피!

③ 특산물인 단궁, 과하마, 반어피를 그려 보자.

동예는 강원도 북부의 동해안 일대에 위치한 나라로, 매년 10월에 무천이라는 제천 행사를 열어 하늘에 제사를 지냈어요. 또한 부족 간의 경계를 중시하여, 다른 부족의 영역을 침범하면 노비나 소·말 등으로 배상하게 하는 책화라는 풍습이 있었어요. 이밖에도 단궁(활), 과하마(작은 말), 반어피(바다표범의 가죽)가 특산물로 유명하였어요.

☑ 오답 체크
① 서옥제라는 혼인 풍습을 표현해 보자. → 고구려
② 무예를 익히는 화랑도의 모습을 보여주자. → 신라
④ 지배층인 마가, 우가, 저가, 구가를 등장시키자. → 부여

09

(가) 나라에 대한 설명으로 옳은 것은? [3점]

① 영고라는 제천 행사가 있었다.
② 신지, 읍차 등의 지배자가 있었다.
③ 혼인 풍습으로 민며느리제가 있었다.
④ 읍락 간의 경계를 중시하는 책화가 있었다.

개념 다지기 삼한에는 신지, 읍차 등의 지배자가 있었음!

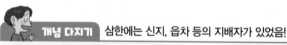

② 신지, 읍차 등의 지배자가 있었다.

삼한은 한반도 남부에서 철기 문화를 바탕으로 성장한 나라예요. 삼한에는 **신지·읍차** 등의 지배재(군장)가 있었으며, 이와 별도로 **제사장인 천군**과 천군이 다스리는 **신성 구역인 소도**가 존재하는 **제정 분리의 사회**였어요. 한편 범죄자가 이곳에 들어가더라도 천군의 허락 없이는 잡아갈 수 없었어요.

☑ 오답 체크
① 영고라는 제천 행사가 있었다. → 부여
③ 혼인 풍습으로 **민며느리제**가 있었다. → 옥저
④ 읍락 간의 경계를 중시하는 **책화**가 있었다. → 동예

"처음 누가 나라를 열고 풍운을 일으켰던가
하느님의 손자, 이름하여 단군이라"

− 이승휴, 『제왕운기』 [33회]

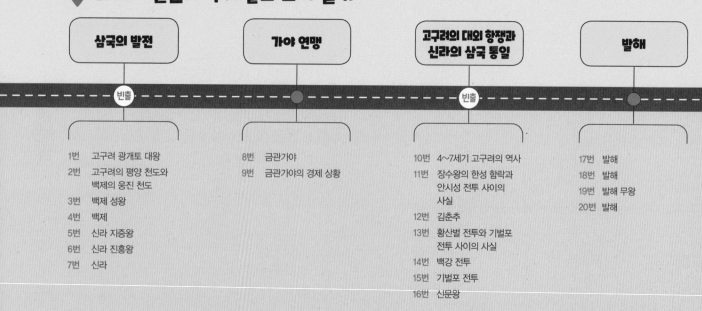

고대 기출문제 주제별로 모아 풀기

| 삼국의 발전 | 가야 연맹 | 고구려의 대외 항쟁과
신라의 삼국 통일 | 발해 |

빈출   빈출

II. 고대

기출 30문제와 개념공략 해설

- 최근 3개년 간 매 회 50문제 중 7~8문제(약 16%)가 출제되었어요!

- 삼국의 주요 사건과 전성기 때의 왕들을 구분하여 알아두고, 각 나라의 빈출되는 문화재 사진을 꼭 암기하세요!

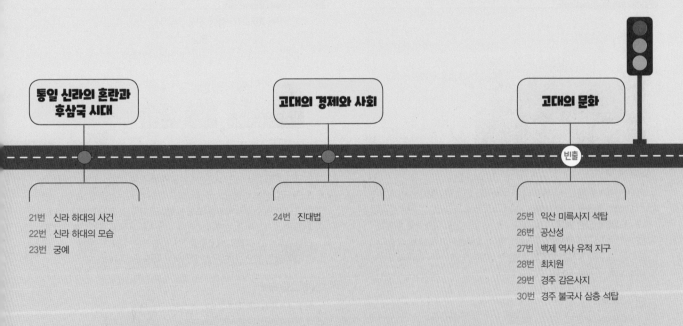

통일 신라의 혼란과 후삼국 시대

21번 신라 하대의 사건
22번 신라 하대의 모습
23번 궁예

고대의 경제와 사회

24번 진대법

고대의 문화

25번 익산 미륵사지 석탑
26번 공산성
27번 백제 역사 유적 지구
28번 최치원
29번 경주 감은사지
30번 경주 불국사 삼층 석탑

01

57회 04번

(가) 왕에 대한 설명으로 옳은 것은? [2점]

이것은 경주의 고분에서 출토된 청동 그릇입니다. 바닥 면에 [(가)]을/를 나타내는 글자가 새겨져 있어, 당시 신라와 고구려의 관계를 알 수 있습니다. [(가)]은/는 군대를 보내 신라에 침입한 왜를 격퇴하였습니다.

호우총 청동 그릇

① 태학을 설립하였다.
② 낙랑군을 몰아내었다.
③ 천리장성을 축조하였다.
④ 영락이라는 연호를 사용하였다.

02

57회 05번

(가), (나) 사이의 시기에 있었던 사실로 옳은 것은? [3점]

(가)
얼마 전 고구려가 도읍을 평양으로 옮겼다는군.
앞으로 우리 한성을 향해 내려올 것 같아 걱정일세.

(나)
왕성이 함락되고 왕께서도 목숨을 잃으셨다고 하네.
새로 즉위한 문주왕께서 이곳 웅진으로 오신다는군.

① 고구려가 옥저를 정복하였다.
② 백제가 신라와 동맹을 맺었다.
③ 백제가 관산성 전투에서 패배하였다.
④ 고구려가 안시성에서 당군을 물리쳤다.

개념 다지기 고구려 광개토 대왕은 영락이라는 연호를 사용함!

이것은 경주의 고분에서 출토된 청동 그릇입니다. 바닥 면에 [(가)]을/를 나타내는 글자가 새겨져 있어, 당시 신라와 고구려의 관계를 알 수 있습니다. [(가)]은/는 군대를 보내 신라에 침입한 왜를 격퇴하였습니다.

→ 고구려 광개토 대왕

④ 영락이라는 연호를 사용하였다.

고구려 광개토 대왕은 **영락**이라는 독자적인 **연호**를 **사용**하였어요. 또한 광개토 대왕은 신라 내물 마립간의 요청에 따라 5만의 군사를 보내 **신라에 침입한 왜를 격퇴**한 뒤, 한반도 남부까지 영향력을 확대하였어요. 한편 경주에 있는 신라의 고분인 **호우총**에서 발견된 **청동 그릇**에는 **고구려 광개토 대왕의 이름**이 새겨져 있어, 당시 **신라와 고구려의 교류 관계**를 확인할 수 있답니다.

☑ **오답 체크**
① 태학을 설립하였다. → 고구려 소수림왕
② 낙랑군을 몰아내었다. → 고구려 미천왕
③ 천리장성을 축조하였다. → 고구려 영류왕~보장왕, 고려 덕종~정종

개념 다지기 고구려의 평양 천도 → 나·제 동맹 → 백제의 웅진 천도

고구려의 평양 천도 (427)

백제의 웅진 천도 (475)

② 백제가 신라와 동맹을 맺었다. → 433년

고구려는 **장수왕** 때인 427년에 **남진 정책**을 본격화하기 위해 **도읍(수도)**을 국내성에서 **평양**으로 옮겼어요. 이에 백제는 비유왕 때인 433년에 고구려 **장수왕의 평양 천도**에 대항하고자 신라 눌지 마립간와 **나·제 동맹**을 맺었어요. 이후 장수왕은 475년에 백제를 공격하여 도읍 **한성**을 함락하고 백제의 **개로왕**을 전사시켰어요. 이에 개로왕의 뒤를 이은 **문주왕**은 같은 해 도읍을 한성에서 웅진으로 옮겼어요.

☑ **오답 체크**
① 고구려가 옥저를 정복하였다. → 56년, (가) 이전
③ 백제가 관산성 전투에서 패배하였다. → 554년, (나) 이후
④ 고구려가 안시성에서 당군을 물리쳤다. → 645년, (나) 이후

03

밑줄 그은 '이 왕'의 업적으로 옳은 것은? [2점]

부여 나성 발굴 과정에서 성의 북문 터가 확인되었습니다. 부여 나성은 백제 사비 도성을 감싸는 방어 시설로, 수도를 웅진에서 사비로 옮긴 이 왕 때 축조된 것으로 추정됩니다.

부여 나성 북문 터 확인

① 동진으로부터 불교를 받아들였다.
② 고흥에게 역사서인 『서기』를 편찬하게 하였다.
③ 진흥왕과 연합하여 한강 유역을 회복하였다.
④ 대야성을 비롯한 신라의 40여 개 성을 빼앗았다.

04

(가) 국가에 대한 설명으로 옳은 것은? [2점]

이것은 부여 능산리 절터에서 출토된 향로입니다. (가) 의 금속 공예 기술을 보여주는 대표적인 문화유산으로, 도교와 불교 사상이 함께 표현되어 있습니다.

이 문화유산에 대해 소개해 주시겠습니까?

① 노비안검법을 실시하였다.
② 지방에 22담로를 설치하였다.
③ 화백 회의에서 국가의 중대사를 결정하였다.
④ 여러 가(加)들이 별도로 사출도를 주관하였다.

개념 다지기 — 백제 성왕은 진흥왕과 연합하여 한강 유역을 회복함!

부여 나성 발굴 과정에서 성의 북문 터가 확인되었습니다. 부여 나성은 백제 사비 도성을 감싸는 방어 시설로, 수도를 웅진에서 사비로 옮긴 이 왕 때 축조된 것으로 추정됩니다.

부여 나성 북문 터 확인

→ 백제 성왕

③ 진흥왕과 연합하여 한강 유역을 회복하였다.

백제 성왕은 백제의 중흥을 위해 노력한 왕이에요. 그는 수도를 웅진(공주)에서 대외 진출이 쉬운 **사비(부여)**로 옮겼으며, 국호(나라의 이름)를 백제에서 **남부여**로 바꾸었어요. 이후 **신라 진흥왕과 연합**하여 고구려를 공격하고 **한강 유역을 일시적으로 회복**하였어요.

☑ 오답 체크
① 동진으로부터 불교를 받아들였다. → 침류왕
② 고흥에게 역사서인 『서기』를 편찬하게 하였다. → 근초고왕
④ 대야성을 비롯한 신라의 40여 개 성을 빼앗았다. → 의자왕

개념 다지기 — 백제는 지방에 22담로를 설치함!

이것은 부여 능산리 절터에서 출토된 향로입니다. (가) 의 금속 공예 기술을 보여주는 대표적인 문화유산으로, 도교와 불교 사상이 함께 표현되어 있습니다.

이 문화유산에 대해 소개해 주시겠습니까?

금동대향로

백제

②지방에 22담로를 설치하였다.

백제는 무령왕 때 지방 행정 구역으로 **22담로**를 두고 왕족을 파견하여 지방 통제를 강화했어요. 이후 성왕 때 사비(부여)로 천도하였는데, **부여 능산리 절터에서 출토**된 백제 금동대향로가 백제의 대표적인 문화유산이에요. 백제 금동대향로에는 **도교와 불교 사상**이 함께 표현되어 있고, 백제의 뛰어난 금속 공예 기술을 확인할 수 있답니다.

☑ 오답 체크
① 노비안검법을 실시하였다. → 고려
③ 화백 회의에서 국가의 중대사를 결정하였다. → 신라
④ 여러 가(加)들이 별도로 사출도를 주관하였다. → 부여

II. 고대 / 해커스 한국사능력검정시험 한권완성 기출 500제 기본

05

60회 07번

밑줄 그은 '왕'의 업적으로 옳은 것은? [2점]

> ○ 왕이 영을 내려 순장을 금하게 하였다. 이전에는 국왕이 죽으면 남녀 다섯 명씩 순장하였는데, 이때에 이르러 금하게 한 것이다.
> ○ 여러 신하들이 한뜻으로 '신라국왕'이라는 호칭을 올리니, 왕이 이를 따랐다.
>
> — 『삼국사기』

① 우경을 장려하였다.
② 율령을 반포하였다.
③ 독서삼품과를 실시하였다.
④ 화랑도를 국가 조직으로 개편하였다.

06

55회 03번

다음 가상 인터뷰에 등장하는 왕의 업적으로 옳은 것은? [2점]

즉위하신 이후에 어떤 일을 하셨나요?

한강 유역을 차지한 뒤, 이를 기념하여 북한산에 순수비를 세웠습니다. 그리고 화랑도를 국가적인 조직으로 개편했습니다.

① 국학을 설립하였다.
② 병부를 설치하였다.
③ 대가야를 정복하였다.
④ 독서삼품과를 실시하였다.

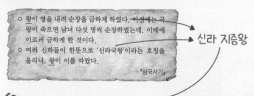 **개념 다지기** 신라 지증왕은 우경을 장려함!

> ○ 왕이 영을 내려 순장을 금하게 하였다. 이전에는 국왕이 죽으면 남녀 다섯 명씩 순장하였는데, 이때에 이르러 금하게 한 것이다.
> ○ 여러 신하들이 한뜻으로 '신라국왕'이라는 호칭을 올리니, 왕이 이를 따랐다.
> — 『삼국사기』

→ 신라 지증왕

① 우경을 장려하였다.

신라 지증왕은 6세기에 신라의 정치 제도를 정비한 왕으로, 나라의 이름인 **국호를 '신라'로 확정**했으며, 지배자의 칭호를 '마립간'에서 **'왕'으로 변경**하였어요. 또한 농사짓는 데 필요한 노동력을 늘리기 위해 왕이 죽으면 사람을 함께 묻는 **순장을 금지**하였으며, 생산력을 높이기 위해 소를 이용해 농사를 짓는 방법인 **우경을 장려**하였어요. 이 밖에도 장군 이사부를 보내 **우산국(울릉도)을 정벌**하였으며, 시장인 동시를 감독하기 위한 관청으로 **동시전을 설치**하였어요.

☑ **오답 체크**

② 율령을 반포하였다. → 법흥왕
③ 독서삼품과를 실시하였다. → 원성왕
④ 화랑도를 국가 조직으로 개편하였다. → 진흥왕

 **개념 다지기** 신라 진흥왕은 대가야를 정복함!

한강 유역을 차지한 뒤, 이를 기념하여 북한산에 순수비를 세웠습니다. 그리고 화랑도를 국가적인 조직으로 개편했습니다.

 즉위하신 이후에 어떤 일을 하셨나요?

→ 신라 진흥왕

③ 대가야를 정복하였다.

신라 진흥왕은 6세기 신라의 **전성기**를 이끈 왕으로, 활발한 영토 확장 정책을 펼쳤어요. **한강 유역을 차지**한 뒤에는 이를 기념하기 위해 **북한산에 순수비**를 세웠어요. 또한 남쪽으로는 대가야를 정복하고 북쪽으로는 함경도 지역까지 진출하는 등 영토를 확장하였어요. 이 밖에도 인재 양성을 위해 청소년 집단인 **화랑도를 국가 조직으로 개편**하였으며, **황룡사를 창건**하였어요.

☑ **오답 체크**

① 국학을 설립하였다. → 신문왕
② 병부를 설치하였다. → 법흥왕
④ 독서삼품과를 실시하였다. → 원성왕

07

밑줄 그은 '이 나라'에 대한 설명으로 옳은 것은?　　　[2점]

이 사진에 대해 설명해 주세요.

사진은 이 나라의 왕성인 경주 월성입니다. 월성은 2014년부터 본격적인 발굴 작업이 진행 중이며, 올해에는 방어 시설인 해자의 복원이 마무리될 예정입니다.

① 골품제라는 엄격한 신분 제도가 있었다.
② 전국을 5도 양계로 나누어 통치하였다.
③ 빈민 구제를 위해 진대법을 실시하였다.
④ 정사암에서 국가의 중대사를 결정하였다.

08

밑줄 그은 '이 나라'에 대한 설명으로 옳은 것은?　　　[2점]

김해 지역에 세워진 이 나라의 역사를 여행 앱을 통해 만나 보세요.

① 전기 가야 연맹을 주도하였다.
② 교육 기관인 국학을 설치하였다.
③ 옥저를 정복하고 동해안으로 진출하였다.
④ 지방에 22담로를 두어 왕족을 파견하였다.

개념 다지기　신라에는 골품제라는 엄격한 신분 제도가 있었음!

신라

① 골품제라는 엄격한 신분 제도가 있었다.

신라는 경주 지역의 토착민 세력과 박혁거세를 중심으로 한 유이민 세력이 결합하여 세운 나라예요. 신라의 **수도는 경주**로, 현재 **신라의 왕성인 월성** 등 많은 유적지가 남아 있어요. 또한 신라에는 **골품제**라는 엄격한 신분 제도가 있어, 이를 통해 관직 승진뿐 아니라 일상생활까지 규제하였어요.

☑ 오답 체크

② 전국을 5도 양계로 나누어 통치하였다. → 고려
③ 빈민 구제를 위해 **진대법**을 실시하였다. → 고구려
④ **정사암**에서 국가의 중대사를 결정하였다. → 백제

개념 다지기　금관가야는 전기 가야 연맹을 주도함!

금관가야

① 전기 가야 연맹을 주도하였다.

금관가야는 **김수로왕**이 김해 지역에 세운 나라로, **전기 가야 연맹**을 주도하였어요. 『삼국유사』에는 사람들이 **구지봉**에서 노래를 부르자 하늘에서 상자에 담긴 여섯 알이 내려왔다는 설화가 실려 있어요. 한편 금관가야의 대표적인 유적지로는 **김해 대성동 고분군**이 있어요.

☑ 오답 체크

② 교육 기관인 국학을 설치하였다. → 통일 신라
③ 옥저를 정복하고 동해안으로 진출하였다. → 고구려
④ 지방에 22담로를 두어 왕족을 파견하였다. → 백제

09

(가) 나라의 경제 상황으로 옳은 것은? [2점]

① 정기 시장인 장시가 전국 각지에서 열렸다.
② 시장을 감독하기 위한 동시전이 설치되었다.
③ 활구라고도 불린 은병이 화폐로 사용되었다.
④ 낙랑군과 왜 사이의 중계 무역으로 이익을 얻었다.

10

(가)~(다)를 일어난 순서대로 옳게 나열한 것은? [3점]

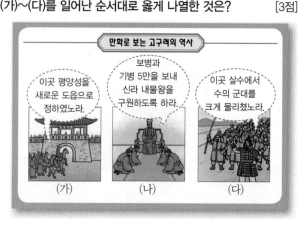

① (가) - (나) - (다)
② (가) - (다) - (나)
③ (나) - (가) - (다)
④ (다) - (가) - (나)

개념 다지기 금관가야는 낙랑군과 왜 사이에서 중계 무역을 함!

→ 금관가야

④ 낙랑군과 왜 사이의 중계 무역으로 이익을 얻었다.

금관가야는 **김수로**가 **김해** 지역에 세운 나라로, 낙랑군과 왜 사이의 **중계 무역**으로 이익을 얻으며 성장하였어요. 금관가야의 대표적인 유적지로는 **김해 대성동 고분군**이 있으며, 이곳에서는 청동솥, **철제 판갑옷** 등이 출토되었어요.

☑ 오답 체크
① 정기 시장인 장시가 전국 각지에서 열렸다. → 조선
② 시장을 감독하기 위한 동시전이 설치되었다. → 신라
③ 활구라고도 불린 은병이 화폐로 사용되었다. → 고려

개념 다지기 신라 구원 → 평양 천도 → 살수 대첩

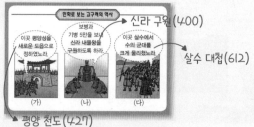

신라 구원(400)
살수 대첩(612)
평양 천도(427)

③ (나) - (가) - (다)

(나) **고구려 광개토 대왕**은 왜의 침입을 받은 **신라 내물왕**의 요청으로 보병과 기병 5만을 보내 **신라를 구원**하였어요(신라 구원, 400).
(가) 광개토 대왕의 뒤를 이어 즉위한 **장수왕**은 도읍(수도)을 국내성에서 **평양성**으로 옮기고(**평양 천도**, 427), 남쪽으로 진출하는 **남진 정책**을 추진하였어요.
(다) 영양왕 때 **수 양제**가 대군을 이끌고 **고구려**를 침입하자, **을지문덕**이 **살수**에서 **수의 군대를 크게 물리쳤어요(살수 대첩, 612).

11

(가), (나) 사이의 시기에 있었던 사실로 옳은 것은? [2점]

> (가) 장수왕 63년, 왕이 군사 3만 명을 거느리고 백제에 침입하여 도읍인 한성을 함락시키고 백제 왕을 죽였다.
>
> (나) 보장왕 4년, 당의 여러 장수가 안시성을 공격하였다. …… [당군이] 밤낮으로 쉬지 않고 60일 간 50만 명을 동원하여 토산을 쌓았다. …… 고구려군 수백 명이 성이 무너진 곳으로 나가 싸워서 마침내 토산을 빼앗았다.

① 원종과 애노가 봉기하였다.
② 김흠돌이 반란을 도모하였다.
③ 을지문덕이 수의 군대를 물리쳤다.
④ 장문휴가 당의 산둥 반도를 공격하였다.

12

밑줄 그은 '그'로 옳은 것은? [1점]

> 이때 고구려 관리에게 토끼와 거북이의 이야기를 듣게 되었답니다. 그는 뜻을 알아차리고 꾀를 내어 영토를 돌려주겠다고 한 뒤 신라로 무사히 돌아왔어요. 그리고 몇 해 후 당으로 건너가 동맹을 맺었지요.

> 선덕 여왕 11년 그는 군사를 청하러 고구려로 떠났습니다. 하지만 죽령 이북의 땅을 돌려 달라는 보장왕의 요구를 들어주지 않아 별관에 갇히게 되었지요.

- 3 -   - 4 -

① 김대성   ② 김춘추
③ 사다함   ④ 이사부

개념 다지기 장수왕의 한성 함락 → 살수 대첩 → 안시성 전투

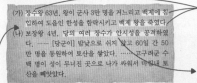

장수왕의 한성 함락(475)

안시성 전투(645)

③ 을지문덕이 수의 군대를 물리쳤다. → 살수 대첩(612)

고구려는 **장수왕** 때 남진 정책을 펼쳐 백제의 수도 **한성**을 공격하여 **함락**시키고 백제 개로왕을 사살했어요(475). 이후 고구려는 중국 수나라와 당나라의 침입을 연달아 받았는데, 영양왕 때는 **을지문덕**이 **살수**에서 수의 군대를 물리쳤고(살수 대첩, 612), 보장왕 때는 **안시성**에서 당의 공격을 막아냈어요(안시성 전투, 645).

☑ 오답 체크
① 원종과 애노가 봉기하였다. → 889년, (나) 이후
② 김흠돌이 반란을 도모하였다. → 681년, (나) 이후
④ 장문휴가 당의 산둥 반도를 공격하였다. → 732년, (나) 이후

개념 다지기 김춘추는 나·당 동맹을 맺음!

김춘추

② 김춘추

김춘추는 신라 선덕 여왕 때 백제의 공격으로 신라의 여러 성이 함락되자, **고구려에 가서 군사를 요청**하였어요. 그러나 고구려 보장왕이 죽령 이북의 땅을 돌려달라고 요구하여 결국 협상은 실패하였어요. 이후 김춘추는 진덕 여왕 때 **당에 가서 군사 동맹을 제의**하였고, 당 태종이 이를 받아들이며 **나·당 동맹**이 맺어졌어요.

☑ 오답 체크
① 김대성 → 불국사·석굴암 조성
③ 사다함 → 대가야 정복
④ 이사부 → 우산국 정벌

해커스 한국사능력검정시험 한권완성 기출 500제 기본

II. 고대

13
60회 09번

(가), (나) 사이의 시기에 있었던 사건으로 옳은 것은? [3점]

① 백강 전투
② 살수 대첩
③ 관산성 전투
④ 처인성 전투

14
55회 06번

다음 가상 뉴스에서 보도하고 있는 사건이 일어난 시기를 연표에서 옳게 고른 것은? [3점]

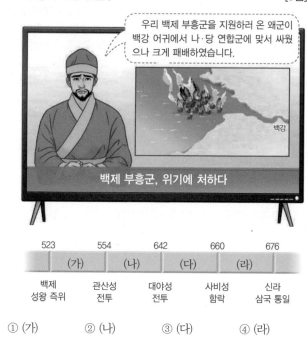

523	554	642	660	676
(가)	(나)	(다)	(라)	
백제 성왕 즉위	관산성 전투	대야성 전투	사비성 함락	신라 삼국 통일

① (가)　　② (나)　　③ (다)　　④ (라)

개념 다지기 황산벌 전투 → 백강 전투 → 기벌포 전투

① 백강 전투 → 663년

660년에 **나·당 연합군**이 백제를 공격하자 **계백**이 이끄는 백제의 결사대는 **황산벌**에서 **김유신**이 이끄는 신라군에 패배(**황산벌 전투**)하면서 **백제가 멸망**하였어요. 이후 663년에 백제 부흥 운동을 도우러 온 **왜의 수군**이 백강에서 나·당 연합군에게 패배하였어요(**백강 전투**). 676년에는 신라군이 **기벌포** 앞바다에서 설인귀가 이끄는 당의 수군을 격파(**기벌포 전투**)하고 나·당 전쟁에서 승리하면서 삼국을 통일하였어요.

☑ 오답 체크
② 살수 대첩 → 612년, (가) 이전
③ 관산성 전투 → 554년, (가) 이전
④ 처인성 전투 → 1232년, (나) 이후

개념 다지기 사비성 함락 → 백강 전투 → 신라의 삼국 통일

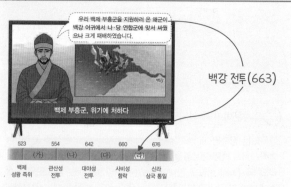

백강 전투(663)

④ (라)

신라에 의해 백제의 수도 **사비성이 함락**되면서 **백제가 멸망**(660)한 이후, 각지에서 백제 부흥 운동이 전개되었어요. 이 과정에서 **백제 부흥군**을 지원하고자 파견된 **왜군**이 백강 어귀까지 왔으나, 나·당 연합군의 공격에 크게 패배하였어요(**백강 전투**, 663). 이후 나·당 연합군은 고구려 평양성을 공격하여 **고구려를 멸망**시켰어요(668). 한편 백제와 고구려 멸망 후 당이 한반도 전체를 지배하려고 하자, 신라는 **매소성 전투**(675)와 **기벌포 전투**(676)를 일으켜 당을 몰아내고 **삼국 통일**을 달성하였어요(676).

15

(가)에 들어갈 전투로 옳은 것은? [2점]

〈 역사 다큐멘터리 기획안 〉

신라, 최후의 승자가 되다!

1. 기획 의도: 한반도를 차지하려 한 당을 몰아내고 신라가
   삼국 통일을 이룬 과정을 집중 조명한다.
2. 구성
   1편 – 당이 웅진 도독부, 안동 도호부를 설치하다
   2편 – 신라가 고구려 부흥 운동을 지원하고 군사력을 보강하다
   3편 – 신라가 당에 맞서 [(가)]에서 승리하다

① 기벌포 전투　　　　② 우금치 전투
③ 진주성 전투　　　　④ 처인성 전투

16

(가) 왕의 업적으로 옳은 것은? [2점]

이 무덤은 신라의 31대 왕인 [(가)]의 능으로 전해지고 있습니다. 이 왕은 관리에게 관료전을 지급하고 녹읍을 폐지하여 귀족들의 경제 기반을 약화시켰습니다.

① 국학을 설립하였다.
② 대가야를 정복하였다.
③ 독서삼품과를 실시하였다.
④ 김헌창의 난을 진압하였다.

개념 다지기 신라가 기벌포 전투에서 당군에게 승리함!

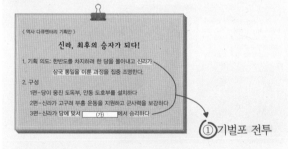

①기벌포 전투

기벌포 전투는 나·당 전쟁 중에 일어난 전투 중 하나예요. 백제와 고구려를 멸망시키는 과정에서 당은 백제의 옛 지역에 **웅진 도독부**, 고구려의 옛 지역에 **안동 도호부**를 설치하며 한반도 전체를 차지하려는 야심을 드러냈어요. 이에 신라는 당과 전쟁을 벌여 **매소성 전투**에서 승리하였고, 연이어 **기벌포**에서 승리하였어요(**기벌포 전투**). 이로써 신라는 대동강 이남 지역에서 당의 세력을 몰아내고 **삼국 통일을 달성**하였어요.

☑️**오답 체크**
② 우금치 전투 → 동학 농민군이 관군 및 일본군에게 패배
③ 진주성 전투 → 김시민이 왜군에 승리
④ 처인성 전투 → 김윤후가 몽골 장수 살리타를 사살

개념 다지기 통일 신라 신문왕은 국학을 설립함!

이 무덤은 신라의 31대 왕인 [(가)]의 능으로 전해지고 있습니다. 이 왕은 관료전을 지급하고 녹읍을 폐지하여 귀족들의 경제 기반을 약화시켰습니다.

신문왕

①국학을 설립하였다.

신문왕은 왕권 강화를 위한 정책을 펼친 왕이에요. 그는 관리에게 수조권(토지에서 세금을 거둘 수 있는 권리)만 행사할 수 있는 토지인 **관료전을 지급**하고, 수조권뿐만 아니라 노동력까지 징발할 수 있었던 토지인 **녹읍을 폐지**하였어요. 이로 인해 **귀족들의 경제적 기반은 약화**되었어요. 또한 신문왕은 국립 교육 기관인 **국학을 설립**하여 귀족 자제를 대상으로 유학을 교육하였어요.

☑️**오답 체크**
② 대가야를 정복하였다. → 진흥왕(신라)
③ 독서삼품과를 실시하였다. → 원성왕(통일 신라)
④ 김헌창의 난을 진압하였다. → 헌덕왕(통일 신라)

17

(가) 국가에 대한 설명으로 옳은 것은? [1점]

이것은 (가) 의 중대성에서 일본으로 보낸 외교 문서입니다. 화면에 보이는 것처럼 이 문서에 기록된 사절단에 고구려의 왕족 성씨인 고씨가 다수 포함된 것이 확인됩니다.

중대성첩

① 대조영이 동모산에서 건국하였다.
② 청해진을 중심으로 해상 무역이 전개되었다.
③ 여러 가(加)들이 별도로 사출도를 주관하였다.
④ 지방 세력 견제를 위해 기인 제도가 실시되었다.

18

(가) 국가에 대한 설명으로 옳은 것은? [2점]

이곳 옛 상경 용천부의 절터에는 높이 6.3m의 거대한 석등이 남아 있습니다. 이 석등을 통해 전성기에 해동성국이라 불렸던 (가) 의 융성한 불교 문화를 알 수 있습니다.

① 기인 제도를 실시하였다.
② 9주 5소경을 설치하였다.
③ 한의 침략을 받아 멸망하였다.
④ 대조영이 동모산에서 건국하였다.

개념 다지기 발해는 대조영이 동모산에서 건국함!

이것은 (가) 의 중대성에서 일본으로 보낸 외교 문서입니다. 화면에 보이는 것처럼 이 문서에 기록된 사절단에 고구려의 왕족 성씨인 고씨가 다수 포함된 것이 확인됩니다.

중대성첩

→ 발해

① 대조영이 동모산에서 건국하였다.

발해는 고구려 장군 출신 **대조영이 만주 지린성(길림성) 동모산에서 건국**한 나라예요. 발해의 지배층에는 **왕족인 대씨**와 **고구려 왕족의 성씨인 고씨**가 많았는데, 이를 통해 발해가 **고구려를 계승**한 나라임을 알 수 있어요. 한편 발해는 당의 3성 6부제를 수용하여 **정당성·선조성·중대성**으로 구성된 **3성**과 **6부**로 **중앙 정치 제도를 정비**하였는데, 6부의 명칭은 당과 달리 충, 인, 의 등 유교적 덕목을 사용하였어요.

☑️ 오답 체크
② 청해진을 중심으로 해상 무역이 전개되었다. → 통일 신라
③ 여러 가(加)들이 별도로 사출도를 주관하였다. → 부여
④ 지방 세력 견제를 위해 기인 제도가 실시되었다. → 고려

개념 다지기 발해는 대조영이 동모산에서 건국함!

이곳 옛 상경 용천부의 절터에는 높이 6.3m의 거대한 석등이 남아 있습니다. 이 석등을 통해 전성기에 해동성국이라 불렸던 (가) 의 융성한 불교 문화를 알 수 있습니다.

→ 발해

④ 대조영이 동모산에서 건국하였다.

발해는 고구려 장군 출신인 **대조영**이 만주 지린성 **동모산에서 건국**한 나라예요. 이후 발해는 체제 정비를 위해 중경 현덕부에서 **상경 용천부**, 다시 동경 용원부로 수도를 여러 차례 옮겼어요. 선왕 때에는 고구려의 옛 땅을 대부분 회복하며 전성기를 맞이하였고, 중국 당나라로부터 **해동성국**(바다 동쪽의 번성한 나라)이라 불렸어요.

☑️ 오답 체크
① 기인 제도를 실시하였다. → 고려
② 9주 5소경을 설치하였다. → 통일 신라
③ 한의 침략을 받아 멸망하였다. → 고조선

19

(가)에 들어갈 사실로 옳은 것은? [2점]

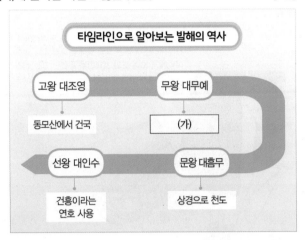

타임라인으로 알아보는 발해의 역사

고왕 대조영 → 동모산에서 건국

무왕 대무예 → (가)

선왕 대인수 → 건흥이라는 연호 사용

문왕 대흥무 → 상경으로 천도

① 대마도 정벌
② 4군 6진 개척
③ 동북 9성 축조
④ 산둥 반도의 등주 공격

20

(가) 국가에 대한 설명으로 옳은 것은? [3점]

(가) 의 영광탑을 보러 왔습니다. 벽돌로 쌓은 이 탑은 높이가 약 13미터에 이릅니다. 지하에는 무덤 칸으로 보이는 공간이 있어 (가) 의 정효 공주 무덤탑과 같은 양식으로 추정하기도 합니다.

① 송악에서 철원으로 도읍을 옮겼다.
② 수의 군대를 살수에서 크게 무찔렀다.
③ 인재 선발을 위하여 독서삼품과를 시행하였다.
④ 정당성 아래 6부를 두어 행정을 담당하게 하였다.

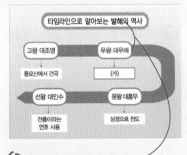

개념 다지기 발해 무왕은 산둥 반도의 등주를 공격함!

 ④산둥 반도의 등주 공격

발해 무왕(대무예)은 발해의 제2대 왕으로, '인안'이라는 독자적인 연호를 사용하여 당과 대등하다는 인식을 드러내었어요. 발해 무왕은 대당 강경책을 펼쳐, 동생 대문예를 파견하여 당과 연결을 시도한 흑수말갈을 정벌하게 하였는데, 이에 반대하던 대문예는 당으로 망명하였어요. 또한 무왕은 **장문휴**의 수군을 보내 **당의 산둥 반도의 등주**를 선제공격하기도 했어요.

☑ 오답 체크
① 대마도 정벌 → 고려 창왕, 조선 세종
② 4군 6진 개척 → 조선 세종
③ 동북 9성 축조 → 고려 예종

개념 다지기 발해는 정당성 아래 6부를 두어 행정을 담당하게 함!

발해

④정당성 아래 6부를 두어 행정을 담당하게 하였다.

발해는 당의 3성 6부제를 수용하여 중앙 정치 제도를 정비하였으며, 국정 총괄 기구인 **정당성 아래에 6부를 두어 행정을 담당**하게 하였어요. 한편 발해의 대표적인 유적으로는 **영광탑**과 문왕의 넷째 딸 **정효 공주의 무덤** 등이 있답니다.

☑ 오답 체크
① 송악에서 **철원으로 도읍을 옮겼다.** → 후고구려
② 수의 군대를 살수에서 크게 무찔렀다. → 고구려
③ 인재 선발을 위하여 **독서삼품과를 시행하였다.** → 통일 신라

21

60회 10번

다음 기획서에 나타난 시기에 발생한 사건으로 옳은 것은?

[2점]

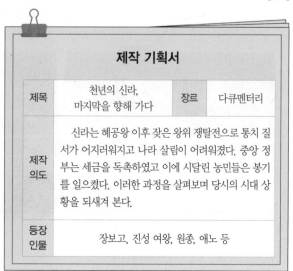

① 김헌창의 난
② 이자겸의 난
③ 김사미·효심의 난
④ 망이·망소이의 난

22

57회 10번

밑줄 그은 '그'가 활동한 시기에 볼 수 있는 모습으로 적절한 것은?

[2점]

① 성리학을 공부하는 유생
② 금속 활자를 주조하는 장인
③ 판소리 공연을 하는 소리꾼
④ 군사를 모아 장군이라 칭하는 호족

🗣 **개념 다지기** 신라 하대에 김헌창의 난이 일어남!

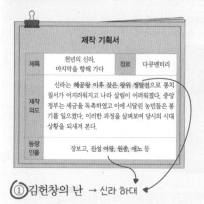

①**김헌창의 난** → 신라 하대

신라 하대에는 **혜공왕**이 반란으로 피살된 이후 왕권이 약해지면서 진골 귀족 간의 **왕위 쟁탈전**이 전개되었어요. 이러한 정치적 혼란 속에서 **헌덕왕** 때는 웅천주(공주) 도독 **김헌창**이 자신의 아버지가 왕위에 오르지 못한 것에 불만을 품고 난을 일으켰으며, **진성 여왕** 때는 **원종과 애노의 난** 등 농민 봉기가 일어났어요.

☑️ **오답 체크**
② 이자겸의 난 → 고려 시대
③ 김사미·효심의 난 → 고려 시대
④ 망이·망소이의 난 → 고려 시대

🗣 **개념 다지기** 신라 하대에는 장군이라 칭하는 호족이 등장함!

 최치원

신라 하대

④ **군사를 모아 장군이라 칭하는 호족** ◀

신라 하대에는 사회 혼란이 심화하였으며 중앙 정부의 통제력이 약화되어 반독립적인 세력인 **호족**이 등장하였어요. 이들은 군사를 모아 **스스로를 성주 또는 장군**이라고 칭하였어요. 한편 **진성 여왕** 때는 6두품 출신인 **최치원**이 개혁안인 **시무 10조**를 올려 당시 혼란했던 사회를 바로잡고자 했답니다.

☑️ **오답 체크**
① 성리학을 공부하는 유생 → 고려 말 ~ 조선 시대
② 금속 활자를 주조하는 장인 → 고려 ~ 조선 시대
③ 판소리 공연을 하는 소리꾼 → 조선 후기

23

60회 12번

(가)에 들어갈 인물로 옳은 것은? [2점]

① 견훤   ② 궁예   ③ 온조   ④ 주몽

24

60회 03번

밑줄 그은 '제도'로 옳은 것은? [2점]

① 흑창   ② 상평창   ③ 진대법   ④ 제위보

개념 다지기 궁예는 후고구려를 건국하고 철원으로 천도함!

②궁예

궁예는 신라 왕족 출신으로, 신라 하대에 **송악(개성)**을 도읍으로 삼아 **후고구려를 건국**하였어요. 이후 궁예는 국호(나라의 이름)를 후고구려에서 **마진**으로 바꾸고, **철원**으로 도읍을 옮겼으며, 후에 국호를 다시 마진에서 **태봉**으로 바꾸었어요.

☑️**오답 체크**
① 견훤 → 후백제를 건국
③ 온조 → 백제를 건국
④ 주몽 → 고구려를 건국

개념 다지기 고구려 고국천왕 때 진대법이 시행됨!

③진대법

진대법은 **고구려 고국천왕** 때 시행된 것으로, 매년 **봄**에 곡식을 빌려 주고 추수가 끝난 후 이른 **겨울**에 갚도록 한 **빈민 구휼** 제도예요. 『삼국사기』에 따르면 진대법은 고국천왕이 사냥을 나갔다가 흉년이 들어 울고 있던 백성의 사연을 듣고 어려운 백성을 구제하기 위해 시행하였다고 해요.

☑️**오답 체크**
① 흑창 → 고려의 빈민 구제 기구
② 상평창 → 고려의 물가 조절 기구
④ 제위보 → 고려의 빈민 구제 기구

25

(가)에 들어갈 가상 우표로 적절한 것은?   [2점]

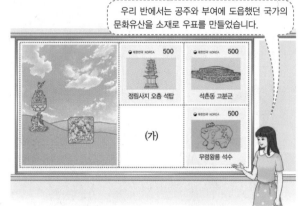

우리 반에서는 공주와 부여에 도읍했던 국가의 문화유산을 소재로 우표를 만들었습니다.

①
첨성대

② 미륵사지 석탑

③ 무용총 수렵도

④ 성덕 대왕 신종

26

(가)에 해당하는 문화유산으로 옳은 것은?   [2점]

문화유산 답사 보고서

답사 목적	한국의 산성 알아보기
답사 장소	(가)
답사 날짜	2021년 ○○월 ○○일
새롭게 알게 된 점	백제가 웅진에 수도를 두었을 당시 웅진성이라 불렸어. / 산성 안에는 쌍수정, 연지 등의 유적이 있어. / 2015년에 유네스코 세계유산으로 등재되었어.

①
공산성

②
삼랑성

③
삼년산성

④
오녀산성

개념 다지기 익산 미륵사지 석탑은 백제의 문화유산!

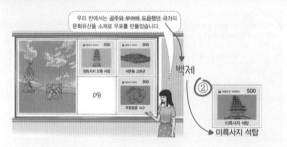

우리 반에서는 공주와 부여에 도읍했던 국가의 문화유산을 소재로 우표를 만들습니다.

백제
② 미륵사지 석탑
미륵사지 석탑

익산 미륵사지 석탑은 공주와 부여에 도읍했던 국가인 **백제의 문화유산**이에요. 이 석탑은 건립 연대가 밝혀진 우리나라의 석탑 중 가장 규모가 크고 오래되었으며, 돌을 목재처럼 다듬어 연결하는 등 **목탑 양식을 반영**하였다는 특징이 있어요.

☑ **오답 체크**

① 첨성대 → 신라의 문화유산
③ 무용총 수렵도 → 고구려의 문화유산
④ 성덕 대왕 신종 → 신라의 문화유산

개념 다지기 공산성은 웅진성이라 불렸음!

공산성

공산성은 백제가 웅진(공주)에 수도를 두었을 당시 웅진을 방어하기 위해 만든 성으로, 당시에는 **웅진성**이라 불렸어요. 산성 안에는 쌍수정이라는 정자와 연못인 연지 등의 유적이 남아 있어요. 공산성은 백제 역사 유적 지구에 포함되어 **유네스코 세계 문화유산**으로 등재되었답니다.

☑ **오답 체크**

② 삼랑성 → 강화도에 위치한 산성
③ 삼년산성 → 보은에 위치한 산성
④ 오녀산성 → 중국 요령성에 위치한 산성

27

다음 답사가 이루어진 지역으로 옳지 않은 것은?　　[2점]

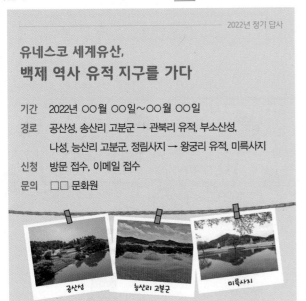

① 공주　　② 부여　　③ 익산　　④ 전주

28

다음 퀴즈의 정답으로 옳은 것은?　　[1점]

① 설총　　② 이사부　　③ 이차돈　　④ 최치원

개념 다지기　백제 역사 유적 지구 = 공주, 부여, 익산

④ 전주

백제 역사 유적 지구는 백제의 옛 수도였던 **공주, 부여**와 천도를 시도했다고 알려진 **익산**의 역사 유적으로 구성되어 있으며, 2015년에 유네스코 세계유산에 등재되었어요. 한편 **전주**는 고대에 견훤이 도읍(수도)으로 삼아 **후백제를 건국**한 지역이에요. 이후 조선 시대에는 태조 이성계의 어진(왕의 얼굴을 그린 그림)이 남아있는 **경기전이 건립**되었어요. 근대에 와서는 동학 농민군과 정부 사이에서 **전주 화약이 체결**되기도 하였어요.

개념 다지기　최치원은 진성 여왕에게 시무책 10여 조를 건의함!

④ 최치원

최치원은 통일 신라의 **6두품 출신 학자**로, 당에 건너가 외국인을 대상으로 한 과거 시험인 **빈공과에 합격**하여 당에서 관직 생활을 했어요. 이후 신라로 귀국한 최치원은 당시 통일 신라의 왕이었던 **진성 여왕**에게 **시무책 10여 조**를 올려 당시 혼란했던 사회를 바로잡고자 했답니다.

☑ 오답 체크
① 설총 → 「화왕계」 저술, 이두 정리
② 이사부 → 우산국 정벌
③ 이차돈 → 불교 공인 기여

29

다음 일기의 소재가 된 유적으로 옳은 것은? [2점]

> ○○월 ○○일 ○요일 날씨: ☀️
>
> 오늘은 동해안에 있는 절터에 갔다. 신문왕이
> 아버지 문무왕에 이어 완성한 곳으로, 절의 이름은
> 선왕의 은혜에 감사하는 마음을 담아 지었다고
> 한다. 마침 그곳에는 축제가 열려 대금 연주가 시작
> 되었다. 마치 만파식적 설화 속 대나무 피리 소리가
> 들리는 것 같았다.

①
경주 감은사지

②
여주 고달사지

③
원주 법천사지

④
화순 운주사지

30

학생들이 공통으로 이야기하는 문화유산으로 옳은 것은? [3점]

주제: 통일 신라의 석탑

경주 불국사 대웅전 앞에 있어.

2층 기단 위에 3층의 탑신을 세웠어.

탑을 보수하던 중 『무구정광대다라니경』이 발견되었지.

①

②

③

④

개념 다지기 — 경주 감은사지는 신문왕이 완성함!

> ○○월 ○○일 ○요일 날씨: ☀️
>
> 오늘은 동해안에 있는 절터에 갔다. 신문왕이
> 아버지 문무왕에 이어 완성한 곳으로, 절의 이름은
> 선왕의 은혜에 감사하는 마음을 담아 지었다고
> 한다. 마침 그곳에는 축제가 열려 대금 연주가 시작
> 되었다. 마치 만파식적 설화 속 대나무 피리 소리가
> 들리는 것 같았다.

①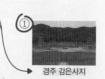
경주 감은사지

경주 감은사지는 **통일 신라 신문왕**이 자신의 아버지인 **문무왕**의 뒤를 이어 완성한 절인 감은사의 터예요. 절의 이름인 감은사는 **선왕의 은혜에 감사한다는 의미**를 담고 있으며, 현재는 절터와 두 개의 삼층 석탑(경주 감은사지 동·서 삼층 석탑)만 남아 있어요. 한편 『삼국유사』에는 신문왕이 감은사로 가는 길에 동해의 용이 된 아버지 문무왕에게 대나무를 받아 피리를 만들었다는 **만파식적 설화**가 전해지고 있답니다.

☑️ **오답 체크**
② 여주 고달사지 → 경덕왕 때 창건된 사찰의 터
③ 원주 법천사지 → 통일 신라 때 창건된 사찰의 터
④ 화순 운주사지 → 고려 시대에 번창한 사찰의 터

개념 다지기 — 불국사 삼층 석탑 = 『무구정광대다라니경』 발견

불국사 삼층 석탑

불국사 삼층 석탑은 통일 신라의 대표적인 탑으로, **경주 불국사** 대웅전 앞에 있는 두 탑 중 서쪽에 있는 탑이에요. 이 탑은 **2층 기단** 위에 **3층의 탑신**을 세운 것이 특징인데, 이는 통일 신라 탑의 전형적인 모습이랍니다. 한편 석탑의 보수 과정에서 세계에서 가장 오래된 목판 인쇄물인 **『무구정광대다라니경』이 발견**되었어요.

☑️ **오답 체크**
② 부여 정림사지 오층 석탑 → 백제의 석탑
③ 경주 분황사 모전 석탑 → 신라의 석탑
④ 익산 미륵사지 석탑 → 백제의 석탑

"왕은 18세에 왕위에 올라 칭호를 영락대왕이라 하였다.
은택(恩澤)은 하늘까지 미쳤고 위무(威武)는 사해(四海)에 떨쳤다."

– 광개토 대왕릉비 [34회 기출]

📍 **고려 시대 기출문제 주제별로 모아 풀기**

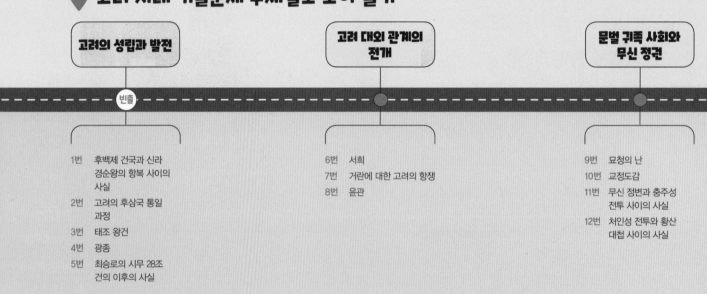

고려의 성립과 발전	고려 대외 관계의 전개	문벌 귀족 사회와 무신 정권
빈출		
1번 후백제 건국과 신라 경순왕의 항복 사이의 사실	6번 서희	9번 묘청의 난
2번 고려의 후삼국 통일 과정	7번 거란에 대한 고려의 항쟁	10번 교정도감
3번 태조 왕건	8번 윤관	11번 무신 정변과 충주성 전투 사이의 사실
4번 광종		12번 처인성 전투와 황산 대첩 사이의 사실
5번 최승로의 시무 28조 건의 이후의 사실		

III. 고려 시대

기출 32문제와 개념공략 해설

- 최근 3개년 간 매 회 50문제 중 7~8문제(약 16%)가 출제되었어요.
- 고려 시대는 고려의 초기 왕들의 업적을 구분하여 알아두고, 빈출되는 문화재 사진을 꼭 암기하세요!

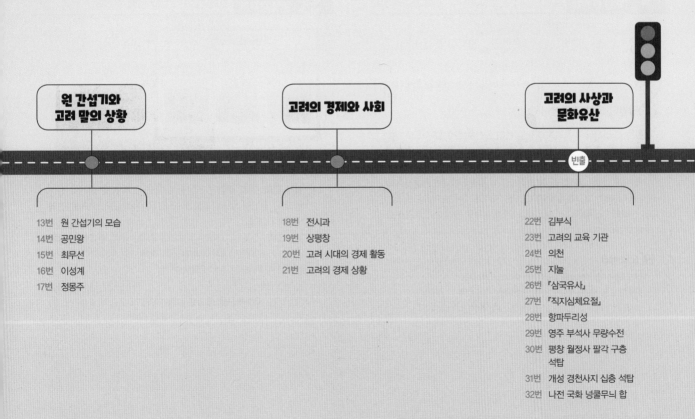

원 간섭기와 고려 말의 상황

고려의 경제와 사회

고려의 사상과 문화유산

빈출

01

58회 11번

(가), (나) 사이의 시기에 있었던 사실로 옳은 것은? [3점]

> (가) 견훤이 완산주를 근거지로 삼고 스스로 후백제라 일컬으니, 무주 동남쪽의 군현들이 투항하여 복속하였다.
> (나) 태조가 대상(大相) 왕철 등을 보내 항복해 온 경순왕을 맞이하게 하였다.

① 연개소문이 천리장성을 쌓았다.
② 최영이 요동 정벌을 추진하였다.
③ 왕건이 고창 전투에서 승리하였다.
④ 이순신이 명량에서 일본군을 물리쳤다.

02

55회 10번

(가)~(다)를 일어난 순서대로 옳게 나열한 것은? [2점]

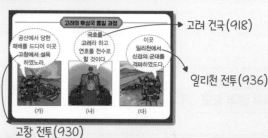

고려의 후삼국 통일 과정

(가) 공산에서 당한 패배를 드디어 이곳 고창에서 설욕하였노라.
(나) 국호를 고려라 하고 연호를 천수로 할 것이다.
(다) 이곳 일리천에서 신검의 군대를 격파하였도다.

① (가) - (나) - (다)
② (가) - (다) - (나)
③ (나) - (가) - (다)
④ (다) - (가) - (나)

 개념 다지기 후백제 건국 → 고창 전투 → 신라 경순왕 항복

> (가) 견훤이 완산주를 근거지로 삼고 스스로 후백제라 일컬으니, 무주 동남쪽의 군현들이 투항하여 복속하였다. → 후백제 건국(900)
> (나) 태조가 대상(大相) 왕철 등을 보내 항복해 온 경순왕을 맞이하게 하였다. → 신라 경순왕 항복(935)

③ 왕건이 고창 전투에서 승리하였다. → 930년

견훤은 신라 하대의 사회적 혼란을 틈타 **완산주(전주)를 수도**로 정하고 **후백제를 건국**하였어요(900). 이후 고려를 건국한 태조 왕건과 후삼국의 주도권을 두고 여러 차례 전투를 벌였고 **왕건이 고창 전투**에서 견훤이 이끄는 **후백제군에 승리**하면서, **후삼국의 주도권을 장악**하였습니다(930). 고려가 후백제와의 경쟁 속에서 후삼국의 주도권을 잡자, **신라의 경순왕**은 나라를 유지하기 어렵다고 판단하고 **스스로 고려에 항복**하였어요(935).

☑️ **오답 체크**
① 연개소문이 천리장성을 쌓았다. → 642년, (가) 이전
② 최영이 요동 정벌을 추진하였다. → 1388년, (나) 이후
④ 이순신이 명량에서 일본군을 물리쳤다. → 1597년, (나) 이후

 개념 다지기 고려 건국 → 고창 전투 → 일리천 전투

고려의 후삼국 통일 과정 → 고려 건국(918)
→ 일리천 전투(936)

고창 전투(930)

③ (나) - (가) - (다)

(나) **고려 건국**: 태조 왕건은 지나친 세금 수취와 공포 정치로 민심을 잃은 후고구려의 궁예를 몰아내고 왕위에 올라 **고려를 건국**하였어요(918).
(가) **고창 전투**: 건국 후 고려는 후백제와의 공산 전투에서 크게 패하였지만, **고창(안동)에서 후백제군을 격파**(고창 전투, 930)하면서 후삼국의 주도권을 장악하였어요.
(다) **일리천 전투**: 후삼국의 주도권을 장악한 고려는 견훤의 아들 **신검**이 이끄는 **후백제군을 상대로 일리천에서 크게 승리**(일리천 전투, 936)하면서 이를 계기로 후삼국을 통일하였어요.

03

(가) 왕에 대한 설명으로 옳은 것은? [2점]

① 훈요 10조를 남겼다.
② 과거제를 시행하였다.
③ 만권당을 설립하였다.
④ 전시과를 마련하였다.

04

밑줄 그은 '왕'의 업적으로 옳은 것은? [2점]

① 훈요 10조를 남겼다.
② 수도를 강화도로 옮겼다.
③ 노비안검법을 시행하였다.
④ 기철 등 친원파를 숙청하였다.

개념 다지기 태조 왕건은 훈요 10조를 남김!

태조 왕건

①훈요 10조를 남겼다. ◀

태조 왕건은 **고려를 건국**하고 **후삼국을 통일**한 왕이에요. 후삼국 통일 과정에서 **신라의 경순왕(김부)이** 고려에 항복하자, 태조 왕건은 **신라를 경주라** 하고 **김부를 경주의 사심관으로** 임명하였어요. 이를 통해 고려는 전쟁 없이 신라를 병합하였답니다. 한편 태조 왕건은 후대 왕들이 왕으로서 지켜야 할 정책 방향을 정리한 **훈요 10조**를 남겼어요.

오답 체크
② 과거제를 시행하였다. → 광종
③ 만권당을 설립하였다. → 충선왕
④ 전시과를 마련하였다. → 경종

개념 다지기 광종은 노비안검법을 시행함!

광종

③노비안검법을 시행하였다. ◀

광종은 호족 세력의 기반을 약화시키고, **왕권을 강화**하기 위한 정책을 펼쳤어요. 광종은 왕권 강화를 위해 호족들이 불법적으로 노비로 삼은 사람들을 양인으로 해방하는 **노비안검법을 시행**하여 호족들의 경제적·군사적 기반을 약화시켰어요. 또한 새로운 인재를 등용하고자 중국 후주 출신 **쌍기**의 건의를 받아들여 **과거 시험을 실시**하였어요.

오답 체크
① 훈요 10조를 남겼다. → 태조 왕건
② 수도를 강화도로 옮겼다. → 고종 때 최우
④ 기철 등 친원파를 숙청하였다. → 공민왕

05
55회 11번

다음 상황 이후에 일어난 사실로 옳은 것은? [2점]

① 상대등이 설치되었다.
② 12목에 지방관이 파견되었다.
③ 쌍기의 건의로 과거제가 실시되었다.
④ 웅천주 도독 김헌창이 반란을 일으켰다.

06
55회 13번

(가) 인물의 활동으로 옳은 것은? [1점]

① 강동 6주를 확보하였다.
② 동북 9성을 축조하였다.
③ 화통도감을 설치하였다.
④ 4군과 6진을 개척하였다.

 최승로의 시무 28조 건의 이후 12목에 지방관이 파견됨!

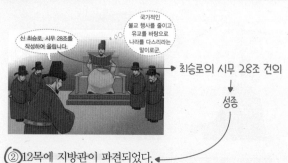

→ 최승로의 시무 28조 건의

성종

②12목에 지방관이 파견되었다. ◀

고려 **성종**(제6대 왕) 때 **최승로**는 유교 정치의 이념을 담아 **시무 28조**를 작성하여 **성종**에게 건의하였어요. 성종은 이를 수용하여 유교를 나라를 다스리는 이념으로 삼았고, 연등회 등 국가적인 불교 행사를 줄이고자 하였어요. 또한 지방의 주요 거점에 **12목을 설치**하고 지방관을 파견하였어요.

☑ 오답 체크
① 상대등이 설치되었다. → 신라 법흥왕
③ 쌍기의 건의로 과거제가 실시되었다. → 고려 광종
④ 웅천주 도독 김헌창이 반란을 일으켰다. → 통일 신라 헌덕왕

  서희가 거란의 침입 때 외교 담판으로 강동 6주를 확보함!

→ 서희

①강동 6주를 확보하였다. ◀

서희는 고려 성종 때 활동한 **외교가**예요. 당시 고려는 중국 송나라와 친선 관계를 맺은 반면, 발해를 멸망시킨 거란은 적대하였어요. 이를 구실로 **거란이 고려를 침입**하자(거란의 1차 침입), 서희는 거란의 장수 **소손녕**과 **외교 담판**을 벌여 **거란과 교류할 것을 약속**하는 대신 여진족을 몰아낸 뒤 **강동 6주를 확보**하였어요.

☑ 오답 체크
② 동북 9성을 축조하였다. → 윤관(고려)
③ 화통도감을 설치하였다. → 최무선(고려)
④ 4군과 6진을 개척하였다. → 최윤덕, 김종서(조선)

07

(가)~(다)를 일어난 순서대로 옳게 나열한 것은?　　　[3점]

여진을 내쫓고 우리 옛 땅을 돌려준다면 어찌 거란과 교류하지 않겠는가?

소손녕　서희

(가)

항복은 없다. 거란에 맞서 끝까지 싸우자.

양규

(나)

이곳 귀주에서 거란군을 모두 물리쳐라.

강감찬

(다)

① (가) - (나) - (다)　　　② (가) - (다) - (나)
③ (나) - (가) - (다)　　　④ (다) - (가) - (나)

08

(가)의 활동으로 옳은 것은?　　　[2점]

> ○ [가] 이/가 아뢰기를, "신이 여진에게 패배한 까닭은 그들은 기병이고 우리는 보병이어서 대적하기 어려웠기 때문입니다."라고 하였다. 이에 건의하여 비로소 별무반을 만들었다.
> 　　　　　　　　　　　　　　　　　　－ 『고려사절요』
>
> ○ [가] 이/가 여진을 쳐서 크게 물리쳤다. [왕이] 여러 장수를 보내 경계를 정하였다.
> 　　　　　　　　　　　　　　　　　　－ 『고려사』

① 강동 6주를 획득하였다.
② 동북 9성을 축조하였다.
③ 쓰시마 섬을 정벌하였다.
④ 쌍성총관부를 수복하였다.

 개념 다지기　서희의 외교 담판 → 흥화진 전투 → 귀주 대첩

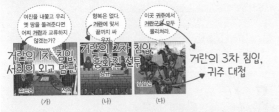

거란의 1차 침입, 서희의 외교 담판

소손녕　서희

(가)

거란이 2차 침입, 흥화진 전투

양규

(나)

침입,

강감찬

(다)

거란의 3차 침입, 귀주 대첩

①(가) - (나) - (다)

(가) **서희의 외교 담판**: 고려 **성종** 때 거란 장수 **소손녕**의 군대가 고려를 공격하자(거란의 1차 침입), 서희가 **외교 담판**을 벌여 **강동 6주** 지역을 획득하였어요.
(나) **흥화진 전투**: 고려 **현종** 때 강조의 정변을 구실로 거란이 **2차 침입**하자, **양규**가 흥화진에서 **거란군**을 물리쳤어요.
(다) **귀주 대첩**: 고려 **현종** 때 거란이 강동 6주의 반환을 요구하며 **3차 침입**하자, **강감찬**이 귀주에서 **거란군을 격퇴**하였어요.

 개념 다지기　윤관은 동북 9성을 축조함!

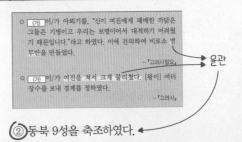

> ○ [가] 이/가 아뢰기를, "신이 여진에게 패배한 까닭은 그들은 기병이고 우리는 보병이어서 대적하기 어려웠기 때문입니다."라고 하였다. 이에 건의하여 비로소 별무반을 만들었다.
> 　　　　　　　　　　　－ 『고려사절요』
>
> ○ [가] 이/가 여진을 쳐서 크게 물리쳤다. [왕이] 여러 장수를 보내 경계를 정하였다.
> 　　　　　　　　　　　－ 『고려사』

윤관

②동북 9성을 축조하였다.

윤관은 **고려의 관리**로, **숙종** 때 여진 정벌을 위해 신기군(말을 탄 군사), 신보군(말을 타지 않은 군사), 항마군(승려로 조직된 군사)으로 구성된 **별무반 설치**를 건의하였어요. 이후 **예종** 때에는 별무반을 이끌고 여진을 **정벌**한 후, **동북 9성**을 축조하였어요.

☑ **오답 체크**
① 강동 6주를 획득하였다. → 서희
③ 쓰시마 섬을 정벌하였다. → 박위, 이종무 등
④ 쌍성총관부를 수복하였다. → 유인우, 이자춘 등

Ⅲ. 고려 시대　해커스 한국사능력검정시험 한권완성 기출 500제 기본

09

58회 14번

다음 상황이 일어난 시기를 연표에서 옳게 고른 것은? [3점]

① (가)　　　② (나)　　　③ (다)　　　④ (라)

10

60회 16번

다음 퀴즈의 정답으로 옳은 것은? [2점]

① 중방　　　　　　　　② 교정도감
③ 도병마사　　　　　　④ 식목도감

개념 다지기 귀주 대첩 → 묘청의 난 → 무신 정변

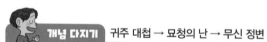
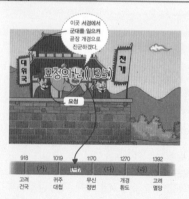

②(나)

묘청의 난은 고려 인종 때 승려 묘청 등의 서경파가 **서경(평양)**에서 일으킨 반란이에요. 묘청은 인종에게 **서경으로 수도를 옮기면 금이 스스로 항복할 것**이라고 주장하였어요. 그러나 개경파의 반대로 서경 천도가 실패하자 **서경**에서 국호를 **대위국**, 연호를 **천개**라 하고 난을 일으켰어요(1135). 난은 김부식이 이끄는 관군에 의해 진압되었으며, 이후 보수적 문신 세력의 득세로 무신에 대한 **차별**이 심화되어 결국 **무신 정변**이 일어나게 되었어요(1170).

개념 다지기 고려 무신 정권기의 최고 권력 기구는 교정도감!

②교정도감

교정도감은 고려 **최씨 무신 정권기의 최고 권력 기구**로, 본래 최충헌이 반대 세력을 감시하기 위해 **임시 기구**로 설치했으나, 점차 모든 국정을 관장하는 최고 권력 기구가 되었어요. **최충헌**은 스스로 교정도감의 장관인 **교정별감**이 되어 국정 전반을 장악하였어요.

☑ 오답 체크
① 중방 → 고려 시대의 무신 회의 기구
③ 도병마사 → 고려 시대의 국방·군사 문제 논의 기구
④ 식목도감 → 고려 시대의 법제·격식 문제 논의 기구

11

(가) 시기에 있었던 사실로 옳은 것은? [3점]

① 이자겸이 난을 일으켰다.
② 묘청이 서경 천도를 주장하였다.
③ 만적이 개경에서 봉기를 모의하였다.
④ 강감찬이 귀주에서 큰 승리를 거두었다.

12

(가) 시기에 있었던 사실로 옳은 것은? [3점]

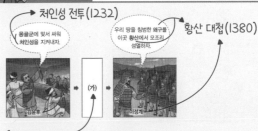

① 과전법이 시행되었다.
② 이자겸이 난을 일으켰다.
③ 궁예가 후고구려를 세웠다.
④ 팔만대장경판이 제작되었다.

개념 다지기　무신 정변 → 만적의 난 → 충주성 전투

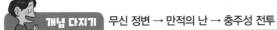

③ 만적이 개경에서 봉기를 모의하였다.
→ 만적의 난(1198), 무신 집권기

고려 의종 때 정중부 등이 무신에 대한 차별 대우에 반발하여 **문신들을 제거하고 정권을 장악**하였어요(**무신 정변**, 1170). 무신 정변 이후 약 100년 간 무신 집권기가 이어졌는데, 무신 집권기 중 **최충헌**이 집권하던 시기에는 최충헌의 노비였던 **만적**이 개경에서 신분 해방을 위해 봉기를 모의하였으나, 실패하였어요(**만적의 난**, 1198). 뒤이어 **최우**가 정권을 잡은 시기부터 고려는 **몽골의 침입**을 받기 시작했어요. 그중 몽골의 5차 침입 때 **김윤후**가 충주성에서 백성들과 힘을 합쳐 몽골군의 침입을 격퇴하였어요(**충주성 전투**, 1253).

☑ 오답 체크
① 이자겸이 난을 일으켰다. → 고려 문벌 귀족 집권기, 무신 정변 이전
② 묘청이 서경 천도를 주장하였다. → 고려 문벌 귀족 집권기, 무신 정변 이전
④ 강감찬이 귀주에서 큰 승리를 거두었다. → 고려 초기, 무신 정변 이전

개념 다지기　처인성 전투 → 팔만대장경판 제작 → 황산 대첩

④ 팔만대장경판이 제작되었다. → 1236~1251년, 무신 집권기

고려는 13세기 최씨 무신 정권 때 여러 차례 **몽골의 침입**을 받았어요. 몽골의 1차 침입 이후 고려 정부가 강화도로 수도를 옮기자, 몽골은 이를 구실로 **고려를 2차 침입**하였고, 이때 승려 **김윤후**가 **처인성**에서 **몽골 장수 살리타를 사살**하였어요(처인성 전투, 1232). 이후 고려는 부처의 힘을 빌려 **몽골의 침입**을 극복하기 위해 **팔만대장경판이 제작**하였어요(1236~1251). 한편 14세기 **우왕** 때 **왜구의 침입**을 받았는데, 이때 **황산**에서 **이성계**가 왜구를 격퇴하였답니다(황산 대첩, 1380).

☑ 오답 체크
① 과전법이 시행되었다. → 고려 공양왕 재위 시기, 황산 대첩 이후
② 이자겸이 난을 일으켰다. → 고려 문벌 귀족 집권기, 처인성 전투 이전
③ 궁예가 후고구려를 세웠다. → 신라 하대, 처인성 전투 이전

13

60회 20번

선생님의 질문에 대한 학생의 대답으로 옳지 <u>않은</u> 것은? [2점]

원 간섭기 몽골 문화의 영향을 받은 고려의 생활 모습에 대해 말해 볼까요?

① 지배층을 중심으로 변발이 유행하였어요.

② 증류 방식으로 소주를 제조하였어요.

③ 고추를 넣어 김치를 담갔어요.

④ 아랫도리에 주름을 잡은 철릭을 입었어요.

14

57회 17번

다음 다큐멘터리에서 볼 수 있는 장면으로 적절하지 <u>않은</u> 것은? [2점]

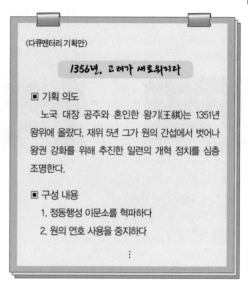

〈다큐멘터리 기획안〉

1356년, 고려가 새로워지다

■ 기획 의도
   노국 대장 공주와 혼인한 왕기(王祺)는 1351년 왕위에 올랐다. 재위 5년 그가 원의 간섭에서 벗어나 왕권 강화를 위해 추진한 일련의 개혁 정치를 심층 조명한다.

■ 구성 내용
  1. 정동행성 이문소를 혁파하다
  2. 원의 연호 사용을 중지하다
     ⋮

① 수원 화성을 축조하는 백성
② 쌍성총관부를 공격하는 군인
③ 숙청당하는 기철 등 친원 세력
④ 정방 폐지 교서를 작성하는 관리

개념 다지기 고추를 넣어 김치를 담근 시기는 조선 후기!

③ **고추를 넣어 김치를 담갔어요.** → 조선 후기

임진왜란 이후 일본을 통해 **고추가 우리나라에 전래**되어 조선 후기에는 고추를 넣어 김치를 담갔답니다. 한편 **원 간섭기**는 고려가 몽골이 세운 **원나라에 간섭을 받던 시기**로, 몽골 문화의 영향을 많이 받았어요.

☑ 오답 체크
① 원 간섭기에는 지배층을 중심으로 몽골식 머리 모양인 **변발**이 유행하였어요.
② 원 간섭기에는 증류 방식으로 제조하는 술인 **소주**가 전래되었어요.
④ 원 간섭기에는 주름을 잡은 하의를 상의에 연결한 형태의 **철릭**을 입었어요.

개념 다지기 공민왕은 정동행성 이문소를 혁파함!

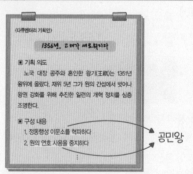

공민왕

① **수원 화성을 축조하는 백성** → 정조(조선)

조선 정조는 수원에 **화성을 축조**하고 자신의 정치적 이상을 실현하는 도시로 육성하였어요. 한편 **공민왕**은 원의 세력이 약화된 상황을 이용해 고려의 내정을 간섭하던 기구인 **정동행성 이문소**를 **혁파**하였으며, **원의 연호 사용을 중지**하였어요.

☑ 오답 체크
② **공민왕**은 유인우 등을 보내 **쌍성총관부**를 공격하게 하여 원이 다스리던 철령 이북의 땅을 되찾았어요.
③ **공민왕**은 기철을 비롯한 친원 세력을 숙청하였어요.
④ **공민왕**은 인사권 장악을 위해 인사 행정을 담당하던 **정방**을 **폐지**하였어요.

15

57회 19번

(가) 인물의 활동으로 옳은 것은? [2점]

이 전투는 고려 말 (가) 이/가 제작한 화포를 이용하여 왜구를 크게 물리친 진포 대첩입니다.

① 거중기를 설계하였다.
② 앙부일구를 제작하였다.
③ 비격진천뢰를 발명하였다.
④ 화통도감 설치를 건의하였다.

16

55회 17번

(가)에 들어갈 내용으로 옳은 것은? [2점]

 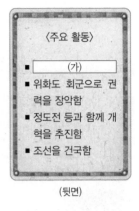

〈주요 활동〉
■ (가)
■ 위화도 회군으로 권력을 장악함
■ 정도전 등과 함께 개혁을 추진함
■ 조선을 건국함

(앞면)　　　(뒷면)

① 별무반을 편성함
② 우산국을 정벌함
③ 전민변정도감을 설치함
④ 황산에서 왜구를 격퇴함

개념 다지기 최무선은 화통도감 설치를 건의함!

이 전투는 고려 말 (가) 이/가 제작한 화포를 이용하여 왜구를 크게 물리친 진포 대첩입니다.

→ 최무선

④ 화통도감 설치를 건의하였다. ◀

최무선은 **고려 말**에 활동한 인물로, 원나라 사람으로부터 화약 제조 기술을 습득하여 **화약 및 화포 개발**에 성공하였어요. 이후 **우왕**에게 **화통도감의 설치를 건의**하였고, 이곳에서 화약과 화포를 제작하였어요. 또한 왜구가 침입하자, **화약과 화포를 이용해 진포에서 왜구를 크게 물리쳤어요(진포 대첩).**

☑ **오답 체크**
① 거중기를 설계하였다. → 정약용(조선)
② 앙부일구를 제작하였다. → 장영실(조선)
③ 비격진천뢰를 발명하였다. → 이장손(조선)

개념 다지기 이성계는 우왕 때 황산에서 왜구를 격퇴함!

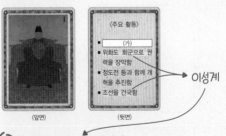

〈주요 활동〉
■ (가)
■ 위화도 회군으로 권력을 장악함
■ 정도전 등과 함께 개혁을 추진함
■ 조선을 건국함

(앞면)　(뒷면)

→ 이성계

④ 황산에서 왜구를 격퇴함 ◀

이성계는 고려 말 **황산 대첩** 등에서 **왜구를 격퇴**하며 성장한 **신흥 무인 세력**의 대표적인 인물이에요. 이후 이성계는 명나라가 차지한 요동 지역으로 정벌을 나섰다가 **위화도에서 군대를 돌려** 개경을 장악한 후, 우왕과 최영을 몰아내고 **권력을 장악**하였어요. 위화도 회군 이후 이성계는 새로운 국가 건설을 주장한 **정도전 등 혁명파 사대부**와 함께 과전법을 제정하는 등의 개혁을 추진하였고, 이를 토대로 **조선을 건국**하였어요.

☑ **오답 체크**
① 별무반을 편성함 → 윤관(고려)
② 우산국을 정벌함 → 이사부(신라)
③ 전민변정도감을 설치함 → 공민왕(고려)

17

(가)에 들어갈 인물로 옳은 것은? [1점]

(앞면) (뒷면)

· 고려 시대 학자
· 성균관 대사성 역임
· 사신으로 명, 일본 왕래
· 조선 건국 세력에 맞서 고려 왕조를 지키고자 함
· 문집으로 『포은집』이 있음

① 박지원
②  송시열
③  정몽주
④ 정도전

18

(가)에 들어갈 내용으로 옳은 것은? [1점]

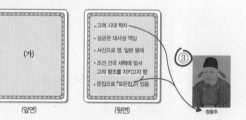

(가) 에 대해 알려줄래?

고려 경종 때 처음 시행되었어.
관직 복무 등에 대한 대가였어.
전지와 시지를 차등 지급했어.

① 과전법 ② 납속책
③ 전시과 ④ 호포제

개념 다지기 정몽주는 고려 왕조를 지키고자 함!

(앞면) (뒷면)
③ 정몽주

정몽주는 고려 말에 활동한 **온건파 사대부**로, 점진적인 사회 개혁을 추구하며 조선 건국 세력인 급진파 사대부에 맞서 **고려 왕조의 유지를 주장**하다가 이방원 일파에 의해 개성 선죽교에서 죽임을 당하였어요. 한편 정몽주의 대표적인 문집으로는 그의 호(포은)를 따서 지은 『포은집』이 있어요.

☑ 오답 체크
① 박지원 → 조선 후기의 실학자
② 송시열 → 조선 후기의 성리학자
④ 정도전 → 고려 말~조선 초의 급진파 사대부

개념 다지기 전시과는 고려 경종 때 처음 시행됨!

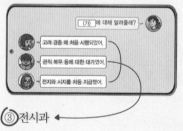

(가) 에 대해 알려줄래?
고려 경종 때 처음 시행되었어.
관직 복무 등에 대한 대가였어.
전지와 시지를 차등 지급했어.
③ 전시과

전시과는 고려 시대의 **토지 제도**로, **경종 때 처음 시행**되었어요. 이는 관리에게 관직 복무 등의 대가로 농사를 짓는 땅인 **전지**와 땔감을 얻을 수 있는 **시지를 차등 지급**하되, 소유권이 아닌 **수조권**(세금을 거둘 수 있는 권리)만 지급하는 제도였어요. 한편 전시과는 **목종**과 **문종** 때 고쳐 실시되었으나, 무신 정변 이후 관리들에게 지급할 토지가 부족해지면서 붕괴되었어요.

☑ 오답 체크
① 과전법 → 고려 말~조선 초의 토지 제도
② 납속책 → 조선 시대의 재정 보충 제도
④ 호포제 → 흥선 대원군 집권기의 군역 제도

19

(가)에 들어갈 기구로 옳은 것은? [2점]

이번에 새로운 기구로 (가) 이/가 설치됩니다. 개경과 서경 및 12목에 설치될 예정으로, 풍년에는 곡물을 사들이고 흉년에는 곡물을 풀어 물가를 조절하는 기능을 하게 됩니다.

개경과 서경 등에 물가 조절 기구 설치

① 중방
② 상평창
③ 어사대
④ 식목도감

20

교사의 질문에 대한 학생의 답변으로 옳지 <u>않은</u> 것은? [2점]

고려 시대의 경제 활동에 대해 말해 볼까요?

① 벽란도에서 국제 무역을 하였어요.

② 농민들이 고추, 담배 등 상품 작물을 재배하였어요.

③ 시전 상인들이 개경에서 물품을 판매하였어요.

④ 사원에서 종이와 기와를 만들어 팔았어요.

개념 다지기 상평창은 개경과 서경 등에 설치된 물가 조절 기구!

이번에 새로운 기구로 (가) 이/가 설치됩니다. 개경과 서경 및 12목에 설치될 예정으로, 풍년에는 곡물을 사들이고 흉년에는 곡물을 풀어 물가를 조절하는 기능을 하게 됩니다.

개경과 서경 등에 물가 조절 기구 설치

 ② 상평창

상평창은 **고려 성종** 때 **개경과 서경 및 12목에 설치**된 **물가 조절 기구**예요. 이 기구는 풍년이 들면 국가에서 곡물을 사서 곡물 가격을 올리고, 흉년에는 보관해두었던 곡물을 유통시켜 곡물 가격을 떨어뜨리는 방식으로 물가를 조절하였어요.

☑ **오답 체크**
① 중방 → 고려 시대의 무신 회의 기구
③ 어사대 → 고려 시대의 관리 감찰 기구
④ 식목도감 → 고려 시대의 법제·격식 논의 기구

개념 다지기 고추, 담배 등 상품 작물을 재배한 것은 조선 후기!

고려 시대의 경제 활동에 대해 말해 볼까요?

① 벽란도에서 국제 무역을 하였어요.

② 농민들이 고추, 담배 등 상품 작물을 재배하였어요.

③ 시전 상인들이 개경에서 물품을 판매하였어요.

④ 사원에서 종이와 기와를 만들어 팔았어요.

② 농민들이 고추, 담배 등 상품 작물을 재배하였어요.
→ 조선 후기

조선 후기에는 **농민**들이 소득이 높은 **고추, 담배** 등을 **상품 작물**로 재배하여 시장에 내다 팔아 부를 축적하였어요.

☑ **오답 체크**
① 고려 시대에는 예성강 하구의 **벽란도**에서 국제 무역을 하였어요.
③ 고려 시대에는 수도인 **개경**에 설치된 **시전의 상인**들이 물품을 판매하였어요.
④ 고려 시대에는 **사원**에서 승려들이 **종이와 기와** 등의 물건을 만들어 팔았어요.

21

55회 15번

밑줄 그은 '이 국가'의 경제 상황으로 옳은 것은? [3점]

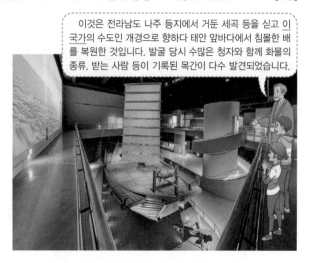

> 이것은 전라남도 나주 등지에서 거둔 세곡 등을 싣고 이 국가의 수도인 개경으로 향하다 태안 앞바다에서 침몰한 배를 복원한 것입니다. 발굴 당시 수많은 청자와 함께 화물의 종류, 받는 사람 등이 기록된 목간이 다수 발견되었습니다.

① 전시과 제도가 실시되었다.
② 고구마, 감자가 널리 재배되었다.
③ 모내기법이 전국적으로 확산되었다.
④ 시장을 감독하기 위한 동시전이 설치되었다.

22

57회 16번

다음 퀴즈의 정답으로 옳은 것은? [1점]

> 1단계 | 본관은 경주로 고려의 유학자이자 정치가이다.
> 2단계 | 서경에서 묘청이 난을 일으키자 진압군의 원수로 임명되어 이를 평정하였다.
> 3단계 | 왕명으로 감수국사가 되어 『삼국사기』를 편찬하였다.

> 제시된 단계별 힌트를 종합하여 알 수 있는 인물은 누구일까요?

① 양규 　　② 일연 　　③ 김부식 　　④ 이제현

개념 다지기　고려에서는 전시과 제도가 실시됨!

→ 고려

①전시과 제도가 실시되었다.

고려는 배를 이용하여 지방에서 세금으로 거둔 곡식을 **수도 개경**으로 운반하였어요. 한편 고려는 **청자 제작 기술**이 발전하여 다양한 청자가 만들어졌는데, 특히 표면에 다양한 무늬를 새기는 상감법으로 만든 청자가 대표적이랍니다. 또한 고려에서는 토지 제도로 **전시과 제도**가 실시되어, 관리에게 농사를 지을 수 있는 땅인 전지와 땔감을 거둘 수 있는 시지가 지급되었어요.

☑️ 오답 체크
② 고구마, 감자가 널리 재배되었다. → 조선
③ 모내기법이 전국적으로 확산되었다. → 조선
④ 시장을 감독하기 위한 동시전이 설치되었다. → 신라

개념 다지기　김부식은 『삼국사기』를 편찬함!

③ 김부식

김부식은 고려의 유학자이자 정치가로, 고려 인종 때 승려 **묘청** 등이 서경 천도에 실패에 반발하여 서경에서 난을 일으키자 **진압군의 원수**(군사를 통솔하는 장수)로 임명되어 반란군을 진압하였어요. 또한 인종의 명을 받들어 기전체 형식의 역사서인 **『삼국사기』를 편찬**하였어요.

☑️ 오답 체크
① 양규 → 흥화진 전투 승리
② 일연 → 『삼국유사』 저술
④ 이제현 → 만권당에서 원의 학자들과 교류

23

(가)~(다) 학생이 발표한 내용을 일어난 순서대로 옳게 나열한 것은? [3점]

〈배움 주제: 고려의 교육 기관〉

인재를 양성하기 위해 국자감이 처음 설치되었어요.

사립 학교인 9재 학당이 세워졌어요.

성균관이 정비되어 유학 교육이 강화되었어요.

(가) (나) (다)

① (가) - (나) - (다) ② (가) - (다) - (나)
③ (나) - (가) - (다) ④ (다) - (가) - (나)

24

(가)에 들어갈 인물로 옳은 것은? [2점]

검색 결과입니다.

영통사 대각국사비에 대해 검색해 줘.

영통사 대각국사비는 고려 문종의 넷째 아들로 승려가 된 [(가)]의 행적을 새긴 비석이다. 비문에는 그가 송에서 불교를 배우고 돌아와 해동 천태종을 개창한 사실이 기록되어 있다.

① 원효 ② 의천
③ 지눌 ④ 혜심

 개념 다지기 국자감 설치 → 9재 학당 설립 → 성균관 정비

〈배움 주제: 고려의 교육 기관〉

인재를 양성하기 위해 국자감이 처음 설치되었어요. → 성종

사립 학교인 9재 학당이 세워졌어요. → 문종

성균관이 정비되어 유학 교육이 강화되었어요. → 공민왕

(가) (나) (다)

①(가) - (나) - (다)

(가) **성종** 때 인재를 양성하기 위해 국립 교육 기관인 **국자감이 처음 설치**되었으며, 이는 고려 후기에 성균관으로 개칭되었어요.

(나) **문종** 때 **최충**이 문헌공도라고 불리기도 한 사립 교육 기관인 **9재 학당**을 세웠어요.

(다) **공민왕** 때 성균관이 순수 유학 교육 기관으로 정비되어, 유학 교육이 강화되었어요.

 개념 다지기 의천은 해동 천태종을 개창함!

검색 결과입니다.

영통사 대각국사비에 대해 검색해 줘.

영통사 대각국사비는 고려 문종의 넷째 아들로 승려가 된 [(가)]의 행적을 새긴 비석이다. 비문에는 그가 송에서 불교를 배우고 돌아와 해동 천태종을 개창한 사실이 기록되어 있다.

②의천

의천은 **고려의 승려**로, **문종의 넷째 아들**이자 **숙종의 동생**이에요. 송나라에서 유학한 의천은 고려로 돌아와 **불교 교단의 통합**을 위해 **국청사**를 중심으로 해동 천태종을 개창하였어요. 그는 이를 기반으로 교종을 중심으로 선종 통합을 시도하였어요.

☑ **오답 체크**
① 원효 → 무애가 유포
③ 지눌 → 정혜결사 조직
④ 혜심 → 유·불 일치설 주장

25

다음 가상 인터뷰의 (가)에 들어갈 내용으로 적절한 것은?

[3점]

지눌 스님, 불교를 위해 어떤 활동을 하셨나요?

(가)

① 무애가를 지었습니다.
② 천태종을 개창하였습니다.
③ 수선사 결사를 제창하였습니다.
④ 『왕오천축국전』을 저술하였습니다.

26

밑줄 그은 '이 책'으로 옳은 것은?

[1점]

이달의 책

이 책에 대해 말해 주세요.

승려 일연이 저술한 역사서입니다.

단군의 고조선 건국 이야기가 실려 있습니다.

① 『동국통감』
② 『동사강목』
③ 『삼국유사』
④ 『제왕운기』

 **개념 다지기** 지눌은 수선사 결사를 제창함!

지눌 스님, 불교를 위해 어떤 활동을 하셨나요?

(가)

③ 수선사 결사를 제창하였습니다.

보조국사 지눌은 **고려의 승려**로, 무신 집권기 이후 타락한 불교계를 바로잡고자 **수선사 결사**를 제창하여 독경과 선의 수행을 강조하였어요. 이때 지눌은 내가 부처임을 깨닫고 꾸준한 수행으로 이를 확인해야 한다는 **돈오점수**와, 선종과 교종을 분리하지 않고 선정과 지혜를 함께 수행해야 한다는 **정혜쌍수**를 주장하였답니다.

☑️ **오답 체크**
① 무애가를 지었습니다. → 원효(신라)
② 천태종을 개창하였습니다. → 의천(고려)
④ 『왕오천축국전』을 저술하였습니다. → 혜초(신라)

 개념 다지기 『삼국유사』는 일연이 저술한 역사서!

③ 『삼국유사』

『삼국유사』는 고려 원 간섭기인 **충렬왕** 때 승려 **일연**이 저술한 **역사서**예요. 불교사를 중심으로 고대의 민간 설화나 전래 기록 등을 수록하였으며, 단군을 우리 민족의 시조로 여겨 **단군의 고조선 건국 이야기**를 실은 것이 특징이에요.

☑️ **오답 체크**
① 『동국통감』 → 조선 전기에 서거정 등이 저술한 역사서
② 『동사강목』 → 조선 후기에 안정복이 저술한 역사서
④ 『제왕운기』 → 고려 시대에 이승휴가 저술한 역사서

27

55회 12번

(가)에 들어갈 내용으로 옳은 것은? [2점]

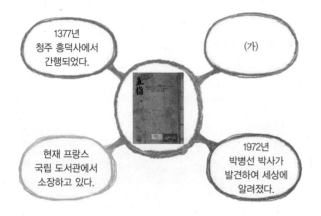

1377년
청주 흥덕사에서
간행되었다.

(가)

현재 프랑스
국립 도서관에서
소장하고 있다.

1972년
박병선 박사가
발견하여 세상에
알려졌다.

① 김부식이 왕명을 받아 편찬하였다.
② 「사초」와 『시정기』를 바탕으로 제작되었다.
③ 우리나라 풍토에 맞는 농법을 소개하였다.
④ 현존하는 세계에서 가장 오래된 금속 활자본이다.

28

55회 18번

밑줄 그은 '유적'으로 옳은 것은? [1점]

제주도 방문을 환영합니다. 우리 비행기에서는 선사 시대부터 현대까지 제주의 다양한 역사 유적을 가상으로 체험해 볼 수 있습니다. 지금부터 역사 여행을 떠나 볼까요?

①
참성단

②
다산 초당

③
항파두리성

④
부석사 무량수전

개념 다지기 「직지심체요절」은 현존하는 세계에서 가장 오래된 금속 활자본!

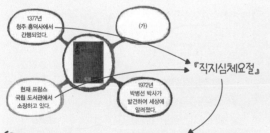

1377년
청주 흥덕사에서
간행되었다.

(가)

현재 프랑스
국립 도서관에서
소장하고 있다.

1972년
박병선 박사가
발견하여 세상에
알려졌다.

『직지심체요절』

④현존하는 세계에서 가장 오래된 금속 활자본이다.

『직지심체요절』은 고려 우왕 때 청주 흥덕사에서 간행된 불교 서적으로, 현존하는 세계에서 가장 오래된 금속 활자본이에요. 이 책은 프랑스 국립 도서관에서 연구원으로 일하던 박병선 박사가 발견하여 세상에 알려졌고, 세계에서 가장 오래된 금속 활자본이라는 점을 인정받아 유네스코 세계 기록유산에 등재되었답니다. 현재 『직지심체요절』은 프랑스 국립 도서관에서 소장하고 있어요.

☑ **오답 체크**
① 김부식이 왕명을 받아 편찬하였다. → 『삼국사기』
② 「사초」와 『시정기』를 바탕으로 제작되었다. → 『조선왕조실록』
③ 우리나라 풍토에 맞는 농법을 소개하였다. → 『농사직설』

개념 다지기 항파두리성은 제주의 대표적인 유적!

제주도 방문을 환영합니다. 우리 비행기에서는 선사 시대부터 현대까지 제주의 다양한 역사 유적을 가상으로 체험해 볼 수 있습니다. 지금부터 역사 여행을 떠나 볼까요?

③
항파두리성

항파두리성은 제주도의 대표적인 역사 유적 중 하나예요. 이 성은 고려 시대에 삼별초가 몽골에 저항하던 주요 거점 역할을 하였답니다.

☑ **오답 체크**
① 참성단 → 강화도
② 다산 초당 → 강진
④ 부석사 무량수전 → 영주

29

(가)에 들어갈 문화유산으로 옳은 것은? [3점]

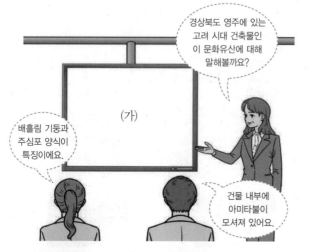

경상북도 영주에 있는 고려 시대 건축물인 이 문화유산에 대해 말해볼까요?

배흘림 기둥과 주심포 양식이 특징이에요.

건물 내부에 아미타불이 모셔져 있어요.

(가)

① 금산사 미륵전

② 법주사 팔상전

③ 화엄사 각황전

④ 부석사 무량수전

30

밑줄 그은 '탑'으로 옳은 것은? [2점]

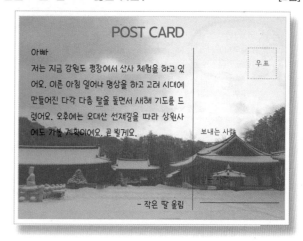

POST CARD

아빠

저는 지금 강원도 평창에서 산사 체험을 하고 있어요. 이른 아침 일어나 명상을 하고 고려 시대에 만들어진 다각 다층 탑을 돌면서 새해 기도를 드렸어요. 오후에는 오대산 선재길을 따라 상원사에도 가볼 계획이에요. 곧 뵐게요.

우표

보내는 사람

- 작은 딸 올림

① 불국사 다보탑

② 신륵사 다층 전탑

③ 월정사 팔각 구층 석탑

④ 화엄사 사사자 삼층 석탑

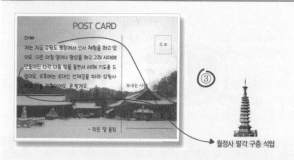

31

(가)에 들어갈 문화유산으로 옳은 것은? [2점]

문화유산 카드

(가)

- 종목: 국보
- 시대: 고려
- 소장처: 국립 중앙 박물관
- 소개: 원의 영향을 받은 탑으로, 대리석으로 만들어졌다. 목조 건축을 연상하게 하는 다채로운 조각들이 섬세하게 새겨져 있다.

①

불국사 삼층 석탑

② 분황사 모전 석탑

③ 영광탑

④ 경천사지 십층 석탑

개념 다지기 개성 경천사지 십층 석탑은 원의 영향을 받은 탑!

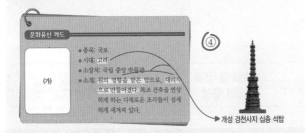

개성 경천사지 십층 석탑

개성 경천사지 십층 석탑은 **고려 후기**에 만들어진 석탑으로, **원의 영향**을 받아 **대리석**으로 만들어진 것이 특징이에요. 한편 이 탑은 대한제국 시기에 일본인에게 약탈되었다가 일제 강점기에 베델과 헐버트 등의 노력으로 다시 되돌아왔으며, 현재는 **국립 중앙 박물관**에 전시되어 있어요. 한편 경천사지 십층 석탑은 조선 전기 세조 때 만들어진 원각사지 십층 석탑에 영향을 주었어요.

☑ **오답 체크**

① 불국사 삼층 석탑 → 통일 신라의 석탑
② 분황사 모전 석탑 → 신라의 석탑
③ 영광탑 → 발해의 전탑

32

다음 기사에 보도된 문화유산으로 옳은 것은? [2점]

□□신문

제△△호 　　　　　　2020년 ○○월 ○○일

고려 나전 칠기의 귀환

국외 소재 문화재 재단의 노력으로 고려 시대의 '나전 국화 넝쿨무늬 합'이 일본에서 돌아왔다. 나전 칠기는 표면에 옻칠을 하고 조개껍데기를 정교하게 오려 붙인 것으로 불화, 청자와 함께 고려를 대표하는 문화유산이다. 이번 환수로 국내에 소장된 고려의 나전 칠기는 총 3점이 되었다.

①　　　　　　　　　　②

③　　　　　　　　　　④

개념 다지기 나전 국화 넝쿨무늬 합은 고려를 대표하는 문화유산!

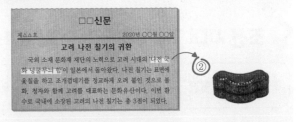

②

나전 국화 넝쿨무늬 합은 **고려 시대**에 제작된 **나전 칠기**로, 고려를 대표하는 문화유산 중 하나예요. 나전 칠기는 **나무로 만든 가구나 공예품의 표면을 얇은 조개껍데기 등으로 장식**하는 기법으로, 주로 일상생활 도구에 쓰였답니다.

☑ **오답 체크**

① 양산 통도사 금동천문도 → 조선 시대에 제작된 천문도
③ 청동 은입사 포류수금문 정병 → 고려 시대에 제작된 정병
④ 분청사기 철화 넝쿨무늬 항아리 → 조선 시대에 제작된 항아리

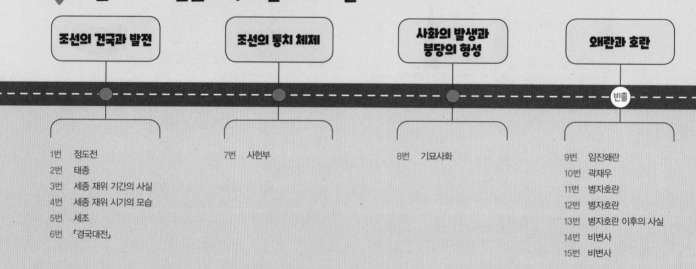

📍 조선 시대 기출문제 주제별로 모아 풀기

조선의 건국과 발전	조선의 통치 체제	사화의 발생과 붕당의 형성	왜란과 호란
1번 정도전	7번 사헌부	8번 기묘사화	9번 임진왜란
2번 태종			10번 곽재우
3번 세종 재위 기간의 사실			11번 병자호란
4번 세종 재위 시기의 모습			12번 병자호란
5번 세조			13번 병자호란 이후의 사실
6번 「경국대전」			14번 비변사
			15번 비변사

IV. 조선 시대

기출 36문제와 개념공략 해설

- 최근 3개년 간 매 회 50문제 중 9문제(18%)가 출제되었어요.

- 조선 시대는 <조선의 사상과 문화> 부분이 가장 많이 나오므로, 특히 조선 후기 실학자의 활동에 대해 꼼꼼하게 학습하세요!

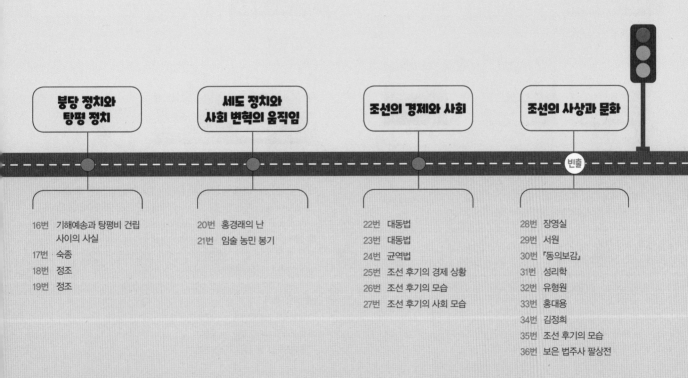

붕당 정치와 탕평 정치

16번 기해예송과 탕평비 건립 사이의 사실
17번 숙종
18번 정조
19번 정조

세도 정치와 사회 변혁의 움직임

20번 홍경래의 난
21번 임술 농민 봉기

조선의 경제와 사회

22번 대동법
23번 대동법
24번 균역법
25번 조선 후기의 경제 상황
26번 조선 후기의 모습
27번 조선 후기의 사회 모습

조선의 사상과 문화

빈출

28번 장영실
29번 서원
30번 『동의보감』
31번 성리학
32번 유형원
33번 홍대용
34번 김정희
35번 조선 후기의 모습
36번 보은 법주사 팔상전

01

57회 22번

(가)에 들어갈 인물로 옳은 것은? [1점]

(앞면)
(뒷면)

- 조선 개국 공신
- 조선의 통치 기준과 운영 원칙을 제시한 『조선경국전』을 저술함
- 『불씨잡변』을 지어 불교 교리를 비판함

① 이이
② 송시열
③ 정도전
④ 정몽주

02

58회 19번

밑줄 그은 '왕'의 업적으로 옳은 것은? [2점]

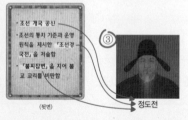

이성계의 아들로 태어나 두 차례의 왕자의 난 이후 왕위에 올랐어.

6조 직계제를 실시하는 등 왕권 강화에 힘썼지.

이곳은 헌릉으로 조선 3대 왕이 왕비와 함께 묻힌 곳이야.

① 탕평비를 건립하였다.
② 현량과를 실시하였다.
③ 호패법을 시행하였다.
④ 훈민정음을 창제하였다.

개념 다지기 정도전은 『조선경국전』과 『불씨잡변』을 저술함!

(앞면)
(뒷면)

- 조선 개국 공신
- 조선의 통치 기준과 운영 원칙을 제시한 『조선경국전』을 저술함
- 『불씨잡변』을 지어 불교 교리를 비판함

③

→ 정도전

정도전은 조선 건국에 많은 공을 세운 **조선의 개국 공신**이에요. 그는 재상 중심의 정치를 주장한 법전인 『**조선경국전**』을 저술하여 조선의 통치 기준과 운영 원칙을 제시하였어요. 또한 성리학의 입장에서 불교 교리를 비판한 『**불씨잡변**』을 저술하기도 하였답니다.

☑ **오답 체크**
① 이이 → 『성학집요』 저술
② 송시열 → 서인의 영수로 활약
④ 정몽주 → 고려 왕조 유지 주장

개념 다지기 태종은 호패법을 시행함!

이성계의 아들로 태어나 두 차례의 왕자의 난 이후 왕위에 올랐어.

6조 직계제를 실시하는 등 왕권 강화에 힘썼지.

이곳은 헌릉으로 조선 3대 왕이 왕비와 함께 묻힌 곳이야.

태종

③ 호패법을 시행하였다.

태종은 조선의 제3대 왕으로, 두 차례의 왕자의 난을 거친 후 즉위하였어요. 이에 그는 왕권 강화를 위해 6조의 판서(장관)가 의정부를 거치지 않고 왕에게 직접 보고하고 결재를 받도록 한 제도인 **6조 직계제를 실시**하여 왕권에 제약을 주던 의정부의 기능을 약화시키고자 하였어요. 또한 16세 이상의 남자에게 신분증인 호패를 가지고 다니게 하는 **호패법**을 시행하였어요.

☑ **오답 체크**
① 탕평비를 건립하였다. → 영조
② 현량과를 실시하였다. → 중종
④ 훈민정음을 창제하였다. → 세종

03

(가) 왕의 재위 기간에 있었던 사실로 옳은 것은? [2점]

야연사준도

이 작품은 조선 후기 서화집인 『북관유적도첩』에 실려 있는 그림으로, (가) 의 명령을 받은 김종서가 여진을 물리치고 6진을 설치했을 때의 일화를 그린 것입니다.

① 장용영 설치
② 『칠정산』 편찬
③ 『경국대전』 완성
④ 나선 정벌 단행

 개념 다지기 세종 때 역법서인 『칠정산』을 편찬함!

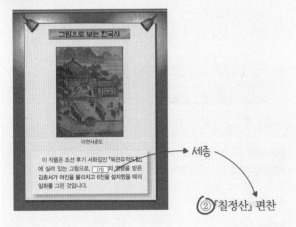

→ 세종

② 『칠정산』 편찬

세종은 조선의 제4대 왕이에요. 세종 재위 기간에는 **최윤덕**과 **김종서**가 여진을 물리치고 **4군 6진**을 설치하였으며, 한양을 기준으로 한 역법서인 『**칠정산**』을 편찬하였어요.

☑ 오답 체크
① 장용영 설치 → 정조
③ 『경국대전』 완성 → 성종
④ 나선 정벌 단행 → 효종

04

다음 대화가 이루어진 시기에 볼 수 있는 모습으로 적절한 것은? [2점]

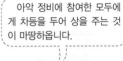
박연 등이 새로 아악을 정비하여 바쳤으니 논공행상을 하려는데 어떠한가?

아악 정비에 참여한 모두에게 차등을 두어 상을 주는 것이 마땅하옵니다.

① 단성사에서 공연하는 배우
② 집현전에서 연구하는 관리
③ 청해진에서 교역하는 상인
④ 해동통보를 주조하는 장인

개념 다지기 세종 때 집현전에서 관리들이 학문을 연구함!

 세종

박연 등이 새로 아악을 정비하여 바쳤으니 논공행상을 하려는데 어떠한가?
아악 정비에 참여한 모두에게 차등을 두어 상을 주는 것이 마땅하옵니다.
세종

② 집현전에서 연구하는 관리

세종 재위 시기에는 학문 연구 기관으로 **집현전**을 두어, 젊고 유능한 학자들이 학문을 연구하고 정책을 자문하는 데 힘썼어요. 또한 이 시기에는 다양한 문물이 정비되었는데, 그중 궁중 음악인 **아악**이 박연 등에 의해 정비되었으며, 한양을 기준으로 한 역법서인 『**칠정산**』「**내·외편**」이 편찬되었어요. 이 밖에도 모범이 될 충신·효자·열녀 등의 행적을 글과 그림으로 설명한 윤리서인 『**삼강행실도**』가 편찬되었어요.

☑ 오답 체크
① 단성사에서 공연하는 배우 → 근대 ~ 일제 강점기의 모습
③ 청해진에서 교역하는 상인 → 신라 하대의 모습
④ 해동통보를 주조하는 장인 → 고려 시대의 모습

05

밑줄 그은 '왕'이 추진한 정책으로 옳은 것은? [2점]

> 계유정난으로 정권을 잡고 단종을 몰아낸 왕에 대해 말해 볼까요?

> 왕권 강화를 위해 6조 직계제를 부활시켰어요.

> 집현전을 폐지하고 경연을 정지하였어요.

① 삼별초를 조직하였다.
② 직전법을 시행하였다.
③ 한양으로 천도하였다.
④ 훈민정음을 창제하였다.

06

(가)에 들어갈 책으로 옳은 것은? [2점]

> 책이 완성되어 여섯 권으로 만들어 바치니, [(가)]이라는 이름을 내리셨다. 「형전」과 「호전」은 이미 반포되어 시행하고 있으나 나머지 네 법전은 미처 교정을 마치지 못하였는데, 세조께서 갑자기 승하하시니 지금 임금[성종]께서 선대의 뜻을 받들어 마침내 하던 일을 끝마치고 나라 안에 반포하셨다.

① 『경국대전』
② 『동국통감』
③ 『동의보감』
④ 『반계수록』

개념 다지기 세조는 직전법을 시행함!

> 계유정난으로 정권을 잡고 단종을 몰아낸 왕에 대해 말해 볼까요?

세조

> 왕권 강화를 위해 6조 직계제를 부활시켰어요.

> 집현전을 폐지하고 경연을 정지하였어요.

② 직전법을 시행하였다.

세조는 **계유정난**을 통해 정권을 잡은 뒤, 조카인 단종을 몰아내고 즉위한 왕으로, 왕권을 강화하기 위한 여러 정책을 펼쳤어요. 그는 **6조 직계제를 부활**시키고, 단종 복위 운동이 일어나자 **집현전과 경연을 폐지**하였어요. 한편 세조는 관리에게 지급할 토지가 부족해지자 **현직 관리에게만 토지의 수조권을 지급**하는 **직전법을 시행**하기도 하였어요.

☑ **오답 체크**
① 삼별초를 조직하였다. → 고종 (고려)
③ 한양으로 천도하였다. → 태조 이성계 (조선)
④ 훈민정음을 창제하였다. → 세종 (조선)

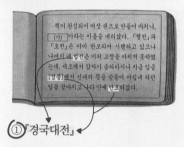

개념 다지기 『경국대전』은 6전으로 구성됨!

① 『경국대전』

『경국대전』은 조선 세조 때 편찬을 시작하여 **성종 때 반포된 조선의 기본 법전**이에요. 이 법전은 국가 행정을 체계화하기 위해 편찬되었으며, 「이전」, 「호전」, 「예전」, 「병전」, 「형전」, 「공전」의 **6전으로 구성**되었어요.

☑ **오답 체크**
② 『동국통감』 → 조선의 역사서
③ 『동의보감』 → 조선의 의학서
④ 『반계수록』 → 유형원의 저술

07

(가) 기구에 대한 설명으로 옳은 것은?　　　[2점]

> 호조의 관리들이 국가의 물자를 빼돌렸는데 비위의 범위가 넓다네.

> 서둘러 (가) 의 수장인 대사헌께 보고하세.

① 왕명 출납을 관장하였다.
② 수도의 행정과 치안을 맡았다.
③ 외국어 통역 업무를 담당하였다.
④ 사간원, 홍문관과 함께 삼사로 불렸다.

08

(가)에 들어갈 사건으로 옳은 것은?　　　[2점]

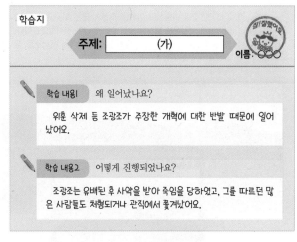

학습지

주제: (가)　　　　이름. ○○○

학습 내용1　왜 일어났나요?

위훈 삭제 등 조광조가 주장한 개혁에 대한 반발 때문에 일어났어요.

학습 내용2　어떻게 진행되었나요?

조광조는 유배된 후 사약을 받아 죽임을 당하였고, 그를 따르던 많은 사람들도 처형되거나 관직에서 쫓겨났어요.

① 기묘사화　　　　② 신유박해
③ 인조반정　　　　④ 임오군란

개념 다지기　사헌부는 사간원, 홍문관과 함께 삼사로 불림!

> 호조의 관리들이 국가의 물자를 빼돌렸는데 비위의 범위가 넓다네.

> 서둘러 (가) 의 수장인 대사헌께 보고하세.

→ 사헌부

④ 사간원, 홍문관과 함께 삼사로 불렸다.

사헌부는 조선 시대의 중앙 정치 기구로, 관리들의 비리를 규찰하고 풍속을 바로잡으며, 백성들의 억울한 사정을 풀어주는 일 등을 담당하였어요. 또한 사간원, 홍문관과 함께 **삼사**라 불리며 여론을 모으는 **언론 기능**을 수행하였어요.

☑ 오답 체크
① 왕명 출납을 관장하였다. → 승정원
② 수도의 행정과 치안을 맡았다. → 한성부
③ 외국어 통역 업무를 담당하였다. → 사역원

개념 다지기　기묘사화는 조광조가 주장한 개혁에 반발하여 일어남!

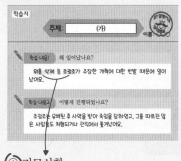

학습지

주제: (가)　　　이름.

학습 내용1　왜 일어났나요?
 위훈 삭제 등 조광조가 주장한 개혁에 대한 반발 때문에 일어났어요.

학습 내용2　어떻게 진행되었나요?
조광조는 유배된 후 사약을 받아 죽임을 당하였고, 그를 따르던 많은 사람들도 처형되거나 관직에서 쫓겨났어요.

① 기묘사화

기묘사화는 조선 **중종** 때 훈구에 의해 **조광조**를 포함한 **사림 세력이 제거**된 사건이에요. 반정으로 연산군을 몰아내고 왕위에 오른 중종은 훈구 세력을 견제하기 위해 조광조를 비롯한 사림 세력을 등용하였어요. 하지만 조광조가 **위훈 삭제**(중종반정 때 부당하게 공신이 된 자들의 공훈을 삭제) 등의 **급진적 개혁**을 주장하자, 이에 반발한 **훈구 세력**이 조광조와 그를 따르던 사림 세력을 제거하였어요.

☑ 오답 체크
② 신유박해 → 순조 때 천주교 신자들이 탄압받은 사건
③ 인조반정 → 광해군이 폐위되고 인조가 즉위한 사건
④ 임오군란 → 고종 때 구식 군인들이 일으킨 난

09

(가) 전쟁 중에 있었던 사실로 옳은 것은? [2점]

> 1592년 7월 이순신이 이끄는 조선 수군은 이곳 한산도 앞바다에서 학익진을 펼치며 일본 수군을 크게 격파하였습니다. 그 결과 조선군은 [(가)] 당시 남해안 일대의 제해권을 장악하게 되었습니다.

① 최윤덕이 4군을 개척하였다.
② 서희가 강동 6주를 확보하였다.
③ 권율이 행주산성에서 승리하였다.
④ 이종무가 쓰시마 섬을 토벌하였다.

10

밑줄 그은 '의병장'으로 옳은 것은? [2점]

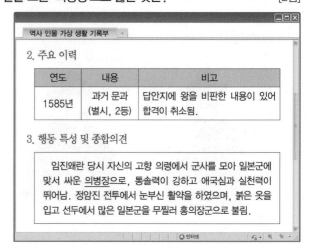

① 조헌 ② 고경명 ③ 곽재우 ④ 정문부

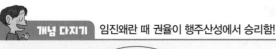

개념 다지기 임진왜란 때 권율이 행주산성에서 승리함!

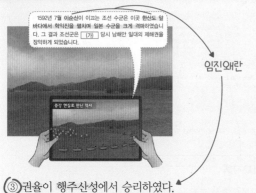

임진왜란

③ 권율이 행주산성에서 승리하였다.

조선 선조 때인 1592년에 일본군이 조선을 침략하며 **임진왜란**이 발발하였어요. 이때 **이순신**은 **한산도 앞바다**에서 학이 날개를 편 모습처럼 적군을 포위하는 **학익진** 전법을 펼쳐 **일본 수군을 크게 격파**하였어요. 또한 권율은 **행주산성**에서 일본군을 상대로 크게 승리하였어요.

☑ 오답 체크
① 최윤덕이 4군을 개척하였다. → 세종 재위 시기
② 서희가 강동 6주를 확보하였다. → 거란의 1차 침입(고려)
④ 이종무가 쓰시마 섬을 토벌하였다. → 세종 재위 시기

개념 다지기 곽재우는 홍의장군으로 불림!

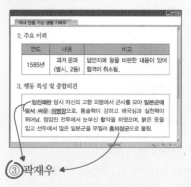

③ 곽재우

곽재우는 임진왜란 때 활약한 **의병장**이에요. **조선 선조** 때 일본군의 침략으로 **임진왜란**이 일어나자, **곽재우**는 **경상도 의령**에서 의병을 일으켜 일본군을 물리치는 데 공을 세웠어요. 그는 의병을 지휘할 때 붉은 옷을 입어 **홍의장군**이라고 불리기도 하였답니다.

☑ 오답 체크
① 조헌 → 임진왜란 때 청주성을 수복
② 고경명 → 임진왜란 때 금산 전투에서 활약
④ 정문부 → 임진왜란 때 길주에서 활약

11

60회 23번

밑줄 그은 '이 전쟁'에 대한 설명으로 옳은 것은? [2점]

지금 촬영하는 곳은 남한산성입니다. 적의 공격을 방어하기 유리한 지형에 세워진 산성으로 이 전쟁 때 인조가 피신하였습니다.

① 김시민 장군이 활약하였다.
② 별무반을 편성하여 적과 싸웠다.
③ 전쟁 후 청과 군신 관계를 맺었다.
④ 이여송이 이끄는 명의 지원군이 파병되었다.

12

58회 23번

밑줄 그은 '이 전쟁' 중에 있었던 사실로 옳은 것은? [3점]

문학으로 만나는 한국사

청석령을 지났느냐 초하구는 어디쯤인가
북풍도 차기도 차다 궂은비는 무슨 일인가
그 누가 내 행색 그려내어 임 계신 데 드릴까

위 시조는 <u>이 전쟁</u> 당시 인조가 삼전도에서 항복한 뒤 봉림대군이 청에 볼모로 끌려가며 지었다는 이야기가 전해집니다. 청의 심양으로 끌려가는 비참함과 처절한 심정이 잘 표현되어 있습니다.

① 왕이 남한산성으로 피신하였다.
② 양헌수가 정족산성에서 항전하였다.
③ 김윤후가 적장 살리타를 사살하였다.
④ 조·명 연합군이 평양성을 탈환하였다.

개념 다지기 병자호란 이후 청과 군신 관계를 맺음!

➡ 병자호란

③ **전쟁 후 청과 군신 관계를 맺었다.**

조선 후기인 **인조** 때 후금이 청으로 나라 이름을 바꾸고 조선에 군신 관계를 요구하였고, 조선 내에서 청에 맞서 싸우자는 주전론이 우세해지자 **청이 조선을 침입하였어요(병자호란).** 이에 인조는 **남한산성으로 피신**하여 **청군에 항전**하였어요. 그러나 결국 조선은 청군의 공격을 막아내지 못하여 항복하였고, 조선은 청과 **군신 관계**를 맺게 되었어요.

☑ **오답 체크**

① 김시민 장군이 활약하였다. → 임진왜란
② 별무반을 편성하여 적과 싸웠다. → 여진 정벌(고려)
④ 이여송이 이끄는 명의 지원군이 파병되었다. → 임진왜란

개념 다지기 병자호란 때 왕이 남한산성으로 피신함!

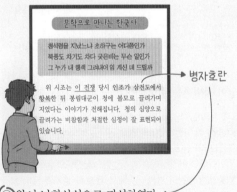

➡ 병자호란

① **왕이 남한산성으로 피신하였다.**

조선 인조 때 **청**의 침략으로 **병자호란**이 일어나자 인조는 **남한산성**으로 피신하여 항전하였어요. 그러나 조선은 청의 공격을 막아내지 못하였고, 이에 **인조가 삼전도에 직접 나가 청에 항복**하였어요.

☑ **오답 체크**

② 양헌수가 정족산성에서 항전하였다. → 병인양요
③ 김윤후가 적장 살리타를 사살하였다. → 처인성 전투
④ 조·명 연합군이 평양성을 탈환하였다. → 임진왜란

13

55회 22번

다음 상황 이후에 일어난 사실로 옳은 것은? [3점]

> 왕이 세자와 함께 신하들을 거느리고 삼전도에 이르렀다. …… 용골대 등이 왕을 인도하여 들어가 단 아래 북쪽을 향해 설치된 자리로 나아가도록 요청하였다. 청인(淸人)이 외치는 의식의 순서에 따라 왕이 세 번 절하고 아홉 번 머리를 조아리는 예를 행하였다.

① 송시열이 북벌론을 주장하였다.
② 조광조가 위훈 삭제를 주장하였다.
③ 광해군이 인조반정으로 폐위되었다.
④ 곽재우가 의령에서 의병을 일으켰다.

14

58회 24번

(가)에 들어갈 기구로 옳은 것은? [2점]

> (가) 은/는 본래 외적의 침입에 대비하고자 설치한 임시 군사 회의 기구였으나, 양 난을 계기로 국방뿐만 아니라 국정 전반을 총괄하는 최고 기구가 되었습니다. 이로 인해 기존의 의정부와 6조가 유명무실해졌습니다.

① 비변사   ② 사헌부   ③ 의금부   ④ 홍문관

 **개념 다지기** 병자호란 이후 송시열이 북벌론을 주장함!

> 왕이 세자와 함께 신하들을 거느리고 삼전도에 이르렀다. …… 용골대 등이 왕을 인도하여 들어가 단 아래 북쪽을 향해 설치된 자리로 나아가도록 요청하였다. 청인(淸人)이 외치는 의식의 순서에 따라 왕이 세 번 절하고 아홉 번 머리를 조아리는 예를 행하였다.

→ 삼전도의 굴욕

→ 병자호란

① **송시열이 북벌론을 주장하였다.** → 효종, 병자호란 이후의 사실

조선 인조 때 청의 침략으로 **병자호란**이 일어나자, 인조는 남한산성으로 피난하여 청군에 항전하였어요. 청의 공격을 막아내지 못한 인조는 **삼전도**에 직접 나가 청에 항복하였는데, 이때 청 태종에게 세 번 절하고 아홉 번 머리를 조아리는 예를 행하였어요(**삼전도의 굴욕**). 병자호란 이후 청에 대한 반감이 커진 상황에서, **효종** 때 **송시열** 등이 청을 정벌하여 치욕을 씻어야 한다는 **북벌론을 주장**하였어요.

☑ **오답 체크**
② 조광조가 위훈 삭제를 주장하였다. → 중종, 병자호란 이전의 사실
③ 광해군이 인조반정으로 폐위되었다. → 인조반정, 병자호란 이전의 사실
④ 곽재우가 의령에서 의병을 일으켰다. → 선조, 병자호란 이전의 사실

 개념 다지기 비변사는 양 난을 계기로 국정 최고 기구가 됨!

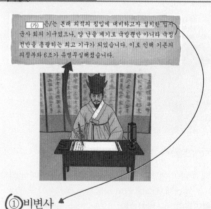

> (가) 은/는 본래 외적의 침입에 대비하고자 설치한 임시 군사 회의 기구였으나, 양 난을 계기로 국방뿐만 아니라 국정 전반을 총괄하는 최고 기구가 되었습니다. 이로 인해 기존의 의정부와 6조가 유명무실해졌습니다.

① **비변사**

비변사는 조선 중종 때 3포 왜란을 계기로 **외적의 침입에 대비하고자 설치된 임시 회의 기구**였어요. 그러나 양 난(왜란과 호란)을 거치며 조직과 기능이 확대되어 **국정 전반을 총괄하는 최고 기구**로 자리 잡았어요. 이로 인해 기존의 의정부와 6조는 유명무실해졌어요.

☑ **오답 체크**
② 사헌부 → 조선 시대의 관리 감찰 기구
③ 의금부 → 조선 시대 국왕 직속 사법 기구
④ 홍문관 → 조선 시대 국왕의 자문 기구

15

(가)에 들어갈 정치 기구로 옳은 것은? [2점]

오전 11:00 🔋 100% 🔋

검색 결과입니다.

1. 개관
조선의 중앙 정치 기구로 비국, 주사라고도 불린다. 중종 때 외적의 침입에 대응하기 위해 설치되었고 양 난을 거치며 국정을 총괄하게 되었다. 세도 정치 시기에는 외척 가문의 권력 기반이 되었는데, 흥선 대원군이 집권한 후에 폐지되었다.

2. 관련 사진

(가) 에 대해 검색해 줘.

① 비변사　　　　　② 어사대
③ 도병마사　　　　④ 군국기무처

16

(가), (나) 사이의 시기에 있었던 사실로 옳은 것은? [3점]

(가) 효종이 죽자 자의 대비의 상복 입는 기간을 두고 예송이 발생하였다.
(나) 신하들이 언제라도 탕평의 의미를 되새기라는 뜻에서 왕이 성균관 앞에 탕평비를 세웠다.

① 비변사가 폐지되었다.
② 훈련도감이 설치되었다.
③ 경신환국으로 서인이 집권하였다.
④ 무오사화로 김일손 등이 처형되었다.

개념 다지기 　비변사는 흥선 대원군이 집권한 후에 폐지됨!

오전 11:00 🔋 100% 🔋

검색 결과입니다.

1. 개관
조선의 중앙 정치 기구로 비국, 주사라고도 불린다. 중종 때 외적의 침입에 대응하기 위해 설치되었고 양 난을 거치며 국정을 총괄하게 되었다. 세도 정치 시기에는 외척 가문의 권력 기반이 되었는데, 흥선 대원군이 집권한 후에 폐지되었다.

2. 관련 사진

(가) 에 대해 검색해 줘.

① 비변사

비변사는 중종 때 외적의 침입에 대응하기 위해 **처음 설치된 임시 회의 기구**예요. 그러나 **양 난**(왜란과 호란)을 거치며 **국정 총괄 기구**가 되었고, **세도 정치 시기**에는 소수 외척 가문의 권력 기반이 되었어요. 이에 고종 때 왕의 아버지로서 실권을 장악한 **흥선 대원군**은 왕권 강화를 위해 **비변사를 폐지**하였어요.

☑️ **오답 체크**
② 어사대 → 고려 시대의 관리 감찰 기구
③ 도병마사 → 고려 시대의 국방·군사 문제 논의 기구
④ 군국기무처 → 제차 갑오개혁 시기의 최고 정책 결정 기구

개념 다지기 　기해예송 → 경신환국 → 탕평비 건립

(가) 효종이 죽자 자의 대비의 상복 입는 기간을 두고 예송이 발생하였다. → 기해예송(현종)
(나) 신하들이 언제라도 탕평의 의미를 되새기라는 뜻에서 왕이 성균관 앞에 탕평비를 세웠다. → 탕평비 건립(영조)

③ 경신환국으로 서인이 집권하였다. → 숙종

1659년 **효종**이 죽고 **현종**이 즉위하면서 **자의 대비**(인조의 계비)의 상복 착용 기간을 두고 **기해예송이 전개**되었어요. 이후 현종의 뒤를 이어 왕위에 오른 숙종 때인 1680년에 허견의 역모 사건을 계기로 **남인**들이 대거 숙청된 **경신환국**이 일어났어요. 이후 영조 때인 1742년에 붕당간의 세력 균형을 추구하는 탕평책 시행을 위해 **성균관** 앞에 **탕평비**를 세웠어요.

☑️ **오답 체크**
① 비변사가 폐지되었다. → 1865년, (나) 이후
② 훈련도감이 설치되었다. → 1593년, (가) 이전
④ 무오사화로 김일손 등이 처형되었다. → 1498년, (가) 이전

17

57회 30번

(가) 왕이 추진한 정책으로 옳은 것은? [3점]

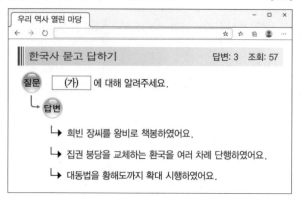

① 장용영을 설치하였다.
② 탕평비를 건립하였다.
③ 상평통보를 발행하였다.
④ 『동국여지승람』을 편찬하였다.

18

60회 28번

(가) 왕이 실시한 정책으로 옳은 것은? [2점]

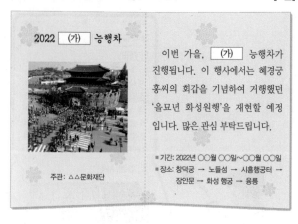

① 장용영을 설치하였다.
② 전시과를 시행하였다.
③ 경복궁을 중건하였다.
④ 『경국대전』을 완성하였다.

 숙종은 상평통보를 발행함!

③ 상평통보를 발행하였다.

숙종은 왕권 강화를 위해 집권 붕당을 급격히 교체하는 **환국**을 여러 차례 단행하였어요. 그중 **기사환국**은 숙종이 희빈 장씨의 아들을 세자로 책봉하기 위해 명호를 원자로 정하는 문제로 발생하였으며, 이로 인해 왕비였던 인현 왕후가 폐위되고 **희빈 장씨가 왕비로 책봉**되기도 하였어요. 한편 숙종은 광해군 때 경기도에 한하여 처음 시행되었던 **대동법을 황해도까지 확대 시행**하고, **상평통보를 발행**하여 **전국적으로 유통**시켰어요.

☑ **오답 체크**

① 장용영을 설치하였다. → 정조
② 탕평비를 건립하였다. → 영조
④ 『동국여지승람』을 편찬하였다. → 성종

 정조는 장용영을 설치함!

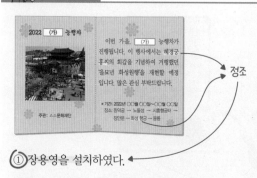

① 장용영을 설치하였다.

정조는 **사도 세자**와 **혜경궁 홍씨**의 아들로, 아버지 사도 세자의 묘를 **수원**으로 옮기고 이곳에 **화성**을 **건설**하였어요. 또한 정조는 왕권을 강화하기 위해 국왕의 친위 부대인 **장용영을 설치**하기도 하였어요.

☑ **오답 체크**

② 전시과를 시행하였다. → 고려 경종
③ 경복궁을 중건하였다. → 흥선 대원군(조선 고종)
④ 『경국대전』을 완성하였다. → 조선 성종

19

55회 25번

(가) 왕이 실시한 정책으로 옳은 것은? [2점]

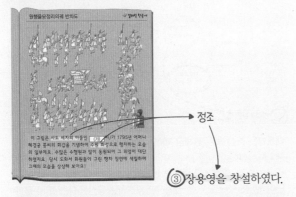

원행을묘정리의궤 반차도

이 그림은 사도 세자의 아들인 [(가)]이/가 1795년 어머니 혜경궁 홍씨의 회갑을 기념하여 수원 화성으로 행차하는 모습의 일부예요. 수많은 수행원과 말이 동원되어 그 위엄이 대단하였지요. 당시 도화서 화원들이 그린 행차 장면에 색칠하며 그 때의 모습을 상상해 보아요!

① 경복궁을 중건하였다.　　② 대마도를 정벌하였다.
③ 장용영을 창설하였다.　　④ 탕평비를 건립하였다.

개념 다지기 정조는 장용영을 창설함!

원행을묘정리의궤 반차도

→ 정조

③장용영을 창설하였다.

정조는 **사도 세자의 아들**로 자신의 정치적 이상을 실현하기 위해 아버지 사도 세자의 묘를 수원으로 옮기고, 이곳에 **화성**을 건설하였어요. 또한 정조는 왕권 강화에도 힘써 국왕 친위 부대인 **장용영을 창설**하였어요.

☑**오답 체크**
① 경복궁을 중건하였다. → 흥선 대원군
② 대마도를 정벌하였다. → 세종
④ 탕평비를 건립하였다. → 영조

20

60회 25번

(가) 사건에 대한 설명으로 옳은 것은? [2점]

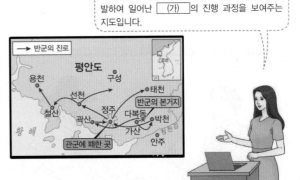

이것은 1811년 서북 지역민에 대한 차별 등에 반발하여 일어난 [(가)]의 진행 과정을 보여주는 지도입니다.

① 홍경래가 봉기를 주도하였다.
② 서경 천도를 주장하며 일어났다.
③ 백낙신의 횡포가 계기가 되었다.
④ 특수 행정 구역인 소의 주민이 참여하였다.

개념 다지기 홍경래의 난은 홍경래가 봉기를 주도함!

홍경래의 난

①홍경래가 봉기를 주도하였다.

홍경래의 난은 세도 정치 시기인 순조 때에 일어난 반란이에요. **서북(평안도) 지역**은 예전부터 **차별**을 받아 부당한 수탈을 당했으며, 관직 진출에도 차별을 받았어요. 이에 **홍경래와 우군칙** 등의 주도로 **영세 농민, 중소 상인, 광산 노동자들을 규합**하여 난을 일으켰어요. 이들은 **가산 다복동**을 시작으로 **청천강 이북 지역을 거의 장악**하였으나, 5개월 만에 정주성에서 관군에 의해 **진압**되었어요.

☑**오답 체크**
② 서경 천도를 주장하며 일어났다. → 묘청의 난
③ 백낙신의 횡포가 계기가 되었다. → 임술 농민 봉기
④ 특수 행정 구역인 소의 주민이 참여하였다. → 망이·망소이의 난

IV. 조선 시대

해커스 한국사능력검정시험 한권완성 기출 500제 기본

21

밑줄 그은 '사건'에 대한 설명으로 옳은 것은? [3점]

이번 사건에 가담한 이유가 있나요?

백낙신이 경상 우병사로 있을 때 백성에게 마구잡이로 세금을 거두어들였습니다. 참다못한 저는 항의 문서를 만들어 관청에 고발했지만, 받아들여지지 않아 행동에 나설 수밖에 없었습니다.

유계춘

① 남접과 북접이 논산에서 연합하였다.
② 삼정이정청이 설치되는 계기가 되었다.
③ 우정총국 개국 축하연을 이용하여 일어났다.
④ 청군에 의해 흥선 대원군이 톈진으로 납치되었다.

22

(가)에 들어갈 제도로 옳은 것은? [1점]

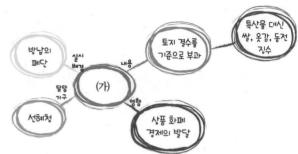

① 과전법 ② 균역법 ③ 대동법 ④ 영정법

개념 다지기 · 임술 농민 봉기는 삼정이정청이 설치되는 계기가 됨!

임술 농민 봉기

②삼정이정청이 설치되는 계기가 되었다.

임술 농민 봉기는 조선 후기 철종 때 **경상 우병사 백낙신**의 수탈이 심해지자 **몰락 양반 유계춘**을 중심으로 일어난 농민 봉기예요. **진주**에서 시작된 봉기가 점차 **전국으로 확산**되자, 정부는 상황 수습을 위해 **박규수**를 **안핵사**(사건 처리를 위해 파견된 임시 관직)로 파견하고 삼정의 문란을 바로잡기 위해 **삼정이정청**을 설치하였어요.

☑️ 오답 체크
① 남접과 북접이 논산에서 연합하였다. → 제2차 동학 농민 운동
③ 우정총국 개국 축하연을 이용하여 일어났다. → 갑신정변
④ 청군에 의해 흥선 대원군이 톈진으로 납치되었다. → 임오군란

개념 다지기 · 대동법은 방납의 폐단을 해결하기 위해 시행됨!

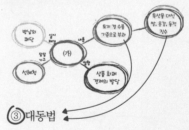

③대동법

대동법은 조선 후기 **광해군** 때 **방납의 폐단을 해결**하기 위해 시행된 제도로, 선혜청에서 주관하였어요. 방납이란 특산물을 대신 납부하는 것으로, 이때 방납 상인들이 농민들에게 과도한 대가를 요구하는 폐단이 발생하였어요. 이에 집집마다 납부하던 특산물 대신 **토지 결 수를 기준으로** 쌀, 베, 동전을 납부하는 방식인 대동법이 시행되었어요.

☑️ 오답 체크
① 과전법 → 고려 말~조선 초의 토지 제도
② 균역법 → 조선 후기의 군역 제도
④ 영정법 → 조선 후기의 전세 제도

23

밑줄 그은 '제도'로 옳은 것은? [2점]

① 과전법 　 ② 균역법 　 ③ 대동법 　 ④ 영정법

24

밑줄 그은 '제도'로 옳은 것은? [2점]

① 균역법 　 ② 대동법 　 ③ 영정법 　 ④ 직전법

개념 다지기 대동법은 특산물 대신 쌀, 동전 등을 납부한 제도!

③대동법

대동법은 조선 후기 광해군 때 방납의 폐단을 해결할 목적으로 시행된 제도에요. 이 제도에 따라 백성들은 **공납을 특산물 대신 쌀이나 옷감, 동전 등으로 납부**할 수 있게 되었어요. 대동법은 광해군 때 경기도에서 시범적으로 실시되다가, 효종 때 **김육 등의 건의**로 충청도, 전라도 등지에서도 시행되었답니다.

☑ **오답 체크**
① 과전법 → 고려 말 ~ 조선 전기의 토지 제도
② 균역법 → 조선 후기의 군역 제도
④ 영정법 → 조선 후기의 전세 제도

개념 다지기 균역법은 군포를 2필에서 1필로 줄인 제도!

①균역법

균역법은 조선 후기 영조 때 백성들의 군역 부담을 줄여주기 위해 **군포를 2필에서 1필로 줄인 제도**예요. 이로 인해 줄어든 재정 수입은 결작과 선무군관포를 징수하고, **어장세·소금세 등의 잡세를 국가 재정으로 포함시켜 보충**하였어요.

☑ **오답 체크**
② 대동법 → 조선 후기의 공납 제도
③ 영정법 → 조선 후기의 전세 제도
④ 직전법 → 조선 전기의 토지 제도

25

57회 29번

다음 가상 뉴스가 보도된 시기의 경제 상황으로 옳은 것은?

[2점]

① 당백전이 유통되었다.
② 동시전이 설치되었다.
③ 목화가 처음 전래되었다.
④ 모내기법이 전국으로 확산되었다.

26

58회 28번

다음 대화가 이루어진 시기에 볼 수 있는 모습으로 옳은 것은?

[2점]

① 국자감에 입학하는 학생
② 팔관회에 참석하는 관리
③ 판소리 공연을 구경하는 농민
④ 삼별초의 일원으로 훈련하는 군인

 개념 다지기 조선 후기에는 모내기법이 전국으로 확산됨!

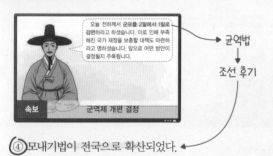 → 균역법 → 조선 후기

④ 모내기법이 전국으로 확산되었다.

조선 후기인 **영조** 때에는 백성의 군역 부담을 줄여주기 위해 **군포**를 2필에서 1필로 감면하는 **균역법**을 시행하였어요. 또한 조선 후기에는 농업이 발달하여 못자리에 모를 키운 다음 모를 논에 옮겨 심는 **모내기법(이앙법)**이 **전국**으로 **확산**되었어요.

☑ **오답 체크**
① 당백전이 유통되었다. → 흥선 대원군 집권기
② 동시전이 설치되었다. → 신라 지증왕 재위 시기
③ 목화가 처음 전래되었다. → 고려 원 간섭기

 개념 다지기 조선 후기에는 판소리 공연이 성행함!

 → 조선 후기

③ 판소리 공연을 구경하는 농민

조선 후기에는 **감자, 고구마** 등의 **구황 작물**(기후의 영향을 크게 받지 않아 흉년이 들 때 큰 도움이 되는 작물)이 전래되어 재배되었고, 상업이 발달함에 따라 화폐인 **상평통보**가 **전국적**으로 **유통**되기도 하였어요. 또한 **서민 문화**가 **발달**하여 **판소리 공연** 등이 성행하기도 하였어요.

☑ **오답 체크**
① 국자감에 입학하는 학생 → 고려 시대
② 팔관회에 참석하는 관리 → 고려 시대
④ 삼별초의 일원으로 훈련하는 군인 → 고려 시대

27

다음 직업이 등장한 시기의 사회 모습으로 옳은 것은? [2점]

(앞면)　　　　　　　(뒷면)

① 변발과 호복이 유행하였다.
② 판소리와 탈춤이 성행하였다.
③ 골품에 따라 일상생활을 규제하였다.
④ 특수 행정 구역인 향과 부곡이 있었다.

28

(가)에 들어갈 내용으로 옳은 것은? [2점]

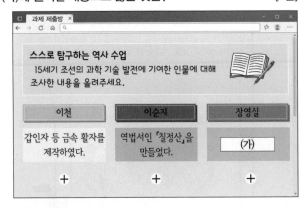

① 거중기를 설계하였다.
② 자격루를 제작하였다.
③ 대동여지도를 만들었다.
④ 『동의보감』을 완성하였다.

개념 다지기 조선 후기에는 판소리와 탈춤이 성행함!

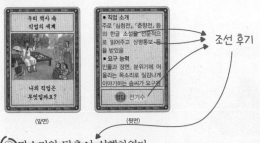

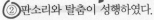

조선 후기

②판소리와 탈춤이 성행하였다.

조선 후기에는 서민 문화가 발달하여 글을 몰라 책을 읽지 못하는 서민들을 위해 「심청전」, 「춘향전」과 같은 **한글 소설**을 읽어주고, 화폐인 **상평통보** 등을 대가로 받는 직업인 **전기수**가 생겨났어요. 또한 장시에서는 **탈춤**과 산대놀이 등의 가면극과 **판소리가 성행**하였어요. 이 외에도 여성들 사이에서 민간에서 떠도는 이야기를 주제로 한 소설인 패설이 유행하였으며, 기술직 중인들은 문예 모임인 시사(詩社)를 조직하여 활동하였어요.

☑️ **오답 체크**
① 변발과 호복이 유행하였다. → 고려 원 간섭기
③ 골품에 따라 일상생활을 규제하였다. → 삼국 시대(신라)
④ 특수 행정 구역인 향과 부곡이 있었다. → 삼국 시대 ~ 고려 시대

개념 다지기 장영실은 자격루를 제작함!

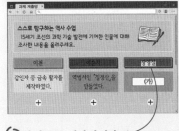

②자격루를 제작하였다.

장영실은 15세기 조선의 과학 기술 발전에 기여한 인물로, **세종** 때 강우량을 측정하는 **측우기**, 해시계인 **앙부일구**, 물시계인 **자격루**, 천체를 관측하는 **혼천의** 등을 발명하였어요.

☑️ **오답 체크**
① 거중기를 설계하였다. → 정약용
③ 대동여지도를 만들었다. → 김정호
④ 『동의보감』을 완성하였다. → 허준

29

58회 21번

(가)에 들어갈 교육 기관으로 옳은 것은? [1점]

이 지도에는 유네스코 세계유산에 등재된 '한국의 (가) 소재지가 표시되어 있습니다. 교육과 제사를 함께 담당하는 동아시아 성리학 교육 기관의 한 유형으로, 현재까지도 그 기능이 유지되고 있는 점이 높게 평가되어 등재되었습니다.

① 서원
② 향교
③ 성균관
④ 4부 학당

30

57회 26번

다음 학생이 생각하고 있는 책으로 옳은 것은? [1점]

광해군 때 허준이 편찬하였어.

당시 중국과 우리나라 의서를 망라하여 전통 의학을 집대성하였지.

2009년에 유네스코 세계 기록유산으로 등재되었어.

① 『동의보감』
② 『목민심서』
③ 『열하일기』
④ 『향약집성방』

개념 다지기 서원은 지방 사림이 설립한 사립 교육 기관!

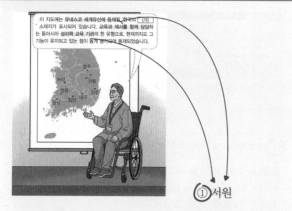

 ① 서원

서원은 조선 시대에 **지방 사림**이 설립한 **사립 교육 기관**으로, 선현(선대의 훌륭한 유학자)에 대한 제사와 성리학 연구·교육 등을 담당하였어요. 2019년에는 9개의 서원이 그 가치를 인정받아 유네스코 세계유산에 등재되기도 하였어요.

☑️ **오답 체크**
② 향교 → 조선 시대 지방에 설립된 중등 교육 기관
③ 성균관 → 조선 시대의 최고 교육 기관
④ 4부 학당 → 조선 시대 수도에 설립된 중등 교육 기관

개념 다지기 『동의보감』은 광해군 때 허준이 편찬함!

① 『동의보감』

『동의보감』은 조선 광해군 때 허준이 편찬한 백과사전식 의학서로, 당시의 수많은 중국과 우리나라 의학서를 참고하여 전통 의학을 집대성하였어요. 이 책은 그 가치를 인정받아 2009년에 유네스코 세계 기록유산에 등재되었답니다.

☑️ **오답 체크**
② 『목민심서』 → 정약용의 저술
③ 『열하일기』 → 박지원의 저술
④ 『향약집성방』 → 세종 때의 의학서

31

60회 22번

(가)에 들어갈 용어로 옳은 것은? [1점]

> 지난 수업에서는 조선의 통치 이념인 (가) 에 대해 배웠습니다. 이 화면에는 여러분이 수업 후 기억에 남는 용어를 입력한 결과가 나타나 있습니다. 입력 빈도가 높을수록 큰 글씨로 표시됩니다.

이기론 주자
신진사대부
이이 사림 서원
안향 **이황**

① 선종   ② 성리학   ③ 양명학   ④ 천도교

32

60회 29번

(가)에 들어갈 인물로 옳은 것은? [2점]

> ○○○
> 전북 부안
>
> ♥ 좋아요 60개
> 이곳은 조선의 실학자인 (가) 이/가 머물렀던 반계 서당이다. 그는 균전론 등 여러 개혁안을 제시한 『반계수록』을 저술하였다. … 더보기
> 댓글 15개 모두 보기

① 이익   ② 박제가   ③ 유형원   ④ 홍대용

IV. 조선 시대

개념 다지기 성리학은 조선의 통치 이념!

②성리학 ◄

성리학은 유교의 한 갈래로, 우리나라에는 고려 말에 **안향**에 의해 처음 전파되었어요. 조선을 세운 **신진 사대부**들은 성리학을 **조선의 통치 이념**으로 정립하였어요. 이후 성리학은 **이황**과 **이이** 등에 의해 체계화되었어요.

☑ **오답 체크**
① 선종 → 신라 하대의 불교 종파
③ 양명학 → 조선 후기에 수용된 유교의 한 갈래
④ 천도교 → 손병희가 동학에서 발전시킨 종교

개념 다지기 유형원은 『반계수록』을 저술함!

③유형원

유형원은 조선 후기의 **중농학파 실학자**로, 『**반계수록**』에서 다양한 개혁안을 제시하였어요. 그중 자기 땅을 농사짓는 자영농을 육성하기 위해 **신분에 따라 토지를 차등 분배**하자는 **균전론**을 주장하였어요.

☑ **오답 체크**
① 이익 → 『성호사설』 저술
② 박제가 → 『북학의』 저술
④ 홍대용 → 『의산문답』 저술

33

(가)에 들어갈 인물로 옳은 것은?　　　　[2점]

○○○님이 천안 (가) 과학관에 있습니다.

21시간 전 · 충청남도 천안시 ·

조선 후기 지전설과 무한 우주론을 주장한 과학 사상가이자 실학자인 담헌 (가) 을/를 기리는 과학관을 다녀왔다. 다양한 체험 활동을 하며 …… 더 보기

△△△님 외 38명　　　　댓글 7개

① 박제가　　② 이순지　　③ 장영실　　④ 홍대용

 개념 다지기 홍대용은 지전설과 무한 우주론을 주장함!

④ 홍대용

담헌 **홍대용**은 조선 후기의 **중상학파 실학자**이자, **과학 사상가**로 활동한 인물이에요. 그는 자신의 저서인 **『의산문답』**에서 지구가 자전한다는 **지전설**과 지구가 우주의 중심이 아닌 무수한 별 중 하나라는 **무한 우주론**을 주장하며 중국 중심의 세계관에서 벗어나고자 하였어요.

☑ 오답 체크
① 박제가 → **『북학의』** 저술
② 이순지 → **『칠정산』 「내·외편」** 편찬
③ 장영실 → 앙부일구·자격루 발명

34

(가)에 들어갈 인물로 옳은 것은?　　　　[1점]

축사, 조선 서예의 새 지평을 열다

우리 박물관에서는 추사체를 창안하여 조선 서예의 새 지평을 연 추사 선생의 특별전을 개최합니다. 관심 있는 여러분의 많은 관람 바랍니다.

기간: 2022년 ○○월 ○○일~○○월 ○○일
장소: □□ 박물관 특별 전시실

① 허목

② 김정희

③ 송시열

④ 채제공

 개념 다지기 김정희는 추사체를 창안함!

② 김정희

김정희는 조선 후기의 학자이자 예술가로, 청에 건너가 학자들과 교류하며 명필을 두루 연구하였어요. 그 결과 **추사체를 창안**하여 조선 서예의 새로운 지평을 열었어요.

☑ 오답 체크
① 허목 → 남인의 영수로 활약
③ 송시열 → 북벌 주장
④ 채제공 → 탕평책 지지

35

다음 상황이 나타난 시기에 볼 수 있는 모습으로 적절하지 <u>않은</u> 것은?　　　　　　　　　　　　　　　[2점]

① 민화를 그리는 화가
② 탈춤을 공연하는 광대
③ 판소리를 구경하는 상인
④ 팔관회에 참가하는 외국 사신

36

다음 퀴즈의 정답으로 옳은 것은?　　　　　　　　[2점]

이것은 충북 보은군에 소재한 조선 후기 건축물입니다. 내부에는 석가모니의 생애를 여덟 장면으로 그린 불화가 있으며, 현재 우리나라에 남아 있는 가장 오래된 5층 목탑입니다. 이것은 무엇일까요?

 ① 금산사 미륵전
 ② 법주사 팔상전
 ③ 봉정사 극락전
 ④ 부석사 무량수전

개념 다지기 조선 후기에는 민화, 탈춤, 판소리가 유행함!

④ 팔관회에 참가하는 외국 사신 → 고려 시대

조선 후기에는 문학이 발달하여 「홍길동전」, 「춘향전」 등의 한글 소설이 유행하였으며, 돈을 받고 책을 빌려주는 **세책점**이 생겨났어요. 또한 상업의 발달로 화폐인 **상평통보**가 전국적으로 유통되었어요.

☑오답 체크
① 조선 후기에는 서민의 소박한 정서를 표현한 민화가 많이 그려졌어요.
② 조선 후기에는 얼굴에 탈을 쓴 광대들이 양반의 위선과 사회 모습을 비판한 **탈춤**을 공연하였어요.
③ 조선 후기에는 감정 표현이 직접적이고 솔직한 판소리가 유행하였어요.

개념 다지기 법주사 팔상전은 우리나라에 남은 가장 오래된 오층 목탑!

보은 **법주사 팔상전**은 충청북도 보은군에 있는 **조선 후기의 목조 건축물**로, 현재 우리나라에 남아 있는 가장 **오래된 오층 목탑**이에요. 임진왜란 때 불타 없어진 이후 조선 후기 인조 때 다시 만들어졌으며, 건물 **내부에 석가모니의 생애를 여덟 장면으로 그린 불화**가 있는 것이 특징이에요.

☑오답 체크
① 금산사 미륵전 → 김제에 있는 조선 후기의 목조 건축물
③ 봉정사 극락전 → 안동에 있는 고려 시대의 목조 건축물
④ 부석사 무량수전 → 영주에 있는 고려 시대의 목조 건축물

📍 근대 기출문제 주제별로 모아 풀기

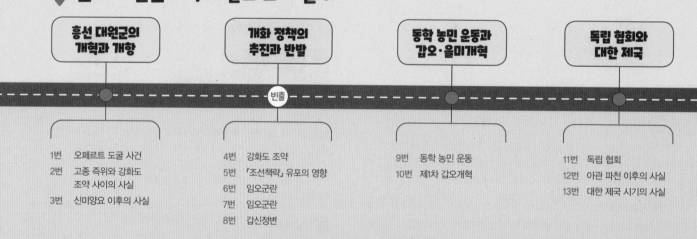

**흥선 대원군의
개혁과 개항**

**개화 정책의
추진과 반발**

**동학 농민 운동과
갑오·을미개혁**

**독립 협회와
대한 제국**

빈출

1번	오페르트 도굴 사건
2번	고종 즉위와 강화도 조약 사이의 사실
3번	신미양요 이후의 사실

4번	강화도 조약
5번	『조선책략』 유포의 영향
6번	임오군란
7번	임오군란
8번	갑신정변

9번	동학 농민 운동
10번	제1차 갑오개혁

11번	독립 협회
12번	아관 파천 이후의 사실
13번	대한 제국 시기의 사실

V. 근대

기출 23문제와 개념공략 해설

- 최근 3개년 간 매 회 50문제 중 6문제(12%)가 출제되었어요!

- 여러 사건들을 일어난 순서대로 외우는 것이 중요해요! 특히 개화 정책 의 추진과 반발 과정에서 일어난 주요 사건과 애국 계몽 단체들의 활동 은 꼭 기억해두세요!

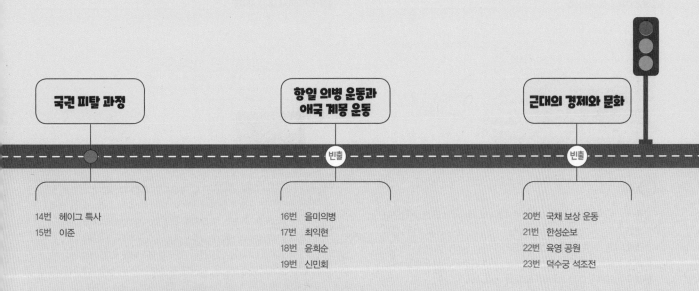

국권 피탈 과정

항일 의병 운동과 애국 계몽 운동

근대의 경제와 문화

빈출

빈출

14번 헤이그 특사
15번 이준

16번 을미의병
17번 최익현
18번 윤희순
19번 신민회

20번 국채 보상 운동
21번 한성순보
22번 육영 공원
23번 덕수궁 석조전

01

57회 31번

밑줄 그은 '변고'가 일어난 시기를 연표에서 옳게 고른 것은?

[3점]

답서

영종 첨사 명의로 답서를 보냈다.

귀국과 우리나라 사이에는 원래 소통이 없었고, 은혜를 입거나 원수를 진 일도 없었다. 그런데 이번 덕산 묘지(남연군 묘)에서 일으킨 변고는 사람으로서 차마 할 수 있는 일이겠는가? …… 이런 지경에 이르렀으니 우리나라 신하와 백성은 있는 힘을 다하여 한마음으로 귀국과는 같은 하늘을 이고 살 수 없다는 것을 맹세한다.

1863		1876		1884		1894		1905
	(가)		(나)		(다)		(라)	
고종 즉위		강화도 조약		갑신 정변		갑오 개혁		을사 늑약

① (가)　　② (나)　　③ (다)　　④ (라)

02

55회 29번

(가) 시기에 있었던 사실로 옳은 것은?

[3점]

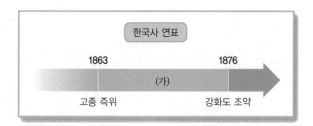

한국사 연표

1863		1876
	(가)	
고종 즉위		강화도 조약

①
신미양요

②
보빙사 파견

③
황룡촌 전투

④
만민 공동회 개최

🧑 **개념 다지기** 　고종 즉위 → 오페르트 도굴 사건 → 강화도 조약

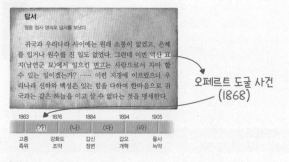

오페르트 도굴 사건
(1868)

① (가)

고종이 어린 나이로 **즉위(1863)**하자, 고종의 아버지인 **흥선 대원군**이 실권을 장악하고 외국 세력의 침투를 막기 위한 **통상 수교 거부 정책**을 펼쳤어요. 이때 **독일 상인 오페르트**가 흥선 대원군의 아버지인 남연군의 유해를 미끼로 통상을 요구하기 위해 **남연군 묘의 도굴을 시도하였으나 실패**하였어요(**오페르트 도굴 사건, 1868**). 이후 수 차례 외국의 침략을 받은 조선은 결국 일본의 강요로 **강화도 조약**을 체결(1876)하여 개항을 하게 되었어요.

🧑 **개념 다지기** 　고종 즉위 → 신미양요 → 강화도 조약

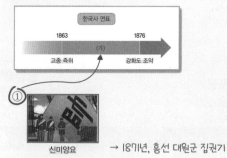

신미양요　　→ 1871년, 흥선 대원군 집권기

고종이 어린 나이에 즉위하면서 아버지인 **흥선 대원군**이 실권을 장악하였는데, 이 시기에 열강의 침입이 빈번히 일어났어요. 우선 프랑스가 병인박해를 구실로 강화도를 침략했고(병인양요), 뒤이어 미국이 제너럴셔먼호 사건을 구실로 강화도를 공격했어요(**신미양요**). 신미양요 직후 흥선 대원군은 전국 각지에 **척화비를 건립**하여 통상 수교 거부 정책을 강화했어요. 그러나 흥선 대원군이 물러난 후 직접 정치를 하게 된 고종은 일본과 **강화도 조약**을 체결하여 개항하였어요.

☑️ **오답 체크**
② 보빙사 파견 → 1883년, 강화도 조약 이후
③ 황룡촌 전투 → 1894년, 강화도 조약 이후
④ 만민 공동회 개최 → 1898년, 강화도 조약 이후

03

다음 상황 이후에 일어난 사실로 옳은 것은?　　　　[3점]

① 병인박해가 일어났다.
② 척화비가 건립되었다.
③ 제너럴셔먼호 사건이 발생하였다.
④ 오페르트가 남연군 묘 도굴을 시도하였다.

04

밑줄 그은 '조약'으로 옳은 것은?　　　　[2점]

① 한성 조약　　　　② 정미 7조약
③ 강화도 조약　　　　④ 제물포 조약

 개념 다지기　신미양요 이후 척화비가 건립됨!

신미양요
(1871)

②척화비가 건립되었다.　→ 신미양요 이후

흥선 대원군 집권기에 **미군**이 **제너럴셔먼호 사건**을 구실로 통상을 강요하며 **강화도에 침입**하였어요(**신미양요**). 이때 **어재연 장군**이 이끄는 수비대가 **광성보**에서 미군에 맞서 결사적으로 항전하였고, 결국 미군은 40여 일 만에 퇴각하였어요. 신미양요 이후 흥선 대원군은 척화의 의지를 밝히기 위해 종로와 전국 각지에 **척화비**를 건립하였어요.

☑️ **오답 체크**
① 병인박해가 일어났다. → 1866년
③ 제너럴셔먼호 사건이 발생하였다. → 1866년
④ 오페르트가 남연군 묘 도굴을 시도하였다. → 1868년

 개념 다지기　강화도 조약은 운요호 사건을 빌미로 체결됨!

③강화도 조약

강화도 조약은 **조선**과 **일본** 사이에 체결된 최초의 근대적 조약이에요. 1875년에 일본은 **운요호 사건**을 일으키고 이를 빌미로 **조선에 개항**을 강요하였어요. 이에 이듬해인 1876년에 **강화도 연무당**에서 조선 대표 신헌과 일본 대표 구로다가 만나 **강화도 조약**을 체결하였어요.

☑️ **오답 체크**
① 한성 조약 → 갑신정변의 결과
② 정미 7조약 → 대한 제국 군대 해산의 배경
④ 제물포 조약 → 임오군란의 결과

05

57회 32번

다음 책이 국내에 유포된 영향으로 적절한 것은? [2점]

> 이 책은 청의 외교관 황준헌이 쓴 것으로, 제2차 수신사로 일본에 갔던 김홍집이 들여온 것입니다. 러시아의 남하를 막기 위해 조선이 중국을 가까이하고, 일본과 관계를 공고히 하며, 미국과 연계해야 한다는 내용을 담고 있습니다.

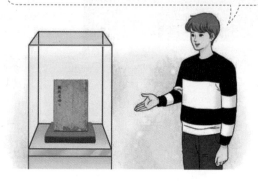

① 병인박해가 일어났다.
② 제너럴셔먼호 사건이 발생하였다.
③ 이만손 등이 영남 만인소를 올렸다.
④ 어재연 부대가 광성보에서 항전하였다.

06

55회 30번

(가)에 들어갈 사건으로 옳은 것은? [1점]

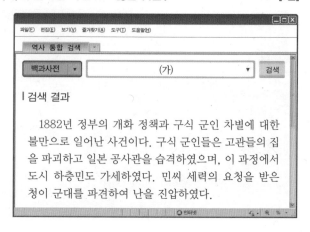

> **역사 통합 검색**
>
> 백과사전 ▼ (가) ▼ 검색
>
> **┃ 검색 결과**
>
> 1882년 정부의 개화 정책과 구식 군인 차별에 대한 불만으로 일어난 사건이다. 구식 군인들은 고관들의 집을 파괴하고 일본 공사관을 습격하였으며, 이 과정에서 도시 하층민도 가세하였다. 민씨 세력의 요청을 받은 청이 군대를 파견하여 난을 진압하였다.

① 임오군란
② 삼국 간섭
③ 거문도 사건
④ 임술 농민 봉기

**개념 다지기** 『조선책략』이 유포되자 이만손 등이 영남 만인소를 올림!

『조선책략』

③이만손 등이 영남 만인소를 올렸다.◄

『조선책략』은 청의 외교관인 **황준헌**이 쓴 책으로, 제2차 수신사로 일본에 다녀온 **김홍집**이 국내에 들여왔어요. 이 책은 **러시아의 남하를 막기 위해 조선이 중국을 가까이 하고, 일본과 관계를 공고히 하며, 미국과 연계해야 한다**는 내용을 담고 있었어요. 『조선책략』이 국내에 유포되자, 영남 지역의 유생들은 **이만손**을 중심으로 **영남 만인소**를 올려 미국과의 통상 수교에 반대하였어요.

☑**오답 체크**
① 병인박해가 일어났다. → 병인양요의 원인
② 제너럴셔먼호 사건이 발생하였다. → 신미양요의 원인
④ 어재연 부대가 광성보에서 항전하였다. → 신미양요의 전개 과정

개념 다지기 임오군란은 구식 군인 차별에 대한 불만으로 일어남!

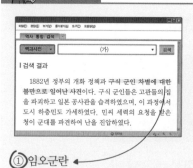

①임오군란◄

임오군란은 고종 때 신식 군대인 **별기군과의 차별 대우**, 급료의 체불 등으로 불만이 커진 **구식 군인들**이 일으킨 사건이에요. 구식 군인들은 일본 공사관과 고관들의 집을 습격하였고, 이 과정에서 **도시 하층민까지 가담**하면서 난이 더욱 거세졌어요. 그러나 임오군란은 민씨 세력의 요청을 받고 조선에 파견된 **청군에 의해 진압**되었어요.

☑**오답 체크**
② 삼국 간섭 → 러시아·프랑스·독일의 일본 견제
③ 거문도 사건 → 영국의 거문도 불법 점령
④ 임술 농민 봉기 → 경상 우병사 백낙신의 수탈에 대한 반발

07

밑줄 그은 '이 사건'의 결과로 옳은 것은? [2점]

이것은 민응식의 옛 집터 표지석입니다. 구식 군인들이 별기군과의 차별 등에 반발하여 일으킨 이 사건 당시, 궁궐을 빠져나온 왕비가 피란하였던 곳임을 알려주고 있습니다.

① 집강소가 설치되었다.
② 조사 시찰단이 파견되었다.
③ 외규장각 도서가 약탈되었다.
④ 청의 내정 간섭이 심화되었다.

08

(가)에 들어갈 사건으로 옳은 것은? [1점]

역사 뮤지컬

3일 천하

우정총국 개국 축하연을 기회로 삼아 (가) 을/를 일으킨 조선 청년들의 새로운 도전이 춤과 노래로 펼쳐집니다.

• 일시: 2022년 ○○월 ○○일 19시
• 장소: △△아트센터 대극장

① 갑오개혁
② 갑신정변
③ 브나로드 운동
④ 민립 대학 설립 운동

 개념 다지기 임오군란의 결과 청의 내정 간섭이 심화됨!

이것은 민응식의 옛 집터 표지석입니다. 구식 군인들이 별기군과의 차별 등에 반발하여 일으킨 이 사건 당시, 궁궐을 빠져나온 왕비가 피란하였던 곳임을 알려주고 있습니다.

임오군란

④ 청의 내정 간섭이 심화되었다.

임오군란은 신식 군대인 **별기군과의 차별** 등에 반발한 **구식 군인**들이 일으킨 사건이에요. 밀린 봉급을 겨와 모래가 섞인 쌀로 지급받은 것에 분노한 **구식 군인**들은 선혜청과 일본 공사관을 습격하였어요. 이 과정에서 도시 하층민까지 가세하며 난은 더욱 거세졌으나, 결국 민씨 세력의 요청을 받고 파견된 **청군에 의해 진압**되었으며, 이로 인해 **청의 내정 간섭이 심화**되었어요.

☑ **오답 체크**
① 집강소가 설치되었다. → 제1차 동학 농민 운동
② 조사 시찰단이 파견되었다. → 초기 개화 정책
③ 외규장각 도서가 약탈되었다. → 병인양요

 개념 다지기 갑신정변은 우정총국 개국 축하연을 기회로 삼아 일어남!

② 갑신정변

갑신정변은 김옥균, 박영효 등의 급진 개화파가 우정총국 개국 축하연을 이용해 일으킨 사건이에요. 집권 세력이었던 민씨 일파를 제거하고 정권을 장악한 이들은 개혁 정책을 담은 **14개조 혁신 정강**을 발표하였으나, **청군의 개입으로 3일 만에 실패**로 끝났어요(3일 천하).

☑ **오답 체크**
① 갑오개혁 → 1894~1895년에 추진된 근대적 개혁
③ 브나로드 운동 → 일제 강점기의 농촌 계몽 운동
④ 민립 대학 설립 운동 → 일제 강점기의 민족 교육 운동

09

(가) 운동에 대한 탐구 활동으로 가장 적절한 것은? [2점]

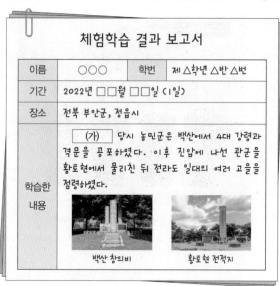

체험학습 결과 보고서

이름	○○○	학번	제 △학년 △반 △번
기간	2022년 □□월 □□일 (1일)		
장소	전북 부안군, 정읍시		

(가) 당시 농민군은 백산에서 4대 강령과 격문을 공포하였다. 이후 진압에 나선 관군을 황토현에서 물리친 뒤 전라도 일대의 여러 고을을 점령하였다.

학습한 내용

백산 창의비 / 황토현 전적지

① 삼선노비의 건립 배경을 조사한다.
② 산미 증식 계획의 실상을 파악한다.
③ 나선 정벌군의 이동 경로를 알아본다.
④ 전주 화약이 체결되는 과정을 살펴본다.

10

밑줄 그은 '개혁'의 내용으로 옳지 않은 것은? [3점]

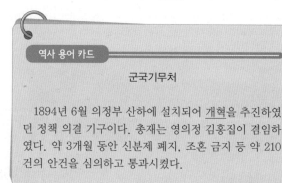

역사 용어 카드

군국기무처

1894년 6월 의정부 산하에 설치되어 개혁을 추진하였던 정책 의결 기구이다. 총재는 영의정 김홍집이 겸임하였다. 약 3개월 동안 신분제 폐지, 조혼 금지 등 약 210건의 안건을 심의하고 통과시켰다.

① 지계를 발급하였다.
② 과거제를 폐지하였다.
③ 도량형을 통일하였다.
④ 연좌제를 금지하였다.

 개념 다지기 동학 농민 운동 때 농민군은 정부와 전주 화약을 체결!

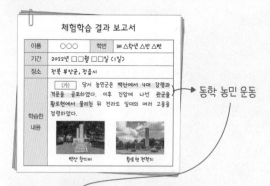

→ 동학 농민 운동

④ 전주 화약이 체결되는 과정을 살펴본다.

동학 농민 운동 당시 **전봉준**의 주도로 **백산**에 집결한 동학 농민군은 **4대 강령과 격문**을 공포하였으며, **황토현·황룡촌 전투**에서 **관군**을 상대로 **승리**하고 전주성까지 점령하였어요. 이후 농민군은 정부와 폐정 개혁을 조건으로 **전주 화약**을 체결하였어요.

☑️ **오답 체크**
① 삼전도비의 건립 배경을 조사한다. → 병자호란
② 산미 증식 계획의 실상을 파악한다. → X
③ 나선 정벌군의 이동 경로를 알아본다. → 나선 정벌

 개념 다지기 광무개혁 때 지계를 발급함!

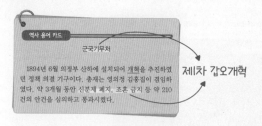

역사 용어 카드
군국기무처
1894년 6월 의정부 산하에 설치되어 개혁을 추진하였던 정책 의결 기구이다. 총재는 영의정 김홍집이 겸임하였다. 약 3개월 동안 신분제 폐지, 조혼 금지 등 약 210건의 안건을 심의하고 통과시켰다.

→ 제1차 갑오개혁

① 지계를 발급하였다. → 광무개혁

대한 제국이 실시한 **광무개혁** 때 근대적 토지 소유 증명서인 **지계**를 토지 소유자에게 발급하였어요. 한편 **제1차 갑오개혁**은 **군국기무처**라는 정책 의결 기구를 중심으로 추진된 개혁으로, **신분제를 폐지**하고 **조혼을 금지**하는 등 정치, 경제, 사회 전반에서 다양한 개혁 정책이 추진되었어요.

☑️ **오답 체크**
② 제1차 갑오개혁 때 과거제를 폐지하고 신분의 구별이 없는 새로운 관리 임용 제도를 실시하였어요.
③ 제1차 갑오개혁 때 길이, 부피, 무게의 단위를 재는 법인 **도량형을 통일**하였어요.
④ 제1차 갑오개혁 때 범죄자뿐만 아니라 친족 관계인 사람도 연대 책임으로 처벌하는 제도인 **연좌제를 금지**하였어요.

11

58회 32번

밑줄 그은 '단체'로 옳은 것은? [2점]

> **학술 발표회**
>
> 우리 학회에서는 제국주의 열강의 침략으로부터 주권을 수호하고자 서재필의 주도로 창립된 단체의 의의와 한계를 조명하고자 합니다. 많은 관심과 참여를 바랍니다.
>
> ◈ 발표 주제 ◈
> - 민중 계몽을 위한 강연회와 토론회 개최 이유
> - 만민 공동회를 통한 자주 국권 운동 전개 과정
> - 관민 공동회 개최와 헌의 6조 결의의 역사적 의미
>
> ▪ 일시: 2022년 4월 ○○일 13:00~18:00
> ▪ 장소: △△문화원 소강당

① 보안회 ② 신민회
③ 독립 협회 ④ 대한 자강회

12

57회 34번

다음 사건 이후에 일어난 사실로 옳은 것은? [2점]

> **역사 신문**
>
> 제△△호 ○○○○년 ○○월 ○○일
>
> **국왕, 경복궁을 떠나다**
>
> 2월 11일 국왕과 세자가 비밀리에 러시아 공사관으로 거처를 옮겼다. 일본군 감시가 허술한 틈을 타 궁녀의 가마를 타고 경복궁을 나왔는데, 공사관에 도착한 때는 대략 오전 7시 30분이었다.

① 훈련도감이 설치되었다.
② 청에 영선사가 파견되었다.
③ 외규장각 도서가 약탈되었다.
④ 대한 제국 수립이 선포되었다.

개념 다지기 독립 협회는 관민 공동회를 개최함!

학술 발표회
우리 학회에서는 제국주의 열강의 침략으로부터 주권을 수호하고자 서재필의 주도로 창립된 단체의 의의와 한계를 조명하고자 합니다. 많은 관심과 참여를 바랍니다.
◈ 발표 주제 ◈
· 민중 계몽을 위한 강연회와 토론회 개최 이유
· 만민 공동회를 통한 자주 국권 운동 전개 과정
· 관민 공동회 개최와 헌의 6조 결의의 역사적 의미
▪ 일시: 2022년 4월 ○○일 13:00~18:00
▪ 장소: △△문화원 소강당

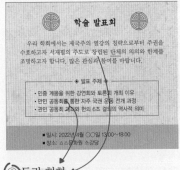

③ 독립 협회

독립 협회는 **서재필 등의 주도로 창립**된 단체로, 근대적 민중 집회인 **만민 공동회**를 열어 러시아의 절영도 조차 요구를 저지하는 등 **자주 국권 운동**을 전개하였어요. 또한 정부 관료도 참석한 **관민 공동회**를 개최하여 **헌의 6조를 결의**하기도 하였어요.

오답 체크
① 보안회 → 일제의 황무지 개간권 요구 저지
② 신민회 → 오산 학교와 대성 학교 설립
④ 대한 자강회 → 고종 강제 퇴위 반대 운동 전개

개념 다지기 아관 파천 이후 대한 제국 수립이 선포됨!

역사 신문
제△△호 ○○○○년 ○○월 ○○일
국왕, 경복궁을 떠나다
2월 11일 국왕과 세자가 비밀리에 러시아 공사관으로 거처를 옮겼다. 일본군 감시가 허술한 틈을 타 궁녀의 가마를 타고 경복궁을 나왔는데, 공사관에 도착한 때는 대략 오전 7시 30분이었다.

→ 아관 파천(1896)

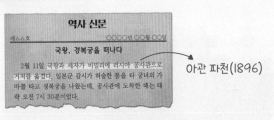

④ 대한 제국 수립이 선포되었다. → 1897년

아관 파천(1896)은 **고종**이 **러시아 공사관으로 거처를 옮긴 사건**이에요. 일본 자객에 의해 명성 황후(민비)가 살해당하는 **을미사변** 이후 신변의 위협을 느낀 고종은 러시아 공사관으로 거처를 옮겼어요. 다음 해에 덕수궁(경운궁)으로 돌아온 고종은 환구단에서 황제 즉위식을 거행하고 국호를 '대한'으로 하는 **대한 제국 수립**을 선포하였어요(1897).

오답 체크
① **훈련도감이 설치되었다.** → 임진왜란(조선 선조), 아관 파천 이전의 사실
② **청에 영선사가 파견되었다.** → 1881년, 아관 파천 이전의 사실
③ **외규장각 도서가 약탈되었다.** → 1866년, 아관 파천 이전의 사실

13

(가) 시기에 있었던 사실로 옳은 것은? [2점]

① 당백전을 발행하였다.
② 영선사를 파견하였다.
③ 육영 공원을 설립하였다.
④ 대한국 국제를 제정하였다.

14

밑줄 그은 '특사'에 대한 설명으로 옳은 것은? [2점]

① 서양에 파견된 최초의 사절단이었다.
② 『조선책략』을 국내에 처음 소개하였다.
③ 기기국에서 무기 제조 기술을 배우고 돌아왔다.
④ 을사늑약의 부당함을 전 세계에 알리고자 하였다.

개념 다지기 대한 제국 시기에 대한국 국제를 제정함!

대한 제국

④ 대한국 국제를 제정하였다.

고종은 아관 파천으로 러시아 공사관에 있다가 1년 만에 **경운궁(덕수궁)**으로 환궁한 뒤, 자주 독립 의지를 표출하고자 하였어요. 이에 고종은 환구단에서 **황제 즉위식**을 거행하고 국호를 **대한 제국**으로 선포하였어요(1897). 이후 1899년에 **대한국 국제**를 제정하여 대한 제국이 전제 정치 국가이며 황제권은 무한하다는 것을 강조하였어요.

☑ **오답 체크**
① 당백전을 발행하였다. → 1866년
② 영선사를 파견하였다. → 1881년
③ 육영 공원을 설립하였다. → 1886년

개념 다지기 헤이그 특사는 을사늑약의 부당함을 알리고자 함!

헤이그 특사

④ 을사늑약의 부당함을 전 세계에 알리고자 하였다.

헤이그 특사는 고종이 **을사늑약의 부당함과 무효함**을 알리기 위해 네덜란드에서 열린 **만국 평화 회의**에 파견한 특사예요. **이상설, 이준, 이위종**이 특사로 **파견**되었으나 일본의 방해를 받아 실패로 끝났어요. 이후 **고종**은 헤이그 특사 파견을 빌미로 일본에 의해 **강제 퇴위**당하였어요.

☑ **오답 체크**
① 서양에 파견된 최초의 사절단이었다. → 보빙사
② 『조선책략』을 국내에 처음 소개하였다. → 제2차 수신사
③ 기기국에서 무기 제조 기술을 배우고 돌아왔다. → 영선사

15

60회 34번

(가)에 들어갈 인물로 옳은 것은? [2점]

이번에 답사할 곳은 (가) 묘역입니다. 그는 이상설, 이위종과 함께 헤이그 만국 평화 회의에 특사로 파견되었습니다.

수유리 애국선열 묘역

신익희 묘역   김병로 묘역   이시영 묘역
광복군 합동 묘역
(가) 묘역   김창숙 묘역

① 이준   ② 손병희   ③ 여운형   ④ 홍범도

16

60회 32번

밑줄 그은 '의병'이 일어난 시기를 연표에서 옳게 고른 것은? [3점]

역적들이 국모를 시해하고 억지로 머리카락을 깎게 하니 백성들이 의병을 일으켰다. 하지만 이제는 단발을 편한 대로 하게 하였으니 백성들은 흩어져 돌아가 생업에 종사하라.

1862	1875	1882	1894	1910
(가)	(나)	(다)	(라)	
임술 농민 봉기	운요호 사건	임오 군란	청·일 전쟁 발발	국권 피탈

① (가)   ② (나)   ③ (다)   ④ (라)

 개념 다지기   이준은 헤이그 만국 평화 회의에 특사로 파견됨!

① 이준

이준은 근대에 활동한 **항일 운동가**로, 이상설, 이위종과 함께 **을사늑약**의 부당함을 알리고자 네덜란드 헤이그에서 열린 **만국 평화 회의에 특사로 파견**되었어요. 하지만 헤이그 특사는 일본의 방해로 큰 성과를 거두지 못했고, 이준은 **헤이그에서 순국**하였어요.

☑ **오답 체크**
② 손병희 → 천도교의 대표로 3·1 운동에 참여함
③ 여운형 → 조선 건국 준비 위원회를 조직함
④ 홍범도 → 봉오동 전투에서 일본군에 승리함

 개념 다지기   청·일 전쟁 발발 → 을미의병 → 국권 피탈

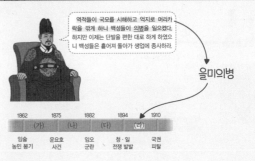

역적들이 국모를 시해하고 억지로 머리카락을 깎게 하니 백성들이 의병을 일으켰다. 하지만 이제는 단발을 편한 대로 하게 하였으니 백성들은 흩어져 돌아가 생업에 종사하라.

을미의병

④ (라)

청·일 전쟁(1894) 이후 고종과 명성 황후가 러시아와 손을 잡고 일본을 견제하자, 이에 위기를 느낀 일본이 1895년 **경복궁을 습격하여 명성 황후를 시해**하였어요(을미사변). 이에 더해 일본이 친일 내각을 수립하고 **을미개혁**을 추진하여 **단발령** 등을 시행하자, 유생 출신인 유인석·이소응 등은 이에 반발해 **의병을 일으켰어요(을미의병)**. 을미의병은 **아관 파천**으로 친일 정권이 무너지면서 **단발령이 철회**되고, 고종이 해산 권고 조칙을 내리자 해산하였어요.

17

(가)에 들어갈 내용으로 옳은 것은?　　　　　[2점]

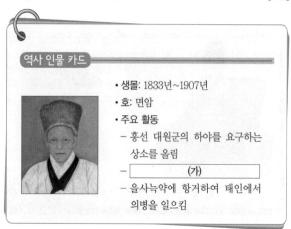

역사 인물 카드

- 생몰: 1833년~1907년
- 호: 면암
- 주요 활동
  - 흥선 대원군의 하야를 요구하는 상소를 올림
  - (가)
  - 을사늑약에 항거하여 태인에서 의병을 일으킴

① 『북학의』를 저술함
② 왜양 일체론을 주장함
③ 신흥 무관 학교를 설립함
④ 시일야방성대곡을 작성함

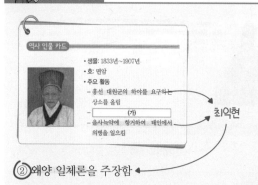

개념 다지기 최익현은 왜양 일체론을 주장함!

최익현

② 왜양 일체론을 주장함

최익현은 근대에 활약한 문신이자 항일 운동가로, 1873년에 **흥선 대원군의 하야를 요구하는 상소**를 올렸어요. 또한 그는 1876년에 **왜양 일체론을 주장**하며 도끼를 들고 대궐 앞에 엎드려 개항에 반대하는 상소를 올렸으나, 이로 인해 흑산도에 유배되었어요. 이후 1905년에 일본이 강제로 **을사늑약을 체결**하여 대한 제국의 외교권을 박탈하자, 이듬해인 1906년에 **태인에서 의병**을 일으키기도 했어요.

☑ **오답 체크**
① 『북학의』를 저술함 → 박제가
③ 신흥 무관 학교를 설립함 → 이동녕, 이회영 등
④ 시일야방성대곡을 작성함 → 장지연

18

(가)에 해당하는 인물로 옳은 것은?　　　　　[3점]

이 작품은 (가) 이 여성의 의병 참여를 독려하기 위해 만든 노래입니다. 그녀는 이 외에도 의병을 주제로 여러 편의 가사를 지어 의병들의 사기를 높이려 하였습니다. 일제에 나라를 빼앗긴 이후에는 만주로 망명하여 항일 투쟁을 이어갔습니다.

안사람 의병가

아무리 왜놈들이 강성한들
우리들도 뭉쳐지면 왜놈 잡기 쉬울세라
아무리 여자인들 나라 사랑 모를쏘냐
남녀가 유별한들 나라 없이 소용있나
우리도 의병하러 나가보세
의병대를 도와주세
……

① 권기옥
② 남자현
③ 박차정
④ 윤희순

개념 다지기 윤희순은 여성의 의병 참여를 독려함!

④ 윤희순

윤희순은 항일 독립운동가로, **을미의병** 때 '**안사람 의병가**'라는 노래를 지어 보급하면서 의병들의 사기를 높였으며, **정미의병** 때에도 **의병 활동을 지원**하였어요. 국권 피탈 이후 그녀는 **만주로 망명**하여 항일 투쟁을 이어갔어요.

☑ **오답 체크**
① 권기옥 → 한국 최초의 여성 비행사
② 남자현 → 사이토 총독 암살 기도
③ 박차정 → 근우회·의열단 참여

19

밑줄 그은 '이 단체'로 옳은 것은? [2점]

① 보안회
② 신민회
③ 대한 자강회
④ 헌정 연구회

20

밑줄 그은 '이 운동'에 대한 설명으로 옳은 것은? [2점]

① 만민 공동회를 개최하였다.
② 대한매일신보 등 언론의 지원을 받았다.
③ 조선 사람 조선 것이라는 구호를 내세웠다.
④ 백정에 대한 사회적 차별 철폐를 주장하였다.

개념 다지기 신민회는 105인 사건으로 와해됨!

②신민회

신민회는 안창호, 양기탁 등이 **비밀리에 결성**한 단체로, 민족의 실력을 양성하기 위한 활동을 펼쳤어요. 우선 민족 교육을 위해 평양에 **대성 학교**, 정주에 **오산 학교**를 설립하였고, 국권 피탈 이후에는 만주 삼원보에 독립군 기지와 신흥 무관 학교의 전신인 **신흥 강습소**를 설치하였어요. 그러나 신민회는 일제가 데라우치 총독 암살 음모를 조작하여 독립운동가들을 잡아들인 **105인 사건으로 와해**되었어요.

☑️**오답 체크**
① 보안회 → 일제의 황무지 개간권 요구 저지
③ 대한 자강회 → 고종 강제 퇴위 반대 운동 전개
④ 헌정 연구회 → 입헌 군주제 수립 주장

개념 다지기 국채 보상 운동은 대한매일신보 등 언론의 지원을 받음!

→ 국채 보상 운동

②대한매일신보 등 언론의 지원을 받았다.

국채 보상 운동은 일본의 강요로 도입된 **차관(빌린 자금)**을 갚기 위해 전개된 운동으로, 1907년 **대구에서 시작**되었어요. 서울에서는 **국채 보상 기성회**가 조직되어 성금을 모금하였으며, **여성들은 비녀와 가락지를 팔고 남성들은 담배를 끊어** 국채를 갚기 위해 노력하였어요. 국채 보상 운동은 **대한매일신보** 등 당시 **언론의 지원**을 받아 전국적으로 확산되었으나, 일진회와 통감부의 탄압으로 결국 실패하였어요.

☑️**오답 체크**
① 만민 공동회를 개최하였다. → 독립 협회의 활동
③ 조선 사람 조선 것이라는 구호를 내세웠다. → 물산 장려 운동
④ 백정에 대한 사회적 차별 철폐를 주장하였다. → 형평 운동

21

밑줄 그은 '신문'으로 옳은 것은?　[2점]

① 만세보
② 한성순보
③ 황성신문
④ 대한매일신보

22

(가)에 들어갈 근대 교육 기관으로 옳은 것은?　[2점]

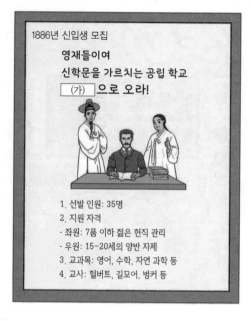

① 서전서숙
② 배재 학당
③ 육영 공원
④ 이화 학당

 개념 다지기 한성순보는 박문국에서 열흘에 한 번씩 간행됨!

②한성순보

한성순보는 정부가 발간한 **우리나라 최초의 근대 신문**이에요. 이 신문은 출판 기관인 **박문국**에서 **열흘에 한 번씩 순 한문으로 간행**되었으며, 정부의 정책을 알리는 일종의 **관보 역할**을 하였어요. 또한 청과 일본을 비롯한 여러 나라의 기사를 번역하여 신문에 실어 개화 문물과 지식 등을 국내에 소개하였어요. 그러나 1884년 갑신정변 때 박문국 건물이 불에 타면서 한성순보도 함께 폐간되었어요.

☑ **오답 체크**
① 만세보 → 천도교 기관지
③ 황성신문 → 유생층 대상의 신문
④ 대한매일신보 → 양기탁·베델이 창간한 신문

 개념 다지기 육영 공원은 신학문을 가르치는 공립 학교!

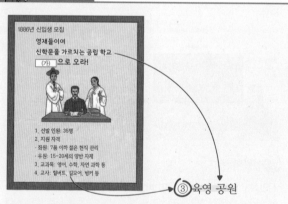

③육영 공원

육영 공원은 '영재를 기른다'는 뜻을 가진 근대 교육 기관으로, **정부의 주도로 설립된 최초의 공립 학교**였어요. 이곳에서는 미국인 **헐버트, 길모어** 등을 교사로 초빙하여 젊은 관리나 상류층(양반) 자제에게 근대 학문과 외국어 등을 가르쳤어요.

☑ **오답 체크**
① 서전서숙 → 이상설이 설립한 민족 교육 기관
② 배재 학당 → 선교사 아펜젤러가 설립한 근대식 사립 학교
④ 이화 학당 → 선교사 스크랜튼이 설립한 여성 교육 기관

(가)에 들어갈 문화유산으로 옳은 것은? [2점]

답사 계획서

- 주제: 근대 역사의 현장을 찾아서
- 날짜: 2021년 ○○월 ○○일
- 답사 장소

사진	설명
우정총국	근대 우편 제도를 시행하기 위해 세워진 것으로, 개국 축하연 때 갑신정변이 발생하였다.
구 러시아 공사관	을미사변 이후 고종이 피신한 곳으로 약 1년 동안 머물렀다. 지금은 건물의 일부만 남아 있다.
(가)	고종의 접견실 등으로 사용하기 위해 지어진 것으로, 당시 건축된 서양식 건물 중 규모가 가장 크다.

①
황궁우

②
명동 성당

③
운현궁 양관

④
덕수궁 석조전

개념 다지기 덕수궁 석조전은 서양식 건물 중 규모가 가장 큼!

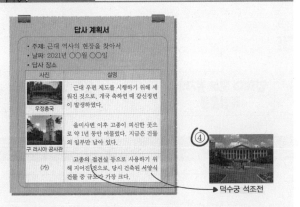

덕수궁 석조전은 대한 제국 시기에 지어진 **서양식 석조 건물**로, 당시에 건축된 서양식 건물 중 가장 규모가 컸어요. 당시에는 **고종의 접견실** 등으로 사용되었으며, 광복 이후에는 **미·소 공동 위원회**가 이곳에서 개최되었어요.

☑ 오답 체크
① 황궁우 → 환구단의 부속 건물
② 명동 성당 → 근대의 고딕 양식 건축물
③ 운현궁 양관 → 일제가 흥선 대원군 손자에게 지어준 서양식 저택

📍 일제 강점기 기출문제 주제별로 모아 풀기

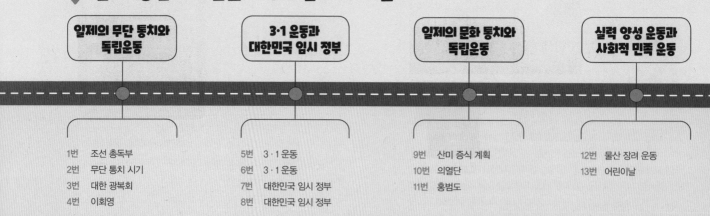

| 일제의 무단 통치와 독립운동 | 3·1 운동과 대한민국 임시 정부 | 일제의 문화 통치와 독립운동 | 실력 양성 운동과 사회적 민족 운동 |

1번 조선 총독부
2번 무단 통치 시기
3번 대한 광복회
4번 이회영

5번 3·1 운동
6번 3·1 운동
7번 대한민국 임시 정부
8번 대한민국 임시 정부

9번 산미 증식 계획
10번 의열단
11번 홍범도

12번 물산 장려 운동
13번 어린이날

VI. 일제 강점기

기출 32문제와 개념공략 해설

- 최근 3개년 간 매 회 50문제 중 7문제(14%)가 출제되었어요.

- 일제 강점기는 <일제의 민족 말살 통치와 독립운동> 주제에서 자주 출제되므로, 일제의 민족 말살 정책과 독립군의 활동을 꼼꼼히 학습하세요!

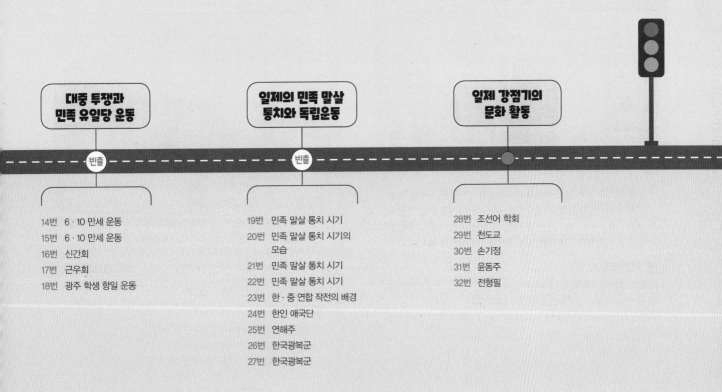

01

55회 37번

(가)에 들어갈 기구로 옳은 것은?　　　　　　　[1점]

저는 지금 일제 식민 통치의 최고 기구였던 (가) 청사 철거 현장에 나와 있습니다. 정부는 광복 50주년을 맞아 '역사 바로 세우기' 사업의 일환으로 이번 철거를 진행한다고 밝혔습니다.

① 조선 총독부
② 종로 경찰서
③ 서대문 형무소
④ 동양 척식 주식회사

02

58회 33번

다음 법령이 시행된 시기 일제의 경제 정책으로 옳은 것은?

[2점]

회 사 령

제1조 회사의 설립은 조선 총독의 허가를 받아야 한다.

제2조 조선 외에서 설립한 회사가 조선에 본점이나 또는 지점을 설립하고자 할 때는 조선 총독의 허가를 받아야 한다.

① 미곡 공출제 시행
② 남면북양 정책 추진
③ 농촌 진흥 운동 전개
④ 토지 조사 사업 실시

개념 다지기 일제 강점기 식민 통치의 최고 기구는 조선 총독부!

①조선 총독부

조선 총독부는 일제가 조선의 국권을 빼앗은 후 **식민 통치**를 위해 설치한 **최고 통치 기구**예요. 조선 총독부 건물은 경복궁 안에 세워졌으며, 광복 이후에 국립 중앙 박물관 등으로 사용되다가 **김영삼 정부** 때 진행된 **역사 바로 세우기 사업의 일환으로 철거**되었어요.

☑ **오답 체크**
② 종로 경찰서 → 의열단원 김상옥이 폭탄을 던진 곳
③ 서대문 형무소 → 근대적 시설을 갖춘 한국 최초의 감옥
④ 동양 척식 주식회사 → 일본이 조선의 토지와 자원을 수탈하기 위해 설치한 기관

개념 다지기 무단 통치 시기에 토지 조사 사업이 실시됨!

무단 통치 시기

④토지 조사 사업 실시

무단 통치 시기인 1910년대에 일제는 회사 설립 시 총독의 허가를 받도록 하는 **회사령**을 제정하여 민족 자본의 성장을 억제하고자 하였어요. 또한 일제는 근대적인 토지 소유권을 확립한다는 명분으로 **토지 조사 사업**을 실시하여 조선의 토지를 약탈하였어요. 이 밖에도 일제는 군대의 헌병이 일반 치안 업무까지 담당하는 **헌병 경찰 제도를 시행**하고, 조선인에게만 태형을 적용하는 **조선 태형령을 제정**하였어요.

☑ **오답 체크**
① 미곡 공출제 시행 → 민족 말살 통치 시기
② 남면북양 정책 추진 → 민족 말살 통치 시기
③ 농촌 진흥 운동 전개 → 민족 말살 통치 시기

03

(가)에 해당하는 단체로 옳은 것은? [2점]

□□신문

제△△호 2022년 ○○월 ○○일

박상진 유품, 국가등록문화재로 지정

박상진 의사가 남긴 옥중 편지가 국가등록문화재로 지정되었다. 그는 1910년대 국내 비밀 결사 운동 단체인 (가) 을/를 이끌며, 군자금 모집과 친일 부호 처단 등의 활동을 전개하였다.

① 권업회
② 보안회
③ 참의부
④ 대한 광복회

04

(가)에 들어갈 인물로 옳은 것은? [1점]

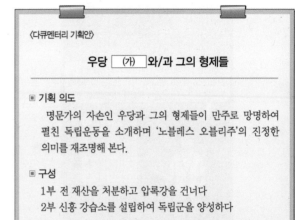

〈다큐멘터리 기획안〉

우당 (가) 와/과 그의 형제들

▣ 기획 의도
 명문가의 자손인 우당과 그의 형제들이 만주로 망명하여 펼친 독립운동을 소개하며 '노블레스 오블리주'의 진정한 의미를 재조명해 본다.

▣ 구성
 1부 전 재산을 처분하고 압록강을 건너다
 2부 신흥 강습소를 설립하여 독립군을 양성하다

① 신채호
② 안중근
③ 이회영
④ 이동휘

 개념 다지기 대한 광복회는 1910년대 국내 비밀 결사 운동 단체!

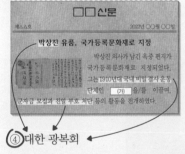

④ 대한 광복회

대한 광복회는 박상진 등이 1915년에 대구에서 조직한 비밀 결사 운동 단체로, 1910년대에 국내에서 활동한 항일 독립운동 단체예요. 이 단체는 군주 정치가 아닌 **공화 정치**를 목표로 하였어요. 또한 독립군 양성을 위한 **군자금 모금**과 **친일 부호 처단** 등의 활동을 하였어요.

☑ **오답 체크**
① 권업회 → 1910년대 연해주의 한인 자치 단체
② 보안회 → 근대의 애국 계몽 운동 단체
③ 참의부 → 1920년대 만주의 무장 독립운동 단체

 개념 다지기 이회영은 신흥 강습소를 설립함!

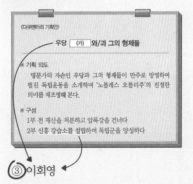

③ 이회영

우당 이회영은 근대와 일제 강점기에 활동한 독립운동가예요. 그는 **신민회 회원으로 활동**하다가 국권 피탈 이후 전 **재산을 처분한** 뒤 압록강을 건너 **남만주(서간도) 삼원보**로 가서 한인 자치 기관인 **경학사**를 세우고, 독립군 양성을 위해 **신흥 강습소**를 설립하였어요.

☑ **오답 체크**
① 신채호 → 「조선혁명선언」 작성
② 안중근 → 이토 히로부미 사살
④ 이동휘 → 대한 광복군 정부 수립

05

60회 36번

밑줄 그은 '만세 시위 운동'의 영향으로 옳은 것은? [2점]

① 독립문이 건립되었다.
② 홍범 14조가 반포되었다.
③ 토지 조사 사업이 시작되었다.
④ 대한민국 임시 정부가 수립되었다.

06

55회 40번

(가) 민족 운동에 대한 설명으로 옳은 것은? [2점]

① 개혁 추진을 위해 집강소가 설치되었다.
② 조선 물산 장려회를 중심으로 전개되었다.
③ 대한민국 임시 정부 수립의 계기가 되었다.
④ 신간회의 지원을 받아 민중 대회가 추진되었다.

 개념 다지기 3·1 운동의 영향으로 대한민국 임시 정부가 수립됨!

➔ 3·1 운동

④ 대한민국 임시 정부가 수립되었다.

3·1 운동은 1919년에 일어난 만세 운동으로, 일제 강점기에 일어난 최대 규모의 항일 민족 운동이에요. 3·1 운동은 **전국적으로 확산**되었으며, 상하이에서 **대한민국 임시 정부 수립에 영향**을 주었어요.

☑️**오답 체크**
① 독립문이 건립되었다. → 독립 협회의 활동
② 홍범 14조가 반포되었다. → 제2차 갑오개혁
③ 토지 조사 사업이 시작되었다. → 무단 통치 시기 일제의 정책

 개념 다지기 3·1 운동은 대한민국 임시 정부 수립의 계기가 됨!

➔ 3·1 운동

③대한민국 임시 정부 수립의 계기가 되었다.

3·1 운동은 1919년 3월 1일에 일어난 독립운동으로, 일제의 강압적인 **무단 통치**에 맞서 일어났어요. 서울 탑골 공원에서 독립 선언서를 낭독하며 시작된 운동은 전국으로 확산되었고, 만주, 연해주, 미주 등 해외로도 확산되었어요. 한편, 3·1 운동의 결과 상하이에서 **대한민국 임시 정부가 수립**되었어요.

☑️**오답 체크**
① 개혁 추진을 위해 집강소가 설치되었다. → 동학 농민 운동
② 조선 물산 장려회를 중심으로 전개되었다. → 물산 장려 운동
④ 신간회의 지원을 받아 민중 대회가 추진되었다. → 광주 학생 항일 운동

07

밑줄 그은 '정부'의 활동으로 옳지 <u>않은</u> 것은?　　[3점]

① 연통제를 실시하였다.
② 독립 공채를 발행하였다.
③ 구미 위원부를 설치하였다.
④ 대한국 국제를 반포하였다.

08

(가)의 활동으로 옳은 것은?　　[2점]

① 구미 위원부를 설치하였다.
② 만민 공동회를 개최하였다.
③ 국채 보상 운동을 전개하였다.
④ 신흥 무관 학교를 설립하였다.

 대한국 국제 반포는 대한 제국의 활동!

④대한국 국제를 반포하였다. → 대한 제국

대한 제국은 1899년에 **대한국 국제를 반포**하여 대한 제국이 전제 정치 국가이며, 황제권의 무한함을 강조하였어요. 한편 **대한민국 임시 정부**는 1919년 **3·1 운동**을 계기로 조직적인 독립운동의 필요성이 대두하면서 **상하이에서 수립**되었어요.

☑오답 체크
① 대한민국 임시 정부는 연통제를 실시하여 국내와의 비밀 연락망을 두었어요.
② 대한민국 임시 정부는 독립운동 자금을 모으기 위해 **독립 공채**를 발행하였어요.
③ 대한민국 임시 정부는 외교 업무를 위해 미국 워싱턴에 **구미 위원부**를 설치하였어요.

 대한민국 임시 정부는 구미 위원부를 설치함!

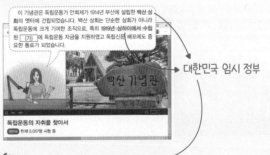

①구미 위원부를 설치하였다.

대한민국 임시 정부는 1919년 **3·1 운동** 직후 독립운동을 조직적으로 추진하고자 하는 필요성이 대두하면서 **상하이에서 수립**되었어요. 대한민국 임시 정부는 부산에 설립된 **백산 상회**를 통해 독립운동 자금을 조달하였고, 미국에는 **구미 위원부를 설치**하여 외교 활동을 전개하였어요.

☑오답 체크
② 만민 공동회를 개최하였다. → 독립 협회
③ 국채 보상 운동을 전개하였다. → 국채 보상 기성회
④ 신흥 무관 학교를 설립하였다. → 신민회

09

55회 38번

밑줄 그은 '이 정책'으로 옳은 것은?　　　　　[2점]

이 사진은 일제 강점기 일본으로 반출하기 위해 쌀을 쌓아 놓은 군산항의 모습입니다. 일제는 자국의 식량 문제를 해결하기 위하여 1920년부터 조선에 이 정책을 실시하여 수많은 양의 쌀을 수탈해 갔습니다.

① 회사령　　　　　　　② 농지 개혁법
③ 산미 증식 계획　　　　④ 토지 조사 사업

10

58회 38번

(가)에 들어갈 단체로 옳은 것은?　　　　　[1점]

이것은 일제 경찰에서 제작한 감시 대상 인물 카드에 있는 (가) 단원들의 사진입니다. 사진에서는 단장 김원봉과 조선 총독부에 폭탄을 던진 김익상을 비롯한 총 7명의 모습을 확인할 수 있습니다.

① 의열단　　　　　　　② 중광단
③ 흥사단　　　　　　　④ 한인 애국단

👨 **개념 다지기** 일제는 식량 문제 해결을 위해 산미 증식 계획을 실시함!

이 사진은 일제 강점기 일본으로 반출하기 위해 쌀을 쌓아 놓은 군산항의 모습입니다. 일제는 자국의 식량 문제를 해결하기 위하여 1920년부터 조선에 이 정책을 실시하여 수많은 양의 쌀을 수탈해 갔습니다.

③ 산미 증식 계획

산미 증식 계획은 문화 통치 시기인 **1920년대**에 일제가 급속한 공업화로 인해 자국의 식량이 부족해지자, **조선을 자국의 식량 공급 기지로 삼기 위해 추진한 정책**이에요. 일제는 조선의 쌀 수확량을 늘려 그 증산량을 수탈하고자 하였으나, 수탈량이 증산량을 초과하여 국내의 식량 부족 현상이 심해졌어요.

☑️ **오답 체크**
① 회사령 → 일제가 민족 기업의 설립을 억제하기 위해 제정한 법령
② 농지 개혁법 → 현대의 이승만 정부가 농지 개혁을 위해 시행한 법
④ 토지 조사 사업 → 일제가 조선의 토지를 약탈하기 위해 실시한 정책

👨 **개념 다지기** 의열단 단원인 김익상은 조선 총독부에 폭탄을 던짐!

이것은 일제 경찰에서 제작한 감시 대상 인물 카드에 있는 (가) 단원들의 사진입니다. 사진에서는 단장 김원봉과 조선 총독부에 폭탄을 던진 김익상을 비롯한 총 7명의 모습을 확인할 수 있습니다.

① 의열단

의열단은 1919년 만주 지린(길림)에서 **김원봉을 단장**으로 조직된 의열 단체예요. 의열단은 **식민 통치 기관의 파괴와 일제의 주요 요인 처단**을 목표로 하였으며, 민중의 직접 혁명을 강조한 신채호의 「조선혁명선언」을 활동 지침으로 삼았어요. 이에 따라 단원 **김익상**이 **조선 총독부에 폭탄을 투척**하는 등의 의거를 일으켰어요.

☑️ **오답 체크**
② 중광단 → 서일 등이 조직한 단체
③ 흥사단 → 안창호가 조직한 단체
④ 한인 애국단 → 김구가 조직한 단체

11

58회 36번

(가)에 해당하는 인물로 옳은 것은? [2점]

봉오동 전투를 승리로 이끈 [(가)] 장군의 유해가 대한민국 특별수송기로 카자흐스탄에서 돌아오고 있습니다. 우리나라 공군 전투기 6대가 안전하게 호위하고 있습니다.

특별수송기를 호위하는 6대의 전투기

①
김좌진

②
양세봉

③
지청천

④
홍범도

개념 다지기 · 홍범도는 봉오동 전투를 승리로 이끎!

봉오동 전투를 승리로 이끈 [(가)] 장군의 유해가 대한민국 특별수송기로 카자흐스탄에서 돌아오고 있습니다. 우리나라 공군 전투기 6대가 안전하게 호위하고 있습니다.

특별수송기를 호위하는 6대의 전투기

④ 홍범도

홍범도는 일제 강점기에 활동한 독립운동가예요. 그는 자신이 총사령관으로 있던 **대한 독립군**을 이끌고 **봉오동**에서 **일본군을 상대로 승리**를 거두었어요(**봉오동 전투**). 한편 홍범도는 1937년 스탈린의 강제 이주 정책에 의해 중앙아시아 지역인 **카자흐스탄으로 강제 이주**되어, 그곳에서 생을 마감하였는데, 2021년 광복절 카자흐스탄에서 봉환된 그의 유해가 대전 현충원 독립유공자 제3묘역에 안장되었어요.

☑ 오답 체크
① 김좌진 → 청산리 전투에서 활약
② 양세봉 → 영릉가 전투에서 활약
③ 지청천 → 대전자령 전투에서 활약

12

58회 37번

학생들이 공통으로 이야기하는 민족 운동으로 옳은 것은? [2점]

1920년 평양에서 조만식 등이 중심이 되어 시작했어.

우리 민족 산업을 보호하고 육성하기 위해 전개했지.

사회주의자로부터 자본가의 이익만을 추구한다고 비판받기도 했어.

① 브나로드 운동
② 문자 보급 운동
③ 물산 장려 운동
④ 민립 대학 설립 운동

개념 다지기 · 물산 장려 운동은 1920년 평양에서 조만식을 중심으로 시작됨!

1920년 평양에서 조만식 등이 중심이 되어 시작했어.

우리 민족 산업을 보호하고 육성하기 위해 전개했지.

사회주의자로부터 자본가의 이익만을 추구한다고 비판받기도 했어.

③ 물산 장려 운동

물산 장려 운동은 1920년에 **평양**에서 **조만식** 등을 중심으로 시작된 운동이에요. 이 운동은 토산품(국산품) 애용을 통해 **우리 민족 산업을 보호하고 육성**하기 위한 목표로 전개되었으며, 이에 '**조선 사람 조선 것**', '**내 살림 내 것으로**' 등의 구호를 내세웠어요.

☑ 오답 체크
① 브나로드 운동 → 동아일보의 주도
② 문자 보급 운동 → 조선일보의 주도
④ 민립 대학 설립 운동 → 이상재 등의 주도

VI. 일제 강점기

해커스 한국사능력검정시험 한권완성 기출 500제 기본

13

(가)에 들어갈 내용으로 적절한 것은? [1점]

① 『서유견문』   ② 어린이날
③ 진단 학회   ④ 통리기무아문

14

(가)에 들어갈 사진으로 옳은 것은? [2점]

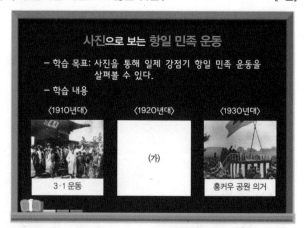

①
정미의병

②
6 · 10 만세 운동

③
조선 의용대 창설

④
헤이그 특사 파견

 개념 다지기 방정환 등이 중심이 된 천도교 소년회는 어린이날을 제정함!

어린이날

어린이날은 일제 강점기에 활동한 **천도교 소년회**에 의해 제정되었어요. **방정환**이 중심이 된 천도교 소년회는 어린이날을 제정하고, 잡지 『어린이』를 간행하는 등 소년 운동을 전개하였답니다.

☑️**오답 체크**
① 『서유견문』 → 유길준이 저술한 기행문
③ 진단 학회 → 일제 강점기의 학술 단체
④ 통리기무아문 → 근대 개항기 개화 정책 총괄 기구

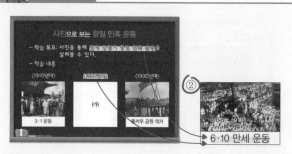 **개념 다지기** 6 · 10 만세 운동은 1920년대에 일어난 항일 민족 운동!

6 · 10 만세 운동은 **일제 강점기**인 1920년대에 일어난 **항일 민족 운동**이에요. **1926년**에 대한 제국의 마지막 황제였던 순종이 서거하자, **사회주의 세력과 천도교 계열의 민족주의 세력, 학생 단체가 연합**하여 **순종의 인산일(장례일)**을 기회로 삼아 시위를 계획하였어요. 사회주의 세력과 천도교 계열의 민족주의 세력은 사전에 발각되었으나, 학생 단체의 시위는 예정대로 진행되어 서울에서 **만세 시위**가 전개되었어요.

☑️**오답 체크**
① 정미의병 → 1907년
③ 조선 의용대 창설 → 1938년
④ 헤이그 특사 파견 → 1907년

15

55회 41번

다음 대화가 이루어진 시기를 연표에서 옳게 고른 것은? [3점]

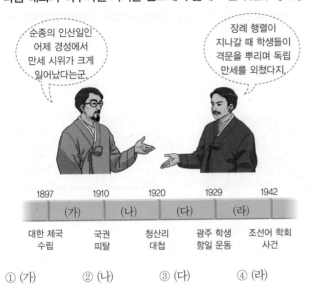

말풍선: 순종의 인산일인 어제 경성에서 만세 시위가 크게 일어났다는군.

말풍선: 장례 행렬이 지나갈 때 학생들이 격문을 뿌리며 독립 만세를 외쳤다지.

1897	1910	1920	1929	1942
(가)	(나)	(다)	(라)	
대한 제국 수립	국권 피탈	청산리 대첩	광주 학생 항일 운동	조선어 학회 사건

① (가)   ② (나)   ③ (다)   ④ (라)

16

58회 39번

(가)에 들어갈 단체로 옳은 것은? [2점]

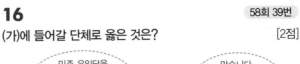

말풍선: 민족 유일당을 만들기 위한 노력의 결과 드디어 우리가 (가) 를 만들었습니다.

말풍선: 맞습니다. 기회주의자를 배제하고 일제에 맞서 함께 싸웁시다.

사회주의 계열   비타협적 민족주의 계열

① 신간회   ② 토월회
③ 대한 광복회   ④ 조선어 학회

개념 다지기 청산리 대첩 → 6·10 만세 운동 → 광주 학생 항일 운동

말풍선: 순종의 인산일인 어제 경성에서 만세 시위가 크게 일어났다는군.

말풍선: 장례 행렬이 지나갈 때 학생들이 격문을 뿌리며 독립 만세를 외쳤다지.

6·10 만세 운동 (1926)

1897	1910	1920	1929	1942
(가)	(나)	[다]	(라)	
대한 제국 수립	국권 피탈	청산리 대첩	광주 학생 항일 운동	조선어 학회 사건

③ (다)

6·10 만세 운동은 **1926년**에 대한 제국의 마지막 황제였던 순종이 서거하자, **순종의 인산일(장례일)**인 6월 10일에 전개된 **만세 운동**이에요. 사회주의 세력과 천도교 계열의 민족주의 세력이 세운 계획은 사전에 발각되었으나, 학생 단체의 시위는 예정대로 진행되어 **경성**(서울)에서 만세 시위가 전개되었어요. 6·10 만세 운동은 대규모 시위로 확산되지는 못하였지만, 준비 과정에서 **민족주의 세력과 사회주의 세력의 연대 가능성**이 발견되면서, 1927년에 **신간회가 결성**되었어요.

개념 다지기 신간회는 민족 유일당 운동으로 결성된 단체!

말풍선: 민족 유일당을 만들기 위한 노력의 결과 드디어 우리가 (가) 를 만들었습니다.

말풍선: 맞습니다. 기회주의자를 배제하고 일제에 맞서 함께 싸웁시다.

사회주의 계열   비타협적 민족주의 계열

① 신간회

신간회는 민족 유일당 운동의 결과로 1927년에 결성된 단체예요. **사회주의 세력과 비타협적 민족주의 세력**이 연합하여 조직하였으며, **기회주의적인 타협적 민족주의 계열은 배제**하였어요.

☑ 오답 체크

② 토월회 → 신극 운동 단체
③ 대한 광복회 → 국내 비밀 결사 단체
④ 조선어 학회 → 국어 연구 단체

17

밑줄 그은 '이 단체'로 옳은 것은? [1점]

① 근우회
② 찬양회
③ 조선 여자 교육회
④ 토산 애용 부인회

18

밑줄 그은 '이 운동'에 대한 설명으로 옳은 것은? [2점]

1929년, 나주와 광주를 열차로 통학하는 한·일 학생 간에 충돌이 발생하였습니다. 1/3

일제 경찰의 민족 차별에 대항하여 광주의 학생들은 시위를 벌였고, 점차 전국으로 확산되었습니다. 2/3

이 운동을 기억하기 위해 시위가 시작된 11월 3일을 학생 독립운동 기념일로 지정하였습니다.
11.3.
3/3

① 순종의 인산일에 일어났다.
② 통감부의 탄압으로 실패하였다.
③ 국민 대표 회의 개최의 배경이 되었다.
④ 신간회에서 진상 조사단을 파견하였다.

개념 다지기 근우회는 민족주의 세력과 사회주의 세력이 협동해 설립한 단체!

① 근우회

근우회는 일제 강점기인 1927년에 결성된 **신간회의 자매 단체**로, 민족주의 계열과 사회주의 계열의 여성 운동가들이 협동하여 설립하였어요. 이 단체는 **여성의 단결과 지위 향상**을 목적으로 60여 개의 지회를 조직하고, 강연회 등을 개최하며 **여성 운동**을 전개하였어요.

☑**오답 체크**
② 찬양회 → 여권통문 발표 후 조직
③ 조선 여자 교육회 → 전국 순회 강연 전개
④ 토산 애용 부인회 → 물산 장려 운동 참여

개념 다지기 광주 학생 항일 운동 때 신간회에서 진상 조사단을 파견함!

→ 광주 학생 항일 운동

④ 신간회에서 진상 조사단을 파견하였다.

광주 학생 항일 운동은 광주에서 나주로 가는 통학 열차 안에서 일본 남학생이 한국 여학생을 희롱하여 발생한 **한·일 학생 간의 충돌**이 원인이 되어 일어났어요. 수사 과정에서 **일제 경찰의 민족 차별**에 대항하여 **광주의 학생들**이 '검거자 탈환, 식민지 차별 교육 철폐' 등을 요구하며 **시위를 시작**하였고 **신간회에서는 진상 조사단을 파견**하여 이를 지원하였어요.

☑**오답 체크**
① 순종의 인산일에 일어났다. → 6·10 만세 운동
② 통감부의 탄압으로 실패하였다. → 국채 보상 운동
③ 국민 대표 회의 개최의 배경이 되었다. → 이승만의 위임 통치 청원

19

밑줄 그은 '이 시기'를 연표에서 옳게 고른 것은? [3점]

> 황국 신민 서사가 새겨진 이 전시물은 일제의 침략상을 고발하기 위해 쓰러뜨린 채로 '홀대 전시' 중입니다. 일제는 황국 신민 서사 암송을 강요하고 조선어 과목을 폐지하는 등 이 시기에 우리 민족의 정체성을 말살시키려 하였습니다.

1910	1919	1926	1937	1945
(가)	(나)	(다)	(라)	
국권 피탈	3·1 운동	6·10 만세 운동	중·일 전쟁	광복

① (가)   ② (나)   ③ (다)   ④ (라)

20

밑줄 그은 '시기'에 볼 수 있는 모습으로 가장 적절한 것은?

[2점]

궁성요배 표어

중·일 전쟁 이후 침략 전쟁을 확대하던 시기에 아침마다 일왕이 거처하는 곳(궁성)을 향해 절을 하며 경의를 표하도록 강요하기 위해, 친일 단체인 국민 정신 총동원 조선 연맹이 만든 표어

① 태형을 집행하는 헌병 경찰
② 회사령을 공포하는 총독부 관리
③ 황국 신민 서사를 암송하는 학생
④ 암태도 소작 쟁의에 참여하는 농민

개념 다지기 중·일 전쟁 → 민족 말살 통치 시기 → 광복

> 황국 신민 서사가 새겨진 이 전시물은 일제의 침략상을 고발하기 위해 쓰러뜨린 채로 '홀대 전시' 중입니다. 일제는 황국 신민 서사 암송을 강요하고 조선어 과목을 폐지하는 등 이 시기에 우리 민족의 정체성을 말살시키려 하였습니다.

→ 민족 말살 통치 시기

④ (라)

민족 말살 통치 시기에 일제는 한국인의 민족 정체성을 말살하여 침략 전쟁에 원활히 동원하고자 하였어요. 이에 일제는 **중·일 전쟁(1937)** 발발 이후 일왕에게 충성을 맹세하는 내용의 **황국 신민 서사 암송**을 강요하였으며, 제4차 조선 교육령(1943)을 제정하여 **조선어 과목**을 폐지하였어요.

개념 다지기 민족 말살 통치 시기에 황국 신민 서사를 암송하게 함!

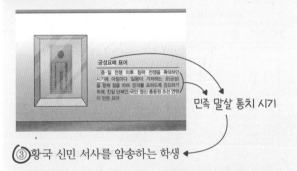

→ 민족 말살 통치 시기

③ 황국 신민 서사를 암송하는 학생 ◄

민족 말살 통치 시기에 일제는 **중·일 전쟁**을 일으켜 침략 전쟁을 확대하였어요. 또한 한국인의 민족 의식을 말살하여 침략 전쟁에 원활히 동원하기 위해 친일 단체인 **국민 정신 총동원 조선 연맹**을 만들고, 일왕이 사는 곳에 절을 하는 **궁성요배**를 강요하고, 일왕에게 충성을 맹세하는 **황국 신민 서사**를 암송하게 하였어요.

☑ **오답 체크**
① 태형을 집행하는 헌병 경찰 → 무단 통치 시기
② 회사령을 공포하는 총독부 관리 → 무단 통치 시기
④ 암태도 소작 쟁의에 참여하는 농민 → 문화 통치 시기

21

교사의 질문에 대한 학생의 답변으로 옳은 것은? [2점]

이것은 중·일 전쟁 발발 이후 일제가 본격적인 전시 체제 구축을 위해 제정한 법령입니다. 이 법령이 시행된 시기에 있었던 사실에 대해 말해 볼까요?

> 제1조 본 법에서 국가 총동원이란 전시에 국방 목적 달성을 위해 국가의 전력을 가장 유효하게 발휘하도록 인적, 물적 자원을 통제 운용하는 것을 가리킨다.
> ⋮
> 제8조 정부는 전시에 국가 총동원상 필요한 경우에는 칙령이 정하는 바에 따라 물자의 생산, 수리, 배급, 양도 기타 처분, 사용, 소비, 소지 및 이동에 관하여 필요한 명령을 할 수 있다.

① 헌병 경찰제가 실시되었어요.
② 경성 제국 대학이 설립되었어요.
③ 국채 보상 운동이 전개되었어요.
④ 황국 신민 서사의 암송이 강요되었어요.

22

밑줄 그은 '이 시기'에 일제가 추진한 정책으로 옳은 것은? [3점]

이 인공 동굴은 일제가 공중 폭격에 대비하여 목포 유달산 아래에 만든 방공호입니다. 국가 총동원법이 시행된 이 시기에 일제는 한국인들을 강제 동원하여 이와 같은 군사 시설을 한반도 곳곳에 만들었습니다.

① 회사령을 공포하였다.
② 미곡 공출제를 시행하였다.
③ 치안 유지법을 제정하였다.
④ 헌병 경찰 제도를 실시하였다.

 민족 말살 통치 시기에 황국 신민 서사 암송이 강요됨!

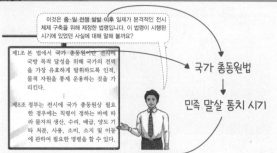

국가 총동원법
↓
민족 말살 통치 시기

④ 황국 신민 서사의 암송이 강요되었어요.

민족 말살 통치 시기 일제는 중·일 전쟁을 일으켜 침략 전쟁을 확대하고 전쟁 수행을 위해 **국가 총동원법**을 제정하여 조선의 인적·물적 자원을 총동원하였어요. 또한 일제는 우리 민족을 전쟁에 원활하게 동원하기 위해 문화와 정신을 말살시키는 **민족 말살 정책을 실시**하였어요. 이를 위해 일제는 일왕에게 충성을 맹세하는 내용의 **황국 신민 서사를 암송**하도록 강요하였어요.

☑ **오답 체크**
① 헌병 경찰제가 실시되었어요. → 무단 통치 시기
② 경성 제국 대학이 설립되었어요. → 문화 통치 시기
③ 국채 보상 운동이 전개되었어요. → 국권 피탈 이전

 민족 말살 통치 시기에 미곡 공출제가 시행됨!

민족 말살 통치 시기

② 미곡 공출제를 시행하였다.

민족 말살 통치 시기에 일제는 원활한 전쟁 수행을 위해 **국가 총동원법**을 제정하여 조선의 인적·물적 자원을 총동원하였어요. 또한 전쟁에 필요한 인력 동원을 위해 **국민 징용령, 징병제** 등을 실시하고, 군량을 마련하기 위해 **미곡 공출제**를 시행하였어요.

☑ **오답 체크**
① 회사령을 공포하였다. → 무단 통치 시기
③ 치안 유지법을 제정하였다. → 문화 통치 시기
④ 헌병 경찰 제도를 실시하였다. → 무단 통치 시기

23

밑줄 그은 '합의'가 이루어진 배경으로 옳은 것은? [3점]

이 자료는 지청천이 이끄는 한국 독립군이 중국 항일군과 합의한 내용입니다. 이를 바탕으로 한·중 연합 작전이 전개되어 쌍성보 전투와 대전자령 전투에서 일본군에 큰 승리를 거두었습니다.

첫째, 한·중 양군은 최악의 상황이 오더라도 장기간 항전할 것을 맹세한다.

둘째, 중동 철도를 경계선으로 서부 전선은 중국 측이 맡고, 동부 전선은 한국 측이 맡는다.

셋째, 전시에 후방의 전투 훈련은 한국 측이 맡고, 한국군에 필요한 군수품 등은 중국 측이 공급한다.

① 만주 사변이 일어났다.
② 카이로 회담이 개최되었다.
③ 태평양 전쟁이 발발하였다.
④ 조선 건국 준비 위원회가 결성되었다.

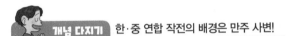

개념 다지기 한·중 연합 작전의 배경은 만주 사변!

①**만주 사변**이 일어났다.

1930년대 초에 일제가 **만주 사변**을 일으키자, 만주의 **독립군**과 **중국군**의 한·중 연합 작전이 전개되었어요. 그중 **지청천**을 총사령관으로 한 **한국 독립군**은 북만주 일대에서 중국 항일군 등과 연합하여, **쌍성보 전투**와 **대전자령 전투** 등에서 일본군을 상대로 큰 승리를 거두었어요.

☑ 오답 체크

② 카이로 회담이 개최되었다. → 한국의 독립 논의
③ 태평양 전쟁이 발발하였다. → 대일 선전 포고문 발표의 배경
④ 조선 건국 준비 위원회가 결성되었다. → 광복 직후 국내 상황

24

(가)에 들어갈 단체로 옳은 것은? [1점]

1931년 김구는 항일 의열 단체인 (가) 을 조직하였습니다. 1/3

단원 이봉창은 1932년 1월 도쿄에서 일왕이 탄 마차를 향해 수류탄을 던졌습니다. 2/3

단원 윤봉길은 1932년 4월 상하이 훙커우 공원에서 일본군 주요 인사 등을 처단하였습니다. 3/3

① 중광단
② 흥사단
③ 한인 애국단
④ 대조선 국민 군단

개념 다지기 김구는 한인 애국단을 조직함!

③ 한인 애국단

한인 애국단은 1931년 **김구**가 대한민국 임시 정부를 활성화시키기 위해 상하이에서 조직한 단체로, 주요 단원으로는 이봉창과 윤봉길이 있어요. 먼저 **이봉창**은 일본 도쿄에서 일왕 히로히토의 마차에 폭탄을 투척하였고, **윤봉길**은 상하이 훙커우 공원에서 폭탄을 던져 일본 장군과 고관들을 처단하였어요.

☑ 오답 체크

① 중광단 → 북간도에서 조직된 단체
② 흥사단 → 샌프란시스코에서 조직된 단체
④ 대조선 국민 군단 → 하와이에서 조직된 단체

25

(가)에 해당하는 지역을 지도에서 옳게 찾은 것은? [2점]

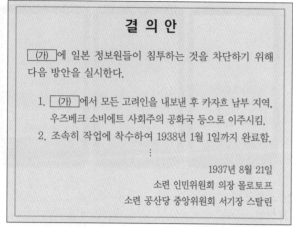

결 의 안

[가] 에 일본 정보원들이 침투하는 것을 차단하기 위해 다음 방안을 실시한다.

1. [가] 에서 모든 고려인을 내보낸 후 카자흐 남부 지역, 우즈베크 소비에트 사회주의 공화국 등으로 이주시킴.
2. 조속히 작업에 착수하여 1938년 1월 1일까지 완료함.

　　　　　　　　　　　　　　　　　 :

1937년 8월 21일
소련 인민위원회 의장 몰로토프
소련 공산당 중앙위원회 서기장 스탈린

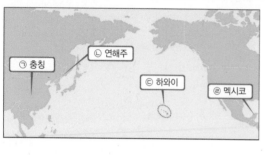

① ㉠　　　　② ㉡　　　　③ ㉢　　　　④ ㉣

26

(가)에 해당하는 군사 조직으로 옳은 것은? [1점]

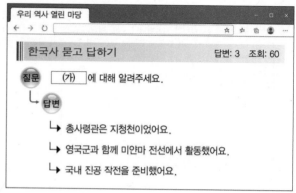

우리 역사 열린 마당

한국사 묻고 답하기　　답변: 3　조회: 60

질문 　(가) 에 대해 알려주세요.

답변

↳ 총사령관은 지청천이었어요.

↳ 영국군과 함께 미얀마 전선에서 활동했어요.

↳ 국내 진공 작전을 준비했어요.

① 북로 군정서　　　　② 조선 의용대
③ 조선 혁명군　　　　④ 한국광복군

 개념 다지기 연해주의 한인을 중앙 아시아로 이주시킴!

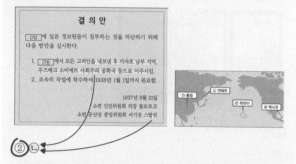

②㉡

연해주는 일제 강점기에 한인들이 많이 이주한 지역이에요. 1937년 **소련의 스탈린**은 일본 정보원의 침투를 차단한다는 명목으로 **연해주 한인들을 카자흐스탄, 우즈베키스탄 등 중앙아시아 지역으로 강제 이주**시켰어요.

☑ 오답 체크
① ㉠ 충칭 → 대한민국 임시 정부가 1940년 정착한 지역
③ ㉢ 하와이 → 대조선 국민 군단 조직
④ ㉣ 멕시코 → 숭무 학교 설립

 개념 다지기 한국 광복군은 국내 진공 작전을 준비함!

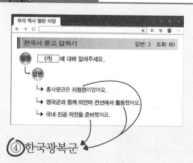

④ 한국광복군

한국광복군은 대한민국 임시 정부 산하의 독립군 부대로, 총사령관은 **지청천**이었어요. 태평양 전쟁이 일어나자 대한민국 임시 정부는 대일 선전 포고문을 발표하였고, 한국광복군은 연합군의 일원으로 참전하여 **영국군과 함께 미얀마·인도 전선에서 활동**했어요. 또한 **미국 전략 정보국(OSS)과 연계하여 국내 진공 작전을 준비**하였으나, 일본의 무조건 항복으로 실행에 옮기지는 못했어요.

☑ 오답 체크
① 북로 군정서 → 김좌진이 이끈 독립군 부대
② 조선 의용대 → 김원봉이 창설한 독립군 부대
③ 조선 혁명군 → 양세봉이 이끈 독립군 부대

27

55회 45번

(가) 군대에 대한 설명으로 옳은 것은? [2점]

① 자유시 참변으로 큰 타격을 입었다.
② 봉오동 전투에서 일본군을 격퇴하였다.
③ 미군과 연계하여 국내 진공 작전을 계획하였다.
④ 흥경성에서 중국 의용군과 연합 작전을 펼쳤다.

28

57회 45번

(가)에 들어갈 단체로 옳은 것은? [1점]

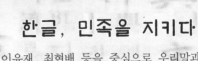

특별 기획전

한글, 민족을 지키다

이윤재, 최현배 등을 중심으로 우리말과 글을 지키기 위하여 노력한 [(가)] 의 자료를 특별 전시합니다. 일제의 탄압 속에서도 지켜낸 한글의 소중함을 느끼고 한글 수호에 앞장선 사람들을 기억하는 자리가 되기를 바랍니다.

■ 기간: 2022년 ○○월 ○○일~○○월 ○○일
■ 장소: △△ 박물관 특별 전시실
■ 주요 전시 자료

『조선말 큰사전』 원고

한글 맞춤법 통일안

① 토월회
② 독립 협회
③ 대한 자강회
④ 조선어 학회

 개념 다지기 한국광복군은 미군과 연계하여 국내 진공 작전을 계획함!

③ 미군과 연계하여 국내 진공 작전을 계획하였다.

한국광복군은 1940년에 **대한민국 임시 정부가 창설한 군대**로, **지청천**이 총사령관을 맡아 군대를 이끌었어요. 태평양 전쟁이 일어나자, 한국광복군은 **대일 선전 포고**를 하고 연합군으로 참전하여 미얀마·인도 전선에서 영국군과 연합 작전을 수행하였어요. 또한 한국광복군은 미국 전략 정보국(OSS)과 연계하여 **국내 진공 작전을 계획**하였으나 일제의 패망으로 실행에 옮기지는 못하였어요.

☑ **오답 체크**
① 자유시 참변으로 큰 타격을 입었다. → 대한 독립 군단
② 봉오동 전투에서 일본군을 격퇴하였다. → 대한 독립군
④ 흥경성에서 중국 의용군과 연합 작전을 펼쳤다. → 조선 혁명군

개념 다지기 조선어 학회는 한글 맞춤법 통일안을 제정함!

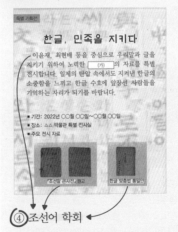

④ 조선어 학회

조선어 학회는 일제 강점기에 **이윤재, 최현배** 등이 주도하여 만든 **국어 연구 단체**로, 한글 맞춤법 통일안과 표준어를 제정하였어요. 또한 『조선말 큰사전』 편찬을 시도하였어요.

☑ **오답 체크**
① 토월회 → 일제 강점기의 신극 운동 단체
② 독립 협회 → 근대의 정치·사회 단체
③ 대한 자강회 → 근대의 애국 계몽 운동 단체

29

(가)에 들어갈 종교로 옳은 것은? [1점]

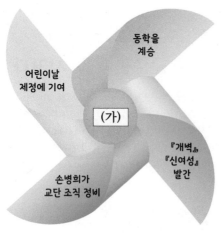

동학을
계승

어린이날
제정에 기여

(가)

『개벽』
『신여성』
발간

손병희가
교단 조직 정비

① 대종교 ② 원불교
③ 천도교 ④ 천주교

30

(가)에 들어갈 인물로 옳은 것은? [1점]

이 유물은 (가) 이 1936년 베를린 올림픽 마라톤 경기에서 우승하여 받은 투구입니다. 당시 조선중앙일보, 동아일보 등이 그의 우승 소식을 보도하면서 유니폼에 그려진 일장기를 삭제하여 일제의 탄압을 받았습니다.

① 남승룡 ② 손기정 ③ 안창남 ④ 이중섭

개념 다지기 천도교는 동학을 계승함!

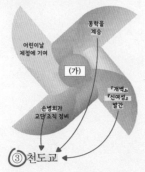

동학을
계승

어린이날
제정에 기여

(가)

『개벽』
『신여성』
발간

손병희가
교단조직 정비

③ 천도교

천도교는 제3대 교주인 **손병희**가 **동학을 계승**하여 발전시킨 종교로, 『**개벽**』, 『**신여성**』 등의 잡지를 발간하여 민중 계몽 운동을 전개하였어요. 또한 방정환을 비롯한 천도교 세력은 **천도교 소년회**를 조직해 **어린이날을 제정**하고 아동 잡지인 『**어린이**』를 창간하는 등 소년 운동을 전개하였어요.

☑ **오답 체크**
① 대종교 → 나철이 창시한 종교
② 원불교 → 박중빈이 창시한 종교
④ 천주교 → 조선 후기에 전래된 종교

개념 다지기 손기정은 베를린 올림픽 마라톤 경기에서 우승함!

이 유물은 (가) 이 1936년 베를린 올림픽 마라톤 경기에서 우승하여 받은 투구입니다. 당시 조선중앙일보, 동아일보 등이 그의 우승 소식을 보도하면서 유니폼에 그려진 일장기를 삭제하여 일제의 탄압을 받았습니다.

② 손기정

손기정은 1936년 **베를린 올림픽** 마라톤 경기에 출전하여 **금메달**을 딴 마라톤 선수예요. 손기정이 우승하자, 조선중앙일보, 동아일보는 이 소식을 보도하는 과정에서 유니폼에 그려진 일장기를 지운 후 신문을 발행하여 일제의 탄압을 받았어요.

☑ **오답 체크**
① 남승룡 → 베를린 올림픽 동메달리스트
③ 안창남 → 한국 최초의 비행사
④ 이중섭 → 한국의 서양 화가

31

(가)에 해당하는 인물로 옳은 것은?　　　　[1점]

① 심훈
② 윤동주
③ 이육사
④ 한용운

32

다음 자료에 해당하는 인물로 옳은 것은?　　　　[2점]

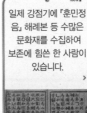

① 심훈　　② 이회영　　③ 전형필　　④ 주시경

개념 다지기　윤동주는 「서시」 등의 작품을 쓴 저항 시인!

윤동주

윤동주는 일제 강점기의 **저항 시인**으로, 북간도 명동촌에서 태어났으며 일본 유학 중 독립운동 혐의로 수감되어 후쿠오카 형무소에서 옥사하였어요. 윤동주의 대표작으로는 「**서시**」, 「**별 헤는 밤**」, 「**쉽게 씌어진 시**」가 있어요.

☑ **오답 체크**
① 심훈 → 「상록수」・「그날이 오면」 저술
③ 이육사 → 「광야」・「절정」 등 저술
④ 한용운 → 「님의 침묵」 저술

개념 다지기　전형필은 「훈민정음」 해례본 등의 문화재를 수집함!

③ 전형필

간송 전형필은 일제 강점기에 활동한 문화재 수집가예요. 그는 일제 강점기에 거금을 들여 「**훈민정음**」 해례본 등을 포함한 수많은 문화재를 수집하였어요. 또한 자신이 수집한 문화재를 보관하기 위해 최초의 사립 박물관인 **보화각**(현 간송 미술관)을 세우며 문화재 보존에 크게 기여하였어요.

☑ **오답 체크**
① 심훈 → 「그날이 오면」 저술
② 이회영 → 신흥 강습소 설립
④ 주시경 → 국문 연구소 위원으로 활동

📍 **현대 기출문제 주제별로 모아 풀기**

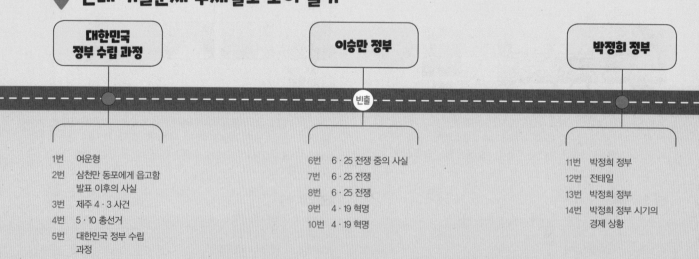

VII. 현대

기출 22문제와 개념공략 해설

- 최근 3개년 간 매 회 50문제 중 5~6문제(약 11%)가 출제되었어요.

- 현대는 <이승만 정부>와 <전두환 정부 ~ 노무현 정부> 주제에서 자주 출제되므로, 시기별 민주화 운동과 각 정부 시기의 사실을 꼼꼼히 학습하세요!

전두환 정부 ~ 노무현 정부

빈출

남북의 통일 논의

15번 5·18 민주화 운동
16번 6월 민주 항쟁
17번 노태우 정부
18번 김영삼
19번 김영삼 정부

20번 노태우 정부의 통일 노력
21번 제1차 남북 정상 회담 이후의 사실
22번 노무현 정부의 통일 노력

01

58회 41번

(가)에 들어갈 내용으로 옳은 것은?　　　　[3점]

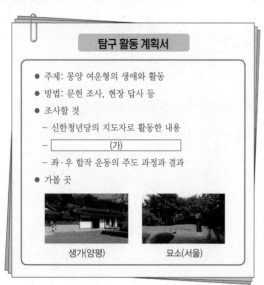

탐구 활동 계획서

- 주제: 몽양 여운형의 생애와 활동
- 방법: 문헌 조사, 현장 답사 등
- 조사할 것
  - 신한청년당의 지도자로 활동한 내용
  - ＿＿＿＿(가)＿＿＿＿
  - 좌·우 합작 운동의 주도 과정과 결과
- 가볼 곳

생가(양평)　　묘소(서울)

① 헤이그 특사로 파견된 배경
② 암태도 소작 쟁의에 참여한 계기
③『한국독립운동지혈사』의 저술 이유
④ 조선 건국 준비 위원회의 결성 목적

02

60회 42번

다음 성명서가 발표된 이후의 사실로 옳은 것은?　　　　[2점]

김구, 삼천만 동포에게 읍고함

나는 통일된 조국을 건설하려다 38선을 베고 쓰러질지언정, 일신의 구차한 안일을 위하여 단독 정부를 세우는 데는 협력하지 않겠다.

① 한인 애국단이 결성되었다.
② 제1차 미·소 공동 위원회가 열렸다.
③ 평양에서 남북 협상이 진행되었다.
④ 모스크바 3국 외상 회의가 개최되었다.

 개념 다지기　여운형은 조선 건국 준비 위원회를 결성함!

④ 조선 건국 준비 위원회의 결성 목적

몽양 여운형은 일제 강점기에 상하이에서 **신한청년당의 지도자**로 활동하였어요. 이후 일제의 패망과 광복에 대비하여 **조선 건국 준비 위원회**를 결성하여 광복 직후의 치안 유지를 위해 노력하였어요. 또한 이승만이 남한만의 단독 정부 수립을 주장하자, 분단을 우려하여 김규식과 함께 **좌·우 합작 위원회**를 조직하여 **좌·우 합작 운동**을 전개하였어요.

☑ **오답 체크**

① 헤이그 특사로 파견된 배경 → 이준, 이위종, 이상설
② 암태도 소작 쟁의에 참여한 계기 → 신안 암태도 농민들
③『한국독립운동지혈사』의 저술 이유 → 박은식

 개념 다지기　삼천만 동포에게 읍고함이 발표된 후 남북 협상이 진행됨!

삼천만 동포에게 읍고함 발표(1948. 2.)

③ 평양에서 남북 협상이 진행되었다. → 1948년 4월

제2차 미·소 공동 위원회가 결렬되고 미국의 제안으로 한반도 문제가 유엔으로 넘어가게 되었어요. 유엔 총회에서 **인구 비례에 따른 남북한 총선거를 결의**하였으나, 소련이 이를 반대하자 유엔 소총회에서 **남한만의 단독 선거가 결의**되었어요. 이에 분단을 우려한 **김구**는 **삼천만 동포에게 읍고함**을 발표하여 **남북한 총선거를 주장**하였어요 (1948. 2.). 이후 1948년 4월에 김구는 김규식과 함께 북측과 **남북 협상**을 진행하였어요.

☑ **오답 체크**

① 한인 애국단이 결성되었다. → 1931년
② 제1차 미·소 공동 위원회가 열렸다. → 1946년
④ 모스크바 3국 외상 회의가 개최되었다. → 1945년

03

(가)에 들어갈 사건으로 옳은 것은? [2점]

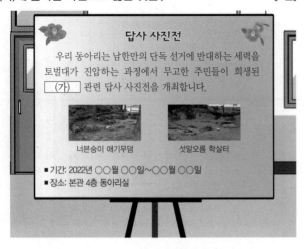

① 원산 총파업
② 제암리 사건
③ 자유시 참변
④ 제주 4·3 사건

04

밑줄 그은 '선거'가 실시된 시기를 연표에서 옳게 고른 것은?

[2점]

① (가)
② (나)
③ (다)
④ (라)

개념 다지기 제주 4·3 사건으로 많은 제주도 주민이 희생됨!

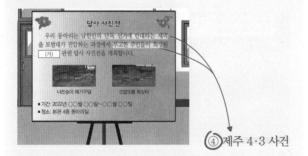

제주 4·3 사건은 미군정기인 1948년에 좌익 세력 중심의 무장대가 **남한만의 단독 선거 반대** 등을 주장하며 제주도에서 봉기하자, 미군 정이 동원한 **토벌대가 대규모 진압 작전**을 벌이는 과정에서 일어났어요. 이로 인해 제주도에서는 5·10 총선거가 정상적으로 치러지지 못 하였고, **정부 수립 이후에도 무차별적인 진압이 계속되어 수많은 주 민들이 희생**되었어요.

☑ **오답 체크**

① 원산 총파업 → 일제 강점기 최대 규모의 노동자 파업

② 제암리 사건 → 3·1 운동 때 일제가 일으킨 학살 사건

③ 자유시 참변 → 일제 강점기 독립군이 희생된 사건

개념 다지기 8·15 광복 → 5·10 총선거 → 6·25 전쟁 발발

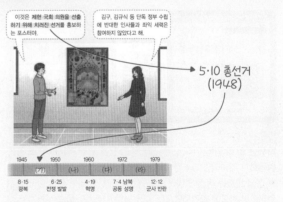

① (가)

1945년의 8·15 광복 이후 한반도에서는 정부 수립을 위한 다양한 논 의가 전개되었어요. 그 과정에서 **김구, 김규식** 등은 남한만의 단독 정 부 수립에 끝까지 반대하였으나, 결국 **단독 정부 수립에 반대한 인사 들과 좌익 세력을 제외**한 채 1948년 5월 10일에 남한에서 **5·10 총선 거**가 실시되었어요. 이 선거는 **임기 2년의 제헌 국회 의원을 선출**하기 위해 실시된 선거였으며, **우리나라 최초의 보통 선거**이기도 하였어요.

VII. 현대

해커스 한국사능력검정시험 한권완성 기출 500제 기본

05

55회 46번

(가)에 들어갈 사진으로 옳지 <u>않은</u> 것은? [2점]

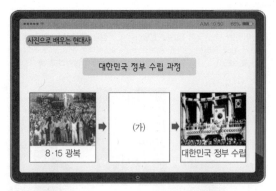

①
5·10 총선거 실시

②
유엔 한국
임시 위원단 내한

③
제1차 미·소
공동 위원회 개최

④
반민족 행위 특별
조사 위원회 활동

06

60회 44번

밑줄 그은 '이 전쟁' 중에 있었던 사실로 옳은 것은? [2점]

여기는 에티오피아군이 유엔군의 일원으로 이 전쟁에 참전한 것을 기리는 기념관입니다. 당시 에티오피아군의 전투 상황 등을 보여주는 자료가 전시되어 있습니다.

① 인천 상륙 작전이 전개되었다.
② 조선 건국 준비 위원회가 결성되었다.
③ 이승만이 임시 의정원에서 탄핵되었다.
④ 쌍성보에서 한·중 연합 작전이 펼쳐졌다.

🧑 **개념 다지기** 대한민국 정부 수립 → 반민족 행위 특별 조사 위원회 활동

④
반민족 행위 특별
조사 위원회 활동

1948년
8월 15일

→ 대한민국 정부 수립 이후

1945년

1945년 8·15 광복 이후, 민주 정부 수립 등을 위해 **제1차 미·소 공동 위원회**가 개최되었으나 결렬되어 남북 분단의 조짐이 나타났어요. 이후 한국 문제는 유엔에 넘어갔고, 총선거 실시를 위해 **유엔 한국 임시 위원단**이 한국에 파견되었으나 결국 남한에서만 **5·10 총선거**가 실시되어 제헌 국회가 구성되었고, 제헌 국회에서 이승만을 대통령으로 선출하며 **1948년 8월 15일**에 **대한민국 정부**가 수립되었어요. 대한민국 정부 수립 이후인 1948년 10월에 **반민족 행위 특별 조사 위원회**가 구성되어 친일파 처벌을 위해 활동했어요.

☑ **오답 체크**
① 5·10 총선거 실시 → 1948년 5월 10일
② 유엔 한국 임시 위원단 내한 → 1948년 1월
③ 제1차 미·소 공동 위원회 개최 → 1946년 3월

🧑 **개념 다지기** 6·25 전쟁 때 인천 상륙 작전이 전개됨!

여기는 에티오피아군이 유엔군의 일원으로 이 전쟁에 참전한 것을 기리는 기념관입니다. 당시 에티오피아군의 전투 상황 등을 보여주는 자료가 전시되어 있습니다.

6·25 전쟁

① 인천 상륙 작전이 전개되었다.

6·25 전쟁은 1950년 6월 25일에 북한이 남한을 기습 침략하면서 시작되었어요. 전쟁 시작 3일 만에 **서울이 함락**되고 전세가 악화되자, **유엔 안전 보장 이사회**는 참전을 결정하고 대한민국에 16개국으로 구성된 **유엔군**을 **파견**하였어요. 이후 1950년 9월에 유엔군 총사령관 맥아더의 지휘 아래 유엔군과 국군이 연합하여 **인천 상륙 작전**을 전개하였어요.

☑ **오답 체크**
② 조선 건국 준비 위원회가 결성되었다. → 1945년
③ 이승만이 임시 의정원에서 탄핵되었다. → 1925년
④ 쌍성보에서 한·중 연합 작전이 펼쳐졌다. → 1932년

07

밑줄 그은 '이 전쟁' 중에 있었던 사실로 옳은 것은? [2점]

이것은 이 전쟁 중인 1951년 11월 판문점 인근에서 열기구를 띄우려는 모습을 촬영한 사진입니다. 이 열기구는 휴전 회담이 진행되던 당시 판문점 일대가 중립 지대임을 표시하기 위한 것이었습니다.

① 애치슨 선언이 발표되었다.
② 흥남 철수 작전이 전개되었다.
③ 사사오입 개헌안이 가결되었다.
④ 한·미 상호 방위 조약이 체결되었다.

개념 다지기 6·25 전쟁 때 흥남 철수 작전이 전개됨!

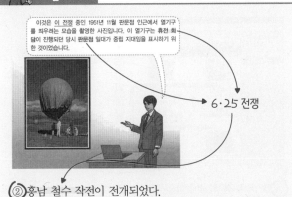

이것은 이 전쟁 중인 1951년 11월 판문점 인근에서 열기구를 띄우려는 모습을 촬영한 사진입니다. 이 열기구는 휴전 회담이 진행되던 당시 판문점 일대가 중립 지대임을 표시하기 위한 것이었습니다.

→ 6·25 전쟁

②흥남 철수 작전이 전개되었다.

6·25 전쟁은 이승만 정부 때 북한군이 남침을 하면서 시작된 전쟁으로, 3일 만에 서울이 함락되었어요. 뒤이어 국군과 유엔군은 **인천 상륙 작전**으로 압록강까지 진격했으나, 중국군의 참전으로 전세가 역전되어 흥남 철수 작전을 통해 후퇴했어요. 이후 소련의 제의로 **판문점**에서 **휴전 회담**이 시작되어, 1953년 7월에 휴전(정전) 협정이 체결되었어요.

오답 체크
① 애치슨 선언이 발표되었다. → 1950년 1월, 6·25 전쟁 이전
③ 사사오입 개헌안이 가결되었다. → 1954년, 6·25 전쟁 이후
④ 한·미 상호 방위 조약이 체결되었다. → 1953년 10월, 6·25 전쟁 이후

08

(가) 전쟁 중에 있었던 사실로 옳지 <u>않은</u> 것은? [2점]

史 오늘의 역사
30분 전
#사건 #1953년_7월_27일

👍 좋아요 58   💬 댓글 3   ➡ 공유하기

□ □
무슨 사진이야?

△ △
(가) 전쟁의 정전 협정 체결 모습이야.

○ ○
판문점에서 찍은 사진이지.

① 반공 포로가 석방되었다.
② 미·소 공동 위원회가 개최되었다.
③ 중국군의 개입으로 서울을 다시 빼앗겼다.
④ 국군과 유엔군이 인천 상륙 작전에 성공하였다.

개념 다지기 6·25 전쟁 때 정전 협정이 판문점에서 체결됨!

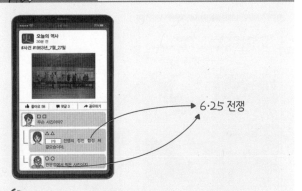

→ 6·25 전쟁

②미·소 공동 위원회가 개최되었다. → 1946·1947년

미·소 공동 위원회는 모스크바 삼국 외상 회의에서 결정된 사항을 실행하기 위해 **1946년**과 **1947년**에 **두 차례** 개최되었어요.

오답 체크
① 6·25 전쟁 중에 정전 협정에 반대한 이승만 대통령에 의해 반공 포로가 석방되었어요.
③ 6·25 전쟁 중에 중국군의 개입으로 국군과 유엔군이 후퇴하면서 다시 서울을 빼앗겼어요.
④ 6·25 전쟁 중에 국군과 유엔군이 맥아더 장군의 지휘 아래 **인천 상륙 작전**에 성공하여 전세를 역전하였어요.

09

58회 43번

(가)에 들어갈 민주화 운동으로 옳은 것은? [2점]

① 4·19 혁명
② 6월 민주 항쟁
③ 부·마 민주 항쟁
④ 5·18 민주화 운동

10

55회 48번

(가) 민주화 운동에 대한 설명으로 옳은 것은? [2점]

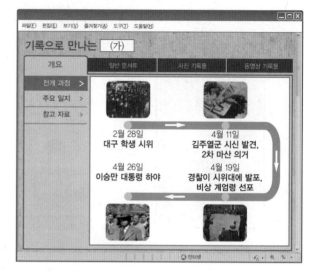

① 3·15 부정 선거에 항의하였다.
② 4·13 호헌 조치 철폐를 요구하였다.
③ 유신 체제가 붕괴하는 계기가 되었다.
④ 신군부의 비상 계엄 확대에 반대하였다.

개념 다지기 4·19 혁명은 3·15 부정 선거에 항의하며 일어남!

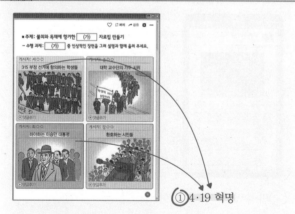

① 4·19 혁명

4·19 혁명은 이승만 정부가 장기 집권을 위해 자행한 **3·15 부정 선거에 항의**하며 일어났어요. 이때 전국의 학생과 시민들이 이승만 정부의 독재에 저항하는 시위를 전국적으로 전개하였고, 결국 **이승만은 대통령직에서 하야**하였어요.

☑ **오답 체크**
② 6월 민주 항쟁 → 4·13 호헌 조치에 저항
③ 부·마 민주 항쟁 → 유신 체제에 저항
④ 5·18 민주화 운동 → 신군부의 계엄령 확대에 저항

개념 다지기 4·19 혁명은 3·15 부정 선거에 항의함!

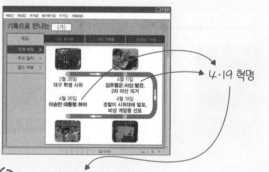

4·19 혁명

① 3·15 부정 선거에 항의하였다.

4·19 혁명은 이승만과 자유당 정권이 장기 집권을 위해 자행한 **3·15 부정 선거에 대한 규탄 시위**를 계기로 시작되었어요. 이때 마산에서 시위 도중 실종된 **김주열군**의 시신이 발견되자, 전국의 학생과 시민들은 이승만 정권의 퇴진을 요구하며 시위를 전개하였어요. 시위가 전국으로 확산되자, 결국 **이승만 대통령이 하야**하였어요.

☑ **오답 체크**
② 4·13 호헌 조치 철폐를 요구하였다. → 6월 민주 항쟁
③ 유신 체제가 붕괴하는 계기가 되었다. → 부·마 민주 항쟁
④ 신군부의 비상 계엄 확대에 반대하였다. → 5·18 민주화 운동

11

57회 49번

(가) 정부 시기에 있었던 사실로 옳은 것은? [2점]

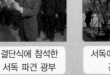

사진으로 보는 (가) 정부
- 해외로 간 한국인들 -

결단식에 참석한 서독 파견 광부 / 서독에 파견되는 간호사 / 베트남에 파견된 기술자

① 새마을 운동을 시작하였다.
② 금융 실명제를 전면 실시하였다.
③ G20 정상 회의를 서울에서 개최하였다.
④ 미국과 자유 무역 협정(FTA)을 체결하였다.

개념 다지기 박정희 정부 때 새마을 운동이 시작됨!

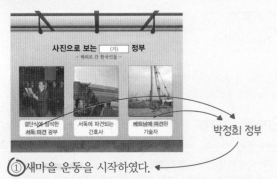

사진으로 보는 (가) 정부
- 해외로 간 한국인들 -

결단식에 참석한 서독 파견 광부 / 서독에 파견되는 간호사 / 베트남에 파견된 기술자 → **박정희 정부**

①새마을 운동을 시작하였다. ←

박정희 정부는 **경제 개발**을 위한 자금을 마련하기 위해 적극적으로 외국 자본을 들여왔어요. 이를 위해 **서독에 광부와 간호사 등을 파견**하였으며, **베트남 파병**에 대한 대가로 미국으로부터 경제 발전을 위한 원조를 받고 베트남에 기술자 등을 파견하기도 하였어요. 한편 박정희 정부는 1970년대부터 농촌 근대화를 목적으로 **새마을 운동**을 시작하였어요.

☑️**오답 체크**
② 금융 실명제를 전면 실시하였다. → 김영삼 정부
③ G20 정상 회의를 서울에서 개최하였다. → 이명박 정부
④ 미국과 자유 무역 협정(FTA)을 체결하였다. → 노무현 정부

12

57회 47번

(가)에 해당하는 인물로 옳은 것은? [2점]

이 문서는 (가) 이/가 작성한 평화 시장 봉제 공장 실태 조사서입니다. 당시 노동자들의 노동 시간과 건강 상태 등이 상세히 기록되어 있습니다. 열악한 노동 환경의 개선을 요구하던 그는 1970년에 "근로 기준법을 지켜라.", "우리는 기계가 아니다."를 외치며 분신하였습니다.

①

김주열

②

장준하

③
전태일

④
이한열

개념 다지기 전태일은 열악한 노동 환경의 개선을 요구함!

이 문서는 (가) 이/가 작성한 평화 시장 봉제 공장 실태 조사서입니다. 당시 노동자들의 노동 시간과 건강 상태 등이 상세히 기록되어 있습니다. 열악한 노동 환경의 개선을 요구하던 그는 1970년에 "근로 기준법을 지켜라.", "우리는 기계가 아니다."를 외치며 분신하였습니다. → 전태일

전태일은 박정희 정부 시기에 활동하였던 노동 운동가로, 이 시기의 노동자들은 낮은 임금과 열악한 노동 환경에 시달려야 했어요. 당시 평화 시장에서 재단사로 근무하던 전태일은 노동청에 근로 조건 개선에 대한 진정서를 제출하는 등 노동자들의 실태를 각계에 알렸으나 크게 나아지는 것은 없었어요. 결국 전태일은 **1970년 근로 기준법 준수를 요구**하며 몸에 불을 붙이고 **분신**하였어요.

☑️**오답 체크**
① 김주열 → 3·15 부정 선거의 항의 시위에 참여
② 장준하 → 개헌 청원 100만인 서명 운동 주도
④ 이한열 → 6월 민주 항쟁 때 최루탄에 맞아 사망

13

(가) 정부 시기에 있었던 사실로 옳은 것은? [2점]

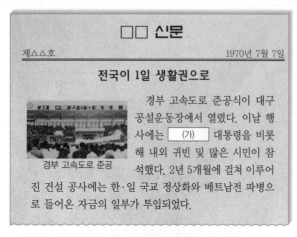

□□ 신문

제△△호   1970년 7월 7일

전국이 1일 생활권으로

경부 고속도로 준공식이 대구 공설운동장에서 열렸다. 이날 행사에는 (가) 대통령을 비롯해 내외 귀빈 및 많은 시민이 참석했다. 2년 5개월에 걸쳐 이루어진 건설 공사에는 한·일 국교 정상화와 베트남전 파병으로 들어온 자금의 일부가 투입되었다.

경부 고속도로 준공

① 3저 호황으로 수출이 증가하였다.
② 제2차 경제 개발 5개년 계획이 실시되었다.
③ 경제 협력 개발 기구(OECD)에 가입하였다.
④ 미국과 자유 무역 협정(FTA)을 체결하였다.

개념 다지기 박정희 정부 때 제2차 경제 개발 5개년 계획이 실시됨!

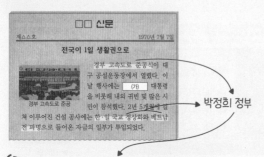

→ 박정희 정부

②제2차 경제 개발 5개년 계획이 실시되었다.

박정희 정부 시기에는 **한·일 국교 정상화**를 추진하여 일본으로부터 독립 축하금의 명목으로 획득한 자금과 **베트남전에 국군을 파병**한 대가로 미국으로부터 받은 원조를 투입하여 경공업 중심의 **제1·2차 경제 개발 계획**을 실시하였어요. 이에 더해 **경부 고속도로를 준공**하는 등 경제 성장을 위한 기반을 마련하기도 하였답니다.

☑**오답 체크**
① 3저 호황으로 수출이 증가하였다. → 전두환 정부
③ 경제 협력 개발 기구(OECD)에 가입하였다. → 김영삼 정부
④ 미국과 자유 무역 협정(FTA)을 체결하였다. → 노무현 정부

14

다음 연설문을 발표한 정부 시기의 경제 상황으로 옳은 것은? [3점]

우리 민족의 숙원이던 경부 간 고속도로의 완전 개통을 보게 된 것을 국민 여러분들과 더불어 경축해 마지않는 바입니다. 이 길은 총 연장 428km로 우리나라의 리(里) 수로 따지면 천 리 하고도 약 칠십 리가 더 되는데, 장장 천릿길을 이제부터는 자동차로 4시간 반이면 달릴 수 있게 됐습니다. …… 이 고속도로가 앞으로 우리나라 국민 경제의 발전과 산업 근대화에 여러 가지 공헌을 하리라고 믿습니다.

① 서울에서 G20 정상 회의가 개최되었다.
② 한·미 자유 무역 협정(FTA)이 체결되었다.
③ 제2차 경제 개발 5개년 계획이 추진되었다.
④ 경제 협력 개발 기구(OECD)에 가입하였다.

개념 다지기 박정희 정부 때 경제 개발 5개년 계획이 추진됨!

우리 민족의 숙원이던 경부 간 고속도로의 완전 개통을 보게 된 것을 국민 여러분들과 더불어 경축해 마지않는 바입니다. 이 길은 총 연장 428km로 우리나라의 리(里) 수로 따지면 천 리 하고도 약 칠십 리가 더 되는데, 장장 천릿길을 이제부터는 자동차로 4시간 반이면 달릴 수 있게 됐습니다. …… 이 고속도로가 앞으로 우리나라 국민 경제의 발전과 산업 근대화에 여러 가지 공헌을 하리라고 믿습니다.

→ 박정희 정부

③제2차 경제 개발 5개년 계획이 추진되었다.

박정희 정부 시기에는 국가 기반 시설 개발과 **경공업** 육성을 목표로 한 **제1·2차 경제 개발 5개년 계획**이 추진되어 1970년에 **경부 고속도로가 개통**되었어요. 이후 시행된 **제3·4차 경제 개발 5개년 계획**은 중화학 공업의 육성을 목표로 하였으며, 이에 따라 1973년에 포항 종합 제철 공장이 준공되는 등 대규모 중화학 공업 단지가 육성되었어요. 이러한 중화학 공업의 성장으로 박정희 정부는 1977년에 **수출 100억 달러를 달성**하는 성과를 거두었어요.

☑**오답 체크**
① 서울에서 G20 정상 회의가 개최되었다. → 이명박 정부
② 한·미 자유 무역 협정(FTA)이 체결되었다. → 노무현 정부
④ 경제 협력 개발 기구(OECD)에 가입하였다. → 김영삼 정부

15

57회 46번

(가)에 들어갈 민주화 운동으로 옳은 것은? [1점]

① 6·3 시위
② 6월 민주 항쟁
③ 2·28 민주 운동
④ 5·18 민주화 운동

16

60회 45번

밑줄 그은 '민주화 운동'에 대한 설명으로 옳은 것은? [2점]

① 대통령 직선제 개헌을 이끌어 냈다.
② 3·15 부정 선거에 항의하여 일어났다.
③ 굴욕적인 한·일 국교 정상화에 반대하였다.
④ 신군부의 비상 계엄 확대가 원인이 되어 발생하였다.

개념 다지기 5·18 민주화 운동 때 계엄군의 진압에 맞서 시민군을 조직함!

④5·18 민주화 운동

5·18 민주화 운동은 **신군부 세력**이 쿠데타를 일으켜 권력을 장악한 후 **비상 계엄을 전국으로 확대**하자, 이에 반발하여 **광주**에서 일어난 민주화 운동이에요. 광주 지역 학생들과 시민들은 민주주의의 회복과 계엄령 철폐 등을 요구하며 민주화 운동을 전개하고 **시민군을 조직**하였으나, 계엄군에 의해 무력으로 진압되었어요.

☑️ **오답 체크**
① 6·3 시위 → 한·일 국교 정상화 반대
② 6월 민주 항쟁 → 4·13 호헌 조치에 저항
③ 2·28 민주 운동 → 이승만 정부의 선거 개입에 저항

개념 다지기 6월 민주 항쟁은 대통령 직선제 개헌을 이끌어냄!

 → 6월 민주 항쟁

①대통령 직선제 개헌을 이끌어 냈다.

6월 민주 항쟁은 전두환 정부의 **4·13 호헌 조치에 반발**하여 1987년에 일어났어요. 정부가 **박종철**의 고문 치사 사건을 은폐하였다는 사실이 드러난 것에 더해, 시위 도중 **이한열**이 최루탄에 맞아 쓰러지자, 시민들은 **6·10 국민 대회**를 개최하고 '**호헌 철폐, 독재 타도**'를 외치며 시위를 전개하였어요. 6월 민주 항쟁의 결과, 당시 여당 대통령 후보였던 노태우가 대통령 직선제 개헌을 약속한 **6·29 민주화 선언을 발표**하였으며, 이에 **대통령 직선제로의 개헌**(제9차 개헌)이 이루어졌어요.

☑️ **오답 체크**
② 3·15 부정 선거에 항의하여 일어났다. → 4·19 혁명
③ 굴욕적인 한·일 국교 정상화에 반대하였다. → 6·3 시위
④ 신군부의 비상 계엄 확대가 원인이 되어 발생하였다. → 5·18 민주화 운동

17

다음 발표에 해당하는 정부 시기에 있었던 사실로 옳은 것은?

[2점]

① 개성 공단이 조성되었다.
② 서울 올림픽 대회가 개최되었다.
③ 베트남 전쟁에 국군이 파병되었다.
④ 국민 기초 생활 보장법이 제정되었다.

18

밑줄 그은 '이 인물'로 옳은 것은?

[1점]

① 김대중　　　　　② 김영삼
③ 노태우　　　　　④ 전두환

개념 다지기　노태우 정부 때 서울 올림픽 대회가 개최됨!

 서울 올림픽 대회가 개최되었다.

노태우 정부 시기인 1988년에 **서울 올림픽 대회**가 개최되었어요. 또한 노태우 정부는 북한과 적극적으로 대화를 시도하여 남북 고위급 회담을 진행하였어요. 그 결과 **남북한이 유엔에 동시 가입**하였으며, 남북 기본 합의서를 채택했어요. 또한 남북한은 평화 통일의 기반을 다지기 위해 한반도의 비핵화에 관한 공동 선언(**한반도 비핵화 공동 선언**)에 합의하였답니다.

☑ **오답 체크**
① 개성 공단이 조성되었다. → 노무현 정부
③ 베트남 전쟁에 국군이 파병되었다. → 박정희 정부
④ 국민 기초 생활 보장법이 제정되었다. → 김대중 정부

개념 다지기　김영삼 정부 때 IMF 외환 위기가 일어남!

② 김영삼

김영삼은 대한민국의 제14대 **대통령**이에요. 그는 **역사 바로 세우기** 운동의 일환으로 **조선 총독부 건물을 철거**하고, 국민학교의 명칭을 **초등학교**로 바꾸었어요. 또한 대통령 긴급 명령으로 모든 금융 거래 시 실제 명의를 사용하도록 하는 **금융 실명제**를 실시하였어요. 그러나 임기 말 국제 경제의 악화와 외환 부족으로 **외환 위기**를 맞아 **국제 통화 기금(IMF)**에 지원을 요청하였어요.

☑ **오답 체크**
① 김대중 → 대한민국 제15대 대통령
③ 노태우 → 대한민국 제13대 대통령
④ 전두환 → 대한민국 제11·12대 대통령

19

60회 47번

(가)에 들어갈 내용으로 옳은 것은? [2점]

주제: ○○○ 정부가 한 일

역사 바로 세우기의 일환으로 옛 조선 총독부 건물을 철거했어.

경제 협력 개발 기구(OECD)에 가입했어.

(가)

① 금융 실명제를 실시했어.
② 경부 고속도로를 준공했어.
③ 제1차 경제 개발 5개년 계획을 추진했어.
④ 미국과 자유 무역 협정(FTA)을 체결했어.

20

60회 50번

다음 정부의 통일 노력으로 옳은 것은? [3점]

사진으로 보는 ○○○ 정부

남북한 유엔 동시 가입

한·중 수교

① 남북 기본 합의서를 채택하였다.
② 7·4 남북 공동 성명을 발표하였다.
③ 6·15 남북 공동 선언에 합의하였다.
④ 남북 이산가족 고향 방문을 최초로 실현하였다.

개념 다지기 김영삼 정부 때 금융 실명제를 실시함!

주제: ○○○ 정부가 한 일

역사 바로 세우기의 일환으로 옛 조선 총독부 건물을 철거했어.

경제 협력 개발 기구(OECD)에 가입했어.

(가)

→ 김영삼 정부

① 금융 실명제를 실시했어.

김영삼 정부는 역사 바로 세우기 운동을 전개하여 **조선 총독부 건물을 철거**하고, 전직 대통령인 **전두환과 노태우를 구속**하였어요. 또한 경제적으로는 금융 거래에서 당사자의 실명 사용을 의무화한 **금융 실명제를 실시**하고, **경제 협력 개발 기구(OECD)에 가입**해 시장 개방 정책을 추진하였어요.

☑ **오답 체크**

② 경부 고속도로를 준공했어. → 박정희 정부
③ 제1차 경제 개발 5개년 계획을 추진했어. → 박정희 정부
④ 미국과 자유 무역 협정(FTA)을 체결했어. → 노무현 정부

개념 다지기 노태우 정부 때 남북 기본 합의서를 채택함!

사진으로 보는 ○○○ 정부

남북한 유엔 동시 가입

한중 수교

→ 노태우 정부

① 남북 기본 합의서를 채택하였다.

노태우 정부는 적극적인 **북방 외교**를 추진하여 소련(1990) 등 **공산권 국가와 외교 관계를 수립**하고, 이를 바탕으로 북한과 대화를 시도하여 **남북한 유엔 동시 가입**(1991)을 이끌어냈어요. 또한 남북 고위급 회담에서 상호 불가침, 교류·협력 확대 등의 내용을 담은 북한과 **남북 기본 합의서를 채택**하였어요. 이후 노태우 정부는 **한·중 수교**(1992)를 통해 중국과의 외교 관계도 수립하였어요.

☑ **오답 체크**

② 7·4 남북 공동 성명을 발표하였다. → 박정희 정부
③ 6·15 남북 공동 선언에 합의하였다. → 김대중 정부
④ 남북 이산가족 고향 방문을 최초로 실현하였다. → 전두환 정부

VII. 현대

해커스 한국사능력검정시험 한권완성 기출 500제 기본

21

57회 48번

밑줄 그은 '이 회담' 이후에 있었던 사실로 옳은 것은? [2점]

이것은 분단 이후 처음으로 남과 북의 정상이 평양에서 만나 개최한 이 회담을 기념하는 우표 사진입니다. 우표에는 한반도 중심 부근에서 희망의 새싹이 돋아나고 있는 모습이 그려져 있습니다.

① 개성 공단이 건설되었다.
② 남북 조절 위원회가 설치되었다.
③ 남북한이 유엔에 동시 가입하였다.
④ 남북 이산가족 상봉이 최초로 성사되었다.

22

58회 46번

다음 뉴스가 보도된 정부 시기의 통일 노력으로 옳은 것은? [2점]

대통령 내외와 수행원단이 개성 공단을 방문하였습니다. 대통령 취임 이후 일관되게 추진해 온 대북 정책의 성과와 남북 경제 협력의 중요성을 확인했다는 점에서 의미가 큽니다.

대통령 내외, 개성 공단 방문

① 이산가족 최초 상봉
② 남북 기본 합의서 채택
③ 남북한 유엔 동시 가입
④ 10·4 남북 정상 선언 발표

 개념 다지기 제1차 남북 정상 회담 이후 개성 공단이 건설됨!

제1차 남북 정상 회담 (2000)

①개성 공단이 건설되었다. → 2004년

김대중 정부는 대북 화해 협력 정책인 **햇볕 정책**을 추진하였어요. 그 결과 **2000년**에는 평양에서 **제1차 남북 정상 회담**을 개최하여 **6·15 남북 공동 선언**을 발표하였으며, 남북 간의 경제 교류를 활성화하기 위해 북한과 **개성 공단 조성**에 합의하였어요. 이후 노무현 정부 시기 인 2004년에 **개성 공단이 건설**되었어요.

☑ **오답 체크**
② 남북 조절 위원회가 설치되었다. → 1972년
③ 남북한이 유엔에 동시 가입하였다. → 1991년
④ 남북 이산가족 상봉이 최초로 성사되었다. → 1985년

 개념 다지기 노무현 정부 때 10·4 남북 정상 선언이 발표됨!

노무현 정부

④10·4 남북 정상 선언 발표

노무현 정부는 2007년에 노무현 대통령이 평양을 방문하여 **제2차 남 북 정상 회담**을 개최하고, **10·4 남북 정상 선언**을 발표하였어요. 이에 따라 김대중 정부 때 북한과 합의하였던 **개성 공단 건설 사업**을 실현 시켜, **개성 공단을 완공**하였어요.

☑ **오답 체크**
① 이산가족 최초 상봉 → 전두환 정부
② 남북 기본 합의서 채택 → 노태우 정부
③ 남북한 유엔 동시 가입 → 노태우 정부

"우산(독도)과 무릉(울릉도) 두 섬이 현의 정동 바다 가운데에 있다.
두 섬이 서로 거리가 멀지 아니하여, 날씨가 맑으면 가히 바라볼 수 있다."

– 『세종실록』「지리지」[38회]

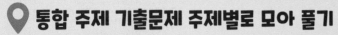

통합 주제 기출문제 주제별로 모아 풀기

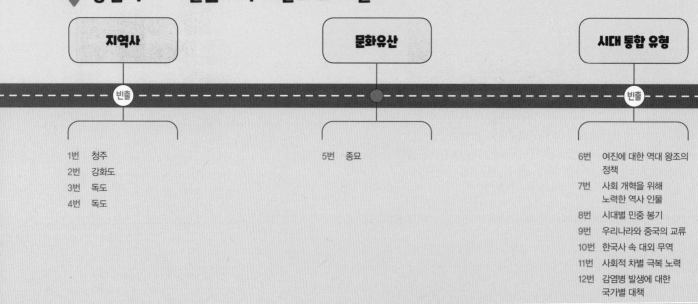

| 지역사 | 문화유산 | 시대 통합 유형 |

1번   청주
2번   강화도
3번   독도
4번   독도

5번   종묘

6번   여진에 대한 역대 왕조의
      정책
7번   사회 개혁을 위해
      노력한 역사 인물
8번   시대별 민중 봉기
9번   우리나라와 중국의 교류
10번 한국사 속 대외 무역
11번 사회적 차별 극복 노력
12번 감염병 발생에 대한
      국가별 대책

VIII. 통합 주제

기출 16문제와 개념공략 해설

- 최근 3개년 간 매 회 50문제 중 3~4문제(약 9%)가 출제되었어요.

- 통합 주제는 특정 지역의 문화유산이나 사건을 제시하고 관련 설명을 고르는 문제가 자주 출제되므로, 지역별로 구분하여 학습하세요! 또한 최근에 시대 통합 유형이 자주 출제되는 추세이니, 출제된 문제들을 꼼꼼히 학습하세요!

세시 풍속과
민속놀이

13번 정월 대보름
14번 한식
15번 추석
16번 제기차기

01

학생들이 공통으로 이야기하는 지역으로 옳은 것은? [2점]

① 상주   ② 원주   ③ 전주   ④ 청주

개념 다지기   청주는 『직지심체요절』이 간행된 지역!

충청북도 청주는 통일 신라 때 **서원경**이라 불렸는데, 서원경에 속한 촌을 비롯한 4개 촌락의 경제 상황이 적힌 **신라 촌락 문서**가 남아 있어 당시의 경제상을 파악할 수 있답니다. 또한 **고려 시대**에는 **청주 흥덕사**에서 현존하는 가장 오래된 금속 활자본인 『**직지심체요절**』이 간행되기도 하였어요.

☑ **오답 체크**
① 상주 → 원종과 애노의 난이 일어난 지역
② 원주 → 신라 하대 양길의 활동 지역
③ 전주 → 후백제의 도읍이 위치한 지역

02

(가)에 해당하는 지역으로 옳은 것은? [1점]

지붕 없는 박물관, ☐(가)☐ 역사 여행

• 일시: 매주 토요일 10시   • 출발지: ○○ 버스 터미널

출발 ➡ 유네스코 세계유산 **부근리 지석묘** / 대몽 항쟁기 왕의 무덤 **홍릉**

도착 ➡ 병인양요의 격전지 **정족산성** / 조·일 수호 조규 체결 장소 **연무당 옛터**

① 진도   ② 거제도   ③ 강화도   ④ 울릉도

개념 다지기   강화도는 병인양요의 격전지인 정족산성이 있는 지역!

강화도는 청동기 시대의 무덤인 **고인돌**이 위치한 지역이에요. 또한 고려 대몽 항쟁기에는 **고려 정부가 몽골의 침입에 맞서 천도**하였어요. 근대에는 **병인양요**가 일어났는데, 이때 **양헌수** 부대가 **정족산성**에서 프랑스군을 격퇴하였어요. 이후 1876년에는 강화도의 **연무당**에서 우리나라가 맺은 최초의 근대적 조약이자 불평등 조약인 **조·일 수호 조규(강화도 조약)**가 체결되었어요.

☑ **오답 체크**
① 진도 → 삼별초의 대몽 항쟁 전개한 지역
② 거제도 → 포로 수용소 설치한 지역
④ 울릉도 → 지증왕 때 이사부가 복속한 지역

03

(가) 섬에 대한 설명으로 옳은 것은? [1점]

여러 가지 이름으로 불린 섬, (가)

가지어라고 불린 강치가 많은 섬이라 가지도로 불림

1900년 대한 제국 칙령 제41호에 석도로 기록됨

1906년 울도 군수 심흥택의 보고서에 (가) (으)로 표기됨

① 러시아가 조차를 요구한 섬이다.
② 영국이 불법적으로 점령한 섬이다.
③ 하멜 일행이 표류하다 도착한 섬이다.
④ 안용복이 일본으로 건너가 우리 영토임을 주장한 섬이다.

04

밑줄 그은 '섬'으로 옳은 것은? [1점]

○○월 ○○일 ○요일   날씨: 맑음

오늘 나는 가족과 함께 우리나라 가장 동쪽에 있는 섬을 다녀왔다. 배 안에서 선장님께 들었는데, 1900년에 고종 황제가 칙령 제41호를 공포해 이곳이 우리 땅임을 분명히 했다고 한다. 선착장에는 멋있는 경찰들이 마중 나와 있었다. 앞으로 나도 우리 영토를 지키기 위해 힘을 보태야겠다.

① 독도   ② 진도
③ 거제도   ④ 흑산도

 개념 다지기 안용복이 일본으로 건너가 독도가 우리 영토임을 주장함!

독도

④ 안용복이 일본으로 건너가 우리 영토임을 주장한 섬이다.

독도는 신라 지증왕이 우산국을 복속한 이후부터 우리 영토였어요. 독도는 강치가 많은 섬이라 **가지도**로 불리기도 하였으며, 조선 숙종 때 **안용복**이 일본으로 건너가 **우리 영토임을 주장**하였어요. 또한 **대한 제국** 시기에는 대한 제국 칙령 제41호를 통해 울릉도를 군으로 승격시키고 울도 군수가 독도(석도)를 관할하게 하였어요.

☑ **오답 체크**
① 러시아가 조차를 요구한 섬이다. → 절영도
② 영국이 불법적으로 점령한 섬이다. → 거문도
③ 하멜 일행이 표류하다 도착한 섬이다. → 제주도

 개념 다지기 대한 제국 칙령 제41호로 독도가 우리 영토임을 선포함!

① 독도

독도는 우리나라 가장 동쪽에 있는 섬으로, 신라 지증왕이 우산국을 정벌한 이후부터 우리나라의 영토였어요. 이후 대한 제국 시기에는 고종이 대한 제국 칙령 제41호를 공포하여 독도를 울도 군수의 관할 지역에 포함시키고, 독도가 우리 땅임을 대내외적으로 선포하였어요.

☑ **오답 체크**
② 진도 → 삼별초의 대몽 항쟁 전개
③ 거제도 → 포로 수용소 설치
④ 흑산도 → 정약전의 『자산어보』 저술

05

(가)에 들어갈 문화유산으로 옳은 것은?   [2점]

□□신문

제△△호   2021년 ○○월 ○○일

151년 만에 옮겨지는 조선 왕조의 신주

[(가)]에 모셔진 조선 역대 왕과 왕비의 신주를 창덕궁 옛 선원전으로 옮기는 행사가 지난 6월 5일 열렸다. 이 행사는 정전(正殿)의 내부 수리로 인해 1870년(고종 7년) 이후 151년 만에 거행된 것이다.

신주를 옮기는 모습

① 종묘   ② 사직단   ③ 성균관   ④ 도산 서원

06

(가)에 대한 역대 왕조의 시기별 정책으로 옳은 것은?   [3점]

○ [(가)]의 변경 침략 때문에 [예종이] 법왕사에 행차하여 분향하고, 신하들을 나누어 보내 여러 사당에서 기도하게 하였다.

○ 동북면 도순문사가 아뢰었다. "경성, 경원에 [(가)]의 출입을 허락하면 떼 지어 몰려들 우려가 있고, 일절 금하면 소금과 쇠를 얻지 못하여 변경에 불화가 생길까 걱정됩니다. 원하건대, 두 고을에 무역소를 설치하여 저들로 하여금 와서 교역하게 하소서." [태종이] 그대로 따랐다.

① 백제 의자왕 때 대야성을 공격하였다.
② 신라 흥덕왕 때 완도에 청해진을 설치하였다.
③ 고려 숙종 때 윤관의 건의로 별무반을 편성하였다.
④ 조선 고종 때 종로와 전국 각지에 척화비를 건립하였다.

👦 **개념 다지기** 종묘는 조선의 역대 왕과 왕비의 신주를 모신 사당!

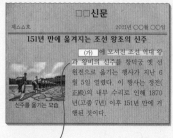

□□신문

제△△호   2021년 ○○월 ○○일

151년 만에 옮겨지는 조선 왕조의 신주

[(가)]에 모셔진 조선 역대 왕과 왕비의 신주를 창덕궁 옛 선원전으로 옮기는 행사가 지난 6월 5일 열렸다. 이 행사는 정전(正殿)의 내부 수리로 인해 1870년(고종 7년) 이후 151년 만에 거행된 것이다.

신주를 옮기는 모습

① 종묘

종묘는 조선의 역대 왕과 왕비의 신주를 모신 사당으로, 이곳에서 유교 전통에 따라 왕실의 제사가 거행되었어요. 또한 1995년에 **유네스코 세계 문화유산**으로 등재되었어요.

☑ **오답 체크**
② 사직단 → 조선 시대에 토지·곡식신에게 제사 지내던 제단
③ 성균관 → 조선의 최고 교육 기관
④ 도산 서원 → 퇴계 이황을 기리는 교육 기관

👦 **개념 다지기** 여진에 대응하기 위해 고려 숙종 때 별무반을 편성함!

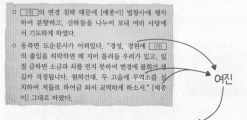

○ [(가)]의 변경 침략 때문에 [예종이] 법왕사에 행차하여 분향하고, 신하들을 나누어 보내 여러 사당에서 기도하게 하였다.

○ 동북면 도순문사가 아뢰었다. "경성, 경원에 [(가)]의 출입을 허락하면 떼 지어 몰려들 우려가 있고, 일절 금하면 소금과 쇠를 얻지 못하여 변경에 불화가 생길까 걱정됩니다. 원하건대, 두 고을에 무역소를 설치하여 저들로 하여금 와서 교역하게 하소서." [태종이] 그대로 따랐다.

여진

③ 고려 숙종 때 윤관의 건의로 별무반을 편성하였다.

여진은 고려 시대부터 조선 시대까지 우리나라와 교류하기도 하고 충돌하기도 하였어요. **고려 숙종** 때는 여진을 정벌하기 위한 특수 부대인 **별무반**을 편성하였어요. 또한 조선 초인 **태종** 때에는 국경 지대인 **경성과 경원**에 **무역소**를 설치하고 여진에 대한 제한적인 교역을 허락하기도 했어요.

☑ **오답 체크**
① 백제 의자왕 때 대야성을 공격하였다. → 신라에 대한 백제의 대응
② 신라 흥덕왕 때 완도에 청해진을 설치하였다. → 해적에 대한 신라의 대응
④ 조선 고종 때 종로와 전국 각지에 척화비를 건립하였다.
　　　　　　　　　　　　　　　　→ 서양 세력에 대한 조선의 대응

07

(가)~(라)에 들어갈 내용으로 적절하지 <u>않은</u> 것은?　[3점]

한국사 학습지	사회 개혁을 위해 노력한 역사 인물	이름:	

※ 아래 제시된 역사 인물들이 시대적으로 직면했던 문제와 해결 노력을 조사해 봅시다.

인물	당시 사회의 문제점	해결 노력
최치원	골품제의 모순이 심화되었다.	(가)
신돈	권문세족이 불법적으로 농장을 확대하였다.	(나)
조광조	권력이 훈구 세력에게 집중되었다.	(다)
전봉준	지방관의 수탈과 외세의 침탈이 심해졌다.	(라)

① (가) – 훈요 10조를 남겼다.
② (나) – 전민변정도감의 설치를 건의하였다.
③ (다) – 현량과 시행을 주장하였다.
④ (라) – 동학 농민 운동을 일으켰다.

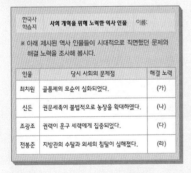

개념 다지기 훈요 10조를 남긴 인물은 태조 왕건!

①(가) – 훈요 10조를 남겼다. → 태조 왕건

고려 **태조 왕건**은 후대 왕들이 왕으로서 지켜야 할 정책 방향을 정리한 **훈요 10조**를 남겼어요. 한편 **최치원**은 신라 하대에 골품제의 모순이 심화되고 사회가 혼란해지자 **진성 여왕**에게 사회 개혁안인 **시무 10여 조**를 올렸어요.

☑ **오답 체크**
② (나) – 전민변정도감의 설치를 건의하였다. → 신돈
③ (다) – 현량과 시행을 주장하였다. → 조광조
④ (라) – 동학 농민 운동을 일으켰다. → 전봉준

08

(가)~(라)에 들어갈 내용으로 옳은 것은?　[2점]

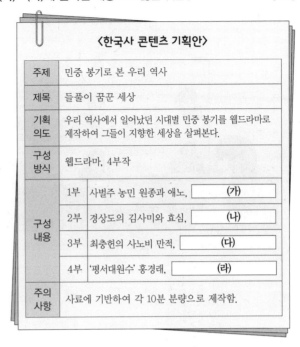

〈한국사 콘텐츠 기획안〉		
주제	민중 봉기로 본 우리 역사	
제목	들풀이 꿈꾼 세상	
기획 의도	우리 역사에서 일어났던 시대별 민중 봉기를 웹드라마로 제작하여 그들이 지향한 세상을 살펴본다.	
구성 방식	웹드라마, 4부작	
구성 내용	1부	사벌주 농민 원종과 애노, (가)
	2부	경상도의 김사미와 효심, (나)
	3부	최충헌의 사노비 만적, (다)
	4부	'평서대원수' 홍경래, (라)
주의 사항	사료에 기반하여 각 10분 분량으로 제작함.	

① (가) – 환곡의 폐단과 탐관오리의 횡포에 항거하다
② (나) – 『정감록』 신앙을 바탕으로 왕조 교체를 외치다
③ (다) – 무신 정변 이래 격변한 세상에서 신분 해방을 도모하다
④ (라) – 특수 행정 구역인 소의 주민에 대한 수탈에 저항하다

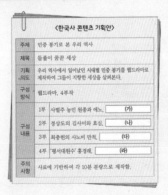

개념 다지기 무신 집권기에 최충헌의 사노비 만적이 난을 일으킴!

③(다) – 무신 정변 이래 격변한 세상에서 신분 해방을 도모하다 → 고려 시대의 민중 봉기

고려 무신 집권기에 **최충헌의 사노비 만적**이 **신분 해방을 주장**하며 난(만적의 난)을 일으켰어요.

☑ **오답 체크**
① (가) – 환곡의 폐단과 탐관오리의 횡포에 항거하다 → 임술 농민 봉기
② (나) – 『정감록』 신앙을 바탕으로 왕조 교체를 외치다 → 조선 후기의 예언 사상
④ (라) – 특수 행정 구역인 소의 주민에 대한 수탈에 저항하다
　　　　　　　　　　　　　　　　　　　　　→ 망이·망소이의 난

교사의 질문에 대한 학생들의 대답으로 옳지 <u>않은</u> 것은? [2점]

(가)~(다)의 모습이 나타난 시대 순서대로 옳게 나열한 것은? [3점]

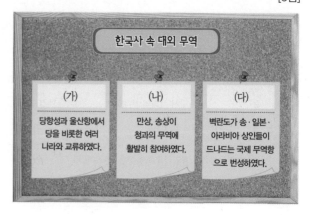

① (가) - (나) - (다)　　② (가) - (다) - (나)
③ (나) - (가) - (다)　　④ (다) - (가) - (나)

 **개념 다지기** 　개항기에 민영익이 보빙사의 대표로 미국에 파견됨!

④ 개항기에 민영익이 보빙사의 대표로 파견되었어요.
　　　　　　　　　　　　→ 근대 미국과의 교류

근대 개항기에 **민영익**이 미국에 파견된 사절단인 **보빙사**의 대표로서 미국 대통령 아서를 접견하고 돌아왔어요. 한편 **우리나라와 중국의 교류 관계는 고대부터 현대까지 다양한 분야**에서 이루어지고 있어요.

☑️**오답 체크**
① 신라의 장보고는 산둥 반도에 법화원을 세웠어요. → 고대 중국(당)과의 교류
② 고려 시대에 이제현이 만권당에서 공부하였어요.
　　　　　　　　　　　　　→ 고려 시대 중국(원)과의 교류
③ 조선 시대에 박지원은 연행사의 일원으로 열하에 다녀왔어요.
　　　　　　　　　　　　　→ 조선 시대 중국(청)과의 교류

 개념 다지기 　당항성, 울산항 교역 → 벽란도 번성 → 만상, 송상 활동

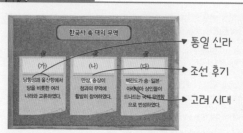
　　　　　　　　　　　→ 통일 신라
　　　　　　　　　　　→ 조선 후기
　　　　　　　　　　　→ 고려 시대

②(가) - (다) - (나)

(가) **통일 신라** 때는 한강 유역의 **당항성**과 수도인 경주 근처의 **울산항**에서 당을 비롯한 여러 나라와 교류하였어요.
(다) **고려 시대**에는 예성강 하구의 **벽란도**가 국제 무역항으로 번성하여, 송·일본·아라비아 등 여러 나라의 상인들과 교역하였어요.
(나) **조선 후기**에는 의주의 **만상**, 개성의 **송상** 등이 청과의 무역에 활발히 참여하였어요.

11

(가)~(다)를 일어난 순서대로 옳게 나열한 것은? [3점]

① (가) - (나) - (다)
② (가) - (다) - (나)
③ (나) - (가) - (다)
④ (다) - (가) - (나)

12

밑줄 그은 '대책'으로 옳지 않은 것은? [3점]

① 고려 시대에 구제도감 등의 임시 기구를 설치하였다.
② 고려 시대에 양현고 등을 설치하여 기금을 마련하였다.
③ 조선 시대에 구질막, 병막 등의 격리 시설을 운영하였다.
④ 조선 시대에 『간이벽온방』, 『신찬벽온방』 등을 편찬하여 보급하였다.

 개념 다지기 만적의 난 → 서얼 통청 운동 → 형평 운동

➡ 조선 후기
➡ 일제 강점기
➡ 고려 무신 집권기

④ (다) - (가) - (나)

- (다) **고려 무신 집권기** 중 최충헌이 집권하던 시기에 **최충헌의 노비**였던 만적이 개경에서 **신분 해방을 주장**하는 봉기를 모의하였어요 **(만적의 난).**
- (가) **조선 후기**에 양반 첩의 자식인 **서얼**들이 **청요직(청렴하고 중요한 직책)**의 허용을 요구하는 통청 운동을 전개하였어요.
- (나) **일제 강점기**에 백정들이 신분제 폐지에도 남아 있던 **백정에 대한 사회적 차별을 철폐**하기 위해 **형평 운동**을 전개하였어요.

 개념 다지기 양현고는 고려 시대 관학 진흥을 위한 대책!

② 고려 시대에 양현고 등을 설치하여 기금을 마련하였다.
→ 관학 진흥책

고려 시대에는 국립 교육 기관인 **관학**을 **진흥시키기 위해** 일종의 장학 재단인 **양현고**를 설치하여 장학 기금을 마련하였어요.

☑오답 체크

① **고려 시대**에는 감염병 발생에 대응하여 **구제도감** 등의 임시 기구를 설치하였다.
③ **조선 시대**에는 감염병 발생에 대응하여 **구질막, 병막** 등의 격리 시설을 운영하였다.
④ **조선 시대**에는 감염병 발생에 대응하여 『간이벽온방』, 『신찬벽온방』 등을 편찬하여 보급하였다.

13

57회 14번

(가)에 들어갈 세시 풍속으로 옳은 것은?　　　　[1점]

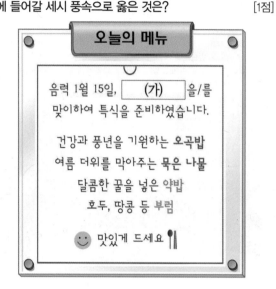

오늘의 메뉴

음력 1월 15일, (가) 을/를 맞이하여 특식을 준비하였습니다.

건강과 풍년을 기원하는 **오곡밥**
여름 더위를 막아주는 **묵은 나물**
달콤한 꿀을 넣은 **약밥**
호두, 땅콩 등 부럼

☺ 맛있게 드세요 🍴

① 동지
③ 삼짇날
② 추석
④ 정월 대보름

14

60회 08번

(가)에 들어갈 세시 풍속으로 옳은 것은?　　　　[1점]

(가)

동지로부터 105일째 되는 날인 (가) 은/는 양력 4월 5일 무렵으로 중국 춘추 시대 개자추 이야기에서 유래되었다고 전한다. 이날에는 불을 사용하지 않고 찬 음식을 먹었으며 조상의 묘를 돌보았다.

① 단오　　② 칠석　　③ 한식　　④ 삼짇날

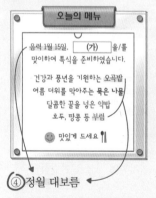

개념 다지기 부럼 깨기를 하는 것은 정월 대보름!

오늘의 메뉴

음력 1월 15일, (가) 을/를 맞이하여 특식을 준비하였습니다.

건강과 풍년을 기원하는 오곡밥
여름 더위를 막아주는 묵은 나물
달콤한 꿀을 넣은 약밥
호두, 땅콩 등 부럼

☺ 맛있게 드세요 🍴

④정월 대보름

정월 대보름은 **음력 1월 15일**로, 1년 중 첫 보름달이 뜨는 날이기도 해요. 이날에는 **오곡밥, 묵은 나물, 약밥** 등을 먹었으며, 부스럼 예방을 위한 **부럼 깨기**를 하는 풍속이 있었어요. 또한 **쥐불놀이, 달집 태우기** 등을 하기도 하였어요.

☑ **오답 체크**
① 동지 → 양력 12월 22·23일경
② 추석 → 음력 8월 15일
③ 삼짇날 → 음력 3월 3일

개념 다지기 한식은 동지로부터 105일째 되는 날!

(가)

동지로부터 105일째 되는 날인 (가) 은·는 양력 4월 5일 무렵으로 중국 춘추 시대 개자추 이야기에서 유래되었다고 전한다. 이날에는 불을 사용하지 않고 찬 음식을 먹었으며 조상의 묘를 돌보았다.

③한식

한식은 양력 **4월 5·6일**경으로 **동지로부터 105일째 되는 날**이에요. 한식에는 **불을 피우지 않고 찬 음식을 먹는 풍습**이 있었으며, 여러 가지 술과 과일을 마련하여 차례를 지내고 성묘를 하였어요.

☑ **오답 체크**
① 단오 → 음력 5월 5일
② 칠석 → 음력 7월 7일
④ 삼짇날 → 음력 3월 3일

15

(가)에 들어갈 세시 풍속으로 옳은 것은? [1점]

우리나라의 큰 명절인 음력 8월 15일 (가) 을/를 맞이하여 특별한 요리를 준비하셨다고요?

네, 이 명절에는 햅쌀로 송편을 빚어 차례를 지내고 성묘하잖아요. 오늘은 송편을 맛있게 만드는 비법을 알려 드릴게요.

① 단오　　② 추석　　③ 한식　　④ 정월 대보름

16

밑줄 그은 '놀이'로 옳은 것은? [1점]

우리나라의 민속놀이 소개

구멍 뚫린 동전을 천이나 한지로 접어 싸고 그 끝을 여러 갈래로 찢어 술을 너풀거리게 만든 뒤, 이를 발로 차며 즐기는 놀이입니다.

① 널뛰기　　② 비석치기　　③ 제기차기　　④ 쥐불놀이

개념 다지기 추석은 음력 8월 15일로, 송편을 빚음!

우리나라의 큰 명절인 음력 8월 15일 (가) 을/를 맞이하여 특별한 요리를 준비하셨다고요?

네, 이 명절에는 햅쌀로 송편을 빚어 차례를 지내고 성묘하잖아요. 오늘은 송편을 맛있게 만드는 비법을 알려 드릴게요.

② 추석

추석은 **음력 8월 15일**로 가배, 중추절, 한가위라고도 불려요. 추석에는 그 해 수확한 햅쌀로 **송편**을 빚고 각종 음식을 장만하여 조상들에게 **차례를 지내**고 성묘하였어요. 또한 추석에는 줄다리기·씨름·강강술래 등의 민속놀이를 즐겼어요.

☑ **오답 체크**

① 단오 → 음력 5월 5일

③ 한식 → 양력 4월 5·6일경

④ 정월 대보름 → 음력 1월 15일

개념 다지기 제기차기는 술을 너풀거리게 만든 제기를 발로 차는 놀이!

우리나라의 민속놀이 소개

구멍 뚫린 동전을 천이나 한지로 접어 싸고 그 끝을 여러 갈래로 찢어 술을 너풀거리게 만든 뒤, 이를 발로 차며 즐기는 놀이입니다.

③ 제기차기

제기차기는 구멍 뚫린 동전을 천이나 한지로 접어서 싼 다음 그 끝을 여러 갈래로 찢어 술을 너풀거리게 만든 제기를 발로 차며 즐기는 놀이예요.

☑ **오답 체크**

① 널뛰기 → 긴 널빤지 양쪽 끝에 한 사람씩 올라가서 발을 번갈아 구르는 민속 놀이

② 비석치기 → 일정한 거리에서 상대의 비석을 쓰러뜨리는 민속 놀이

④ 쥐불놀이 → 들판에 쥐불을 놓는 민속 놀이

Ⅷ. 통합 주제　해커스 한국사능력검정시험 한권완성 기출 500제 기본

해커스 한국사 한능검 정시험 기본[4·5·6급]

한권완성 기출 500제

개정 3판 1쇄 발행 2024년 7월 12일

지은이	해커스 한국사연구소
펴낸곳	㈜챔프스터디
펴낸이	챔프스터디 출판팀

주소	서울특별시 서초구 강남대로61길 23 ㈜챔프스터디
고객센터	02-537-5000
교재 관련 문의	publishing@hackers.com
	해커스한국사 사이트(history.Hackers.com) 교재 Q&A 게시판
동영상강의	history.Hackers.com

ISBN	978-89-6965-491-5 (13910)
Serial Number	03-01-01

한국사능력검정시험 1위,
해커스한국사
history.Hackers.com

해커스한국사

· QR로 골라서 편하게 풀고 약점 보완하는 **모바일 기출문제 및 성적 분석 서비스**

· 인물문제 완전 정복을 위한 **폰 안에 쏙! 빈출 인물 카드**(PDF)

· 이동 중에도 편리하게 학습하는 **폰 안에 쏙! 빈출 문화재 퀴즈**(PDF)

· 학습의 효율성을 높이는 **모바일 바로 채점 서비스**

· **한국사 무료강의, 한능검 기출문제, 데일리 한국사 퀴즈 등** 다양한 무료 학습 자료

해커스한국사 단기 합격생이 말하는
한능검 합격의 비밀!

한달 만에 노베이스에서 1급 따기!

교재는 개념만 나와있지 않고 바로 뒷장에 해당 개념에 관한 문제들이 나와있어서 공부하기 편했습니다.
시대별로 기출문제를 정리해 푸니까 머릿속에 정리되는 느낌이 들더라구요.
선생님께서 강의 중간중간에 암기꿀팁 같은 거 알려주셔서 시험볼 때까지 절대 까먹지 않았습니다.

선*진 (icecr****012)

꼼꼼하고 꽉찬 개념 정리 덕에 수월하게 공부했습니다!

무료로 볼 수 있는 인강이어도 꼼꼼하고 꽉찬 개념 정리 덕에 수월하게 공부했습니다!
특히 후반부에 출제예상 부분과 빈출, 지역과 문화재를 정리를 잘해주셔서 두 번이나 보고 제대로
외워가려 했습니다. 덕분에 다소 어려웠던 출제 난이도였음에도 좋은 성적으로 합격할 수 있었습니다.

박*규 (vp****76)

이동할 때도 편리하게 한국사 공부!

해커스 교재가 가장 맘에 든 이유는 매 기출 주제마다 초성 키워드가 있어서 암기에 도움이 된다는 것과
문제풀이를 하고 나서 오답 클리어를 보면 오답에 대해 정확하고 짧은 설명으로 암기에 도움을 주고자
노력한 게 보인다는 겁니다. 또 해커스 사이트를 통해 빈출 키워드와 문화유산 사진 등을 다운받아서
스마트폰에 저장하고 지하철로 이동할 때 공부하니 더욱 편리하게 공부할 수도 있었어요!

김*철 (mc****3)

이 책이 정말 예뻐죽겠습니다.

저 같은 경우는 문화재를 외우는 게 너무 어려워서 포기를 해야 하나 싶었는데 울며 겨자 먹기로
하루에 한 번씩 미니북과 빈출 문화재 퀴즈만 보면서 외웠습니다. 결과는 성공 ㅎㅎ!!
57회 문화재 파트 문제 다 정답! 많은 수험생들을 합격으로 이끌어주셔서 너무 감사합니다.
노베이스였던 저한테 도움이 많이 됐어요!

김*경 (ga****13)

해커스 한국사능력검정시험 한권완성 기출 500제 기본 (4·5·6급)
교과서 연계 학습표

한국사능력검정시험 기본에 출제되는 개념은 초등 사회/중학 역사 교과서에 나오는 개념과 비슷해요.
〈해커스 한국사능력검정시험 한권완성 기출 500제 기본〉의 [시대별 기출 200제]로 시험 공부를 하면 학교 공부에도 도움이 되니,
아래의 표를 보고 연계하여 학습해보세요!

해커스 한국사능력검정시험 한권완성 기출 500제 기본 [시대별 기출 200제]	초등 사회 3, 5, 6학년 교과서	중등 역사② 교과서
I. 선사 시대	**3학년 2학기** II-1 옛날과 오늘날의 생활 모습 **5학년 2학기** I-1 나라의 등장과 발전	I-1 선사 문화와 고조선 I-2 여러 나라의 성장
II. 고대	**5학년 2학기** I-1 나라의 등장과 발전	I-3 삼국의 성립과 발전 II-1 신라의 삼국 통일과 발해의 건국 II-2 남북국의 발전과 변화 I-4 삼국의 문화와 대외 교류 II-3 남북국의 문화와 대외 관계
III. 고려 시대	**5학년 2학기** I-2 독창적 문화를 발전시킨 고려	III-1 고려의 건국과 정치 변화 III-2 고려의 대외 관계 III-3 몽골의 간섭과 고려의 개혁 III-4 고려의 생활과 문화
IV. 조선 시대	**5학년 2학기** I-3 민족 문화를 지켜 나간 조선	IV-1 통치 체제와 대외 관계 IV-2 사림 세력과 정치 변화 IV-4 왜란·호란의 발발과 영향 V-1 조선 후기의 정치 변동 V-2 사회 변화와 농민의 봉기 IV-3 문화의 발달과 사회 변화 V-3 학문과 예술의 새로운 경향 V-4 생활과 문화의 새로운 양상
V. 근대	**5학년 2학기** II-1 새로운 사회를 향한 움직임 II-2 일제의 침략과 광복을 위한 노력	VI-1 국민 국가의 수립 VI-2 자본주의와 사회 변화
VI. 일제 강점기	**5학년 2학기** II-2 일제의 침략과 광복을 위한 노력	
VII. 현대	**6학년 1학기** I-1 민주주의의 발전과 시민 참여 II-2 우리나라의 경제 성장 **6학년 2학기** II-1 한반도의 미래와 통일	VI-2 자본주의와 사회 변화 VI-3 민주주의의 발전 VI-4 평화 통일을 위한 노력
VIII. 통합 주제		

해커스
한국사
능력
검정시험 기본 [4·5·6급]

시대별 기출 200제

이런 분들께 이 책을 추천합니다.

☑ 실전 감각을 키워 한국사능력검정시험 기본에 합격하고 싶은 분들

☑ 기출문제풀이로 개념정리부터 실전까지 한 번에 끝내고 싶은 분들

☑ 문제풀이부터 성적 분석, 암기까지 도와주는 기출문제집이 필요하신 분들

해커스 한국사능력검정시험 교재 시리즈

해커스
한국사능력검정시험
심화 (1·2·3급)

해커스
한국사능력검정시험
2주 합격
심화 (1·2·3급)

해커스
이명호
스토리로 암기하는
한국사능력검정시험
심화 (1·2·3급) 상/하

해커스
한국사능력검정시험
시대별 기출문제집
심화 (1·2·3급)

해커스
한국사능력검정시험
회차별 기출문제집
심화 (1·2·3급)

해커스
한국사능력검정시험
초단기 5일 합격
심화 (1·2·3급)

해커스
한국사능력검정시험
기선제압 막판 3일 합격
심화 (1·2·3급)

해커스
한국사능력검정시험
2주 합격
기본 (4·5·6급)

해커스
한국사능력검정시험
한권완성 기출 500제
기본 (4·5·6급)

올인원
빈출 암기노트 수록

13910
9 788969 654915
ISBN 978-89-6965-491-5

2024·2025 시험 대비

기출문제
무료
해설강의
─────
올인원 빈출
암기노트

해커스

한국사
능력
검정시험 기본 [4·5·6급]

회차별 기출 300제

해커스한국사 history.Hackers.com

· QR로 보는 기출문제 및 성적 분석 서비스
· 폰 안에 쏙! 빈출 인물/문화재 암기자료 2종
· 모바일 바로 채점 서비스

QR로 보는
기출문제·성적 분석 서비스

1

교재에서 풀고 싶은 회차의
QR 코드를 찍어요!

※ QR 코드는 뒤로 한 장만 넘기면
확인할 수 있어요.

2

기출문제를 풀며
실전 감각을 키워요!

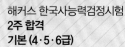
3

채점 결과를 확인하고
해설을 보며 학습해요!

4

누적한 시험 결과로
취약 시대를 파악해요!

QR로 보는
기출문제·성적 분석 서비스

· 풀고 싶은 회차를 골라, 폰으로 QR 코드를 찍은 후 문제를 풀어보세요!
· 쉬운 회차를 풀고 싶으면 💧 표시된 회차를, 어려운 회차를 풀고 싶으면 🔥 표시된 회차를 선택하세요!

*54~38회의 평균 합격률은 60.9%예요.

2021년

54회 8월 7일 시행
합격률 **53.6%**

한줄평 평균 합격률의 시험보다 약간 어려웠던 시험이었어요. 틀렸던 문제 위주로 개념을 보충하세요!

52회 4월 11일 시행
합격률 **64.7%**

한줄평 비교적 쉬웠던 시험이었어요. 틀렸던 문제는 다시 한 번 짚고 넘어가세요!

51회 2월 6일 시행
합격률 **79.4%**

한줄평 가장 쉬웠던 시험이었으니, 고득점을 노리고 자신 있게 풀어보세요!

2020년

50회 10월 29일 시행
합격률 **52.3%**

한줄평 평균 합격률의 시험보다 어려웠던 시험이었어요. 어려웠던 문제 위주로 부족한 개념을 보충하세요!

49회 9월 19일 시행
합격률 **46.5%**

한줄평 역대급으로 어려웠던 시험이었으니, 준비되었다면 도전해보세요. 점수가 낮아도 좌절하지 말아요!

48회 8월 8일 시행
합격률 **54.6%**

한줄평 평균 합격률의 시험보다 약간 어려웠던 시험이었어요. 실력을 점검해보세요!

47회 6월 27일 시행
합격률 **57.7%**

한줄평 개편 후 첫 시험이었어요. 평균 합격률보다 약간 어려웠지만, 목표 점수를 노려보세요!

46회 2월 8일 시행
합격률 **73.7%**

한줄평 개편 전 마지막 시험! 역대급으로 쉬웠던 시험이니, 고득점을 노려보세요!

2019년

45회 10월 26일 시행

합격률 52.6%

한줄평 난이도가 꽤 있는 시험이
었어요. 포기 말고 끝까지 풀어
보세요!

44회 8월 10일 시행

합격률 64.0%

한줄평 비교적 쉬웠던 시험이
었어요. 점수가 잘 나왔어도
부족한 개념을 다시 한 번 확인
해보세요!

43회 5월 25일 시행

합격률 64.6%

한줄평 무난하게 풀 수 있는
문제들이 출제된 시험이었으니,
자신 있게 풀어보세요!

42회 1월 26일 시행

합격률 53.4%

한줄평 평균보다 살짝 어려웠던
시험이었어요. 잘 풀리지 않았던
문제는 반드시 짚고 넘어가세요!

2018년

41회 10월 27일 시행

합격률 63.7%

한줄평 자주 나왔던 문제들이
나와 비교적 쉬웠던 시험이었
어요. 헷갈렸던 개념을 꼼꼼히
점검하세요!

40회 8월 11일 시행

합격률 56.8%

한줄평 평균보다 살짝 어려웠던
시험이었어요. 집중해서 실수하
지 말고 풀어보세요!

39회 5월 26일 시행

합격률 71.6%

한줄평 쉬웠던 시험이었으니
부담 없이 풀면서 자신감을 길러
보세요!

38회 2월 3일 시행

합격률 65.2%

한줄평 비교적 쉬웠던 시험이
었어요. 점수가 잘 나오더라도
방심은 금물!

합격을 앞당기는

해커스 한국사능력검정시험 **한권완성 기출 500제 기본 (4·5·6급)**

추가자료

한능검 기출문제 **무료 해설강의**

K75B7FB5K835K000

이용방법 해커스한국사 사이트(history.Hackers.com) 접속 후 로그인 ▶
사이트 메인 우측 상단의 **[나의 정보]** 클릭 ▶ **[나의 쿠폰]** 클릭 ▶
[쿠폰/수강권 등록] 클릭 ▶ 위 쿠폰번호 등록 후 **[마이클래스]**에서 수강

* 쿠폰 유효기간 : 2026년 12월 31일까지(ID당 1회에 한해 등록 및 사용 가능)
* 쿠폰 등록 직후 강의가 지급되며, 지급일로부터 30일간 수강 가능합니다.

▲ 기출강의 바로 받기

폰 안에 쏙! **빈출 인물 카드** [PDF]

MQXB 6541 NEVP 8873

폰 안에 쏙! **빈출 문화재 퀴즈** [PDF]

WEUN 6533 KCEN 8113

이용방법 해커스한국사 사이트(history.Hackers.com) 접속 후 로그인 ▶ 사이트 메인 상단의 **[교재/자료]** 클릭 ▶
[교재자료 다운로드] 페이지에서 본 교재 우측의 해당자료 **[다운로드]** 클릭 ▶ 위 쿠폰번호 입력 후 이용

한국사 기출선지퀴즈

이용방법 해커스한국사 사이트(history.Hackers.com) 접속 후 로그인 ▶ 사이트 메인 상단의 **[무료콘텐츠]** 클릭 ▶
[한국사 기출선지퀴즈] 페이지에서 풀고싶은 시대/주제 클릭하여 이용

데일리 한국사 퀴즈

이용방법 해커스한국사 사이트(history.Hackers.com) 접속 후 로그인 ▶ 사이트 메인 상단의 **[무료콘텐츠]** 클릭 ▶
[데일리 한국사 퀴즈] 페이지에서 매일 제공되는 한국사 퀴즈 풀어보기

* 이 외 쿠폰 관련 문의는 해커스 고객센터(02-537-5000)로 연락 바랍니다.

해커스
한국사
능력
정시험
기본 [4·5·6급]

회차별 기출 300제

해커스

📍 차례

시대별 기출 200제 (별권)

시대별로 재구성된 4회분(60 ~ 55회)으로 개념 잡기!

별책부록 시험장까지 가져가는 올인원 빈출 암기노트

📍 제69회 시대별 출제 경향

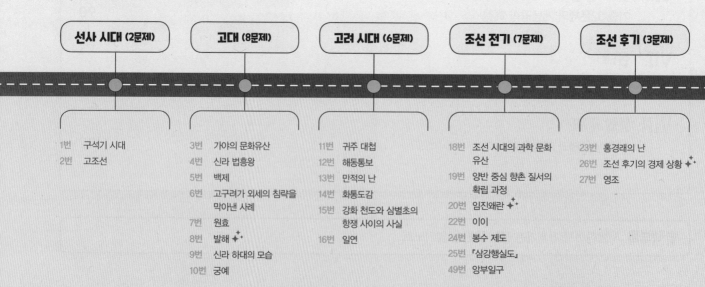

선사 시대 (2문제)	고대 (8문제)	고려 시대 (6문제)	조선 전기 (7문제)	조선 후기 (3문제)

선사 시대 (2문제)

1번 구석기 시대
2번 고조선

고대 (8문제)

3번 가야의 문화유산
4번 신라 법흥왕
5번 백제
6번 고구려가 외세의 침략을 막아낸 사례
7번 원효
8번 발해 ✦✦
9번 신라 하대의 모습
10번 궁예

고려 시대 (6문제)

11번 귀주 대첩
12번 해동통보
13번 만적의 난
14번 화통도감
15번 강화 천도와 삼별초의 항쟁 사이의 사실
16번 일연

조선 전기 (7문제)

18번 조선 시대의 과학 문화 유산
19번 양반 중심 향촌 질서의 확립 과정
20번 임진왜란 ✦✦
22번 이이
24번 봉수 제도
25번 『삼강행실도』
49번 앙부일구

조선 후기 (3문제)

23번 홍경래의 난
26번 조선 후기의 경제 상황 ✦✦
27번 영조

제69회 (기본) 기출문제

2024년 2월 시행

· 합격률 58.7%로, 3개년 평균 합격률인 50.3%와 비교해 조금 쉬웠어요~

· 비교적 쉬웠던 시험이었지만, 기출된 키워드를 꼼꼼히 공부해두세요!

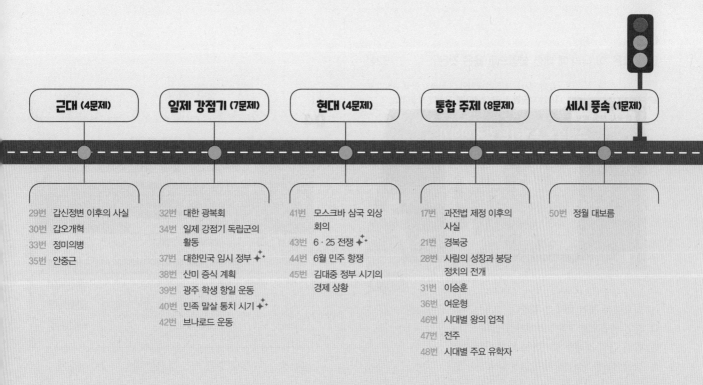

근대 (4문제)	일제 강점기 (7문제)	현대 (4문제)	통합 주제 (8문제)	세시 풍속 (1문제)
29번 갑신정변 이후의 사실	32번 대한 광복회	41번 모스크바 삼국 외상 회의	17번 과전법 제정 이후의 사실	50번 정월 대보름
30번 갑오개혁	34번 일제 강점기 독립군의 활동	43번 6·25 전쟁 ✦	21번 경복궁	
33번 정미의병	37번 대한민국 임시 정부 ✦	44번 6월 민주 항쟁	28번 사림의 성장과 붕당 정치의 전개	
35번 안중근	38번 산미 증식 계획	45번 김대중 정부 시기의 경제 상황	31번 이승훈	
	39번 광주 학생 항일 운동		36번 여운형	
	40번 민족 말살 통치 시기 ✦		46번 시대별 왕의 업적	
	42번 브나로드 운동		47번 전주	
			48번 시대별 주요 유학자	

01

(가) 시대의 생활 모습으로 적절한 것은?　　　　[1점]

우리가 오늘 만들어 볼 것은 뗀석기를 처음 사용한 [　(가)　] 시대의 대표적 유물인 주먹도끼입니다. 주먹도끼는 짐승을 사냥하거나 가죽을 벗기는 등 다양한 용도로 사용되었습니다.

연천 전곡리
선사 체험장

주먹도끼 제작하기

① 우경이 널리 보급되었다.
② 주로 동굴이나 막집에서 살았다.
③ 가락바퀴를 이용하여 실을 뽑았다.
④ 지배층의 무덤으로 고인돌을 축조하였다.

02

밑줄 그은 '이 나라'에 대한 설명으로 옳은 것은?　　　[2점]

우리 역사상 최초의 국가인 이 나라의 건국 이야기에 나오는 단군왕검, 곰, 호랑이를 표현해 보았어요.

한국사 모둠 발표
그림으로 소개하는 건국 이야기

① 영고라는 제천 행사를 열었다.
② 혼인 풍습으로 민며느리제가 있었다.
③ 읍락 간의 경계를 중시하는 책화가 있었다.
④ 범금 8조를 만들어 사회 질서를 유지하였다.

03

다음 전시회에서 볼 수 있는 문화유산으로 가장 적절한 것은?
[2점]

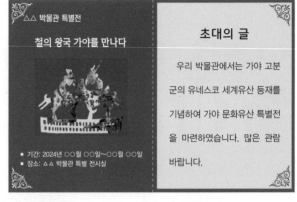

△△ 박물관 특별전

철의 왕국 가야를 만나다

■ 기간: 2024년 ○○월 ○○일~○○월 ○○일
■ 장소: △△ 박물관 특별 전시실

초대의 글

우리 박물관에서는 가야 고분군의 유네스코 세계유산 등재를 기념하여 가야 문화유산 특별전을 마련하였습니다. 많은 관람 바랍니다.

①
호우명 그릇

②
성덕 대왕 신종

③
칠지도

④
철제 판갑옷

04

다음 검색창에 들어갈 왕으로 옳은 것은?　　　[2점]

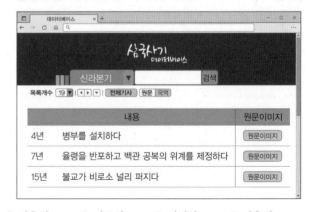

	내용	원문이미지
4년	병부를 설치하다	원문이미지
7년	율령을 반포하고 백관 공복의 위계를 제정하다	원문이미지
15년	불교가 비로소 널리 퍼지다	원문이미지

① 법흥왕　　② 지증왕　　③ 진평왕　　④ 진흥왕

05

(가) 국가에 대한 설명으로 옳은 것은? [2점]

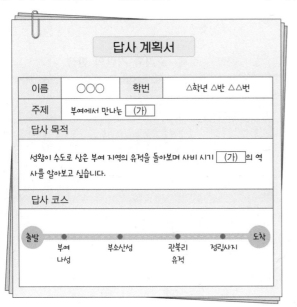

① 주몽이 건국하였다.
② 지방에 22담로를 두었다.
③ 독서삼품과를 시행하였다.
④ 한의 침략을 받아 멸망하였다.

06

선생님의 질문에 대한 학생의 대답으로 적절한 것은? [2점]

07

밑줄 그은 '이 인물'에 대한 설명으로 옳은 것은? [3점]

① 『왕오천축국전』을 지었다.
② 수선사 결사를 제창하였다.
③ 황룡사 구층 목탑의 건립을 건의하였다.
④ 무애가를 짓는 등 불교 대중화에 힘썼다.

08

(가) 국가에 대한 설명으로 옳은 것은? [1점]

① 9주 5소경을 두었다.
② 기인 제도를 실시하였다.
③ 해동성국이라고도 불렸다.
④ 백두산 정계비를 건립하였다.

09

밑줄 그은 '시기'에 볼 수 있는 모습으로 적절한 것은? [2점]

① 장용영에서 훈련하는 군인
② 의정부에 모여 회의하는 관리
③ 여진 정벌에 나선 별무반 병사
④ 스스로를 성주, 장군이라 칭하는 호족

10

(가) 인물에 대한 설명으로 옳은 것은? [3점]

① 우산국을 복속하였다.
② 백제 계승을 내세웠다.
③ 국호를 태봉으로 바꾸었다.
④ 중앙군으로 9서당을 설치하였다.

11

(가)에 들어갈 내용으로 가장 적절한 것은? [2점]

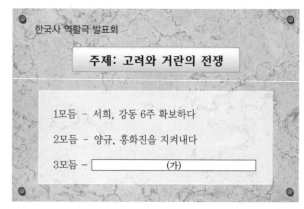

① 김종서, 6진을 개척하다
② 윤관, 동북 9성을 축조하다
③ 강감찬, 귀주에서 승리하다
④ 김윤후, 충주성에서 적을 막아내다

12

(가)에 들어갈 화폐로 적절한 것은? [2점]

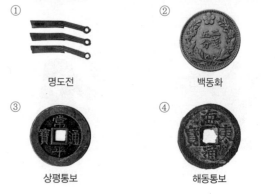

① 명도전   ② 백동화
③ 상평통보   ④ 해동통보

13

다음 사건이 일어난 시기를 연표에서 옳게 고른 것은? [3점]

만적이 개경의 북산에서 땔나무를 하다 노비들을 모아 놓고 다음과 같이 말했어요.
"장군과 재상에 어찌 타고난 씨가 있겠는가? 때를 만나면 누구나 할 수 있다."

이에 동의한 노비들은 정(丁)자가 쓰인 종이를 증표로 나눠 가진 후 봉기하기로 약속했어요. 그러나 봉기가 실패할 것이 두려워진 노비 순정의 밀고로 만적 등 100여 명은 붙잡혀 죽임을 당했어요.

918	1009	1170	1351	1392
	(가)	(나)	(다)	(라)
고려 건국	강조의 정변	무신 정변	공민왕 즉위	조선 건국

① (가) ② (나) ③ (다) ④ (라)

14

(가)에 들어갈 기구로 옳은 것은? [2점]

처음 ⎡ (가) ⎤ 을 설치하였는데 판사 최무선의 말을 따른 것이다. 최무선이 원의 염초 기술자인 같은 마을 사람 이원을 잘 대우하여 그 기술을 물어보고, 아랫사람들에게 익히게 하여 시험해 본 후 왕에게 건의하여 설치한 것이다.
– 『고려사』

① 교정도감 ② 식목도감 ③ 화통도감 ④ 훈련도감

15

(가) 시기에 있었던 사실로 옳은 것은? [3점]

어서 강화도로 천도해야 합니다.

이곳 항파두리성에서 끝까지 싸우자!

① 『삼국사기』가 편찬되었다.
② 이자겸의 난이 일어났다.
③ 팔만대장경판이 제작되었다.
④ 묘청이 서경 천도를 주장하였다.

16

(가)에 들어갈 인물로 옳은 것은? [1점]

군위 인각사 보각국사비는 『삼국유사』를 저술한 ⎡ (가) ⎤ 의 행적을 기리기 위해 세운 것입니다. 비문에는 그의 출생부터 인각사에서 입적하기까지의 생애가 기록되어 있습니다.

① 도선 ② 일연 ③ 의상 ④ 지눌

17

다음 대화 이후에 있었던 사실로 옳은 것은? [2점]

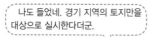

며칠 전 도평의사사의 건의로 과전법이 제정되었다네.

나도 들었네. 경기 지역의 토지만을 대상으로 실시한다더군.

① 쌍성총관부가 설치되었다.
② 위화도 회군이 단행되었다.
③ 한양이 새로운 도읍으로 정해졌다.
④ 화랑도가 국가적인 조직으로 개편되었다.

18

(가)에 들어갈 스탬프로 적절하지 <u>않은</u> 것은? [1점]

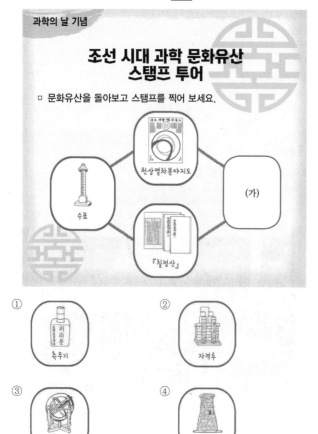

19

다음 자료를 이용한 탐구 활동으로 가장 적절한 것은? [3점]

앞으로 우리 고을의 모든 선비가 인간 본성의 이치에 근거하고 나라의 가르침을 따라 집에서나 고을에서나 각기 사람의 도리를 다해 훌륭한 선비가 된다면, 따로 조목을 정해 권하거나 형벌을 쓰지 않아도 될 것이다. 그러나 이를 알지 못하여 예의를 침범하고 고을의 풍속을 해친다면, 이는 곧 하늘이 버린 백성이니 어찌 벌하지 않을 수 있겠는가. 이 점이 오늘날 향약을 세우는 이유이다.

- 『퇴계집』

① 송상, 만상의 교역 물품을 조사한다.
② 연등회, 팔관회가 열린 배경을 살펴본다.
③ 향, 부곡, 소의 주민들이 받은 차별의 내용을 찾아본다.
④ 양반 중심의 향촌 자치 질서가 자리 잡는 과정을 알아본다.

20

밑줄 그은 '이 전쟁' 중에 있었던 사실로 옳은 것은? [2점]

이 전쟁의 첫 전투 장면을 그린 부산진순절도입니다. 부산진 첨사 정발과 조선군이 조총을 앞세운 일본군의 침략에 맞서는 모습이 묘사되어 있습니다.

① 권율이 행주산성에서 승리하였다.
② 어재연이 광성보에서 항전하였다.
③ 이종무가 쓰시마 섬을 정벌하였다.
④ 인조가 남한산성으로 피란하였다.

21

(가) 문화유산에 대한 설명으로 옳은 것은? [2점]

저는 지금 (가) 의 정문인 광화문 앞에 와 있습니다. 여기 계단부터 문 앞까지의 공간은 광화문 월대입니다. 중건 기록, 사진, 발굴 조사 등을 종합하여 최근 복원되었습니다.

① 근정전을 정전으로 하였다.
② 몽골의 침략으로 소실되었다.
③ 정조의 명에 의해 축조되었다.
④ 역대 왕과 왕비의 신주를 모셨다.

22

(가)에 들어갈 인물로 옳은 것은? [1점]

이곳은 신사임당과 그의 아들 (가) 이/가 살았던 오죽헌입니다. 신사임당은 시와 그림에 뛰어나 많은 작품을 남겼으며, (가) 은/는 조선의 대표적인 유학자로 『동호문답』, 『성학집요』등을 저술하였습니다.

① 이이   ② 조식   ③ 송시열   ④ 홍대용

23

밑줄 그은 '봉기'에 대한 설명으로 옳은 것은? [2점]

홍경래 등이 주도한 봉기를 진압하기 위해 관군이 정주성으로 몰려오고 있다고 하네.

봉기를 진압하는 과정에서 우리에게까지 해가 미칠까 걱정이네.

① 전개 과정에서 집강소가 설치되었다.
② 서북 지역민에 대한 차별이 원인이 되었다.
③ 흥선 대원군이 재집권하는 결과를 가져왔다.
④ 사태 수습을 위해 박규수가 안핵사로 파견되었다.

24

다음 장면에 나타난 제도로 가정 적절한 것은? [1점]

수원 화성

두 개의 불이 피어오른 것을 보니 적이 나타난 것 같습니다.

나는 보고하러 갈 테니, 자네들은 서둘러 불 하나를 더 올리게.

① 봉수 제도   ② 역참 제도
③ 조운 제도   ④ 파발 제도

25

(가)에 들어갈 책으로 옳은 것은? [2점]

(가) 은/는 조선 왕조가 유교 윤리 정착을 위해 효자, 충신, 열녀의 이야기를 엮어 편찬한 책으로, 성종 때에는 그 내용을 한글로 풀이하여 보급하였습니다.

이달의 책

〈석진단지〉
아버지의 병을 고치기 위해 자신의 손가락을 자른 석진의 이야기

① 『동의보감』　　　② 『목민심서』
③ 『삼강행실도』　　④ 『조선경국전』

26

밑줄 그은 '이 시기'의 경제 상황으로 가장 적절한 것은? [2점]

박지원의 『열하일기』에는 허생을 주인공으로 한 소설이 수록되어 있어요. 허생이 매점매석으로 큰 이익을 거두는 장면 등에서 소설이 집필된 이 시기 사회 현실에 대한 저자의 비판 의식을 엿볼 수 있어요.

〈열하일기〉　　〈박지원〉

① 동시전이 설치되었다.
② 솔빈부의 말이 특산물로 수출되었다.
③ 벽란도가 국제 무역항으로 번성하였다.
④ 관청에 물품을 조달하는 공인이 활동하였다.

27

(가) 왕에 대한 설명으로 옳은 것은? [2점]

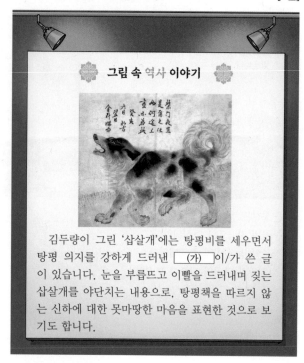

그림 속 역사 이야기

김두량이 그린 '삽살개'에는 탕평비를 세우면서 탕평 의지를 강하게 드러낸 (가) 이/가 쓴 글이 있습니다. 눈을 부릅뜨고 이빨을 드러내며 짖는 삽살개를 야단치는 내용으로, 탕평책을 따르지 않는 신하에 대한 못마땅한 마음을 표현한 것으로 보기도 합니다.

① 규장각을 설치하였다.
② 균역법을 실시하였다.
③ 비변사를 폐지하였다.
④ 훈민정음을 창제하였다.

28

(가)~(다) 학생이 발표한 내용을 일어난 순서대로 옳게 나열한 것은? [3점]

사림의 성장과 붕당 정치의 전개

(가) 희빈 장씨 소생의 원자 책봉 문제를 둘러싸고 환국이 발생하여 남인이 권력을 장악하였습니다.

(나) 효종이 죽은 후 자의 대비가 상복을 입는 기간을 두고 서인과 남인 사이에 예송이 발생하였습니다.

(다) 조광조가 주도한 개혁에 불만을 품은 훈구 세력에 의해 사화가 발생하였습니다.

(가)　　　(나)　　　(다)

① (가) - (나) - (다)　　② (가) - (다) - (나)
③ (나) - (가) - (다)　　④ (다) - (나) - (가)

29

밑줄 그은 '정변' 이후에 있었던 사실로 옳은 것은? [2점]

역사 신문

제△△호 ○○○○년 ○○월 ○○일

개화당 정부, 무너지다

어제 구성된 개화당 정부가 하루 만에 청군의 개입으로 붕괴하였다. 새 정부를 구성하고 개혁 정강을 발표하였던 김옥균, 박영효, 서재필 등은 현재 일본 공사를 따라 일본 공사관으로 피신해 있는 것으로 알려졌다. 우정국 개국 축하연에서의 소동으로 시작된 <u>정변</u>은 이로써 3일 만에 막을 내리게 되었다.

① 임오군란이 일어났다.
② 한성 조약이 체결되었다.
③ 통리기무아문이 설치되었다.
④ 제너럴셔먼호 사건이 발생하였다.

31

다음 인물에 대한 설명으로 옳은 것은? [3점]

역사 인물 카드

이승훈

· 생몰: 1864년~1930년
· 호: 남강
· 주요 활동
  – 신민회 결성에 참여함
  – 민족 대표 33인 중 한 명으로 기미 독립 선언에 참여함
  – 민립 대학 설립 운동을 전개함

① 상하이 훙커우 공원에서 의거를 일으켰다.
② 평양 을밀대 지붕에서 고공 농성을 벌였다.
③ 오산 학교를 설립하여 인재 양성에 힘썼다.
④ 헤이그 만국 평화 회의에 특사로 파견되었다.

30

(가)에 들어갈 내용으로 옳은 것은? [1점]

올해 130주년을 맞는 (가) 의 역사적 의미를 살펴보고자 합니다. 먼저 사회 분야의 개혁에 대한 의견을 말씀해 주세요.

노비제와 연좌제 등을 폐지한 근대적 개혁으로서 큰 의미가 있습니다.

하지만 백정 등에 대한 제도적, 사회적 차별이 여전히 남아 있었다는 점도 주목해야 합니다.

① 3·1 운동　② 갑오개혁　③ 광무개혁　④ 아관 파천

32

(가)에 해당하는 단체로 옳은 것은? [2점]

오늘 이곳 대구 복심 법원에서 박상진에 대한 판결이 내려질 예정입니다. 그는 지난 1915년 비밀 결사인 (가) 을/를 조직하고, 독립 전쟁 자금 모금과 친일 부호 처단을 주도하다 1918년 체포된 바 있습니다.

① 의열단　② 대한 광복회
③ 독립 의군부　④ 대한인 국민회

33

(가) 의병에 대한 설명으로 옳은 것은? [2점]

역사 뮤지컬

총을 들어 의(義)를 외치다

"일본의 노예로 사느니, 끝까지 싸우다 죽겠소."

1907년 고종의 강제 퇴위, 군대 해산에 반발하여 [(가)]이/가 일어났습니다. 의(義)를 외치며 일어난 사람들과 그들의 목소리를 세상에 알린 기자 매켄지의 이야기를 뮤지컬로 만나 보세요.

■ 일시: 2024년 ○○월 ○○일 18시
■ 장소: △△ 아트홀

① 최익현이 주도하였다.
② 13도 창의군을 결성하였다.
③ 백산에서 4대 강령을 발표하였다.
④ 제물포 조약이 체결되는 계기가 되었다.

34

(가)~(다)를 일어난 순서대로 옳게 나열한 것은? [3점]

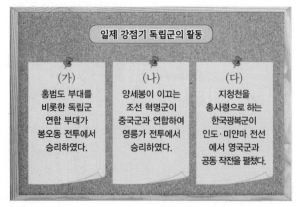

일제 강점기 독립군의 활동

(가)
홍범도 부대를 비롯한 독립군 연합 부대가 봉오동 전투에서 승리하였다.

(나)
양세봉이 이끄는 조선 혁명군이 중국군과 연합하여 영릉가 전투에서 승리하였다.

(다)
지청천을 총사령으로 하는 한국광복군이 인도·미얀마 전선에서 영국군과 공동 작전을 펼쳤다.

① (가) – (나) – (다)
② (가) – (다) – (나)
③ (나) – (가) – (다)
④ (다) – (나) – (가)

35

(가) 인물에 대한 설명으로 옳은 것은? [2점]

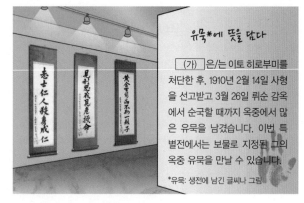

유묵*에 뜻을 담다

[(가)]은/는 이토 히로부미를 처단한 후, 1910년 2월 14일 사형을 선고받고 3월 26일 뤼순 감옥에서 순국할 때까지 옥중에서 많은 유묵을 남겼습니다. 이번 특별전에서는 보물로 지정된 그의 옥중 유묵을 만날 수 있습니다.

*유묵: 생전에 남긴 글씨나 그림

① 『동양평화론』을 저술하였다.
② 한인 애국단을 조직하였다.
③ 「조선혁명선언」을 작성하였다.
④ 청산리 전투를 승리로 이끌었다.

36

다음 퀴즈의 정답으로 옳은 것은? [2점]

한국사 퀴즈 대회

제시된 힌트를 종합하여 알 수 있는 인물은 누구일까요?

1단계	신한청년당을 결성하였다.
2단계	조선 건국 준비 위원회의 위원장을 맡았다.
3단계	좌·우 합작 위원회를 조직하였다.

① 김규식　② 여운형　③ 윤봉길　④ 이승만

37

(가) 정부의 활동으로 옳은 것은? [2점]

> 상하이에서 수립된 (가) 이/가 발행한 독립 공채입니다. 공채는 대부분 해외 교민을 대상으로 발매되었으며, 우리나라가 완전히 독립한 후에 이자를 더하여 상환하겠다고 기재되어 있습니다.

① 한성순보를 발행하였다.
② 구미 위원부를 설치하였다.
③ 만민 공동회를 개최하였다.
④ 신흥 무관 학교를 설립하였다.

38

밑줄 그은 '이 정책'으로 옳은 것은? [1점]

쌀, 그리고 군산항

> 이 사진은 일제가 군산항에 부설한 철도와 뜬다리 부두의 모습이야. 당시 군산항은 쌀을 일본으로 반출하는 주요 항구였어.

> 1920년부터 실시된 이 정책으로 쌀이 증산되었지만, 그보다 더 많은 양이 일본으로 빠져나가면서 조선의 식량 사정은 더욱 나빠졌다고 해.

① 방곡령
② 남면북양 정책
③ 산미 증식 계획
④ 토지 조사 사업

39

(가) 민족 운동에 대한 설명으로 옳은 것은? [2점]

> 이 사진을 보니 여러 학교 학생들이 모여 있는 것 같네요.

> 그렇습니다. 광주의 비밀 학생 조직인 성진회 결성을 기념하여 찍은 사진입니다. 성진회에 참여했던 장재성, 왕재일 등은 1929년 한·일 학생들 간의 충돌로 촉발된 (가) 에서 핵심 인물로 활동하였습니다.

① 대한매일신보의 지원을 받았다.
② 통감부의 탄압으로 실패하였다.
③ 순종의 인산일을 계기로 일어났다.
④ 신간회에서 진상 조사단을 파견하였다.

40

밑줄 그은 '이 시기'에 일제가 추진한 정책으로 가장 적절한 것은? [2점]

> 이 사진은 일본 나고야 미쓰비시 중공업에 강제 동원된 조선 여자 근로 정신대 여성들의 모습입니다. 일제는 중·일 전쟁 이후 침략 전쟁을 확대하던 이 시기에 한국인을 탄광, 군수 공장 등으로 끌고 가 열악한 환경에서 혹사시켰습니다.

① 지계를 발급하였다.
② 조선 태형령을 공포하였다.
③ 미곡 공출제를 시행하였다.
④ 헌병 경찰 제도를 실시하였다.

41

밑줄 그은 '이 회의'가 개최된 시기를 연표에서 옳게 고른 것은?

[3점]

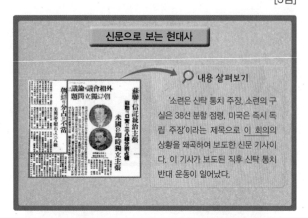

신문으로 보는 현대사

내용 살펴보기

'소련은 신탁 통치 주장, 소련의 구실은 38선 분할 점령, 미국은 즉시 독립 주장'이라는 제목으로 이 회의의 상황을 왜곡하여 보도한 신문 기사이다. 이 기사가 보도된 직후 신탁 통치 반대 운동이 일어났다.

1945	1948	1954	1960	1964
(가)	(나)	(다)	(라)	
8 · 15 광복	대한민국 정부 수립	사사오입 개헌	4 · 19 혁명	6 · 3 시위

① (가)　　② (나)　　③ (다)　　④ (라)

42

(가)에 들어갈 운동으로 옳은 것은?

[2점]

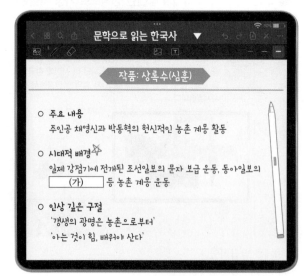

문학으로 읽는 한국사

작품 : 상록수(심훈)

○ **주요 내용**
주인공 채영신과 박동혁의 헌신적인 농촌 계몽 활동

○ **시대적 배경**☆
일제 강점기에 전개된 조선일보의 문자 보급 운동, 동아일보의 ___(가)___ 등 농촌 계몽 운동

○ **인상 깊은 구절**
'갱생의 광명은 농촌으로부터'
'아는 것이 힘, 배워야 산다'

① 형평 운동　　　　② 브나로드 운동
③ 국채 보상 운동　　④ 물산 장려 운동

43

(가) 전쟁 중에 있었던 사실로 옳지 않은 것은?

[2점]

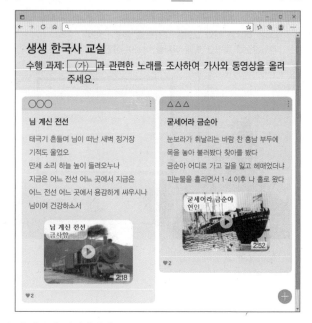

생생 한국사 교실

수행 과제 : ___(가)___ 과 관련한 노래를 조사하여 가사와 동영상을 올려 주세요.

○○○

님 계신 전선
태극기 흔들며 님이 떠난 새벽 정거장
기적도 울었오
만세 소리 하늘 높이 들려오누나
지금은 어느 전선 어느 곳에서 지금은
어느 전선 어느 곳에서 용감하게 싸우시나
님이여 건강하소서

△△△

굳세어라 금순아
눈보라가 휘날리는 바람 찬 흥남 부두에
목을 놓아 불러봤다 찾아를 봤다
금순아 어디로 가고 길을 잃고 헤매었더냐
피눈물을 흘리면서 1 · 4 이후 나 홀로 왔다

① 유엔군이 참전하였다.
② 발췌 개헌안이 통과되었다.
③ 인천 상륙 작전이 전개되었다.
④ 반민족 행위 처벌법이 제정되었다.

44

(가) 민주화 운동에 대한 설명으로 옳은 것은?

[2점]

대학생 이한열은 학교 정문 앞에서 시위하던 도중 경찰이 쏜 최루탄에 맞아 쓰러졌어요. 이 사건은 호헌 철폐와 독재 타도 등을 외친 ___(가)___ 이/가 확산하는 데 영향을 주었어요.

이 동상의 주인공에게는 무슨 일이 있었나요?

① 유신 체제가 붕괴하는 계기가 되었다.
② 3·15 부정 선거에 항의하여 일어났다.
③ 5년 단임의 대통령 직선제 개헌을 이끌어냈다.
④ 전개 과정에서 시민군이 자발적으로 조직되었다.

45

(가) 정부 시기의 경제 상황으로 옳은 것은? [2점]

오전 11:20

오늘의 역사를 알려줘

🧑 역사 챗봇 🔊

• 오늘은 2월 25일입니다.
• 1998년 오늘, (가) 대통령이 대한민국 제15대 대통령으로 취임하였습니다. 그는 재임 기간 중 남북 화해와 협력을 위해 노력한 공로로 노벨 평화상을 수상하였습니다.

① 최초로 수출 100억 달러를 달성하였다.
② 경제 협력 개발 기구(OECD)에 가입하였다.
③ 미국과 자유 무역 협정(FTA)을 체결하였다.
④ 국제 통화 기금(IMF)의 구제 금융 자금을 조기 상환하였다.

46

(가)~(라) 왕에 대한 설명으로 옳은 것은? [3점]

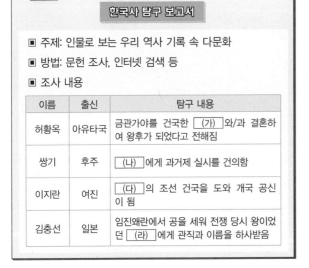

한국사 탐구 보고서

◼ 주제: 인물로 보는 우리 역사 기록 속 다문화
◼ 방법: 문헌 조사, 인터넷 검색 등
◼ 조사 내용

이름	출신	탐구 내용
허황옥	아유타국	금관가야를 건국한 (가) 와/과 결혼하여 왕후가 되었다고 전해짐
쌍기	후주	(나) 에게 과거제 실시를 건의함
이지란	여진	(다) 의 조선 건국을 도와 개국 공신이 됨
김충선	일본	임진왜란에서 공을 세워 전쟁 당시 왕이었던 (라) 에게 관직과 이름을 하사받음

① (가) - 태학을 설립하였다.
② (나) - 노비안검법을 실시하였다.
③ (다) - 대동법을 시행하였다.
④ (라) - 『경국대전』을 완성하였다.

47

(가)에 들어갈 지역으로 옳은 것은? [1점]

(가) 여행 홍보를 위한

SNS 인증샷 이벤트

#경기전
#태조 어진

#전라 감영 선화당
#동학 농민군과 정부군의 화약

#전동 성당
#신해박해 순교지

◼ 참여 기간: 2024년 ○○월 ○○일~○○월 ○○일
◼ 경품: 비빔밥 2인 식사권
◼ 당첨자 발표: 2024년 ○○월 ○○일
◼ 참여 방법: 여행 사진에 해시태그를 달아 SNS에 올리기

① 경주   ② 순천   ③ 전주   ④ 청주

48

(가)~(라)에 들어갈 내용으로 적절한 것은? [2점]

인문학 여행

유학자의 삶과 사상을 따라 떠나는 역사 여행
#○○ 박물관 #온라인 강좌 #한국사 교양 #유학자

1강 최치원, (가)

2강 정몽주, (나)

3강 정약용, (다)

4강 박은식, (라)

① (가) - 시무 10여 조를 건의하다
② (나) - 백운동 서원을 건립하다
③ (다) - 『동사강목』을 저술하다
④ (라) - 영남 만인소를 주도하다

49

(가) 문화유산에 대한 설명으로 옳은 것은?　　　[2점]

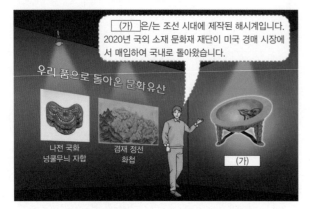

① 박문국에서 제작하였다.
② 10리마다 눈금을 표시하였다.
③ 영침의 그림자로 시각을 표시하였다.
④ 소리로 시간을 알려주는 장치가 있다.

50

(가)에 들어갈 내용으로 옳은 것은?　　　[1점]

① 동지
② 추석
③ 삼짇날
④ 정월 대보름

정답 및 해설 ▶ 점수공략 해설 102쪽

📋 기출 선택지에 들어갈 핵심 키워드를 골라 채우면서 한 번 더 암기하세요.

한성 조약	원효	홍경래의 난	팔만대장경판
범금 8조	구미 위원부	정미의병	궁예
신간회	동양평화론	구석기 시대	6월 민주 항쟁
균역법	권율	김대중 정부	22담로

선사 ~ 조선 후기

01 　　　　　에는 주로 동굴이나 막집에서 살았다.

02 고조선은 　　　　를 만들어 사회 질서를 유지하였다.

03 백제는 지방에 　　　를 두었다.

04 　　는 국호를 태봉으로 바꾸었다.

05 　　는 무애가를 짓는 등 불교 대중화에 힘썼다.

06 강화 천도 이후 　　　　　이 제작되었다.

07 임진왜란 때 　　이 행주산성에서 승리하였다.

08 영조는 　　　을 실시하였다.

09 　　　　　은 서북 지역민에 대한 차별이 원인이 되었다.

근대 ~ 현대

10 갑신정변 이후 　　　　이 체결되었다.

11 　　　　 때 13도 창의군을 결성하였다.

12 안중근은 「　　　　」을 저술하였다.

13 대한민국 임시 정부는 　　　　를 설치하였다.

14 광주 학생 항일 운동은 　　　에서 진상 조사단을 파견하였다.

15 　　　　　은 5년 단임의 대통령 직선제 개헌을 이끌어냈다.

16 　　　　　 시기에는 국제 통화 기금(IMF)의 구제 금융 자금을 조기 상환하였다.

정답 | 01 구석기 시대 02 범금 8조 03 22담로 04 궁예 05 원효 06 팔만대장경판 07 권율 08 균역법 09 홍경래의 난
10 한성 조약 11 정미의병 12 동양평화론 13 구미 위원부 14 신간회 15 6월 민주 항쟁 16 김대중 정부

📍 제67회 시대별 출제 경향

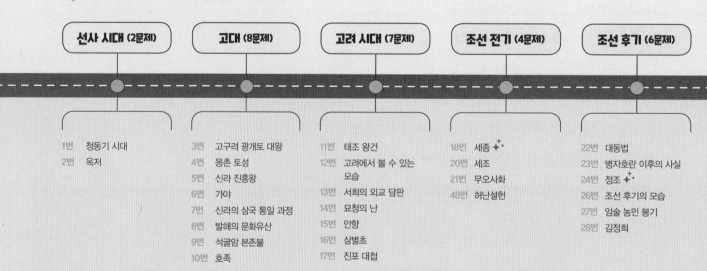

선사 시대 (2문제)	고대 (8문제)	고려 시대 (7문제)	조선 전기 (4문제)	조선 후기 (6문제)
1번 청동기 시대	3번 고구려 광개토 대왕	11번 태조 왕건	18번 세종 ✦	22번 대동법
2번 옥저	4번 몽촌 토성	12번 고려에서 볼 수 있는 모습	20번 세조	23번 병자호란 이후의 사실
	5번 신라 진흥왕	13번 서희의 외교 담판	21번 무오사화	24번 정조 ✦
	6번 가야	14번 묘청의 난	48번 허난설헌	26번 조선 후기의 모습
	7번 신라의 삼국 통일 과정	15번 안향		27번 임술 농민 봉기
	8번 발해의 문화유산	16번 삼별초		28번 김정희
	9번 석굴암 본존불	17번 진포 대첩		
	10번 호족			

제67회 기본 기출문제

2023년 10월 시행

· 합격률 40.5%로, 3개년 평균 합격률인 50.3%와 비교해 조금 어려웠어요~

· 조금 어려웠지만, 핵심 키워드를 꼼꼼히 공부하면 합격할 수 있는 시험이었어요!

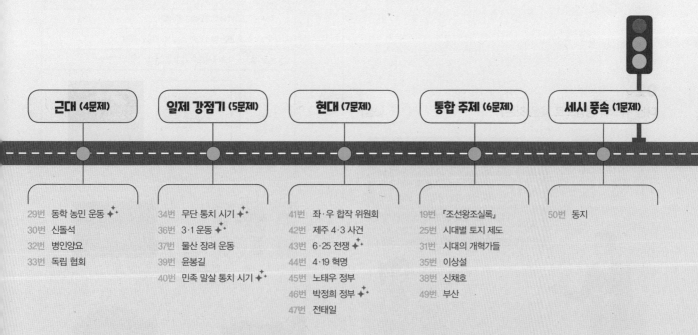

근대 (4문제)

29번 동학 농민 운동 ✦✦
30번 신돌석
32번 병인양요
33번 독립 협회

일제 강점기 (5문제)

34번 무단 통치 시기 ✦✦
36번 3·1 운동 ✦✦
37번 물산 장려 운동
39번 윤봉길
40번 민족 말살 통치 시기 ✦✦

현대 (7문제)

41번 좌·우 합작 위원회
42번 제주 4·3 사건
43번 6·25 전쟁 ✦✦
44번 4·19 혁명
45번 노태우 정부
46번 박정희 정부 ✦✦
47번 전태일

통합 주제 (6문제)

19번 『조선왕조실록』
25번 시대별 토지 제도
31번 시대의 개혁가들
35번 이상설
38번 신채호
49번 부산

세시 풍속 (1문제)

50번 동지

01

(가) 시대의 생활 모습으로 가장 적절한 것은? [1점]

고인돌의 고장 화순으로 오세요

괴바위 고인돌 / 마당바위 고인돌 / 핑매바위 고인돌 / 감태바위 채석장 / 관청바위 고인돌 / 고인돌 유적 탐방 경로

화순에는 처음으로 금속 도구를 사용한 (가) 시대의 문화유산인 고인돌 유적이 있습니다. 이곳에는 고인돌의 덮개돌을 떼어 냈던 채석장이 남아 있어서 고인돌을 만들었던 과정을 확인할 수 있습니다.

① 철제 농기구로 농사를 지었다.
② 주로 동굴이나 막집에서 살았다.
③ 반달 돌칼로 벼 이삭을 수확하였다.
④ 빗살무늬 토기에 곡식을 저장하기 시작하였다.

02

다음 퀴즈의 정답으로 옳은 것은? [2점]

한국사 퀴즈 대회

제시된 힌트를 종합하여 알 수 있는 이름은 무엇일까요?

1단계 | 철기 문화를 바탕으로 동해안 지역에서 일어난 나라입니다.
2단계 | 여자아이를 데려와 기른 후 성인이 되면 며느리로 삼는 풍속이 있었습니다.
3단계 | 왕이 따로 없고, 읍군이나 삼로라고 불리는 군장이 자기 영역을 다스렸습니다.

① 부여   ② 옥저   ③ 동예   ④ 마한

03

밑줄 그은 '나'의 업적으로 옳은 것은? [2점]

고구려 제19대 왕인 나는 거란, 숙신, 후연, 동부여 등을 정벌하고, 영토를 크게 넓혔소.

① 태학을 설립하였다.
② 천리장성을 축조하였다.
③ 도읍을 평양성으로 옮겼다.
④ 신라에 침입한 왜를 격퇴하였다.

04

(가)에 들어갈 문화유산으로 적절한 것은? [3점]

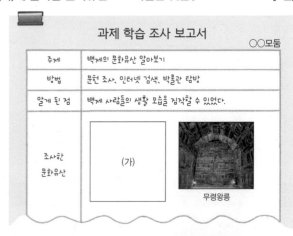

과제 학습 조사 보고서   ○○모둠

주제	백제의 문화유산 알아보기
방법	문헌 조사, 인터넷 검색, 박물관 탐방
알게 된 점	백제 사람들의 생활 모습을 짐작할 수 있었다.
조사한 문화유산	(가) 무령왕릉

①

금동 연가 7년명 여래 입상

②
천마총 장니 천마도

③

몽촌 토성

④

장군총

05

(가) 왕의 업적으로 옳은 것은? [2점]

> 단양 신라 적성비는 (가) 대에 고구려 영토인 적성을 점령하고 세워진 것입니다. 비문에는 이사부 등 당시 공을 세운 인물이 기록되어 있으며, 충성을 다한 적성 사람 야이차에게 상을 내렸다는 내용도 담겨 있습니다.

① 국학을 설치하였다.
② 화랑도를 정비하였다.
③ 독서삼품과를 시행하였다.
④ 김헌창의 난을 진압하였다.

06

밑줄 그은 '이 나라'에 대한 설명으로 옳은 것은? [2점]

> 이 나라의 김해 대성동 고분군, 고령 지산동 고분군, 함안 말이산 고분군 등에서 나온 유물을 통해 당시 사람들의 뛰어난 세공 기술을 엿볼 수 있습니다.

금동 허리띠 금동관 봉황 장식 금동관

① 지방에 22담로를 두었다.
② 한의 침략을 받아 멸망하였다.
③ 낙랑과 왜에 철을 수출하였다.
④ 화백 회의에서 중요한 일을 결정하였다.

07

(가)~(다) 사건을 일어난 순서대로 옳게 나열한 것은? [3점]

인물로 보는 한국사

삼국 통일 과정

(가) 고구려에 가서 군대를 보내줄 것을 요청하였소. 김춘추

(나) 기벌포 앞바다에서 당의 수군을 몰아내었소. 문무왕

(다) 황산벌에서 계백이 이끄는 백제군과 싸워 승리하였소. 김유신

① (가) - (나) - (다)   ② (가) - (다) - (나)
③ (나) - (가) - (다)   ④ (다) - (가) - (나)

08

(가) 국가의 문화유산으로 옳지 않은 것은? [2점]

> (가) 은/는 여러 번 도읍을 옮겼지만, 이곳 상경성을 가장 오랫동안 도읍으로 삼았습니다. 문왕은 당의 도읍 장안성의 구조를 본떠 상경성을 만들었습니다.

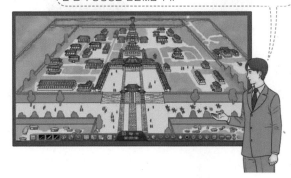

①
칠지도

②
이불 병좌상

③
영광탑

④
정효 공주 무덤 벽화

09

밑줄 그은 '불상'에 해당하는 것으로 옳은 것은?　　　[1점]

제가 오늘 소개해 드릴 한국의 문화유산은 석굴암이에요. 석굴암은 화강암을 이용하여 인공적으로 만든 사원이에요. 이곳에서 특히 인상 깊었던 것은 바로 석굴암 내부에 있는 아름다운 <u>불상</u>이었어요. 감동 그 자체였지요. 여러분, 한국에 오면 여기 꼭 가봐야 하겠죠?

① 　　　②

③ 　　　④

10

(가)에 들어갈 내용으로 적절한 것은?　　　[1점]

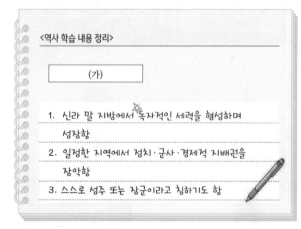

<역사 학습 내용 정리>

(가)

1. 신라 말 지방에서 독자적인 세력을 형성하며 성장함
2. 일정한 지역에서 정치·군사·경제적 지배권을 장악함
3. 스스로 성주 또는 장군이라고 칭하기도 함

① 성골　　　　　　② 호족
③ 권문세족　　　　④ 신진 사대부

11

(가) 왕의 업적으로 옳은 것은?　　　[2점]

고려 (가) 이/가 민족 통합을 위해 노력한 점에 대해 이야기 나눠볼까요?

발해 유민을 받아들이고, 조상의 제사를 지낼 수 있도록 배려해 주었죠.

오랜 기간 적대 관계였던 견훤까지 포용한 일도 빠뜨릴 수 없지요.

① 흑창을 두었다.
② 강화도로 천도하였다.
③ 과거제를 처음 실시하였다.
④ 전민변정도감을 설치하였다.

12

(가) 국가에서 볼 수 있는 모습으로 적절한 것은?　　　[2점]

이 문화유산은 태안 마도 2호선에서 발견된 청자 매병과 죽찰입니다. 죽찰에는 개경의 중방 도장교 오문부에게 좋은 꿀을 단지에 담아 보낸다는 내용이 적혀 있습니다. 이를 통해 (가) 사람들의 생활 모습을 엿볼 수 있습니다.

① 광산 개발을 감독하는 덕대
② 신해통공 실시를 알리는 관리
③ 청과의 무역으로 부를 축적하는 만상
④ 활구라고도 불린 은병을 제작하는 장인

13

다음 사건이 일어난 시기를 연표에서 옳게 고른 것은?　[3점]

(가)	(나)	(다)	(라)
936 후삼국 통일	1019 귀주 대첩	1104 별무반 설치	1232 처인성 전투	1359 홍건적 침입

① (가)　② (나)　③ (다)　④ (라)

14

(가)에 들어갈 내용으로 가장 적절한 것은?　[1점]

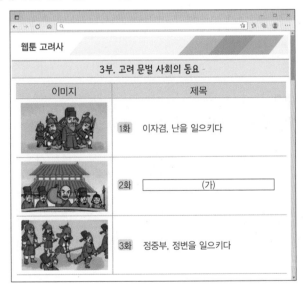

① 이괄, 도성을 점령하다
② 김흠돌, 반란을 도모하다
③ 묘청, 서경 천도를 주장하다
④ 이성계, 위화도에서 회군하다

15

밑줄 그은 '나'에 해당하는 인물로 옳은 것은?　[2점]

① 안향　② 김부식　③ 이규보　④ 정몽주

16

(가) 군사 조직에 대한 설명으로 옳은 것은?　[2점]

① 쌍성총관부를 공격하였다.
② 백강 전투에서 활약하였다.
③ 신기군, 신보군, 항마군으로 구성되었다.
④ 최씨 무신 정권의 군사적 기반이 되었다.

해커스 한국사능력검정시험 한권완성 기출 500제 기본

17

다음 학생들이 표현하고 있는 사건으로 적절한 것은? [2점]

역사의 한 장면 그리기

왜구에 맞서 군대를 지휘하는 최무선을 그렸어.

전투에서 사용한 화포도 그려 넣자.

① 명량 대첩
② 살수 대첩
③ 진포 대첩
④ 행주 대첩

18

다음 가상 대화에 등장하는 왕의 업적으로 옳지 <u>않은</u> 것은? [2점]

명하신 대로 편경을 만들었사옵니다.

우리가 만든 편경의 소리도 음이 잘 맞는구나. 이제 그대가 아악을 체계적으로 정비하도록 하라.

박연

① 자격루를 제작하였다.
② 『농사직설』을 간행하였다.
③ 『악학궤범』을 완성하였다.
④ 『삼강행실도』를 편찬하였다.

19

(가)에 들어갈 문화유산으로 옳은 것은? [1점]

(가)에 대해 검색해 줘.

검색 결과입니다.

태조에서 철종에 이르는 470여 년간의 역사를 역대 왕별로 기록하였습니다.

방대한 규모와 내용의 정확성을 인정받아 유네스코 세계 기록유산에 등재되었습니다.

① 『경국대전』
② 『동의보감』
③ 『목민심서』
④ 『조선왕조실록』

20

밑줄 그은 '왕'에 대한 설명으로 옳은 것은? [3점]

○ <u>왕</u>께서 명하기를, "집현전을 파하고 경연을 정지하며, 거기에 소장하였던 서책은 모두 예문관에서 관장하게 하라."라고 하였다.
○ <u>왕</u>께서 명령을 내려, "전날 성삼문 등이 상왕도 모의에 참여하였다고 말하였으니 …… 상왕을 노산군으로 낮추고, 궁에서 내보내 영월에 거주시키도록 하라."라고 하였다.

① 시헌력을 도입하였다.
② 탕평책을 실시하였다.
③ 한양으로 도읍을 옮겼다.
④ 6조 직계제를 시행하였다.

21

(가)에 들어갈 사건으로 옳은 것은? [2점]

이곳은 조선 시대 문신인 김종직이 살았던 집터에 후손들이 지은 밀양 추원재입니다. 그가 쓴 「조의제문」은 연산군 때 일어난 (가) 의 빌미가 되기도 하였습니다.

① 경신환국 ② 기해예송 ③ 무오사화 ④ 신유박해

22

(가) 제도에 대한 설명으로 옳은 것은? [3점]

(가) 은/는 실로 백성을 구제하는 데 절실합니다. 경기도와 강원도에서 이미 시행하고 있으니, 우리 충청도에서도 시행하면 좋겠습니다.

김육

① 군포를 2필에서 1필로 줄였다.
② 양반에게도 군포를 부과하였다.
③ 전세를 1결당 4~6두로 고정하였다.
④ 특산물 대신 쌀, 베 등으로 납부하게 하였다.

23

다음 가상 대화 이후에 전개된 사실로 옳은 것은? [2점]

남한산성에서 항전하시던 임금께서 삼전도에 나아가 청에 굴욕적인 항복을 하셨다는군.

게다가 세자와 봉림 대군께서는 청에 볼모로 잡혀가신다더군.

① 북벌론이 전개되었다.
② 4군 6진이 개척되었다.
③ 삼포 왜란이 진압되었다.
④ 정동행성이 설치되었다.

24

밑줄 그은 '왕'의 업적으로 옳은 것은? [1점]

왕께서 배다리를 건너 아버지 사도 세자의 묘에 참배하러 가시는군.

저 배다리는 정약용이 설계했다는군.

① 장용영을 설치하였다.
② 당백전을 발행하였다.
③ 『속대전』을 편찬하였다.
④ 『훈민정음』을 반포하였다.

25

(가)~(다)를 실시한 순서대로 옳게 나열한 것은?　　[3점]

우리 역사 속 제도의 변천

〈관료와 토지〉

- (가) 관료전을 지급하고 녹읍을 폐지했어.
- (나) 과전을 혁파하였고, 직전을 설치했어.
- (다) 전·현직 관리에게 전지와 시지를 차등 있게 지급했어.

① (가) – (나) – (다)　　② (가) – (다) – (나)
③ (나) – (가) – (다)　　④ (다) – (가) – (나)

26

다음 가상 대화가 이루어진 시기에 볼 수 있는 모습으로 적절하지 <u>않은</u> 것은?　　[2점]

이번에 통신사로 일본에 다녀오며 가져온 고구마인데, 농민들에게 재배하도록 하면 어떻겠나?

그렇게 해보겠습니다.

조엄

① 상평통보로 거래하는 상인
② 판소리 공연을 구경하는 농민
③ 한글 소설을 읽어주는 전기수
④ 황룡사 구층 목탑을 만드는 목수

27

학생들이 공통으로 이야기하고 있는 사건에 대한 설명으로 옳은 것은?　　[2점]

- 세도 정치기에 일어난 농민 봉기야.
- 경상 우병사 백낙신의 수탈에 저항하여 몰락 양반인 유계춘을 중심으로 봉기하였어.
- 삼정이정청이 설치되는 계기가 되었어.

① 청군의 개입으로 진압되었다.
② 박규수가 안핵사로 파견되었다.
③ 조선 형평사의 주도로 전개되었다.
④ 서북 지역민에 대한 차별이 원인이 되었다.

28

다음 가상 인터뷰에 등장하는 인물로 옳은 것은?　　[2점]

북한산비가 진흥왕 순수비임을 고증하셨다지요. 또 어떤 활동을 하셨나요?

금석학을 연구하여 독창적인 서체를 만들었고, 제주도에서 유배 생활을 할 때 세한도를 그렸지요.

① 김정희　　② 박지원　　③ 송시열　　④ 유득공

29

(가) 사건에 대한 설명으로 옳은 것은? [2점]

부패한 지도층과 외세의 침략에 저항했던 (가) 관련 기록물인 전봉준 「공초」, 개인 일기와 문집, 각종 임명장 등이 유네스코 세계 기록유산으로 지정되었습니다.

백성이 주체가 된 역사, 세계 기록유산으로 남다

① 9서당을 창설하는 계기가 되었다.
② 청산리에서 일본군과 전투를 벌였다.
③ 집강소를 통해 폐정 개혁을 추진하였다.
④ 제물포 조약이 체결되는 결과를 가져왔다.

30

(가)에 들어갈 인물로 옳은 것은? [1점]

(가)
(앞면)

• 평민 출신 의병장으로 알려짐
• 을미사변이 발생하자 영해에서 의병으로 활동함
• 을사늑약이 체결되자 울진, 평해 등지에서 일본군에 맞서 싸움
• 뛰어난 전술을 펼쳐 태백산 호랑이라고 불림

(뒷면)

① 신돌석 ② 유인석 ③ 최익현 ④ 홍범도

31

(가)~(라)에 들어갈 인물로 옳지 않은 것은? [2점]

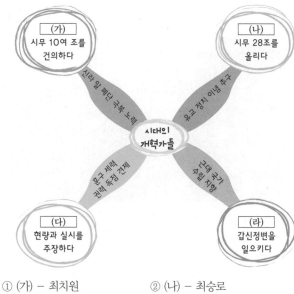

(가) 시무 10여 조를 건의하다
(나) 시무 28조를 올리다
시대의 개혁가들
(다) 현량과 실시를 주장하다
(라) 갑신정변을 일으키다

① (가) - 최치원
② (나) - 최승로
③ (다) - 정도전
④ (라) - 김옥균

32

(가) 사건에 대한 설명으로 옳은 것은? [2점]

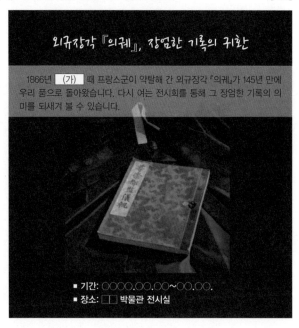

외규장각 『의궤』, 장엄한 기록의 귀환

1866년 (가) 때 프랑스군이 약탈해 간 외규장각 「의궤」가 145년 만에 우리 품으로 돌아왔습니다. 다시 여는 전시회를 통해 그 장엄한 기록의 의미를 되새겨 볼 수 있습니다.

■ 기간: ○○○○.○○.○○~○○.○○.
■ 장소: □□ 박물관 전시실

① 제너럴셔먼호 사건의 배경이 되었다.
② 강화도 조약이 체결되는 계기가 되었다.
③ 오페르트가 남연군 묘 도굴을 시도하였다.
④ 양헌수 부대가 정족산성에서 활약하였다.

제67회

해커스 한국사능력검정시험 한권완성 기출 500제 기본

33

(가) 단체의 활동으로 옳은 것은? [2점]

이곳 종로에서는 (가) 이/가 개최한 관민 공동회가 열리고 있습니다. 정부 관료와 학생, 시민들이 참여한 가운데 헌의 6조를 올리기로 하였습니다.

① 광혜원을 설립하였다.
② 태극 서관을 운영하였다.
③ 독립문 건설을 주도하였다.
④ 파리 강화 회의에 대표를 파견하였다.

34

밑줄 그은 '이 시기'에 볼 수 있는 모습으로 적절한 것은? [2점]

이 사진을 보면 경무부와 헌병대 간판이 나란히 걸려 있네요.

그렇습니다. 이 시기 일제는 군사 경찰인 헌병이 일반 경찰 업무까지 맡는 헌병 경찰 제도를 실시하였습니다.

① 제복을 입고 칼을 찬 교사
② 한성순보를 발간하는 관리
③ 단발령 시행에 반발하는 유생
④ 경인선 철도 개통식을 구경하는 청년

35

(가)에 들어갈 내용으로 적절한 것은? [3점]

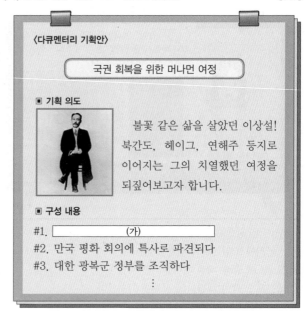

〈다큐멘터리 기획안〉

국권 회복을 위한 머나먼 여정

■ 기획 의도

불꽃 같은 삶을 살았던 이상설! 북간도, 헤이그, 연해주 등지로 이어지는 그의 치열했던 여정을 되짚어보고자 합니다.

■ 구성 내용

#1. (가)
#2. 만국 평화 회의에 특사로 파견되다
#3. 대한 광복군 정부를 조직하다
⋮

① 의열단을 조직하다
② 서전서숙을 설립하다
③ 『동양평화론』을 집필하다
④ 시일야방성대곡을 발표하다

36

밑줄 그은 '만세 시위'에 대한 설명으로 옳은 것은? [2점]

한국을 사랑한 외국인들

특집

스코필드, 제암리 학살 사건을 폭로하다

"논둑길을 돌아서자 지금도 잊혀지지 않는 광경이 눈앞에 펼쳐졌다. 마을은 불타버렸고 아직도 여기저기서 연기가 나고 있었다."

프랭크 스코필드
(Frank W. Schofield)

1919년 학생과 시민들의 만세 시위가 전국으로 확산하자 일제는 경찰과 군인을 동원하여 탄압하였다. 화성 제암리에서는 주민을 교회에 몰아넣은 후 총을 쏘고 불을 질렀다. 소식을 듣고 달려간 스코필드는 제암리에서 벌어진 학살을 세계에 폭로하였다.

① 순종의 인산일에 전개되었다.
② 대한매일신보의 후원을 받았다.
③ 대한민국 임시 정부 수립의 계기가 되었다.
④ 신간회에서 진상 조사단을 파견하여 지원하였다.

37

(가)에 들어갈 민족 운동으로 옳은 것은? [2점]

① 브나로드 운동
② 물산 장려 운동
③ 국채 보상 운동
④ 민립 대학 설립 운동

38

다음 공연의 소재가 된 인물에 대한 설명으로 옳은 것은? [3점]

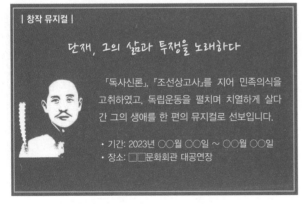

① 대한 광복회를 조직하였다.
② 조선 의용군을 창설하였다.
③ 「조선혁명선언」을 작성하였다.
④ 『조선말 큰사전』 편찬을 주도하였다.

39

(가)에 들어갈 인물로 가장 적절한 것은? [1점]

① 김원봉   ② 나석주   ③ 윤봉길   ④ 이동휘

40

밑줄 그은 '시기'에 볼 수 있는 모습으로 가장 적절한 것은? [2점]

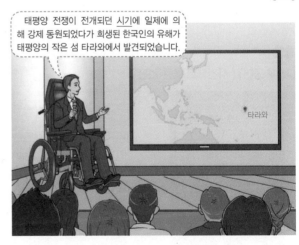

① 근우회에 가입하는 학생
② 6·10 만세 운동에 참여하는 청년
③ 토지 조사령을 공포하는 일본인 관리
④ 미얀마 전선에서 활동하는 한국광복군 대원

41

(가)에 들어갈 단체로 옳은 것은?   [2점]

1946년 7월, 미군정의 지원 아래 여운형, 김규식 등이 중심이 되어 결성한 단체입니다. 정치 세력의 대립을 넘어 민주주의 임시 정부 수립을 위해 노력한 이 단체의 이름은 무엇일까요?

① 권업회
② 대한인 국민회
③ 좌·우 합작 위원회
④ 남북 조절 위원회

42

(가)에 들어갈 사건으로 옳은 것은?   [2점]

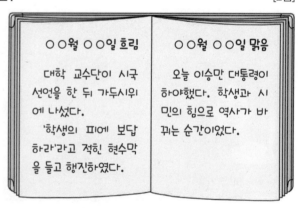

영상 속 역사

학생들이 제작한 영상의 배경이 된 ___(가)___ 은/는 미군정기에 시작되어 이승만 정부 수립 이후까지 지속되었습니다. 당시에 남한만의 단독 정부 수립에 반대하는 무장대와 토벌대 간의 무력 충돌과 그 진압 과정에서 많은 주민이 희생되었습니다.

제작: ○○ 역사 동아리

① 6·3 시위
② 제주 4·3 사건
③ 2·28 민주 운동
④ 5·16 군사 정변

43

(가) 전쟁 중에 있었던 사실로 옳지 않은 것은?   [2점]

① 유엔군이 참전하였다.
② 흥남 철수 작전이 펼쳐졌다.
③ 거제도에 포로 수용소가 설치되었다.
④ 13도 창의군이 서울 진공 작전을 전개하였다.

44

다음 가상 일기에 나타난 민주화 운동에 대한 설명으로 옳은 것은?   [2점]

○○월 ○○일 흐림

대학 교수단이 시국 선언을 한 뒤 가두시위에 나섰다.
'학생의 피에 보답하라'라고 적힌 현수막을 들고 행진하였다.

○○월 ○○일 맑음

오늘 이승만 대통령이 하야했다. 학생과 시민의 힘으로 역사가 바뀌는 순간이었다.

① 신군부의 무력 진압에 저항하였다.
② 대통령 직선제 개헌을 이끌어 냈다.
③ 유신 체제가 붕괴하는 계기가 되었다.
④ 3·15 부정 선거에 항의하여 일어났다.

45

(가)에 들어갈 내용으로 옳은 것은? [3점]

① 개성 공단 조성
② 남북 기본 합의서 채택
③ 7·4 남북 공동 성명 발표
④ 6·15 남북 공동 선언 합의

46

다음 가상 뉴스에서 보도하는 사건이 일어난 정부 시기의 사실로 옳은 것은? [2점]

① 농지 개혁법을 제정하였다.
② 경부 고속도로를 개통하였다.
③ 경제 협력 개발 기구(OECD)에 가입하였다.
④ 미국과 자유 무역 협정(FTA)을 체결하였다.

47

(가)에 들어갈 인물로 옳은 것은? [1점]

① 윤동주   ② 이한열   ③ 장준하   ④ 전태일

48

(가)에 들어갈 내용으로 적절한 것은? [2점]

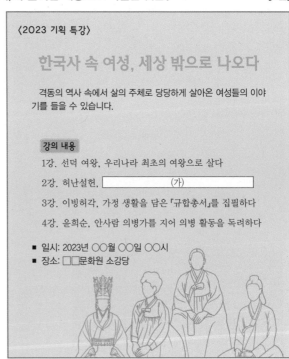

① 시인으로 이름을 떨치다
② 여성 비행사로 활약하다
③ 임금 삭감에 저항하여 농성을 벌이다
④ 재산을 기부하여 제주도민을 구제하다

49

(가) 지역에 있었던 사실로 옳은 것은? [3점]

뚜벅뚜벅 역사 여행

- 주제: (가) 에서 만나는 시간과 공간, 그리고 사람들
- 일자: 2023년 ○○월 ○○일
- 답사 경로: 동삼동 패총 전시관 - 초량 왜관 - 임시 수도 기념관 - 민주 공원

① 이봉창이 의거를 일으켰다.
② 망이·망소이가 봉기하였다.
③ 장보고가 청해진을 설치하였다.
④ 송상현이 동래성에서 순절하였다.

50

(가)에 들어갈 내용으로 옳은 것은? [1점]

한국의 세시 풍속

일 년 중 밤이 가장 긴 날

(가)

(가) 은/는 24절기의 하나로 '작은 설'이라고도 불렀어요.

이날에는 나쁜 기운을 물리치기 위해 팥죽을 쑤어 먹었어요. 또 대문이나 담장 벽에 팥죽을 뿌렸어요.

① 단오　　② 동지　　③ 칠석　　④ 한식

정답 및 해설 ▶ 점수공략 해설 127쪽

📋 기출 선택지에 들어갈 핵심 키워드를 골라 채우면서 한 번 더 암기하세요.

태조 왕건	독립 협회	삼강행실도	양헌수
집강소	화랑도	4·19 혁명	삼별초
신채호	장용영	반달 돌칼	3·1 운동
광개토 대왕	박정희 정부	대동법	6조 직계제

선사 ~ 조선 후기

01 청동기 시대에는 [   ]로 벼 이삭을 수확하였다.

02 [   ]은 신라에 침입한 왜를 격퇴하였다.

03 진흥왕은 [   ]를 정비하였다.

04 [   ]은 흑창을 두었다.

05 [   ]는 최씨 무신 정권의 군사적 기반이 되었다.

06 세종은 「[   ]」를 편찬하였다.

07 세조는 [   ]를 시행하였다.

08 정조는 [   ]을 설치하였다.

09 [   ]은 특산물 대신 쌀, 베 등으로 납부하게 하였다.

근대 ~ 현대

10 병인양요 때 [   ] 부대가 정족산성에서 활약하였다.

11 동학 농민 운동 때 동학 농민군은 [   ]를 통해 폐정 개혁을 추진하였다.

12 [   ]는 독립문 건설을 주도하였다.

13 [   ]은 대한민국 임시 정부 수립의 계기가 되었다.

14 [   ]는 「조선혁명선언」을 작성하였다.

15 [   ]은 3·15 부정 선거에 항의하여 일어났다.

16 [   ] 시기에는 경부 고속도로를 개통하였다.

정답 | 01 반달 돌칼 02 광개토 대왕 03 화랑도 04 태조 왕건 05 삼별초 06 삼강행실도 07 6조 직계제 08 장용영 09 대동법 10 양헌수 11 집강소 12 독립 협회 13 3·1 운동 14 신채호 15 4·19 혁명 16 박정희 정부

해커스 한국사능력검정시험 한권완성 기출 500제 기본

📍 제66회 시대별 출제 경향

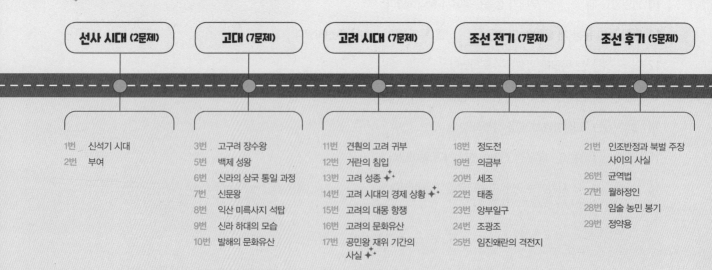

선사 시대 (2문제)	고대 (7문제)	고려 시대 (7문제)	조선 전기 (7문제)	조선 후기 (5문제)

1번 신석기 시대	3번 고구려 장수왕	11번 견훤의 고려 귀부	18번 정도전	21번 인조반정과 북벌 주장
2번 부여	5번 백제 성왕	12번 거란의 침입	19번 의금부	사이의 사실
	6번 신라의 삼국 통일 과정	13번 고려 성종 ✨	20번 세조	26번 균역법
	7번 신문왕	14번 고려 시대의 경제 상황 ✨	22번 태종	27번 월하정인
	8번 익산 미륵사지 석탑	15번 고려의 대몽 항쟁	23번 앙부일구	28번 임술 농민 봉기
	9번 신라 하대의 모습	16번 고려의 문화유산	24번 조광조	29번 정약용
	10번 발해의 문화유산	17번 공민왕 재위 기간의	25번 임진왜란의 격전지	
		사실 ✨		

제66회 (기본) 기출문제

2023년 8월 시행

· 합격률 46.2%로, 3개년 평균 합격률인 50.3%와 비교해 조금 어려웠어요~

· 조금 어려웠지만, 핵심 키워드를 꼼꼼히 공부하면 합격할 수 있는 시험이었어요!

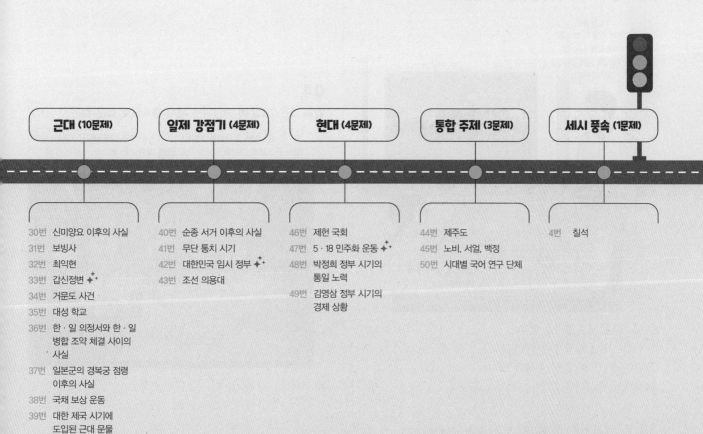

근대 (10문제)

30번 신미양요 이후의 사실
31번 보빙사
32번 최익현
33번 갑신정변 ✦
34번 거문도 사건
35번 대성 학교
36번 한·일 의정서와 한·일 병합 조약 체결 사이의 사실
37번 일본군의 경복궁 점령 이후의 사실
38번 국채 보상 운동
39번 대한 제국 시기에 도입된 근대 문물

일제 강점기 (4문제)

40번 순종 서거 이후의 사실
41번 무단 통치 시기
42번 대한민국 임시 정부 ✦
43번 조선 의용대

현대 (4문제)

46번 제헌 국회
47번 5·18 민주화 운동 ✦
48번 박정희 정부 시기의 통일 노력
49번 김영삼 정부 시기의 경제 상황

통합 주제 (3문제)

44번 제주도
45번 노비, 서얼, 백정
50번 시대별 국어 연구 단체

세시 풍속 (1문제)

4번 칠석

01

다음 가상 공간에서 체험할 수 있는 활동으로 가장 적절한 것은? [1점]

이곳은 농경과 목축이 시작된 신석기 시대의 마을을 체험할 수 있는 가상 공간입니다. 마을 곳곳을 거닐며 다양한 활동을 해볼까요?

① 청동 방울 흔들기
② 빗살무늬 토기 만들기
③ 철제 농기구로 밭 갈기
④ 거친무늬 거울 목에 걸기

02

밑줄 그은 '이 나라'에 대한 설명으로 옳은 것은? [2점]

이 유물은 여러 가들이 별도로 사출도를 다스린 이 나라의 금제 허리띠 장식이에요.

날개 달린 말의 모습이 새겨져 있네요.

① 영고라는 제천 행사를 열었다.
② 신성 지역인 소도가 존재하였다.
③ 혼인 풍습으로 민며느리제가 있었다.
④ 읍락 간의 경계를 중시하는 책화가 있었다.

03

다음 검색창에 들어갈 왕으로 옳은 것은? [2점]

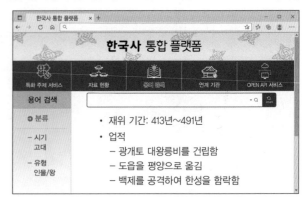

한국사 통합 플랫폼

용어 검색

• 재위 기간: 413년~491년
• 업적
  – 광개토 대왕릉비를 건립함
  – 도읍을 평양으로 옮김
  – 백제를 공격하여 한성을 함락함

① 미천왕
② 장수왕
③ 고국천왕
④ 소수림왕

04

밑줄 그은 '그날'에 해당하는 세시 풍속으로 옳은 것은? [1점]

일 년 중 한번 직녀님을 만나는 그날이 곧 오네요. 그녀를 만날 생각에 소 치는 일도 전혀 힘들지 않아요.

까치와 까마귀가 많이 모여 오작교를 놓아야 저희가 만날 수 있어요. 여러분이 도와주시겠어요?

견우성   직녀성

오작교 만들기   시작

① 단오   ② 동지   ③ 추석   ④ 칠석

05

(가) 왕에 대한 설명으로 옳은 것은? [2점]

부여 야행, 백제의 밤을 느끼다

　(가)　 이/가 도읍으로 정한 부여에서 열리는 다양한 행사에 참여해보세요.

행사1 정림사지 오층 석탑 탑돌이
행사2 궁남지에서 연꽃 유등 띄우기

① 왜에 칠지도를 보냈다.
② 동진으로부터 불교를 받아들였다.
③ 신라를 공격하여 대야성을 점령하였다.
④ 진흥왕과 연합하여 한강 하류 지역을 되찾았다.

06

(가)~(다)를 일어난 순서대로 옳게 나열한 것은? [3점]

만화로 보는 삼국 통일 과정

고구려의 평양성이 함락되었다. (가)

왜군이 백강 전투에서 패배하였다. (나)

신라군이 기벌포에서 당군에 승리하였다. (다)

① (가) - (나) - (다)
② (가) - (다) - (나)
③ (나) - (가) - (다)
④ (다) - (가) - (나)

07

밑줄 그은 '이 왕'의 업적으로 옳은 것은? [2점]

문무왕의 아들인 이 왕은 동해에 작은 산이 떠다닌다는 이야기를 듣고 이견대로 갔어요. 용이 나타나 말하기를, 산에 있는 대나무로 피리를 만들면 천하가 평온해질 것이라고 했어요. 이후 그 대나무로 피리를 만들어 만파식적이라 부르고, 나라의 보물로 삼았어요.

① 국학을 설립하였다.
② 우산국을 정벌하였다.
③ 천리장성을 축조하였다.
④ 화랑도를 국가 조직으로 개편하였다.

08

(가)에 들어갈 문화유산으로 옳은 것은? [2점]

백제 무왕이 건립한 사찰의 터에는 목탑 양식이 반영된 석탑이 남아 있습니다. 이 석탑의 복원 공사 중에 사리장엄구와 금제 사리봉영기가 발견되었습니다.

(가)

①
경천사지 십층 석탑

② 화엄사 사사자 삼층 석탑

③
미륵사지 석탑

④
분황사 모전 석탑

09

밑줄 그은 '이 시기'에 볼 수 있는 모습으로 가장 적절한 것은?

[2점]

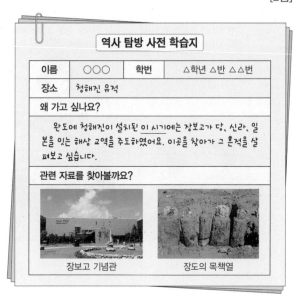

역사 탐방 사전 학습지

| 이름 | ○○○ | 학번 | △학년 △반 △△번 |
| 장소 | 청해진 유적 | | |

왜 가고 싶나요?

완도에 청해진이 설치된 이 시기에는 장보고가 당, 신라, 일본을 잇는 해상 교역을 주도하였어요. 이곳을 찾아가 그 흔적을 살펴보고 싶습니다.

관련 자료를 찾아볼까요?

장보고 기념관   장도의 목책열

① 분청사기를 만드는 도공
② 녹읍을 지급받는 진골 귀족
③ 장시에서 책을 읽어주는 전기수
④ 상평통보로 물건값을 치르는 농민

10

다음 특별전에 전시될 문화유산으로 적절하지 <u>않은</u> 것은? [1점]

특별전

고구려를 계승한
해동성국, □□

2023.00.00. ~ 00.00.

① 치미
② 연꽃무늬 수막새
③ 이불 병좌상
④ 성덕 대왕 신종

11

다음 사건이 일어난 시기를 연표에서 옳게 고른 것은?   [3점]

887	896	918	927	936
(가)	(나)	(다)	(라)	
진성 여왕 즉위	적고적의 난	고려 건국	공산 전투	후삼국 통일

① (가)   ② (나)   (다)   ④ (라)

12

밑줄 그은 '전쟁'에 대한 탐구 활동으로 가장 적절한 것은?

[2점]

이 성벽은 북방 세력의 침입에 대비하여 강감찬의 건의로 개경 외곽에 쌓은 나성의 일부입니다. 고려와 거란의 전쟁이 끝난 후 현종 20년에 완공되었습니다.

① 귀주 대첩의 의의를 파악한다.
② 위화도 회군의 결과를 조사한다.
③ 안시성 전투의 전개 과정을 살펴본다.
④ 진포 전투에서 새롭게 사용된 무기를 찾아본다.

13

다음 퀴즈의 정답으로 옳은 것은? [1점]

① 광종 　② 문종 　③ 성종 　④ 예종

14

다음 대화가 이루어진 시기의 경제 상황으로 가장 적절한 것은? [2점]

① 공인이 관청에 물품을 조달하였다.
② 모내기법이 전국적으로 확산되었다.
③ 벽란도가 국제 무역항으로 기능하였다.
④ 고추와 담배가 상품 작물로 재배되었다.

15

(가)에 들어갈 내용으로 가장 적절한 것은? [2점]

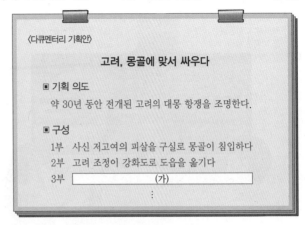

① 윤관이 별무반 편성을 건의하다
② 김윤후가 처인성 전투에서 활약하다
③ 을지문덕이 살수에서 적군을 물리치다
④ 서희가 외교 담판을 통해 강동 6주 지역을 확보하다

16

(가)에 들어갈 가상 우표로 가장 적절한 것은? [1점]

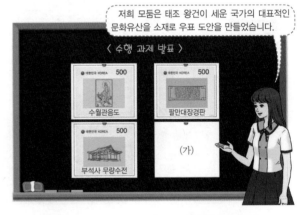

①  산수무늬 벽돌
② 도기 바퀴장식 뿔잔
③  황남대총 금관
④  청자 상감 운학문 매병

17

밑줄 그은 '왕'의 재위 기간에 있었던 사실로 옳은 것은? [2점]

왼편은 기철 등 친원파를 제거하고 정동행성 이문소를 폐지한 왕의 무덤이야.

오른편은 왕비 노국 대장 공주의 무덤이야. 왕과 왕비를 나란히 같은 곳에 모셨다.

① 동북 9성을 축조하였다.
② 독서삼품과가 실시되었다.
③ 쌍성총관부를 공격하였다.
④ 백두산 정계비가 건립되었다.

18

(가)에 해당하는 인물로 옳은 것은? [2점]

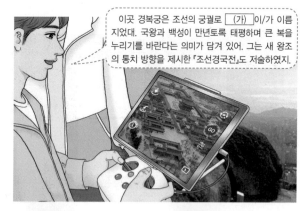

이곳 경복궁은 조선의 궁궐로 (가) 이/가 이름 지었대. 국왕과 백성이 만년토록 태평하며 큰 복을 누리기를 바란다는 의미가 담겨 있어. 그는 새 왕조의 통치 방향을 제시한 『조선경국전』도 저술하였지.

①
송시열

②
채제공

③
정몽주

④
정도전

19

(가)에 들어갈 기구로 옳은 것은? [2점]

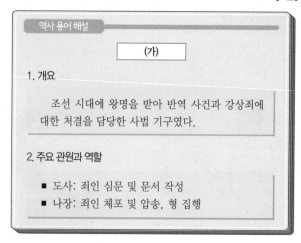

역사 용어 해설

(가)

1. 개요

조선 시대에 왕명을 받아 반역 사건과 강상죄에 대한 처결을 담당한 사법 기구였다.

2. 주요 관원과 역할

■ 도사: 죄인 심문 및 문서 작성
■ 나장: 죄인 체포 및 압송, 형 집행

① 사헌부   ② 의금부   ③ 춘추관   ④ 홍문관

20

(가)에 들어갈 내용으로 옳은 것은? [3점]

(앞면)

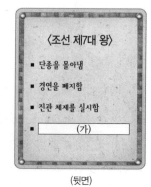

〈조선 제7대 왕〉

■ 단종을 몰아냄
■ 경연을 폐지함
■ 진관 체제를 실시함
■ (가)

(뒷면)

① 직전법을 시행함   ② 탕평비를 건립함
③ 교정도감을 설치함   ④ 금난전권을 폐지함

21

(가) 시기에 있었던 사실로 옳은 것은?　　　[2점]

① 병자호란이 일어났다.
② 4군 6진이 개척되었다.
③ 훈련도감이 창설되었다.
④ 외규장각 도서가 약탈되었다.

22

(가) 왕의 업적으로 옳지 않은 것은?　　　[3점]

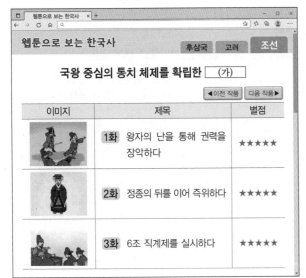

① 신문고를 설치하였다.
② 계미자를 주조하였다.
③ 『칠정산』을 편찬하였다.
④ 호패법을 마련하였다.

23

(가)에 들어갈 문화유산으로 옳은 것은?　　　[1점]

① 자격루　　　　　　② 측우기
③ 혼천의　　　　　　④ 앙부일구

24

(가) 인물의 활동으로 옳은 것은?　　　[2점]

① 『발해고』를 저술하였다.
② 대동여지도를 제작하였다.
③ 백운동 서원을 건립하였다.
④ 소격서 폐지를 건의하였다.

25

다음 답사가 이루어진 장소로 적절하지 <u>않은</u> 것은? [2점]

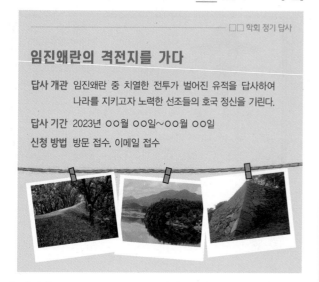

□□ 학회 정기 답사

임진왜란의 격전지를 가다

답사 개관 임진왜란 중 치열한 전투가 벌어진 유적을 답사하여
나라를 지키고자 노력한 선조들의 호국 정신을 기린다.

답사 기간 2023년 ○○월 ○○일~○○월 ○○일

신청 방법 방문 접수, 이메일 접수

① 탄금대 ② 행주산성
③ 수원 화성 ④ 울산 왜성

26

(가)에 들어갈 제도로 옳은 것은? [1점]

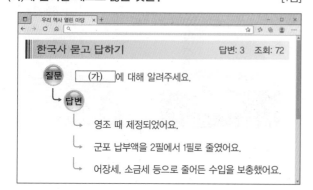

□ 우리 역사 열린 마당 ×

한국사 묻고 답하기   답변: 3 조회: 72

질문 (가) 에 대해 알려주세요.

↳ 답변

↳ 영조 때 제정되었어요.

↳ 군포 납부액을 2필에서 1필로 줄였어요.

↳ 어장세, 소금세 등으로 줄어든 수입을 보충했어요.

① 과전법 ② 균역법 ③ 대동법 ④ 영정법

27

(가)에 들어갈 그림으로 옳은 것은? [2점]

메타버스에서 만나는 조선의 회화

두 그림은 조선 후기 풍속화가 신윤복의 작품입니다.
그는 양반의 풍류와 여성의 생활 등을 소재로 한 많은 작
품을 남겼습니다.

단오풍정 (가)

학생 1 학생 2 학생 3 해설사

①

씨름도

②
노상알현도

③
고사관수도

④
월하정인

28

밑줄 그은 '봉기'에 대한 설명으로 옳은 것은? [2점]

이것은 1862년에 진주에서 일어난 농민 봉기의 주요 지점을 조선 시대
지도에 표시한 것입니다. 유계춘을 중심으로 모인 농민들은 축곡에서 모의하
고 수곡에서 읍회를 연 뒤, 덕산 장시를 출발하여 진주성으로 진격했습니다.

수곡
시천
(덕산 장시)
축곡
진주성

① 김부식이 이끄는 관군에 진압되었다.
② 삼정이정청이 설치되는 계기가 되었다.
③ 서북인에 대한 차별에 반발하여 일어났다.
④ 흥선 대원군이 재집권하는 결과를 가져왔다.

29

(가) 인물의 활동으로 옳은 것은?　　　　　　　　[2점]

남양주 (가) 유적지 내에 있는 이 가옥의 이름은 여유당입니다. (가) 은/는 『목민심서』 등 많은 책을 저술한 실학자로 유명합니다.

① 거중기를 설계하였다.
② 몽유도원도를 그렸다.
③ 『동의보감』을 완성하였다.
④ 『열하일기』를 저술하였다.

30

다음 대화 이후에 있었던 사실로 옳은 것은?　　　[2점]

며칠 전 미군이 포를 마구 쏘며 손돌목을 지나갔다고 하니 곧 큰일이 벌어지겠어.

어재연 장군이 이끄는 군사들이 광성보에서 대비하고 있으니 기대해 보세.

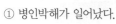

① 병인박해가 일어났다.
② 장용영이 창설되었다.
③ 척화비가 건립되었다.
④ 화통도감이 설치되었다.

31

밑줄 그은 '사절단'으로 옳은 것은?　　　　　　[2점]

이 그림은 1883년 미국 신문에 실린 삽화입니다. 푸트 미국 공사의 조선 부임에 대한 답례로 파견된 민영익 등의 사절단이 아서 대통령을 만나는 상황을 표현하였습니다.

① 보빙사　　　　　　② 수신사
③ 영선사　　　　　　④ 조사 시찰단

32

(가)에 해당하는 인물로 옳은 것은?　　　　　　[1점]

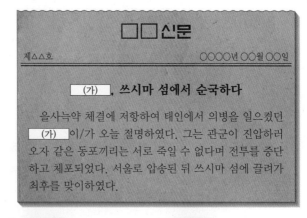

□□신문

제△△호　　　　　　　　　　○○○○년 ○○월 ○○일

(가) , 쓰시마 섬에서 순국하다

을사늑약 체결에 저항하여 태인에서 의병을 일으켰던 (가) 이/가 오늘 절명하였다. 그는 관군이 진압하러 오자 같은 동포끼리는 서로 죽일 수 없다며 전투를 중단하고 체포되었다. 서울로 압송된 뒤 쓰시마 섬에 끌려가 최후를 맞이하였다.

①
신돌석

②
최익현

③
안중근

④
홍범도

33

밑줄 그은 '비상 수단'에 해당하는 사건으로 옳은 것은?   [2점]

> 나라를 어지럽히는 신하를 살해하고, 국왕을 보호하여 정령(政令)*의 남발을 막을 수밖에 없었다. 그러므로 희생을 무릅쓰고 비상 수단을 쓰기로 결심한 것이다.
>
> 홍영식: 모의를 총괄한 제1인자
> 박영효: 실행 총지휘
> 서광범: 거사 계획 수립
> 김옥균: 일본 공사관과의 교섭 및 통역
> 서재필: 병사 통솔
>
>   – 박영효의 회고
>
> *정령(政令): 정치상의 명령

① 갑신정변   ② 을미사변
③ 삼국 간섭   ④ 아관 파천

34

다음 문서가 작성된 시기를 연표에서 옳게 고른 것은?   [3점]

> **영국 공관에 보냄**
>
> 근래 국내에 전해지는 소문을 통해 귀국이 거문도에 뜻을 두고 있다는 것을 알았습니다. 이 섬은 우리나라의 땅으로, 다른 나라는 점유할 수 없는 곳입니다. 귀국처럼 공법에 밝은 나라가 이처럼 뜻밖의 일을 저지를 줄이야 어떻게 알 수 있었겠습니까?

1863		1876		1882		1894		1905
	(가)		(나)		(다)		(라)	
고종 즉위		강화도 조약		임오 군란		갑오 개혁		을사 늑약

① (가)   ② (나)   ③ (다)   ④ (라)

35

(가)에 들어갈 학교로 옳은 것은?   [2점]

> **역사 인물 카드**
>
> • 생몰: 1878년~1938년
> • 호: 도산
> • 주요 활동
>   – 신민회 결성
>   – [(가)] 설립
>   – 대한인 국민회 중앙 총회 조직
>   – 흥사단 창설

① 대성 학교   ② 원산 학사   ③ 육영 공원   ④ 이화 학당

36

(가), (나) 사이의 시기에 체결된 조약으로 옳은 것은?   [2점]

(가)

> **역사 신문**
> 제△△호   ○○○○년 ○○월 ○○일
>
> **국외 중립 선언 무효화되다**
>
> 한·일 의정서

(나)

> **역사 신문**
> 제△△호   ○○○○년 ○○월 ○○일
>
> **일제가 국권을 강탈하다**
>
> 한·일 병합 조약

① 톈진 조약   ② 정미 7조약
③ 제물포 조약   ④ 시모노세키 조약

37

다음 시나리오의 상황 이후에 전개된 사실로 옳은 것은? [2점]

> S#17. 전주성 안 선화당
>
> 농민군 대장 전봉준과 전라 감사 김학진이 대화를 나누고 있다.
>
> 김학진: 일본군이 궁궐을 점령하여 국가에 큰 위기가 닥쳤소.
>
> 전봉준: 청군과 일본군이 들어와 있는 상황에서 이런 일이 생기다니 참으로 큰일입니다.

① 동학을 창시한 최제우가 처형되었다.
② 동학 농민군이 우금치 전투에서 패하였다.
③ 교조 신원을 요구하는 삼례 집회가 열렸다.
④ 조병갑의 탐학에 맞서 고부 농민 봉기가 일어났다.

38

다음 장면에 나타난 운동으로 옳은 것은? [1점]

> 일본에 진 빚 1,300만 원을 갚기 위해 이곳저곳에서 의연금을 모으고 있습니다. 우리도 의연금을 기성회에 보내 국권 수호에 힘을 보탭시다.
>
> 옳소! 나는 20전을 내겠소!
>
> 좋은 뜻이오. 나는 은 가락지를 내겠소!

① 국채 보상 운동
② 문자 보급 운동
③ 물산 장려 운동
④ 민립 대학 설립 운동

39

밑줄 그은 ㉠에 해당하는 내용으로 적절하지 않은 것은? [3점]

> 이 사진은 무엇인가요?
>
> 동대문에서 열린 전차 개통식에 참석한 대한 제국의 고위 관리들을 찍은 사진이에요. 전차를 비롯하여 ㉠대한 제국 시기에 도입된 많은 근대 문물은 당시 사람들의 생활에 큰 변화를 주었어요.

① 극장인 원각사가 세워졌다.
② 덕수궁에 중명전이 건립되었다.
③ 박문국에서 한성순보가 발행되었다.
④ 서울과 부산을 잇는 경부선 철도가 부설되었다.

40

다음 상황 이후에 일어난 사실로 옳은 것은? [2점]

> 호외요! 호외! 대한 제국의 마지막 황제께서 승하하셨소!

① 6·10 만세 운동이 일어났다.
② 헤이그 특사가 파견되었다.
③ 토지 조사 사업이 실시되었다.
④ 제너럴셔먼호 사건이 발생하였다.

41

밑줄 그은 '시기'에 볼 수 있는 모습으로 가장 적절한 것은?

[2점]

문학으로 만나는 한국사

"판결은 어떻게 됐소?" ……
"태형 구십 대랍니다." ……
"히도오쓰(하나), 후다아쓰(둘)."
간수의 헤어가는 소리와 함께, "
아이구 죽겠다. 아이구 아이구!" 부
르짖는 소리가 우리의 더위에 마비된
귀를 찔렀다. 그것은 태 맞는 사람의
부르짖음이었다.

― 김동인, 『태형』

[해설]
이 소설은 일제에 의해 조선 태형령이 시행된 시기를 배경으로 하고 있습니다. 태형으로 고통받던 조선인의 처지를 생생하게 보여주고 있습니다.

① 경성 제국 대학에 다니는 학생
② 제복을 입고 칼을 찬 헌병 경찰
③ 『조선책략』 유포에 반발하는 유생
④ 국민 징용령에 의해 끌려가는 청년

42

(가)의 활동으로 옳은 것은?

[2점]

이것은 네 엄마를 키우면서 쓴 일기야. 네 할아버지랑 나는 3·1 운동을 계기로 상하이에 수립된 ⟨(가)⟩이/가 창사로 옮겼을 때 합류해서 독립운동을 했어. 김구, 이시영 선생님이 네 엄마를 참 예뻐하셨지.

와, 그 힘든 독립운동을 하시면서도 육아 일기를 쓰셨네요!

① 독립 공채를 발행하였다.
② 만민 공동회를 개최하였다.
③ 신흥 강습소를 설립하였다.
④ 잡지 『어린이』를 발간하였다.

43

(가)에 들어갈 군사 조직으로 옳은 것은?

[2점]

나는 김원봉입니다. 의열단의 단장으로 활동하고, 중국 관내 최초의 한인 무장 부대인 ⟨(가)⟩을/를 만들었습니다.

나는 박차정입니다. 근우회의 중앙 집행 위원으로 활동하고, ⟨(가)⟩의 부녀 복무 단장으로 무장 투쟁에도 참여하였습니다.

홀로그램으로 만나는 독립운동가 부부

① 대한 독립군
② 북로 군정서
③ 조선 의용대
④ 조선 혁명군

44

(가) 지역에 대한 탐구 활동으로 가장 적절한 것은?

[2점]

저는 ⟨(가)⟩의 역사와 관련된 단어를 이 섬의 모양으로 표현해 보았습니다.

삼성혈 이중섭
관덕정 탐라총관부 김만덕
해녀항쟁 4·3사건 이재수의난
고산리 알뜨르비행장 추사 유배지
탐라국 송악산동굴진지 하멜

① 운요호 사건의 과정을 검색한다.
② 삼별초의 최후 항쟁지를 조사한다.
③ 고려 왕릉이 조성된 지역을 찾아본다.
④ 대한 제국 칙령 제41호의 내용을 파악한다.

45

(가)~(다)에 대한 설명으로 옳은 것은? [3점]

한국사 탐구 보고서

■ 주제: 사회적 차별에 맞선 사람들
■ 목적: 우리 역사 속 사회적 차별에 맞선 사람들의 주장을 조사하여 그 의미를 되새겨본다.
■ 방법: 문헌 조사, 인터넷 검색 등
■ 시대별 탐구 내용

시대	탐구 내용
고려 시대	"장군과 재상에 어찌 씨가 있겠는가?", 만적을 비롯한 많은 (가) 이/가 신분 해방을 도모하다.
조선 시대	"적자가 아니라는 이유로 관직을 제한하는 법을 풀어주십시오.", 상소를 올려 (나) 에 대한 차별 폐지를 요청하다.
일제 강점기	"공평은 사회의 근본이요, 애정은 인류의 본성이라.", 조선 형평사를 조직하여 (다) 에 대한 차별 철폐를 주장하다.

① (가) - 고려 시대에 공음전을 지급받았다.
② (나) - 일부가 규장각 검서관에 기용되었다.
③ (다) - 골품에 따라 관직 승진의 제한을 받았다.
④ (가), (나), (다) - 매매, 상속, 증여의 대상이 되었다.

46

밑줄 그은 '국회'의 활동으로 적절하지 않은 것은? [3점]

이 자료는 유엔 결의에 따라 치러진 총선거로 출범한 국회 개회식 광경을 담은 화보입니다.

① 제헌 헌법을 제정하였다.
② 반민족 행위 처벌법을 가결하였다.
③ 한·미 상호 방위 조약을 비준하였다.
④ 이승만을 초대 대통령으로 선출하였다.

47

(가)에 들어갈 내용으로 옳은 것은? [1점]

오전 11:30   48%

좋아요 66회   3일 전

수업 시간에 (가) 당시 시민군의 항쟁 중심지였던 옛 전남도청 모형을 만들었다. 실제 옛 도청 앞 시계탑에서는 매일 같은 시간에 '임을 위한 행진곡'이 나온다고 한다. 많은 분의 희생으로 우리나라의 민주주의가 발전하게 되었음을 깨닫게 되었다.

① 4·19 혁명
② 부·마 민주 항쟁
③ 6월 민주 항쟁
④ 5·18 민주화 운동

48

다음 뉴스가 보도된 정부 시기의 통일 노력으로 옳은 것은? [3점]

분단 26년 만에 처음으로 남측 자유의 집과 북측 판문각을 연결하는 직통 전화가 개설되었습니다. 이로써 남북 적십자 회담을 열기 위한 대화의 통로가 마련되었습니다.

남북 직통 전화 개설

① 금강산 관광 사업을 시작하였다.
② 남북한이 유엔에 동시 가입하였다.
③ 7·4 남북 공동 성명을 발표하였다.
④ 최초로 남북 정상 회담을 개최하였다.

해커스 한국사능력검정시험 한권완성 기출 500제 기본

49

다음 연설이 있었던 정부 시기의 경제 상황으로 옳은 것은?

[2점]

국민 여러분. 금융 실명제 실시를 위한 대통령 긴급 명령은 깨끗한 사회로 가기 위해 필수적인 제도 개혁입니다. 지하 경제가 사라질 것입니다. 검은돈이 없어질 것입니다.

① 경부 고속도로를 준공하였다.
② 3저 호황으로 수출이 증가하였다.
③ 제1차 경제 개발 5개년 계획을 추진하였다.
④ 경제 협력 개발 기구(OECD)에 가입하였다.

50

(가)~(다)에 대한 설명으로 옳은 것은?

[3점]

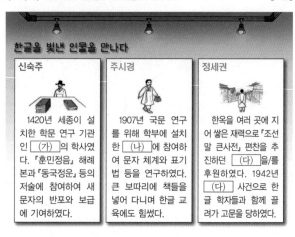

한글을 빛낸 인물을 만나다

신숙주	주시경	정세권
1420년 세종이 설치한 학문 연구 기관인 (가) 의 학사였다. 『훈민정음』 해례본과 『동국정운』 등의 저술에 참여하여 새 문자의 반포와 보급에 기여하였다.	1907년 국문 연구를 위해 학부에 설치한 (나) 에 참여하여 문자 체계와 표기법 등을 연구하였다. 큰 보따리에 책들을 넣어 다니며 한글 교육에도 힘썼다.	한옥을 여러 곳에 지어 쌓은 재력으로 『조선말 큰사전』 편찬을 추진하던 (다) 을/를 후원하였다. 1942년 (다) 사건으로 한글 학자들과 함께 끌려가 고문을 당하였다.

① (가) – 『삼강행실도』 언해본을 편찬하였다.
② (나) – 한글 신문인 독립신문을 간행하였다.
③ (다) – 한글 맞춤법 통일안을 제정하였다.
④ (가), (나), (다) – 창덕궁 후원에 설치되었다.

정답 및 해설 ▶ 점수공략 해설 152쪽

📋 기출 선택지에 들어갈 핵심 키워드를 골라 채우면서 한 번 더 암기하세요.

신문왕	독립 공채	호패법	정약용
임술 농민 봉기	경부선	영고	6·10 만세 운동
7·4 남북 공동 성명	벽란도	조광조	제헌 국회
공민왕	경제 협력 개발 기구(OECD)	척화비	성왕

선사 ~ 조선 후기

01 부여는 ___라는 제천 행사를 열었다.

02 ___은 진흥왕과 연합하여 한강 하류 지역을 되찾았다.

03 ___은 국학을 설립하였다.

04 ___ 때에는 쌍성총관부를 공격하였다.

05 고려 시대에는 ___가 국제 무역항으로 기능하였다.

06 태종은 ___을 마련하였다.

07 ___는 소격서 폐지를 건의하였다.

08 ___는 삼정이정청이 설치되는 계기가 되었다.

09 ___은 거중기를 설계하였다.

근대 ~ 현대

10 신미양요 이후에 ___가 건립되었다.

11 대한 제국 시기에 서울과 부산을 잇는 ___ 철도가 부설되었다.

12 대한민국 임시 정부는 ___를 발행하였다.

13 순종 승하 이후에 ___이 일어났다.

14 ___는 반민족 행위 처벌법을 가결하였다.

15 박정희 정부는 ___을 발표하였다.

16 김영삼 정부는 ___에 가입하였다.

📍 제64회 시대별 출제 경향

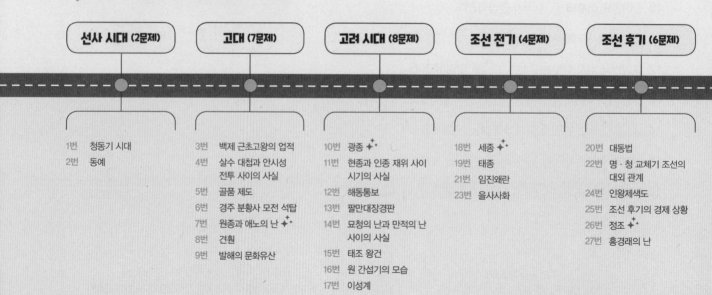

| 선사 시대 (2문제) | 고대 (7문제) | 고려 시대 (8문제) | 조선 전기 (4문제) | 조선 후기 (6문제) |

1번 청동기 시대	3번 백제 근초고왕의 업적	10번 광종 ✦	18번 세종 ✦	20번 대동법
2번 동예	4번 살수 대첩과 안시성 전투 사이의 사실	11번 현종과 인종 재위 사이 시기의 사실	19번 태종	22번 명·청 교체기 조선의 대외 관계
	5번 골품 제도	12번 해동통보	21번 임진왜란	24번 인왕제색도
	6번 경주 분황사 모전 석탑	13번 팔만대장경판	23번 을사사화	25번 조선 후기의 경제 상황
	7번 원종과 애노의 난 ✦	14번 묘청의 난과 만적의 난 사이의 사실		26번 정조 ✦
	8번 견훤	15번 태조 왕건		27번 홍경래의 난
	9번 발해의 문화유산	16번 원 간섭기의 모습		
		17번 이성계		

제64회 (기본) 기출문제

2023년 4월 시행

· 합격률 45.9%로, 3개년 평균 합격률인 50.3% 비교해 조금 어려웠어요~

· 승려의 업적, 근대의 문물 설치 시기 등에 대해서 꼼꼼히 공부해 두세요!

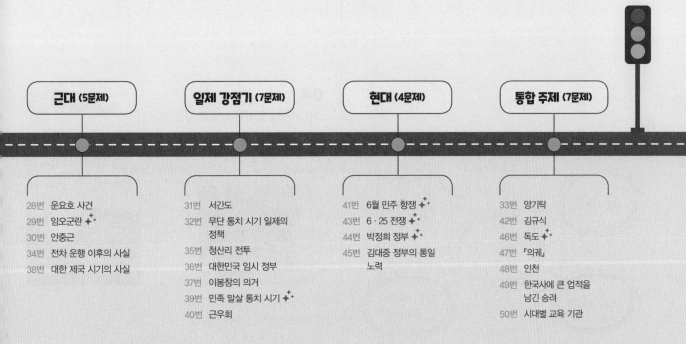

근대 (5문제)

28번 운요호 사건
29번 임오군란 ✨
30번 안중근
34번 전차 운행 이후의 사실
38번 대한 제국 시기의 사실

일제 강점기 (7문제)

31번 서간도
32번 무단 통치 시기 일제의
    정책
35번 청산리 전투
36번 대한민국 임시 정부
37번 이봉창의 의거
39번 민족 말살 통치 시기 ✨
40번 근우회

현대 (4문제)

41번 6월 민주 항쟁 ✨
43번 6·25 전쟁 ✨
44번 박정희 정부 ✨
45번 김대중 정부의 통일
    노력

통합 주제 (7문제)

33번 양기탁
42번 김규식
46번 독도 ✨
47번 『의궤』
48번 인천
49번 한국사에 큰 업적을
    남긴 승려
50번 시대별 교육 기관

01

(가) 시대의 생활 모습으로 옳은 것은? [1점]

VR가상 체험관

금속 도구를 사용하기 시작한 <u>(가)</u> 시대의 대표적 유물인 비파형동검을 만들어 봅시다. 손잡이를 돌려 거푸집에 주물을 부어 보세요.

① 우경이 널리 보급되었다.
② 철제 농기구를 사용하였다.
③ 주로 동굴이나 막집에서 살았다.
④ 지배층의 무덤으로 고인돌을 만들었다.

02

(가)에 들어갈 나라로 옳은 것은? [1점]

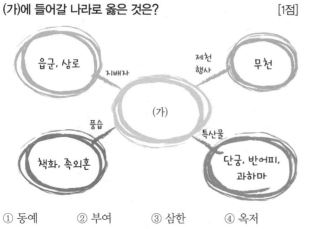

읍군, 삼로 — 지배자
제천 행사 — 무천
풍습 — 책화, 족외혼
(가)
특산물 — 단궁, 반어피, 과하마

① 동예　　② 부여　　③ 삼한　　④ 옥저

03

(가)에 들어갈 내용으로 옳은 것은? [2점]

〈다큐멘터리 기획안〉

백제, 전성기를 맞이하다

■ 기획 의도
　　4세기 중반 활발한 대외 활동을 전개하고 백제를 발전시킨 근초고왕의 업적을 조명한다.

■ 구성 내용
　1부. 마한의 여러 세력을 복속시키다
　2부.　　　(가)
　3부. 남조의 동진 및 왜와 교류하다

① 사비로 천도하다
② 22담로를 설치하다
③ 고국원왕을 전사시키다
④ 독서삼품과를 시행하다

04

(가) 시기에 있었던 사실로 옳은 것은? [2점]

수의 군대를 이곳 살수에서 크게 물리쳤노라.

(가)

우리가 안시성에서 힘을 합쳐 당군을 물리쳤다.

① 김흠돌이 반란을 도모하였다.
② 연개소문이 정변을 일으켰다.
③ 장문휴가 당의 산둥 반도를 공격하였다.
④ 검모잠이 고구려 부흥 운동을 전개하였다.

05

다음 퀴즈의 정답으로 옳은 것은?　[1점]

혈통에 따라 관직 진출뿐만 아니라 일상생활까지 차별한 신라의 신분 제도는 무엇일까요?

① 골품 제도
② 기인 제도
③ 음서 제도
④ 상수리 제도

06

(가)에 들어갈 문화유산으로 옳은 것은?　[1점]

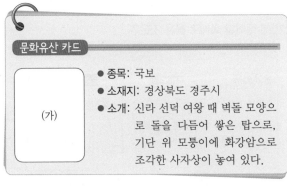

문화유산 카드

(가)

● 종목: 국보
● 소재지: 경상북도 경주시
● 소개: 신라 선덕 여왕 때 벽돌 모양으로 돌을 다듬어 쌓은 탑으로, 기단 위 모퉁이에 화강암으로 조각한 사자상이 놓여 있다.

①
분황사 모전 석탑

② 정림사지 오층 석탑

③ 월정사 팔각 구층 석탑

④
화엄사 사사자 삼층 석탑

07

다음 사건이 일어난 시기를 연표에서 옳게 고른 것은?　[2점]

진성왕 3년, 나라 안의 모든 주와 군에서 공물과 부세를 보내지 않아 창고가 텅 비어 나라의 재정이 궁핍해졌다. 왕이 관리를 보내 독촉하니 곳곳에서 도적이 벌떼처럼 일어났다. 이때 원종과 애노 등이 사벌주를 거점으로 반란을 일으켰다.

－「삼국사기」

433		562		676		780		918
	(가)		(나)		(다)		(라)	
나·제 동맹 성립		진흥왕 대가야 병합		신라 삼국 통일		혜공왕 피살		고려 건국

① (가)　② (나)　③ (다)　④ (라)

08

밑줄 그은 '인물'에 대한 설명으로 옳은 것은?　[2점]

문화유산을 찾아서-상주 편

이 사당은 후백제를 세운 인물을 기리고 있어.

그는 아들 신검에 의해 금산사에 유폐된 비운의 왕이기도 해.

① 청해진을 설치하였다.
② 국호를 마진으로 하였다.
③ 경주의 사심관으로 임명되었다.
④ 공산 전투에서 고려에 승리하였다.

제64회

해커스 한국사능력검정시험 한권완성 기출 500제 기본

09

다음 자료에 해당하는 국가의 문화유산으로 옳은 것은? [2점]

> ○ 대조영은 마침내 그 무리를 거느리고 동쪽으로 가서
> 계루부의 옛 땅을 차지하고, 동모산에 웅거하여 성
> 을 쌓고 살았다.
>
> ○ 대인수가 왕위에 올라 연호를 건흥으로 바꾸었다.
> …… 여러 차례 학생들을 유학 보내어 고금의 제도를
> 익히게 하니, 비로소 해동성국에 이르렀다.

① 영광탑

② 금관총 금관

③ 금동대향로

④ 판갑옷과 투구

10

(가)에 들어갈 내용으로 옳은 것은? [2점]

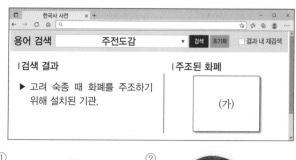

청주 용두사지 철당간에는 준풍이라는 연호가 새겨져 있습니다. 이 연호를 사용한 왕의 업적을 대화창에 올려주세요.

ON 대화 창
- 노비안검법을 시행했어요.
- 관리의 복색을 제정했어요.
- (가)

글쓰기

① 강화도로 천도했어요.

② 쌍성총관부를 수복했어요.

③ 지방에 12목을 설치했어요.

④ 과거제를 처음으로 시행했어요.

11

(가) 시기에 있었던 사실로 옳은 것은? [2점]

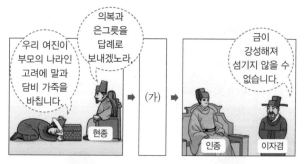

① 박위가 대마도를 정벌하였다.

② 윤관이 별무반 설치를 건의하였다.

③ 김윤후가 처인성 전투에서 승리하였다.

④ 김춘추가 당과의 군사 동맹을 성사시켰다.

12

(가)에 들어갈 화폐로 옳은 것은? [1점]

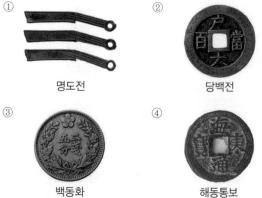

용어 검색   주전도감   검색 초기화   결과 내 재검색

ǀ검색 결과

▶ 고려 숙종 때 화폐를 주조하기
위해 설치된 기관.

ǀ주조된 화폐

(가)

① 명도전

② 당백전

③ 백동화

④ 해동통보

13

(가)에 들어갈 문화유산으로 옳은 것은? [2점]

오늘 합천 해인사에서는 _(가)_ 을 머리에 이고 가는 정대불사가 진행되었습니다. 이 행사는 부처의 힘으로 몽골의 침략을 물리치고자 만든 _(가)_ 을 강화도에서 해인사로 옮긴 것을 기념하기 위해 시작되었습니다.

해인사에서 정대불사 기념행사 열려

① 초조대장경
② 『직지심체요절』
③ 팔만대장경판
④ 『무구정광대다라니경』

14

(가) 시기에 볼 수 있는 장면으로 옳은 것은? [3점]

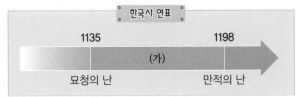

한국사 연표

1135 ─── (가) ─── 1198
묘청의 난   만적의 난

① 문신의 관을 쓰고 있는 자는 모두 죽여라.
정중부

② 새로 제작한 화포로 진포에 침입한 왜구를 물리치자.
최무선

③ 이곳 흥화진에서 거란군을 모두 물리쳐라.
강감찬

④ 우리 삼별초는 여기 진도 용장성에서 적에 맞서 끝까지 싸울 것이다.
배중손

15

밑줄 그은 '이 왕'의 업적으로 옳은 것은? [2점]

이 왕은 후삼국을 통일하고 발해 유민까지 포용했어요. 저는 이것을 그림으로 표현해 보았어요.

① 흑창을 만들었다.
② 천리장성을 축조하였다.
③ 전민변정도감을 설치하였다.
④ 전시과를 처음으로 시행하였다.

16

밑줄 그은 '이 시기'에 볼 수 있는 모습으로 적절하지 않은 것은? [2점]

왼쪽 그림에서는 발립을 쓴 관리의 모습, 오른쪽 그림에서는 변발과 호복을 한 무사의 모습을 볼 수 있습니다. 이러한 복식은 이 시기 지배층 사이에서 유행하였습니다.

복식으로 배우는 한국사
이조년 초상 / 천산대렵도(일부)

① 매를 조련시키는 응방 관리
② 원에 공녀로 끌려가는 여인
③ 황룡사 구층 목탑을 세우는 목공
④ 권문세족에게 땅을 빼앗기는 농민

제64회 / 해커스 한국사능력검정시험 한권완성 기출 500제 기본

17

(가) 인물에 대한 설명으로 옳은 것은?　　　　　[3점]

〈한국사 토론〉

요동 정벌, 어떻게 볼 것인가?

저는 최영의 주장처럼 명의 철령위 설치에 맞서 요동 정벌을 추진해야 했다고 생각합니다.

아닙니다. 저는 요동 정벌은 무리라는 (가) 의 4불가론이 타당하다고 생각합니다.

① 강동 6주를 획득하였다.
② 비격진천뢰를 제작하였다.
③ 황산에서 왜구를 물리쳤다.
④ 매소성 전투를 승리로 이끌었다.

18

다음 가상 인터뷰에 등장하는 왕의 업적으로 옳은 것은?　[2점]

여진의 침입이 잦아 최윤덕과 김종서를 파견하여 4군 6진을 개척하였습니다.

조선의 북방 영토를 넓힌 과정을 말씀해 주세요.

① 비변사를 폐지하였다.
②『칠정산』을 편찬하였다.
③『동의보감』을 간행하였다.
④ 백두산 정계비를 건립하였다.

19

(가)에 들어갈 왕으로 옳은 것은?　　　　　[1점]

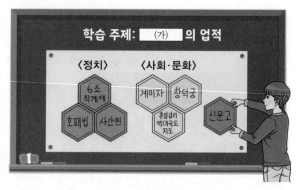

학습 주제: (가) 의 업적

〈정치〉
6조 직계제
호패법　사간원

〈사회·문화〉
계미자　창덕궁
혼일강리 역대국도 지도
신문고

① 태종　　② 세조　　③ 중종　　④ 영조

20

밑줄 그은 '제도'로 옳은 것은?　　　　　[2점]

우리나라에 이런 제도가 생겼군.

방납의 폐단을 막고자 별도의 관청을 설치하니 각 고을은 토산물을 납부하던 공납을 대신하여 결 수를 기준으로 쌀이나 옷감, 동전 등으로 납부하라.

앞으로 방납인의 토지 횡포에서 벗어날 수 있겠어!

① 균역법　　② 대동법　　③ 영정법　　④ 직전법

21

(가) 전쟁에 대한 설명으로 옳지 <u>않은</u> 것은? [3점]

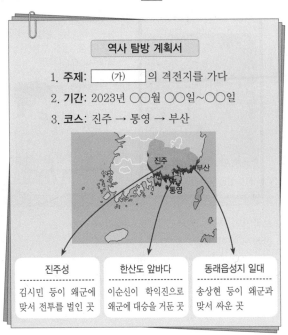

역사 탐방 계획서

1. **주제:** (가) 의 격전지를 가다
2. **기간:** 2023년 ○○월 ○○일~○○일
3. **코스:** 진주 → 통영 → 부산

진주성	한산도 앞바다	동래읍성지 일대
김시민 등이 왜군에 맞서 전투를 벌인 곳	이순신이 학익진으로 왜군에 대승을 거둔 곳	송상현 등이 왜군과 맞서 싸운 곳

① 조헌이 금산에서 의병을 이끌었다.
② 임경업이 백마산성에서 항전하였다.
③ 곽재우가 의병을 일으켜 정암진에서 싸웠다.
④ 신립이 탄금대에서 배수의 진을 치고 전투를 벌였다.

22

(가)~(다) 학생이 발표한 내용을 일어난 순서대로 옳게 나열한 것은? [3점]

명·청 교체기 조선의 대외 관계

강홍립의 부대가 파병되어 후금과 전투하였어요. (가)

청의 요청으로 나선 정벌에 조총 부대가 파견되었어요. (나)

남한산성에서 나온 인조가 삼전도에서 청에 항복하였어요. (다)

① (가) – (나) – (다)
② (가) – (다) – (나)
③ (나) – (가) – (다)
④ (다) – (나) – (가)

23

(가)에 해당하는 사건으로 옳은 것은? [2점]

이곳은 유네스코 세계유산에 등재된 필암 서원으로 인종의 스승이었던 김인후를 배향하고 있습니다. 그는 명종 즉위 후 왕의 외척들 간 권력 다툼으로 (가) 이/가 일어나자, 고향으로 돌아와 성리학 연구와 후학 양성에 힘썼습니다.

① 경신환국
② 기해예송
③ 병인박해
④ 을사사화

24

다음 특별전에서 볼 수 있는 작품으로 옳은 것은? [2점]

○○미술관 특별전
겸재 정선, 우리 자연의 아름다움을 화폭에 담다

화면을 넘기면 다른 작품을 볼 수 있습니다.

①
영통동구도

②
인왕제색도

③
세한도

④
몽유도원도

해커스 한국사능력검정시험 한권완성 기출 500제 기본

25

선생님의 질문에 대한 학생의 대답으로 옳지 <u>않은</u> 것은? [2점]

이 화폐가 전국에 유통된 시기의 경제 상황에 대해서 말해볼까요?

① 정기 시장인 장시가 전국 각지에서 열렸어요.

② 관청에 물품을 조달하는 공인이 활동했어요.

③ 송상이 각지에 송방이라는 지점을 설치했어요.

④ 벽란도에서 활발한 국제 무역이 이루어졌어요.

26

밑줄 그은 '이 왕'의 업적으로 옳은 것은? [2점]

화면에 펼쳐진 자료에 대해 설명해 주시겠습니까?

네, 이것은 초계문신제를 시행한 이 왕이 규장각의 관원 등을 초대하여 함께 지은 시를 모은 것입니다.

① 경복궁을 중건하였다.
② 영선사를 파견하였다.
③ 장용영을 창설하였다.
④ 훈민정음을 창제하였다.

27

밑줄 그은 '사건'에 대한 설명으로 옳은 것은? [2점]

정주성공함작전도(모사본)

이 지도는 홍경래가 주도하여 일으킨 사건을 진압하기 위해 관군이 정주성을 포위한 상황을 보여주고 있습니다.

① 보국안민, 제폭구민을 기치로 내걸었다.
② 한성 조약이 체결되는 결과를 가져왔다.
③ 서북 지역민에 대한 차별에 반발하여 일어났다.
④ 전개 과정에서 선혜청과 일본 공사관을 공격하였다.

28

(가)에 들어갈 사건으로 옳은 것은? [1점]

역사 신문

제△△호   ○○○○년 ○○월 ○○일

일본과의 조약이 체결되다

무력 시위하는 일본 군인들

작년 가을 강화도와 영종도 일대에서 (가) 을 일으킨 일본과의 회담이 최근 수 차례 열렸다. 일본이 피해 보상과 조선의 개항을 일방적으로 요구하자, 조정에서는 이에 대한 찬반 논쟁 끝에 신헌을 파견하여 조·일 수호 조규를 체결하였다.

① 운요호 사건
② 105인 사건
③ 제너럴셔먼호 사건
④ 오페르트 도굴 사건

29

밑줄 그은 '변란'으로 옳은 것은? [2점]

① 갑신정변
② 신미양요
③ 임오군란
④ 임술 농민 봉기

30

밑줄 그은 '나'에 대한 설명으로 옳은 것은? [2점]

① 중광단을 결성하였다.
② 독립 의군부를 조직하였다.
③ 『동양평화론』을 집필하였다.
④ 시일야방성대곡을 발표하였다.

31

(가)에 해당하는 지역을 지도에서 옳게 찾은 것은? [2점]

① ㉠
② ㉡
③ ㉢
④ ㉣

32

다음 공고가 발표된 시기 일제의 정책으로 옳은 것은? [2점]

<미지 조사 사무원 생도 모집>

조선 총독부에서는 토지 조사 사업을 진행할 사무원 및 기술원 생도를 모집합니다.

■ 모집 인원: 150명
■ 수업 기간: 6개월 이내
■ 담당 기관: 임시 토지 조사국 사무원 양성과

① 농광 회사를 설립하였다.
② 조선 태형령을 시행하였다.
③ 산미 증식 계획을 실시하였다.
④ 화폐 정리 사업을 추진하였다.

제64회

해커스 한국사능력검정시험 한권완성 기출 500제 기본

33

(가)에 들어갈 인물로 옳은 것은? [2점]

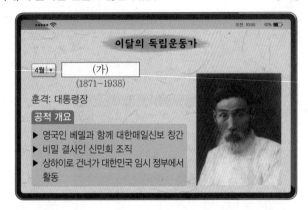

① 김원봉　　② 나석주　　③ 신익희　　④ 양기탁

34

다음 상황 이후에 볼 수 있는 모습으로 가장 적절한 것은? [3점]

① 한성순보를 발간하는 직원
② 만민 공동회에서 연설하는 백정
③ 경부선 철도 개통식에 참석하는 관리
④ 동문학에서 영어를 공부하고 있는 학생

35

(가)에 들어갈 전투로 옳은 것은? [1점]

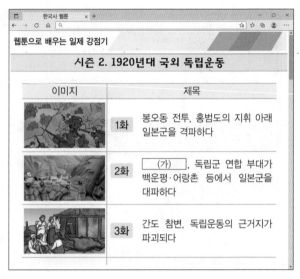

① 영릉가 전투　　　　② 청산리 전투
③ 홍경성 전투　　　　④ 대전자령 전투

36

(가)의 활동으로 옳은 것은? [2점]

① 독립문을 건립하였다.
② 서전서숙을 설립하였다.
③ 대한국 국제를 반포하였다.
④ 한국광복군을 창설하였다.

37

(가)에 들어갈 내용으로 옳은 것은? [2점]

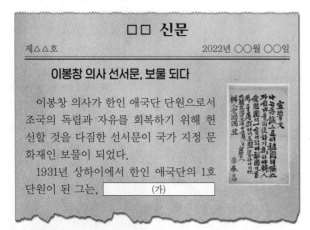

□□ 신문

제△△호   2022년 ○○월 ○○일

이봉창 의사 선서문, 보물 되다

이봉창 의사가 한인 애국단 단원으로서 조국의 독립과 자유를 회복하기 위해 헌신할 것을 다짐한 선서문이 국가 지정 문화재인 보물이 되었다.

1931년 상하이에서 한인 애국단의 1호 단원이 된 그는,   (가)

① 도쿄에서 일왕을 향해 폭탄을 투척하였다.
② 홍커우 공원에서 일본군 장성 등을 살상하였다.
③ 명동 성당 앞에서 이완용을 습격하여 중상을 입혔다.
④ 샌프란시스코에서 친일 인사인 스티븐스를 사살하였다.

38

(가) 시기에 있었던 사실로 옳은 것은? [2점]

고종이 러시아 공사관에서 경운궁으로 돌아와 황제로 즉위하고 국호를 (가) (으)로 선포한 이후에 사용한 어새입니다.

(가) 고종 황제 어새와 내함

① 지계가 발급되었다.
② 척화비가 건립되었다.
③ 육영 공원이 설립되었다.
④ 군국기무처가 설치되었다.

39

밑줄 그은 '이 시기'에 볼 수 있는 모습으로 적절하지 <u>않은</u> 것은? [3점]

이것은 일제 강점기 학적부의 일부입니다. 중·일 전쟁 이후 침략 전쟁을 확대하던 이 시기에 일제는 학생들에게도 일본식으로 성명을 바꾸게 하는 창씨개명을 강요하였습니다.

① 공출을 독려하는 애국반 반장
② 황국 신민 서사를 암송하는 학생
③ 국민 징용령에 의해 끌려가는 청년
④ 회사령을 공포하는 조선 총독부 관리

40

다음 퀴즈의 정답으로 옳은 것은? [1점]

한국사 퀴즈 대회

제시된 힌트를 종합하여 알 수 있는 단체의 이름은 무엇일까요?

1단계	1927년에 결성된 여성 운동 단체
2단계	민족주의 세력과 사회주의 세력이 협동하여 설립
3단계	신간회의 자매 단체로 전국에 지회를 두고 활동

① 근우회   ② 보안회
③ 송죽회   ④ 색동회

제64회 해커스 한국사능력검정시험 한권완성 기출 500제 기본

41

밑줄 그은 '이 민주화 운동'에 대한 설명으로 옳은 것은? [3점]

① 유신 체제가 붕괴되는 계기가 되었다.
② 양원제 국회가 출현하는 결과를 가져왔다.
③ 박종철과 이한열 등의 희생으로 확산되었다.
④ 전개 과정에서 시민군이 자발적으로 조직되었다.

42

(가)에 들어갈 내용으로 옳은 것은? [3점]

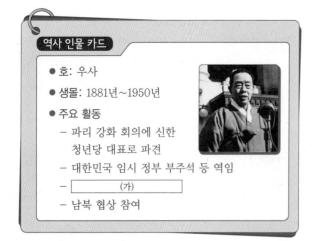

① 대성 학교 설립
② 「조선혁명선언」 작성
③ 좌·우 합작 위원회 결성
④ 『한국독립운동지혈사』 저술

43

(가) 전쟁 중에 있었던 사실로 옳지 않은 것은? [2점]

① 흥남 철수 전개
② 발췌 개헌안 통과
③ 인천 상륙 작전 개시
④ 반민족 행위 처벌법 제정

44

(가) 정부 시기에 있었던 사실로 옳은 것은? [2점]

① 농지 개혁법이 제정되었다.
② 경부 고속 도로를 준공하였다.
③ 금융 실명제를 전면 실시하였다.
④ 경제 협력 개발 기구(OECD)에 가입하였다.

45

밑줄 그은 '정부'의 통일 노력으로 옳은 것은? [2점]

① 남북 기본 합의서를 채택하였다.
② 남북한이 유엔에 동시 가입하였다.
③ 6·15 남북 공동 선언을 발표하였다.
④ 최초로 남북 간 이산가족 상봉을 성사시켰다.

46

밑줄 그은 '이 섬'에 대한 설명으로 옳은 것은? [1점]

① 정약전이 『자산어보』를 저술한 섬이다.
② 하멜 일행이 표류하다 도착한 섬이다.
③ 이종무가 왜구를 소탕하기 위해 정벌한 섬이다.
④ 안용복이 일본에 가서 우리 영토임을 확인받은 섬이다.

47

(가) 문화유산으로 옳은 것은? [2점]

① 『의궤』 ② 『경국대전』
③ 『삼강행실도』 ④ 『조선왕조실록』

48

(가)에 들어갈 지역으로 옳은 것은? [2점]

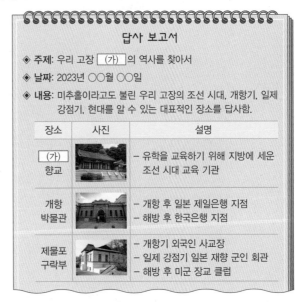

① 군산 ② 마산 ③ 목포 ④ 인천

제64회

해커스 한국사능력검정시험 한권완성 기출 500제 기본

49

(가)~(라)에 들어갈 내용으로 옳은 것은? [3점]

한국사 학습지	**한국사에 큰 업적을 남긴 승려**	이름:

※ 아래 제시된 역사 인물들의 활동을 조사해 봅시다.

사진	활동
원효	• 무애가를 지어 불교 대중화에 기여함. (가)
혜초	• 인도·중앙아시아 지역을 순례하고 『왕오천축국전』을 씀. (나)
지눌	• 돈오점수와 정혜쌍수를 내세움. (다)
유정	• 임진왜란 시기 의병을 일으켜 활약함. (라)

① (가) – 『십문화쟁론』을 저술함.
② (나) – 해동 천태종을 창시함.
③ (다) – 세속 5계를 지음.
④ (라) – 수선사 결사를 제창함.

50

(가)~(다)를 설립한 순서대로 옳게 나열한 것은? [3점]

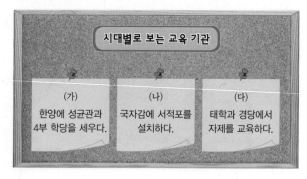

시대별로 보는 교육 기관

(가)	(나)	(다)
한양에 성균관과 4부 학당을 세우다.	국자감에 서적포를 설치하다.	태학과 경당에서 자제를 교육하다.

① (가) – (나) – (다) 　② (가) – (다) – (나)
③ (나) – (가) – (다) 　④ (다) – (나) – (가)

정답 및 해설 ▶ 점수공략 해설 177쪽

기출 선택지에 들어갈 핵심 키워드를 골라 채우면서 한 번 더 암기하세요.

과거제	임병찬	세종	홍경래의 난
6월 민주 항쟁	고인돌	김대중 정부	송상
견훤	좌·우 합작 위원회	대한민국 임시 정부	원효
임진왜란	이봉창	태조 왕건	조선 태형령

선사 ~ 조선 후기

01 청동기 시대에는 지배층의 무덤으로 [   ]을 만들었다.

02 [   ]는 『십문화쟁론』을 저술하였다.

03 [   ]은 공산 전투에서 고려에 승리하였다.

04 [   ]은 흑창을 만들었다.

05 고려 광종은 [   ]를 처음으로 시행했어요.

06 [   ] 때 『칠정산』을 편찬하였다.

07 [   ] 때 곽재우가 의병을 일으켜 정암진에서 싸웠다.

08 조선 후기에 [   ]이 각지에 송방이라는 지점을 설치했어요.

09 [   ]은 서북 지역민에 대한 차별에 반발하여 일어났다.

근대 ~ 현대

10 [   ]이 독립 의군부를 조직하였다.

11 무단 통치 시기에 일제는 [   ]을 시행하였다.

12 [   ]은 도쿄에서 일왕을 향해 폭탄을 투척하였다.

13 [   ]는 한국광복군을 창설하였다.

14 김규식은 [   ]를 결성하였다.

15 [   ]은 박종철과 이한열 등의 희생으로 확산되었다.

16 [   ]는 6·15 남북 공동 선언을 발표하였다.

정답 | 01 고인돌 02 원효 03 견훤 04 태조 왕건 05 과거제 06 세종 07 임진왜란 08 송상 09 홍경래의 난 10 임병찬
11 조선 태형령 12 이봉창 13 대한민국 임시 정부 14 좌·우 합작 위원회 15 6월 민주 항쟁 16 김대중 정부

📍 제63회 시대별 출제 경향

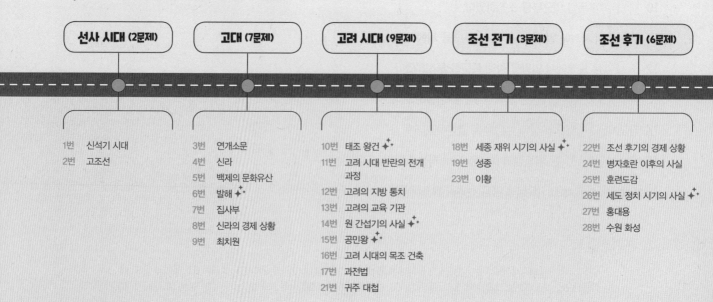

선사 시대 (2문제)	고대 (7문제)	고려 시대 (9문제)	조선 전기 (3문제)	조선 후기 (6문제)

선사 시대 (2문제)
- 1번 신석기 시대
- 2번 고조선

고대 (7문제)
- 3번 연개소문
- 4번 신라
- 5번 백제의 문화유산
- 6번 발해 ✦✦
- 7번 집사부
- 8번 신라의 경제 상황
- 9번 최치원

고려 시대 (9문제)
- 10번 태조 왕건 ✦✦
- 11번 고려 시대 반란의 전개 과정
- 12번 고려의 지방 통치
- 13번 고려의 교육 기관
- 14번 원 간섭기의 사실 ✦✦
- 15번 공민왕 ✦✦
- 16번 고려 시대의 목조 건축
- 17번 과전법
- 21번 귀주 대첩

조선 전기 (3문제)
- 18번 세종 재위 시기의 사실 ✦✦
- 19번 성종
- 23번 이황

조선 후기 (6문제)
- 22번 조선 후기의 경제 상황
- 24번 병자호란 이후의 사실
- 25번 훈련도감
- 26번 세도 정치 시기의 사실 ✦✦
- 27번 홍대용
- 28번 수원 화성

제63회 기본 기출문제

(기본)

2023년 2월 시행

· 합격률 46.1%로, 3개년 평균 합격률인 50.3%와 비교해 조금 어려웠어요~

· 생소한 인물이 출제되어 쉽지 않은 시험이었으니, 인물의 활동에 대해서도 꼼꼼히 공부해 두세요!

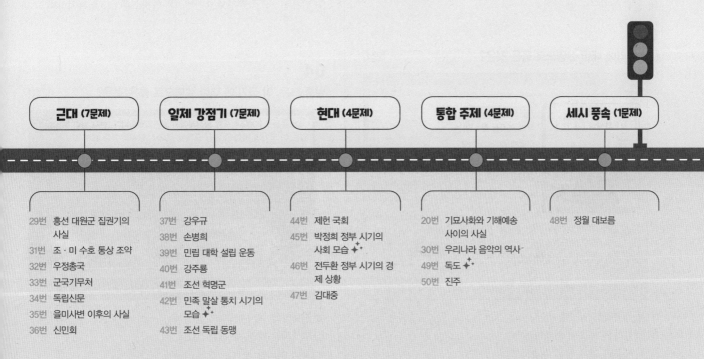

근대 (7문제)	일제 강점기 (7문제)	현대 (4문제)	통합 주제 (4문제)	세시 풍속 (1문제)
29번 흥선 대원군 집권기의 사실	37번 강우규	44번 제헌 국회	20번 기묘사화와 기해예송 사이의 사실	48번 정월 대보름
31번 조·미 수호 통상 조약	38번 손병희	45번 박정희 정부 시기의 사회 모습 ✦	30번 우리나라 음악의 역사	
32번 우정총국	39번 민립 대학 설립 운동	46번 전두환 정부 시기의 경제 상황	49번 독도 ✦	
33번 군국기무처	40번 강주룡	47번 김대중	50번 진주	
34번 독립신문	41번 조선 혁명군			
35번 을미사변 이후의 사실	42번 민족 말살 통치 시기의 모습 ✦			
36번 신민회	43번 조선 독립 동맹			

01

(가)에 들어갈 내용으로 가장 적절한 것은?　　　　[1점]

겨울 방학 한국사 학습지

신석기 시대 사람의 하루가 담긴 가상 일과표를 만들어 봅시다.

꿈나라

간석기 손질하기
저녁 식사
(가)
가죽 바꿔로 신 뽑기
불씨 확인하기
아침 식사
사슴 사냥하기

① 거친무늬 거울 닦기
② 비파형동검 제작하기
③ 빗살무늬 토기 만들기
④ 철제 농기구로 밭 갈기

02

(가) 나라에 대한 설명으로 옳은 것은?　　　　[2점]

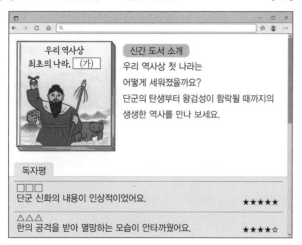

우리 역사상 최초의 나라, (가)

신간 도서 소개
우리 역사상 첫 나라는 어떻게 세워졌을까요?
단군의 탄생부터 왕검성이 함락될 때까지의 생생한 역사를 만나 보세요.

독자평

□□□
단군 신화의 내용이 인상적이었어요.　★★★★★

△△△
한의 공격을 받아 멸망하는 모습이 안타까웠어요.　★★★★☆

① 범금 8조가 있었다.
② 책화라는 풍습이 있었다.
③ 낙랑군과 왜에 철을 수출하였다.
④ 제가 회의에서 나라의 중요한 일을 결정하였다.

03

다음 가상 인터뷰의 주인공으로 옳은 것은?　　　　[2점]

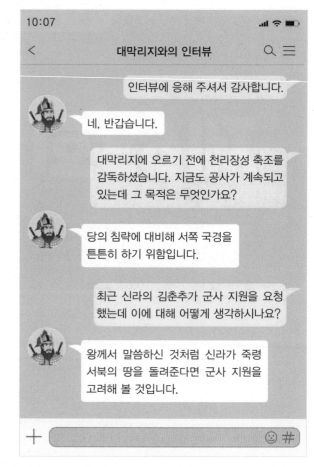

10:07

대막리지와의 인터뷰

인터뷰에 응해 주셔서 감사합니다.

네, 반갑습니다.

대막리지에 오르기 전에 천리장성 축조를 감독하셨습니다. 지금도 공사가 계속되고 있는데 그 목적은 무엇인가요?

당의 침략에 대비해 서쪽 국경을 튼튼히 하기 위함입니다.

최근 신라의 김춘추가 군사 지원을 요청했는데 이에 대해 어떻게 생각하시나요?

왕께서 말씀하신 것처럼 신라가 죽령 서북의 땅을 돌려준다면 군사 지원을 고려해 볼 것입니다.

① 김유신　　② 장보고　　③ 연개소문　　④ 흑치상지

04

밑줄 그은 '이 국가'에 대한 설명으로 옳은 것은?　　　　[2점]

이 유물은 2009년 포항 중성리에서 발견되었습니다. 현재 남아 있는 이 국가의 비석 중 가장 오래된 것으로, 당시의 관등 체계 및 골품제의 정비 과정 등을 알 수 있는 귀중한 자료입니다.

① 진대법을 실시하였다.
② 영고라는 제천 행사를 열었다.
③ 화백 회의라 불리는 합의 기구가 있었다.
④ 왕족인 부여씨와 8성의 귀족이 지배층을 이루었다.

05

(가)에 들어갈 문화유산으로 옳은 것은? [1점]

특별 사진전

문화유산으로 보는 백제의 대외 교류

백제 금동대향로 / (가) / 무령왕릉

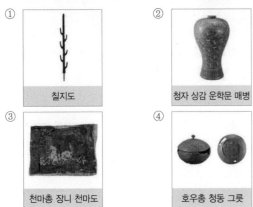

① 칠지도
② 청자 상감 운학문 매병
③ 천마총 장니 천마도
④ 호우총 청동 그릇

06

(가) 국가에 대한 설명으로 옳은 것은? [2점]

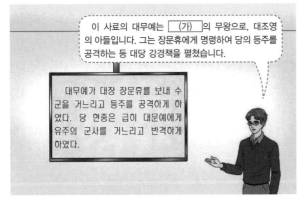

이 사료의 대무예는 (가) 의 무왕으로, 대조영의 아들입니다. 그는 장문휴에게 명령하여 당의 등주를 공격하는 등 대당 강경책을 펼쳤습니다.

대무예가 대장 장문휴를 보내 수군을 거느리고 등주를 공격하게 하였다. 당 현종은 급히 대문예에게 유주의 군사를 거느리고 반격하게 하였다.

① 마한의 소국 중 하나였다.
② 상수리 제도를 실시하였다.
③ 전성기에 해동성국이라 불렸다.
④ 광덕, 준풍 등의 연호를 사용하였다.

07

다음 퀴즈의 정답으로 옳은 것은? [2점]

제시된 힌트를 종합하여 알 수 있는 기구는 무엇일까요?

수업 마무리 퀴즈

○ 신라의 중앙 행정 기구인 14부 중 하나
○ 왕의 명령 전달과 국가 기밀을 담당함
○ 장관을 중시 또는 시중이라 부름

① 의정부
② 정당성
③ 집사부
④ 도병마사

08

(가) 국가의 경제 상황으로 옳은 것은? [3점]

이것은 촌락 문서의 일부를 정리한 것입니다. 민정 문서라고도 불리는 촌락 문서는 (가) 의 조세 수취 제도를 살펴볼 수 있는 중요한 자료입니다.

숫자로 본 촌락 문서-사해점촌

| 인구 147명 | 말 25마리 소 22마리 |
| 논 102결 밭 62결 | 뽕나무 1,004그루 잣나무 120그루 가래나무 112그루 |

① 활구라고 불리는 은병이 유통되었다.
② 고추, 담배 등이 상품 작물로 재배되었다.
③ 관청에 물품을 조달하는 공인이 활동하였다.
④ 시장을 감독하기 위한 기구로 동시전이 설치되었다.

09

밑줄 그은 '이 인물'로 옳은 것은? [1점]

역사 인물 소개하기

이 인물은 호가 고운으로, 신라 말기에 활동하였습니다. 당의 빈공과에 합격하였으며, 난을 일으킨 황소에게 항복을 권하는 격문을 써서 문장가로 이름을 날렸습니다. 귀국한 이후에는 진성 여왕에게 개혁안을 올리기도 하였습니다.

① 강수   ② 설총   ③ 김부식   ④ 최치원

10

(가) 왕에 대한 설명으로 옳은 것은? [2점]

짐의 후사들이 나라의 기강을 어지럽힐까 걱정되어 훈요 10조를 남기니, 후세에 전하여 귀감으로 삼도록 하라.

네, 분부대로 하겠습니다.

(가)

박술희

① 집현전을 설치하였다.
② 기인 제도를 실시하였다.
③ 나선 정벌을 단행하였다.
④ 노비안검법을 시행하였다.

11

(가)~(다)를 일어난 순서대로 옳게 나열한 것은? [3점]

문신의 관을 쓴 자는 모두 죽여라!

정중부

(가)

왕이 우리를 죽이려 했다. 군사를 동원하여 궁궐로 가자!

이자겸

(나)

국호를 대위, 연호를 천개라 하겠다!

묘청

(다)

① (가) – (나) – (다)
② (나) – (가) – (다)
③ (나) – (다) – (가)
④ (다) – (나) – (가)

12

다음 사건이 있었던 국가의 지방 통치에 대한 설명으로 옳은 것은? [2점]

역사 신문

제△△호   ○○○○년 ○○월 ○○일

공주 명학소, 충순현으로 승격

공주 명학소 사람 망이·망소이가 무리를 불러 모아 난을 일으켜 공주를 함락하였다. 이에 정부는 명학소를 충순현으로 승격하는 조치를 취했다. 이는 소의 주민으로서 그들이 겪어야 했던 차별이 철폐됨을 의미하는 것으로, 정부의 이번 조치가 해결책이 될 수 있을지 결과가 주목된다.

① 지방에 22담로를 두었다.
② 양계에 병마사를 파견하였다.
③ 주요 지역에 5소경을 설치하였다.
④ 전국을 5경 15부 62주로 나누었다.

13

교사의 질문에 대한 답변으로 옳지 <u>않은</u> 것은?   [2점]

고려의 교육 기관에 대해 말해 볼까요?

① 최고 국립 교육 기관으로 국자감을 두었어요.

② 경당에서 글과 활쏘기를 가르쳤어요.

③ 문헌공도 등 사학 12도가 번성하였어요.

④ 지방에 유학 교육을 담당하는 향교가 있었어요.

14

밑줄 그은 '시기'에 있었던 사실로 옳은 것은?   [2점]

중앙 정치 기구의 변화	
중서문하성 상서성	➡ 첨의부
6부	➡ 4사
중추원(추밀원)	➡ 밀직사
어사대	➡ 감찰사

원의 정치적 간섭을 받던 시기에 화면과 같이 관제가 격하되었습니다.

① 별무반이 편성되었다.
② 정동행성이 설치되었다.
③ 6조 직계제가 실시되었다.
④ 김흠돌의 난이 진압되었다.

15

(가) 왕의 업적으로 옳은 것은?   [2점]

① 사비로 천도하였다.
② 북한산 순수비를 세웠다.
③ 독서삼품과를 실시하였다.
④ 전민변정도감을 설치하였다.

16

(가)에 들어갈 문화유산으로 가장 적절한 것은?   [2점]

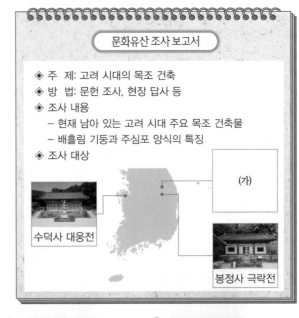

문화유산 조사 보고서

◈ 주 제: 고려 시대의 목조 건축
◈ 방 법: 문헌 조사, 현장 답사 등
◈ 조사 내용
  – 현재 남아 있는 고려 시대 주요 목조 건축물
  – 배흘림 기둥과 주심포 양식의 특징
◈ 조사 대상

수덕사 대웅전

봉정사 극락전

(가)

①
종묘 정전

② 경복궁 근정전

③
법주사 팔상전

④
부석사 무량수전

해커스 한국사능력검정시험 한권완성 기출 500제 기본

제63회

17

다음 건의를 받아들여 제정한 법으로 옳은 것은? [3점]

> 전하께서는 무릇 수도에 거주하는 관료에게는 단지 경기 안의 토지만을 지급하고, 그 밖의 토지는 허락하지 마십시오. 이를 법으로 제정하셔서 백성과 더불어 다시 시작하십시오. 그렇게 하여 국가 재정을 넉넉하게 하고, 백성의 삶을 풍요롭게 하며, 조정의 선비들을 우대하고, 군대의 군량을 넉넉하게 하십시오. - 조준의 상소

① 과전법　② 대동법　③ 영정법　④ 호패법

18

밑줄 그은 '왕'의 재위 시기에 있었던 사실로 옳은 것은? [2점]

이 책은 정초, 변효문 등이 왕의 명을 받아 편찬한 농서입니다. 우리 풍토에 맞는 농법을 보급하기 위해 각 지역에 있는 노련한 농부들의 경험을 수집하여 간행하였습니다.

『농사직설』

① 자격루가 제작되었다.
② 화통도감이 설치되었다.
③ 『삼국유사』가 저술되었다.
④ 백두산 정계비가 건립되었다.

19

밑줄 그은 '왕'에 대한 설명으로 옳은 것은? [2점]

조선 왕실은 자손이 태어나면 전국 각지의 명당에 태실을 만들어 탯줄을 보관하였습니다. 이곳은 『국조오례의』를 편찬하는 등 통치 체제 정비에 큰 역할을 한 조선 제9대 왕의 태실입니다. 원래 경기도 광주시에 있던 것을 조선 총독부가 창경궁으로 옮겨 왔습니다.

① 훈민정음을 창제하였다.
② 『경국대전』을 완성하였다.
③ 초계문신제를 시행하였다.
④ 위화도 회군을 단행하였다.

20

(가), (나) 사이의 시기에 있었던 사실로 옳은 것은? [3점]

조광조가 조정을 어지럽히고 윤리를 무너뜨렸으니 처벌함이 마땅합니다.

그리하시오.

(가)

자의 대비께서는 기년복을 입으셔야 합니다.

무슨 말씀이오. 삼년복을 입으시는 것이 맞습니다.

(나)

① 김옥균 등이 갑신정변을 일으켰다.
② 사림이 동인과 서인으로 나뉘었다.
③ 성균관 입구에 탕평비가 건립되었다.
④ 왕자의 난으로 정도전 등이 피살되었다.

21

(가)에 들어갈 내용으로 옳은 것은? [1점]

한국사 탐구 계획서

- **주제:** 외세의 침략을 물리친 전투
- **목적:** 우리 역사 속에서 외세의 침략에 맞서 승리한 전투를 시대별로 살펴보고, 그 역사적 의미와 교훈을 되새겨 본다.
- **방법:** 문헌 조사, 인터넷 검색 등
- **시대별 탐구 내용**

시대	탐구 내용
삼국 시대	을지문덕의 지략으로 수의 침략을 물리친 살수 대첩
고려 시대	강감찬의 지휘로 거란의 대군을 섬멸한 ___(가)___
조선 시대	이순신이 학익진으로 왜군을 격퇴한 한산도 대첩

① 귀주 대첩　② 진포 대첩　③ 행주 대첩　④ 황산 대첩

22

다음 대화에 나타난 시기의 경제 상황으로 옳은 것은? [2점]

> 기근이 심하다고 들었는데, 호남의 상황은 어떠하오?

> 통신사 조엄이 들여온 고구마가 구황 작물의 역할을 할 것으로 기대하였으나 흉년에도 이를 재배하는 백성을 찾아보기 어렵습니다. 수령과 아전들의 수탈로 재배를 포기하였기 때문입니다.

① 상평통보가 유통되었다.
② 전시과 제도가 실시되었다.
③ 벽란도가 국제 무역항으로 번성하였다.
④ 팔관회의 경비 마련을 위해 팔관보가 설치되었다.

23

(가)에 들어갈 인물로 옳은 것은? [1점]

> 여기는 도산 서당으로, 『성학십도』를 저술한 성리학자 __(가)__ 이/가 제자들을 양성한 곳입니다. 그의 사후 제자들이 스승을 추모하고자 서당 뒤편으로 도산 서원을 조성하면서 한 공간에 서원과 서당이 공존하는 보기 드문 형태를 갖추게 되었습니다.

① 서희　　② 이황　　③ 박제가　　④ 정몽주

24

다음 상황 이후에 전개된 사실로 옳은 것은? [2점]

> 남한산성을 나와 삼전도에 도착한 왕께서 청 황제 앞에 나아가 항복의 예를 행하였다. 예를 마치고 해 질 무렵이 되자 청 황제가 왕에게 도성으로 돌아가도록 허락하였다. 포로로 사로잡힌 이들이 도성으로 돌아가는 왕을 보고 "우리 임금이시여, 우리 임금이시여. 우리를 버리고 가십니까."라며 울부짖는데, 그 수가 만 명을 헤아렸다.

① 북벌이 추진되었다.
② 강화도로 천도하였다.
③ 쓰시마 섬을 정벌하였다.
④ 최씨 무신 정권이 붕괴되었다.

25

(가)에 들어갈 부대로 옳은 것은? [2점]

月刊 여행과 역사

특집
네덜란드에서 만난 조선의 무관, 박연

네덜란드 알크마르에 세워진 이 동상의 주인공은 벨테브레이로, 조선에 정착하여 박연이라는 이름으로 살았다. 네덜란드 출신이었던 그는 조선 연안에 표류한 후 서울로 압송되었고, 이후 (가) 에 소속되어 서양의 화포 기술을 전수하였다. 임진왜란 중 설치된 (가) 은/는 포수, 사수, 살수의 삼수병으로 구성되었다.

① 9서당　　② 별기군　　③ 삼별초　　④ 훈련도감

26

밑줄 그은 '시기'의 사실로 옳은 것은? [3점]

문학으로 만나는 한국사

구만 리 긴 하늘에도 머리 들기 어렵고
삼천 리 넓은 땅에서도 발을 펴기 어렵도다.
늦은 밤 누대에 오르니 달을 감상하고자 함이 아니요
삼일 동안 곡기를 끊었으니 신선이 되기 위함이 아니로다.

[해설] 김삿갓으로 널리 알려진 김병연은 안동 김씨 등 소수 외척 가문이 중심이 되어 권력을 독점하던 시기에 전국을 방랑하며 많은 시를 남겼다. 그는 안동 김씨였으나 할아버지가 반역죄로 처형당했기에 관직에 진출하지 못하였다. 김병연이 지은 것으로 전해지는 위 시에는 그의 이러한 처지가 잘 나타나 있다.

① 최승로가 시무 28조를 올렸다.
② 수양 대군이 계유정난을 일으켰다.
③ 지방 세력 통제를 위해 사심관 제도가 실시되었다.
④ 삼정의 문란을 바로잡기 위해 삼정이정청이 설치되었다.

27

밑줄 그은 '이 인물'에 대한 설명으로 옳은 것은? [2점]

이 인물은 유학, 서양 과학 등 여러 학문을 융합하여 독창적 사상을 정립하였습니다. 그가 저술한 『의산문답』에는 무한 우주론에 대한 설명과 함께, 중국 중심 세계관에 대한 비판적 인식이 잘 드러나 있습니다.

조선 후기 북학파 실학자인 이 인물에 대해 알려 주세요.

① 추사체를 창안하였다.
② 지전설을 주장하였다.
③ 사상 의학을 정립하였다.
④ 대동여지도를 제작하였다.

28

(가)에 들어갈 문화유산으로 옳은 것은? [1점]

조사 보고서

△학년 △반 이름: ○○○

■ 주제: (가) 의 축조와 복원

(가) 은 정조의 명에 의해 축조된 성으로, 거중기 등을 이용하여 공사 기간과 경비를 줄일 수 있었다. 일제 강점기와 6·25 전쟁을 거치면서 일부 훼손되었지만, 『의궤』의 기록을 바탕으로 원형에 가깝게 복원되었다. 아래의 사진과 그림은 이 성의 일부인 남포루가 엄밀한 고증을 거쳐 복원되었음을 보여 준다.

훼손된 모습　　『의궤』에 묘사된 포루　　복원 후 모습

① 공산성　　② 전주성　　③ 수원 화성　　④ 한양 도성

29

(가)에 들어갈 내용으로 가장 적절한 것은? [2점]

① 녹읍이 폐지되었어요.
② 장용영이 설치되었어요.
③ 척화비가 건립되었어요.
④ 요동 정벌이 추진되었어요.

30

(가)~(다)를 일어난 순서대로 옳게 나열한 것은? [3점]

① (가) - (나) - (다)
② (나) - (가) - (다)
③ (나) - (다) - (가)
④ (다) - (나) - (가)

31

밑줄 그은 '조약'에 대한 설명으로 옳은 것은? [3점]

① 최혜국 대우가 규정되어 있다.
② 통감부가 설치되는 결과를 가져왔다.
③ 부산, 원산, 인천을 개항하는 배경이 되었다.
④ 일본 공사관에 경비병이 주둔하는 계기가 되었다.

32

(가)에 들어갈 내용으로 옳은 것은? [2점]

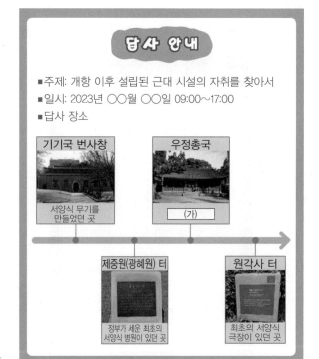

① 나운규의 아리랑이 개봉되었던 곳
② 근대적 우편 업무를 담당하였던 곳
③ 순 한문 신문인 한성순보가 발간되었던 곳
④ 헐버트를 교사로 초빙해 근대 학문을 가르쳤던 곳

제63회

해커스 한국사능력검정시험 한권완성 기출 500제 기본

33

(가)에 들어갈 기구로 옳은 것은? [2점]

노비 제도가 폐지되었다는 소식 들었는가?

들었네. [(가)]에서 과거 제도를 없애고 연좌제를 폐지하는 개혁 안건도 통과시켰다더군.

① 비변사　② 원수부　③ 홍문관　④ 군국기무처

34

밑줄 그은 '이 신문'에 대한 설명으로 옳은 것은? [2점]

오늘의 역사
10분 전

#신문의_날 #1896년_4월_7일

문신닙독

1896년 4월 7일은 서재필이 우리나라 최초의 민간 신문인 이 신문을 창간한 날입니다. 언론계에서는 이를 기념해 4월 7일을 '신문의 날'로 지정하였습니다.

👍 좋아요 58　💬 댓글 3　➔ 공유하기

① 천도교의 기관지였다.
② 박문국에서 발간하였다.
③ 한글판과 영문판으로 발행되었다.
④ 시일야방성대곡이라는 논설을 실었다.

35

다음 가상 뉴스가 보도된 이후에 전개된 사실로 옳은 것은? [2점]

속보입니다. 오늘 새벽 한성에 주둔 중인 일본군 수비대 등이 궁궐에 침입하여 왕비를 시해하는 만행을 저질렀습니다. 최근 부임한 일본 공사가 사건을 지휘한 것으로 지목되고 있어 충격을 더하고 있습니다.

속보　　일본군 수비대 등이 왕비 시해

① 외규장각 도서가 약탈되었다.
② 김윤식이 영선사로 파견되었다.
③ 제너럴셔먼호 사건이 발생하였다.
④ 고종이 러시아 공사관으로 피신하였다.

36

(가)에 들어갈 단체로 옳은 것은? [1점]

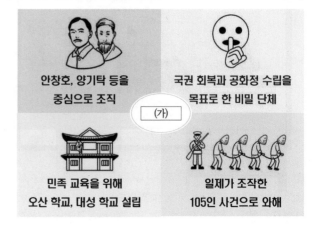

안창호, 양기탁 등을 중심으로 조직

국권 회복과 공화정 수립을 목표로 한 비밀 단체

(가)

민족 교육을 위해 오산 학교, 대성 학교 설립

일제가 조작한 105인 사건으로 와해

① 근우회　② 보안회　③ 신민회　④ 조선어 학회

37

(가)에 들어갈 인물로 옳은 것은? [2점]

이것은 구 서울역사 앞에 세워진 (가) 의사의 동상입니다. 당시 65세였던 그는 새로 부임하는 사이토 총독을 향해 이곳에서 폭탄을 던졌으나, 뜻을 이루지 못하고 체포되어 이듬해 서대문 형무소에서 순국하였습니다.

① 김구 ② 강우규 ③ 윤봉길 ④ 이승만

38

다음 인물에 대한 설명으로 옳은 것은? [3점]

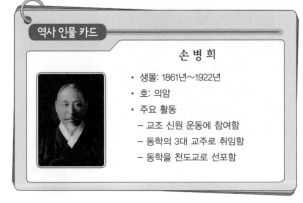

손병희

• 생몰: 1861년~1922년
• 호: 의암
• 주요 활동
  – 교조 신원 운동에 참여함
  – 동학의 3대 교주로 취임함
  – 동학을 천도교로 선포함

① 청산리 전투를 승리로 이끌었다.
② 하얼빈에서 이토 히로부미를 처단하였다.
③ 헤이그 만국 평화 회의에 특사로 파견되었다.
④ 민족 대표 33인 중 한 명으로 독립 선언에 참여하였다.

39

(가)에 들어갈 민족 운동으로 옳은 것은? [1점]

(가) 에 대해 검색해 줘.

검색 결과입니다.

1920년대 초반 실력 양성 운동의 일환으로 이상재, 이승훈 등이 고등 교육 기관을 설립하기 위해 전개한 운동입니다.
1년 내 1천만 원 조성을 목표로 모금 활동을 추진하였으나, 조선 총독부의 방해와 자연재해 등으로 성과를 거두지 못하였습니다.

① 6·10 만세 운동
② 물산 장려 운동
③ 광주 학생 항일 운동
④ 민립 대학 설립 운동

40

(가)에 해당하는 인물로 옳은 것은? [2점]

신문으로 보는 일제 강점기 노동 운동

🔍내용 살펴보기

평양 을밀대 지붕 위에 올라갔다가 평양 경찰서에 검속되어 있는 평원 고무 공장 파업 여공 (가) 이 31일 밤까지 단식을 계속하고 있다. …… 그는 평원 고무 공장이 임금 삭감을 취소하지 않으면 먹지 않겠다고 버티는 중이다.

①  강주룡
②  남자현
③  유관순
④ 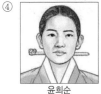 윤희순

제63회 해커스 한국사능력검정시험 한권완성 기본 500제 기본

41

(가)에 들어갈 무장 투쟁 단체로 옳은 것은? [3점]

항일 무장 투쟁 특별전

제2관 만주 사변 이후

(가) , 총사령 양세봉의 지휘 아래 중국 의용군과 연합하여 남만주 일대를 호령하다.

홍경성 전투 (1933)

영릉가 전투 (1932)

① 의열단
② 북로 군정서
③ 조선 혁명군
④ 한국광복군

42

밑줄 그은 '시기'에 볼 수 있는 모습으로 가장 적절한 것은?

[2점]

저는 지금 제주 송악산에 있는 일제 동굴 진지에 와 있습니다. 동굴 진지는 일제가 일으킨 태평양 전쟁이 전개되던 시기에 송악산 주변 군사 시설 경비와 연안으로 침투하는 연합군에 대한 대비를 위해 만들어졌습니다.

① 원산 총파업에 참여하는 노동자
② 만민 공동회에서 연설하는 백정
③ 황국 신민 서사를 암송하는 학생
④ 조선 태형령을 관보에 싣는 관리

43

(가)에 들어갈 단체로 옳은 것은? [2점]

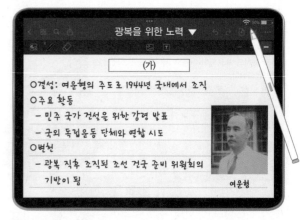

광복을 위한 노력 ▼

(가)

○결성: 여운형의 주도로 1944년 국내에서 조직
○주요 활동
 - 민주 국가 건설을 위한 강령 발표
 - 국외 독립운동 단체와 연합 시도
○변천
 - 광복 직후 조직된 조선 건국 준비 위원회의 기반이 됨

여운형

① 독립 의군부
② 민족 혁명당
③ 조선 의용대
④ 조선 건국 동맹

44

밑줄 그은 '국회'에 대한 설명으로 옳은 것은? [3점]

이 사진은 5·10 총선거를 통해 구성된 국회의 개원식 모습입니다. 임기 2년의 국회의원으로 구성된 이 국회는 국호를 대한민국으로 결정하고 헌법을 제정하였습니다.

① 3선 개헌안을 통과시켰다.
② 농지 개혁법을 제정하였다.
③ 5·16 군사 정변으로 해산되었다.
④ 국회의원의 3분의 1을 대통령이 추천하였다.

45

밑줄 그은 '정부' 시기에 볼 수 있는 사회 모습으로 가장 적절한 것은? [2점]

긴급 조치 9호로 피해를 당한 국민과 그 가족에 대해 국가의 배상 책임이 있다는 대법원 판결이 나왔습니다. 긴급 조치 9호에는 정부가 선포한 유신 헌법을 부정하거나 반대 또는 비방하는 행위 등을 금지 하고, 위반할 경우 영장 없이 체포·구속해 1년 이상의 징역에 처한다 는 내용이 담겨 있습니다.

당시 대한뉴스 화면

헌법 부정행위 금 지

대법원 "긴급 조치 9호로 인한 피해, 국가가 배상해야"

① 부·마 민주 항쟁에 참여하는 학생
② 서울 올림픽 대회 개막식을 관람하는 시민
③ 금융 실명제 시행 속보를 시청하는 회사원
④ 반민족 행위 특별 조사 위원회에 체포되는 친일 행위자

46

(가) 정부 시기의 경제 상황으로 옳은 것은? [2점]

○○ 신문

2023년 △△월 △△일

정치 경제 사회 문화 **스포츠**

스포츠)축구

프로 축구 출범 40주년 맞아

프로 축구가 올해로 출범 40주년을 맞게 된다. '슈퍼 리그'라는 이름 아래 다섯 팀으로 시작하였던 프로 축구는 현재 팀 수가 크게 늘어나 승강제가 시 행될 정도로 규모가 확대되었다.

슈퍼 리그 개막 행사

5·18 민주화 운동이 진압된 이후 집권한 (가) 정부는 프로 야구 출범 이듬해인 1983년에 프로 축구를 출범시켰다. 이로써 프로 스포츠 시대가 본격화하였지만, 정치에 대한 국민의 관심을 돌 리기 위한 조치였다는 비판을 받기도 한다.

① 제1차 경제 개발 5개년 계획이 수립되었다.
② 경제 협력 개발 기구(OECD)에 가입하였다.
③ 저금리·저유가·저달러의 3저 호황이 있었다.
④ 미국과의 자유 무역 협정(FTA)이 체결되었다.

47

학생들이 공통으로 이야기하는 인물로 옳은 것은? [2점]

제15대 대통령에 당선되어 평화적 여야 정권 교체를 이루었어.

분단 이후 처음으로 남북 정상 회담을 갖고, 6·15 남북 공동 선언을 발표하였지.

민주주의와 인권, 한반도 긴장 완화에 기여한 공로를 인정받아 노벨 평화상을 수상하였어.

① 김대중   ② 김영삼   ③ 윤보선   ④ 최규하

48

(가)에 들어갈 명절로 옳은 것은? [1점]

오전 10:00   70%

○○○
30분 전
#세시_풍속 #부럼_깨기
#오곡밥_먹기

오늘은 음력 1월 15일
(가) 맞이 부럼 깨기 완료!

👍 좋아요 48   💬 댓글 2   ➡ 공유하기

□□
부럼 깨기가 뭐야?

○○○
부스럼을 예방하고 치아를 튼튼하게 하려는 뜻이 담긴 세시 풍속이야.

① 단오   ② 동지
③ 한식   ④ 정월 대보름

49

(가)에 들어갈 섬으로 옳은 것은? [1점]

초대합니다

우리 땅 [(가)] 체험 교실

우리 박물관에서는 우리 땅 [(가)] 를 주제로
다양한 전시와 체험 프로그램을 마련하였습니다.
많은 관람과 참여 바랍니다.

◆ 전시 내용: 안용복, 홍순칠 등의 우리 땅 지키기 활동
◆ 체험 내용

동도, 서도 종이 모형 만들기 | 강치 열쇠고리 만들기

◆ 기간: 2023년 ○○월 ○○일 ~ ○○월 ○○일
◆ 장소: □□박물관 체험 학습장

① 독도　　② 진도　　③ 거문도　　④ 제주도

50

학생들이 공통으로 이야기하는 지역으로 옳은 것은? [2점]

모둠별 학습 활동

주제: ○○의 역사 알아보기

고려 시대 12목의 하나였어.

임진왜란 때 김시민 장군이 왜군에 맞서 싸운 장소지.

조선 후기에 유계춘의 주도로 농민 봉기가 일어난 곳이야.

일제 강점기에 조선 형평사 창립 대회가 개최되었어.

① 강릉　　② 군산　　③ 대구　　④ 진주

정답 및 해설 ▶ 점수공략 해설 202쪽

기출 선택지에 들어갈 핵심 키워드를 골라 채우면서 한 번 더 암기하세요.

최혜국 대우	경국대전	경제 협력 개발 기구(OECD)	국자감
추사체	손병희	화백 회의	독립신문
해동성국	상평통보	천도교	전민변정도감
제헌 국회	동시전	정동행성	러시아

선사 ~ 조선 후기

01 신라에는　　　　라 불리는 합의 기구가 있었다.

02 신라는 시장을 감독하기 위한 기구로　　　이 설치되었다.

03 발해는 전성기에　　　　이라 불렸다.

04 고려는 최고 국립 교육 기관으로　　　을 두었어요.

05 원 간섭기에　　　이 설치되었다.

06 공민왕은　　　　을 설치하였다.

07 조선 성종은 「　　　」을 완성하였다.

08 조선 후기에는　　　가 유통되었다.

09 김정희는　　　를 창안하였다.

근대 ~ 현대

10 조·미 수호 통상 조약에는　　　　가 규정되어 있다.

11　　　은 한글판과 영문판으로 발행되었다.

12 을미사변 이후 고종이　　　공사관으로 피신하였다.

13 만세보는　　　의 기관지였다.

14　　　는 민족 대표 33인 중 한 명으로 독립 선언에 참여하였다.

15　　　는 농지 개혁법을 제정하였다.

16 김영삼 정부는　　　　　　　에 가입하였다.

정답 | 01 화백 회의 02 동시전 03 해동성국 04 국자감 05 정동행성 06 전민변정도감 07 경국대전 08 상평통보 09 추사체
10 최혜국 대우 11 독립신문 12 러시아 13 천도교 14 손병희 15 제헌 국회 16 경제 협력 개발 기구(OECD)

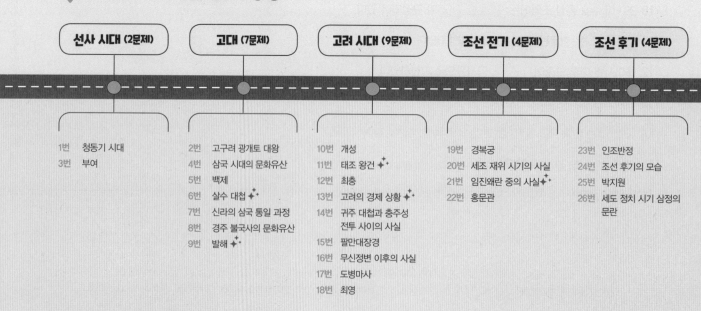

📍 제61회 시대별 출제 경향

선사 시대 (2문제)	고대 (7문제)	고려 시대 (9문제)	조선 전기 (4문제)	조선 후기 (4문제)

1번 청동기 시대	2번 고구려 광개토 대왕	10번 개성	19번 경복궁	23번 인조반정
3번 부여	4번 삼국 시대의 문화유산	11번 태조 왕건 ✦✧	20번 세조 재위 시기의 사실	24번 조선 후기의 모습
	5번 백제	12번 최충	21번 임진왜란 중의 사실 ✦✧	25번 박지원
	6번 살수 대첩 ✦✧	13번 고려의 경제 상황 ✦✧	22번 홍문관	26번 세도 정치 시기 삼정의 문란
	7번 신라의 삼국 통일 과정	14번 귀주 대첩과 충주성 전투 사이의 사실		
	8번 경주 불국사의 문화유산	15번 팔만대장경		
	9번 발해 ✦✧	16번 무신정변 이후의 사실		
		17번 도병마사		
		18번 최영		

회차별 기출 300제

제61회 (기본) 기출문제

2022년 10월 시행

· 합격률 44.5%로, 3개년 평균 합격률인 50.3%와 비교해 조금 어려웠어요~

· 조금 어려웠지만, 핵심 키워드를 꼼꼼히 공부하면 합격할 수 있는 시험이었어요!

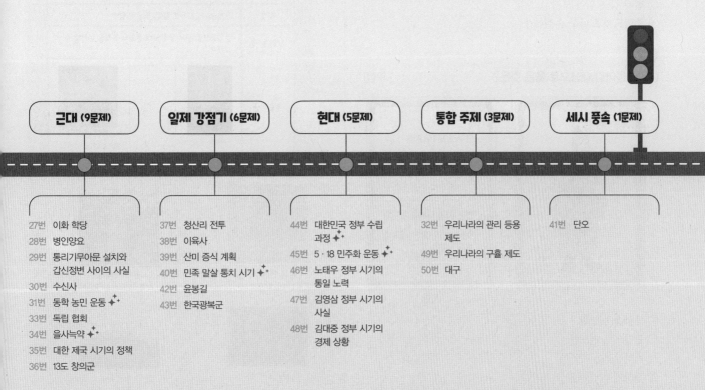

근대 (9문제)

27번 이화 학당
28번 병인양요
29번 통리기무아문 설치와
　　 갑신정변 사이의 사실
30번 수신사
31번 동학 농민 운동 ✦✦
33번 독립 협회
34번 을사늑약 ✦✦
35번 대한 제국 시기의 정책
36번 13도 창의군

일제 강점기 (6문제)

37번 청산리 전투
38번 이육사
39번 산미 증식 계획
40번 민족 말살 통치 시기 ✦✦
42번 윤봉길
43번 한국광복군

현대 (5문제)

44번 대한민국 정부 수립
　　 과정 ✦✦
45번 5·18 민주화 운동 ✦✦
46번 노태우 정부 시기의
　　 통일 노력
47번 김영삼 정부 시기의
　　 사실
48번 김대중 정부 시기의
　　 경제 상황

통합 주제 (3문제)

32번 우리나라의 관리 등용
　　 제도
49번 우리나라의 구휼 제도
50번 대구

세시 풍속 (1문제)

41번 단오

01

다음 축제에서 체험할 수 있는 활동으로 적절한 것은? [1점]

① 막집 지어 보기
② 민무늬 토기 만들기
③ 철제 갑옷 입어 보기
④ 주먹도끼로 나무 손질하기

02

(가)에 들어갈 내용으로 옳은 것은? [2점]

(앞면)   (뒷면)

・고구려 제19대 왕
・영락이라는 연호를 사용함
・ (가)
・한강 이북 지역을 차지함
・숙신, 후연, 거란, 동부여 등을 정벌함

① 태학을 설립함
② 평양으로 천도함
③ 천리장성을 축조함
④ 신라에 침입한 왜를 격퇴함

03

다음 퀴즈의 정답으로 옳은 것은? [2점]

퀴즈왕 한국사

제시된 힌트를 종합하여 알 수 있는 나라는 어디일까요?

1단계 만주 쑹화강 유역에서 성장하였습니다.
2단계 12월에 영고라는 제천 행사를 열었습니다.
3단계 여러 가(加)들이 별도로 사출도를 다스렸습니다.

① 가야   ② 동예   ③ 부여   ④ 옥저

04

(가)에 들어갈 문화유산으로 옳지 않은 것은? [2점]

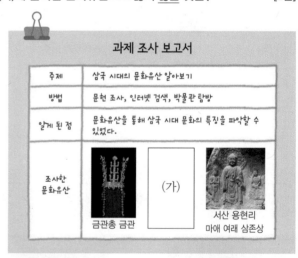

과제 조사 보고서

주제	삼국 시대의 문화유산 알아보기
방법	문헌 조사, 인터넷 검색, 박물관 탐방
알게 된 점	문화유산을 통해 삼국 시대 문화의 특징을 파악할 수 있었다.
조사한 문화유산	금관총 금관 　(가)　 서산 용현리 마애 여래 삼존상

①
금동 연가 7년명 여래 입상

②
논산 관촉사 석조 미륵보살 입상

③
천마총 장니 천마도

④
장군총

05

(가) 국가에 대한 설명으로 옳은 것은? [2점]

이 전시실에서는 한성을 빼앗긴 뒤 웅진과 사비에서 국력을 회복하며 문화의 꽃을 피운 (가) 의 문화유산을 감상할 수 있습니다.

① 주몽이 건국하였다.
② 지방에 22담로를 두었다.
③ 8조법으로 백성을 다스렸다.
④ 골품제라는 신분 제도가 있었다.

06

다음 가상 뉴스에서 보도하고 있는 사건이 일어난 시기를 연표에서 옳게 고른 것은? [3점]

을지문덕이 이끄는 우리 고구려군이 수의 군대를 살수에서 크게 무찔렀다는 소식입니다.

수의 30여만 대군을 상대로 대승을 거둬

433		512		554		645		660
	(가)		(나)		(다)		(라)	
나·제 동맹 성립		신라 우산국 정복		관산성 전투		안시성 전투		백제 멸망

① (가) ② (나) ③ (다) ④ (라)

07

(가)~(다)를 일어난 순서대로 옳게 나열한 것은? [3점]

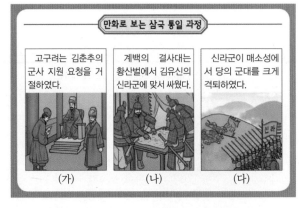

만화로 보는 삼국 통일 과정

고구려는 김춘추의 군사 지원 요청을 거절하였다.
(가)

계백의 결사대는 황산벌에서 김유신의 신라군에 맞서 싸웠다.
(나)

신라군이 매소성에서 당의 군대를 크게 격퇴하였다.
(다)

① (가) - (나) - (다) ② (나) - (가) - (다)
③ (나) - (다) - (가) ④ (다) - (나) - (가)

08

다음 일기의 소재가 된 절에서 볼 수 있는 문화유산으로 옳은 것은? [1점]

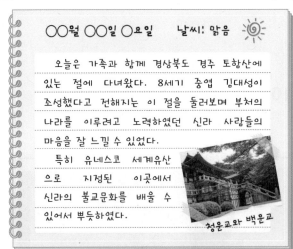

○○월 ○○일 ○요일 날씨: 맑음

오늘은 가족과 함께 경상북도 경주 토함산에 있는 절에 다녀왔다. 8세기 중엽 김대성이 조성했다고 전해지는 이 절을 둘러보며 부처의 나라를 이루려고 노력하였던 신라 사람들의 마음을 잘 느낄 수 있었다. 특히 유네스코 세계유산으로 지정된 이곳에서 신라의 불교문화를 배울 수 있어서 뿌듯하였다.

청운교와 백운교

①
불국사 삼층 석탑

②
쌍봉사 철감선사탑

③
이불 병좌상

④
성덕 대왕 신종

09

(가) 국가에 대한 설명으로 옳은 것은?　　　　[2점]

역사 신문

제△△호　　　　　　　　　○○○년 ○○월 ○○일

특집 기획 해동성국으로 우뚝 서다

고구려를 계승한 (가) 은/는 선왕 때 요동에서 연해주에 이르는 최대 영토를 확보하였다. 이후 당으로부터 '바다 동쪽의 융성한 나라'를 뜻하는 '해동성국'이라 불렸다. 이를 통해 이 국가의 국제적 위상을 알 수 있다.

① 한의 침략을 받아 멸망하였다.
② 중앙 정치 조직을 3성 6부로 정비하였다.
③ 정사암에서 국가의 중대사를 결정하였다.
④ 화랑도를 국가적인 조직으로 운영하였다.

10

(가) 지역에서 있었던 사실로 옳은 것은?　　　　[2점]

고려의 수도였던 (가) 의 문화유산에 대해 찾은 것을 발표해 볼까요?

만월대는 고려의 궁궐터예요.

① 묘청이 난을 일으켰다.
② 원이 쌍성총관부를 설치하였다.
③ 만적이 신분 해방을 도모하였다.
④ 삼별초가 최후의 항쟁을 전개하였다.

11

(가) 왕이 추진한 정책으로 옳은 것은?　　　　[2점]

희랑 대사는 화엄학에 조예가 깊은 승려로 후삼국을 통일한 (가) 의 스승으로 알려져 있습니다. 현재 두 인물을 표현한 문화유산은 각각 남한과 북한에 있는데 오늘 이렇게 가상 만남의 자리를 마련하게 되었습니다.

남북 문화유산의 만남

① 노비안검법을 시행하였다.
② 지방에 12목을 설치하였다.
③ 사심관 제도를 실시하였다.
④ 활구라고 불린 은병을 제작하였다.

12

다음 인물의 활동으로 옳은 것은?　　　　[3점]

나는 고려의 문신 최충이오. 지공거가 되어 과거를 주관하였고, 이후 후학을 양성하는 데 힘썼소. 이곳은 후대 사람들이 나를 기리기 위해 세운 노동 서원이라오.

① 9재 학당을 열었다.
② 『삼국유사』를 집필하였다.
③ 『제왕운기』를 저술하였다.
④ 시무 28조를 작성하였다.

13

(가) 국가의 경제 상황으로 옳은 것은? [2점]

"화폐를 주조하는 법을 제정하니 …… 화폐의 명칭은 해동통보로 하라."라고 명하였다.

숙종의 화폐 이야기
조회수 5,061회 · 2022.10.22.

① 모내기법이 전국적으로 확산되었다.
② 벽란도가 국제 무역항으로 번성하였다.
③ 낙랑군과 왜 사이에서 중계 무역을 하였다.
④ 청해진을 중심으로 해상 무역을 전개하였다.

14

(가), (나) 사이의 시기에 있었던 사실로 옳은 것은? [3점]

〈역사 만화 동영상 대본〉

고려의 대외 관계

(가) S#7. 강감찬이 군사들을 지휘하고 있다.
강감찬: 이곳 귀주에서 거란군을 무찌르자.
군사들: 와!(함성을 지르며 공격한다.)

(나) S#9. 김윤후가 군사들을 향해 외치고 있다.
김윤후: 너희들이 힘을 다해 싸우면 귀천을 가리지 않고 모두 벼슬을 줄 것이다.
군사들: 네, 죽음을 각오하고 싸우겠습니다.

① 서희가 강동 6주를 획득하였다.
② 윤관이 동북 9성을 축조하였다.
③ 박위가 쓰시마 섬을 토벌하였다.
④ 최무선이 진포에서 왜구를 물리쳤다.

15

밑줄 그은 '그 일'에 해당하는 내용으로 옳은 것은? [2점]

몽골군의 침략으로 부인사에 보관된 대장경판이 남김없이 불에 탔습니다. 이런 큰 보배가 없어졌는데 어찌 감히 일이 어려운 것을 염려하여 다시 만들지 않겠습니까? 이제 왕과 신하 모두 한마음으로 담당 관청을 설치하고 그 일을 맡아 시작할 것을 다짐합니다. 원하옵건대 부처님께서는 신통한 힘으로 흉악한 오랑캐를 물리치시고 다시는 우리 땅을 밟는 일이 없게 해 주소서.

① 『삼국사기』 편찬
② 팔만대장경 제작
③ 『직지심체요절』 간행
④ 『무구정광대다라니경』 인쇄

16

다음 상황 이후에 일어난 사실로 옳은 것은? [2점]

무신 이소응이 무술 겨루기에서 이기지 못하고 달아나자, 문신 한뢰가 갑자기 이소응의 뺨을 때렸어요. 이때 왕과 문신들이 손뼉을 치며 웃었어요.

이에 차별 대우를 받으며 불만이 쌓여 왔던 무신들은 정변을 일으켜 문신들을 제거하고 권력을 장악하였어요.

① 김헌창이 난을 일으켰다.
② 장문휴가 등주를 공격하였다.
③ 최치원이 시무 10여 조를 건의하였다.
④ 망이·망소이가 공주 명학소에서 봉기하였다.

제61회

해커스 한국사능력검정시험 한권완성 기출 500제 기본

17

학생들이 공통으로 이야기하는 기구로 옳은 것은? [2점]

고려의 독자적인 정치 기구야.

국방과 군사 문제 등을 논의했어.

중서문하성과 중추원의 고위 관료가 참여했어.

충렬왕 때 명칭이 도평의사사로 바뀌었지.

① 도방 ② 어사대 ③ 의금부 ④ 도병마사

18

(가)에 들어갈 인물로 옳은 것은? [2점]

이곳은 고려 말 홍산에서 왜구의 침입을 격퇴하는 데 큰 공을 세운 [(가)] 의 무덤이란다. 그는 우왕 때 요동 정벌을 추진했으나, 이성계의 위화도 회군으로 뜻을 이루지 못하였단다.

① 양규 ② 최영 ③ 이종무 ④ 정몽주

19

(가)에 들어갈 문화유산으로 옳은 것은? [1점]

임금께서 큰 복을 받으시라는 뜻에서 한양의 새로운 궁궐 이름을 [(가)]으로 하기를 청합니다. 또한 중심이 되는 정전은 나랏일을 부지런히 해야 한다는 의미로 근정전이라 짓고자 합니다.

그 뜻이 좋구나. 그렇게 하도록 하라.

정도전

태조

① 경복궁 ② 경운궁 ③ 경희궁 ④ 창경궁

20

(가) 왕의 재위 기간에 있었던 사실로 옳은 것은? [2점]

카드 뉴스 제작

주제: 조선의 국왕, [(가)]

계유정난을 일으키는 장면부터 시작해 볼까?

왕권 강화를 위해 집현전을 폐지한 내용을 다루자.

현직 관리에게만 수조권을 지급한 직전법의 내용도 넣어보자.

① 계미자가 주조되었다.
② 균역법이 실시되었다.
③ 기묘사화가 일어났다.
④ 6조 직계제가 시행되었다.

21

밑줄 그은 '이 전쟁' 중에 있었던 사실로 옳은 것은? [3점]

『쇄미록』은 오희문이 이 전쟁 중에 있었던 일을 적은 일기입니다. 개인 일기인 까닭에 주로 사생활을 기록한 부분이 많지만 왜군의 침입과 약탈을 비롯해 곽재우, 김덕령 등 의병장의 활동도 기록되어 있습니다.

네, 그렇습니다. 이 일기를 통해 전란으로 인한 피란민의 생활 등 당시의 사회상도 알 수 있어 그 가치가 더욱 크다고 할 수 있습니다.

① 별기군 창설
② 2군 6위 편성
③ 훈련도감 설치
④ 나선 정벌 단행

22

(가)에 들어갈 내용으로 옳은 것은? [2점]

옥당이라 쓰여 있는 이 현판은 창덕궁 내의 홍문관 청사에 걸려있던 것입니다. 홍문관은 활발한 언론 활동을 통해 사헌부·사간원과 함께 3사라고 불렸습니다. 또한 (가)

① 수원 화성에 외영을 두었습니다.
② 한양의 치안과 행정을 맡았습니다.
③ 재정의 출납과 회계를 관장하였습니다.
④ 왕의 정책 자문과 경연을 담당하였습니다.

23

다음 검색창에 들어갈 사건으로 옳은 것은? [1점]

통합 검색 백과사전 웹문서 동영상 이미지 •••

연관 검색어

• 인목 대비   • 영창 대군
• 친명배금   • 이괄의 난

백과사전

1623년에 능양군이 김류, 이귀 등과 함께 광해군 및 주요 인사들을 몰아내고 정권을 장악하여 왕으로 즉위한 사건

○○백과

① 경신환국   ② 무오사화
③ 신유박해   ④ 인조반정

24

다음 대화가 이루어진 시기에 볼 수 있는 모습으로 적절하지 않은 것은? [2점]

이보게! 자네 형님이 공명첩을 샀다는 소문이 진짜인가?

그렇다네. 담배 농사를 시작하더니, 그걸로 돈을 많이 모으셨다는군.

① 녹읍을 지급받는 귀족
② 고구마를 재배하는 농민
③ 관청에 물품을 조달하는 공인
④ 청과의 무역으로 부를 축적한 만상

25

(가)에 들어갈 인물로 옳은 것은? [1점]

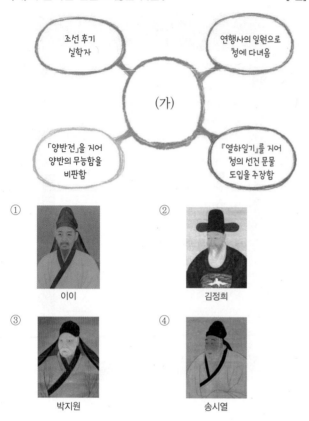

조선 후기
실학자

연행사의 일원으로
청에 다녀옴

(가)

「양반전」을 지어
양반의 무능함을
비판함

「열하일기」를 지어
청의 선진 문물
도입을 주장함

① 이이
② 김정희
③ 박지원
④ 송시열

26

다음 자료에 대한 탐구 활동으로 적절한 것은? [2점]

문학으로 만나는 한국사

시아버지 죽어 이미 상복 입었고,
갓난아기 배냇물은 아직 마르지도 않았는데,
삼대(三代) 이름은 군적에 모두 올랐네.
달려가서 억울함을 호소해도,
호랑이 같은 문지기가 가로막고,
이정(里正)은 호통치며 외양간 소마저 끌고 가네.

이것은 정약용의 『여유당전서』에 실린 시의 일부입니다. 정약용은 유배 당시에 전해 들은 농민들의 비참함과 원통함을 시로 표현하였습니다.

① 과전법 실시의 배경에 대해 살펴본다.
② 조선 형평사의 활동 내용을 조사한다.
③ 전민변정도감이 설치되는 과정을 알아본다.
④ 세도 정치 시기 삼정의 문란에 대해 찾아본다.

27

밑줄 그은 '학교'로 옳은 것은? [2점]

이것은 1886년에 선교사 스크랜턴이 여성의 신학문 교육을 위해 세운 <u>학교</u> 사진이야. 최초의 여의사 박에스더, 3·1 운동으로 순국한 유관순 등이 이 <u>학교</u>에서 공부했지.

할머니, 이 사진은 무엇인가요?

① 배재 학당
② 오산 학교
③ 육영 공원
④ 이화 학당

28

(가) 사건에 대한 설명으로 옳은 것은? [2점]

이달의 인물 소개

한국의 문화유산을 지켜낸 박병선 박사

프랑스 국립 도서관 사서였던 박병선 박사는 (가) 때 프랑스군이 약탈해 간 외규장각 『의궤』의 소재를 확인하였다.

그는 오랜 노력 끝에 『의궤』의 목록을 만들어 세상에 공개하였고, 2011년 『의궤』가 145년 만에 우리 땅으로 돌아오게 하는 데 기여하였다.

① 청군의 개입으로 진압되었다.
② 제너럴셔먼호 사건이 배경이 되었다.
③ 양헌수 부대가 정족산성에서 활약하였다.
④ 제물포 조약이 체결되는 결과를 가져왔다.

29

(가) 시기에 있었던 사실로 옳은 것은? [3점]

이번에 설치할 통리기무아문의 담당 업무와 관리 임용에 대해 정해 보았습니다.

(가)

외국 군대를 끌어들여 변란을 일으킨 김옥균, 박영효 등을 처벌하게 하소서.

① 탕평비가 건립되었다.
② 간도 협약이 체결되었다.
③ 구식 군인들이 임오군란을 일으켰다.
④ 어영청을 강화하며 북벌이 추진되었다.

30

(가)에 들어갈 사절단으로 옳은 것은? [2점]

(가) 활동 정리

1. 기간: 1880. 5. 28. ~ 8. 28.
2. 참여자: 김홍집 외 50여 명
3. 주요 활동

날짜	내용
5. 28. ~ 7. 6.	한성에서 부산포, 고베를 거쳐 도쿄로 이동
7. 7. ~ 8. 3.	일본 정부 관리들과 면담 일본 근대 문물 견학 김홍집, 청 외교관 황준헌과 비공식 면담
8. 4. ~ 8. 28.	귀국 및 왕에게 결과 보고(『조선책략』 올림)

① 보빙사 ② 성절사 ③ 수신사 ④ 영선사

31

(가) 운동에 대한 설명으로 옳은 것은? [2점]

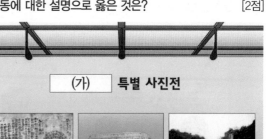

(가) 특별 사진전

사발통문
봉기의 주모자가 드러나지 않게 작성된 문서

장태(복원)
황룡촌 전투에서 사용한 농민군의 무기

공주 우금치 전적
농민군이 일본군·관군을 상대로 격전을 벌였던 곳

① 박규수가 안핵사로 파견되었다.
② 전개 과정에서 집강소가 설치되었다.
③ 한성 조약이 체결되는 결과를 가져왔다.
④ 평안도 지역 차별에 반발하여 일어났다.

32

(가)~(라) 제도에 대한 설명으로 옳은 것은? [3점]

기록으로 보는 관리 등용 제도

(가) 처음으로 독서삼품을 정하여 관리를 선발하였다.

(나) 쌍기의 말을 받아들여 과거로 관리를 뽑았으며, 이로부터 학문을 숭상하는 풍조가 비로소 일어났다.

(다) 천거한 사람들을 한곳에 모아 시험을 치르면 많은 인재를 얻을 수 있을 것입니다. 이는 한(漢)에서 시행한 현량과의 뜻을 이은 것입니다.

(라) 군국기무처에서 올린 의안에, …… 과거제의 변통에 대한 재가를 받아 별도로 선거조례(選擧條例)를 정한다.

① (가) – 문과, 무과, 잡과로 구분하여 선발하였다.
② (나) – 신라 원성왕 재위 시기에 시행되었다.
③ (다) – 조광조 등 사림 세력이 실시를 주장하였다.
④ (라) – 광무개혁의 일환으로 단행되었다.

제61회

해커스 한국사능력검정시험 한권완성 기출 500제 기본

33

(가)에 들어갈 단체로 옳은 것은?　　　　　　[1점]

① 신민회
② 독립 협회
③ 대한 자강회
④ 조선어 학회

34

밑줄 그은 '이 조약'에 대한 설명으로 옳은 것은?　　　[2점]

① 청·일 전쟁의 배경이 되었다.
② 최혜국 대우의 조항이 들어 있다.
③ 운요호 사건을 계기로 체결되었다.
④ 통감부가 설치되는 결과를 가져왔다.

35

(가) 시기에 시행된 정책으로 옳은 것은?　　　　[2점]

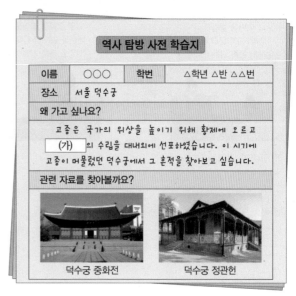

① 지계가 발급되었다.
② 척화비가 건립되었다.
③ 홍범 14조가 반포되었다.
④ 치안 유지법이 제정되었다.

36

밑줄 그은 '이 부대'에 대한 설명으로 옳은 것은?　　[2점]

○○에게

이보게, 나는 마침내 의병에 합류하였네.
황제 폐하께서 강제로 그 자리에서 내려오셔야 했던 사건은 여전히 울분을 참을 수 없게 만드네. 일제가 끝내 우리 군대를 강제로 해산시키는 과정에서 동료들의 죽음을 보며 가만히 있을 수 없었네. 나는 13도의 의병이 모여 조직되고 이인영 총대장이 지휘하는 이 부대에 가담하여 끝까지 나라를 지키려고 하네.
자네도 우리와 뜻을 같이하면 좋겠네.

옛 동료가

① 서울 진공 작전을 전개하였다.
② 일제의 탄압을 피해 자유시로 이동하였다.
③ 어재연의 지휘 아래 광성보에서 활약하였다.
④ 황푸 군관 학교에서 군사 훈련을 실시하였다.

37

밑줄 그은 '전투'로 옳은 것은? [1점]

이것은 1920년 10월 김좌진의 북로 군정서군 등 독립군 연합 부대가 백운평, 천수평, 어랑촌 일대에서 일본군과 싸워 크게 승리한 전투입니다.

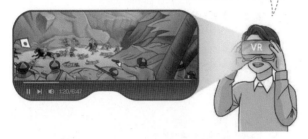

① 백강 전투
② 진주성 전투
③ 청산리 전투
④ 대전자령 전투

38

(가)에 해당하는 인물로 옳은 것은? [2점]

이 시는 일제 강점기 민족 저항 시인 ___(가)___ 의 대표적인 작품입니다. 그는 조선은행 대구 지점 폭파 사건에 연루되어 수감 생활을 하던 당시의 수인 번호를 따서 호를 지었습니다. 이제 그의 시를 노래로 만나 보겠습니다.

심훈

윤동주

이육사

한용운

39

밑줄 그은 '이 정책'으로 옳은 것은? [2점]

그렇다네. 일제가 1920년부터 실시한 이 정책으로 쌀 생산량이 늘었지만 이보다 더 많은 양의 쌀을 일본으로 가져가 우리의 식량 사정이 더욱 나빠졌다네.

이 많은 쌀을 전부 일본으로 가져간다는 말인가?

① 방곡령
② 신해통공
③ 산미 증식 계획
④ 토지 조사 사업

40

다음 다큐멘터리에서 볼 수 있는 장면으로 적절하지 <u>않은</u> 것은? [3점]

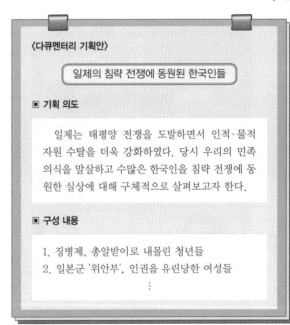

〈다큐멘터리 기획안〉

일제의 침략 전쟁에 동원된 한국인들

■ 기획 의도

일제는 태평양 전쟁을 도발하면서 인적·물적 자원 수탈을 더욱 강화하였다. 당시 우리의 민족 의식을 말살하고 수많은 한국인을 침략 전쟁에 동원한 실상에 대해 구체적으로 살펴보고자 한다.

■ 구성 내용

1. 징병제, 총알받이로 내몰린 청년들
2. 일본군 '위안부', 인권을 유린당한 여성들
  :

① 태형을 집행하는 헌병 경찰
② 강제 징용으로 끌려가는 청년
③ 공출로 가마솥을 빼앗기는 농민
④ 황국 신민 서사를 암송하는 학생

제61회

해커스 한국사능력검정시험 한권완성 기본 500제 기본

41

밑줄 그은 '이날'에 해당하는 세시 풍속으로 옳은 것은? [1점]

음력 5월 5일인 오늘은 한국의 전통 명절입니다. 여러분이 드시는 수리취떡은 이날에 만들어 먹는 음식입니다. 마당에서도 다양한 체험 행사가 진행 중입니다. 어떤 행사에 참여하실 건가요?

저는 창포물에 머리를 감아보려 합니다.

저는 친구와 함께 씨름 경기에 참여할 겁니다.

① 단오　　② 동지　　③ 추석　　④ 한식

42

(가)에 들어갈 인물로 옳은 것은? [1점]

나는 지금 상하이에 있는 매헌 기념관에 와 있어.

거기는 어떤 곳이야?

한인 애국단 소속으로 훙커우 공원에서 의거를 일으킨 ⟨(가)⟩ 을/를 기념하는 곳이야.

그런 의미가 있는 곳이구나.

① 나석주　　② 윤봉길　　③ 이봉창　　④ 이회영

43

(가) 군대에 대한 설명으로 옳은 것은? [2점]

뮤지컬로 역사를 만나다

작전명 **독수리**

"오늘 이 시간부터 아메리카 합중국과 대한민국 임시 정부의 비밀 공작이 시작되었다."

대한민국 임시 정부의 ⟨(가)⟩ 와/과 미국의 전략 정보국(OSS)이 합작한 국내 진공 작전, 일명 '독수리 작전'에 대한 이야기를 뮤지컬로 보여 드립니다.

- 일시: 2022년 ○○월 ○○일 오후 7시
- 장소: △△문화회관 ◇◇홀

① 고종의 밀지를 받아 조직되었다.
② 「조선혁명선언」을 활동 지침으로 삼았다.
③ 지청천을 총사령관으로 하여 창설되었다.
④ 영릉가 전투에서 한·중 연합 작전을 전개하였다.

44

다음 사진전에 전시될 사진으로 적절하지 <u>않은</u> 것은? [2점]

사진으로 보는

대한민국 정부 수립 과정

우리 학교 역사 동아리에서는 광복 이후 정부 수립에 이르기까지 격동의 역사를 주제로 사진전을 기획하였습니다.

관심 있는 학생들의 많은 관람 바랍니다.

- 기간: 2022년 ○○월 ○○일~○○월 ○○일
- 장소: △△ 역사 동아리실

①

5·10 총선거 실시

②

6·10 만세 운동 전개

③

좌·우 합작 위원회 활동

④

제1차 미·소 공동 위원회 개최

45

(가)에 들어갈 민주화 운동으로 옳은 것은? [1점]

① 4·19 혁명
② 6월 민주 항쟁
③ 부·마 민주 항쟁
④ 5·18 민주화 운동

46

다음 자료에 나타난 정부 시기의 통일 노력으로 옳은 것은? [3점]

① 남북한 유엔 동시 가입
② 남북 이산가족 최초 상봉
③ 7·4 남북 공동 성명 발표
④ 6·15 남북 공동 선언 채택

47

밑줄 그은 '정부' 시기에 있었던 사실로 옳은 것은? [3점]

□□신문

제△△호 　　　　　　○○○○년 ○○월 ○○일

국민학교 명칭, 역사 속으로 사라지다

정부는 광복 50주년을 맞이하여 일제 강점기에 황국 신민의 양성을 목적으로 지어진 국민학교 명칭을 초등학교로 변경한다고 발표했다. 이에 따라 내년 2월말까지 전국 국민학교의 간판을 초등학교로 바꿔 달고 학교의 직인과 생활기록부 등에 적혀 있는 국민학교라는 명칭도 모두 바꾸기로 하였다.

① 삼청 교육대가 운영되었다.
② 조선 총독부 건물이 철거되었다.
③ 반민족 행위 처벌법이 제정되었다.
④ 서울에서 G20 정상 회의가 개최되었다.

48

다음 뉴스가 보도된 정부 시기의 경제 상황으로 옳은 것은? [2점]

① 경부 고속도로를 준공하였다.
② 세계 무역 기구(WTO)에 가입하였다.
③ 제1차 경제 개발 5개년 계획이 추진되었다.
④ 국제 통화 기금(IMF)의 구제 금융을 조기 상환하였다.

49

(가)에 들어갈 내용으로 옳은 것은? [2점]

주제 탐구 활동 계획서

○학년 ○반 ○모둠

주제: 역사 속 백성들을 위한 구휼 제도

- **선정 이유**

    우리 역사 속에서 자연 재해나 경제적 위기 상황에 직면한 백성들을 위해 국가가 실시한 구휼 제도에 대해 시대별로 살펴보고, 그 역사적 의미와 교훈에 관하여 생각해 보고자 한다.

- **시대별 탐구 내용**

구분	삼국 시대	고려 시대	조선 시대
내용	고구려의 진대법 실시	(가)	환곡제 운영

① 의창 설치
② 신문고 운영
③ 제중원 설립
④ 호포제 실시

50

(가)에 들어갈 지역으로 옳은 것은? [2점]

① 대구   ② 안동   ③ 울산   ④ 청주

정답 및 해설 ▶ 점수공략 해설 227쪽

기출 선택지에 들어갈 핵심 키워드를 골라 채우면서 한 번 더 암기하세요.

조선 총독부	홍문관	12목	지계
6조 직계제	서울 진공 작전	양헌수	매소성
22담로	국제 통화 기금(IMF)	9재 학당	지청천
균역법	3성 6부	영릉가	공주 명학소

선사 ~ 조선 후기

01 백제는 지방에 　　　를 두었다.

02 신라군이 　　　에서 당의 군대를 크게 격퇴하였다.

03 발해는 중앙 정치 조직을 　　　로 정비하였다.

04 고려 성종은 지방에 　　을 설치하였다.

05 최충은 　　　을 열었다.

06 정중부 집권기에 망이 · 망소이가 　　　　에서 봉기하였다.

07 세조 때 　　　가 시행되었다.

08 　　　은 왕의 정책 자문과 경연을 담당하였습니다.

09 영조 때 　　　이 실시되었다.

근대 ~ 현대

10 병인양요 때 　　　부대가 정족산성에서 활약하였다.

11 대한 제국 시기에 　　가 발급되었다.

12 13도 창의군은 　　　　　을 전개하였다.

13 조선 혁명군은 　　　전투에서 한·중 연합 작전을 전개하였다.

14 한국광복군은 　　　을 총사령관으로 하여 창설되었다.

15 김영삼 정부 시기에 　　　　건물이 철거되었다.

16 김대중 정부 시기에 　　　　　　의 구제 금융을 조기 상환하였다.

한국사 단기합격의 모든 것, 해커스한국사
history.Hackers.com

점수공략 해설

01 | 구석기 시대
선사 시대

정답 ②

(가) 시대의 생활 모습으로 적절한 것은? [1점]

우리가 오늘 만들어 볼 것은 뗀석기를 처음 사용한 (가) 시대의 대표적 유물인 주먹도끼입니다. 주먹도끼는 짐승을 사냥하거나 가죽을 벗기는 등 다양한 용도로 사용되었습니다.

구석기 시대

연천 전곡리
선사 체험장

주먹도끼 제작하기

키워드 돋보기

주먹도끼를 통해 구석기 시대임을 알아야 해요!

구석기 시대는 돌을 깨뜨려 만든 **뗀석기**를 사용한 시대로, 이 시대 사람들은 주먹도끼, 찍개, 슴베찌르개 등을 만들어 사냥을 하거나 동물의 가죽을 벗기는 용도로 사용하였어요. 이러한 구석기 시대의 대표적인 유적지로는 **연천 전곡리**, 공주 석장리 등이 있어요.

① 우경이 널리 보급되었다. → **철기 시대 이후**
  ∟ 소를 이용해 밭을 가는 우경은 철기 시대에 시작된 것으로 추측되며, 이후 널리 보급되었어요.

②**주로 동굴이나 막집에서 살았다.** → **구석기 시대**
  ∟ 구석기 시대에는 이동 생활을 하여 주로 동굴이나 막집에서 거주하였어요.

③ **가락바퀴**를 이용하여 실을 뽑았다. → **신석기 시대**
  ∟ 신석기 시대에는 가락바퀴를 이용하여 실을 뽑고 뼈바늘을 이용하여 옷과 그물을 만들었어요.

④ 지배층의 무덤으로 **고인돌**을 축조하였다. → **청동기 시대**
  ∟ 청동기 시대에는 계급이 발생하면서 지배자가 등장하였고, 지배층의 무덤으로 고인돌을 만들었어요.

02 | 고조선
선사 시대

정답 ④

밑줄 그은 '이 나라'에 대한 설명으로 옳은 것은? [2점]

고조선 ←

우리 역사상 최초의 국가인 이 나라의 건국 이야기에 나오는 단군왕검, 곰, 호랑이를 표현해 보았어요.

한국사 모둠 발표

그림으로 소개하는 건국 이야기

키워드 돋보기

우리 역사상 최초의 나라. 단군왕검을 통해 고조선임을 알아야 해요!

고조선은 **단군왕검**이 건국한 **우리나라 최초의 나라**로, 아사달을 도읍(수도)으로 하였어요. 고조선의 건국 이야기로 하늘에서 인간 세상으로 내려온 환웅과 곰에서 사람이 된 웅녀 사이에서 단군이 태어났다는 내용이 전해져요. 한편 고조선은 살인죄, 상해죄, 절도죄 등에 대한 처벌 조항이 담긴 **범금 8조**를 두어 사회 질서를 유지하였어요.

① **영고**라는 제천 행사를 열었다. → **부여**
  ∟ 부여는 매년 12월에 영고라는 제천 행사를 열어 하늘에 제사를 지냈어요.

② 혼인 풍습으로 **민며느리제**가 있었다. → **옥저**
  ∟ 옥저에는 혼인 풍습으로 여자가 어렸을 때 남자 집에 가서 살다가, 성장한 후에 남자가 여자 집에 예물을 치르고 혼인을 하는 민며느리제가 있었어요.

③ 읍락 간의 경계를 중시하는 **책화**가 있었다. → **동예**
  ∟ 동예는 읍락 간의 경계를 중시하여 다른 부족의 영역을 함부로 침입하였을 때 노비나 소, 말 등으로 변상하도록 하는 책화의 풍습이 있었어요.

④**범금 8조**를 만들어 사회 질서를 유지하였다. → **고조선**
  ∟ 고조선은 사회 질서를 유지하기 위한 범금 8조(8조법)를 두어 살인죄, 상해죄, 절도죄 등을 처벌하였어요.

기출 사료 더보기 범금 8조

○사람을 죽인 자는 곧바로 죽인다.
○남에게 상해를 입힌 자는 곡식으로 갚게 한다.
○도둑질을 하는 남자는 몰입(沒入)하여 그 집의 노(奴)로, 여자는 비(婢)로 삼는데, 용서받고자 할 때에는 50만을 내야한다.
─ 『한서』 지리지

03 | 고대
가야의 문화유산

정답 ④

다음 전시회에서 볼 수 있는 문화유산으로 가장 적절한 것은? [2점]

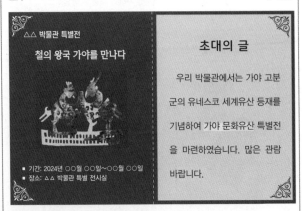

△△ 박물관 특별전

철의 왕국 가야를 만나다

- 기간: 2024년 ○○월 ○○일~○○월 ○○일
- 장소: △△ 박물관 특별 전시실

초대의 글

우리 박물관에서는 가야 고분군의 유네스코 세계유산 등재를 기념하여 가야 문화유산 특별전을 마련하였습니다. 많은 관람 바랍니다.

키워드 돋보기

가야 문화유산에 대해 알아야 해요!

가야는 낙동강 하류의 변한 지역에서 성장한 6개 나라의 **연맹 국가**예요. 가야는 풍부한 철을 바탕으로 낙랑과 왜에 철을 수출하였으며, 판갑옷 등 철제 갑옷류 및 무기류를 제작하였어요. 이러한 가야의 대표적인 고분군으로는 금관가야의 **김해 대성동 고분군**, 대가야의 **고령 지산동 고분군** 등이 있어요.

①
호우명 그릇

→ **신라의 문화유산**
└ 호우명 그릇은 경주에 있는 신라의 고분인 호우총에서 출토된 문화유산이에요.

②
성덕 대왕 신종

→ **통일 신라의 문화유산**
└ 성덕 대왕 신종은 통일 신라 혜공왕 때 만들어진 종으로, 에밀레종이라고 불리기도 해요.

③
칠지도

→ **백제의 문화유산**
└ 칠지도는 백제가 왜에게 하사한 철제 칼로, 백제와 왜의 교류 사실을 보여주는 문화유산이에요.

④
철제 판갑옷

→ **가야의 문화유산**
└ 철제 판갑옷은 가야의 문화유산으로, 김해 대성동 고분군에서 출토되었어요.

04 | 고대
신라 법흥왕

정답 ①

다음 검색창에 들어갈 왕으로 옳은 것은? [2점]

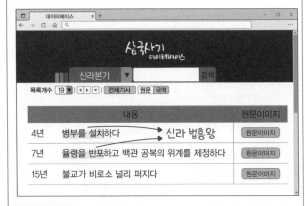

	내용	원문이미지
4년	병부를 설치하다 → 신라 법흥왕	원문이미지
7년	율령을 반포하고 백관 공복의 위계를 제정하다	원문이미지
15년	불교가 비로소 널리 퍼지다	원문이미지

키워드 돋보기

병부를 설치하고 율령을 반포하였다는 것을 통해 신라 법흥왕임을 알아야 해요!

신라 법흥왕은 신라의 통치 체제를 정비하고 왕권을 강화한 왕이에요. 우선 그는 군사 업무를 담당하는 중앙 부서인 **병부를 설치**하여 군사 지휘권을 체계화하였으며, **율령을 반포**하고 백관의 공복을 제정하여 위계질서를 확립하였어요. 또한 이차돈의 순교를 계기로 **불교를 공인**하고, 활발한 정복 활동을 전개해 **금관가야를 병합**하여 영토를 넓히기도 하였어요.

① **법흥왕** → 병부 설치, 율령 반포
└ 법흥왕은 중앙 집권 체제를 정비하기 위해 군사 업무를 담당하는 부서인 병부를 설치하고, 국가 통치의 기본 법령인 율령을 반포하였어요.

② 지증왕 → '왕'으로 칭호 변경, 우경 장려
└ 지증왕은 왕으로 칭호를 변경하였으며, 농업 생산력을 높이기 위해 소를 이용해 농사를 짓는 방법인 우경을 장려하였어요.

③ 진평왕 → 위화부 설치
└ 진평왕은 인사를 담당하는 중앙 부서인 위화부를 설치하였어요.

④ 진흥왕 → 대가야 정복, 화랑도 개편
└ 진흥왕은 활발한 정복 활동을 벌여 고령 지역의 대가야를 정복하고, 청소년 수련 집단인 화랑도를 국가적인 조직으로 개편하였어요.

기출 포인트 더보기 | 법흥왕의 업적

통치 질서 정비	• 군사권 장악을 위해 병부 설치 • 화백 회의의 주관자이자 귀족대표인 상대등 설치 • 율령 반포 • 백관의 공복 제정
왕권 강화	신라 최초로 '건원'이라는 연호 사용
불교 공인	이차돈의 순교를 통해 불교 공인
정복 활동	금관가야 정복

(가) 국가에 대한 설명으로 옳은 것은? [2점]

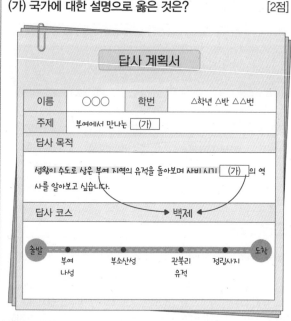

답사 계획서

이름	○○○	학번	△학년 △반 △△번
주제	부여에서 만나는 (가)		
답사 목적			

성왕이 수도로 삼은 부여 지역의 유적을 돌아보며 사비 시기 (가) 의 역사를 알아보고 싶습니다.

답사 코스	→ 백제

출발 ● 부여 나성 ● 부소산성 ● 관북리 유적 ● 정림사지 도착

키워드 돋보기

성왕이 수도로 삼은 부여 지역, 사비 시기를 통해 백제임을 알아야 해요!

백제는 온조가 한강 유역의 토착 세력과 결합하여 **한성**(하남 위례성)에서 건국한 나라예요. 이후 백제는 문주왕 때 **웅진(공주)**으로 천도하였고, 6세기 **성왕** 때 수도를 웅진에서 대외 진출이 용이한 **사비(부여)**로 옮겼어요. 한편 백제의 마지막 수도였던 부여 지역에는 부여 나성, **부소산성, 관북리 유적**, 정림사지 등 유적지들이 남아 있어요.

① 주몽이 건국하였다. → **고구려**
└ 고구려는 부여에서 내려온 주몽이 압록강 유역의 졸본 지역에서 건국한 나라예요.

②지방에 **22담로**를 두었다. → **백제**
└ 백제는 무령왕 때 지방 행정 구역인 22담로를 두고 왕족을 파견하여 지방에 대한 통제를 강화하였어요.

③ **독서삼품과**를 시행하였다. → **통일 신라**
└ 통일 신라는 원성왕 때 유교 경전의 이해를 시험하여 관리를 채용하는 제도인 독서삼품과를 시행하였어요.

④ 한의 침략을 받아 멸망하였다. → **고조선**
└ 고조선은 우거왕 때 한의 침략을 받아 수도인 왕검성이 함락되며 멸망하였어요.

기출 포인트 더보기 백제의 사회

지배층	왕족인 부여씨와 8성의 귀족으로 구성됨
정사암 회의	귀족들이 정사암에서 재상 선출 및 국가의 중대사를 결정함

선생님의 질문에 대한 학생의 대답으로 적절한 것은? [2점]

고구려가 외세의 침략을 막아낸 사례에 대해 말해 볼까요?

① 을지문덕이 살수에서 수의 군대를 물리쳤어요.

② 계백이 이끄는 결사대가 황산벌에서 항전하였어요.

③ 이성계가 황산에서 왜구를 격퇴하였어요.

④ 왕건이 일리천에서 승리하였어요.

키워드 돋보기

고구려가 외세의 침략을 막아낸 사례를 알아야 해요!

고구려는 6세기 말부터 여러 차례 외세의 침략을 받았어요. 영양왕 때 **수 양제**는 100만 대군을 이끌고 **고구려**를 **침입**하였어요. 이에 대항하여 고구려의 장군 **을지문덕**은 **살수**에서 우중문이 이끄는 수나라의 군대를 크게 물리쳤어요(**살수 대첩**). 고구려와의 전쟁 이후 수나라는 국력 소모와 내란으로 멸망하였으며, 이후 중국에는 당나라가 건국되었어요. 당이 팽창 정책을 펼치자, 당시 고구려의 집권자였던 **연개소문**은 대당 강경책을 추진하였어요. 이에 **당 태종이 고구려**를 **침략**하였으나, 안시성에서 크게 패배하였어요(**안시성 전투**).

①을지문덕이 살수에서 수의 군대를 물리쳤어요.
→ **고구려가 외세 침략을 막아낸 사례**
└ 고구려 영양왕 때 수 양제가 고구려를 침입하자, 고구려 장군 을지문덕이 이끄는 고구려군이 살수에서 수의 군대를 크게 물리쳤어요.

② **계백**이 이끄는 결사대가 황산벌에서 항전하였어요.
→ **신라의 삼국 통일 과정**
└ 백제 의자왕 때 계백이 이끄는 백제의 결사대가 황산벌에서 김유신이 이끄는 신라군에 맞서 싸웠으나, 패배하였어요.

③ **이성계**가 황산에서 왜구를 격퇴하였어요.
→ **고려 말 왜구의 침략 격퇴**
└ 고려 우왕 때 이성계가 황산에 침입한 왜구를 격퇴하였어요.

④ **왕건**이 일리천에서 승리하였어요. → **고려의 후삼국 통일 과정**
└ 후삼국의 주도권을 장악한 왕건이 일리천(구미)에서 견훤의 아들인 신검이 이끄는 후백제군에 승리한 후, 후삼국을 통일하였어요.

07 고대 | 원효

정답 ④

밑줄 그은 '이 인물'에 대한 설명으로 옳은 것은? [3점]

오전 10:10 · 82%

좋아요 69회 · 8시간 전

이 인물은 『대승기신론소』 등을 통해 모든 것이 한마음에서 나온다는 일심 사상을 주장했어요. → 원효

#신라_불교 #나무아미타불 #『십문화쟁론』

키워드 돋보기

『대승기신론소』, 일심 사상, 『십문화쟁론』을 통해 원효임을 알아야 해요!

원효는 신라의 대표적인 승려로, 모든 진리는 한마음에서 나온다는 **일심 사상**을 주장하였어요. 또한 그는 '**나무아미타불**'만 외우면 극락왕생할 수 있다는 아미타 신앙(**정토 신앙**)을 전파하고, 대중들에게 불교의 가르침을 전파하기 위해 **무애가**라는 노래를 지어 유포하였어요. 원효의 대표적인 저술로는 대승 불교의 사상과 체계를 쉽게 풀이한 『**대승기신론소**』, 불교 이론을 정리한 『**십문화쟁론**』 등이 있어요.

① 『왕오천축국전』을 지었다. → 혜초(신라)
 ┗ 혜초는 신라의 승려로, 인도와 중앙아시아 지역의 풍물을 기록한 『왕오천축국전』을 지었어요.

② 수선사 결사를 제창하였다. → 지눌(고려)
 ┗ 지눌은 고려의 승려로, 불교계 개혁을 위해 독경과 선을 수행하자는 수선사 결사 운동을 전개하였어요.

③ 황룡사 구층 목탑의 건립을 건의하였다. → 자장(신라)
 ┗ 자장은 신라의 승려로, 선덕 여왕에게 황룡사 구층 목탑의 건립을 건의하였어요.

④ 무애가를 짓는 등 불교 대중화에 힘썼다. → 원효(신라)
 ┗ 원효는 신라의 승려로, 불교의 이치를 담은 노래인 무애가를 민간에 유포하여 등 불교의 대중화에 힘썼어요.

08 고대 | 발해 ✦

정답 ③

(가) 국가에 대한 설명으로 옳은 것은? [1점]

문화유산으로 만나는 (가)

정효 공주 묘지에서는 문왕 때 사용한 '대흥'이라는 연호를 확인할 수 있습니다.

상경성에서 출토된 이불 병좌상은 석가불과 다보불이 나란히 앉아 있는 모습을 형상화한 것입니다.

발해

키워드 돋보기

정효 공주, 문왕, 상경성에서 출토된 이불 병좌상을 통해 발해임을 알아야 해요!

발해는 고구려 장군 출신인 **대조영**이 만주 지린성 **동모산**에서 건국한 나라예요. 정효 공주의 아버지인 **문왕** 때 수도를 중경 현덕부에서 상경 용천부로 옮겼으며, '**대흥·보력**'이라는 **연호**를 사용하였어요. 이후 선왕 때에는 고구려의 옛 땅을 대부분 회복하고 전성기를 맞이하여 중국으로부터 바다 동쪽의 번성한 나라라는 뜻의 **해동성국**이라고 불렸어요. 한편 **상경성**에서 당의 수도인 장안을 본뜬 주작대로, **이불 병좌상**, 온돌 장치, 발해 석등이 출토되기도 하였어요.

① 9주 5소경을 두었다. → 통일 신라
 ┗ 통일 신라는 신문왕 때 지방 행정 제도를 정비하여 전국에 9주 5소경을 두었어요.

② 기인 제도를 실시하였다. → 고려
 ┗ 고려는 태조 왕건 때 호족을 견제하기 위해 호족의 자제를 일종의 인질로 삼아 수도에 머물게 하는 기인 제도를 실시하였어요.

③ 해동성국이라고도 불렸다. → 발해
 ┗ 발해는 선왕 때 고구려의 옛 영토를 대부분 회복하고 전성기를 맞이하여 중국으로부터 해동성국이라 불렸어요.

④ 백두산 정계비를 건립하였다. → 조선
 ┗ 조선은 숙종 때 청과의 영토 분쟁이 일어나자, 청과의 국경을 확정하는 백두산 정계비를 건립하였어요.

기출 사료 더보기  발해를 건국한 대조영 [38회]

거란의 이진충이 반란을 일으키자 대조영은 말갈의 걸사비우와 함께 각각 무리를 거느리고 동쪽으로 달아났다. …… 계루부의 옛 땅을 차지하고, 동모산에 웅거하여 성을 쌓고 살았다. 대조영이 굳세고 용맹스러우며 병사를 잘 운용하여 말갈의 무리와 고구려의 나머지 무리들이 점점 모여들었다.
– 『구당서』

밑줄 그은 '시기'에 볼 수 있는 모습으로 적절한 것은? [2점]

> 혜공왕이 피살된 이후 왕위 쟁탈전이 치열했던 시기의 사회 혼란을 보여주는 지도야. → 신라 하대

> 지배층의 수탈에 저항한 농민들의 봉기도 확인할 수 있어.

키워드 돋보기

혜공왕이 피살된 이후 왕위 쟁탈전이 치열했던 시기를 통해 신라 하대임을 알아야 해요!

신라 하대에는 **혜공왕**이 피살된 이후 왕권이 약해지면서 진골 귀족 간의 **왕위 쟁탈전**이 치열하게 전개되었어요. 대표적으로 문성왕 때 장보고가 자신의 딸을 왕비로 세우는 것에 실패하자 반란을 일으킨 사건인 **장보고의 난**과 헌덕왕 때 자신의 아버지인 김주원이 왕위에 오르지 못한 것에 불만을 품고 반란을 일으킨 사건인 **김헌창의 난** 등이 있어요. 이러한 정치적 혼란 속에서 관리와 귀족들의 세금 수탈은 더욱 심해져, **원종과 애노의 난**, **적고적의 금성 약탈** 등 농민 봉기도 일어났어요.

① **장용영**에서 훈련하는 군인 → **조선 후기**
   └ 조선 후기 정조 때 국왕의 친위 부대인 장용영이 설치되었어요.

② **의정부**에 모여 회의하는 관리 → **조선 전기**
   └ 조선 전기에는 의정부가 중앙 정치 기구로 설치되었으며, 이곳에서 국정을 총괄하였어요.

③ **여진 정벌**에 나선 **별무반** 병사 → **고려 시대**
   └ 고려 시대 숙종 때 윤관의 건의로 특수 부대인 별무반을 편성하였고, 예종 때 윤관이 별무반을 이끌고 여진을 정벌하였어요.

④ 스스로를 성주, 장군이라 칭하는 **호족** → **신라 하대**
   └ 신라 하대에는 중앙 정부의 지방 통제력 약화로 반독립적 세력인 호족이 등장하였으며, 이들은 스스로를 성주 또는 장군이라고 칭하였어요.

기출 자료 더보기 호족 [28회]

신라 말 사회가 혼란해지면서 지방에서는 새로운 세력이 성장하였다. 그들은 해상 세력, 군진 세력, 토착 세력인 촌주, 낙향한 귀족 출신 등으로 성주 또는 장군이라 불리며 지방을 실질적으로 장악하였다.

(가) 인물에 대한 설명으로 옳은 것은? [3점]

> (가) 이/가 수도를 송악에서 철원으로 옮긴다고 밝혔습니다. 광평성 등 관서를 새로 설치한 데 이은 통치 체제 정비의 일환으로 보입니다. → 궁예

속보   철원, 도읍지로 결정

키워드 돋보기

수도를 송악에서 철원으로 옮김, 광평성을 통해 궁예임을 알아야 해요!

궁예는 신라 왕족 출신으로, **송악(개성)**을 도읍으로 삼고 **후고구려**를 건국하였어요. 이후 국호를 후고구려에서 **마진**으로 바꾸었고, 국정 총괄 기구인 **광평성**을 비롯한 여러 관서들을 설치하였어요. 그리고 수도를 송악에서 **철원**으로 옮기고, 국호를 다시 마진에서 **태봉**으로 바꾸었어요. 한편 궁예는 스스로를 **미륵불**이라 부르며 공포 정치를 전개하였으며, 지나치게 조세를 수취하여 신하들에 의해 왕위에서 쫓겨나게 되었어요.

① **우산국**을 복속하였다. → **지증왕**
   └ 지증왕은 장군 이사부를 보내 우산국(울릉도)을 복속하였어요.

② **백제 계승**을 내세웠다. → **견훤**
   └ 견훤은 백제 계승을 내세워 완산주(전주)에서 후백제를 건국하였어요.

③ 국호를 **태봉**으로 바꾸었다. → **궁예**
   └ 궁예는 나라의 이름인 국호를 후고구려에서 마진으로, 마진에서 태봉으로 바꾸었어요.

④ 중앙군으로 **9서당**을 설치하였다. → **신문왕**
   └ 신문왕은 중앙군으로 9서당을, 지방군으로 10정을 설치하였어요.

기출 포인트 더보기 후고구려

도읍	송악(마진으로 국호를 변경한 후 철원으로 천도)
성장	• 강원·경기도 일대 점령, 한강 유역까지 영토 확장 • 국호 변경('후고구려' → '마진' → '태봉') • 관제 정비(9관등제)
한계	• 지나친 수취 • 궁예의 미륵 신앙을 통한 전제 정치

11 고려 시대 · 귀주 대첩

정답 ③

(가)에 들어갈 내용으로 가장 적절한 것은? [2점]

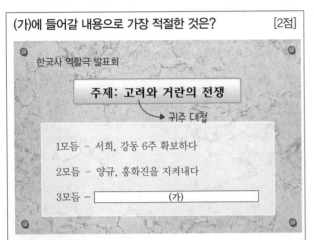

한국사 역할극 발표회

주제: 고려와 거란의 전쟁
→ 귀주 대첩

1모둠 – 서희, 강동 6주 확보하다

2모둠 – 양규, 흥화진을 지켜내다

3모둠 – _____ (가) _____

키워드 돋보기

고려와 거란의 전쟁을 통해 귀주 대첩임을 알아야 해요!

귀주 대첩은 고려 **현종** 때 전개된 **거란과의 항쟁**이에요. 당시 거란은 강동 6주의 반환을 요구하며 장수 소배압을 보내 고려를 세 번째로 침입하였는데, 이때 **강감찬**이 고려군을 이끌고 **귀주** 지역에서 거란의 대군에 승리하였어요.

① 김종서, 6진을 개척하다 → 여진에 대한 조선의 대응
  ∟ 조선 세종 때 김종서가 여진을 몰아내고 두만강 유역에 6진을 개척하였어요.

② 윤관, 동북 9성을 축조하다 → 여진에 대한 고려의 대응
  ∟ 고려 예종 때 윤관이 별무반을 이끌고 여진족을 정벌한 후, 그 지역에 동북 9성을 축조하였어요.

③ **강감찬, 귀주에서 승리하다** → 고려와 거란의 전투
  ∟ 고려 현종 때 강감찬이 귀주에서 거란군을 상대로 승리한 전투예요.

④ 김윤후, 충주성에서 적을 막아내다 → 고려와 몽골의 전투
  ∟ 고려 고종 때 몽골이 5차 침입하자, 당시 충주산성 방호별감이었던 김윤후가 충주성에서 백성들을 이끌고 몽골군을 격퇴한 전투예요.

기출 포인트 더보기 거란의 침입과 격퇴

1차 침입 (성종)	• 원인: 고려의 대거란 강경책 • 결과: 서희의 외교 담판으로 강동 6주 획득, 송과의 단교 및 거란과의 수교 약속
2차 침입 (현종)	• 원인: 고려가 거란과의 수교 회피, 강조의 정변 • 결과: 양규의 저항(흥화진 전투), 거란과 강화 체결
3차 침입 (현종)	• 원인: 고려의 강동 6주 반환 거부 • 결과: 강감찬이 귀주에서 거란 격퇴(귀주 대첩)

12 고려 시대 · 해동통보

정답 ④

(가)에 들어갈 화폐로 적절한 것은? [2점]

우리나라 화폐 특별전

제2관 고려 시대의 화폐

건원중보 — 뒷면에 동국이라는 한자가 새겨져 있다.

은병 — 은으로 만들어졌으며, 활구라고도 불렸다.

(가) — 숙종 때 의천의 건의로 주전도감에서 발행되었다.

해동통보

키워드 돋보기

고려 시대의 화폐, 숙종 때 주전도감에서 발행되었다는 것을 통해 해동통보임을 알아야 해요!

해동통보는 고려 숙종 때 화폐를 주조하기 위해 설치된 기관인 **주전도감에서 주조**된 화폐예요. 숙종은 의천의 건의로 주전도감을 설치하고 이곳에서 해동통보 등과 같은 화폐를 주조하였어요. 한편 개경 시내에 주점과 점포를 설치해 동전을 주고 상품을 거래하게 하여 화폐를 보급하려 하였으나, 예종 때에 이르러서는 해동통보를 비롯한 각종 동전의 유통이 중단되었어요.

① 명도전
  → 철기 시대의 중국 화폐
  ∟ 명도전은 중국의 화폐로, 철기 시대에 사용되었어요.

② 백동화
  → 근대 개항기의 화폐
  ∟ 백동화는 개항 이후 전환국에서 주조된 화폐예요.

③ 상평통보
  → 조선 후기의 화폐
  ∟ 상평통보는 조선 숙종 때 공식 화폐로 채택·주조되어 전국적으로 유통되었어요.

④ 해동통보
  → 고려 시대의 화폐
  ∟ 해동통보는 고려 숙종 때 주전도감에서 주조된 화폐예요.

13 | 고려 시대
만적의 난
정답 ③

다음 사건이 일어난 시기를 연표에서 옳게 고른 것은? [3점]

만적의 난 (1198)

만적이 개경의 북산에서 땔나무를 하다 노비들을 모아 놓고 다음과 같이 말했어요. "장군과 재상에 어찌 타고난 씨가 있겠는가? 때를 만나면 누구나 할 수 있다."

이에 동의한 노비들은 정(丁)자가 쓰인 종이를 증표로 나눠 가진 후 봉기하기로 약속했어요. 그러나 봉기가 실패할 것이 두려워진 노비 순정의 밀고로 만적 등 100여 명은 붙잡혀 죽임을 당했어요.

918	1009	1170	1351	1392
(가)	(나)	(다)	(라)	
고려 건국	강조의 정변	무신 정변	공민왕 즉위	조선 건국

키워드 돋보기

만적, 개경을 통해 만적의 난(1198)임을 알아야 해요!

고려 의종 때 **정중부** 등이 무신에 대한 차별 대우에 반발하여 **정변을 일으켜** 문신들을 제거하였어요(**무신 정변, 1170**). 이후 무신들이 정권을 장악해 권력을 행사하는 **무신 집권기**가 시작되었어요. 이 시기에 사회 혼란이 계속되어 다양한 농민과 하층민의 봉기가 곳곳에서 일어났어요. 특히 **최충헌** 집권기에 최충헌의 사노비였던 만적이 개경에서 노비들을 모아 **신분 해방**을 주장하며 반란을 도모하였으나, 사전에 들켜 실패하였어요(**만적의 난, 1198**).

① (가)

② (나)

③ (다)

└ 만적의 난은 최충헌 집권기인 1198년에 최충헌의 사노비였던 만적이 개경에서 노비들을 모아 신분 해방을 주장하며 반란을 도모하였으나, 실패한 사건이에요.

④ (라)

---

14 | 고려 시대
화통도감
정답 ③

(가)에 들어갈 기구로 옳은 것은? [2점]

처음 ___(가)___ 을 설치하였는데 판사 최무선의 말을 따른 것이다. 최무선이 원의 염초 기술자인 같은 마을 사람 이원을 잘 대우하여 그 기술을 물어보고, 아랫사람들에게 익히게 하여 시험해 본 후 왕에게 건의하여 설치한 것이다. ─『고려사』

화통도감

키워드 돋보기

최무선, 왕에게 건의하여 설치하였다는 것을 통해 화통도감임을 알아야 해요!

화통도감은 화포와 화약 제조를 담당하는 기구로, **최무선**의 건의로 고려 **우왕** 때 설치되었어요. 최무선은 원나라 사람으로부터 화약 제조 기술을 습득하고 화약 및 화포 개발에 성공하였어요. 이후 화통도감에서 여러 가지 화약이 생산되었으며, 이곳에서 만들어진 화약을 사용하여 최무선 등이 **진포 대첩**에서 왜구를 크게 물리쳤어요.

① **교정도감** → 고려 무신 정권기의 최고 권력 기구

└ 교정도감은 최충헌이 설치한 고려 무신 정권기의 최고 권력 기구로, 최충헌은 교정도감의 장관인 교정별감이 되어 국정 전반을 장악하였어요.

② **식목도감** → 고려 시대의 귀족 회의 기구

└ 식목도감은 고려 시대의 귀족 회의 기구로, 고위 관료들이 모여 법제와 격식 문제를 논의하였어요.

③ **화통도감** → 화포와 화약 제조를 담당한 기구

└ 화통도감은 고려 우왕 때 최무선의 건의로 설치된 기구로, 화포와 화약 제조를 담당하였어요.

④ **훈련도감** → 조선 후기의 중앙군

└ 훈련도감은 임진왜란 중 유성룡의 건의로 설치된 군사 조직으로, 조선 후기의 중앙군인 5군영 중 가장 먼저 설치되었어요.

기출 자료 더보기 최무선의 활동 [41·25회]

- 화통도감의 설치를 건의함
- 진포 싸움(진포 대첩)에서 왜구를 격퇴함
- 화약 제조법을 습득하고 화포를 제작함
- 전함 제조법을 연구함

15 | 고려 시대
강화 천도와 삼별초의 항쟁 사이의 사실 정답 ③

(가) 시기에 있었던 사실로 옳은 것은? [3점]

키워드 돋보기

• 강화도로 천도, 최우를 통해 강화 천도(1232)임을 알아야 해요!
• 항파두리성에서 끝까지 싸우자, 김통정을 통해 삼별초의 항쟁(1270~1273)임을 알아야 해요!

• 몽골의 1차 침입 이후 당시 고려의 집권자였던 **최우**는 몽골과의 장기 항전을 위해 수도를 개경에서 **강화도**로 옮겼어요. 이를 구실로 몽골이 고려에 2차 침입하였어요.
• 고려 정부가 몽골과 화의하고 개경으로 환도하자, **삼별초**는 진도에서 **제주도**로 옮겨 가며 **항파두리성**에서 끝까지 몽골에 맞서 싸웠으나 결국 고려·몽골의 연합군에 진압되었어요.

① 『삼국사기』가 편찬되었다. → 고려 문벌 귀족 집권기, 강화 천도 이전
  ┗ 고려 문벌 귀족 집권기에 김부식이 인종의 명을 받아 우리나라에서 현존하는 가장 오래된 역사서인 『삼국사기』를 편찬하였어요.

② 이자겸의 난이 일어났다. → 고려 문벌 귀족 집권기, 강화 천도 이전
  ┗ 고려 문벌 귀족 집권기인 인종 때 왕실의 외척이었던 이자겸이 난을 일으켰어요(1126).

③ 팔만대장경판이 제작되었다. → 고려 최씨 무신 정권기
  ┗ 고려 최씨 무신 정권기에 부처의 힘을 빌려 몽골의 침입을 극복하기 위해 팔만대장경판이 제작되었어요(1236~1251).

④ 묘청이 서경 천도를 주장하였다.
       → 고려 문벌 귀족 집권기, 강화 천도 이전
  ┗ 고려 문벌 귀족 집권기인 인종 때 묘청을 비롯한 서경 세력이 풍수지리설에 근거하여 서경 천도를 주장하였고, 천도에 실패하자 난을 일으켰어요(묘청의 난, 1135).

기출 포인트 더보기 | 몽골의 침입과 격퇴

1차 침입	• 몽골 사신 피살 사건을 구실로 고려에 침입 → 1차 침입 이후 최우가 강화도로 천도
2차 침입	김윤후가 처인성에서 몽골 장수 살리타 사살
3차 침입	• 황룡사 9층 목탑 소실 • 팔만대장경 조판 시작
5차 침입	김윤후가 충주성에서 몽골군 격퇴

16 | 고려 시대
일연 정답 ②

(가)에 들어갈 인물로 옳은 것은? [1점]

군위 인각사 보각국사비는 『삼국유사』를 저술한 (가) 의 행적을 기리기 위해 세운 것입니다. 비문에는 그의 출생부터 인각사에서 입적하기까지의 생애가 기록되어 있습니다.

키워드 돋보기

『삼국유사』를 저술하였다는 것을 통해 일연임을 알아야 해요!

일연은 고려의 승려로, 고려 **충렬왕** 때 역사서인 『삼국유사』를 저술하였어요. 『삼국유사』는 **불교사**를 중심으로 고대 민간 설화나 전래 기록 등을 수록하였으며, 단군을 우리 민족의 시조로 여겨 단군의 **고조선 건국 이야기**를 「기이」편에 실은 것이 특징이에요. 한편 군위 인각사는 일연이 입적한 곳으로, 이곳에 일연의 행적을 기리기 위해 보각국사비가 세워졌어요.

① 도선 → 풍수지리설 처음 도입
  ┗ 도선은 통일 신라의 승려로, 중국에서 유행한 풍수지리설을 처음 도입하였어요.

② 일연 → 『삼국유사』 저술
  ┗ 일연은 고려의 승려로, 불교를 중심으로 고대의 민간 설화 등을 수록한 『삼국유사』를 저술하였어요.

③ 의상 → 『화엄일승법계도』 저술
  ┗ 의상은 신라의 승려로, 화엄 사상의 요지를 담은 『화엄일승법계도』를 저술하여 화엄 사상을 정리하였어요.

④ 지눌 → 정혜쌍수 주장
  ┗ 지눌은 고려의 승려로, 불교계 개혁을 위해 정혜결사를 조직하고 선과 교를 함께 닦아야 한다는 정혜쌍수를 주장했어요.

17 통합 주제 | 과전법 제정 이후의 사실

정답 ③

다음 대화 이후에 있었던 사실로 옳은 것은? [2점]

며칠 전 도평의사사의 건의로 과전법이 제정되었다네.

나도 들었네. 경기 지역의 토지만을 대상으로 실시한다더군.

→ 과전법 제정 (1391)

키워드 돋보기

도평의사사의 건의로 과전법이 제정된 것이 1391년임을 알아야 해요!

과전법은 고려 말 **공양왕** 때 시행된 토지 제도로, 이 제도에 따라 전·현직 관리를 대상으로 **경기 지역에 한하여** 토지에 대한 수조권을 지급하였어요. 과전법은 **조준과 정도전** 등의 건의로 제정되었는데, 국가 재정을 확보하고 신진 사대부의 경제적 기반을 마련하기 위한 목적이 있었어요.

① 쌍성총관부가 설치되었다. → 원 간섭기, 과전법 실시 이전
└ 원 간섭기인 고려 고종 때 원(몽골)이 철령 이북 지역을 직접 통치하기 위해 쌍성총관부를 설치하였어요.

② 위화도 회군이 단행되었다. → 고려 말 우왕, 과전법 실시 이전
└ 고려 말 이성계는 우왕의 명으로 요동 정벌에 나섰으나, 요동 정벌에 반대하여 위화도에서 군대를 돌려 돌아온 후 권력을 장악하였어요.

③한양이 새로운 도읍으로 정해졌다. → 조선 건국, 과전법 실시 이후
└ 과전법 실시 이후인 1394년에 무학 대사의 의견에 따라 한양이 조선의 새로운 도읍으로 정해졌어요.

④ 화랑도가 국가적인 조직으로 개편되었다.
→ 신라 진흥왕, 과전법 실시 이전
└ 신라 진흥왕 때 청소년 수련 단체인 화랑도를 국가 조직으로 개편하였어요.

기출 포인트 더보기 | 고려의 멸망과 조선의 건국 과정

| 명의 철령위 설치 통고 | ▶ | 요동 정벌 단행 (우왕과 최영이 이성계 파견) | ▶ | 이성계가 위화도에서 회군 |

| ▶ | 우왕·창왕 폐위, 공양왕 옹립 | ▶ | 과전법 실시 | ▶ | 고려 멸망, 조선 건국 |

---

18 조선 전기 | 조선 시대의 과학 문화유산

정답 ④

(가)에 들어갈 스탬프로 적절하지 않은 것은? [1점]

과학의 날 기념

조선 시대 과학 문화유산 스탬프 투어

□ 문화유산을 돌아보고 스탬프를 찍어 보세요.

천상열차분야지도

수표

『칠정산』

(가)

키워드 돋보기

조선 시대 과학 문화유산에 대해 알아야 해요!

조선 시대에는 부국강병과 민생 안정을 위한 과학 기술이 크게 발전하여 많은 문화유산들이 제작되었어요. 먼저 조선 **태조** 때 고구려의 천문도를 바탕으로 별자리의 모습을 돌에 새긴 천문도인 **천상열차분야지도**가 제작되었어요. 또한 조선 세종 때는 한양을 기준으로 한 역법서인 **『칠정산』**이 편찬되고, 하천의 수위 변화를 측정하기 위해 제작한 **수표**, 강우량을 측정하는 **측우기**, 물시계인 **자격루**, 천체를 관측하는 **혼천의** 등이 발명되었어요.

①
측우기

→ 조선 시대의 과학 문화유산
└ 측우기는 강우량 측정 기구로, 조선 세종 때 처음 만들어져 조선 후기까지 제작되었어요.

②
자격루

→ 조선 시대의 과학 문화유산
└ 자격루는 자동으로 시간을 알려주는 장치를 갖추고 있는 물시계로, 조선 세종 때 최초로 만들어졌으며, 이후 중종 때 다시 제작되었어요.

③
혼천의

→ 조선 시대의 과학 문화유산
└ 혼천의는 천체의 운행과 위치를 측정하기 위해 만들어진 천체 관측 기구로, 세종 때 처음 만들어져 조선 후기까지 제작되었어요.

④
첨성대

→ 신라의 과학 문화유산
└ 첨성대는 신라의 과학 문화유산으로, 선덕 여왕 때 천문 관측을 위해 만들어졌어요.

19 | 조선 전기 | 양반 중심 향촌 질서의 확립 과정
정답 ④

다음 자료를 이용한 탐구 활동으로 가장 적절한 것은? [3점]

> 앞으로 우리 고을의 모든 선비가 인간 본성의 이치에 근거하고 나라의 가르침을 따라 집에서나 고을에서나 각기 사람의 도리를 다해 훌륭한 선비가 된다면, 따로 조목을 정해 권하거나 형벌을 쓰지 않아도 될 것이다. 그러나 이를 알지 못하여 예의를 침범하고 고을의 풍속을 해친다면, 이는 곧 하늘이 버린 백성이니 어찌 벌하지 않을 수 있겠는가. 이 점이 오늘날 향약을 세우는 이유이다.
>
> 「퇴계집」

양반 중심 향촌 질서의 확립 과정 ← 조선 전기

키워드 돋보기

향약을 세우는 이유, **「퇴계집」**을 통해 조선 전기에 일어난 양반 중심 향촌 질서의 확립 과정임을 알아야 해요!

조선 전기에는 성리학적 도덕 윤리를 강조하면서 **양반 중심의 신분 질서를 유지**하고자 하였어요. 이때 지방 양반들을 중심으로 구성된 향촌 자치적 성격의 기구인 **유향소**가 설치되었으며, 수령 감시 및 보좌, 풍속 교정 등의 기능을 수행하였어요. 또한 이 시기에는 농촌 사회의 안정을 지방 양반(지주)들이 **향약**을 시행하였어요. 향약은 조선 중종 때 사림파인 조광조의 주장으로 처음 시행되었고, 이후 퇴계 이황의 예안 향약, 율곡 이이의 해주 향약 등의 시행으로 널리 전파되었어요.

① 송상, 만상의 교역 물품을 조사한다. → **조선 후기**
   └ 조선 후기에는 개성의 송상, 의주의 만상 등은 인삼 등을 청나라와 교역하였어요.

② 연등회, 팔관회가 열린 배경을 살펴본다. → **고려 시대**
   └ 고려 시대에는 불교를 중시하여 불교와 관련된 국가적 행사인 연등회와 팔관회를 개최하였어요.

③ 향, 부곡, 소의 주민들이 받은 차별의 내용을 찾아본다.
   → **고려 시대**
   └ 고려 시대에는 특수 행정 구역으로 향·부곡·소가 있었으며, 이곳의 주민들은 일반 농민보다 더 많은 세금을 부담하는 등 차별을 받았어요.

④ 양반 중심의 향촌 자치 질서가 자리 잡는 과정을 알아본다.
   → **조선 전기**
   └ 조선 전기에는 유향소, 향약 등으로 양반 중심의 향촌 자치 질서가 자리 잡아가고 있었어요.

20 | 조선 전기 | 임진왜란 ✦✦
정답 ①

밑줄 그은 '이 전쟁' 중에 있었던 사실로 옳은 것은? [2점]

> 이 전쟁의 첫 전투 장면을 그린 부산진순절도입니다. 부산진 첨사 정발과 조선군이 조총을 앞세운 일본군의 침략에 맞서는 모습이 묘사되어 있습니다.

키워드 돋보기

부산진 첨사 정발, **일본군**을 통해 임진왜란임을 알아야 해요!

조선 선조 때 일본군이 조선을 침략하면서 **임진왜란이 발발**하였어요. 일본군이 부산을 침입한 직후 **부산진의 첨사 정발**과 동래부의 부사 송상현이 일본군의 침입에 맞서 항전하였으나 대패하였으며, 선조가 의주로 피난을 가는 등 불리한 전세가 지속되었어요.

① 권율이 행주산성에서 승리하였다. → **임진왜란**
   └ 임진왜란 때 권율이 행주산성에서 일본군을 상대로 크게 승리하였어요.

② 어재연이 광성보에서 항전하였다. → **신미양요**
   └ 신미양요 때 어재연이 이끄는 조선 수비대가 광성보에서 미군에 항전하였어요.

③ 이종무가 쓰시마 섬을 정벌하였다. → **세종 재위 시기**
   └ 조선 세종 때 이종무가 왜구의 소굴이었던 쓰시마 섬(대마도)을 정벌하였어요.

④ 인조가 남한산성으로 피란하였다. → **병자호란**
   └ 조선 인조 때 청의 침략으로 병자호란이 일어나 수도 한양이 점령당하자, 인조는 남한산성으로 피란하였어요.

기출 포인트 더보기 | 왜란의 전개 과정

왜군의 북상	부산진·동래성 전투와 충주 탄금대 전투(신립)에서 조선군 패배 → 선조가 의주로 피난, 명나라에 원군 요청
조선의 반격	옥포 해전·한산도 대첩(이순신)에서 승리, 곽재우·정문부 등 의병의 활약 → 진주 대첩(김시민) 승리, 조·명 연합군의 평양성 탈환, 행주 대첩(권율) 승리
휴전 협상	전세가 불리해진 일본이 휴전을 제의하여 명과 휴전 협상 진행
정유재란	• 휴전 협상 결렬: 휴전 협상이 결렬되면서 왜군이 재침입 • 이순신이 명량 대첩·노량 해전에서 승리

(가) 문화유산에 대한 설명으로 옳은 것은?　　　[2점]

저는 지금 (가) 의 정문인 광화문 앞에 와 있습니다. 여기 계단부터 문 앞까지의 공간은 광화문 월대입니다. 중건 기록, 사진, 발굴 조사 등을 종합하여 최근 복원되었습니다.　→ 경복궁

키워드 돋보기

정문인 광화문을 통해 경복궁임을 알아야 해요!

경복궁은 태조 때 한양으로 천도하면서 지어진 **조선의 정궁**(임금이 정무를 보고 생활하는 궁궐)이에요. 경복궁의 다양한 건물 중 광화문은 경복궁의 **정문**으로, 조선 왕실과 국가의 권위를 대변하는 문이에요. 또한 **경회루**는 경복궁 내부의 연못에 만들어진 누각으로, 외국 사신의 접대나 연회를 베풀던 장소였어요.

① 근정전을 정전으로 하였다.　→ 경복궁
　└ 경복궁은 국가의 중대한 의식을 거행하던 장소인 근정전을 정전으로 하였어요.

② 몽골의 침략으로 소실되었다.　→ 황룡사 구층 목탑
　└ 황룡사 구층 목탑은 몽골의 3차 침입 때 소실되었어요.

③ 정조의 명에 의해 축조되었다.　→ 규장각
　└ 규장각은 왕실 도서관이자 비서실 업무를 수행하는 기관으로, 정조의 명에 의해 축조되었어요.

④ 역대 왕과 왕비의 신주를 모셨다.　→ 종묘
　└ 종묘는 역대 왕과 왕비의 신주를 모시고 제사 지낸 사당이에요.

기출 포인트 더보기　경복궁의 주요 건물

근정전	• 경복궁의 정전 • 국가의 중대한 의식을 거행하던 장소 • 정도전이 이름을 지음
광화문	• 경복궁의 정문 • 조선 왕실과 국가의 권위를 대변하는 문
경회루	• 경복궁 내부의 연못에 만들어진 누각 • 외국 사신의 접대나 연회를 베풀던 장소

(가)에 들어갈 인물로 옳은 것은?　　　[1점]

이곳은 신사임당과 그의 아들 (가) 이/가 살았던 오죽헌입니다. 신사임당은 시와 그림에 뛰어나 많은 작품을 남겼으며, (가) 은/는 조선의 대표적인 유학자로 『동호문답』, 『성학집요』 등을 저술하였습니다.　이이 ←

키워드 돋보기

오죽헌, 『동호문답』, 『성학집요』를 통해 이이임을 알아야 해요!

율곡 이이는 조선 전기의 여성 화가인 **신사임당의 아들**로, 강릉에 있는 **오죽헌**에서 태어났어요. 성인이 되어서는 관직에 나아가 정치가로 활동하며, 선조에게 군주가 수양해야 할 덕목과 지식을 담은 **『성학집요』**을 바쳐 현명한 신하가 왕의 수양을 도와주어야 한다고 주장하였어요. 또한 여러 개혁 방안을 문답 형식으로 묶은 **『동호문답』**을 저술하여 현실적인 개혁 방안을 제시하였어요.

① 이이　→ 『동호문답』, 『성학집요』 저술
　└ 이이는 조선 전기의 대표적인 성리학자로, 『동호문답』, 『성학집요』 등을 저술하였어요.

② 조식　→ 학문의 실천성 강조
　└ 조식은 조선 전기의 대표적인 성리학자로, 경과 의를 근본으로 하는 학문의 실천성을 강조하였어요.

③ 송시열　→ 서인의 영수로 활약
　└ 송시열은 조선 후기에 서인의 영수(지도자)로 활약하였으며, 숙종 때 희빈 장씨의 아들을 원자로 정하는 것에 반대하다가 제거되었어요(기사환국).

④ 홍대용　→ 지전설·무한 우주론 주장
　└ 홍대용은 조선 후기의 중상학파 실학자로, 과학 사상가로도 활동하며 지전설과 무한 우주론을 주장하였어요.

기출 자료 더보기　율곡 이이

• 주기론 주장, 서인에 영향을 줌
• 공물을 쌀로 받는 방안인 수미법을 제안
• 해주 향약을 실시
• 『성학집요』, 『격몽요결』, 『동호문답』 등을 저술

23 조선 후기 | 홍경래의 난
정답 ②

밑줄 그은 '봉기'에 대한 설명으로 옳은 것은? [2점]

키워드 돋보기

홍경래 등이 주도한 것과 관군이 정주성으로 몰려오고 있다는 것을 통해 홍경래의 난임을 알아야 해요!

홍경래의 난은 세도 정치 시기에 몰락 양반인 홍경래 등이 **서북인(평안도 지역 사람)에 대한 차별** 대우에 반발하여 일으킨 사건이에요. 평안도 지역은 예전부터 차별을 받아 이 지역 사람들은 '평안도 놈'이라 불리며 천시를 받았고 세도 정치 시기에는 관리들로부터 더욱 심한 수탈을 받았어요. 이에 **홍경래** 등이 주도하여 봉기를 일으켜 **청천강 이북 지역을 거의 장악**하였으나, **결국 관군에게 진압**되며 홍경래의 난은 실패로 끝났어요.

① 전개 과정에서 **집강소가 설치되었다.** → 동학 농민 운동
 └ 동학 농민 운동 때 전주 화약이 체결된 이후, 동학 농민군은 집강소를 설치하여 폐정 개혁을 추진하였어요.

②**서북 지역민에 대한 차별이 원인이 되었다.** → 홍경래의 난
 └ 홍경래의 난은 몰락 양반인 홍경래를 중심으로 서북 지역민(평안도 지역 사람)에 대한 차별 대우에 반발하여 일어났어요.

③ 흥선 대원군이 재집권하는 결과를 가져왔다. → 임오군란
 └ 임오군란이 점차 거세지자, 사태 수습을 위해 흥선 대원군이 재집권하였어요.

④ 사태 수습을 위해 박규수가 안핵사로 파견되었다.
 → 임술 농민 봉기
 └ 임술 농민 봉기가 전국으로 확산되자, 사태를 수습하기 위해 박규수가 안핵사로 파견되었어요.

기출 포인트 더보기 | 홍경래의 난

시기	세도 정치 시기(순조, 1811)
배경	• 농민·상공업자에 대한 탐관오리의 수탈 심화 • 평안도 지역에 대한 차별 대우
전개	• 홍경래의 지휘 아래 영세 농민, 중소 상인, 광산 노동자들이 합세 → 지방 차별 타파 주장 • 평안도 가산과 곽산 일대에서 봉기 → 청천강 이북 지역 대부분 장악 • 관군에 의해 5개월 만에 진압

24 조선 전기 | 봉수 제도
정답 ①

다음 장면에 나타난 제도로 가장 적절한 것은? [1점]

키워드 돋보기

두 개의 불이 피어오른 것을 통해 봉수 제도임을 알아야 해요!

봉수 제도는 조선 시대에 낮에는 연기, 밤에는 횃불로 위급한 상황을 중앙에 알리던 **군사 통신 제도**예요. 봉수대에서 신호를 보내는 방식은 불꽃이나 연기의 숫자로 결정하였으며, 평상시에는 한 개, 적이 출현하면 두 개, 가까이 오면 세 개, 국경을 돌파하면 네 개, 전투가 벌어지면 다섯 개의 봉수를 올리도록 하였어요. 한편 국방에 관한 일을 맡아 했던 관청인 **병조**에서는 매일 새벽 봉수 상황을 왕에게 보고하였어요.

①봉수 제도 → 군사 통신 제도
 └ 봉수 제도는 낮에는 연기, 밤에는 횃불을 피워 위급한 소식을 중앙에 알리던 군사 통신 제도예요.

② 역참 제도 → 교통 통신 제도
 └ 역참 제도는 중앙과 지방 사이의 명령을 전달하기 위해 설치된 교통 통신 제도예요.

③ 조운 제도 → 배를 이용해 조세를 운반한 제도
 └ 조운 제도는 나라에서 거둔 세(조세)를 배에 실어 강이나 바다를 통해 중앙으로 운반하던 제도예요.

④ 파발 제도 → 통신 제도
 └ 파발 제도는 중요한 문서나 위급한 소식을 사람이 직접 뛰거나 말을 타고 가서 소식을 전달하도록 한 통신 제도예요.

(가)에 들어갈 책으로 옳은 것은? [2점]

(가) 은/는 조선 왕조가 유교 윤리 정착을 위해 효자, 충신, 열녀의 이야기를 엮어 편찬한 책으로, 성종 때에는 그 내용을 한글로 풀이하여 보급하였습니다.

이달의 책 → 『삼강행실도』

〈석진단지〉
아버지의 병을 고치기 위해 자신의 손가락을 자른 석진의 이야기

키워드 돋보기

유교 윤리 정착을 위해 충신, 열녀의 이야기를 엮어 편찬한 책을 통해 『삼강행실도』임을 알아야 해요!

『삼강행실도』는 조선 세종 때 유교 윤리를 보급하기 위해 편찬된 윤리서로, 백성들에게 모범이 될 만한 충신, 효자, 열녀의 이야기를 소개한 책이에요. 글과 그림으로 되어 있어 글을 모르는 사람도 이해할 수 있기 때문에 백성들이 유교 윤리를 쉽게 익힐 수 있었어요. 또한 조선 성종 때 한글로 『삼강행실도』의 내용을 풀어서 보급하였어요.

① 『동의보감』 → 광해군 때 편찬된 의학서
 └『동의보감』은 광해군 때 허준이 전통 한의학을 정리해 편찬한 의학서예요.

② 『목민심서』 → 정약용의 저술
 └『목민심서』는 조선 후기 실학자 정약용의 저술로, 지방관이 지켜야 할 덕목을 제시하였어요.

③ 『삼강행실도』 → 세종 때 편찬된 윤리서
 └『삼강행실도』는 조선 세종 때 모범이 될만한 충신·효자·열녀 등의 행적을 글과 그림으로 설명한 윤리서예요.

④ 『조선경국전』 → 태조 이성계 때 편찬된 법전
 └『조선경국전』은 태조 이성계 때 정도전이 저술한 법전으로, 재상 중심의 정치를 주장하였어요.

밑줄 그은 '이 시기'의 경제 상황으로 가장 적절한 것은? [2점]

박지원의 『열하일기』에는 허생을 주인공으로 한 소설이 수록되어 있어요. 허생이 매점매석으로 큰 이익을 거두는 장면 등에서 소설이 집필된 이 시기 사회 현실에 대한 저자의 비판 의식을 엿볼 수 있어요.

→ 조선 후기

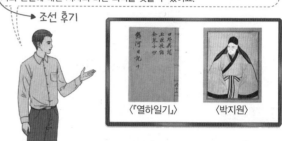

〈『열하일기』〉   〈박지원〉

키워드 돋보기

박지원의 『열하일기』를 통해 조선 후기임을 알 수 있어요!

조선 후기에는 도고가 물건을 매점매석하여 가격을 폭등시키고 큰 이익을 취하는 폐단이 발생하기도 하였어요. 이에 박지원은 『열하일기』에 허생의 이야기를 수록하여 매점매석을 비판하였어요.

① 동시전이 설치되었다. → 신라
 └ 신라 지증왕 때 수도 경주에 시장을 감독하는 관청인 동시전이 설치되었어요.

② 솔빈부의 말이 특산물로 수출되었다. → 발해
 └ 발해는 목축이 발달하여 솔빈부의 말이 특산물로 수출되었어요.

③ 벽란도가 국제 무역항으로 번성하였다. → 고려 시대
 └ 고려 시대에는 예성강 하구에 위치한 벽란도가 국제 무역항으로 번성하였어요.

④ 관청에 물품을 조달하는 공인이 활동하였다. → 조선 후기
 └ 조선 후기에는 대동법의 시행으로 관청에 물품을 조달하는 상인인 공인이 활동하였어요.

기출 선택지 더보기 조선 후기의 경제 상황

• 공인이 관청에 물품을 조달하였다. [66·64·63·61회]
• 정기 시장인 장시가 전국 각지에서 열렸어요. [64·58회]
• 송상이 각지에 송방이라는 지점을 설치했어요. [64회]
• 모내기법이 전국적으로 확산되었다. [66·61·57·55회]
• 고추와 담배가 상품 작물로 재배되었다. [66·63·57회]
• 상평통보가 유통되었다. [67·63·57회]

27 | 영조

조선 후기

정답 ②

(가) 왕에 대한 설명으로 옳은 것은? [2점]

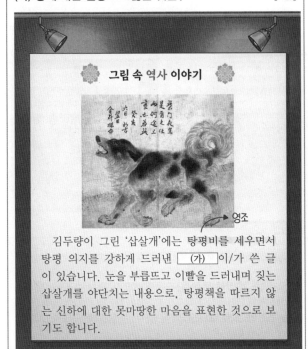

그림 속 역사 이야기

김두량이 그린 '삽살개'에는 탕평비를 세우면서 탕평 의지를 강하게 드러낸 ＿＿＿(가)＿＿＿ 이/가 쓴 글이 있습니다. 눈을 부릅뜨고 이빨을 드러내며 짖는 삽살개를 야단치는 내용으로, 탕평책을 따르지 않는 신하에 대한 못마땅한 마음을 표현한 것으로 보기도 합니다.

키워드 돋보기

탕평비를 세웠다는 것을 통해 영조임을 알아야 해요!

영조는 즉위 이후 붕당 간의 대립을 완화시키기 위하여 **탕평 정치**를 전개하였어요. 이에 각 붕당의 인재를 고루 등용하는 탕평책을 적극적으로 실시하였으며, 붕당의 폐해를 일깨우기 위해 성균관 앞에 **탕평비**를 세웠어요.

① 규장각을 설치하였다. → 정조
　└ 정조는 왕실 도서관이자 학문 연구 기관으로 규장각을 설치하였어요.

②균역법을 실시하였다. → 영조
　└ 영조는 백성들의 군역 부담을 줄이기 위하여 군포를 2필에서 1필로 줄이는 균역법을 실시하였어요.

③ 비변사를 폐지하였다. → 고종 때 흥선 대원군
　└ 고종 때 흥선 대원군은 왕권 강화를 위해 세도 정치기 외척의 권력 기반이었던 비변사를 폐지하였어요.

④ 훈민정음을 창제하였다. → 세종
　└ 세종은 한자를 알지 못하는 백성들을 위해 훈민정음(한글)을 창제하였어요.

기출 선택지 더보기 영조

• **탕평책**을 실시하였다. [67회]
• 『**속대전**』을 편찬하였다. [67·50회]
• **탕평비**를 건립하였다. [66·58·57·55회]
• **균역법**을 실시하였다. [69·61·52회]

---

28 | 사림의 성장과 붕당 정치의 전개

통합 주제

정답 ④

(가)~(다) 학생이 발표한 내용을 일어난 순서대로 옳게 나열한 것은? [3점]

사림의 성장과 붕당 정치의 전개

희빈 장씨 소생의 원자 책봉 문제를 둘러싸고 환국이 발생하여 남인이 권력을 장악하였습니다. → 기사환국 (숙종)

효종이 죽은 후 자의 대비가 상복을 입는 기간을 두고 서인과 남인 사이에 예송이 발생하였습니다. → 기해예송 (1차 예송, 현종)

조광조가 주도한 개혁에 불만을 품은 훈구 세력에 의해 사화가 발생하였습니다. → 기묘사화 (중종)

(가)　(나)　(다)

키워드 돋보기

- (가) **희빈 장씨** 소생의 원자 책봉 문제를 둘러싸고 일어난 환국을 통해 **기사환국(숙종)**임을 알아야 해요!
- (나) **효종**이 죽은 후 자의 대비가 상복을 입는 기간을 통해 **기해예송(1차 예송, 현종)**임을 알아야 해요!
- (다) **조광조**와 훈구 세력에 의해 사화가 발생하였다는 것을 통해 **기묘사화(중종)**임을 알아야 해요!

- (가) **기사환국**은 숙종 때 희빈 장씨의 아들을 세자로 책봉하기 위해 명호를 **원자**로 정하는 문제로 발생하였어요. 이로 인해 서인이 축출되고 **남인**이 권력을 장악하였으며, 왕비였던 **인현 왕후**가 폐위되고 **희빈 장씨가 왕비**로 책봉되었어요.
- (나) **기해예송**은 현종 때 효종의 사망 후 자의 대비(인조의 계비)의 상복착용 기간을 두고 발생하였어요. 이때 서인은 1년복(기년복)을, 남인은 3년복을 주장하였으며, 서인의 주장이 받아들여졌어요.
- (다) **기묘사화**는 조선 중종 때 훈구에 의해 **조광조**를 포함한 **사림 세력**이 제거된 사건이에요. 조광조가 **위훈 삭제**(중종반정 때 부당하게 공신이 된 자들의 공훈을 삭제) 등의 **급진적 개혁**을 주장하자, 이에 반발한 훈구 세력이 기묘사화를 일으켜 조광조와 그를 따르던 사림 세력을 제거하였어요.

① (가) – (나) – (다)
② (가) – (다) – (나)
③ (나) – (가) – (다)
④(다) – (나) – (가)
　└ 순서대로 나열하면 (다) 기묘사화(중종) – (나) 기해예송(현종) – (가) 기사환국(숙종)이 돼요.

29 | 근대
 갑신정변 이후의 사실
정답 ②

밑줄 그은 '정변' 이후에 있었던 사실로 옳은 것은? [2점]

> ### 역사 신문
>
> 제△△호   ○○○○년 ○○월 ○○일
>
> #### 개화당 정부, 무너지다
> → 갑신정변(1884. 10.)
> 어제 구성된 개화당 정부가 하루 만에 청군의 개입으로 붕괴하였다. 새 정부를 구성하고 개혁 정강을 발표하였던 김옥균, 박영효, 서재필 등은 현재 일본 공사를 따라 일본 공사관으로 피신해 있는 것으로 알려졌다. 우정국 개국 축하연에서의 소동으로 시작된 정변은 이로써 3일 만에 막을 내리게 되었다.

키워드 돋보기

개화당 정부, 우정국 개국 축하연에서의 소동을 통해 갑신정변(1884. 10.)임을 알아야 해요!

갑신정변은 김옥균, 박영효, 서재필 등의 급진 개화파가 우정국 개국 축하연을 이용해 일으킨 사건이에요. 집권 세력이었던 민씨 일파를 제거하고 정권을 장악한 이들은 **개화당 정부**를 수립하고 개혁 정책을 담은 **14개조 혁신 정강을 발표**하였으나, 청군의 개입으로 3일 만에 실패로 끝났어요.

① 임오군란이 일어났다. → 1882년
  └ 1882년에 신식 군대인 별기군과의 차별로 불만이 쌓인 구식 군인들이 임오군란을 일으켰어요.

②(한성 조약이 체결되었다. → 1884년 11월
  └ 갑신정변 이후인 1884년 11월에 조선은 일본과 한성 조약을 체결하여 일본에 배상금을 지불하고, 일본 공사관 신축 비용을 부담하였어요.

③ 통리기무아문이 설치되었다. → 1880년
  └ 1880년에 조선 정부의 개화 정책을 총괄하는 기구로 통리기무아문이 설치되었어요.

④ 제너럴셔먼호 사건이 발생하였다. → 1866년
  └ 1886년에 미국 상선 제너럴셔먼호가 평양까지 들어와 통상을 요구하며 횡포를 부렸다가, 평양 관민에 의해 불타 침몰한 제너럴셔먼호 사건이 발생하였어요.

기출 사료 더보기   갑신정변 [30회]

일본이 어찌 조선을 위해 충직한 정성으로 힘써 돕겠는가? …… 사실은 조선과 청 양국의 악감정을 도발하여 이익을 취한 것이다. 개화당은 이와 같은 일본인의 꾀를 알지 못하고 일본의 힘을 빌려 갑신정변을 일으켰다가 실패하였다. 만약 일본이 진정 돕고자 했다면 김옥균을 위해 군함을 보내기로 약속하고 배신하였겠는가? 이야말로 높은 곳에 오르라고 권하고 나서 사다리를 치우는 것과 같다.

---

30 | 근대
 갑오개혁
정답 ②

(가)에 들어갈 내용으로 옳은 것은? [1점]

> 올해 130주년을 맞는 (가) 의 역사적 의미를 살펴보고자 합니다. 먼저 사회 분야의 개혁에 대한 의견을 말씀해 주세요.
>
> 노비제와 연좌제 등을 폐지한 근대적 개혁으로서 큰 의미가 있습니다. → 갑오개혁
>
> 하지만 백정 등에 대한 제도적, 사회적 차별이 여전히 남아 있었다는 점도 주목해야 합니다.

키워드 돋보기

노비제와 연좌제 등을 폐지를 통해 갑오개혁임을 알아야 해요!

갑오개혁은 2차례에 걸쳐 추진되었어요. 먼저 제1차 갑오개혁 때 공·사 노비제와 연좌제 등을 폐지하고, 과부의 재가를 허용하였어요. 이때 **신분제가 법적으로 폐지**되었으나, 여전히 백정에 대한 제도적, 사회적 차별은 남아 있었어요. 이후 제2차 갑오개혁 때 교원 양성을 위해 한성 사범 학교가 설립되었고, 재판소를 설치해 사법권을 독립시켰어요.

① 3·1 운동 → 1919년에 발생한 만세 운동
  └ 3·1 운동은 1919년에 각계각층의 전 국민이 동참한 만세 운동이에요.

②(갑오개혁 → 1894년~1895년에 추진된 개혁
  └ 갑오개혁은 1894년부터 1895년에 추진된 개혁으로, 정치, 경제, 사회 전반에서 다양한 개혁 정책을 추진하였어요.

③ 광무개혁 → 대한 제국 시기에 추진된 개혁
  └ 광무개혁은 대한 제국 시기에 구본신참을 원칙으로 실시된 개혁이에요.

④ 아관 파천 → 고종이 러시아 공사관으로 거처를 옮긴 사건
  └ 아관 파천은 을미사변 이후 신변의 위협을 느낀 고종이 러시아 공사관으로 거처를 옮긴 사건이에요.

31 | 통합 주제 | 이승훈
정답 ③

다음 인물에 대한 설명으로 옳은 것은? [3점]

역사 인물 카드

이승훈

- 생몰: 1864년~1930년
- 호: 남강
- 주요 활동
  - 신민회 결성에 참여함
  - 민족 대표 33인 중 한 명으로 기미 독립 선언에 참여함
  - 민립 대학 설립 운동을 전개함

키워드 돋보기

이승훈에 대해 알아야 해요!

이승훈은 근대와 일제 강점기의 독립운동가이자 교육가로, **신민회 결성**에 참여하였고 민족 교육을 위해 평북 **정주**에 **오산 학교**를 설립하였어요. 3·1 운동 당시 민족 **대표 33인** 중 기독교 대표로 활동하여 **기미 독립 선언**에 참여하였고, 고등 교육 기관 설립을 위해 **민립 대학 설립 운동**을 전개하였어요.

① 상하이 훙커우 공원에서 의거를 일으켰다. → 윤봉길
  └ 윤봉길은 한인 애국단 단원으로, 중국 상하이 훙커우 공원에서 폭탄을 투척하는 의거를 일으켰어요.

② 평양 을밀대 지붕에서 고공 농성을 벌였다. → 강주룡
  └ 강주룡은 평양 평원 고무 공장 노동자로, 평양 을밀대 지붕 위에 올라가 고공 농성을 벌였어요.

③ 오산 학교를 설립하여 인재 양성에 힘썼다. → 이승훈
  └ 이승훈은 평북 정주에 오산 학교를 설립하여 인재 양성에 힘썼어요.

④ 헤이그 만국 평화 회의에 특사로 파견되었다.
  → 이상설, 이준, 이위종
  └ 이상설, 이준, 이위종은 을사늑약의 부당함을 알리고자 네덜란드 헤이그에서 열린 만국 평화 회의에 특사로 파견되었어요.

32 | 일제 강점기 | 대한 광복회
정답 ②

(가)에 해당하는 단체로 옳은 것은? [2점]

오늘 이곳 대구 복심 법원에서 박상진에 대한 판결이 내려질 예정입니다. 그는 지난 1915년 비밀 결사인 (가) 을/를 조직하고, 독립 전쟁 자금 모금과 친일 부호 처단을 주도하다 1918년 체포된 바 있습니다. → 대한 광복회

키워드 돋보기

박상진, 독립 전쟁 자금 모금과 친일 부호 처단을 통해 대한 광복회임을 알아야 해요!

대한 광복회는 박상진 등이 1915년 대구에서 조직한 비밀 결사 운동 단체로, 1910년대에 국내에서 활동한 항일 독립운동 단체예요. 이 단체는 군주 정치가 아닌 **공화 정치**를 목표로 하였어요. 또한 독립군 양성을 위한 **군자금 모금**과 **친일 부호 처단** 등의 활동을 하였어요. 그러나 1918년에 주요 인물들이 체포되어 조직이 와해되었어요.

① 의열단 → 김원봉이 조직한 의열 단체
  └ 의열단은 김원봉이 만주 지린(길림)에서 조직한 의열 단체로, 식민 통치 기관 파괴와 일제의 주요 요인 처단을 목표로 하였어요.

② 대한 광복회 → 1910년대 대구에서 조직된 독립운동 단체
  └ 대한 광복회는 1910년대 대구에서 총사령관 박상진을 중심으로 조직된 비밀 결사 단체로, 군자금 모집과 친일 부호 처단 등의 활동을 전개하였어요.

③ 독립 의군부 → 임병찬이 조직한 독립운동 단체
  └ 독립 의군부는 임병찬이 고종의 밀명을 받아 1912년에 조직한 국내 비밀 결사 단체예요.

④ 대한인 국민회 → 미주 지역에서 조직된 독립운동 단체
  └ 대한인 국민회는 미주 지역에 있던 한인 단체를 통합하여 결성된 독립운동 단체예요.

기출 포인트 더보기 1910년대 국내 독립운동 단체

독립 의군부	• 조직: 고종의 밀명에 따라 임병찬이 조직 • 특징: 복벽주의(왕정 복고) 표방 • 활동: 조선 총독부에 국권 반환 요구서를 전송하려 함
대한 광복회	• 조직: 박상진이 주도하여 대구에서 조직 • 특징: 공화 정체의 국민 국가 수립 목표 • 활동: 군자금 모금, 친일파 처단, 국외 독립군 기지 건설

33 | 정미의병

정답 ②

(가) 의병에 대한 설명으로 옳은 것은? [2점]

역사 뮤지컬

총을 들어 의(義)를 외치다

"일본의 노예로 사느니, 끝까지 싸우다 죽겠소."

→ 정미의병

1907년 고종의 강제 퇴위, 군대 해산에 반발하여 [(가)]이/가 일어났습니다. 의(義)를 외치며 일어난 사람들과 그들의 목소리를 세상에 알린 기자 매켄지의 이야기를 뮤지컬로 만나 보세요.

■ 일시: 2024년 ○○월 ○○일 18시
■ 장소: △△ 아트홀

키워드 돋보기

고종의 강제 퇴위, 군대 해산에 반발을 통해 정미의병임을 알아야 해요!

정미의병은 일본이 1907년 고종을 강제로 퇴위시키고 한·일 신협약(정미 7조약)을 체결한 뒤, 부속 밀약을 통해 대한 제국의 군대를 강제로 해산시키자 이에 반발하여 일어났어요. 정미의병은 해산된 군인들의 합류로 군사력이 강화되었다는 특징이 있어요.

① 최익현이 주도하였다. → 을사의병
  └ 최익현은 을사의병을 주도하였다가, 쓰시마 섬(대마도)에 유배되었어요.

②13도 창의군을 결성하였다. → 정미의병
  └ 정미의병 당시 이인영, 허위 등이 의병 연합 부대인 13도 창의군을 결성하여 서울 진공 작전을 전개하였어요.

③ 백산에서 4대 강령을 발표하였다. → 동학 농민군
  └ 제1차 동학 농민 운동 때 동학 농민군이 백산에 집결하여 4대 강령을 발표하였어요.

④ 제물포 조약이 체결되는 계기가 되었다. → 임오군란
  └ 임오군란의 결과 조선과 일본 사이에 제물포 조약이 체결되어 조선 정부가 일본 정부에 배상금을 지불하고, 일본 공사관에 일본 경비병이 주둔하는 것을 허용하였어요.

34 | 일제 강점기 독립군의 활동

정답 ①

(가)~(다)를 일어난 순서대로 옳게 나열한 것은? [3점]

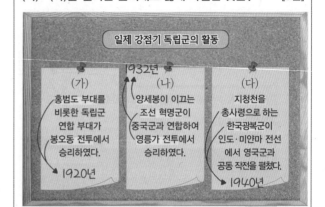

일제 강점기 독립군의 활동

1932년

(가)
홍범도 부대를 비롯한 독립군 연합 부대가 봉오동 전투에서 승리하였다.
1920년

(나)
양세봉이 이끄는 조선 혁명군이 중국군과 연합하여 영릉가 전투에서 승리하였다.

(다)
지청천을 총사령으로 하는 한국광복군이 인도·미얀마 전선에서 영국군과 공동 작전을 펼쳤다.
1940년

키워드 돋보기

(가) 홍범도 부대, 봉오동 전투를 통해 1920년임을 알아야 해요!
(나) 양세봉, 조선 혁명군, 영릉가 전투를 통해 1932년임을 알아야 해요!
(다) 지청천을 총사령, 한국광복군을 통해 1940년임을 알아야 해요!

(가) 1920년에 홍범도가 이끄는 대한 독립군을 중심으로 한 독립군 연합 부대는 일본군을 상대로 봉오동에서 큰 승리를 거두었어요(봉오동 전투).
(나) 1932년에 총사령관 양세봉을 중심으로 활동한 조선 혁명군은 조선 의용군과 연합하여 영릉가 전투에서 일본군을 상대로 크게 승리하였어요.
(다) 1940년에 충칭에서 지청천을 총사령관으로 하여 창설된 한국광복군은 태평양 전쟁이 일어나자 연합군의 일원으로 참전하여 영국군과 함께 미얀마·인도 전선에서 활동(1943)하였어요.

①(가) - (나) - (다)
  └ 순서대로 나열하면 (가) 1920년 - (나) 1932년 - (다) 1940년이 돼요.

② (가) - (다) - (나)

③ (나) - (가) - (다)

④ (다) - (나) - (가)

35 근대 | 안중근

정답 ①

(가) 인물에 대한 설명으로 옳은 것은? [2점]

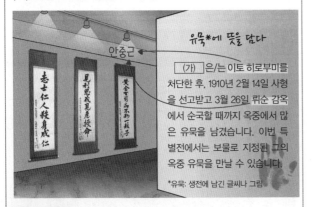

유묵*에 뜻을 담다

안중근

[(가)]은/는 이토 히로부미를 처단한 후, 1910년 2월 14일 사형을 선고받고 3월 26일 뤼순 감옥에서 순국할 때까지 옥중에서 많은 유묵을 남겼습니다. 이번 특별전에서는 보물로 지정된 그의 옥중 유묵을 만날 수 있습니다.

*유묵: 생전에 남긴 글씨나 그림

키워드 돋보기

이토 히로부미를 처단, 뤼순 감옥을 통해 안중근임을 알아야 해요!

안중근은 대한 제국 말에 활동한 독립운동가로, 1909년 만주 **하얼빈역**에서 초대 통감이었던 **이토 히로부미를 처단**하였어요. 그는 이토 히로부미를 처단한 직후 체포되어 중국 **뤼순(여순) 감옥**에 수감되었어요. 안중근은 뤼순 감옥에 수감되어 『동양평화론』을 집필하던 중 순국하였어요.

① 『동양평화론』을 저술하였다. → 안중근
ㄴ 안중근은 뤼순 감옥에 수감되어 『동양평화론』을 집필하던 중 순국하였어요.

② 한인 애국단을 조직하였다. → 김구
ㄴ 김구는 침체된 대한민국 임시 정부의 활동에 활기를 불어넣기 위해 한인 애국단을 조직하였어요.

③ 「조선혁명선언」을 작성하였다. → 신채호
ㄴ 신채호는 의열단의 행동 강령인 「조선혁명선언」을 작성하였어요.

④ 청산리 전투를 승리로 이끌었다. → 김좌진
ㄴ 김좌진은 북로 군정서의 총사령관으로, 청산리 전투를 승리로 이끌었어요.

기출 포인트 더보기 | 국권 피탈 이전의 항일 의거 활동

장인환, 전명운	미국 샌프란시스코에서 친일 외교 고문인 스티븐스를 사살함 (1908)
안중근	만주 하얼빈 역에서 초대 통감인 이토 히로부미를 사살함(1909)
이재명	서울 명동 성당 앞에서 이완용을 습격하여 중상을 입힘(1909)

---

36 통합 주제 | 여운형

정답 ②

다음 퀴즈의 정답으로 옳은 것은? [2점]

한국사 퀴즈 대회

제시된 힌트를 종합하여 알 수 있는 인물은 누구일까요?

1단계	신한청년당을 결성하였다.
2단계	조선 건국 준비 위원회의 위원장을 맡았다.
3단계	좌·우 합작 위원회를 조직하였다.

→ 여운형

키워드 돋보기

신한청년당을 결성, 조선 건국 준비 위원회, 좌·우 합작 위원회 조직을 통해 여운형임을 알아야 해요!

여운형은 한국의 독립운동가이자 정치가로, 일제 강점기에는 상하이에서 **신한청년당**을 결성하였어요. 일제가 패망할 조짐을 보이자 국내에서 조선 건국 동맹을 결성하고, 이를 바탕으로 광복 직후 **조선 건국 준비 위원회**를 조직하였어요. 뒤이어 제1차 미·소 공동 위원회가 결렬되고 이승만이 단독 정부 수립을 주장하자, 분단을 우려하여 김규식과 함께 **좌·우 합작 위원회**를 조직하였어요.

① 김규식 → 파리 강화 회의 대표로 파견
ㄴ 김규식은 파리 강화 회의에 신한청년당의 대표로 파견되었으며, 광복 이후에는 여운형과 함께 좌·우 합작 위원회를 조직하여 좌·우 합작 운동을 전개하였어요.

② 여운형 → 신한청년당 조직, 좌·우 합작 위원회 조직
ㄴ 여운형은 일제 강점기에 상하이에서 신한청년당을 조직하였으며, 광복 이후 조선 건국 준비 위원회를 조직하였어요. 뒤이어 김규식과 함께 좌·우 합작 위원회를 조직하여 좌·우 합작 운동을 전개하였어요.

③ 윤봉길 → 상하이에서 의거
ㄴ 윤봉길은 한인 애국단의 단원으로, 상하이 훙커우 공원에서 열린 일왕 탄생 축하 겸 상하이 점령 축하식에서 단상에 폭탄을 던져 일본 고위 관리를 처단하였어요.

④ 이승만 → 단독 정부 수립 주장
ㄴ 이승만은 광복 이후 정읍 발언을 통해 남한만의 단독 정부 수립을 주장하였으며, 이후 대한민국 초대 대통령으로 선출되었어요.

기출 사료 더보기 | 조선 건국 준비 위원회 강령 [34회]

• 우리는 완전한 독립 국가의 건설을 기함
• 우리는 전 민족의 정치적·경제적·사회적 기본 요구를 실현할 수 있는 민주주의 정권의 수립을 기함
• 우리는 일시적 과도기에 있어서 국내 질서를 자주적으로 유지하며 대중 생활의 확보를 기함

37 | 대한민국 임시 정부 ✦

정답 ②

(가) 정부의 활동으로 옳은 것은? [2점]

> 상하이에서 수립된 [(가)]이/가 발행한 독립 공채입니다. 공채는 대부분 해외 교민을 대상으로 발매되었으며, 우리나라가 완전히 독립한 후에 이자를 더하여 상환하겠다고 기재되어 있습니다.

→ 대한민국 임시 정부

키워드 돋보기

상하이에서 수립, **독립 공채**를 통해 대한민국 임시 정부임을 알아야 해요!

대한민국 임시 정부는 3·1 운동 이후 국내외의 독립운동가들이 조직적인 독립운동을 추진하기 위해 **상하이에서 수립**되었어요. 임시 정부는 항일 독립운동을 전개하기 위해 해외의 동포들에게 **독립 공채를 발행**하여 독립운동 자금을 조달하였어요.

① 한성순보를 발행하였다. → 조선 정부
  └ 조선 정부는 박문국에서 우리나라 최초의 근대 신문인 한성순보를 발행하였어요.

②구미 위원부를 설치하였다. → 대한민국 임시 정부
  └ 대한민국 임시 정부는 외교 업무를 위해 미국 워싱턴에 구미 위원부를 설치하였어요.

③ 만민 공동회를 개최하였다. → 독립 협회
  └ 독립 협회는 근대적 민중 집회인 만민 공동회를 개최하여 러시아의 내정 간섭과 이권 침탈을 규탄하였어요.

④ 신흥 무관 학교를 설립하였다. → 신민회
  └ 신민회는 서간도(남만주) 삼원보에 신흥 강습소를 설립하였으며, 이는 이후 신흥 무관 학교로 발전하였어요.

기출 선택지 더보기 · 대한민국 임시 정부

- 연통제와 교통국을 운영하였다. [54·42·37·32회]
- 구미 위원부를 설치하였다. [69·58·57·50회]
- 독립 공채를 발행하였다. [66·58·50회]
- 『한·일관계사료집』을 발간하였다. [49·42회]
- 한국광복군을 창설하였다. [64·51회]

---

38 | 산미 증식 계획

정답 ③

밑줄 그은 '이 정책'으로 옳은 것은? [1점]

쌀, 그리고 군산항

> 이 사진은 일제가 군산항에 부설한 철도와 뜬다리 부두의 모습이야. 당시 군산항은 쌀을 일본으로 반출하는 주요 항구였어.

> 1920년부터 실시된 이 정책으로 쌀이 증산되었지만, 그보다 더 많은 양이 일본으로 빠져나가면서 조선의 식량 사정은 더욱 나빠졌다고 해.

→ 산미 증식 계획

키워드 돋보기

쌀이 증산되었지만, 그보다 더 많은 양이 **일본으로 빠져나갔다**는 내용을 통해 산미 증식 계획임을 알아야 해요!

산미 증식 계획은 일제가 조선을 자국의 식량 공급 기지로 만들기 위해 **1920년부터 실시한 농업 정책**이에요. 일제는 본국의 급속한 공업화 정책으로 쌀값이 폭등하고 식량이 부족해지자, 조선을 자국의 식량 공급 기지로 만들기 위해 산미 증식 계획을 실시하였어요. 산미 증식 계획 실시 결과 쌀 생산량은 늘어났지만, 일제가 늘어난 생산량보다 더 많은 쌀을 **일본으로 가져가** 우리나라의 식량 사정이 더 나빠졌어요.

① 방곡령
  └ 방곡령은 근대 개항기에 식량난을 해결하기 위해 조선의 지방관이 그 지방에서 생산된 곡식을 타 지방이나 외국으로 유출하는 것을 금지한 조치예요.

② 남면북양 정책
  └ 남면북양 정책은 1930년대 일제가 공업 원료의 생산을 늘리기 위해 우리나라 남부 지방에는 면화를 재배하고, 북부 지방에는 양을 기르도록 강요한 정책이에요.

③산미 증식 계획
  └ 산미 증식 계획은 1920년대 일제가 자국의 쌀값이 폭등하고 식량이 부족해지자, 조선의 쌀 생산량을 늘려 수탈하고자 시행한 농업 정책이에요.

④ 토지 조사 사업
  └ 토지 조사 사업은 1910년대에 근대적 토지 소유권 확립이라는 명목하에 식민 통치를 위한 재정을 확보하고 조선의 토지를 약탈하기 위해 실시한 정책이에요.

기출 자료 더보기 · 산미 증식 계획

- 시기: 1920년~1934년
- 목적: 일본의 식량 부족 문제 해결을 위한 조선에서의 쌀 생산량 증대
- 내용: 수리 시설 확충, 종자 개량, 개간 등

---

39 | 일제 강점기 | 광주 학생 항일 운동

정답 ④

(가) 민족 운동에 대한 설명으로 옳은 것은? [2점]

이 사진을 보니 여러 학교 학생들이 모여 있는 것 같네요.

그렇습니다. 광주의 비밀 학생 조직인 성진회 결성을 기념하여 찍은 사진입니다. 성진회에 참여했던 장재성, 왕재일 등은 1929년 한·일 학생들 간의 충돌로 촉발된 (가) 에서 핵심 인물로 활동하였습니다. → 광주 학생 항일 운동

키워드 돋보기

광주, 한·일 학생들 간의 충돌을 통해 광주 학생 항일 운동임을 알아야 해요!

광주 학생 항일 운동은 광주에서 나주로 가는 통학 열차 안에서 일본 남학생이 한국 여학생을 희롱하여 발생한 한·일 학생 간의 충돌이 원인이 되어 일어났어요. 수사 과정에서 **일제 경찰의 민족 차별에 대항하여 광주의 학생들이 '검거자 탈환, 식민지 차별 교육 철폐' 등을 요구하며 시위를 시작하였고 이는 전국적인 항일 투쟁으로 확산되었어요.**

① 대한매일신보의 지원을 받았다. → 국채 보상 운동
  ∟ 국채 보상 운동은 대한매일신보 등 당시 언론의 지원을 받아 전국적으로 확산되었어요.

② 통감부의 탄압으로 실패하였다. → 국채 보상 운동
  ∟ 국채 보상 운동은 일본에게 빌린 차관을 갚기 위한 목적으로 전개되었으나, 통감부의 탄압으로 실패하였어요.

③ 순종의 인산일을 계기로 일어났다. → 6·10 만세 운동
  ∟ 6·10 만세 운동은 순종의 인산일(장례일)을 계기로 일어났으며, 국내에서 민족 유일당 운동이 전개되는 계기가 되었어요.

④ 신간회에서 진상 조사단을 파견하였다. → 광주 학생 항일 운동
  ∟ 광주 학생 항일 운동이 일어나자, 신간회는 진상 조사단을 파견하여 이를 지원하였어요.

기출 포인트 더보기 — 광주 학생 항일 운동

배경	• 일제의 민족적 차별 교육 • 6·10 만세 운동 이후 각 학교에 크고 작은 항일 결사가 조직됨
발단	광주에서 조선·일본 학생 간 충돌 발생 → 일본 경찰이 일본인 학생에게 유리하게 사건 처리
전개	• 광주에서 학생 총궐기 • 신간회가 진상 조사단 파견, 민중 대회 계획 • 전국 규모의 항일 운동으로 확대
의의	3·1 운동 이후 최대 규모의 민족 운동

40 | 일제 강점기 | 민족 말살 통치 시기

정답 ③

밑줄 그은 '이 시기'에 일제가 추진한 정책으로 가장 적절한 것은? [2점]

이 사진은 일본 나고야 미쓰비시 중공업에 강제 동원된 조선 여자 근로 정신대 여성들의 모습입니다. 일제는 중·일 전쟁 이후 침략 전쟁을 확대하던 이 시기에 한국인을 탄광, 군수 공장 등으로 끌고 가 열악한 환경에서 혹사시켰습니다. → 민족 말살 통치 시기

키워드 돋보기

중·일 전쟁 이후 침략 전쟁을 확대하던 이 시기를 통해 민족 말살 통치 시기임을 알아야 해요!

민족 말살 통치 시기에 일제는 중·일 전쟁(1937)을 일으켜 침략 전쟁을 확대하였어요. 이에 일제는 전쟁에 필요한 인력을 동원하기 위해 **국민 징용령(1939), 징병제(1944)** 등을 실시하였으며, **여자 정신 근로령(1944)를 통해 여성들을 군수 공장에 강제로 동원하고, 젊은 여성을 일본군 '위안부'로 강제 동원하였어요.** 한편 당시 일본과 국내의 군수 공장 등에 강제 동원되어 일한 조선의 근로 여성들을 조선 여자 근로 정신대라고 불렀어요.

① 지계를 발급하였다. → 대한 제국 시기
  ∟ 대한 제국 시기에 광무개혁을 실시하여 근대적 토지 소유 증명서인 지계를 토지 소유자에게 발급하였어요.

② 조선 태형령을 공포하였다. → 무단 통치 시기
  ∟ 무단 통치 시기에 일제는 한국인에 한하여 재판 없이 태형을 가할 수 있는 조선 태형령을 공포하였어요.

③ 미곡 공출제를 시행하였다. → 민족 말살 통치 시기
  ∟ 민족 말살 통치 시기에 일제는 군량을 마련하기 위하여 미곡 공출제를 시행하였어요.

④ 헌병 경찰 제도를 실시하였다. → 무단 통치 시기
  ∟ 무단 통치 시기에 일제는 강압적 통치를 목적으로 군인인 헌병이 일반 경찰의 업무까지 담당하는 헌병 경찰 제도를 실시하였어요.

기출 포인트 더보기 — 일제의 물적·인적 자원 수탈

물적 수탈	• 군량 확보를 위해 중단되었던 산미 증식 계획 재개 • 미곡 공출제 시행, 금속류 회수령 제정 • 식량 배급제 실시
인적 수탈	• 징병: 육군 특별 지원병제(1938), 학도 지원병제(1943), 징병제(1944) 실시 • 징용: 국민 징용령(1939), 여자 정신 근로령(1944) 제정

밑줄 그은 '이 회의'가 개최된 시기를 연표에서 옳게 고른 것은? [3점]

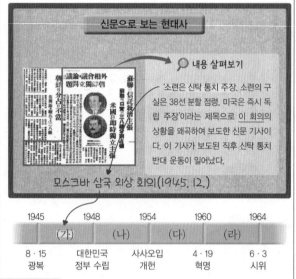

신문으로 보는 현대사

🔍 내용 살펴보기

'소련은 신탁 통치 주장, 소련의 구실은 38선 분할 점령, 미국은 즉시 독립 주장'이라는 제목으로 이 회의의 상황을 왜곡하여 보도한 신문 기사이다. 이 기사가 보도된 직후 신탁 통치 반대 운동이 일어났다.

모스크바 삼국 외상 회의(1945. 12.)

1945	1948	1954	1960	1964
(가)	(나)	(다)	(라)	
8·15 광복	대한민국 정부 수립	사사오입 개헌	4·19 혁명	6·3 시위

키워드 돋보기

소련은 신탁 통치 주장을 통해 **모스크바 삼국 외상 회의(1945. 12.)**임을 알아야 해요!

8·15 광복 이후에 미국·영국·소련의 3국이 **한반도 문제**를 포함한 제2차 세계 대전 이후의 전후 처리 문제를 **논의하기 위해** 1945년 12월에 **모스크바 삼국 외상 회의**를 개최하였어요. 이 회의에서 '대한민국의 임시 정부 수립', '미·소 공동 위원회 설치', '최고 5년간 미국·영국·중국·소련 4개국의 신탁 통치' 등이 결정되었어요. 그러나 그 중 신탁 통치에 대한 내용만 부각되어 국내에 전달되면서 신탁 통치에 반대하는 운동이 일어났어요.

① (가)
└ 모스크바 삼국 외상 회의는 미국·영국·소련이 한반도 문제를 논의하기 위해 1945년 12월에 모스크바에서 개최한 회의예요. 이 회의의 결과 미국·영국·중국·소련의 4개국이 한반도에 대해 최고 5년간 신탁 통치를 실시하는 것이 결정되었어요.

② (나)

③ (다)

④ (라)

🧑 기출 포인트 더보기 | 모스크바 삼국 외상 회의

시기	1945년 12월
참석 국가	미국, 영국, 소련
목적	한반도 문제를 포함한 제2차 세계 대전 이후의 전후 처리 문제를 논의하기 위해 개최
결정 내용	• 미국·영국·중국·소련의 4개국이 한반도에 최고 5년 동안 신탁 통치를 실시할 것 • 미·소 공동 위원회 설치

(가)에 들어갈 운동으로 옳은 것은? [2점]

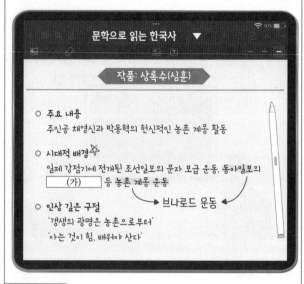

문학으로 읽는 한국사 ▼

작품: 상록수(심훈)

○ 주요 내용
주인공 채영신과 박동혁의 헌신적인 농촌 계몽 활동

○ 시대적 배경
일제 강점기에 전개된 조선일보의 문자 보급 운동, 동아일보의 ____(가)____ 등 농촌 계몽 운동 → 브나로드 운동

○ 인상 깊은 구절
'갱생의 광명은 농촌으로부터'
'아는 것이 힘, 배워야 산다'

키워드 돋보기

동아일보와 농촌 계몽 운동을 통해 브나로드 운동임을 알아야 해요!

브나로드 운동은 일제 강점기에 우민화 교육으로 한국인의 문맹률이 증가한 상황에서 농촌 계몽에 대한 관심이 증가하자, **동아일보**의 주도로 전개된 운동이에요. '배우자! 가르치자! 다 함께 브나로드'라는 표어 아래 문맹 타파, 근검절약, 미신 타파 등의 **농촌 계몽 운동**을 전개하였어요.

① 형평 운동 → 조선 형평사의 주도
└ 형평 운동은 백정들에 대한 사회적 차별 철폐, 모욕적 칭호 폐지 등을 목적으로 한 운동으로, 조선 형평사의 주도로 전개되었다.

② 브나로드 운동 → 동아일보의 주도
└ 브나로드 운동은 동아일보가 주도한 농촌 계몽 운동으로, '배우자! 가르치자! 다 함께 브나로드'라는 표어 아래 전개되었어요.

③ 국채 보상 운동 → 서상돈, 김광제의 주도
└ 국채 보상 운동은 일본의 강요로 인한 차관(빌린 자금)을 갚기 위해 서상돈, 김광제 등의 주도로 대구에서 시작되었어요.

④ 물산 장려 운동 → 조만식 등의 주도
└ 물산 장려 운동은 조만식 등이 주도한 운동으로, '내 살림 내 것으로' 등의 표어를 내세우며 전개되었어요.

43 현대 | 6·25 전쟁✨

정답 ④

(가) 전쟁 중에 있었던 사실로 옳지 않은 것은? [2점]

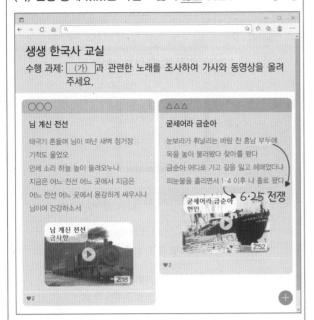

생생 한국사 교실

수행 과제: (가) 과 관련한 노래를 조사하여 가사와 동영상을 올려 주세요.

○○○
님 계신 전선

태극기 흔들며 님이 떠난 새벽 정거장
기적도 울었오
만세 소리 하늘 높이 들려오누나
지금은 어느 전선 어느 곳에서 지금은
어느 전선 어느 곳에서 용감하게 싸우시나
님이여 건강하소서

님 계신 전선
금사향

△△△
굳세어라 금순아

눈보라가 휘날리는 바람 찬 흥남 부두에
목을 놓아 불러봤다 찾아를 봤다
금순아 어디로 가고 길을 잃고 헤매었더냐
피눈물을 흘리면서 1·4 이후 나 홀로 왔다

굳세어라 금순아
현인

6·25 전쟁

키워드 돋보기

흥남 부두와 **1·4 이후**를 통해 **6·25 전쟁**임을 알아야 해요!

6·25 전쟁은 1950년 6월 25일 북한군의 기습 남침으로 시작되었어요. 전쟁 시작 3일 만에 **서울이 함락**되었으나, 국군과 유엔군이 펼친 **인천 상륙 작전**이 성공하여 전세가 역전되었어요. 그러나 중국군의 참전으로 전세가 역전되자, 국군과 유엔군이 **흥남 철수 작전**을 전개하며 서울 이남까지 철수(**1·4 후퇴**)하였다가 다시 서울을 재탈환하였어요. 이후 전쟁이 교착 상태에 빠지자, 전쟁의 장기화를 우려한 소련의 제의로 1951년 휴전 회담이 진행되어 2년 만인 1953년 **휴전 협정이 체결**되었어요.

① 유엔군이 참전하였다. → 6·25 전쟁 중
└ 6·25 전쟁 중 유엔 안전 보장 이사회가 유엔군 파견을 결정하고 대한민국에 16개국의 유엔군이 참전하였어요.

② 발췌 개헌안이 통과되었다. → 6·25 전쟁 중
└ 6·25 전쟁 중인 1952년에 임시 수도 부산에서 대통령 직선제를 골자로 한 발췌 개헌안(제1차 개헌안)이 통과되었어요.

③ 인천 상륙 작전이 전개되었다. → 6·25 전쟁 중
└ 6·25 전쟁 중 유엔군과 국군은 맥아더 장군의 지휘 아래 인천 상륙 작전을 전개하여 서울을 탈환하였어요.

④ 반민족 행위 처벌법이 제정되었다. → 6·25 전쟁 이전
└ 6·25 전쟁 이전인 1948년 9월에 친일파를 청산하기 위해 반민족 행위 처벌법이 제정되었어요.

44 현대 | 6월 민주 항쟁

정답 ③

(가) 민주화 운동에 대한 설명으로 옳은 것은? [2점]

6월 민주 항쟁

이 동상의 주인공에게 는 무슨 일이 있었나요?

대학생 이한열은 학교 정문 앞에서 시위하 던 도중 경찰이 쏜 최루탄에 맞아 쓰러졌어요. 이 사건은 호헌 철폐와 독재 타도 등을 외친 (가) 이/가 확산하는 데 영향을 주었어요.

키워드 돋보기

이한열, **호헌 철폐와 독재 타도**를 통해 **6월 민주 항쟁**임을 알아야 해요!

6월 민주 항쟁은 전두환 정부의 4·13 호헌 조치에 반발하여 1987년에 일어났어요. 정부가 **박종철의 고문 치사 사건**을 은폐하였다는 사실이 드러난 것에 더해, 시위 도중 **이한열**이 경찰이 쏜 최루탄에 맞아 쓰러지자, 시민들은 6·10 국민 대회를 개최하고 '**호헌 철폐, 독재 타도**'를 외치며 시위를 전개하였어요.

① 유신 체제가 붕괴하는 계기가 되었다. → 부·마 민주 항쟁
└ 부·마 민주 항쟁은 박정희 정부의 유신 체제가 붕괴하는 계기가 되었어요.

② 3·15 부정 선거에 항의하여 일어났다. → 4·19 혁명
└ 4·19 혁명은 이승만 정부가 장기 집권을 위해 자행한 3·15 부정 선거에 항의하여 일어났어요.

③ 5년 단임의 대통령 직선제 개헌을 이끌어냈다. → 6월 민주 항쟁
└ 6월 민주 항쟁의 결과, 당시 여당 대통령 후보였던 노태우가 대통령 직선제 개헌을 약속한 6·29 민주화 선언을 발표하였으며, 이에 5년 단임의 대통령 직선제로의 개헌(제9차 개헌)이 이루어졌어요.

④ 전개 과정에서 시민군이 자발적으로 조직되었다. → 5·18 민주화 운동
└ 5·18 민주화 운동 때 신군부가 광주 지역 학생과 시민들에게 무차별 폭력을 가하여 진압하자, 분노한 시민들에 의해 자발적으로 시민군이 조직되었어요.

(가) 정부 시기의 경제 상황으로 옳은 것은?　　　[2점]

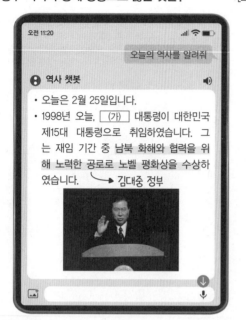

오전 11:20

오늘의 역사를 알려줘

🤖 역사 챗봇

· 오늘은 2월 25일입니다.
· 1998년 오늘, [(가)] 대통령이 대한민국 제15대 대통령으로 취임하였습니다. 그는 재임 기간 중 남북 화해와 협력을 위해 노력한 공로로 노벨 평화상을 수상하였습니다. → 김대중 정부

키워드 돋보기

남북 화해와 협력을 위해 노력한 공로로 노벨 평화상을 수상하였다는 것을 통해 김대중 정부임을 알아야 해요!

김대중 정부는 대북 화해 협력 정책인 **햇볕 정책**을 추진하여 남북 관계를 개선하고자 하였어요. 햇볕 정책의 결과 2000년에는 평양에서 **최초의 남북 정상 회담**이 개최되어 6·15 남북 공동 선언이 발표되었어요. 이처럼 김대중 대통령은 북한과의 평화와 화해를 위해 노력한 공로를 인정받아 2000년에 **노벨 평화상**을 수상하였어요.

① 최초로 수출 100억 달러를 달성하였다. → 박정희 정부
└ 박정희 정부 시기에는 제3·4차 경제 개발 계획으로 최초로 수출 100억 달러를 달성하는 성과를 냈어요.

② 경제 협력 개발 기구(OECD)에 가입하였다. → 김영삼 정부
└ 김영삼 정부 시기에는 시장 개방 정책을 추진하여 경제 협력 개발 기구(OECD)에 가입하였어요.

③ 미국과 자유 무역 협정(FTA)을 체결하였다. → 노무현 정부
└ 노무현 정부 시기에는 미국과 자유 무역 협정(FTA)을 체결하여 시장을 확대하였어요.

④ 국제 통화 기금(IMF)의 구제 금융 자금을 조기 상환하였다.
　　　　　　　　　　　　　　　　　　　　　　→ 김대중 정부
└ 김대중 정부 시기에는 강도 높은 구조 조정, 금 모으기 운동 등을 통해 국제 통화 기금(IMF)의 구제 금융 자금을 조기 상환하였어요.

(가)~(라) 왕에 대한 설명으로 옳은 것은?　　　[3점]

한국사 탐구 보고서

▣ 주제: 인물로 보는 우리 역사 기록 속 다문화
▣ 방법: 문헌 조사, 인터넷 검색 등
▣ 조사 내용

이름	출신	탐구 내용
허황옥	김수로왕 →　아유타국	금관가야를 건국한 [(가)] 와/과 결혼하여 왕후가 되었다고 전해짐
쌍기	고려 광종 →　후주	[(나)] 에게 과거제 실시를 건의함
이지란	여진	[(다)] 의 조선 건국을 도와 개국 공신이 됨 → 태조 이성계
김충선	일본	임진왜란에서 공을 세워 전쟁 당시 왕이었던 [(라)] 에게 관직과 이름을 하사받음 → 조선 선조

키워드 돋보기

(가) 허황옥, 금관가야를 건국하였다는 것을 통해 김수로왕을 알아야 해요!
(나) 쌍기, 과거제 실시를 건의하였다는 것을 통해 고려 광종임을 알아야 해요!
(다) 조선 건국을 통해 태조 이성계임을 알 수 있다.
(라) 임진왜란 당시 왕을 통해 조선 선조임을 알 수 있다.

(가) **김수로왕**은 김해 지역에 **금관가야**를 건국한 인물로, 아유타국의 공주인 **허황옥과 결혼**하였어요.
(나) **고려 광종**은 중국 후주 출신 **쌍기**의 건의를 받아들여 **과거제**를 실시하였어요.
(다) **태조 이성계**는 여진 출신인 **이지란**의 도움을 받아 **조선**을 건국하였어요.
(라) **조선 선조**는 **임진왜란** 때 한국으로 귀화한 일본인인 **김충선**에게 관직과 이름을 하사하였어요.

① (가) - 태학을 설립하였다. → 고구려 소수림왕
└ 고구려 소수림왕은 국립 교육 기관인 태학을 설립하여 인재를 양성하였어요.

②(나) - 노비안검법을 실시하였다. → 고려 광종
└ 고려 광종은 강제로 노비가 된 자를 해방시키는 노비안검법을 실시하여 호족과 공신 세력의 경제적·군사적 기반을 약화시켰어요.

③ (다) - 대동법을 시행하였다. → 조선 광해군
└ 조선 광해군은 기존의 특산물을 거두는 대신 소유한 토지 결 수에 따라 쌀, 동전 등으로 공납을 납부하는 대동법을 경기도에 한정하여 처음 시행하였어요.

④ (라) - 『경국대전』을 완성하였다. → 조선 성종
└ 조선 성종은 세조 때부터 편찬되기 시작한 조선의 기본 법전인 『경국대전』을 완성·반포하였어요.

47 | 통합 주제
전주

정답 ③

(가)에 들어갈 지역으로 옳은 것은? [1점]

(가) 여행 홍보를 위한
SNS 인증샷 이벤트

전주

#경기전
#태조 어진

#전라 감영 선화당
#동학 농민군과 정부군의 화약

#전동 성당
#신해박해 순교지

■ 참여 기간: 2024년 ○○월 ○○일~○○월 ○○일
■ 경품: 비빔밥 2인 식사권
■ 당첨자 발표: 2024년 ○○월 ○○일
■ 참여 방법: 여행 사진에 해시태그를 달아 SNS에 올리기

키워드 돋보기

경기전, 동학 농민군과 정부군의 화약을 통해 전주임을 알아야 해요!

전라북도 전주는 조선 시대에 태조 이성계의 어진(왕의 얼굴이 그린 그림)이 남아 있는 **경기전이 건립**된 곳으로, 전라도의 관찰사가 거처하는 감영(**전라 감영**)이 위치하고 있어요. 이후 근대에는 이곳에서 **동학 농민군과 정부** 사이에 **화약**이 체결되었으며, 일제 강점기에 전동 성당이 건립되기도 하였어요.

① 경주
　└ 경주는 박혁거세가 세운 나라인 신라의 수도였던 지역으로, 현재 신라의 왕성인 월성 등 많은 유적지가 남아 있어요.

② 순천
　└ 순천은 고려 시대에 지눌이 송광사(수선사)를 중심으로 수선사 결사 운동을 전개한 지역이에요.

③ 전주
　└ 전주는 조선 시대에 태조 이성계의 어진이 남아 있는 경기전이 건립되었으며, 근대에 동학 농민군과 정부 사이에서 화약이 체결된 지역이에요.

④ 청주
　└ 청주는 고려 시대에 『직지심체요절』이 간행된 흥덕사가 위치한 지역이에요.

기출 포인트 더보기 　전주의 역사

후삼국 시대	견훤이 후백제를 건국함(완산주)
조선 시대	• 태조 이성계의 어진(왕의 초상화)을 모신 경기전이 설치됨 • 『조선왕조실록』 등을 보관하던 사고가 설치됨
근대	동학 농민 운동 때 동학 농민군과 정부군이 전주 화약을 맺음

48 | 통합 주제
시대별 주요 유학자

정답 ①

(가)~(라)에 들어갈 내용으로 적절한 것은? [2점]

인문학 여행
유학자의 삶과 사상을 따라 떠나는 역사 여행
#○○ 박물관 #온라인 강좌 #한국사 교양 #유학자

1강　최치원, (가)
2강　정몽주, (나)
3강　정약용, (다)
4강　박은식, (라)

키워드 돋보기

최치원, 정몽주, 정약용, 박은식에 대해 알아야 해요!

(가) **최치원**은 신라의 6두품 출신으로, 신라 하대에 골품제의 모순이 심화되고 사회가 혼란해지자 **진성 여왕**에게 사회 개혁안인 **시무 10여 조**를 건의하였다.
(나) **정몽주**는 고려 말 **온건파 사대부**로, 고려 왕조의 유지를 주장하다가 **이방원의 세력**에 의해 죽임을 당하였어요.
(다) **정약용**은 조선 후기의 **중농학파 실학자**로, 지방 행정의 개혁안을 담은 『**목민심서**』, 국가 제도의 개혁 방향을 제시한 『**경세유표**』 등을 저술하였어요.
(라) **박은식**은 근대와 일제 강점기에 활동한 **독립운동가**로, 일제의 침략 과정을 서술한 역사서인 『**한국통사**』을 저술하여 **국혼을 강조**하였어요.

① (가) – 시무 10여 조를 건의하다 → 최치원
　└ 최치원은 진성 여왕에게 사회 개혁안인 시무 10여 조를 건의하였어요.

② (나) – 백운동 서원을 건립하다 → 주세붕
　└ 주세붕은 고려 말에 성리학을 들여온 안향을 기리기 위해 백운동 서원을 건립하였어요.

③ (다) – 『동사강목』을 저술하다 → 안정복
　└ 안정복은 고조선부터 고려까지의 역사를 정리한 역사서인 『동사강목』을 저술하였어요.

④ (라) – 영남 만인소를 주도하다 → 이만손
　└ 이만손은 러시아를 막기 위해 조선이 중국, 일본, 미국과 연합해야 한다는 내용의 『조선책략』에 반발하여 영남에서 만인소를 주도하였어요.

(가) 문화유산에 대한 설명으로 옳은 것은?   [2점]

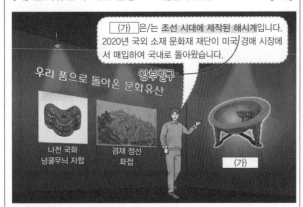

키워드 돋보기

조선 시대에 제작된 해시계를 통해 앙부일구임을 알아야 해요!

앙부일구는 조선 **세종** 때 처음 만들어진 **해시계**로, 그림자를 이용하여 시간과 절기를 파악할 수 있는 기구예요. 세종 때 제작된 앙부일구는 임진왜란으로 없어졌으며, 17세기에 다시 제작된 앙부일구가 현재까지 남아있어요. 한편 조선 후기에 제작된 것 중 1점이 미국의 한 경매에 출품되어 국외소재문화재재단이 이를 매입해 국내로 돌아오게 되었어요.

① 박문국에서 제작하였다. → **한성순보**
　└ 한성순보는 박문국에서 제작한 우리나라 최초의 근대적 신문으로, 10일에
　　한 번씩 간행되었어요.

② 10리마다 눈금을 표시하였다. → **대동여지도**
　└ 대동여지도는 조선 후기 김정호가 만든 지도로, 10리마다 눈금을 표시하여
　　거리를 알 수 있게 하였어요.

③ 영침의 그림자로 시각을 표시하였다. → **앙부일구**
　└ 앙부일구는 조선 시대에 제작된 해시계로, 영침의 그림자로 시각을 표시
　　하였어요.

④ 소리로 시간을 알려주는 장치가 있다. → **자격루**
　└ 자격루는 소리로 시간을 알려주는 장치를 갖추고 있는 물시계로, 조선 세종
　　때 최초로 만들어졌으며, 이후 중종 때 다시 제작되었어요.

(가)에 들어갈 내용으로 옳은 것은?   [1점]

키워드 돋보기

달집 태우기, 음력 1월 15일을 통해 정월 대보름임을 알아야 해요!

정월 대보름은 음력 1월 15일로, 1년 중 첫 보름달이 뜨는 날이에요. 정월 대보름에는 귀밝이술과 **오곡밥**, 부럼 등을 먹는 **풍습**이 있었으며, 부스럼 예방을 위해 부럼 깨기, 해충 피해 방지를 위한 **쥐불놀이**, 액운을 물리치고 건강과 풍년을 기원하는 **달집 태우기** 등을 하며 보름달에 소원을 빌었어요.

① 동지 → **양력 12월 22·23일경**
　└ 동지는 양력 12월 22·23일경으로, 1년 중 가장 밤이 길고 낮이 짧은 날이에
　　요. 이날에는 귀신을 쫓기 위해 새알심이 들어간 팥죽을 먹었어요.

② 추석 → **음력 8월 15일**
　└ 추석은 음력 8월 15일로, 새로 수확한 곡식과 과일로 차례를 지내고, 송편
　　을 만들어 먹는 풍속이 있었어요.

③ 삼짇날 → **음력 3월 3일**
　└ 삼짇날은 음력 3월 3일로, 진달래꽃으로 화전을 부쳐 먹는 풍속이 있었
　　어요.

④ 정월 대보름 → **음력 1월 15일**
　└ 정월 대보름은 음력 1월 15일로, 부럼 깨기·쥐불놀이·달집 태우기 등을 하
　　였으며, 귀밝이술·오곡밥, 부럼 등을 먹는 풍습이 있었어요.

제67회 점수공략 해설 해커스 한국사능력검정시험 한권완성 기출 500제 기본

01 | 선사 시대 청동기 시대

정답 ③

(가) 시대의 생활 모습으로 가장 적절한 것은? [1점]

키워드 돋보기

고인돌을 통해 청동기 시대임을 알아야 해요!

청동기 시대에는 농업 생산력이 높아져 잉여 생산물이 생기면서 사유 재산이 생겨났어요. 이를 힘이 센 사람들이 갖게 되면서 **계급이 발생**하여 **지배자인 군장이 등장**하였고, 지배자의 무덤으로 **고인돌**이 제작되었어요.

① 철제 농기구로 농사를 지었다. → **철기 시대**
  └ 철기 시대에는 쟁기 등의 철제 농기구를 사용하여 농사를 지어 생산력이 증대되었어요.

② 주로 동굴이나 막집에서 살았다. → **구석기 시대**
  └ 구석기 시대에는 이동 생활을 하여 주로 동굴이나 막집을 짓고 살았어요.

③ 반달 돌칼로 벼 이삭을 수확하였다. → **청동기 시대**
  └ 청동기 시대에는 간석기인 반달 돌칼을 사용하여 벼 이삭을 수확하였어요.

④ 빗살무늬 토기에 곡식을 저장하기 시작하였다. → **신석기 시대**
  └ 신석기 시대에는 빗살무늬 토기 등을 만들어 곡식을 저장하기 시작하였어요.

02 | 선사 시대 옥저

정답 ②

다음 퀴즈의 정답으로 옳은 것은? [2점]

키워드 돋보기

여자아이를 데려와 기른 후 성인이 되면 며느리로 삼는 풍습과 읍군이나 삼로를 통해 옥저임을 알아야 해요!

옥저는 함경도의 동해안 지역에 위치하였으며, **읍군, 삼로** 등의 군장이 자기 부족을 통치하는 **군장 국가**였어요. 옥저에는 여자가 어렸을 때 남자 집에 가서 살다가, 여자가 성장한 후에 남자가 여자 집에 예물을 치르고 혼인을 하는 **민며느리제**라는 혼인 풍습이 있었어요. 또한 가족이 죽으면 가매장을 하였다가 나중에 그 뼈를 추려 **가족 공동 무덤**에 안치하는 장례 풍습이 있었어요.

① 부여
  └ 부여는 만주 쑹화강 유역의 넓은 평야 지대에 위치한 나라로, 왕 아래에 있는 여러 가들이 별도로 사출도라는 행정 구역을 다스린 연맹 왕국이었어요.

② 옥저
  └ 옥저는 함경도의 동해안 지역에 위치한 나라로, 군장인 읍군, 삼로가 통치하는 군장 국가였어요. 민며느리제라는 혼인 풍속과 가족 공동 무덤의 장례 풍습이 있었어요.

③ 동예
  └ 동예는 강원도 북부의 동해안 지역에 위치한 나라로, 군장인 읍군, 삼로가 통치하는 군장 국가였어요. 매년 10월에 무천이라는 제천 행사를 열었으며, 책화의 풍습이 있었어요.

④ 마한
  └ 마한은 한반도 남쪽 지역에서 위치한 삼한(마한·진한·변한) 중의 하나로, 읍마다 신지·읍차 등의 정치적 우두머리가 있었으며, 제사장인 천군이 주관하는 신성 지역인 소도가 존재하였어요.

03 | 고대
고구려 광개토 대왕
정답 ④

밑줄 그은 '나'의 업적으로 옳은 것은? [2점]

고구려 제19대 왕인 나는 거란, 숙신, 후연, 동부여 등을 정벌하고, 영토를 크게 넓혔소.

고구려 광개토 대왕

키워드 돋보기

거란, 숙신, 후연, 동부여 등을 **정벌**하고, **영토를 크게 넓혔**다는 것을 통해 고구려 광개토 대왕임을 알아야 해요!

고구려 광개토 대왕은 활발한 정복 활동을 전개하여 남쪽으로는 **한강 이북 지역**을 차지하고, 북쪽으로는 숙신, 후연, 거란, 동부여 등을 정벌하고 영토를 크게 넓혔어요. 또한 **영락**이라는 독자적인 연호를 사용하여 고구려가 자주적인 국가임을 드러내었어요.

① 태학을 설립하였다. → 고구려 소수림왕
    └ 고구려 소수림왕은 최고 교육 기관으로 국립 대학인 태학을 설립하여 인재를 양성하였어요.

② 천리장성을 축조하였다. → 고구려 영류왕~보장왕, 고려 덕종~정종
    └ 고구려는 영류왕 때 당의 침입에 대비하기 위해 천리장성을 축조하기 시작하여 보장왕 때 이를 완성하였으며, 고려는 덕종 때부터 압록강 하구에서 도련포를 잇는 천리장성을 축조하기 시작하여 정종 때 이를 완성하였어요.

③ 도읍을 평양성으로 옮겼다. → 고구려 장수왕
    └ 고구려 장수왕은 도읍을 국내성에서 평양성으로 옮기고, 남진 정책을 본격화하였어요.

④ 신라에 침입한 왜를 격퇴하였다. → 고구려 광개토 대왕
    └ 고구려 광개토 대왕은 신라 내물 마립간의 요청으로 군대를 보내 신라에 침입한 왜를 격퇴하고 금관가야를 공격하여 한반도 남부까지 영향력을 확대하였어요.

기출 자료 더보기   광개토 대왕 [61회]

- 고구려 제19대 왕
- 영락이라는 연호를 사용함
- 한강 이북 지역을 차지함
- 숙신, 후연, 거란, 동부여 등을 정벌함

---

04 | 고대
몽촌 토성
정답 ③

(가)에 들어갈 문화유산으로 적절한 것은? [3점]

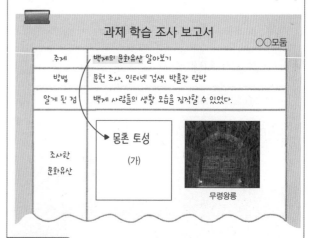

과제 학습 조사 보고서
○○모둠

주제	백제의 문화유산 알아보기
방법	문헌 조사, 인터넷 검색, 박물관 탐방
알게 된 점	백제 사람들의 생활 모습을 짐작할 수 있었다.
조사한 문화유산	몽촌 토성 (가) / 무령왕릉

키워드 돋보기

백제의 문화유산을 통해 몽촌 토성임을 알아야 해요!

몽촌 토성은 흙을 쌓아 만든 백제 초기의 토성으로, 백제 초기의 **군사 시설과 문화**를 살펴볼 수 있는 문화유산이에요. 자연 지형을 이용해 진흙으로 성벽을 쌓아 만들었고, 이곳에서 나무 울타리로 목책을 세웠던 흔적도 확인되었어요. 한편 몽촌 토성은 웅진으로 천도하기 이전까지 백제의 도성으로 기능하였을 것으로 추측하고 있으며, 백제 초기의 움집터와 기와, 토기 등 여러 가지 유물이 출토되었어요.

① 금동 연가 7년명 여래 입상 → 고구려의 문화유산
    └ 금동 연가 7년명 여래 입상은 고구려의 불상으로, 광배 뒷면에 '연가 7년'이라는 글씨가 새겨져 있는 것이 특징이에요.

② 천마총 장니 천마도 → 신라의 문화유산
    └ 천마총 장니 천마도는 신라의 고분인 천마총 내부에서 출토된 신라의 문화유산으로, 말의 안장 장식(장니)에 그려진 그림이에요.

③  몽촌 토성 → 백제의 문화유산
    └ 몽촌 토성은 흙을 쌓아 만든 백제 초기의 토성으로, 백제 초기의 군사 시설과 문화를 살펴볼 수 있는 문화유산이에요.

④ 장군총 → 고구려의 문화유산
    └ 장군총은 고구려의 돌무지무덤으로, 다듬은 돌을 계단식으로 쌓아 올린 것이 특징이에요.

05 | 고대 신라 진흥왕

정답 ②

(가) 왕의 업적으로 옳은 것은? [2점]

단양 신라 적성비는 [(가)] 대에 고구려 영토인 적성을 점령하고 세워진 것입니다. 비문에는 이사부 등 당시 공을 세운 인물이 기록되어 있으며, 충성을 다한 적성 사람 야이차에게 상을 내렸다는 내용도 담겨 있습니다.

신라 진흥왕

키워드 돋보기

단양 신라 적성비를 통해 신라 진흥왕임을 알아야 해요!

신라 진흥왕은 6세기 신라를 전성기로 이끈 왕으로, 활발한 영토 확장 정책을 펼쳤어요. 고구려의 영토였던 충청북도 단양의 적성을 점령한 후, 단양 신라 적성비를 건립하였어요. 남쪽으로는 대가야를 정복하고 북쪽으로는 함경도 지역까지 진출하는 등 영토를 확장하였어요. 또한 인재 양성을 위해 청소년 집단인 **화랑도를 국가적인 조직**으로 개편하였어요.

① 국학을 설치하였다. → 신문왕(통일 신라)
   └ 신문왕은 국립 교육 기관인 국학을 설치하여 유학을 교육하였어요

②화랑도를 정비하였다. → 진흥왕(신라)
   └ 진흥왕은 신라의 청소년 수련 단체인 화랑도를 국가적인 조직으로 정비하였어요.

③ 독서삼품과를 시행하였다. → 원성왕(통일 신라)
   └ 원성왕은 인재를 등용하기 위하여 유교 경전의 이해를 시험하는 독서삼품과를 시행하였어요.

④ 김헌창의 난을 진압하였다. → 헌덕왕(통일 신라)
   └ 헌덕왕은 왕위 계승에 불만을 품은 웅천주 도독 김헌창이 일으킨 난을 진압하였어요.

기출 포인트 더보기 진흥왕의 업적

정복 활동	• 백제 성왕과 연합하여 한강 상류 지역 차지, 이후 백제가 차지한 한강 하류 지역까지 획득 • 고령 지역의 대가야 정복 • 정복한 지역을 순수하고 북한산비, 창녕비, 황초령비, 마운령비 건립
화랑도 개편	청소년 집단인 화랑도를 국가 조직으로 개편
문화 정책	• 거칠부에게 역사서인 『국사』를 편찬하게 함 • 황룡사 건립

06 | 고대 가야

정답 ③

밑줄 그은 '이 나라'에 대한 설명으로 옳은 것은? [2점]

이 나라의 김해 대성동 고분군, 고령 지산동 고분군, 함안 말이산 고분군 등에서 나온 유물을 통해 당시 사람들의 뛰어난 세공 기술을 엿볼 수 있습니다.

가야

금동 허리띠   금동관   봉황 장식 금동관

키워드 돋보기

김해 대성동 고분군, 고령 지산동 고분군을 통해 가야임을 알아야 해요!

가야는 낙동강 하류의 변한 지역에서 성장한 6개 나라의 **연맹 국가**예요. 가야는 풍부한 철을 바탕으로 **낙랑과 왜에 철을 수출**하였으며, 판갑옷 등 철제 갑옷류 및 무기류를 제작하였어요. 이러한 가야의 대표적인 고분군으로는 금관가야의 **김해 대성동 고분군**, 대가야의 **고령 지산동 고분군**이 있어요.

① 지방에 22담로를 두었다. → 백제
   └ 백제는 무령왕 때 지방에 행정 구역인 22담로를 두고 왕족을 파견하여 지방에 대한 통제를 강화하였어요.

② 한의 침략을 받아 멸망하였다. → 고조선
   └ 고조선은 우거왕 때 중국 한나라의 침략을 받아 멸망하였어요.

③낙랑과 왜에 철을 수출하였다. → 가야
   └ 가야는 풍부한 철을 바탕으로 성장하여 낙랑과 왜에 철을 수출하였어요.

④ 화백 회의에서 중요한 일을 결정하였다. → 신라
   └ 신라는 화백 회의라는 귀족 회의에서 국가의 중요한 일을 결정하였어요.

기출 포인트 더보기 금관가야와 대가야

구분	금관가야	대가야
주도	전기 가야 연맹	후기 가야 연맹
위치	김해	고령
유적	김해 대성동 고분군	고령 지산동 고분군
유물	• 청동솥 • 철제 갑옷	• 금동관 • 판갑옷과 투구

07 | 신라의 삼국 통일 과정

정답 ②

(가)~(다) 사건을 일어난 순서대로 옳게 나열한 것은? [3점]

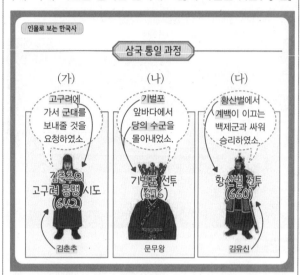

인물로 보는 한국사

삼국 통일 과정

(가)
고구려에 가서 군대를 보내줄 것을 요청하였소.
김춘추의 고구려 동맹 시도 (642)
김춘추

(나)
기벌포 앞바다에서 당의 수군을 몰아내었소.
기벌포 전투 (676)
문무왕

(다)
황산벌에서 계백이 이끄는 백제군과 싸워 승리하였소.
황산벌 전투 (660)
김유신

키워드 돋보기

(가) **고구려, 군대, 김춘추**를 통해 김춘추의 고구려 동맹 시도(642)임을 알아야 해요!

(나) **기벌포, 당의 수군**을 통해 기벌포 전투(676)임을 알아야 해요!

(다) **황산벌, 계백, 김유신**을 통해 황산벌 전투(660)임을 알아야 해요!

(가) **김춘추의 고구려 동맹 시도:** 신라는 백제 의자왕의 공격으로 **대야성**이 함락당하자 김춘추를 고구려에 보내 **군사 지원을 요청**하였으나, 고구려는 이를 거절하였어요(642). 고구려와의 동맹에 실패한 신라는 김춘추를 당에 보내 동맹을 제의하였고, 당이 신라의 동맹 제의를 수용하면서 **나·당 동맹**이 결성되었어요.

(나) **기벌포 전투:** 신라군이 기벌포 앞바다에서 **설인귀**가 이끄는 **당의 수군**을 격파하고 **나·당 전쟁**에서 **승리**하였어요(676). 이로써 신라는 대동강 이남 지역에서 당의 세력을 몰아내고 삼국 통일을 달성하였어요.

(다) **황산벌 전투:** 나·당 연합군이 백제를 공격하자 **계백**이 이끄는 백제의 결사대는 **황산벌**에서 **김유신**이 이끄는 신라군에 맞서 싸웠지만, 패배하였어요(660).

① (가) – (나) – (다)

② (가) – (다) – (나)
  └ 순서대로 나열하면 (가) 김춘추의 고구려 동맹 시도(642) – (다) 황산벌 전투(660) – (나) 기벌포 전투(676)가 돼요.

③ (나) – (가) – (다)

④ (다) – (가) – (나)

---

08 | 발해의 문화유산

정답 ①

(가) 국가의 문화유산으로 옳지 않은 것은? [2점]

(가) 은/는 여러 번 도읍을 옮겼지만, 이곳 상경성을 가장 오랫동안 도읍으로 삼았습니다. 문왕은 당의 도읍 장안성의 구조를 본떠 상경성을 만들었습니다. → 발해 ←

키워드 돋보기

상경성, 문왕을 통해 발해임을 알아야 해요!

발해는 고구려 출신인 **대조영**이 고구려의 유민과 말갈족을 이끌고 만주 **동모산**에서 건국한 나라로, 여러 차례의 천도 끝에 **상경성**에 자리 잡은 후 멸망 때까지 수도로 삼았어요. 발해는 **문왕** 때 수도인 상경성에 당나라 수도 장안을 본뜬 **주작대로**를 설치하였어요. 이러한 발해의 대표적인 문화유산으로는 **영광탑, 이불 병좌상, 발해 석등** 등이 있어요.

① 칠지도

→ 백제의 문화유산
└ 칠지도는 백제가 왜에게 하사한 철제 칼로, 백제와 왜의 교류 사실을 보여주는 문화유산이에요.

② 이불 병좌상

→ 발해의 문화유산
└ 이불 병좌상은 발해의 불상으로, 고구려의 영향을 받았으며 나란히 앉아 있는 두 부처를 표현하였어요.

③ 영광탑

→ 발해의 문화유산
└ 영광탑은 중국 지린(길림)에 있는 발해의 문화유산으로, 중국 당나라의 영향을 받은 전탑(흙으로 구워 만든 벽돌을 쌓아 올림)이에요.

④ 정효 공주 무덤 벽화

→ 발해의 문화유산
└ 정효 공주 무덤 벽화는 발해의 문화유산으로, 동·서·북벽에 그려진 12명의 인물도를 통해 당시 발해인의 모습을 알 수 있어요.

09 고대 | 석굴암 본존불

정답 ①

밑줄 그은 '불상'에 해당하는 것으로 옳은 것은? [1점]

제가 오늘 소개해 드릴 한국의 문화유산은 석굴암이에요. 석굴암은 화강암을 이용하여 인공적으로 만든 사원이에요. 이곳에서 특히 인상 깊었던 것은 바로 석굴암 내부에 있는 아름다운 불상이었어요. 감동 그 자체였지요. 여러분, 한국에 오면 여기 꼭 가 봐야 하겠죠? → 석굴암 본존불

키워드 돋보기

석굴암 내부에 있는 아름다운 불상을 통해 석굴암 본존불임을 알아야 해요!

경주 석굴암 본존불은 경덕왕 때 김대성의 발원으로 건립된 인공 사원인 석굴암 안에 있는 통일 신라의 불상으로, 신라 예술의 뛰어난 균형미를 보여주고 있어요.

①
→ 석굴암 본존불(통일 신라)
┗ 통일 신라의 불상으로, 석굴암 안에 위치해 있으며 신라 예술의 뛰어난 균형미를 보여주고 있어요.

②
→ 서산 용현리 마애 여래 삼존상(백제)
┗ 절벽에 조각(마애)된 백제의 불상으로, '백제의 미소'라는 별칭을 가지고 있어요.

③
→ 금동 미륵보살 반가 사유상(삼국 시대)
┗ 삼국 시대의 불상으로, 미륵 보살이 한쪽 다리를 구부려 다른 쪽 다리 위에 올려놓고 앉은 자세로 생각에 빠진 모습을 표현하였어요.

④
→ 하남 하사창동 철조 석가여래 좌상(고려)
┗ 고려 초기의 철조 불상으로, 석굴암 본존불의 양식을 이어받았으며 날카로운 얼굴 인상과 간결한 옷 주름을 표현하였어요.

10 고대 | 호족

정답 ②

(가)에 들어갈 내용으로 적절한 것은? [1점]

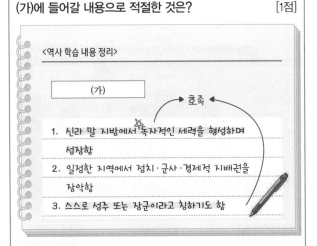

<역사 학습 내용 정리>

(가) → 호족

1. 신라 말 지방에서 독자적인 세력을 형성하며 성장함
2. 일정한 지역에서 정치·군사·경제적 지배권을 장악함
3. 스스로 성주 또는 장군이라고 칭하기도 함

키워드 돋보기

신라 말 지방에서 독자적인 세력을 형성하며 성장하였다는 것과 스스로 성주 또는 장군이라고 칭하였다는 것을 통해 호족임을 알아야 해요!

호족은 신라 말 사회가 혼란해지면서 중앙 정부의 통제력이 약화되자 지방에서 독자적인 세력을 형성하며 성장하였어요. 호족으로는 지방 토착 세력, 중앙 권력에서 지방으로 밀려난 세력, 군진 세력 등이 있었으며, 이들은 선종과 풍수지리설 등을 사상적 기반으로 삼았어요. 또한 스스로를 성주 또는 장군이라 칭하면서 자신이 통치하는 지역의 정치·군사·경제적 지배권을 장악하였어요. 대표적인 호족으로는 견훤, 궁예, 태조 왕건 등이 있어요.

① 성골 → 신라의 골품 제도 중 최고 신분층
┗ 성골은 신라의 골품 제도 중 최고 신분층으로, 왕이 될 수 있었어요.

② 호족 → 신라 말 등장한 세력
┗ 호족은 신라 말 지방에서 성장한 세력으로, 스스로를 성주 또는 장군이라 칭하면서 자신이 통치하는 지역의 정치·군사·경제적 지배권을 장악하였어요.

③ 권문세족 → 고려 원 간섭기에 등장한 정치 세력
┗ 권문세족은 원의 세력을 등에 업고 등장한 정치 세력으로, 원 간섭기에 고려의 정권을 장악하였어요.

④ 신진 사대부 → 고려 말 등장한 정치 세력
┗ 신진 사대부는 고려 말 과거를 통해 중앙 관리로 진출한 새로운 정치 세력으로, 공민왕의 개혁 정치 과정에서 크게 성장하였어요.

11 | 태조 왕건

정답 ①

(가) 왕의 업적으로 옳은 것은? [2점]

키워드 돋보기

발해 유민을 받아들이고 견훤까지 포용하였다는 것을 통해 **태조 왕건**임을 알아야 해요!

태조 왕건은 후고구려의 궁예를 몰아내고 즉위하여, **고려를 건국**하였어요. 이후 고려가 후삼국의 주도권을 잡은 후에는 신라를 통합하고, 고려로 귀부한 **견훤을 포용**해 식읍까지 주었어요. **일리천(구미)**에서 신검이 이끄는 후백제군을 크게 격파한 뒤 **후삼국을 통일**하였어요. 또한 거란에 의해 멸망한 **발해의 유민들을 받아들이고**, 발해 왕자인 대광현에게 왕씨 성을 하사하여 왕족으로 대우하였답니다.

① **흑창을 두었다.** → 태조 왕건
┗ 태조 왕건은 빈민을 구제하기 위해 봄에 곡식을 빌려주었다가 가을에 갚게 하는 흑창을 두었어요.

② **강화도로 천도하였다.** → 고종 (최우 집권기)
┗ 고려 고종 때 당시 집권자였던 최우는 몽골이 고려에 침입하자 개경에서 강화도로 천도하였어요.

③ **과거제를 처음 실시하였다.** → 광종
┗ 광종은 중국 후주 출신 쌍기의 건의를 받아들여 과거제를 처음 실시하였어요.

④ **전민변정도감을 설치하였다.** → 공민왕
┗ 공민왕은 전민변정도감을 설치하여 불법으로 빼앗긴 토지를 돌려주거나 억울하게 노비가 된 자를 양민으로 해방시켰어요.

---

12 | 고려에서 볼 수 있는 모습

정답 ④

(가) 국가에서 볼 수 있는 모습으로 적절한 것은? [2점]

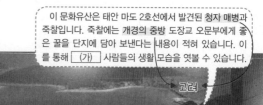

이 문화유산은 태안 마도 2호선에서 발견된 청자 매병과 죽찰입니다. 죽찰에는 개경의 중방 도장교 오문부에게 좋은 꿀을 단지에 담아 보낸다는 내용이 적혀 있습니다. 이를 통해 **(가)** 사람들의 생활 모습을 엿볼 수 있습니다.

→ 고려

청자 연꽃줄기 무늬 매병과 죽찰

키워드 돋보기

청자 매병, 개경의 중방을 통해 **고려**임을 알아야 해요!

고려는 중앙군으로 2군 6위가 있었으며, 이들의 지휘관인 상장군·대장군으로 구성된 무신들의 회의 기구인 **중방**을 설치하였어요. 한편 고려 시대에는 청자가 많이 제작되었으며, 고려 시대에 매병은 액체 상태의 귀한 음식물을 담는 용기로도 활용되었어요. 실제 태안 마도 2호선에서 발견된 고려 **청자 매병**에 좋은 품질의 꿀이 담겼던 사실이 함께 발견된 목간에 적혀 있었어요.

① **광산 개발을 감독하는 덕대** → 조선
┗ 조선 후기에 광업 경영 전문가인 덕대가 물주에게 자금을 받아 광산 개발을 감독하였어요.

② **신해통공 실시를 알리는 관리** → 조선
┗ 조선 정조 때 육의전을 제외한 시전들의 금난전권(난전을 단속하는 권리)을 폐지한 신해통공이 실시되었어요.

③ **청과의 무역으로 부를 축적하는 만상** → 조선
┗ 조선 후기에는 의주의 만상이 청과의 무역을 주도하며 부를 축적하였어요.

④ **활구라고도 불린 은병을 제작하는 장인** → 고려
┗ 고려 숙종 때 입구가 넓어 활구라고도 불린 고액 화폐인 은병이 제작되었어요.

다음 사건이 일어난 시기를 연표에서 옳게 고른 것은? [3점]

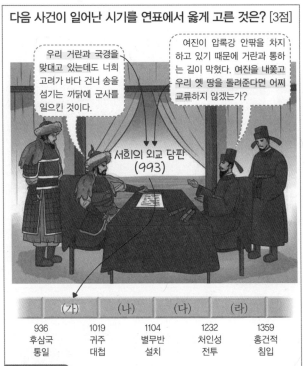

우리 거란과 국경을 맞대고 있는데도 너희 고려가 바다 건너 송을 섬기는 까닭에 군사를 일으킨 것이다.

여진이 압록강 안팎을 차지하고 있기 때문에 거란과 통하는 길이 막혔다. 여진을 내쫓고 우리 옛 땅을 돌려준다면 어찌 교류하지 않겠는가?

서희의 외교 담판
(993)

(가)	(나)	(다)	(라)
936	1019	1104	1232	1359
후삼국 통일	귀주 대첩	별무반 설치	처인성 전투	홍건적 침입

키워드 돋보기

우리 거란과 국경을 맞대고 있으며, 여진을 내쫓고 우리 옛 땅을 돌려준다면 교류하겠다는 것을 통해 서희의 외교 담판(993)임을 알 수 있다.

고려는 중국 송나라와 친선 관계를 맺은 반면 발해를 멸망시킨 거란은 적대하였어요. 이를 구실로 고려 **성종** 때 거란 장수 소손녕의 군대가 **고려를 공격**하자(거란의 1차 침입), 서희가 **외교 담판**을 벌여 거란과 교류할 것을 약속하는 대신 **강동 6주 지역**을 획득하였어요.

①(가)
└ 고려 성종 때 거란 장수 소손녕의 군대가 고려를 공격하자, 서희가 외교 담판을 벌여(993) 거란과 교류할 것을 약속하는 대신 여진족을 몰아낸 뒤 강동 6주를 획득하였어요.

② (나)

③ (다)

④ (라)

(가)에 들어갈 내용으로 가장 적절한 것은? [1점]

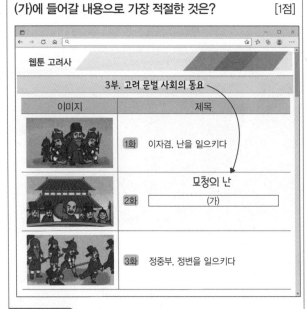

웹툰 고려사

3부. 고려 문벌 사회의 동요

이미지		제목
	1화	이자겸, 난을 일으키다
	2화	묘청의 난 (가)
	3화	정중부, 정변을 일으키다

키워드 돋보기

고려 문벌 사회의 동요를 통해 묘청의 난임을 알아야 해요!

이자겸의 난 진압(1126) 이후 인종은 왕권 회복을 위한 개혁을 추진하자, **묘청은** 인종에게 **서경으로 수도를 옮기면** 금이 스스로 항복할 것이라고 주장하였어요. 그러나 개경파의 반대로 서경 천도가 실패하자 서경에서 국호를 대위, 연호를 천개라 하고 난을 일으켰어요(**묘청의 난**, 1135). 난은 김부식이 이끄는 관군에 의해 진압되었으며, 이후 보수적인 문신 세력의 득세로 무신에 대한 **차별이 심화**되어 결국 **정중부** 등이 무신 정변을 일으켰어요(1170).

① 이괄, 도성을 점령하다 → 조선 인조, 무신 정변 이후
└ 조선 인조 때 인조반정(1623)의 공신이었던 이괄이 공신 책봉에 불만을 품고 난을 일으켰어요(이괄의 난, 1624).

② 김흠돌, 반란을 도모하다 → 통일 신라 신문왕, 이자겸의 난 이전
└ 통일 신라 신문왕 때인 681년에 신문왕의 장인인 김흠돌이 반란을 일으켰다가 진압되었어요.

③ 묘청, 서경 천도를 주장하다 → 고려 인종, 묘청의 난
└ 고려 인종 때 묘청 등이 서경 천도에 실패하자, 서경에서 국호를 대위라 하며 난을 일으켰어요(묘청의 난, 1135).

④ 이성계, 위화도에서 회군하다 → 고려 우왕, 무신 정변 이후
└ 고려 말 이성계는 우왕의 명으로 요동 정벌에 나섰으나, 요동 정벌에 반대하며 위화도에서 군대를 돌려 돌아온 후 권력을 장악하고 조선을 건국하였어요.

15 고려 시대 | 안향

정답 ①

밑줄 그은 '나'에 해당하는 인물로 옳은 것은? [2점]

소수 서원 문성공묘에 오신 것을 환영합니다. 나는 고려 후기 문신으로 성리학 도입과 후학 양성에 힘썼습니다. 후대 사람들이 이러한 공로를 기리기 위해 소수 서원을 지어 매년 이곳에서 제향을 올리고 있답니다.

安향

키워드 돋보기

고려 후기, 성리학 도입을 통해 **안향**임을 알아야 해요!

안향은 고려 후기의 문신으로, **충렬왕** 때 원에서 『주자전서』와 공자·주자의 초상화를 손수 베껴 고려에 돌아와 최초로 **성리학**을 고려에 소개하였어요. 한편 조선 중종 때 풍기 군수 주세붕이 안향을 기리고자 **백운동 서원**을 설립하였고, 백운동 서원은 이황의 건의로 사액 서원이 되어 왕(명종)에게 소수 서원이라는 현판을 받았어요.

①**안향** → 성리학 소개
  └ 안향은 고려 후기의 문신으로, 충렬왕 때 고려에 최초로 성리학을 소개하였어요.

② **김부식** → 『삼국사기』 편찬
  └ 김부식은 고려의 유학자로, 왕명을 받들어 기전체 형식의 역사서인 『삼국사기』를 편찬하였어요.

③ **이규보** → 『동명왕편』 저술
  └ 이규보는 고려의 문신으로, 고구려 건국 시조인 동명왕(주몽)의 일대기를 서사시로 표현한 『동명왕편』을 저술하였어요.

④ **정몽주** → 고려 왕조 유지 주장
  └ 정몽주는 고려 말 온건파 사대부로, 고려 왕조의 유지를 주장하다가 이방원 세력에 의해 죽임을 당하였어요.

16 고려 시대 | 삼별초

정답 ④

(가) 군사 조직에 대한 설명으로 옳은 것은? [2점]

지금 촬영하는 곳은 진도 용장성입니다. 고려 정부가 몽골과 강화를 맺고 개경으로 환도하자 강화도에서 옮겨온 [(가)] 이/가 쌓은 성으로 알려져 있습니다.

삼별초

키워드 돋보기

진도 용장성, 강화도를 통해 **삼별초**임을 알아야 해요!

삼별초는 최씨 무신 정권의 사병 집단으로, 고려 정부가 몽골과 강화를 맺고 **개경으로 환도**하자 이에 반발하며 독자적으로 대몽 항쟁을 전개하였어요. 삼별초는 **진도와 제주도**로 옮겨 가며 끝까지 몽골에 맞서 싸웠으나, 결국 고려·몽골의 연합군에 의해 진압되었어요.

① 쌍성총관부를 공격하였다. → 유인우, 이자춘 등
  └ 유인우, 이자춘 등은 고려 공민왕 때 쌍성총관부를 공격하여 철령 이북 땅을 되찾았어요.

② 백강 전투에서 활약하였다. → 부여풍
  └ 부여풍은 왜의 지원군과 백제 부흥군을 이끌고 백강 전투에서 활약하였으나, 나·당 연합군에 패배하였어요.

③ 신기군, 신보군, 항마군으로 구성되었다. → 별무반
  └ 별무반은 윤관의 건의에 따라 신기군(기병), 신보군(보병), 항마군(승병)으로 구성된 군사 조직이에요.

④ 최씨 무신 정권의 군사적 기반이 되었다. → 삼별초
  └ 삼별초는 고려 무신 집권기에 최우가 설치한 야별초에서 유래한 군사 조직으로, 최씨 무신 정권의 군사적 기반이 되었어요.

 **기출 포인트 더보기** 삼별초의 항쟁

배경	몽골과의 강화와 고려 정부의 개경 환도 결정에 대한 반발
전개	강화도 → 진도(배중손) → 제주도(김통정)로 이동하여 항쟁 전개
종결	고려·몽골(원) 연합군에 의해 진압

17 | 진포 대첩
고려 시대

정답 ③

다음 학생들이 표현하고 있는 사건으로 적절한 것은? [2점]

키워드 돋보기

왜구, 최무선, 화포를 통해 **진포 대첩**임을 알아야 해요!

14세기 말 고려는 왜구의 침입에 시달렸어요. 이에 고려 우왕 때 **최무선**의 건의로 화약과 화포 제조를 담당하는 **화통도감**을 설치하여 왜구의 침입에 대비하였어요. 이러한 상황에서 왜구가 **진포**에 침입하자 최무선은 **화포를 이용**하여 침입한 왜구를 격퇴하였어요(**진포 대첩**).

① 명량 대첩
 └ 명량 대첩은 임진왜란 때 이순신이 소수의 병력을 이끌고 왜의 수군을 크게 무찌른 전투예요.

② 살수 대첩
 └ 살수 대첩은 을지문덕이 고구려를 침략한 수의 군대를 살수에서 크게 격파한 전투예요.

③ 진포 대첩
 └ 진포 대첩은 고려 말 우왕 때 최무선 등이 진포에서 화포를 이용하여 왜구를 격퇴한 전투예요.

④ 행주 대첩
 └ 행주 대첩은 임진왜란 때 권율이 행주산성에서 왜군을 상대로 대승을 거둔 전투예요.

18 | 세종
조선 전기 ✦

정답 ③

다음 가상 대화에 등장하는 왕의 업적으로 옳지 않은 것은?
[2점]

키워드 돋보기

박연과 **아악을 체계적으로 정비**하도록 한 것을 통해 **세종**임을 알아야 해요!

세종은 조선의 4대 왕으로, 재위 시기에 다양한 문물이 정비되었어요. 궁중 음악인 **아악**이 **박연** 등에 의해 정비되었으며, 물시계인 **자격루**가 제작되었어요. 또한 정초, 변효문 등에게 명령하여 우리 풍토에 맞는 농법을 정리한 『**농사직설**』과 모범이 될 충신·효자·열녀 등의 행적을 글과 그림으로 설명한 윤리서인 『**삼강행실도**』가 편찬되었어요.

① 자격루를 제작하였다. → 조선 세종
 └ 조선 세종은 자동으로 시간을 알려주는 장치를 갖추고 있는 물시계인 자격루를 제작하였어요.

② 『농사직설』을 간행하였다. → 조선 세종
 └ 조선 세종은 정초, 변효문 등에게 명령하여 우리 풍토에 맞는 농법을 정리한 『농사직설』을 간행하였어요.

③ 『악학궤범』을 완성하였다. → 조선 성종
 └ 조선 성종은 음악의 이론과 역사 등을 집대성해 편찬한 음악 이론서인 『악학궤범』을 완성하였어요.

④ 『삼강행실도』를 편찬하였다. → 조선 세종
 └ 조선 세종은 모범이 될 만한 충신·효자·열녀 등의 행적을 글과 그림으로 설명한 윤리서인 『삼강행실도』를 편찬하였어요.

기출 포인트 더보기 | 세종 대의 편찬 사업

『용비어천가』	조선 왕조의 창업 과정을 찬미한 한글 서적
『삼강행실도』	모범이 될 만한 충신, 효자, 열녀 등의 행적을 모아 그림으로 그리고 설명을 붙임
『칠정산』 「내·외편」	• 서울을 기준으로 천체 운동을 정확하게 계산 • 「내편」은 중국의 수시력, 「외편」은 아라비아의 회회력을 참고하여 제작
『농사직설』	농민들이 실제 경험한 농법을 종합하여 간행

(가)에 들어갈 문화유산으로 옳은 것은?   [1점]

키워드 돋보기

태조에서 철종에 이르는 470여 년간의 역사와 유네스코 세계 기록유산에 등재 되었다는 것을 통해 『조선왕조실록』임을 알아야 해요!

『조선왕조실록』은 조선 태조에서 철종 때까지 이르는 470여 년의 역사를 시간순으로 정리한 편년체 형식의 역사서로, 왕이 죽은 후에 춘추관의 실록청에서 「사초」, 「시정기」 등을 바탕으로 편찬하였어요. 한편 『조선왕조실록』은 1997년에 높은 역사적 가치가 인정되어 유네스코 세계 기록유산에 등재되었어요.

① 『경국대전』 → 성종 때 편찬된 법전
　└ 『경국대전』은 세조 때 편찬되기 시작하여 성종 때 완성된 조선의 기본 법전이에요.

② 『동의보감』 → 광해군 때 편찬된 의학서
　└ 『동의보감』은 광해군 때 허준이 편찬한 의학서로, 전통 한의학을 정리하였어요.

③ 『목민심서』 → 순조 때 제작된 정약용의 저서
　└ 『목민심서』는 조선 후기 실학자 정약용의 저술로, 지방관이 지켜야 할 덕목을 제시하였어요.

④ 『조선왕조실록』 → 태조~철종까지의 역사를 기록한 역사서
　└ 『조선왕조실록』은 조선 태조에서 철종까지의 역사를 시간순으로 정리한 편년체 형식의 역사서예요.

기출 포인트 더보기　　『조선왕조실록』

- 임금이 왕위에 있는 동안 조정에서 일어나는 일을 시간 순서대로 기록한 책
- 춘추관의 실록청에서 「사초」와 「시정기」 등을 바탕으로 편찬함
- 임진왜란 이전에는 4대 사고(춘추관, 성주, 충주, 전주)에서 보관되다가 임진왜란 때 전주 사고본을 제외하고 모두 소실됨 → 조선 후기에는 5대 사고(춘추관, 오대산, 태백산, 마니산, 묘향산)에서 보관됨
- 1997년에 유네스코 세계 기록유산으로 등재됨

밑줄 그은 '왕'에 대한 설명으로 옳은 것은?   [3점]

> ○ 왕께서 명하기를, "집현전을 파하고 경연을 정지하며, 거기에 소장하였던 서책은 모두 예문관에서 관장하게 하라."라고 하였다.　→ 세조
> ○ 왕께서 명령을 내려, "전날 성삼문 등이 상왕도 모의에 참여하였다고 말하였으니 …… 상왕을 노산군으로 낮추고, 궁에서 내보내 영월에 거주시키도록 하라."라고 하였다.

키워드 돋보기

집현전을 파하고 상왕(단종)을 노산군으로 낮추고 영월에 거주시켰다는 것을 통해 세조임을 알아야 해요!

세조는 한명회, 권람 등과 함께 계유정난을 일으켜 정권을 장악한 뒤, 조카 단종을 몰아내고 왕위에 올랐어요. 이후 성삼문 등의 집현전 학자들이 상왕인 단종의 복위 운동을 벌이자, 집현전과 경연을 폐지하였어요. 또한 상왕인 단종을 노산군으로 낮추고 강원도 영월로 유배 보냈어요.

① 시헌력을 도입하였다. → 효종
　└ 효종은 김육의 건의를 받아들여 서양식 역법인 시헌력을 도입하였어요.

② 탕평책을 실시하였다. → 영조, 정조
　└ 영조와 정조는 붕당 간의 대립을 완화하기 위해 탕평책을 실시하였어요.

③ 한양으로 도읍을 옮겼다. → 태조 이성계
　└ 태조 이성계는 국호를 조선으로 바꾸고 한양으로 도읍을 옮겼어요.

④ 6조 직계제를 시행하였다. → 세조
　└ 세조는 왕권을 강화하기 위해 태종 때 시행되었던 6조 직계제를 다시 시행하였어요.

21 | 조선 전기
무오사화

조선 전기

정답 ③

(가)에 들어갈 사건으로 옳은 것은? [2점]

이곳은 조선 시대 문신인 김종직이 살았던 집터에 후손들이 지은 밀양 추원재입니다. 그가 쓴 「조의제문」은 연산군 때 일어난 (가) 의 빌미가 되기도 하였습니다.

무오사화

키워드 돋보기

김종직, 「조의제문」, 연산군을 통해 무오사화임을 알아야 해요!

무오사화는 김종직이 세조를 비판하는 내용을 담아 작성한 「**조의제문**」이 발단이 되어 일어난 사건이에요. 조선 **연산군** 때 사림 세력이었던 김일손은 스승인 김종직의 「조의제문」을 「조선왕조실록」의 바탕이 되는 「**사초**」에 기록하였어요. 이에 훈구는 이를 문제 삼아 사림을 제거하였어요.

① 경신환국 → 숙종 때 남인이 축출된 사건
  └ 숙종 때 서인이 남인인 허견(허적의 서자) 등의 역모를 고발한 사건으로, 남인들이 축출되는 결과를 가져왔어요.

② 기해예송 → 현종 때 자의 대비의 상복 기간을 두고 일어난 논쟁
  └ 기해예송은 현종 때 효종 사후 서인과 남인 사이에서 자의 대비의 상복 기간을 두고 일어난 논쟁으로, 1년복을 주장한 서인이 남인에게 승리하였어요.

③ 무오사화 → 연산군 때 사림이 화를 입은 사건
  └ 무오사화는 연산군 때 김종직이 쓴 「조의제문」의 내용이 발단이 되어 사림이 화를 입은 사건이에요.

④ 신유박해 → 순조 때 천주교를 탄압한 사건
  └ 신유박해는 순조 즉위 후 집권한 노론 벽파가 남인 시파를 탄압하고자 천주교를 탄압한 사건으로, 이승훈 등이 처형되고 정약용·정약전 등이 유배되었어요.

---

22 | 조선 후기
대동법

조선 후기

정답 ④

(가) 제도에 대한 설명으로 옳은 것은? [3점]

(가) 은/는 실로 백성을 구제하는 데 절실합니다. 경기도와 강원도에서 이미 시행하고 있으니, 우리 충청도에서도 시행하면 좋겠습니다.

대동법

김육

키워드 돋보기

경기도와 강원도에서 이미 시행함, 김육을 통해 대동법임을 알아야 해요!

대동법은 조선 후기 **광해군** 때 방납의 폐단을 해결하기 위해 시행된 제도예요. 이 제도에 따라 백성들은 **공납을 특산물 대신 쌀이나 옷감 등으로 납부할 수 있게** 되었어요. 또한 대동법은 광해군 때 경기도에서 시범적으로 실시되었으며, 이후 **김육의 건의로 충청도까지 확대**되었어요.

① 군포를 2필에서 1필로 줄였다. → 균역법
  └ 균역법은 조선 영조 때 시행된 군역 수취 제도로, 백성들의 군역 부담을 줄이고자 1년에 2필씩 내던 군포를 절반인 1필로 줄여주었어요.

② 양반에게도 군포를 부과하였다. → 호포제
  └ 호포제는 흥선 대원군 집권기에 시행된 군역 제도로, 군정의 문란을 해결하고자 양반에게도 군포를 부과하였어요.

③ 전세를 1결당 4~6두로 고정하였다. → 영정법
  └ 영정법은 조선 인조 때 시행된 전세 수취 제도로, 풍흉에 관계없이 전세를 1결당 4~6두로 고정하였어요.

④ 특산물 대신 쌀, 베 등으로 납부하게 하였다. → 대동법
  └ 대동법은 조선 광해군 때 처음 시행된 제도로, 집집마다 특산물로 납부하던 공납을 토지 결 수를 기준으로 쌀, 베, 동전 등으로 납부하도록 하였어요.

기출 포인트 더보기 대동법

배경	• 방납의 폐단: 공물을 대신 내준 이들이 농민에게 과도한 대가 요구 • 수미법 대두: 공납을 현물 대신 쌀로 거두자는 주장 등장(이이 등)
실시	광해군 즉위년에 선혜청을 설치하고 경기도에서 시험적으로 실시 → 양반 지주의 반발로 전국 실시까지 100여 년 소요
내용	토지 결 수에 따라 쌀(1결당 12두), 베, 동전 등으로 징수
영향	공인이 등장하고 이들의 활동으로 상품 수요 증가

23 | 조선 후기
병자호란 이후의 사실

정답 ①

다음 가상 대화 이후에 전개된 사실로 옳은 것은? [2점]

남한산성에서 항전하시던 임금께서 삼전도에 나아가 청에 굴욕적인 항복을 하셨다는군.

게다가 세자와 봉림 대군께서는 청에 볼모로 잡혀가신다더군.

→ 삼전도의 굴욕 → 병자호란

키워드 돋보기

임금께서 삼전도에 나아가 청에 굴욕적인 항복을 하셨다는 것을 통해 삼전도의 굴욕이 일어난 병자호란임을 알 수 있다.

조선 인조 때 청의 침략으로 **병자호란**이 일어나자, **인조**는 남한산성으로 피난하여 **청군에 항전**하였어요. 청의 공격을 막아내지 못한 인조는 **삼전도**에 직접 나가 **청에 항복**하였는데, 이때 청 태종에게 세 번 절하고 아홉 번 머리를 조아리는 예를 행하였어요(**삼전도의 굴욕**). 병자호란의 결과 조선은 청과 군신 관계를 맺었고, 소현 세자와 봉림 대군 등이 청에 볼모(인질)로 끌려가게 되었어요.

①**북벌론이 전개되었다.** → 효종(조선), 병자호란 이후
    └ 병자호란 이후 청에 대한 반감이 커진 상황에서, 효종 때 명에 대한 의리를 강조하며 청에 복수하자는 북벌론이 전개되었어요.

② **4군 6진이 개척되었다.** → 세종(조선), 병자호란 이전
    └ 조선 세종 때 여진족을 몰아내고 국경 지역에 4군(최윤덕)과 6진(김종서)이 개척되었어요.

③ **삼포 왜란이 진압되었다.** → 중종(조선), 병자호란 이전
    └ 조선 중종 때 삼포(부산포·제포·염포)에 살던 왜인들이 무역 통제에 반발하여 일으킨 삼포 왜란이 진압되었어요.

④ **정동행성이 설치되었다.** → 충렬왕(고려), 병자호란 이전
    └ 고려 충렬왕 때 원이 일본 원정을 위해 정동행성을 설치하였으며, 정동행성은 일본 원정이 끝난 후에도 유지되어 고려의 내정을 간섭하였어요.

기출 선택지 더보기 병자호란

• 임경업이 백마산성에서 항전하였다. [64회]
• 왕이 남한산성으로 피신하였다. [58·41회]
• 삼전도비의 건립 배경을 파악한다. [57·47·44·36회]
• 전쟁 후 청과 군신 관계를 맺었다. [60회]
• 이후 북벌을 추진하였다. [67·63·49·42회]
• 송시열이 북벌론을 주장하였다. [55·43·39회]

24 | 조선 후기
정조

정답 ①

밑줄 그은 '왕'의 업적으로 옳은 것은? [1점]

왕께서 배다리를 건너 아버지 사도 세자의 묘에 참배하러 가시는군.

저 배다리는 정약용이 설계했다는군.

키워드 돋보기

아버지 사도 세자를 통해 정조임을 알아야 해요!

정조는 사도 세자와 혜경궁 홍씨의 아들로, 아버지인 사도 세자의 묘를 수원으로 옮기고 이곳에 **화성**을 건설하였어요. 정조는 화성에 행궁을 짓고 자주 이곳으로 행차하였는데, 이때 아버지의 묘에 갈 때 **정약용**이 설계한 **배다리**를 설치해 한강을 건넜어요.

①**장용영을 설치하였다.** → 정조
    └ 정조는 왕권을 강화하기 위해 국왕의 친위 부대인 장용영을 설치하였어요.

② **당백전을 발행하였다.** → 흥선 대원군(고종)
    └ 흥선 대원군은 고종 때 경복궁 중건에 필요한 공사 비용을 마련하기 위해 당백전을 발행하였어요.

③ **『속대전』을 편찬하였다.** → 영조
    └ 영조는 『경국대전』 이후의 법령을 모아 정리한 법전인 『속대전』을 편찬하였어요.

④ **훈민정음을 반포하였다.** → 세종
    └ 세종은 한자를 알지 못하는 백성들을 위해 훈민정음(한글)을 반포하였어요.

기출 포인트 더보기 정조의 개혁 정책

초계문신제 시행	신진 인물이나 중·하급 관리 중 유능한 인사를 재교육
규장각 설치	• 왕실 도서관이자 비서실 업무를 수행하는 규장각 설치 • 규장각 검서관에 능력 있는 서얼 등용(박제가, 유득공 등)
장용영 설치	국왕의 친위 부대로 장용영 설치
신해통공 반포	육의전을 제외한 시전 상인의 금난전권을 폐지
화성 건설	정치적 이상을 실현하는 상징적인 도시로 수원 화성 건설

25 | 통합 주제 | 시대별 토지 제도

정답 ②

(가)~(다)를 실시한 순서대로 옳게 나열한 것은? [3점]

우리 역사 속 제도의 변천

〈관료와 토지〉

통일 신라 → 관료전을 지급하고 녹읍을 폐지했어. (가)

과전을 혁파하였고, 직전을 설치했어. → 직전법 → 조선 전기 (나)

전·현직 관리에게 전지와 시지를 차등 있게 지급했어. → 전시과 → 고려 시대 (다)

키워드 돋보기

(가) 관료전을 지급, 녹읍을 폐지함을 통해 통일 신라임을 알아야 해요!
(나) 과전을 혁파, 직전을 설치함을 통해 직전법이 실시된 조선 전기임을 알아야 해요!
(다) 전지와 시지를 차등 있게 지급함을 통해 전시과가 시행된 고려 시대임을 알아야 해요!

(가) 통일 신라 **신문왕**은 관리에게 수조권(토지에서 세금을 거둘 수 있는 권리)만 행사할 수 있는 토지인 **관료전**을 지급하고, 수조권뿐만 아니라 노동력까지 징발할 수 있었던 토지인 **녹읍**을 폐지하였어요.

(나) 조선 전기에 세조는 과전법 체제 하에서 수신전과 휼양전의 명목으로 토지가 세습되면서 새로 임명된 관리에게 줄 토지가 부족해지자, **직전법**을 실시하여 현직 관리에게만 토지의 **수조권**을 지급하고 수신전과 휼양전을 폐지하였어요.

(다) 고려 시대에 **경종**은 전·현직 관리에게 관직 복무 등의 대가로 농사를 짓는 땅인 **전지**와 땔감을 얻을 수 있는 **시지**를 차등 지급하는 토지 제도인 **전시과**를 처음 시행하였어요. 이때 소유권이 아닌 수조권(세금을 거둘 수 있는 권리)만 지급하였으며, 세습이 불가능하였어요.

① (가) – (나) – (다)
② (가) – (다) – (나)
   └ 순서대로 나열하면 (가) 통일 신라 – (다) 고려 시대 – (나) 조선 전기가 돼요.
③ (나) – (가) – (다)
④ (다) – (가) – (나)

26 | 조선 후기 | 조선 후기의 모습

정답 ④

다음 가상 대화가 이루어진 시기에 볼 수 있는 모습으로 적절하지 않은 것은? [2점]

이번에 통신사로 일본에 다녀오며 가져온 고구마인데, 농민들에게 재배하도록 하면 어떻겠나?

그렇게 해보겠습니다.

조선 후기
조엄

키워드 돋보기

통신사, 고구마를 통해 조선 후기임을 알아야 해요!

조선 후기에는 흉년이 들 때 큰 도움이 되는 **고구마**, 감자와 같은 구황 작물이 널리 재배되었고, 소득이 높은 담배, 면화 등이 상품 작물로 재배되었어요. 한편 **통신사**는 조선 시대 **일본에 파견된 공식 외교 사절단**으로, 에도 막부의 요청으로 17~19세기에 12차례에 걸쳐 파견되었어요.

① 상평통보로 거래하는 상인 → **조선 후기**
   └ 조선 후기 숙종 때 상평통보가 공식 화폐로 발행되어 널리 유통되었어요.

② 판소리 공연을 구경하는 농민 → **조선 후기**
   └ 조선 후기에는 감정 표현이 직접적이고 솔직한 판소리 공연이 성행하였어요.

③ 한글 소설을 읽어주는 전기수 → **조선 후기**
   └ 조선 후기에는 저잣거리에서 소설을 읽어주는 전기수가 「홍길동전」, 「춘향전」 등의 한글 소설을 읽어주었어요.

④ 황룡사 구층 목탑을 만드는 목수 → **삼국 시대**(신라)
   └ 신라 선덕 여왕 때 승려 자장의 건의로 황룡사 구층 목탑이 건립되었어요.

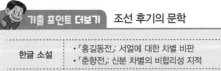

기출 포인트 더보기 조선 후기의 문학

한글 소설	• 「홍길동전」: 서얼에 대한 차별 비판 • 「춘향전」: 신분 차별의 비합리성 지적
사설시조	남녀 간의 사랑, 현실에 대한 비판 등 서민의 감정을 솔직하게 표현
시사	중인 이하의 계층이 문예 모임인 시사를 조직하여 활동
전기수	소설을 읽어 주고 일정한 보수를 받는 전기수가 등장

27 조선 후기 임술 농민 봉기

정답 ②

학생들이 공통으로 이야기하고 있는 사건에 대한 설명으로 옳은 것은? [2점]

키워드 돋보기

백낙신, 유계춘, 삼정이정청을 통해 임술 농민 봉기임을 알아야 해요!

임술 농민 봉기는 세도 정치 시기인 조선 **철종** 때 **경상 우병사 백낙신**의 수탈이 심해지자 **몰락 양반 유계춘을 중심으로** 일어난 농민 봉기예요. **진주에서 시작된 봉기가 점차 전국적으로 확산되자, 정부는 상황 수습을 위해 박규수를 안핵사**(사건의 처리를 위해 파견한 임시 관직)로 파견하였어요. 이후 박규수의 건의에 따라 삼정의 문란을 시정하기 위한 임시 기구로 **삼정이정청**을 설치하였어요.

① 청군의 개입으로 진압되었다. → **임오군란, 갑신정변 등**
ㄴ 청군의 개입으로 진압된 사건은 임오군란, 갑신정변 등이 있어요.

②박규수가 안핵사로 파견되었다. → **임술 농민 봉기**
ㄴ 임술 농민 봉기가 전국적으로 확산되자, 상황을 수습하기 위해 박규수가 안핵사로 파견되었어요.

③ 조선 형평사의 주도로 전개되었다. → **형평 운동**
ㄴ 형평 운동은 일제 강점기에 조선 형평사의 주도로 전개되었으며, 백정에 대한 사회적 차별 철폐 등을 주장하였어요.

④ 서북 지역민에 대한 차별이 원인이 되었다. → **홍경래의 난**
ㄴ 홍경래의 난은 몰락 양반인 홍경래를 중심으로 서북 지역민(평안도 지역 사람)에 대한 차별 대우에 반발하여 일어났어요.

기출 포인트 더보기 임술 농민 봉기

원인	경상도 우병사 백낙신의 수탈
전개	• 몰락 양반 유계춘을 중심으로 봉기, 진주를 시작으로 전국으로 확산 • 봉기 수습을 위해 안핵사로 파견된 박규수가 삼정이정청 설치 건의 • 정부는 삼정이정청을 설치하여 삼정의 문란을 시정할 것을 약속
한계	삼정이정청이 얼마 지나지 않아 폐지되어 근본적인 해결책 마련에는 실패

28 조선 후기 김정희

정답 ①

다음 가상 인터뷰에 등장하는 인물로 옳은 것은? [2점]

키워드 돋보기

북한산비가 진흥왕 순수비임을 고증한 것과 세한도를 통해 김정희임을 알아야 해요!

김정희는 조선 후기의 학자이자 예술가로, 금석문 연구에 힘써 **북한산비가 신라 진흥왕의 순수비임을 처음으로 고증한 『금석과안록』을 저술**하였어요. 또한 청에 건너가 학자들과 교류하며 고금의 필법을 두루 연구하였고, 그 결과 **추사체**를 창안하여 서예의 새로운 경지를 개척하였어요. 그뿐만 아니라 수준 높은 문인화를 많이 남겼는데, 대표적인 작품으로는 제주도에서 유배 생활을 하던 중 그린 그림인 **세한도**가 있어요.

①김정희 → **북한산비가 진흥왕 순수비임을 고증함**
ㄴ 김정희는 조선 후기의 학자이자 예술가로, 금석문 연구에 힘써 북한산비가 신라 진흥왕의 순수비임을 처음으로 고증한 『금석과안록』을 저술하였어요.

② 박지원 → **『열하일기』 저술**
ㄴ 박지원은 조선 후기의 실학자로, 연행사(청의 수도인 연경에 파견되었던 사신)를 따라 청에 다녀온 후, 청의 문물을 소개한 『열하일기』를 저술하였어요.

③ 송시열 → **서인의 영수로 활약**
ㄴ 송시열은 조선 후기에 서인의 영수(지도자)로 활약하였으며, 숙종 때 희빈 장씨의 아들을 원자로 정하는 것에 반대하다가 제거되었어요(기사환국).

④ 유득공 → **『발해고』 저술**
ㄴ 유득공은 조선 후기의 실학자로, 본인이 저술한 역사서인 『발해고』에서 남북국이라는 용어를 처음으로 사용하였어요.

기출 포인트 더보기 김정희

• 『금석과안록』에서 북한산비가 진흥왕 순수비임을 고증함
• 자신만의 독특한 서체인 추사체를 창안함
• 제주도 유배 생활 중에 세한도를 그림

29 | 근대
동학 농민 운동 ✦✦

정답 ③

(가) 사건에 대한 설명으로 옳은 것은? [2점]

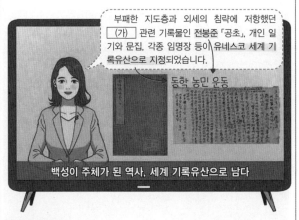

부패한 지도층과 외세의 침략에 저항했던 (가) 관련 기록물인 전봉준 「공초」, 개인 일기와 문집, 각종 임명장 등이 유네스코 세계 기록유산으로 지정되었습니다.

동학 농민 운동

백성이 주체가 된 역사, 세계 기록유산으로 남다

키워드 돋보기

전봉준과 유네스코 세계 기록유산으로 지정되었다는 것을 통해 동학 농민 운동임을 알아야 해요!

동학 농민 운동은 고부 민란을 수습하기 위해 파견된 이용태가 관련자들을 탄압한 것이 원인이 되어 일어났어요. **전봉준의 주도로 백산에 집**결한 동학 농민군은 **황토현·황룡촌 전투**에서 승리하고 전주성까지 점령하였어요. 이에 정부는 동학 농민군과 **전주 화약**을 체결하였으나 일본군이 철수하지 않고 기습적으로 경복궁을 점령한 뒤 내정을 간섭하자, 동학 농민군은 **2차로 봉기**하였어요. 그러나 동학 농민군은 공주 우금치에서 일본군과 관군에게 패배하였어요(우금치 전투). 한편 2023년에 동학 농민 운동 관련 기록물인 전봉준 「공초」, 개인 일기와 문집, 각종 임명장 등이 유네스코 세계 기록유산으로 지정되었어요.

① 9서당을 창설하는 계기가 되었다. → X
 ┗ 9서당은 통일 신라의 중앙군으로, 신문왕 때 정비되었어요.

② 청산리에서 일본군과 전투를 벌였다. → 청산리 전투
 ┗ 청산리 전투는 김좌진의 북로 군정서군과 홍범도의 대한 독립군 등의 독립군 연합 부대가 청산리 일대에서 일본군을 격퇴한 전투예요.

③ 집강소를 통해 폐정 개혁을 추진하였다. → 동학 농민 운동
 ┗ 동학 농민 운동 때 전주 화약이 체결된 이후, 동학 농민군은 집강소를 설치하여 폐정 개혁을 추진하였어요.

④ 제물포 조약이 체결되는 결과를 가져왔다. → 임오군란
 ┗ 임오군란의 결과, 조선은 일본과 제물포 조약을 체결하여 일본에 배상금을 지불하고 일본 공사관에 경비병이 주둔하는 것을 허용하였어요.

기출 포인트 더보기 ⟩ 동학 농민 운동의 전개 과정

고부 민란 → 백산 집결 → 황토현 전투 승리 → 황룡촌 전투 승리 → 전주성 점령 → 전주 화약 체결 → 일본의 경복궁 점령 → 청·일 전쟁 발발 → 삼례 집결(2차 봉기) → 남·북접 논산 집결 → 우금치 전투 패배

---

30 | 근대
신돌석

정답 ①

(가)에 들어갈 인물로 옳은 것은? [1점]

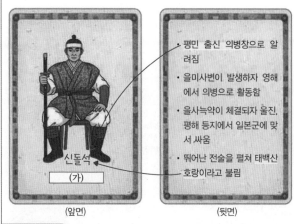

신돌석

(가)

(앞면)

- 평민 출신 의병장으로 알려짐
- 을미사변이 발생하자 영해에서 의병으로 활동함
- 을사늑약이 체결되자 울진, 평해 등지에서 일본군에 맞서 싸움
- 뛰어난 전술을 펼쳐 태백산 호랑이라고 불림

(뒷면)

키워드 돋보기

평민 출신 의병장, 태백산 호랑이를 통해 신돌석임을 알아야 해요!

신돌석은 근대에 활약한 **평민 출신 의병장**으로, **태백산 호랑이**라는 별명으로 널리 불렸어요. 그는 **을미사변**이 발생하자 이듬해인 1896년에 영해에서 **의병**을 모아 **활동**하였어요. 또한 **을사늑약**이 체결되고 1907년에 울진, 평해 등지에서 일본군에 맞서 싸웠어요.

① 신돌석 → 평민 출신 의병장
 ┗ 신돌석은 근대에 활약한 평민 출신 의병장으로, 을미의병, 을사의병에 참여하였어요.

② 유인석 → 을미의병 때의 의병장
 ┗ 유인석은 을미의병 때의 의병장이에요.

③ 최익현 → 을사의병을 주도한 양반 유생
 ┗ 최익현은 을사늑약 체결 이후 의병 활동을 벌이다가 쓰시마 섬에 유배되었어요.

④ 홍범도 → 봉오동 전투에서 일본군에 승리함
 ┗ 홍범도는 대한 독립군의 총사령관으로, 일제 강점기에 봉오동 전투에서 일본군을 상대로 승리하였어요.

(가)~(라)에 들어갈 인물로 옳지 **않은** 것은? [2점]

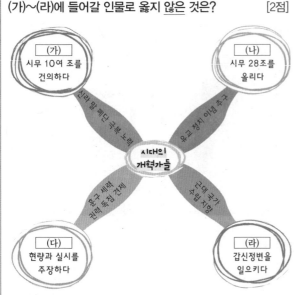

키워드 돋보기

시대의 개혁가들에 대해 알아야 해요!

(가) **최치원**은 신라 말 사회적 폐단을 극복하기 위해 **진성 여왕**에게 사회 개혁안인 **시무 10여 조**를 건의하였어요.
(나) **최승로**는 고려 성종 때 유교 정치의 이념을 담아 성종에게 사회 개혁안인 **시무 28조**를 올렸어요.
(다) **조광조**는 조선 중종 때 훈구 세력의 권력 독점을 견제하기 위해 **현량과 실시**를 주장하였어요.
(라) **김옥균**은 1884년에 근대 국가 수립을 지향하며 우정총국 개국 축하연에서 **갑신정변**을 일으켰어요.

① (가) – **최치원** → 시무 10여 조 건의
└ 최치원은 신라 말 사회적 폐단을 극복하기 위해 진성 여왕에게 사회 개혁안인 시무 10여 조를 건의하였어요.

② (나) – **최승로** → 시무 28조 올림
└ 최승로는 고려 성종 때 유교 정치의 이념을 담아 성종에게 사회 개혁안인 시무 28조를 올렸어요.

③ (다) – **정도전** → 재상 중심 정치 주장
└ 정도전은 조선 건국의 개국 공신으로, 태조 이성계 때 왕도 정치를 바탕으로 재상 중심의 정치 운영 방식을 추구한 법전인 『조선경국전』을 저술하였어요.

④ (라) – **김옥균** → 갑신정변 주도
└ 김옥균은 급진 개화파 중 한 명으로, 근대 국가의 수립을 지향하며 갑신정변을 일으켰어요.

(가) 사건에 대한 설명으로 옳은 것은? [2점]

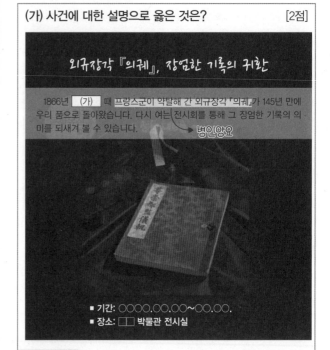

키워드 돋보기

프랑스군이 약탈해 간 외규장각 『의궤』를 통해 **병인양요**임을 알아야 해요!

병인양요는 프랑스가 병인박해를 구실로 함대를 파견하여 강화도에 침입한 사건이에요. 한편 프랑스군은 퇴각하면서 **강화도의 외규장각에 보관되어 있던 『의궤』를 약탈**하였으며, 『의궤』는 2011년에 영구 임대 방식으로 반환되었어요.

① 제너럴셔먼호 사건의 배경이 되었다. → ✕
└ 제너럴셔먼호 사건은 미국 상선 제너럴셔먼호가 평양까지 들어와 통상을 요구하며 횡포를 부렸다가, 평양 관민에 의해 배가 불태워진 사건으로, 신미양요가 일어나는 배경이 되었어요.

② 강화도 조약이 체결되는 계기가 되었다. → 운요호 사건
└ 운요호 사건은 일본 군함 운요호가 강화도에 접근하여 무력 시위를 벌인 사건으로, 이 사건을 계기로 강화도 조약이 체결되었어요.

③ 오페르트가 남연군 묘 도굴을 시도하였다. → ✕
└ 독일 상인 오페르트가 흥선 대원군의 아버지인 남연군의 묘를 도굴하여 이를 미끼로 통상을 요구하려고 시도하였으나 실패하였어요(오페르트 도굴 사건).

④ 양헌수 부대가 정족산성에서 활약하였다. → 병인양요
└ 병인양요 때 양헌수 장군이 이끄는 부대가 정족산성에서 프랑스군에 맞서 항전하였어요.

33 | 독립 협회
근대

정답 ③

(가) 단체의 활동으로 옳은 것은? [2점]

이곳 종로에서는 (가) 이/가 개최한 관민 공동회가 열리고 있습니다. 정부 관료와 학생, 시민들이 참여한 가운데 헌의 6조를 올리기로 하였습니다.

→ 독립 협회

키워드 돋보기

관민 공동회, 헌의 6조를 통해 독립 협회임을 알아야 해요!

독립 협회는 서재필 등의 신지식인을 중심으로 창립된 단체로, **근대적 자주 독립 국가의 건설**을 목표로 하였으며, **이권 수호 운동도 전개**하였어요. 또한 정부 관료도 참석한 **관민 공동회를 개최**하여 **헌의 6조를 결의**하기도 하였어요.

① 광혜원을 설립하였다. → 알렌
  └ 알렌은 미국 선교사이자 의사로, 최초의 근대식 병원인 광혜원을 설립하였어요.

② 태극 서관을 운영하였다. → 신민회
  └ 신민회는 태극 서관을 운영하여 계몽 서적을 출판·보급하였어요.

③ 독립문 건설을 주도하였다. → 독립 협회
  └ 독립 협회는 독립 의식 고취를 위해 청의 사신을 맞이하던 영은문을 헐고 그 자리에 독립문을 건설하였어요.

④ 파리 강화 회의에 대표를 파견하였다. → 신한청년당
  └ 신한청년당은 제1차 세계 대전 종결 이후 평화 정착을 위해 개최된 파리 강화 회의에 김규식을 대표로 파견하였어요.

기출 포인트 더보기 — 독립 협회의 활동

만민 공동회 개최	근대적인 민중 집회인 만민 공동회를 열어 민권 신장을 추구함
이권 수호 운동	러시아의 절영도 조차 요구를 저지함
관민 공동회 개최	관민 공동회를 개최(1898)하여 헌의 6조를 결의하고 고종의 재가를 받음
민중 계몽 운동	독립문과 독립관을 건립함, 토론회·강연회를 개최함

34 | 무단 통치 시기
일제 강점기

정답 ①

밑줄 그은 '이 시기'에 볼 수 있는 모습으로 적절한 것은? [2점]

이 사진을 보면 경무부와 헌병대 간판이 나란히 걸려 있네요.

그렇습니다. 이 시기 일제는 군사 경찰인 헌병이 일반 경찰 업무까지 맡는 헌병 경찰 제도를 실시하였습니다.

무단 통치 시기

키워드 돋보기

헌병이 일반 경찰 업무까지 맡는 헌병 경찰 제도를 실시하였다는 것을 통해 무단 통치 시기임을 알아야 해요!

무단 통치 시기는 1910년대에 일제가 한국인을 강압적으로 통치하던 시기로, 이 시기 일제는 **헌병 경찰제**를 시행하여 군대의 경찰인 헌병이 일반 경찰 업무까지 담당하게 하였어요. 또한 교사에게도 **칼을 휴대**하게 하여 공포 분위기를 조성하였어요.

① 제복을 입고 칼을 찬 교사 → 무단 통치 시기
  └ 무단 통치 시기에 일제는 교사들에게도 제복을 입고 칼을 차게 하여 공포 분위기를 조성하였어요.

② 한성순보를 발간하는 관리 → 1883년~1884년
  └ 1883년~1884년에 박문국에서 우리나라 최초의 근대 신문인 한성순보가 발간되었어요.

③ 단발령 시행에 반발하는 유생 → 1895년
  └ 1895년에 을미개혁이 시행되어 성년 남자의 머리를 짧게 깎도록 한 명령인 단발령이 내려졌어요.

④ 경인선 철도 개통식을 구경하는 청년 → 1900년
  └ 대한 제국 시기인 1900년에 서울에서 인천을 잇는 경인선 철도의 개통식이 거행되었어요.

기출 포인트 더보기 — 무단 통치 시기

정치	• 헌병 경찰제: 무력을 통해 우리 민족의 저항을 억누름 • 조선 태형령: 조선인에게만 적용, 재판 없이 태형 집행
경제	토지 조사 사업 실시 - 목적: 식민 통치의 재정 기반 확보 및 토지 수탈 - 결과: 조선의 농민들이 소작농으로 전락
사회·문화	• 언론, 출판, 집회, 결사의 자유 박탈 • 식민지 차별 교육: 보통 교육, 실업 교육 위주 • 사립 학교, 서당 등 민족 교육 기관 억압

정답 ②

(가)에 들어갈 내용으로 적절한 것은? [3점]

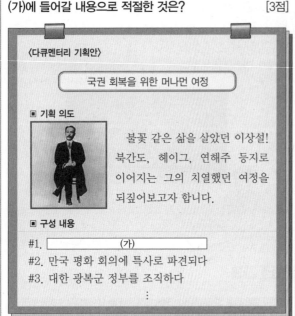

〈다큐멘터리 기획안〉

국권 회복을 위한 머나먼 여정

■ 기획 의도

불꽃 같은 삶을 살았던 이상설! 북간도, 헤이그, 연해주 등지로 이어지는 그의 치열했던 여정을 되짚어보고자 합니다.

■ 구성 내용

#1. _____(가)_____
#2. 만국 평화 회의에 특사로 파견되다
#3. 대한 광복군 정부를 조직하다
  :

키워드 돋보기

이상설에 대해 알아야 해요!

이상설은 대한 제국 시기와 일제 강점기에 활동한 항일 운동가로, 고종의 밀명에 따라 이준, 이위종과 함께 **네덜란드 헤이그에서 열린 만국 평화 회의에 특사로 파견**되어 을사늑약의 부당성을 폭로하였어요. 그러나 일본의 방해로 특사 활동은 큰 성과를 거두지 못했고, 1909년 연해주로 떠났어요. 이후 연해주에서 이동휘 등과 함께 **대한 광복군 정부**를 세웠으며, 정통령을 역임하였어요.

① 의열단을 조직하다 → 김원봉
 ∟ 김원봉은 만주 지린(길림)에서 식민 통치 기관 파괴와 일제의 주요 요인 암살을 목표로 의열단을 조직하였어요.

②서전서숙을 설립하다 → 이상설
 ∟ 이상설은 북간도에 서전서숙을 설립하여 민족 교육을 실시하였어요.

③ 『동양평화론』을 집필하다 → 안중근
 ∟ 안중근은 뤼순 감옥에 수감되어 『동양평화론』을 집필하던 중 순국하였어요.

④ 시일야방성대곡을 발표하다 → 장지연
 ∟ 장지연은 을사늑약이 체결되자 을사늑약을 규탄하는 내용의 시일야방성대곡을 발표하였어요.

정답 ③

밑줄 그은 '만세 시위'에 대한 설명으로 옳은 것은? [2점]

한국을 사랑한 외국인들

특집
스코필드, 제암리 학살 사건을 폭로하다

"논둑길을 돌아서자 지금도 잊혀지지 않는 광경이 눈앞에 펼쳐졌다. 마을은 불타버렸고 아직도 여기저기서 연기가 나고 있었다."

3·1 운동 ◀

1919년 학생과 시민들의 만세 시위가 전국으로 확산하자 일제는 경찰과 군인을 동원하여 탄압하였다. 화성 제암리에서는 주민을 교회에 몰아넣은 후 총을 쏘고 불을 질렀다. 소식을 듣고 달려간 스코필드는 제암리에서 벌어진 학살을 세계에 폭로하였다.

프랭크 스코필드
(Frank W. Schofield)

키워드 돋보기

제암리 학살 사건, 1919년 학생과 시민들의 만세 시위를 통해 3·1 운동임을 알아야 해요!

3·1 운동은 1919년에 일어난 만세 운동으로, 일제 강점기에 일어난 최대 규모의 항일 민족 운동이에요. **고종의 인산일(장례일)**을 계기로 **민족 대표**들은 태화관에서 독립 선언서를 낭독하였으며, 학생과 시민들은 **탑골 공원(파고다 공원)**에서 독립 선언서를 낭독한 후 **만세 시위**를 전개하였어요. 시위가 전국적으로 확대되자 일제는 무력을 동원하여 이를 진압하였어요. 특히 화성 제암리의 주민들을 교회에 감금한 후 무차별 학살한 사건(제암리 학살 사건)이 발생하였고, 이는 당시 선교사로 한국에 왔던 **스코필드**에 의해 세계에 알려졌어요.

① 순종의 인산일에 전개되었다. → 6·10 만세 운동
 ∟ 6·10 만세 운동은 순종의 인산일(장례일)에 학생 단체를 중심으로 만세 시위가 전개되었어요.

② 대한매일신보의 후원을 받았다. → 국채 보상 운동
 ∟ 국채 보상 운동은 대한매일신보 등 당시 언론의 후원을 받아 전국적으로 확산되었어요.

③대한민국 임시 정부 수립의 계기가 되었다. → 3·1 운동
 ∟ 3·1 운동의 영향으로 조직적인 독립운동의 필요성이 제기되면서, 상하이에서 대한민국 임시 정부가 수립되었어요.

④ 신간회에서 진상 조사단을 파견하여 지원하였다.
   → 광주 학생 항일 운동
 ∟ 광주 학생 항일 운동이 일어나자, 신간회는 진상 조사단을 파견하여 이를 지원하였어요.

37 | 일제 강점기 | 물산 장려 운동
정답 ②

(가)에 들어갈 민족 운동으로 옳은 것은? [2점]

키워드 돋보기

조만식 등이 주도, '조선 사람 조선 것', '내 살림 내 것으로'를 통해 물산 장려 운동임을 알아야 해요!

물산 장려 운동은 회사령의 철폐로 일본 기업이 조선에 활발하게 진출하고, 관세 철폐 움직임이 나타나면서 한국인 자본가들의 위기 의식이 커지자, 조만식 등의 주도 아래 **평양에서 시작된** 운동이에요. 이 운동은 **'조선 사람 조선 것', '내 살림 내 것으로'** 등의 구호 아래 전개되었으며, 민족 산업 육성을 위한 **국산품 애용**을 장려하였어요.

① 브나로드 운동 → 동아일보의 주도
ㄴ 브나로드 운동은 동아일보가 주도한 농촌 계몽 운동으로, '배우자! 가르치자! 다 함께 브나로드!'라는 표어 아래 전개되었어요.

②물산 장려 운동 → 조만식 등의 주도
ㄴ 물산 장려 운동은 조만식 등이 주도한 운동으로, '조선 사람 조선 것', '내 살림 내 것으로' 등의 표어를 내세우며 전개되었어요.

③ 국채 보상 운동 → 서상돈 등의 주도
ㄴ 국채 보상 운동은 서상돈, 김광제 등이 주도한 운동으로, 일본의 강요로 도입된 차관(빌린 자금)을 갚기 위해 대구에서 시작되었어요.

④ 민립 대학 설립 운동 → 이상재 등의 주도
ㄴ 민립 대학 설립 운동은 이상재 등이 주도한 운동으로, '한민족 1천만이 한 사람이 1원씩'이라는 구호 아래 모금 운동이 전개되었어요.

기출 자료 더보기 **물산 장려 운동** [51회]

물산 장려에 대한 운동의 새로운 풍조가 시작된 이래로 …… 반드시 토산으로 원료를 삼아 학생모, 중절모 등을 제조하는 것이 좋겠다. …… 현재 인도에서는 간디캡이 크게 유행한다는데 간디 씨가 발명, 제조한 순 인도산의 재료로 순 인도인이 만든 모자라고 한다.

38 | 통합 주제 | 신채호
정답 ③

다음 공연의 소재가 된 인물에 대한 설명으로 옳은 것은? [3점]

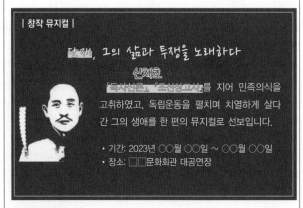

| 창작 뮤지컬 |
단재, 그의 삶과 투쟁을 노래하다
신채호
『독사신론』, 『조선상고사』를 지어 민족의식을 고취하였고, 독립운동을 펼치며 치열하게 살다 간 그의 생애를 한 편의 뮤지컬로 선보입니다.
• 기간: 2023년 ○○월 ○○일 ~ ○○월 ○○일
• 장소: □□문화회관 대공연장

키워드 돋보기

단재, 『독사신론』, 『조선상고사』를 통해 신채호임을 알아야 해요!

단재 신채호는 일제의 식민 사학에 맞서 우리 민족의 주체적인 역사를 강조한 독립 운동가이자 역사학자로, 『독사신론』, 『조선상고사』 등을 저술하였어요. 그는 『독사신론』에서 민족을 역사 서술의 중심에 두어 민족주의 사관의 기초를 마련하였고, 『조선상고사』를 통해 역사를 '아(나)와 비아(나 밖의 모든 것)의 투쟁'으로 정의하였어요.

① 대한 광복회를 조직하였다. → 박상진, 채기중 등
ㄴ 박상진, 채기중 등이 대구에서 비밀 결사 단체인 대한 광복회를 조직하였어요.

② 조선 의용군을 창설하였다. → 김두봉 등
ㄴ 김두봉 등은 독립 동맹의 산하 부대로 조선 의용군을 창설하였으며, 중국 팔로군과 연합하여 항일 전선에 참여하였어요.

③『조선혁명선언』을 작성하였다. → 신채호
ㄴ 신채호는 의열단의 행동 강령인 『조선혁명선언』을 작성하였어요.

④『조선말 큰사전』 편찬을 주도하였다. → 이극로, 이윤재 등
ㄴ 이극로, 이윤재 등은 조선어 학회 회원으로 『조선말 큰사전』 편찬을 주도하였으나, 일제의 방해로 완성하지는 못하였어요.

기출 자료 더보기 **신채호의 활동**

• 1906년 대한매일신보, 황성신문 논설 기자
• 1907년 대한매일신보 주필(『독사신론』 연재), 신민회 조직
• 1919년 대한민국 임시 정부에서 활동
• 1923년 『조선혁명선언』 작성
• 주요 저술: 『독사신론』, 『조선사연구초』, 『조선상고사』

(가)에 들어갈 인물로 가장 적절한 것은? [1점]

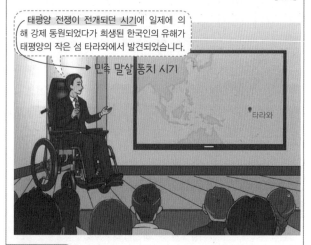

독립운동가 (가) 특별 사진전

윤봉길

한인 애국단에 가입함

홍커우 공원 의거를 일으킴

김구에게 시계를 남김

키워드 돋보기

한인 애국단에 가입, 홍커우 공원 의거를 통해 윤봉길임을 알아야 해요!

윤봉길은 김구가 조직한 **한인 애국단**에 가입한 단원으로, 중국 상하이 **홍커우 공원**에서 열린 일왕의 생일 겸 상하이 사변(일본이 중국 상하이를 침략한 사건)의 승리를 축하하는 기념식장에 폭탄을 던져 **일본군 장성과 고관들을 처단**하였어요. 한편 윤봉길은 한인 애국단 가입 직후 구입한 시계를 홍커우 공원 의거 날 아침 김구의 시계와 교환하였어요.

① 김원봉 → 의열단 조직
└ 김원봉은 식민 통치 기관 파괴와 일제의 주요 요인 암살을 목표로 의열단을 조직하였어요.

② 나석주 → 조선 식산 은행과 동양 척식 주식회사에 폭탄 투척
└ 나석주는 의열단 단원으로, 조선 식산 은행과 동양 척식 주식회사에 폭탄을 투척하였어요.

③ 윤봉길 → 홍커우 공원 의거
└ 윤봉길은 한인 애국단 단원으로, 중국 상하이의 홍커우 공원에서 폭탄을 투척하여 일본군 장성과 고위 관리를 처단하였어요.

④ 이동휘 → 대한 광복군 정부 수립
└ 이동휘는 연해주에서 이상설 등과 대한 광복군 정부 수립을 주도하였으며, 대한 광복군 정부의 부통령을 역임했어요.

기출 자료 더보기 윤봉길의 활동

▲ 윤봉길

- 한인 애국단 가입
- 상하이 홍커우 공원에서 열린 일왕 탄생 축하 겸 상하이 사변 전승 축하식에 폭탄을 투척하여 일본군 장성과 고관 처단
- 윤봉길의 의거를 계기로 중국 국민당이 대한민국 임시 정부의 활동 지원
- 의거 이후 일제의 임시 정부 탄압이 심화되어 임시 정부가 상하이를 떠남

밑줄 그은 '시기'에 볼 수 있는 모습으로 가장 적절한 것은? [2점]

태평양 전쟁이 전개되던 <u>시기</u>에 일제에 의해 강제 동원되었다가 희생된 한국인의 유해가 태평양의 작은 섬 타라와에서 발견되었습니다.

민족 말살 통치 시기

타라와

키워드 돋보기

태평양 전쟁이 전개되던 시기를 통해 민족 말살 통치 시기임을 알아야 해요!

민족 말살 통치 시기에 일제는 **태평양 전쟁**(1941)을 일으키며 인적·물적 자원 수탈을 더욱 강화하였으며, 이에 따라 **징병제**(1944) 등을 통해 한국인을 강제로 침략 전쟁에 동원하였어요.

① 근우회에 가입하는 학생 → 문화 통치 시기
└ 문화 통치 시기인 1927년부터 1931년까지 있었던 신간회의 자매 단체로, 여성의 단결과 지위 향상을 도모하였어요.

② 6·10 만세 운동에 참여하는 청년 → 문화 통치 시기
└ 문화 통치 시기인 1926년에 학생 단체를 중심으로 순종의 인산일(장례일)에 만세 시위가 전개되었어요.

③ 토지 조사령을 공포하는 일본인 관리 → 무단 통치 시기
└ 무단 통치 시기인 1910년대에 일제는 토지 조사령을 공포하여 조선의 토지를 약탈하기 위한 토지 조사 사업을 추진하였어요.

④ 미얀마 전선에서 활동하는 한국광복군 대원
→ 민족 말살 통치 시기
└ 민족 말살 통치 시기인 1943년에 한국광복군은 연합군의 일원으로 미얀마·인도 전선에서 영국군과 연합 작전을 수행하기도 하였어요.

기출 선택지 더보기 민족 말살 통치 시기

- 황국 신민 서사의 암송이 강요되었어요. [64·63·61·60·55회]
- 신사 참배가 강요되었다. [52·36회]
- 국가 총동원령이 공포되었다. [34회]
- 미곡 공출제가 시행하였다. [58·57·44·43·38회]
- 국민 징용령이 공포되었다. [66·64·61회]
- 소학교를 국민학교로 개칭하였다. [43·33회]
- 징병제를 실시하였다. [49·36·32회]
- 여자 정신 근로령이 제정되었다. [46·44·43·42회]

41 | 현대 | 좌·우 합작 위원회 | 정답 ③

(가)에 들어갈 단체로 옳은 것은? [2점]

1946년 7월, 미군정의 지원 아래 여운형, 김규식 등이 중심이 되어 결성한 단체입니다. 정치 세력의 대립을 넘어 민주주의 임시 정부 수립을 위해 노력한 이 단체의 이름은 무엇일까요?

→ 좌·우 합작 위원회

(가)

키워드 돋보기

미군정의 지원 아래 여운형, 김규식 등이 중심이 되어 결성한 단체를 통해 좌·우 합작 위원회임을 알아야 해요!

좌·우 합작 위원회는 광복 이후 이승만의 정읍 발언 등으로 남북 분단의 조짐이 보이자, **여운형**과 **김규식**이 미군정의 지원을 받아 **통일 정부 수립**을 위해 조직한 단체예요. 좌·우 합작 위원회는 임시 민주 정부의 수립, 신탁 통치 문제 해결, 토지 개혁 등을 주요 내용으로 한 **좌·우 합작 7원칙**을 발표하였어요.

① 권업회 → 1910년대 연해주의 한인 자치 단체
  ┗ 권업회는 1910년대 연해주에서 조직된 한인 자치 단체로, 권업신문을 발행하였어요.

② 대한인 국민회 → 1910년대 미주 지역의 독립운동 단체
  ┗ 대한인 국민회는 1910년대 미국에서 조직된 독립운동 단체로, 외교 활동을 전개하였어요.

③ 좌·우 합작 위원회 → 여운형, 김규식 등이 조직한 단체
  ┗ 좌·우 합작 위원회는 여운형과 김규식이 남북 통일 정부 수립을 위해 조직한 단체예요.

④ 남북 조절 위원회 → 박정희 정부 때 설치된 정치 기구
  ┗ 남북 조절 위원회는 박정희 정부 때 7·4 남북 공동 성명의 합의 사항을 추진하고 통일 문제를 해결할 목적으로 설치된 남북 간의 정치 협의 기구예요.

42 | 현대 | 제주 4·3 사건 | 정답 ②

(가)에 들어갈 사건으로 옳은 것은? [2점]

영상 속 역사

학생들이 제작한 영상의 배경이 된 ___(가)___ 은/는 미군정기에 시작되어 이승만 정부 수립 이후까지 지속되었습니다. 당시에 남한만의 단독 정부 수립에 반대하는 무장대와 토벌대 간의 무력 충돌과 그 진압 과정에서 많은 주민이 희생되었습니다.

제작: ○○ 역사 동아리

키워드 돋보기

남한만의 단독 정부 수립에 반대와 많은 주민이 희생되었다는 내용을 통해 제주 4·3 사건임을 알아야 해요!

제주 4·3 사건은 미군정기인 1948년에 좌익 세력 중심의 무장대가 남한만의 단독 정부 수립 반대 등을 주장하며 제주도에서 봉기하자, 미군정이 동원한 **토벌대**가 대규모 진압 작전을 벌이는 과정에서 일어났어요. 이로 인해 제주도에서는 **5·10 총선거**가 정상적으로 치러지지 못하였고, 정부 수립 이후에도 무차별적인 진압이 계속되어 수많은 주민이 희생되었어요.

① 6·3 시위 → 한·일 국교 정상화 반대
  ┗ 6·3 시위는 박정희 정부의 굴욕적인 한·일 국교 정상화에 반대하며 국민들이 전개한 시위예요.

② 제주 4·3 사건 → 남한만의 단독 선거 반대
  ┗ 제주 4·3 사건은 1948년에 제주에서 좌익 세력이 남한만의 단독 선거에 반대하여 봉기를 일으키자, 토벌대가 이를 진압하는 과정에서 무고한 주민들까지 희생된 사건이에요.

③ 2·28 민주 운동 → 이승만 정부의 선거 개입에 저항
  ┗ 2·28 민주 운동은 이승만 정부가 야당인 민주당 대통령 후보의 선거 유세장에 가지 못하게 일요일에 등교 조치하자, 이에 반발한 대구의 학생들이 전개한 민주화 운동이에요.

④ 5·16 군사 정변 → 일부 군인 세력이 일으킨 정변
  ┗ 5·16 군사 정변은 1961년에 박정희를 중심으로 일부 군인 세력이 정변을 일으켜 정권을 장악한 사건이에요.

기출 포인트 더보기 · 제주 4·3 사건

전개	제주도에서 좌익 세력이 남한만의 단독 선거 실시에 반대하며 봉기하자, 미군정이 무력 진압하는 과정에서 무고한 제주도민들까지 희생됨
결과	· 5·10 총선거 때 제주도의 일부 지역에서 선거가 무효 처리됨 · 대한민국 정부 수립 이후 여수·순천 10·19 사건이 발생함 · 2000년에 희생자들의 명예 회복을 위한 특별법이 제정됨

(가) 전쟁 중에 있었던 사실로 옳지 <u>않은</u> 것은? [2점]

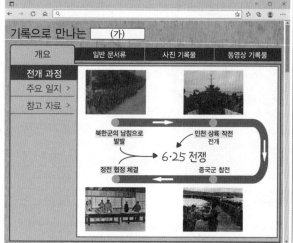

키워드 돋보기

북한군의 남침으로 발발, 인천 상륙 작전, 정전 협정 체결을 통해 6·25 전쟁임을 알아야 해요!

6·25 전쟁은 1950년 6월 25일 새벽에 북한군의 불법적인 기습 남침으로 시작되었어요. 전쟁이 시작된 지 3일 만에 서울이 함락되었지만, 국군과 유엔군이 펼친 **인천 상륙 작전**이 성공하여 전세가 역전되었어요. 그러나 **중국군의 참전**으로 전쟁은 교착 상태에 빠졌어요. 결국 전쟁의 장기화를 우려한 소련의 제의로 정전 협정이 시작되어, 1953년에 판문점에서 **정전 협정이 체결**되었어요.

① 유엔군이 참전하였다. → 6·25 전쟁 중
ㄴ 6·25 전쟁이 일어나자, 유엔 안전 보장 이사회에 의해 대한민국에 유엔군이 참전하였어요.

② 흥남 철수 작전이 펼쳐졌다. → 6·25 전쟁 중
ㄴ 6·25 전쟁 중에 흥남 철수 사건이 전개되어 미군과 국군이 흥남항에서 선박을 이용하여 민간인과 군대를 철수시켰어요.

③ 거제도에 포로 수용소가 설치되었다. → 6·25 전쟁 중
ㄴ 6·25 전쟁 중에 유엔군과 한국군이 사로잡은 북한군과 중국군 포로들을 수용하기 위해 거제도에 포로 수용소가 설치되었어요.

④ 13도 창의군이 서울 진공 작전을 전개하였다. → 6·25 전쟁 이전
ㄴ 1908년에 의병 연합 부대인 13도 창의군이 서울 진공 작전을 전개하였어요.

다음 가상 일기에 나타난 민주화 운동에 대한 설명으로 옳은 것은? [2점]

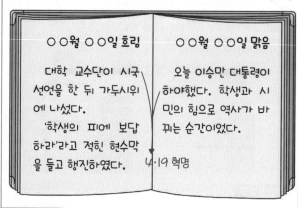

키워드 돋보기

대학 교수단 시국 선언과 이승만 대통령이 하야했다는 것을 통해 4·19 혁명임을 알아야 해요!

4·19 혁명은 이승만 정부가 장기 집권을 위해 자행한 3·15 부정 선거에 항의하며 일어났어요. 이승만 정부는 고령인 대통령 이승만의 사망에 대비하여, 부통령에 여당 후보인 이기붕을 당선시키기 위해 부정 선거를 저질렀어요(3·15 부정 선거). 이에 이승만 정부의 독재에 저항하는 시위가 전개되었고, 대학 교수단이 이승만의 퇴진을 요구하는 **시국 선언문**을 발표하였어요. 결국 이승만은 대통령직에서 **하야**하고, 허정 과도 정부가 수립되었어요.

① 신군부의 무력 진압에 저항하였다. → 5·18 민주화 운동
ㄴ 5·18 민주화 운동은 신군부 세력이 권력을 장악한 후 비상 계엄을 확대하고 시민들을 무력으로 진압하자, 이에 반발한 시민들에 의해 광주에서 일어났어요.

② 대통령 직선제 개헌을 이끌어 냈다. → 6월 민주 항쟁
ㄴ 6월 민주 항쟁의 결과, 여야 합의에 따라 5년 단임의 대통령 직선제 등의 내용을 담은 9차 개헌이 이루어졌어요.

③ 유신 체제가 붕괴하는 계기가 되었다. → 부·마 민주 항쟁
ㄴ 부·마 민주 항쟁은 박정희 정부의 유신 체제가 붕괴하는 계기가 되었어요.

④ 3·15 부정 선거에 항의하여 일어났다. → 4·19 혁명
ㄴ 4·19 혁명은 이승만 정부의 3·15 부정 선거에 항의하여 일어났어요.

 **기출 포인트 더보기** 4·19 혁명(1960)

배경	3·15 부정 선거, 이승만 정부의 부정부패
전개	마산 의거 → 김주열 시신 발견 → 전국으로 시위 확산 → 계엄령 선포 → 대학 교수단의 시국 선언
결과	이승만 하야, 허정의 과도 정부 수립, 제3차 개헌

45 | 노태우 정부
현대

정답 ②

(가)에 들어갈 내용으로 옳은 것은? [3점]

제24회 서울 올림픽
대회 개최

(가)

UNITED NATIONS

남북한 유엔
동시 가입

노태우 정부

한·중 국교
수립

키워드 돋보기

노태우 정부에 대해 알아야 해요!

노태우 정부는 서울 올림픽 대회를 개최하여 국민의 일체감을 높이고 국제적 지위를 향상시켰어요. 또한 적극적인 북방 외교 정책을 추진하여 소련 등 공산권 국가와 외교 관계를 수립하고, 이를 바탕으로 북한과 대화를 시도하여 **남북한 유엔 동시 가입**을 이끌어냈어요. 이후 노태우 정부는 **한·중 국교 수교**를 통해 중국과의 외교 관계도 수립하였어요

① 개성 공단 조성 → 노무현 정부
 └ 노무현 정부는 김대중 정부 때 북한과 합의하였던 개성 공단을 조성하였어요.

②남북 기본 합의서 채택 → 노태우 정부
 └ 노태우 정부는 남북 고위급 회담에서 상호 불가침, 교류·협력 확대 등의 내용을 담은 남북 기본 합의서를 채택하였어요.

③ 7·4 남북 공동 성명 발표 → 박정희 정부
 └ 박정희 정부는 자주·평화·민족 대단결의 원칙에 입각한 7·4 남북 공동 성명을 발표하였어요.

④ 6·15 남북 공동 선언 합의 → 김대중 정부
 └ 김대중 정부는 최초로 남북 정상 회담을 실시하고, 6·15 남북 공동 선언에 합의하였어요.

기출 포인트 더보기 **노태우 정부의 정책**

서울 올림픽 개최	서울 올림픽의 성공적인 개최로 국민의 일체감과 국제적 지위 상승
북방 외교	소련, 중국 등 공산권 국가와 외교 관계를 맺음
통일 정책	· 남북한 유엔 동시 가입 · 남북 기본 합의서 채택 · 한반도 비핵화에 관한 공동 선언에 합의

46 | 박정희 정부✨
현대

정답 ②

다음 가상 뉴스에서 보도하는 사건이 일어난 정부 시기의 사실로 옳은 것은? [2점]

오늘 일본 총리 관저에서 한·일 협정 조인식이 열려 양국 대표들이 협정문에 서명했습니다.

박정희 정부

한·일 협정 조인식 열려

키워드 돋보기

한·일 협정 조인식을 통해 박정희 정부임을 알아야 해요!

박정희 정부는 5·16 군사 정변으로 집권한 이후 경제 개발에 필요한 자금을 마련하기 위해 **한·일 국교 정상화**를 추진하였어요. 이 과정에서 식민 지배에 대한 일본의 사과와 반성 없이 국교 정상화를 추진한다는 사실이 알려지면서 대학생과 시민들을 중심으로 굴욕적인 대일 외교에 반대하는 시위가 확산되었어요(6·3 시위). 그러나 이러한 반대에도 불구하고 박정희 정부는 1965년에 다시 일본과 국교를 맺은 **한·일 협정**을 체결하였어요.

① 농지 개혁법을 제정하였다. → 이승만 정부
 └ 이승만 정부 시기에 유상 매수·유상 분배를 원칙으로 하는 농지 개혁법이 제정되었어요.

②경부 고속도로를 개통하였다. → 박정희 정부
 └ 박정희 정부 시기에 경부 고속도로를 개통하였어요.

③ 경제 협력 개발 기구(OECD)에 가입하였다. → 김영삼 정부
 └ 김영삼 정부 시기에 시장 개방 정책을 추진하여 경제 협력 개발 기구(OECD)에 가입하였어요.

④ 미국과 자유 무역 협정(FTA)을 체결하였다. → 노무현 정부
 └ 노무현 정부 시기에 미국과 자유 무역 협정(FTA)을 체결하여 경제 개방을 추진하였어요.

기출 포인트 더보기 **박정희 정부의 경제 정책**

제1~4차 경제 개발 5개년 계획	· 1~2차는 경공업 중심, 3~4차는 중화학 공업 중심으로 실시함 · 경부 고속도로가 개통되고 포항 종합 제철 공장이 준공됨 · 중화학 공업의 성장으로 수출 100억 달러를 달성함
새마을 운동	1970년부터 농촌 근대화를 목적으로 새마을 운동이 전개됨

47 | 전태일

정답 ④

(가)에 들어갈 인물로 옳은 것은? [1점]

전태일 ←

내가 그린 (가) 은/는 서울 평화 시장에서 재단사로 일하셨어. 바보회를 조직하고 1970년 노동자들의 인권을 위해 자신을 희생하셨어.

근로 기준법을 준수하라! 우리는 기계가 아니다!

키워드 돋보기

서울 평화 시장에서 재단사로 일하였다는 것을 통해 전태일임을 알아야 해요!

전태일은 박정희 정부 시기에 활동하였던 노동 운동가로, 이 시기의 노동자들은 낮은 임금과 열악한 노동 환경에 시달려야 했어요. 당시 **평화 시장**에서 **재단사**로 근무하던 전태일은 노동청에 근로 조건 개선에 대한 진정서를 제출하는 등 노동자들의 실태를 각계에 알렸으나 크게 나아지는 것은 없었어요. 결국 전태일은 1970년 **근로 기준법 준수**를 요구하며 몸에 불을 붙이고 분신하였어요.

① 윤동주 → 일제 강점기의 저항 시인
  └ 윤동주는 일제 강점기에 활동한 저항 시인으로, 대표작으로는 「서시」, 「별 헤는 밤」 등이 있어요.

② 이한열 → 6월 민주 항쟁에 참여
  └ 이한열은 전두환 정부의 4·13 호헌 조치에 반대하는 6월 민주 항쟁에 참여하였다가 경찰의 최루탄에 맞아 사망하였어요.

③ 장준하 → 개헌 청원 100만인 서명 운동 주도
  └ 장준하는 박정희 정부 시기에 유신 체제에 반대하는 개헌 청원 100만인 서명 운동을 주도하였어요.

④ 전태일 → 근로 기본법 준수를 요구하며 분신
  └ 전태일은 박정희 정부 시기인 1970년에 열악한 노동 환경의 개선을 요구하며 분신하였어요.

기출 자료 더보기   **전태일** [44회]

- 재단사, 노동 운동가
- 생몰: 1948년~1970년
- 주요 활동
  - 1965년 서울 평화 시장 삼일사에 견습공으로 취직
  - 1969년 바보회 조직
  - 1970년 노동청에 「평화 시장 피복 제품상 종업원 근로 조건 개선 진정서」 제출, 근로 기준법 준수를 외치며 분신

---

48 | 허난설헌

정답 ①

(가)에 들어갈 내용으로 적절한 것은? [2점]

〈2023 기획 특강〉

한국사 속 여성, 세상 밖으로 나오다

격동의 역사 속에서 삶의 주체로 당당하게 살아온 여성들의 이야기를 들을 수 있습니다.

강의 내용

1강. 선덕 여왕, 우리나라 최초의 여왕으로 살다

2강. 허난설헌, _____(가)_____

3강. 이빙허각, 가정 생활을 담은 『규합총서』를 집필하다

4강. 윤희순, 안사람 의병가를 지어 의병 활동을 독려하다

■ 일시: 2023년 ○○월 ○○일 ○○시
■ 장소: □□문화원 소강당

키워드 돋보기

허난설헌에 대해 알아야 해요!

한국사 속에서 삶의 주체로 당당하게 살아온 여성들이 많이 있어요. 그 중 **허난설헌**은 『홍길동전』의 저자 허균의 누나이자, **조선 시대의 대표적인 여성 시인**으로 이름을 떨쳤어요. 그녀는 불행한 자신의 처지를 시작으로 달래어 섬세한 필치와 독특한 감상을 노래하였어요.

① 시인으로 이름을 떨치다 → 허난설헌
  └ 허난설헌은 조선 시대의 대표적인 여성 시인으로 이름을 떨쳤어요.

② 여성 비행사로 활약하다 → 권기옥
  └ 권기옥은 우리나라 최초의 여성 비행사로, 남경 국민 정부 항공서 비행사로 활동하였어요.

③ 임금 삭감에 저항하여 농성을 벌이다 → 강주룡
  └ 강주룡은 평양 평원 고무 공장 노동자로, 임금 삭감에 저항하여 을밀대 지붕 위에 올라 고공 농성을 전개하였어요.

④ 재산을 기부하여 제주도민을 구제하다 → 김만덕
  └ 김만덕은 조선 후기 제주도의 상인으로, 제주도에 극심한 흉년이 들어 백성들이 굶주리자, 자기 재산을 기부하여 쌀을 구입해 제주도민을 구제하였어요.

49 | 통합 주제 부산

정답 ④

(가) 지역에 있었던 사실로 옳은 것은? [3점]

뚜벅뚜벅 역사 여행

- 주제: (가) 에서 만나는 시간과 공간, 그리고 사람들
- 일자: 2023년 ○○월 ○○일
- 답사 경로: 동삼동 패총 전시관 – 초량 왜관 – 임시 수도 기념관 – 민주 공원

← 부산 ←

키워드 돋보기

동삼동 패총, 임시 수도를 통해 부산임을 알아야 해요!

부산은 신석기 시대의 조개무지 유적인 **동삼동 패총**이 있는 지역으로, 이곳에서 신석기 시대의 대표적인 유물인 빗살무늬 토기 등이 출토되었어요. 이후 조선 후기에는 내상이 부산 동래의 **초량 왜관**을 활동 근거지로 삼아 일본과 무역하였어요. 이승만 정부 때 6·25 전쟁이 일어나자, 부산을 **임시 수도**로 정했으며 이곳에서 발췌 개헌안이 통과되었어요.

① 이봉창이 의거를 일으켰다. → 일본 도쿄
 └ 일본 도쿄는 한인 애국단 단원인 이봉창이 일왕의 마차에 폭탄을 투척하는 의거를 일으킨 지역이에요.

② 망이·망소이가 봉기하였다. → 공주
 └ 공주는 무신 집권기에 망이·망소이가 가혹한 수탈에 저항하며 봉기한 지역이에요.

③ 장보고가 청해진을 설치하였다. → 완도
 └ 완도는 통일 신라 때 장보고가 해군 무역 기지인 청해진을 설치한 섬이에요.

④ 송상현이 동래성에서 순절하였다. → 부산
 └ 부산은 임진왜란이 시작된 지역으로, 동래부사 송상현이 왜군을 막다가 동래성에서 순절하였어요.

50 | 세시 풍속 동지

정답 ②

(가)에 들어갈 내용으로 옳은 것은? [1점]

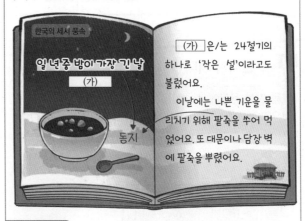

한국의 세시 풍속

일 년 중 밤이 가장 긴 날
(가)

동지

(가) 은/는 24절기의 하나로 '작은 설'이라고도 불렀어요.
 이날에는 나쁜 기운을 물리치기 위해 팥죽을 쑤어 먹었어요. 또 대문이나 담장 벽에 팥죽을 뿌렸어요.

키워드 돋보기

일 년 중 밤이 가장 긴 날과 팥죽을 통해 동지임을 알아야 해요!

동지는 양력 12월 22·23일경으로, 일 년 중 밤이 가장 길고 낮이 가장 짧은 날이에요. 동지에는 귀신의 기운이 강해진다고 하여 귀신을 쫓는 음식인 **팥죽**을 먹었으며, 팥죽을 집안 곳곳에 뿌려두기도 하였어요.

① 단오 → 음력 5월 5일
 └ 단오는 음력 5월 5일로, 창포 삶은 물에 머리를 감고 그네뛰기나 널뛰기를 하였어요.

② 동지 → 양력 12월 22·23일경
 └ 동지는 1년 중 밤이 가장 길고 낮이 가장 짧은 날로, 나쁜 기운을 물리치기 위해 팥죽을 먹었어요.

③ 칠석 → 음력 7월 7일
 └ 칠석은 음력 7월 7일로, 직녀성에 바느질 솜씨가 좋아지기를 비는 풍습이 있었어요.

④ 한식 → 양력 4월 5·6일경
 └ 한식은 양력 4월 5·6일경으로, 동지로부터 105일째 되는 날이며, 불을 사용하지 않고 찬 음식을 먹었어요.

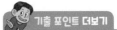

기출 포인트 더보기 동지

날짜	양력 12월 22·23일경
다른 이름	아세, 작은 설
특징	1년 중 가장 밤이 긴 날
관련 풍속	팥죽 먹기, 팥죽 뿌리기
관련 속담	동지 팥죽을 먹어야 진짜 나이를 한 살 더 먹는다

01 | 신석기 시대

선사 시대

정답 ②

다음 가상 공간에서 체험할 수 있는 활동으로 가장 적절한 것은? [1점]

> 이곳은 농경과 목축이 시작된 신석기 시대의 마을을 체험할 수 있는 가상 공간입니다. 마을 곳곳을 거닐며 다양한 활동을 해볼까요?

키워드 돋보기

신석기 시대에 대해 알아야 해요!

신석기 시대는 돌을 갈아 만든 **간석기**를 사용한 시대예요. 이 시대에는 **농경과 목축**이 시작되어 식량을 생산했으며, 식량을 저장하기 위해 **빗살무늬 토기**와 같은 토기를 제작하였어요. 또한 **가락바퀴**를 이용하여 실을 뽑아 옷과 그물을 만들었으며, 나무 열매나 곡물 껍질을 벗기는 **갈돌과 갈판** 등의 도구를 사용하였어요.

① 청동 방울 흔들기 → **청동기 시대**
  └ 청동기 시대에는 청동으로 청동 방울 등의 의례 도구를 만들어 사용하였어요.

②**빗살무늬 토기 만들기** → **신석기 시대**
  └ 신석기 시대에는 음식을 저장하고 조리하기 위해 빗살무늬 토기와 같은 토기를 제작하였어요.

③ 철제 농기구로 밭 갈기 → **철기 시대**
  └ 철기 시대에는 쟁기, 쇠스랑 등의 철제 농기구를 사용하여 농업 생산력이 증대되었어요.

④ 거친무늬 거울 목에 걸기 → **청동기 시대**
  └ 청동기 시대에는 거친무늬 거울, 청동 거울 등과 같은 청동기를 제작하여 사용하였어요.

02 | 부여

선사 시대

정답 ①

밑줄 그은 '이 나라'에 대한 설명으로 옳은 것은? [2점]

> 이 유물은 여러 가들이 별도로 사출도를 다스린 이 나라의 금제 허리띠 장식이에요. → 부여

> 날개 달린 말의 모습이 새겨져 있네요.

키워드 돋보기

사출도, 금제 허리띠 장식을 통해 부여임을 알아야 해요!

부여는 만주 쑹화강 유역의 넓은 평야 지대에서 성장한 나라로, 왕 아래에 있는 마가, 우가, 저가, 구가의 가(加)들이 별도로 **사출도**라는 행정 구역을 다스린 연맹 왕국이었어요. 부여는 금과 은을 이용해 허리를 장식하였고, 매년 12월에 **영고**라는 제천 행사를 열어 하늘에 제사를 지냈어요.

①**영고**라는 제천 행사를 열었다. → **부여**
  └ 부여는 매년 12월에 영고라는 제천 행사를 열어 하늘에 제사를 지냈어요.

② 신성 지역인 **소도**가 존재하였다. → **삼한**
  └ 삼한에는 종교를 주관하는 제사장인 천군이 다스리는 신성 지역인 소도가 있었어요.

③ 혼인 풍습으로 **민며느리제**가 있었다. → **옥저**
  └ 옥저에는 혼인 풍습으로 여자가 어렸을 때 남자 집에 가서 살다가, 성장한 후에 남자가 여자 집에 예물을 치르고 혼인을 하는 민며느리제가 있었어요.

④ 읍락 간의 경계를 중시하는 **책화**가 있었다. → **동예**
  └ 동예는 읍락 간의 경계를 중시하여, 다른 부족의 영역을 침범하면 노비·소·말 등으로 변상하는 책화가 있었어요.

03 | 고대 | 고구려 장수왕
정답 ②

다음 검색창에 들어갈 왕으로 옳은 것은? [2점]

> 한국사 통합 플랫폼
>
> 용어 검색
>
> • 재위 기간: 413년~491년
> • 업적
>   – 광개토 대왕릉비를 건립함 → 고구려 장수왕
>   – 도읍을 평양으로 옮김
>   – 백제를 공격하여 한성을 함락함

키워드 돋보기

도읍을 평양으로 옮겼다는 것과 한성을 함락하였다는 것을 통해 고구려 장수왕임을 알아야 해요!

고구려 **장수왕**은 광개토 대왕의 뒤를 이어 즉위한 왕으로, **남진 정책**을 추진하기 위해 도읍을 국내성에서 **평양**으로 옮겼어요. 이후 장수왕은 백제의 수도인 **한성**을 공격하여 함락시키고 백제 개로왕을 전사시켰어요. 또한 아버지인 광개토 대왕의 업적을 기리기 위해 만주에 **광개토 대왕릉비**로 건립하였어요.

① 미천왕 → 낙랑군 축출
ㄴ 미천왕은 낙랑군을 축출하고 대동강 유역까지 영토를 확장하였어요.

②(정답) 장수왕 → 평양 천도, 한성 함락
ㄴ 장수왕은 도읍을 국내성에서 평양으로 옮기고, 백제를 공격하여 한성을 함락하고 백제 개로왕을 전사시켰어요.

③ 고국천왕 → 진대법 실시
ㄴ 고국천왕은 봄에 백성에게 곡식을 빌려주고 추수기인 가을에 갚도록 하는 진대법을 실시하여 빈민을 구제하였어요.

④ 소수림왕 → 태학 설립, 율령 반포
ㄴ 소수림왕은 국립 교육 기관인 태학을 설립하고, 국가 통치의 기본법인 율령을 반포하였어요.

기출 사료 더보기 장수왕의 한성 함락 [45회]

왕이 병력 3만 명을 거느리고 백제를 침략하여 수도 한성을 함락하였다. 백제 왕 부여경을 죽이고 남녀 8천여 명을 포로로 잡아 돌아왔다.

04 | 세시 풍속 | 칠석
정답 ④

밑줄 그은 '그날'에 해당하는 세시 풍속으로 옳은 것은? [1점]

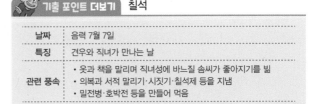

> 일 년 중 한번 직녀님을 만나는 그날이 곧 오네요. 그녀를 만날 생각에 소 치는 일도 전혀 힘들지 않아요.
>
> 까치와 까마귀가 많이 모여 오작교를 놓아야 저희가 만날 수 있어요. 여러분이 도와주시겠어요?
>
> 칠석 / 견우성 / 직녀성 / 오작교 만들기 / 시작

키워드 돋보기

직녀님을 만나는 날, 오작교를 통해 칠석임을 알아야 해요!

칠석은 음력 7월 7일로, 전설 속의 견우와 직녀가 1년에 한 번 까치와 까마귀가 날개를 펴서 놓은 다리인 **오작교**에서 만나는 날이에요. 이날에는 옷과 책을 햇볕에 말리며, **직녀성에 바느질 솜씨가 좋아지기를 빌며**, **밀전병·호박전** 등을 만들어 먹었어요.

① 단오 → 음력 5월 5일
ㄴ 단오는 음력 5월 5일로, 창포를 삶은 물로 머리를 감고, 씨름·그네뛰기 등을 즐겼어요.

② 동지 → 양력 12월 22·23일경
ㄴ 동지는 양력 12월 22·23일경으로, 귀신을 쫓기 위해 새알심이 들어간 팥죽을 먹는 풍속이 있었어요.

③ 추석 → 음력 8월 15일
ㄴ 추석은 음력 8월 15일로, 새로 수확한 곡식과 과일로 차례를 지내고, 송편을 만들어 먹는 풍속이 있었어요.

④(정답) 칠석 → 음력 7월 7일
ㄴ 칠석은 음력 7월 7일로, 직녀성에 바느질 솜씨가 좋아지기를 비는 풍습이 있었어요.

기출 포인트 더보기 칠석

날짜	음력 7월 7일
특징	견우와 직녀가 만나는 날
관련 풍속	• 옷과 책을 말리며 직녀성에 바느질 솜씨가 좋아지기를 빎 • 의복과 서적 말리기·시짓기·칠석제 등을 지냄 • 밀전병·호박전 등을 만들어 먹음

05 | 백제 성왕

정답 ④

(가) 왕에 대한 설명으로 옳은 것은? [2점]

부여 야행, 백제의 밤을 느끼다

(가) 이/가 도읍으로 정한 부여에서 열리는,
다양한 행사에 참여해보세요.

백제 성왕

행사1 정림사지 오층 석탑 탑돌이
행사2 궁남지에서 연꽃 유등 띄우기

키워드 돋보기

도읍으로 정한 부여를 통해 백제 성왕임을 알아야 해요!

백제 성왕은 백제의 중흥을 위해 노력한 왕이에요. 그는 수도를 웅진(공주)에서 대외 진출이 쉬운 **사비(부여)**로 옮겼으며, 국호(나라의 이름)를 백제에서 **남부여**로 바꾸었어요. 또한 신라 진흥왕과 연합하여 **한강 하류 지역**을 회복하였지만, 진흥왕의 배신으로 한강 하류 지역을 빼앗기게 되었어요. 이에 백제 성왕은 신라를 공격하였으나, **관산성에서 전사**하였어요(관산성 전투).

① 왜에 칠지도를 보냈다. → 근초고왕으로 추정
　└ 근초고왕 때 철제 칼인 칠지도를 왜에 하사한 것으로 추정되고 있어요.

② 동진으로부터 불교를 받아들였다. → 침류왕
　└ 침류왕은 중국 동진에서 온 승려 마라난타를 통해 불교를 받아들였어요.

③ 신라를 공격하여 대야성을 점령하였다. → 의자왕
　└ 의자왕은 재위 초에 활발한 정복 활동을 펼쳐, 신라를 공격하여 대야성을 점령하였어요.

④ 진흥왕과 연합하여 한강 하류 지역을 되찾았다. → 성왕
　└ 성왕은 신라 진흥왕과 연합하여 고구려를 공격하고 한강 하류 지역을 되찾았어요.

---

06 | 신라의 삼국 통일 과정

정답 ③

(가)~(다)를 일어난 순서대로 옳게 나열한 것은? [3점]

만화로 보는 삼국 통일 과정

백강 전투(663)
백강

기벌포 전투(676)

고구려의 평양성이 함락되었다.
(가)

왜군이 백강 전투에서 패배하였다.
(나)

신라군이 기벌포에서 당군에 승리하였다.
(다)

고구려 멸망(668)

키워드 돋보기

(가) 고구려의 평양성이 함락되었다는 것을 통해 고구려 멸망(668)임을 알아야 해요!
(나) 왜군이 백강 전투에서 패배하였다는 것을 통해 백강 전투(663)임을 알아야 해요!
(다) 신라군이 기벌포에서 당군에 승리하였다는 것을 통해 기벌포 전투(676)임을 알아야 해요!

(가) **고구려 멸망**: 백제를 멸망시킨 나·당 연합군은 **고구려의 수도인 평양성**을 공격하였어요. 결국 평양성이 함락되면서 **고구려가 멸망**하였어요(668). 이후 검모잠이 안승을 왕으로 추대하고 고구려 부흥 운동을 전개하였으나, 실패하였어요.
(나) **백강 전투**: 백제가 멸망한 이후, 백제 부흥 운동이 전개되었어요. 이 과정에서 백제 부흥군을 지원하고자 파견된 **왜군이 백강** 어귀까지 왔으나, 나·당 연합군의 공격에 크게 패배하였어요(663). 이로써 백제 부흥 운동은 실패하게 되었어요.
(다) **기벌포 전투**: 신라와 당이 연합하여 백제와 고구려를 멸망시킨 이후, 당이 한반도 전체를 지배하려 하자, 나·당 전쟁이 일어났어요. 이후 **매소성 전투**에서 승리한 **신라군이 기벌포** 앞바다에서 **설인귀**가 이끄는 당의 수군을 격파하고 승리를 거두었어요(676). 이로써 신라는 대동강 이남 지역의 당의 세력을 몰아내고 **삼국 통일을 달성**하였어요.

① (가) - (나) - (다)
② (가) - (다) - (나)
③ (나) - (가) - (다)
　└ 순서대로 나열하면 (나) 백강 전투(663) - (가) 고구려 멸망(668) - (다) 기벌포 전투(676)가 돼요.
④ (다) - (가) - (나)

07 | 고대 | 신문왕

정답 ①

밑줄 그은 '이 왕'의 업적으로 옳은 것은? [2점]

문무왕의 아들인 이 왕은 동해에 작은 산이 떠다닌다는 이야기를 듣고 이견대로 갔어요. 용이 나타나 말하기를, 산에 있는 대나무로 피리를 만들면 천하가 평온해질 것이라고 했어요. 이후 그 대나무로 피리를 만들어 만파식적이라 부르고, 나라의 보물로 삼았어요.

신문왕 ←

키워드 돋보기

문무왕의 아들, 만파식적을 통해 신문왕임을 알아야 해요!

신문왕은 문무왕의 뒤를 이어 즉위한 왕으로, 동해의 용이 된 아버지 문무왕으로부터 얻은 대나무로 **만파식적이라는 피리**를 만들었다는 설화가 『삼국유사』에 기록되어 있어요. 한편 신문왕은 국립 교육 기관인 **국학을 설립**하여 귀족 자제를 대상으로 유학을 교육하고, **9주 5소경의 지방 제도를 완비**하는 등의 **체제 정비**를 하였어요.

① **국학을 설립하였다.** → 신문왕
└ 통일 신라 신문왕은 국립 교육 기관인 국학을 설립하여 귀족 자제를 대상으로 유학을 교육하였어요.

② 우산국을 정벌하였다. → 지증왕
└ 지증왕은 장군 이사부를 보내 우산국(울릉도)을 정벌하였어요.

③ 천리장성을 축조하였다. → 고구려 영류왕~보장왕, 고려 덕종~정종
└ 고구려는 영류왕 때 당의 침입에 대비하기 위해 천리장성을 축조하기 시작하여 보장왕 때 이를 완성하였으며, 고려는 덕종 때부터 압록강 하구에서 도련포를 잇는 천리장성을 축조하기 시작하여 정종 때 이를 완성하였어요.

④ 화랑도를 국가 조직으로 개편하였다. → 진흥왕
└ 진흥왕은 신라의 청소년 수련 단체인 화랑도를 국가 조직으로 개편하였어요.

기출 포인트 더보기 | 신문왕

왕권 강화	• 김흠돌의 난을 진압하고 귀족 세력 숙청 • 관료전을 지급하고 녹읍을 폐지
체제 정비	• 9주 5소경의 지방 제도 완비 • 9서당(중앙군) 10정(지방군)의 군사 조직 편성 • 유학 교육을 위해 국립 교육 기관인 국학 설치
감은사 창건	아버지 문무왕의 은혜에 감사한다는 의미로 감은사라는 절을 지음

08 | 고대 | 익산 미륵사지 석탑

정답 ③

(가)에 들어갈 문화유산으로 옳은 것은? [2점]

백제 무왕이 건립한 사찰의 터에는 목탑 양식이 반영된 석탑이 남아 있습니다. 이 석탑의 복원 공사 중에 사리장엄구와 금제 사리봉영기가 발견되었습니다.

익산 미륵사지 석탑 ←

(가)

키워드 돋보기

백제 무왕이 건립한 사찰의 터, 목탑 양식이 반영된 석탑, 금제 사리봉영기가 발견되었다는 것을 통해 익산 미륵사지 석탑임을 알아야 해요!

익산 미륵사지 석탑은 백제 **무왕**이 창건한 **미륵사** 터에 남아 있는 백제의 탑으로, 건립 연대가 밝혀진 우리나라의 석탑 중 **가장 규모가 크고 오래되었어요**. 또한 돌을 목재처럼 다듬어 연결하는 등 **목탑 양식을 반영**하였다는 특징이 있답니다. 한편 석탑의 보수 작업 중 미륵사의 창건 배경, 건립 연대 등이 기록된 **사리봉영기**가 발견되어, 석탑의 건립 연도가 백제 무왕 때임이 밝혀졌어요.

①
경천사지 십층 석탑
→ **고려의 석탑**
└ 경천사지 십층 석탑은 원의 영향을 받은 고려의 다각 다층 탑으로, 대리석으로 제작되었어요.

②
화엄사 사사자 삼층 석탑
→ **통일 신라의 석탑**
└ 화엄사 사사자 삼층 석탑은 구례에 위치한 통일 신라의 석탑으로, 위층 기단에 암수 네 마리의 사자를 기둥 삼아 세워 놓은 것이 특징이에요.

③
미륵사지 석탑
→ **백제의 석탑**
└ 익산 미륵사지 석탑은 돌을 목재처럼 다듬어 연결하는 등 목탑 양식을 반영하여 만들어진 백제의 석탑으로, 우리나라의 석탑 중 가장 규모가 크고 오래되었어요.

④
분황사 모전 석탑
→ **신라의 석탑**
└ 분황사 모전 석탑은 돌을 벽돌 모양으로 다듬어 쌓은 신라의 석탑으로, 현재 남아 있는 신라의 석탑 중 가장 오래되었어요.

09 | 고대 신라 하대의 모습

정답 ②

밑줄 그은 '이 시기'에 볼 수 있는 모습으로 가장 적절한 것은? [2점]

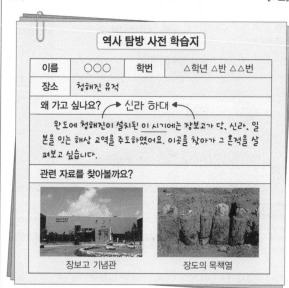

역사 탐방 사전 학습지

이름	○○○	학번	△학년 △반 △△번
장소	청해진 유적		

왜 가고 싶어요? → 신라 하대 ←

완도에 청해진이 설치된 이 시기에는 장보고가 당, 신라, 일본을 잇는 해상 교역을 주도하였어요. 이곳을 찾아가 그 흔적을 살펴보고 싶습니다.

관련 자료를 찾아볼까요?

장보고 기념관   장도의 목책열

키워드 돋보기

청해진이 설치되었다는 것과 장보고를 통해 신라 하대임을 알아야 해요!

신라 하대인 흥덕왕 때 장보고가 전라남도 완도에 해군 기지이자 무역 거점인 **청해진**을 설치하여 해적을 소탕하고, 당·일본과의 해상 무역을 주도하였어요.

① 분청사기를 만드는 도공 → 조선 전기
    └ 조선 전기에는 청자에 분을 칠하여 만든 회청색의 도자기인 분청사기가 만들어졌어요.

② 녹읍을 지급받는 진골 귀족 → 신라 하대
    └ 신라 하대에는 진골 귀족들에게 토지에서 세금을 거둘 수 있는 수조권과 노동력 징발권이 포함된 토지인 녹읍이 지급되었어요.

③ 장시에서 책을 읽어주는 전기수 → 조선 후기
    └ 조선 후기에는 장시에서 책을 읽어주고 일정한 보수를 받는 전기수가 등장하였어요.

④ 상평통보로 물건값을 치르는 농민 → 조선 후기
    └ 조선 후기에는 화폐인 상평통보가 전국적으로 유통되었어요.

10 | 고대 발해의 문화유산

정답 ④

다음 특별전에 전시될 문화유산으로 적절하지 않은 것은? [1점]

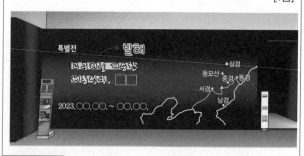

특별전 **발해**

2023.○○.○○. ~ ○○.○○.

상경 / 동모산 / 중경 동경 / 서경 / 남경

키워드 돋보기

고구려를 계승한 해동성국을 통해 발해임을 알아야 해요!

발해는 고구려 출신인 **대조영**이 고구려의 유민과 말갈족을 이끌고 만주 동모산에서 건국한 나라예요. 이후 선왕 때에는 고구려의 옛 땅을 대부분 회복하고 전성기를 맞이하여 중국으로부터 '바다 동쪽의 번성한 나라'라는 뜻의 '**해동성국**'이라고 불렸어요. 이러한 발해의 대표적인 문화유산으로는 영광탑, 이불 병좌상, 발해 석등 등이 있어요.

①
치미

→ 발해의 문화유산
    └ 치미(지붕 꼭대기의 장식물)는 발해의 문화유산으로, 고구려의 깃과 유사하여 발해의 고구려 계승 의식을 보여주고 있어요.

②
연꽃무늬 수막새

→ 발해의 문화유산
    └ 연꽃무늬 수막새(기와)는 발해의 문화유산으로, 고구려의 것과 무늬가 유사하여 발해의 고구려 계승 의식을 보여주고 있어요.

③
이불 병좌상

→ 발해의 문화유산
    └ 이불 병좌상은 발해의 불상으로, 고구려의 영향을 받았으며 나란히 앉아 있는 두 부처를 표현하였어요.

④
성덕 대왕 신종

→ 통일 신라의 문화유산
    └ 성덕 대왕 신종은 통일 신라 혜공왕 때 만들어진 종으로, 에밀레종이라고 불리기도 해요.

11 | 고려 시대
견훤의 고려 귀부
정답 ④

다음 사건이 일어난 시기를 연표에서 옳게 고른 것은? [3점]

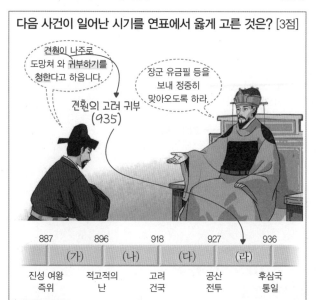

887	896	918	927	936
(가)	(나)	(다)	(라)	
진성 여왕 즉위	적고적의 난	고려 건국	공산 전투	후삼국 통일

키워드 돋보기

견훤, 귀부하기를 청한다는 것을 통해 견훤의 고려 귀부(935)임을 알아야 해요!

견훤은 신라 하대의 호족 출신으로, 완산주(전주)에서 **후백제를 건국**하였어요. 그러나 그는 넷째 아들에게 왕위를 물려주려고 한 것에 불만을 품은 **첫째 아들 신검**에 의해 **금산사에 유폐**되었다가, 금산사를 탈출하여 나주로 도망가 **태조 왕건에게 귀부(스스로 와서 복종함)**하기를 청하였어요. 이에 태조 왕건은 장군 유금필 등을 보내 견훤을 맞이하고, 그에게 양주를 식읍으로 주었어요.

① (가)
② (나)
③ (다)
④ (라)

ㄴ 견훤은 935년에 첫째 아들 신검에 의해 금산사에 유폐되었으나, 그해 6월에 탈출하여 나주로 도망가 태조 왕건에게 귀부(스스로 와서 복종함)하기를 청하였어요.

기출 포인트 더보기 | 왕건의 후삼국 통일 과정

---

12 | 고려 시대
거란의 침입
정답 ①

밑줄 그은 '전쟁'에 대한 탐구 활동으로 가장 적절한 것은?
[2점]

이 성벽은 북방 세력의 침입에 대비하여 강감찬의 건의로 개경 외곽에 쌓은 나성의 일부입니다. 고려와 거란의 전쟁이 끝난 후 현종 20년에 완공되었습니다.

거란의 침입

키워드 돋보기

강감찬, 고려와 거란을 통해 거란의 침입임을 알아야 해요!

고려가 대거란 강경책을 펼친다는 것을 빌미로, **성종** 때 거란이 고려에 **1차 침입**하였어요. 서희가 거란 장수 소손녕과 **외교 담판**을 벌였고, **강동 6주 지역**을 획득하였어요. 이후 고려의 무신 강조가 목종을 폐위하고 현종을 왕위에 올린 사건(**강조의 정변**)을 구실로 거란이 고려에 **2차 침입**하였어요. 이때 무신 양규가 **흥화진 전투**에서 승리하였고, 고려 현종의 입조를 조건으로 거란이 철수하였어요. 그러나 현종의 입조가 지켜지지 않자, 거란이 대군을 이끌고 고려에 **3차 침입**하였고, **강감찬**이 귀주에서 이들을 격파하였어요. 이후 강감찬의 건의로 개경 주위에 도성을 에워싼 **나성**이 축조되었어요.

① **귀주 대첩의 의의를 파악한다.** → 거란의 고려 침입

ㄴ 고려 현종 때 거란이 3차 침입하자, 강감찬이 귀주에서 거란군을 격파하였어요.

② **위화도 회군의 결과를 조사한다.** → **조선 건국**

ㄴ 고려 말 이성계는 우왕의 명으로 요동 정벌에 나섰으나, 요동 정벌에 반대하며 위화도에서 군대를 돌려 돌아온 후 권력을 장악하고 조선을 건국하였어요.

③ **안시성 전투의 전개 과정을 살펴본다.** → **당의 고구려 침입**

ㄴ 당 태종이 군대를 이끌고 고구려에 침입하였으나, 안시성의 군·민들이 협력하여 당나라의 군대를 격파하였어요.

④ **진포 전투에서 새롭게 사용된 무기를 찾아본다.**
→ **고려의 왜구 격퇴**

ㄴ 고려 말 우왕 때 최무선 등이 진포에서 화포를 이용하여 왜구를 격퇴하였어요.

13 고려 시대
고려 성종 ✨
정답 ③

다음 퀴즈의 정답으로 옳은 것은? [1점]

키워드 돋보기

국자감 정비, 건원중보 발행, 최승로의 시무 28조 수용을 통해 고려 성종임을 알아야 해요!

고려 성종은 최승로의 시무 28조를 받아들여 유교를 국가의 통치 이념으로 삼았어요. 이에 따라 중앙 정치 조직을 2성 6부제로 마련하였으며, 국립 교육 기관인 **국자감**을 정비하였어요. 또한 지방의 주요 지역에 유학 교육을 담당한 **경학 박사**를 파견하였어요. 나아가 우리나라 최초의 화폐인 **건원중보**를 발행하였어요.

① 광종 → 과거제 실시, 노비안검법 시행
  ㄴ 광종은 중국 후주 출신 쌍기의 건의를 받아들여 과거제를 처음으로 실시하였으며, 호족들이 불법적으로 노비로 삼은 사람들을 양인으로 해방하는 노비안검법을 시행하였어요.

② 문종 → 경정 전시과 실시
  ㄴ 문종은 관직을 기준으로 현직 관리에게만 토지를 지급하는 경정 전시과를 실시하였어요.

③ 성종 → 국자감 정비, 최승로의 시무 28조 수용
  ㄴ 성종은 중앙의 최고 교육 기관으로 국자감을 정비하였고, 최승로의 시무 28조를 받아들여 유교를 국가의 통치 이념으로 삼았어요.

④ 예종 → 양현고 설치
  ㄴ 예종은 국립 교육 기관인 관학을 진흥시키기 위해 일종의 장학 재단인 양현고를 설치하여 장학 기금을 마련하였어요.

14 고려 시대
고려 시대의 경제 상황 ✨
정답 ③

다음 대화가 이루어진 시기의 경제 상황으로 가장 적절한 것은? [2점]

키워드 돋보기

송 사신단이 곧 수도 개경에 도착한다는 것을 통해 고려 시대임을 알아야 해요!

고려는 광종 때에 송나라와 정식으로 **국교**를 맺어 활발한 교류를 하였어요. 이에 따라 송나라는 고려에 사신단을 파견하였고, 사신단이 고려에 올 때 물품을 많이 가져왔어요.

① 공인이 관청에 물품을 조달하였다. → 조선 후기
  ㄴ 조선 후기에는 대동법의 시행으로 관청에 필요한 물품을 조달하는 상인인 공인이 등장하였어요.

② 모내기법이 전국적으로 확산되었다. → 조선 후기
  ㄴ 조선 후기에는 모내기법이 전국적으로 확산되어, 1년에 벼와 보리를 모두 농사짓는 이모작이 가능해졌어요.

③ 벽란도가 국제 무역항으로 기능하였다. → 고려 시대
  ㄴ 고려 시대에는 송을 비롯한 여러 나라와의 국제 무역이 발달하여 수도 개경과 가까운 예성강 하구에 위치한 벽란도가 국제 무역항으로 번성하였어요.

④ 고추와 담배가 상품 작물로 재배되었다. → 조선 후기
  ㄴ 조선 후기에는 농민들이 고추, 담배 등 소득이 높은 상품 작물을 재배하였어요.

 **기출 포인트 더보기** 고려의 상업 발달

도시 중심의 상업 발달	• 개경, 서경(평양), 동경(경주) 등 대도시에 서적점, 약점, 다점(찻집) 등 나라에서 관리하는 관영 상점 설치 • 경시서 설치(상행위 감독 관청)
대외 무역의 발달	• 국제 무역항: 예성강 하구의 벽란도 • 대송 무역: 비단·약재·서적 수입, 금·은·인삼 수출 • 대거란·여진 무역: 은·모피 수입, 농기구·식량 수출 • 서역과의 무역: 아라비아 상인들로부터 수은·향료 등 수입, 고려(Corea)의 이름이 서방 세계에 전파됨

15 | 고려의 대몽 항쟁

고려 시대

정답 ②

(가)에 들어갈 내용으로 가장 적절한 것은? [2점]

〈다큐멘터리 기획안〉

고려, 몽골에 맞서 싸우다

■ 기획 의도

약 30년 동안 전개된 고려의 대몽 항쟁을 조명한다.

■ 구성

1부 사신 저고여의 피살을 구실로 몽골이 침입하다
2부 고려 조정이 강화도로 도읍을 옮기다
3부 _____ (가) _____
　　　　　　　　　:

키워드 돋보기

고려의 대몽 항쟁에 대해 알아야 해요!

고려는 몽골 사신 저고여가 국경 지대에서 피살당한 사건을 계기로 **몽골의 1차 침입**을 받았어요. 이때 **박서**가 **귀주성**에서 몽골에 항전하였으나, 결국 수도인 개경이 포위되며 고려는 몽골과 강화를 맺었어요. 이후 장기적인 대몽 항쟁을 위해 고려는 개경에서 **강화도**로 도읍을 옮겼으나, 몽골이 이를 구실로 고려에 **2차 침입**하였어요.

① 윤관이 별무반 편성을 건의하다 → 여진에 대한 고려의 대응
　└ 고려 숙종 때 윤관의 건의로 여진을 정벌하기 위한 특수 부대인 별무반이 편성되었어요.

②(김윤후가 처인성 전투에서 활약하다 → 고려의 대몽 항쟁
　└ 몽골의 2차 침입 때 김윤후가 처인성에서 몽골 장수 살리타를 사살하였어요(처인성 전투).

③ 을지문덕이 살수에서 적군을 물리치다 → 수에 대한 고구려의 대응
　└ 고구려 영양왕 때 수가 고구려를 침입하자, 을지문덕이 살수에서 수의 군대를 크게 물리쳤어요.

④ 서희가 외교 담판을 통해 강동 6주 지역을 확보하다
　　　　　　　　　　　　　　　　　→ 거란에 대한 고려의 대응
　└ 거란의 1차 침입 때 서희가 거란 장수 소손녕을 상대로 외교 담판을 벌여 강동 6주 지역을 확보하였어요.

16 | 고려의 문화유산

고려 시대

정답 ④

(가)에 들어갈 가상 우표로 가장 적절한 것은? [1점]

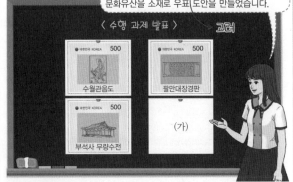

저희 모둠은 태조 왕건이 세운 국가의 대표적인 문화유산을 소재로 우표 도안을 만들었습니다.

키워드 돋보기

태조 왕건이 세운 국가를 통해 고려임을 알아야 해요!

고려는 태조 왕건이 후고구려의 궁예를 몰아내고 즉위해 도읍을 **송악(개경)**으로 정하여 건국한 나라예요. 고려의 대표적인 문화유산으로는 불화인 **수월관음도**, 부처의 힘으로 몽골의 침입을 극복하기 위해 간행된 불교 경전을 집대성한 **팔만대장경판**, 고려 시대의 목조 건축물인 **영주 부석사 무량수전** 등이 있어요.

① → 백제의 문화유산
　└ 산수무늬 벽돌은 백제의 대표적인 도교 문화유산으로, 신선 사상이 반영되어 있어요.

② → 가야의 문화유산
　└ 도기 바퀴장식 뿔잔은 가야의 문화유산으로, 뿔잔의 좌우 측면에 수레바퀴를 부착시킨 것이 특징이에요.

③ → 신라의 문화유산
　└ 황남대총 금관은 경주 황남대총에서 출토된 신라의 금관으로, 신라 금관 양식을 대표하는 작품이에요.

④ → 고려의 문화유산
　└ 청자 상감 운학문 매병은 고려의 문화유산으로, 청자 표면을 파내고 그 자리를 백토나 흑토 등으로 매워 무늬를 내는 상감 기법으로 제작된 상감 청자예요.

17 | 공민왕 재위 기간의 사실 ✦

정답 ③

밑줄 그은 '왕'의 재위 기간에 있었던 사실로 옳은 것은?

[2점]

왼편은 기철 등 친원파를 제거하고 정동행성 이문소를 폐지한 왕의 무덤이야.

오른편은 왕비 노국 대장 공주의 무덤이야. 왕과 왕비를 나란히 같은 곳에 모셨대.

공민왕

키워드 돋보기

기철 등 친원파를 제거하고 정동행성 이문소를 폐지하였다는 것을 통해 공민 왕임을 알아야 해요!

공민왕은 즉위 후 원의 간섭에서 벗어나기 위한 정책을 추진하였어요. 이에 기철 등 친원 세력을 제거하였으며, 고려의 내정을 간섭하던 기구인 정동행성 이문소를 혁파하였어요. 뿐만 아니라 신돈을 등용하고 전민변정도감을 운영하여 권문세족이 불법적으로 차지한 토지를 원래 주인에게 돌려주고, 강제로 노비가 된 자를 양민으로 해방하였어요.

① 동북 9성을 축조하였다. → **고려 예종**
　└ 고려 예종 때 윤관이 별무반을 이끌고 여진을 정벌한 후, 동북 9성을 축조하였어요.

② 독서삼품과가 실시되었다. → **통일 신라 원성왕**
　└ 통일 신라 원성왕 때 유교 경전의 이해를 시험하여 관리를 채용하는 제도인 독서삼품과가 실시되었어요.

③ 쌍성총관부를 공격하였다. → **고려 공민왕**
　└ 고려 공민왕 때 유인우, 이자춘 등이 원이 다스리던 쌍성총관부를 공격해 수복하였어요.

④ 백두산 정계비가 건립되었다. → **조선 숙종**
　└ 조선 숙종 때 청과의 영토 분쟁이 일어나자, 청과의 국경을 확정하는 백두산 정계비가 건립되었어요.

기출 사료 더보기 공민왕 [35회]

왕이 즉위하기 전에는 총명하고 인자하면서 중후하여 백성들의 기대가 모두 그에게 돌아갔다. 즉위함에 이르러 온 힘을 다하여 정치에 힘쓰니, 중앙과 지방에서 크게 기뻐하면서 태평 시대를 기대하였다. 노국 공주가 죽은 뒤로는 지나치게 슬퍼하다가 뜻을 잃고 정치를 신돈에게 위임하여 공이 있는 신하와 어진 신하를 내쫓고 죽였다.
　　　　　　　　　　　　　　　　　　　　　　　　　　　　　　－ 「고려사절요」

---

18 | 정도전

정답 ④

(가)에 해당하는 인물로 옳은 것은?

[2점]

이곳 경복궁은 조선의 궁궐로 　(가)　 이/가 이름 지었어. 국왕과 백성이 만년토록 태평하며 큰 복을 누리기를 바란다는 의미가 담겨 있어. 그는 새 왕조의 통치 방향을 제시한 「조선경국전」도 저술하였지.

정도전

키워드 돋보기

경복궁의 이름을 지었다는 것과 「조선경국전」을 저술하였다는 것을 통해 정도전임을 알아야 해요!

정도전은 조선 건국에 많은 공을 세운 개국 공신으로, 경복궁을 비롯한 주요 전각의 이름을 지었어요. 그는 재상 중심의 정치를 주장한 법전인 「조선경국전」을 저술하여 조선의 통치 기준과 운영 원칙을 제시하였어요.

① 송시열 → **서인의 영수로 활약**
　└ 송시열은 조선 후기에 서인의 영수(지도자)로 활약하였으며, 숙종 때 희빈 장씨의 아들을 원자로 정하는 것에 반대하다가 제거되었어요(기사환국).

② 채제공 → **탕평책 지지**
　└ 채제공은 조선 후기의 문신으로, 탕평책을 비롯한 정조의 개혁을 뒷받침하였어요.

③ 정몽주 → **고려 왕조 유지 주장**
　└ 정몽주는 고려 말에 활동한 신진 사대부로, 고려 왕조를 유지할 것을 주장하다가 이방원 세력에 의해 제거되었어요.

④ 정도전 → **「조선경국전」 저술**
　└ 정도전은 조선의 개국 공신으로, 경복궁을 비롯한 주요 전각의 이름을 지었고 법전인 「조선경국전」을 저술하였어요.

기출 포인트 더보기 정도전의 활동

한양 도성 설계	궁궐 전각과 도성 성문의 이름을 지음
재상 중심의 정치 주장	왕도 정치를 바탕으로 재상 중심의 국정 운영 강조
주요 저서	「조선경국전」(통치 제도 정리), 「불씨잡변」(불교 비판)

19 | 조선 전기 의금부

정답 ②

(가)에 들어갈 기구로 옳은 것은? [2점]

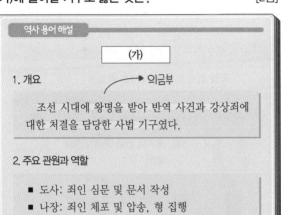

역사 용어 해설

(가)

1. 개요 → 의금부

　　조선 시대에 왕명을 받아 반역 사건과 강상죄에 대한 처결을 담당한 사법 기구였다.

2. 주요 관원과 역할

■ 도사: 죄인 심문 및 문서 작성
■ 나장: 죄인 체포 및 압송, 형 집행

키워드 돋보기

조선 시대에 왕명을 받아 반역 사건과 강상죄에 대한 처결을 담당한 사법 기구라는 것을 통해 의금부임을 알아야 해요!

의금부는 조선 시대의 중앙 정치 기구로, 왕명을 받아 반역 사건과 강상죄 등 국가의 대역 죄인을 심판한 **국왕 직속의 사법 기관**이에요. 의금부의 주요 관원으로는 죄인을 심문하고 문서를 작성하는 **도사**와 죄인을 체포·압송하고 형을 집행하는 **나장** 등이 있어요.

① **사헌부** → 조선 시대의 관리 감찰 기구
　└ 사헌부는 조선 시대의 관리 감찰 기구로, 관리의 비리를 감찰하고 풍속을 바로잡는 일을 담당하였어요.

② **의금부** → 조선 시대 국왕 직속 사법 기구
　└ 의금부는 조선 시대 국왕 직속 사법 기구로, 강상죄·반역죄 등을 저지른 국가의 대역 죄인을 심판하는 일을 담당하였어요.

③ **춘추관** → 조선 시대의 역사 편찬 기구
　└ 춘추관은 조선 시대의 역사 편찬 기구로, 『조선왕조실록』, 『실록』 등 역사서를 편찬하고 보관하는 일을 주관하였어요.

④ **홍문관** → 조선 시대 국왕의 자문 기구
　└ 홍문관은 조선 시대 국왕의 자문 기구로, 임금에게 유학 경서를 가르치는 경연을 주관하였어요.

20 | 조선 전기 세조

정답 ①

(가)에 들어갈 내용으로 옳은 것은? [3점]

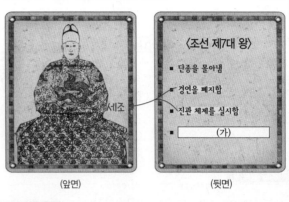

세조

(앞면)

〈조선 제7대 왕〉

■ 단종을 몰아냄
■ 경연을 폐지함
■ 진관 체제를 실시함
■ (가)

(뒷면)

키워드 돋보기

경연을 폐지함, 진관 체제를 실시함을 통해 세조임을 알아야 해요!

세조는 계유정난을 통해 정권을 잡은 뒤 조카인 **단종을 몰아내**고 즉위한 왕으로, 왕권을 강화하기 위한 여러 정책을 펼쳤어요. 그는 집현전 출신 학자들이 단종의 복위 운동을 벌이자, 이들을 제거하고 **집현전과 경연을 폐지**하였어요. 또한 각 도의 요충지에 성을 쌓아 방어하는 일종의 **지역 단위의 방어 체제인 진관 체제**를 실시하였어요.

① 직전법을 시행함 → 세조(조선)
　└ 세조는 과전법 체제 아래에서 관리에게 지급할 토지가 부족해지자, 현직 관리에게만 토지의 수조권을 지급하는 직전법을 시행하였어요.

② 탕평비를 건립함 → 영조(조선)
　└ 영조는 붕당의 폐해를 경계하기 위해 성균관 입구에 탕평비를 건립했어요.

③ 교정도감을 설치함 → 최충헌(고려)
　└ 최충헌은 교정도감을 설치하고, 이를 통해 국가의 중요한 정책을 결정하는 등 국정을 총괄하였어요.

④ 금난전권을 폐지함 → 정조(조선)
　└ 정조는 금난전권(허가받지 않은 상인의 활동을 금지하는 권리)을 폐지하여 시전 상인의 특권을 축소하였어요.

 **기출 선택지 더보기** 세조

· 계유정난을 통해 권력을 장악하였다. [63회]
· 직전법을 실시하였다. [66·57·54회]
· 6조 직계제를 부활하였습니다. [67·63·61회]
· 집현전이 폐지되었다. [35회]

인조반정과 북벌 주장 사이의 사실
정답 ①

(가) 시기에 있었던 사실로 옳은 것은? [2점]

북벌 주장(효종)

청을 쳐서 삼전도의 치욕을 씻자.

인조반정 (1623) → (가) → 북벌

광해군이 유배 가는 모습을 보니 세상 참 덧없군.

키워드 돋보기

- 광해군이 유배 갔다는 것을 통해 인조반정(1623)임을 알아야 해요!
- 청을 쳐서 삼전도의 치욕을 씻자는 것을 통해 북벌을 주장한 효종 때임을 알아야 해요!

- 1623년에 광해군이 계모인 **인목 대비**를 폐하고, 이복동생인 **영창 대군**을 죽인 것을 구실로 **서인** 세력이 반정을 일으켜 광해군을 몰아내고 **인조**를 왕으로 세운 **인조반정**이 일어났어요. 이로 인해 광해군은 **강화도**로 유배를 가게 되었어요.
- 인조의 뒤를 이어 즉위한 **효종**은 인조 때 **병자호란**으로 청에 당한 **삼전도의 굴욕**을 갚기 위해 조총 부대를 육성하는 등 북벌을 추진하였어요.

①**병자호란**이 일어났다. → **인조**
   └ 인조반정으로 즉위한 인조 때 후금이 청으로 나라 이름을 바꾸고 조선에 군신 관계를 요구하였고, 이때 조선 내에서 청에 싸우자는 주전론이 우세해지자 청은 병자호란을 일으켜 조선을 침입하였어요.

② 4군 6진이 개척되었다. → **세종, 인조반정 이전**
   └ 조선 전기인 세종 때 여진족을 몰아내고 국경 지역에 4군(최윤덕), 6진(김종서)를 설치하여 북방 영토를 개척하였어요.

③ 훈련도감이 창설되었다. → **선조, 인조반정 이전**
   └ 선조 때 일어난 임진왜란 중에 유성룡의 건의에 따라 포수(총)·사수(활)·살수(창·칼)의 삼수병으로 구성된 훈련도감이 설치되었어요.

④ 외규장각 도서가 약탈되었다. → **1866년, 북벌 주장 이후**
   └ 1866년에 일어난 병인양요 때 프랑스군이 퇴각하는 과정에서 『의궤』를 포함한 강화도의 외규장각 도서를 약탈하였어요.

태종
정답 ③

(가) 왕의 업적으로 옳지 않은 것은? [3점]

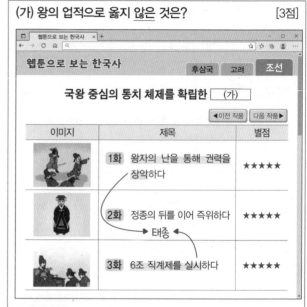

이미지	제목	별점
	1화 왕자의 난을 통해 권력을 장악하다	★★★★★
	2화 정종의 뒤를 이어 즉위하다 ← 태종	★★★★★
	3화 6조 직계제를 실시하다	★★★★★

키워드 돋보기

왕자의 난을 통해 권력을 장악하였다는 것과 **6조 직계제**를 실시하였다는 것을 통해 태종임을 알아야 해요!

태종은 조선의 3대 왕으로, **두 차례의 왕자의 난**을 거친 후 **정종의 뒤를 이어 즉위**하였어요. 이에 그는 왕권 강화를 위해 6조의 판서(장관)가 의정부를 거치지 않고 왕에게 직접 보고하고 결재를 받도록 한 제도인 **6조 직계제**를 실시하여 왕권에 제약을 주던 의정부의 기능을 약화시키고자 하였어요.

① 신문고를 설치하였다. → **태종**
   └ 태종은 백성들이 억울한 일을 호소할 수 있도록 대궐 앞에 신문고라는 북을 설치하였어요.

② 계미자를 주조하였다. → **태종**
   └ 태종은 활자 주조 관청인 주자소를 설치하여 활자인 계미자를 주조하였어요.

③『칠정산』을 편찬하였다. → **세종**
   └ 세종은 한양을 기준으로 한 역법서인 『칠정산』을 편찬하였어요.

④ 호패법을 마련하였다. → **태종**
   └ 태종은 조세·군역 부과에 활용하기 위해 16세 이상의 남자에게 신분증인 호패를 가지고 다니게 하는 호패법을 마련하였어요.

23 | 앙부일구
조선 전기

정답 ④

(가)에 들어갈 문화유산으로 옳은 것은? [1점]

(가) 가 종묘 앞에 처음 설치되었습니다. 이 기기는 영침의 그림자로 시각을 표시하며, 동지나 하지와 같은 절기도 확인할 수 있습니다.

→ 앙부일구 ←

종묘 앞에 새 기기 설치

키워드 돋보기

종묘 앞에 처음 설치되었다는 것과 **그림자로 시각**을 표시한다는 것을 통해 앙부일구임을 알아야 해요!

앙부일구는 조선 세종 때 처음 만들어진 해시계로, **그림자를 이용**하여 시각과 절기를 파악할 수 있는 기구예요. 세종 때 제작된 앙부일구는 종묘 앞에 **처음 설치**되었지만 임진왜란으로 없어졌으며, 17세기에 다시 제작된 앙부일구가 현재까지 남아있어요.

① 자격루 → 시간 측정(물시계)
 └ 자격루는 자동으로 시간을 알려주는 장치를 갖추고 있는 물시계로, 조선 세종 때 최초로 만들어졌으며, 이후 중종 때 다시 제작되었어요.

② 측우기 → 강우량 측정
 └ 측우기는 강우량 측정 기구로, 조선 세종 때 처음 만들어져 조선 후기까지 제작되었어요.

③ 혼천의 → 천체 측정
 └ 혼천의는 천체의 운행과 위치를 측정하기 위해 만들어진 천체 관측 기구로, 조선 세종 때 처음 만들어져 조선 후기까지 제작되었어요.

④ 앙부일구 → 시간 측정(해시계)
 └ 앙부일구는 조선 시대 세종 때 제작된 해시계로, 그림자로 시각을 표시하고 동지나 하지와 같은 절기도 확인할 수 있어요.

---

24 | 조광조
조선 전기

정답 ④

(가) 인물의 활동으로 옳은 것은? [2점]

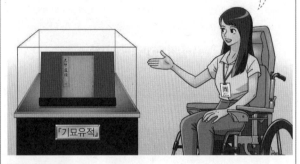

조광조

이 책은 기묘사화의 전말을 다룬 『기묘유적』입니다. 현량과 실시와 위훈 삭제를 주장한 (가) 이/가 관직에서 쫓겨나는 과정이 잘 기록되어 있습니다.

『기묘유적』

키워드 돋보기

기묘사화, 현량과 실시와 위훈 삭제 주장을 통해 조광조임을 알아야 해요!

조광조는 중종 때 훈구를 견제하기 위해 등용된 사림의 대표 인물이에요. 그는 과거를 치르지 않고 인재를 등용하는 **현량과의 실시**와 중종이 왕위에 오를 때 부당하게 공신이 된 자의 공훈을 삭제해야 한다는 **위훈 삭제**를 건의하였어요. 이를 계기로 **기묘사화**가 발생하여 결국 조광조는 사약을 받고 **제거**되었어요.

① 『발해고』를 저술하였다. → 유득공
 └ 유득공은 역사서인 『발해고』를 저술하여 남북국이라는 용어를 처음 사용하였어요.

② 대동여지도를 제작하였다. → 김정호
 └ 김정호는 10리마다 눈금을 거리로 표시한 지도인 대동여지도를 제작하였어요.

③ 백운동 서원을 건립하였다. → 주세붕
 └ 주세붕은 고려 말에 성리학을 들여온 안향을 기리기 위해 백운동 서원을 건립하였어요.

④ 소격서 폐지를 건의하였다. → 조광조
 └ 조광조는 중종에게 도교의 제례 의식을 행하는 관청인 소격서 폐지를 건의하였어요.

기출 포인트 더보기 | **조광조의 개혁 정치**

현량과 실시	일종의 천거제인 현량과를 통해 사림 세력 대거 등용
소격서 폐지	도교식 제사를 지내던 소격서 폐지
성리학 보급	『소학』 보급
위훈 삭제	중종반정의 공신 책정이 잘못되었다 하여 위훈 삭제를 건의

제66회 점수공략 해설

해커스 한국사능력검정시험 한권완성 기출 500제 기본

다음 답사가 이루어진 장소로 적절하지 <u>않은</u> 것은? [2점]

━━ □□ 학회 정기 답사

임진왜란의 격전지를 가다

답사 개관 임진왜란 중 치열한 전투가 벌어진 유적을 답사하여
나라를 지키고자 노력한 선조들의 호국 정신을 기린다.

답사 기간 2023년 ○○월 ○○일~○○월 ○○일

신청 방법 방문 접수, 이메일 접수

키워드 돋보기

임진왜란의 격전지에 대해 알아야 해요!

조선 선조 때 일본군이 조선을 침략하면서 **임진왜란이 발발**하였어요. 왜군이 부산을 침입한 직후 **송상현**이 **동래부**에서 항전하였으나 부산이 함락되고, **신립**이 **충주 탄금대**에서 배수의 진을 치고 왜군과 전투를 벌였으나 대패하였어요. 이에 왜군이 수도인 한양으로 북상하자, 선조가 **의주로 피난**을 가는 등 불리한 전세가 지속되었어요. 이러한 상황에서 **이순신**의 수군이 **한산도**에서 왜군을 상대로 대승을 거두는 등 전세가 서서히 역전되기 시작하였어요. 이에 더해 진주 목사 **김시민**은 **진주성**에서 왜군을 상대로 크게 승리하였고, 조선은 명의 원군과 **조·명 연합군**을 결성하고 왜군으로부터 **평양성**을 탈환하는 등 왜군을 상대로 반격을 계속 이어갔어요.

① 탄금대 → 임진왜란의 격전지
└ 탄금대는 임진왜란 때 신립이 배수의 진을 치고 왜군과 전투를 벌인 곳이에요.

② 행주산성 → 임진왜란의 격전지
└ 행주산성은 임진왜란 때 권율이 일본군을 상대로 크게 승리한 곳이에요.

③수원 화성 → 정조 때 건립된 성곽
└ 수원 화성은 임진왜란 이후의 건립된 성곽으로, 정조가 자신의 정치적 이상을 실현하기 위해 건설하였어요.

④ 울산 왜성 → 임진왜란의 격전지
└ 울산 왜성은 일본군이 방어를 위해 축조한 것으로, 조·명 연합군과 일본군이 치열한 공방전을 벌인 곳이에요.

(가)에 들어갈 제도로 옳은 것은? [1점]

우리 역사 열린 마당

한국사 묻고 답하기
답변: 3 조회: 72

질문 (가) 에 대해 알려주세요.

답변 → 균역법 ←
└ 영조 때 제정되었어요.
└ 군포 납부액을 2필에서 1필로 줄였어요.
└ 어장세, 소금세 등으로 줄어든 수입을 보충했어요.

키워드 돋보기

영조 때 제정, 군포 납부액을 2필에서 1필로 줄였다는 것을 통해 균역법임을 알아야 해요!

균역법은 조선 후기 영조 때 백성들의 군역 부담을 줄여주기 위해 **군포 납부액을 2필에서 1필로 줄인** 제도예요. 이로 인해 줄어든 재정 수입은 결작과 선무군관포를 징수하고, 어장세·소금세 등의 잡세를 국가 재정으로 포함시켜 보충하였어요.

① 과전법 → 고려 말~조선 전기의 토지 제도
└ 과전법은 고려 공양왕 때부터 조선 전기 세조 때 직전법이 실시되기 전까지 시행된 토지 제도로, 전·현직 관리에게 경기 지역에 한정하여 토지의 수조권(세금을 거둘 수 있는 권리)을 지급하였어요.

②균역법 → 조선 후기의 군역 제도
└ 균역법은 영조 때 군포 납부액을 2필에서 1필로 줄인 제도로, 이로 인해 줄어든 재정은 어장세나 소금세 등을 국가 재정에 포함시켜 보충하였어요.

③ 대동법 → 조선 후기의 공납 제도
└ 대동법은 광해군 때 집집마다 특산물로 납부하던 공납을 토지 결 수를 기준으로 쌀, 베 등으로 납부하게 한 제도예요.

④ 영정법 → 조선 후기의 전세 제도
└ 영정법은 인조 때 풍년이나 흉년에 관계없이 전세를 토지 1결당 4~6두로 고정한 제도예요.

기출 포인트 더보기 균역법 시행에 따른 재정 보충책

결작	토지 소유자에게 1결당 미곡 2두 부과
선무군관포	관직이 없는 상류층에게 선무군관이라는 명예직을 수여하고 군포 1필 징수
어장세·염세·선박세	국가 재정으로 전환

27 조선 후기 | 월하정인
정답 ④

(가)에 들어갈 그림으로 옳은 것은? [2점]

키워드 돋보기

조선 후기 풍속화가 신윤복의 작품을 통해 월하정인임을 알아야 해요!

월하정인은 조선 후기 풍속화가인 **신윤복**의 대표적인 작품으로, 달빛 속에서 두 연인이 몰래 만나 사랑을 속삭이는 장면을 생동감 있게 묘사한 것이 특징이에요. 신윤복은 주로 **양반들의 풍류**와 **남녀 사이의 애정**, 기녀와 기방의 세계를 감각적이고 해학적으로 묘사하였어요. 또한 그의 대표적인 작품으로는 **단오풍정**, 미인도 등이 있어요.

①
씨름도
→ **김홍도**
└ 씨름도는 조선 후기의 화가 김홍도의 풍속화로, 씨름 하는 사람들의 모습을 그린 그림이에요.

②
노상알현도
→ **김득신**
└ 노상알현도는 조선 후기 화가인 김득신의 작품으로, 신분 제도에 따른 차별을 표현하였어요.

③
고사관수도
→ **강희안**
└ 고사관수도는 조선 전기의 화가 강희안의 그림으로, 바위에 기대어 물을 바라보는 선비의 여유로운 모습을 표현하였어요.

④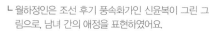
월하정인
→ **신윤복**
└ 월하정인은 조선 후기 풍속화가인 신윤복이 그린 그림으로, 남녀 간의 애정을 표현하였어요.

28 조선 후기 | 임술 농민 봉기
정답 ②

밑줄 그은 '봉기'에 대한 설명으로 옳은 것은? [2점]

이것은 1862년에 진주에서 일어난 농민 봉기의 주요 지점을 조선 시대 지도에 표시한 것입니다. 유계춘을 중심으로 모인 농민들은 축곡에서 모의하고 수곡에서 읍회를 연 뒤, 덕산 장시를 출발하여 진주성으로 진격했습니다.

키워드 돋보기

1862년 진주에서 일어났다는 것과 유계춘을 통해 임술 농민 봉기임을 알아야 해요!

임술 농민 봉기는 1862년 경상 우병사 백낙신의 수탈이 심해지자 **몰락 양반 유계춘**을 중심으로 일어난 농민 봉기예요. **진주**에서 시작된 봉기가 점차 전국적으로 **확산**되자, 정부는 상황 수습을 위해 **박규수**를 안핵사(사건 처리를 위해 파견된 임시 관직)로 파견하였어요.

① 김부식이 이끄는 관군에 진압되었다. → **묘청의 난**
└ 고려 인종 때 일어난 묘청의 난은 김부식이 이끄는 관군에 의해 진압되었어요.

② 삼정이정청이 설치되는 계기가 되었다. → **임술 농민 봉기**
└ 조선 후기 철종 때 일어난 임술 농민 봉기는 삼정의 문란을 바로잡기 위한 관청인 삼정이정청이 설치되는 계기가 되었어요.

③ 서북인에 대한 차별에 반발하여 일어났다. → **홍경래의 난**
└ 홍경래의 난은 몰락 양반인 홍경래를 중심으로 서북인(평안도 지역 사람)에 대한 차별 대우에 반발하여 일어났어요.

④ 흥선 대원군이 재집권하는 결과를 가져왔다. → **임오군란**
└ 구식 군인들이 일으킨 임오군란 때 고종은 군란 수습을 흥선 대원군에게 맡겼고, 이에 흥선 대원군이 재집권하는 결과를 가져오게 되었어요.

기출 사료 더보기 임술 농민 봉기 [37회]

경상도 안핵사 박규수가 아뢰기를 "금번 진주의 난민들이 소동을 일으킨 것은 오로지 전(前) 우병사 백낙신이 탐욕을 부려 수탈하였기 때문입니다. …… 이 때문에 고을 인심이 들끓고 여러 사람의 노여움이 한꺼번에 폭발하여 전에 듣지 못하던 변란이 갑자기 일어난 것입니다."라고 하였다.
– 「철종실록」

29 | 조선 후기 정약용

(가) 인물의 활동으로 옳은 것은? [2점]

남양주 (가) 유적지 내에 있는 이 가옥의 이름은 여유당입니다. (가) 은/는 『목민심서』 등 많은 책을 저술한 실학자로 유명합니다.

정약용

키워드 돋보기

여유당, 『목민심서』를 통해 정약용임을 알아야 해요!

정약용은 조선 후기의 중농학파 실학자로, 다양한 분야에 걸쳐 방대한 학문적 업적을 남겼어요. 그는 목민관(지방관)이 지켜야 할 지침을 밝히면서 지방 행정의 개혁안을 담은 『목민심서』를 저술하였어요. 한편 여유당은 정약용의 다호(집이나 건물에 특정한 의미를 부여한 명칭)로, 정약용의 생가 사랑채에 현판이 걸려있어요.

① 거중기를 설계하였다. → 정약용
  ㄴ 정약용은 서양 선교사의 『기기도설』을 참고하여 무거운 물건을 들어 올리는 거중기를 설계하였어요.

② 몽유도원도를 그렸다. → 안견
  ㄴ 안견은 조선 전기의 화가로, 안평 대군의 꿈 이야기를 듣고 현실 세계와 이상 세계를 표현한 몽유도원도를 그렸어요.

③ 『동의보감』을 완성하였다. → 허준
  ㄴ 허준은 우리나라 전통 한의학을 집대성한 『동의보감』을 완성하였어요.

④ 『열하일기』를 저술하였다. → 박지원
  ㄴ 박지원은 조선 후기 실학자로, 연행사를 따라 청에 다녀온 후 청에서 보고 들은 내용을 기록한 『열하일기』를 저술하였어요.

기출 포인트 더보기 다산 정약용의 활동

여전론 주장	마을 단위의 토지 분배와 공동 경작, 노동량에 따른 수확물의 차등 분배를 주장함 → 이후 타협안으로 정전론을 주장함
거중기 제작	『기기도설』을 참고하여 거중기를 제작함 → 수원 화성 축조 시 이용함
종두법 연구	종두법(홍역)에 대해 연구하고 실험하여 『마과회통』을 저술함
주요 저술	『목민심서』(지방 행정의 개혁안), 『경세유표』(국가 제도의 개혁 방향을 제시) 등

30 | 근대 신미양요 이후의 사실

정답 ③

다음 대화 이후에 있었던 사실로 옳은 것은? [2점]

신미양요 (1871)

며칠 전 미군이 포를 마구 쏘며 손돌목을 지나갔다고 하니 곧 큰일이 벌어지겠어.

어재연 장군이 이끄는 군사들이 광성보에서 대비하고 있으니 기대해 보세.

키워드 돋보기

미군, 어재연 장군, 광성보를 통해 신미양요(1871)임을 알아야 해요!

흥선 대원군 집권기에 미군이 제너럴셔먼호 사건을 구실로 통상을 강요하며 강화도에 침입하였어요(신미양요). 이때 어재연 장군이 이끄는 수비대가 광성보에서 미군에 맞서 결사적으로 항전하였고, 결국 미군은 40여 일 만에 퇴각하였어요.

① 병인박해가 일어났다. → 1866년, 신미양요 이전의 사실
  ㄴ 1866년에 흥선 대원군에 의해 프랑스 선교사들과 수천 명의 천주교도들이 처형된 병인박해가 일어났어요.

② 장용영이 창설되었다. → 1793년, 신미양요 이전의 사실
  ㄴ 1793년 조선 정조 때 왕권 강화를 위한 국왕의 친위 부대인 장용영이 창설되었어요.

③ 척화비가 건립되었다. → 1871년, 신미양요 이후의 사실
  ㄴ 신미양요(1871) 이후, 흥선 대원군은 척화의 의지를 밝히기 위해 종로와 전국 각지에 척화비를 건립하였어요.

④ 화통도감이 설치되었다. → 1377년, 신미양요 이전의 사실
  ㄴ 1377년 고려 우왕 때 최무선의 건의로 화통도감이 설치되었어요.

기출 포인트 더보기 신미양요

원인	미국이 제너럴셔먼호 사건을 구실로 조선과의 통상 수교 시도
전개	• 미군이 강화도의 초지진과 덕진진을 점령하고 광성보를 공격 • 어재연이 이끄는 조선 수비대가 결사적으로 저항
결과	• 미군은 퇴각하면서 수자기 등 수많은 전리품 약탈 • 흥선 대원군은 외세에 대한 척화 의지를 표명하기 위해 전국 각지에 척화비 건립

31 | 근대 보빙사

정답 ①

밑줄 그은 '사절단'으로 옳은 것은? [2점]

이 그림은 1883년 미국 신문에 실린 삽화입니다. 푸트 미국 공사의 조선 부임에 대한 답례로 파견된 민영익 등의 사절단이 아서 대통령을 만나는 상황을 표현하였습니다.

→ 보빙사

키워드 돋보기

푸트 미국 공사의 조선 부임에 대한 답례로 파견된 민영익을 통해 보빙사임을 알아야 해요!

보빙사는 조선이 미국에 파견한 사절단으로, **조·미 수호 통상 조약** 체결 이후 미국 공사가 부임해 오자 그 답례로 파견하였어요. 전권대신 **민영익**, 부대신 **홍영식** 등으로 구성되었으며, 미국 대통령 아서에게 국서를 전하였어요. 이후 미국에 머물면서 미국의 각종 근대 시설을 시찰하고 돌아왔어요.

① **보빙사** → **미국에 파견된 사절단**
 ┗ 보빙사는 우리나라에서 서양에 파견한 최초의 사절단으로, 조·미 수호 통상 조약 이후 미국 공사 부임에 답례로 미국에 파견되었어요.

② **수신사** → **일본에 파견된 사절단**
 ┗ 수신사는 일본에 파견된 사절단으로, 제2차 수신사로 파견된 김홍집은 황준헌이 쓴 『조선책략』을 국내에 소개하였어요.

③ **영선사** → **청에 파견된 사절단**
 ┗ 영선사는 청에 파견된 사절단으로, 김윤식 등이 청의 기기국에서 무기 제조 기술을 배워왔어요.

④ **조사 시찰단** → **일본에 비밀리에 파견된 사절단**
 ┗ 조사 시찰단은 일본에 파견된 사절단으로, 개화 반대 여론으로 인해 비밀리에 홍영식 등이 파견되어 일본의 제도를 시찰하고 돌아왔어요.

32 | 근대 최익현

정답 ②

(가)에 해당하는 인물로 옳은 것은? [1점]

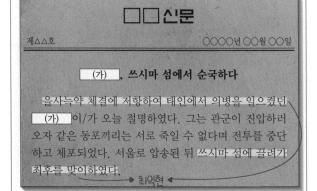

□□신문

제△△호　　　　　　○○○○년 ○○월 ○○일

[(가)], 쓰시마 섬에서 순국하다

을사늑약 체결에 저항하여 태인에서 의병을 일으켰던 [(가)] 이/가 오늘 절명하였다. 그는 관군이 진압하러 오자 같은 동포끼리는 서로 죽일 수 없다며 전투를 중단하고 체포되었다. 서울로 압송된 뒤 쓰시마 섬에 끌려가 최후를 맞이하였다.

→ 최익현

키워드 돋보기

을사늑약 체결에 저항하여 태인에서 의병을 일으켰다는 것과 **쓰시마 섬에 끌려가 최후를 맞이하였다**는 것을 통해 최익현임을 알아야 해요!

최익현은 근대에 활약한 문신이자 항일 운동가로, 1905년 일본이 강제로 **을사늑약**을 체결하여 대한 제국의 외교권을 박탈하자, 이듬해인 1906년에 **태인에서 의병**을 일으켰어요. 그러나 관군이 이를 진압하러 오자 전투를 중단하고 체포되었으며, **쓰시마 섬으로 유배**되어 순국하였어요.

①   신돌석 → **을사의병 때의 의병장**
 ┗ 신돌석은 을사의병 때의 평민 의병장이에요.

②   최익현 → **을사의병을 일으킨 양반 유생**
 ┗ 최익현은 근대에 활약한 문신이자 항일 운동가로, 을사늑약 체결에 저항하여 태인에서 의병을 일으켰으나 쓰시마 섬에 유배되어 순국하였어요.

③   안중근 → **이토 히로부미 사살**
 ┗ 안중근은 근대에 활약한 항일 운동가로, 만주 하얼빈에서 초대 통감이었던 이토 히로부미를 사살하였어요.

④ 홍범도 → **봉오동 전투에서 활약**
 ┗ 홍범도는 대한 독립군의 총사령관으로, 봉오동 전투에서 일본군을 상대로 승리하였어요.

기출 포인트 더보기 　최익현

흥선 대원군 집권기	고종의 친정을 요구하는 상소를 올려 대원군을 하야시킴
개항기	왜양 일체론을 주장하며 강화도 조약 체결에 반대함
을미개혁 시기	단발령에 반대함
을사의병 시기	전라도 태인·순창 등에서 의병을 일으킴

밑줄 그은 '비상 수단'에 해당하는 사건으로 옳은 것은?
[2점]

> 나라를 어지럽히는 신하를 살해하고, 국왕을 보호하여 정령(政令)*의 남발을 막을 수밖에 없었다. 그러므로 희생을 무릅쓰고 비상 수단을 쓰기로 결심한 것이다.
>
> 홍영식: 모의를 총괄한 제1인자 → 갑신정변 (1884)
> 박영효: 실행 총지휘
> 서광범: 거사 계획 수립
> 김옥균: 일본 공사관과의 교섭 및 통역
> 서재필: 병사 통솔
>
> — 박영효의 회고
>
> *정령(政令): 정치상의 명령

키워드 돋보기

국왕을 보호하여 정령을 남발을 막을 수밖에 없었다는 것과 박영효, 김옥균, 서재필 등을 통해 갑신정변(1884)임을 알아야 해요!

갑신정변은 김옥균, 박영효, 서재필 등의 급진 개화파가 우정총국 개국 축하연을 이용해 일으킨 사건이에요. 집권 세력이었던 민씨 일파를 제거하고 정권을 장악한 이들은 개혁 정책을 담은 14개조 혁신 정강을 발표하였으나, 청군의 개입으로 3일 만에 실패로 끝났어요.

① **갑신정변** → 박영효, 김옥균 등 급진 개화파가 일으킨 정변
  └ 갑신정변은 1884년에 박영효, 서재필, 김옥균 등의 급진 개화파가 우정총국 개국 축하연을 기회로 삼아 일으킨 사건이에요.

② 을미사변 → 일본 자객들이 경복궁을 습격하여 명성 황후를 시해한 사건
  └ 을미사변은 일본이 1895년에 경복궁을 습격하여 명성 황후를 시해한 사건이에요.

③ 삼국 간섭 → 러시아·프랑스·독일의 일본 견제
  └ 삼국 간섭은 청·일 전쟁에서 승리한 일본이 청으로부터 요동 반도를 획득하자, 러시아·프랑스·독일 삼국이 일본에 요동 반도의 반환을 요구한 사건이에요.

④ 아관 파천 → 고종이 러시아 공사관으로 거처를 옮긴 사건
  └ 아관 파천은 을미사변으로 신변의 위협을 느낀 고종이 세자와 함께 몰래 궁을 떠나 러시아 공사관으로 거처를 옮긴 사건이에요.

다음 문서가 작성된 시기를 연표에서 옳게 고른 것은? [3점]

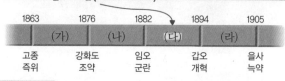

> **영국 공관에 보냄**
>
> 근래 국내에 전해지는 소문을 통해 귀국이 거문도에 뜻을 두고 있다는 것을 알았습니다. 이 섬은 우리나라의 땅으로, 다른 나라는 점유할 수 없는 곳입니다. 귀국처럼 공법에 밝은 나라가 이처럼 뜻밖의 일을 저지를 줄이야 어떻게 알 수 있었겠습니까?
>
> → 거문도 사건(1885~1887)

1863	1876	1882	1894	1905
	(가)	(나)	(다)	(라)
고종 즉위	강화도 조약	임오 군란	갑오 개혁	을사 늑약

키워드 돋보기

영국, 거문도를 통해 거문도 사건(1885~1887)임을 알아야 해요!

거문도 사건은 영국이 전라남도 여수에 속한 거문도를 불법으로 점령한 사건이에요. 임오군란과 갑신정변 이후 청의 내정 간섭이 심해졌고, 조선 정부는 청을 견제하기 위해 러시아와 교섭을 시도하였어요. 이에 당시 러시아와 대립하고 있던 영국이 러시아의 남진을 견제한다는 구실로 조선의 허락 없이 거문도를 불법으로 점령하였어요(거문도 사건, 1885). 이후 한반도를 둘러싼 열강의 경쟁이 심화되자, 유길준과 독일 영사 부들러 등은 한반도 중립화론을 주장하기도 하였으나, 받아들여지지 않았어요.

① (가)

② (나)

③ **(다)**
  └ 거문도 사건은 임오군란(1882) 이후 조선 정부가 러시아와 교섭을 시도하자, 1885년 영국이 러시아의 남진을 견제한다는 구실로 거문도를 불법으로 점령한 사건이에요.

④ (라)

(가)에 들어갈 학교로 옳은 것은? [2점]

역사 인물 카드

· 생몰: 1878년~1938년
· 호: 도산
· 주요 활동
 ─ 신민회 결성
 ─ [(가)] 설립
 ─ 대한인 국민회 중앙 총회 조직
 ─ 흥사단 창설
 · 안창호 → 대성 학교

키워드 돋보기

도산, 신민회를 통해 안창호가 설립한 대성 학교임을 알아야 해요!

대성 학교는 신민회의 회원이었던 **안창호**가 민족 교육을 위해 **평양**에 설립한 학교예요. 대성 학교는 교장에 윤치호, 대변 교장에 안창호, 교사에 이상재 등이 근무하였으며, 체육 시간에는 군대식 훈련을 가르치기도 하였어요. 그러나 일본 국기 불게 운동, 105인 사건 등으로 운영이 어려워지게 되자 1912년 제1회 졸업생만 배출한 채 문을 닫게 되었어요.

① **대성 학교** → **안창호가 설립한 민족 교육 기관**
 └ 대성 학교는 신민회의 회원인 안창호가 민족 교육을 위해 평양에 설립한 교육 기관으로, 수학, 군대식 훈련 등을 교육하였어요.

② **원산 학사** → **최초의 근대식 사립 학교**
 └ 원산 학사는 덕원 부사와 덕원·원산 주민들이 설립한 최초의 근대식 사립 학교예요.

③ **육영 공원** → **조선 정부가 설립한 근대식 관립 학교**
 └ 육영 공원은 정부가 근대 학문을 가르치기 위해 설립한 최초의 관립 학교예요.

④ **이화 학당** → **선교사 스크랜튼이 설립한 여성 교육 기관**
 └ 이화 학당은 선교사 스크랜튼이 서울에 세운 최초의 여성 교육 기관이에요.

(가), (나) 사이의 시기에 체결된 조약으로 옳은 것은? [2점]

(가)
역사 신문
국외 중립 선언 무효화되다
1904. 2.
한·일 의정서

(나)
역사 신문
일제가 국권을 강탈하다
1910. 8.
한·일 병합 조약

키워드 돋보기

(가) 한·일 의정서(1904. 2.)에 대해 알아야 해요!
(나) 한·일 병합 조약(1910. 8.)에 대해 알아야 해요!

(가) 한·일 의정서는 러·일 전쟁을 일으킨 **일본**이 1904년 2월에 대한 제국의 국외 중립 선언을 무시하고 **강제로 체결**한 조약이에요. 이에 따라 일본이 **군사상 필요한 대한 제국의 군사적 요지와 시설**을 사용할 수 있게 되었어요.

(나) 한·일 병합 조약은 1910년 8월에 당시 통감이었던 **데라우치**와 총리대신 **이완용**이 체결한 조약이에요. 조약의 주요 내용은 일본이 대한 제국의 국권을 피탈한다는 것으로, 이에 따라 대한 제국은 **일본의 식민지로 전락**하였어요.

① **톈진 조약** → **1885년, (가) 이전**
 └ 톈진 조약은 갑신정변 이후 1885년에 청과 일본이 체결한 조약으로, 조선에 군대를 파병할 시 상대국에 미리 알릴 것을 합의하였어요.

② **정미 7조약** → **1907년**
 └ 정미 7조약은 1907년 대한 제국과 일본 사이에 체결된 조약으로, 부속 밀약을 통해 대한 제국의 군대가 강제로 해산되었어요.

③ **제물포 조약** → **1882년, (가) 이전**
 └ 제물포 조약은 1882년 임오군란의 결과 조선과 일본 사이에 체결된 조약으로, 조선은 일본에 배상금을 지불하고 일본 공사관에 경비병이 주둔하는 것을 허용하였어요.

④ **시모노세키 조약** → **1895년, (가) 이전**
 └ 시모노세키 조약은 청·일 전쟁 이후 청과 일본이 체결한 조약으로, 조선에 대한 지배권을 확립하고, 요동 반도 등의 영토를 받게 되었어요.

다음 시나리오의 상황 이후에 전개된 사실로 옳은 것은? [2점]

> **S#17. 전주성 안 선화당**
>
> 농민군 대장 전봉준과 전라 감사 김학진이 대화를 나누고 있다.
>
> 김학진: 일본군이 궁궐을 점령하여 국가에 큰 위기가 닥쳤소. → 일본군의 경복궁 점령(1894. 6.)
>
> 전봉준: 청군과 일본군이 들어와 있는 상황에서 이런 일이 생기다니 참으로 큰일입니다.

키워드 돋보기

일본군이 궁궐을 점령하였다는 것과 청군과 일본군이 들어와 있는 상황을 통해 일본군의 경복궁 점령(1894. 6.)임을 알아야 해요!

동학 농민 운동은 고부 민란을 수습하기 위해 파견된 **이용태**가 관련자들을 탄압한 것이 원인이 되어 일어났어요. **전봉준**의 주도로 백산에 집결한 동학 농민군은 **4대 강령**과 격문을 공포하였으며, **황토현·황룡촌 전투**에서 관군을 상대로 승리하고 **전주성**까지 점령하였어요. 이에 정부는 청에 군사 지원을 요청하였고, 청·일 양군이 상륙하자 동학 농민군과 조선 정부는 **전주 화약**을 체결하였어요. 이후 일본이 경복궁을 기습 점령하고 내정에 간섭하자, **동학 농민군이 2차로 봉기**하였어요.

① 동학을 창시한 **최제우**가 처형되었다. →1864년
  └ 1864년에 동학을 창시한 최제우가 혹세무민(세상을 속여 백성을 괴롭힘)의 죄로 처형되었어요.

②동학 농민군이 **우금치 전투**에서 패하였다. → 1894년 11월
  └ 일본의 경복궁 점령(1894. 6.) 이후 동학 농민군이 2차로 봉기하고 남·북접이 연합하였으나, 1894년 11월에 공주 우금치 전투에서 일본군과 관군에게 패배하였어요.

③ 교조 신원을 요구하는 **삼례 집회**가 열렸다. → 1892년
  └ 1892년에 교조 최제우의 신원과 동학에 대한 탄압 중지를 요구하는 삼례 집회가 열렸어요.

④ 조병갑의 탐학에 맞서 **고부 농민 봉기**가 일어났다. → 1894년 1월
  └ 1894년 1월에 조병갑의 탐학에 맞서 전봉준이 농민들을 이끌고 고부 관아를 습격한 고부 농민 봉기가 일어났어요.

다음 장면에 나타난 운동으로 옳은 것은? [1점]

키워드 돋보기

일본에 진 빚 1,300만 원을 갚기 위해 이곳저곳에서 의연금을 모으고 있다는 것과 국권 수호를 통해 국채 보상 운동임을 알아야 해요!

국채 보상 운동은 일본의 강요로 도입된 **차관(빌린 자금)** 1,300만 원을 갚기 위해 전개된 운동으로, 1907년 **대구**에서 시작되었어요. 서울에서는 **국채 보상 기성회**가 조직되어 성금을 모금하였으며, 여성들은 비녀와 가락지를 팔고 남성들은 담배를 끊어 국채를 갚기 위해 노력하였어요. 그러나 이러한 노력에도 불구하고 국채 보상 운동은 일진회와 통감부의 방해와 탄압으로 결국 실패하였어요.

①국채 보상 운동 → 경제적 구국 운동
  └ 국채 보상 운동은 일본의 강요로 도입된 차관을 갚기 위해 대구에서 시작된 경제적 구국 운동으로, 서울에서 국채 보상 기성회가 조직되어 전국적으로 확대되었으나, 통감부의 방해와 탄압으로 실패하였어요.

② 문자 보급 운동 → 문맹 퇴치 운동
  └ 문자 보급 운동은 조선일보가 주도한 문맹 퇴치 운동으로, '아는 것이 힘, 배워야 산다'라는 표어 아래 전개되었어요.

③ 물산 장려 운동 → 실력 양성 운동
  └ 물산 장려 운동은 국산품 애용을 통해 민족 산업을 육성하고자 한 운동으로, '내 살림 내 것으로' 등의 표어를 내세웠어요.

④ 민립 대학 설립 운동 → 민족 교육 운동
  └ 민립 대학 설립 운동은 이상재 등이 조선 민립 대학 기성회를 조직하여 전개한 민족 교육 운동으로, '한민족 1천만이 한 사람이 1원씩'이라는 구호로 모금 운동을 전개하였어요.

39 근대
대한 제국 시기에 도입된 근대 문물
정답 ③

밑줄 그은 ⊙에 해당하는 내용으로 적절하지 **않은** 것은? [3점]

> 이 사진은 무엇인가요?

> 동대문에서 열린 전차 개통식에 참석한 대한 제국의 고위 관리들을 찍은 사진이에요. 전차를 비롯하여 ⊙ 대한 제국 시기에 도입된 많은 근대 문물은 당시 사람들의 생활에 큰 변화를 주었어요.

키워드 돋보기

대한 제국 시기에 도입된 근대 문물에 대해 알아야 해요!

대한 제국 시기(1897~1910)에는 다양한 근대 문물들이 도입되었어요. 1898년에는 황실과 미국인 콜브란의 합작으로 **한성 전기 회사**가 설립되어 한성 지역의 전등·전화·전차 가설 및 운영권을 가지게 되었어요. 이에 따라 한성 전기 회사는 이듬해인 **1899년**에 서대문과 청량리를 잇는 **전차**를 최초로 개통하였어요. 이 외에도 서울과 인천을 잇는 한국 최초의 철도인 **경인선**이 개통되었고, **석조전** 등 근대 건축물이 세워졌어요.

① 극장인 원각사가 세워졌다. → 1908년
┗ 1908년에 최초의 서양식 극장인 원각사가 세워져 은세계, 치악산 등이 공연되었어요.

② 덕수궁에 중명전이 건립되었다. → 1901년
┗ 1901년에 덕수궁에 서양식 건물인 중명전이 건립되었어요. 한편, 덕수궁 중명전은 을사늑약이 체결된 장소였어요.

③ 박문국에서 한성순보가 발행되었다. → 1883년~1884년
┗ 대한 제국 시기 이전인 1883년부터 1884년까지 박문국에서 순 한문으로 발행한 우리나라 최초의 근대적 신문인 한성순보가 발행되었어요.

④ 서울과 부산을 잇는 경부선 철도가 부설되었다. → 1905년
┗ 1905년에 일본에 의해 군사적 목적으로 서울과 부산을 잇는 경부선 철도가 부설되었어요.

40 일제 강점기
순종 서거 이후의 사실
정답 ①

다음 상황 이후에 일어난 사실로 옳은 것은? [2점]

> 순종 서거(1926)
> 호외요! 호외! 대한 제국의 마지막 황제께서 승하하셨소!

키워드 돋보기

대한 제국의 마지막 황제가 승하하셨다는 것을 통해 순종 서거(1926)임을 알아야 해요!

1926년에 대한 제국의 마지막 황제였던 **순종이 서거**하자, 순종의 인산일(장례일)인 6월 10일에 **만세 운동**이 전개되었어요. 사회주의 세력과 천도교 계열의 민족주의 세력이 세운 계획은 사전에 발각되었으나, 학생 단체의 시위는 예정대로 진행되어 서울에서 만세 시위가 전개되었어요. 6·10 만세 운동은 대규모 시위로 확산되지는 못하였지만, 국내에서 **민족 유일당 운동**이 전개되는 계기가 되었어요.

① 6·10 만세 운동이 일어났다. → 1926년
┗ 대한 제국의 마지막 황제인 순종이 서거(1926)한 이후 순종의 인산일(장례일)일 기회로 삼아 서울에서 6·10 만세 운동이 일어났어요.

② 헤이그 특사가 파견되었다. → 1907년
┗ 1907년에 고종이 을사늑약 체결의 부당함을 알리고자 네덜란드 헤이그에서 개최된 만국 평화 회의에 특사를 파견하였어요.

③ 토지 조사 사업이 실시되었다. → 1912년~1918년
┗ 일제는 1912년부터 1918년까지 식민지 통치를 위한 재정을 확보하고 조선의 토지를 약탈하기 위해 토지 조사 사업을 실시하였어요.

④ 제너럴셔먼호 사건이 발생하였다. → 1866년
┗ 1866년에 미국 상선 제너럴셔먼호가 평양까지 들어와 통상을 요구하며 횡포를 부렸다가, 평양 관민에 의해 불타 침몰한 제너럴셔먼호 사건이 발생하였어요.

41 무단 통치 시기

정답 ②

밑줄 그은 '시기'에 볼 수 있는 모습으로 가장 적절한 것은?

[2점]

문학으로 만나는 한국사

"판결은 어떻게 됐소?" ……
"태형 구십 대랍니다." ……
"히도오쓰(하나), 후다아쓰(둘)."
간수의 헤어나가는 소리와 함께, "아이구 죽겠다. 아이구 아이구!" 부르짖는 소리가 우리의 더위에 마비된 귀를 찔렀다. 그것은 태 맞는 사람의 부르짖음이었다.

— 김동인, 『태형』

[해설]

이 소설은 일제에 의해 **조선 태형령**이 시행된 **시기**를 배경으로 하고 있습니다. 태형으로 고통받던 조선인의 처지를 생생하게 보여주고 있습니다.

→ **무단 통치 시기**

키워드 돋보기

조선 태형령이 시행되었다는 것을 통해 무단 통치 시기임을 알아야 해요!

무단 통치 시기는 1910년대 일제가 한국인을 강압적으로 통치하던 시기로, 조선인에게만 태형을 적용하는 **조선 태형령**을 제정하여 독립운동가를 탄압하였어요. 또한 일제는 군대의 경찰인 헌병이 일반 치안 업무까지 담당하는 **헌병 경찰 제도**를 시행하였어요.

① 경성 제국 대학에 다니는 학생 → **문화 통치 시기**
  └ 문화 통치 시기에 일제에 의해 고등 교육 기관인 경성 제국 대학이 설립되었어요.

②제복을 입고 칼을 찬 헌병 경찰 → **무단 통치 시기**
  └ 무단 통치 시기에 일제는 헌병 경찰제를 실시하여 군인의 경찰인 헌병이 일반 경찰의 업무까지 담당하게 하였으며, 제복을 입고 칼을 차게 하여 공포 분위기를 조성하였어요.

③ 『조선책략』 유포에 반발하는 유생 → **근대 개항기**
  └ 근대 개항기에 제2차 수신사 김홍집에 의해 미국과의 연합을 주장하는 『조선책략』이 유포되자, 이에 반발하여 이만손을 중심으로 한 영남 지역의 유생들이 만인소를 올렸어요.

④ 국민 징용령에 의해 끌려가는 청년 → **민족 말살 통치 시기**
  └ 민족 말살 통치 시기에 일제는 국민 징용령을 제정하여 공사, 광산 등에 한국인 청년들을 강제로 동원하였어요.

---

42 대한민국 임시 정부 ✨

정답 ①

(가)의 활동으로 옳은 것은?

[2점]

이것은 네 엄마를 키우면서 쓴 일기야. 네 할아버지랑 나는 3·1 운동을 계기로 상하이에 수립된 ___(가)___ 이/가 창사로 옮겼을 때 합류해서 독립운동을 했어. 김구, 이시영 선생님이 네 엄마를 참 예뻐하셨지.

→ 대한민국 임시 정부

와, 그 힘든 독립운동을 하시면서도 육아 일기를 쓰셨네요!

키워드 돋보기

3·1 운동을 계기로 상하이에서 수립되었다는 것과 **김구, 이시영**을 통해 대한민국 임시 정부임을 알아야 해요!

대한민국 임시 정부는 3·1 운동을 계기로 조직적인 독립운동의 필요성이 대두되면서 **상하이**에서 수립되었어요. 대한민국 임시 정부는 **독립 공채**를 발행해 독립운동 자금을 마련하였고, 외교 활동을 펼치기 위해 미국 워싱턴에 **구미 위원부**를 설치하는 등 다양한 활동을 펼쳤답니다. 이후 1940년 충칭에 정착한 대한민국 임시 정부는 산하 부대로 **한국광복군**을 창설하였어요.

①독립 공채를 발행하였다. → **대한민국 임시 정부**
  └ 대한민국 임시 정부는 독립운동 자금을 모으기 위해 독립 공채를 발행하였어요.

② 만민 공동회를 개최하였다. → **독립 협회**
  └ 독립 협회는 근대적 민중 집회인 만민 공동회를 개최하여 민권 신장을 추구하였어요.

③ 신흥 강습소를 설립하였다. → **신민회**
  └ 신민회는 서간도(남만주) 삼원보에 신흥 강습소를 설립하였으며, 이는 이후 신흥 무관 학교로 발전하였어요.

④ 잡지 『어린이』를 발간하였다. → **천도교 소년회**
  └ 천도교 소년회는 어린이날을 제정하고 아동 잡지인 『어린이』를 발간하였어요.

 기출 사료 더보기 대한민국 임시 정부와 연통제 [40회]

내가 맡게 된 임무는 자금 조달이었으며, 상해 출발에서부터 국내 잠입, 상해 귀환의 모든 경로 및 절차는 임시 정부의 지시에 따르도록 되어 있었다. …… 나는 3월 초순에 상해를 출발했다. 국내 잠입 경로는 연통제를 따랐다. …… 상해에서 안동현까지는 이륭양행의 배편을 이용하였다. 이것은 아버님과 남편이 상해에 갔을 때에도 이용했던 선편으로 임시 정부와 국내를 잇는 주요 통로의 하나였다.

— 정정화, 『장강일기』

43 | 조선 의용대

일제 강점기

정답 ③

(가)에 들어갈 군사 조직으로 옳은 것은? [2점]

> 나는 김원봉입니다. 의열단의 단장으로 활동하고, 중국 관내 최초의 한인 무장 부대인 (가) 을/를 만들었습니다.

> 나는 박차정입니다. 근우회의 중앙 집행 위원으로 활동하고, (가) 의 부녀 복무 단장으로 무장 투쟁에도 참여하였습니다.

조선 의용대

홀로그램으로 만나는 독립운동가 부부

키워드 돋보기

김원봉과 중국 관내 최초의 한인 무장 부대를 통해 조선 의용대임을 알아야 해요!

조선 의용대는 김원봉을 중심으로 중국 한구(한커우)에서 **중국 국민당의 지원**을 받아 조직된 군사 조직이에요. 이는 **중국 관내에서 조직된 최초의 한인 무장 부대**로, 중국군과 연합하여 정보 수집, 포로 심문 등의 대일 항전을 전개하였어요. 이후 조선 의용대의 **일부는 중국 화북으로 이동**하여 항일 운동을 전개하였으며, 김원봉과 남은 세력은 대한민국 임시 정부의 산하 부대인 **한국광복군에 합류**하였어요.

① 대한 독립군 → 홍범도가 이끈 독립군 부대
> ∟ 대한 독립군은 홍범도를 사령관으로 한 독립군 부대로, 봉오동 전투에서 일본군을 상대로 승리를 거두었어요.

② 북로 군정서 → 김좌진이 이끈 독립군 부대
> ∟ 북로 군정서는 만주 지역에서 김좌진이 이끈 독립군 부대로, 청산리 전투에서 일본군에게 크게 승리하였어요.

③ 조선 의용대 → 김원봉이 창설한 독립군 부대
> ∟ 조선 의용대는 김원봉이 중국 측의 지원을 받아 창설한 군사 조직이자, 중국 관내에서 결성된 최초의 한인 무장 부대예요.

④ 조선 혁명군 → 양세봉이 이끈 독립군 부대
> ∟ 조선 혁명군은 양세봉을 총사령관으로 한 독립군 부대로, 중국군과 연합하여 영릉가 전투 등에서 일본군을 격파하였어요.

44 | 제주도

통합 주제

정답 ②

(가) 지역에 대한 탐구 활동으로 가장 적절한 것은? [2점]

> 저는 (가) 의 역사와 관련된 단어를 이 섬의 모양으로 표현해 보았습니다.

삼성혈 이중섭
관덕정 **탐라총관부** 김만덕
해녀항쟁 4·3사건 이재수의 난
고산리 알뜨르비행장 추사 유배지
탐라국 송악산동굴진지 하멜

제주도

키워드 돋보기

탐라총관부, 고산리, 추사 유배지를 통해 제주도임을 알아야 해요!

제주도는 신석기 시대의 대표적인 유적지인 **제주 한경 고산리 유적**이 있는 곳으로, 신석기 시대의 이른 민무늬 토기, 갈돌, 갈판 등이 출토되었어요. 또한 이곳은 고려 **원 간섭기**에 원이 제주도를 직접 통치하기 위해 **탐라총관부**가 설치되었어요. 이후 조선 후기에 정조 때 상인 **김만덕**이 빈민 구제 활동을 전개하고, 헌종 때 **추사 김정희**가 유배를 온 지역이기도 하답니다.

① 운요호 사건의 과정을 검색한다. → 강화도
> ∟ 강화도는 일본 군함 운요호가 개방을 요구하며 조선을 공격한 운요호 사건이 일어난 지역이에요.

② 삼별초의 최후 항쟁지를 조사한다. → 제주도
> ∟ 제주도는 고려 시대의 삼별초가 몽골 강화에 반대하여 최후의 항쟁을 전개한 지역이에요.

③ 고려 왕릉이 조성된 지역을 찾아본다. → 개경, 강화도
> ∟ 고려의 수도인 개경과 몽골에 대항하기 위해 천도하였던 강화에 고려 왕릉이 조성되었어요.

④ 대한 제국 칙령 제41호의 내용을 파악한다. → 독도
> ∟ 독도는 대한 제국 시기에 대한 제국 칙령 제41호를 통해 울도(울릉도) 군수의 관할 지역에 포함되었어요.

기출 포인트 더보기 | 제주도

선사 시대	제주 한경 고산리 유적
고려 시대	삼별초의 마지막 근거지, 원 간섭기에 탐라총관부 설치
조선 시대	김만덕의 빈민 구제 활동 전개, 하멜 일행의 표류 장소, 추사 김정희의 유배지
현대	제주 4·3 사건 발생

45 | 노비, 서얼, 백정

정답 ②

(가)~(다)에 대한 설명으로 옳은 것은? [3점]

한국사 탐구 보고서

■ 주제: 사회적 차별에 맞선 사람들
■ 목적: 우리 역사 속 사회적 차별에 맞선 사람들의 주장을 조사하여 그 의미를 되새겨본다.
■ 방법: 문헌 조사, 인터넷 검색 등
■ 시대별 탐구 내용 → 노비

시대	탐구 내용
고려 시대	"장군과 재상에 어찌 씨가 있겠는가?", 만적을 비롯한 많은 (가) 이/가 신분 해방을 도모하다.
조선 시대	"적자가 아니라는 이유로 관직을 제한하는 법을 풀어주십시오.", 상소를 올려 (나) 에 대한 차별 폐지를 요청하다.
일제 강점기	"공평은 사회의 근본이요, 애정은 인류의 본성이라.", 조선 형평사를 조직하여 (다) 에 대한 차별 철폐를 주장하다.

→ 서얼 (조선 시대 행)
→ 백정

키워드 돋보기

(가) 고려 시대, 만적을 통해 노비임을 알아야 해요!
(나) 조선 시대, 적자가 아닌 이유로 관직을 제한하였다는 것을 통해 서얼임을 알아야 해요!
(다) 일제 강점기, 조선 형평사를 통해 백정임을 알아야 해요!

(가) **노비**는 전통적인 신분제 사회의 **최하층 신분**으로 **천민의 대다수**를 차지하였으며, **재산으로 취급**되어 매매·상속·증여의 대상이 되었어요. 한편 고려 시대에 **최충헌의 사노비**였던 만적이 개경에서 **신분 해방**을 주장하는 봉기를 모의하였으나 실패하였어요(만적의 난).
(나) **서얼**은 조선 시대 양반의 자손 가운데 첩의 소생을 뜻하는 말로, 적자가 아니라는 이유로 **관직이 제한**되었어요. 이러한 상황에서 조선 후기 서얼들은 여러 차례 집단으로 **상소**하여 **청요직에 진출**할 수 있는 권리를 요구하는 **신분 상승 운동을 지속적으로 전개**하였어요.
(다) **백정**은 조선 시대에 도살업·육류 판매업 등에 종사하는 사람들로, **천민 계층**이었어요. 근대에 갑오개혁으로 신분제가 폐지되었음에도 백정에 대한 차별이 지속되자, **일제 강점기**에 백정에 대한 **사회적 차별과 편견을 철폐**하기 위해 진주에서 **조선 형평사를 조직**하고 **형평 운동을 전개**하였어요.

① (가) – 고려 시대에 **공음전**을 지급받았다. → 문벌 귀족
└ 고려 시대에 문벌 귀족은 5품 이상 고위 관료에게 지급되는 토지인 공음전을 지급받았어요.

②(나) – 일부가 **규장각 검서관**에 기용되었다. → 서얼
└ 조선 후기 정조 때 서얼 중 일부가 규장각 검서관에 기용되었어요. 대표적인 인물로는 박제가, 유득공 등이 있어요.

③ (다) – **골품**에 따라 관직 승진의 제한을 받았다. → 골품 제도
└ 골품 제도는 신라의 신분 제도로, 골품에 따라 관직 승진의 제한을 받았어요.

④ (가), (나), (다) – **매매, 상속, 증여**의 대상이 되었다. → 노비
└ 노비는 재산으로 취급되어 매매·상속·증여의 대상이 되었어요.

---

46 | 제헌 국회

정답 ③

밑줄 그은 '국회'의 활동으로 적절하지 않은 것은? [3점]

제헌 국회 ◀ 이 자료는 유엔 결의에 따라 치러진 총선거로 출범한 국회 개회식 광경을 담은 화보입니다.

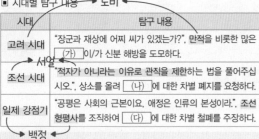

키워드 돋보기

유엔 결의에 따라 치러진 총선거로 출범하였다는 것을 통해 제헌 국회임을 알아야 해요!

제헌 국회는 유엔 결의에 따라 1948년에 실시된 **5·10 총선거**를 통해 출범한 2년 임기의 국회예요. 제헌 국회에서는 대통령 간선제 등의 내용을 담은 **제헌 헌법을 공포**하고, 이승만을 대통령으로, 이시영을 부통령으로 선출하여 대한민국 정부 수립을 선포하였어요. 또한 농지를 농민에게 적절히 분배하여 농가 경제의 자립과 농업 생산력을 증진하기 위해 **농지 개혁법**, 일본인 소유의 재산 처리를 위해 **귀속 재산 처리법** 등을 제정하였어요.

① **제헌 헌법**을 제정하였다. → 제헌 국회
└ 제헌 국회는 우리나라 최초의 헌법인 제헌 헌법을 제정하였어요.

② **반민족 행위 처벌법**을 가결하였다. → 제헌 국회
└ 제헌 국회는 친일파 청산을 위해 반민족 행위 처벌법을 가결하였어요.

③한·미 상호 방위 조약을 비준하였다. → 제2대 국회
└ 제2대 국회(1950~1954)는 대한민국과 미국이 서로의 군사적 안전을 보장하는 내용의 한·미 상호 방위 조약(1953)을 비준하였어요.

④ 이승만을 **초대 대통령**으로 선출하였다. → 제헌 국회
└ 제헌 국회는 이승만을 초대 대통령, 이시영을 초대 부통령으로 선출하여 대한민국 정부 수립을 선포하였어요.

47 | 현대
5·18 민주화 운동 ✨

정답 ④

(가)에 들어갈 내용으로 옳은 것은? [1점]

● 오전 11:30 ●●●●● 📶 48% 🔋

좋아요 66회　5·18 민주화 운동 ◀ 　3일 전

수업 시간에 [(가)] 당시 시민군의 항쟁 중심지였던 옛 전남도청 모형을 만들었다. 실제 옛 도청 앞 시계탑에서는 매일 같은 시간에 '임을 위한 행진곡'이 나온다고 한다. 많은 분의 희생으로 우리나라의 민주주의가 발전하게 되었음을 깨닫게 되었다.

키워드 돋보기

시민군, 전남도청을 통해 5·18 민주화 운동임을 알아야 해요!

5·18 민주화 운동은 **신군부** 세력이 쿠데타를 일으켜 권력을 장악한 후 **비상 계엄**을 전국으로 확대하자, 이에 반발하여 광주에서 일어난 민주화 운동이에요. 광주 지역 학생들과 시민들은 신군부에 맞서 민주주의의 회복과 계엄령 철폐 등을 요구하며 민주화 운동을 전개하고 **시민군**을 조직하고 **전남도청**에서 계엄군에 대항하였으나, **계엄군에 의해 무력으로 진압**되었어요.

① 4·19 혁명 → 3·15 부정 선거에 대한 저항
　└ 4·19 혁명은 이승만 정부의 3·15 부정 선거에 저항하여 일어났으며, 이승만 대통령이 하야하는 결과를 가져왔어요.

② 부·마 민주 항쟁 → 박정희 정부의 유신 체제에 대한 저항
　└ 부·마 민주 항쟁은 박정희 정부가 유신 체제를 비판한 야당 총재 김영삼을 국회의원직에서 제명하자, 부산과 마산에서 시민과 학생들이 일으킨 민주화 운동이에요.

③ 6월 민주 항쟁 → 4·13 호헌 조치에 대한 저항
　└ 6월 민주화 항쟁은 전두환 정부가 대통령 간선제를 유지하겠다는 4·13 호헌 조치를 발표하자, 이에 반발하여 일어난 민주화 운동이에요.

④ 5·18 민주화 운동 → 신군부의 계엄령 확대에 대한 저항
　└ 5·18 민주화 운동은 신군부가 전국으로 비상 계엄을 확대하자, 광주의 학생과 시민들이 계엄령 철폐 등을 요구하며 일어난 민주화 운동이에요.

48 | 현대
박정희 정부 시기의 통일 노력

정답 ③

다음 뉴스가 보도된 정부 시기의 통일 노력으로 옳은 것은? [3점]

분단 26년 만에 처음으로 남측 자유의 집과 북측 판문각을 연결하는 직통 전화가 개설되었습니다. 이로써 남북 적십자 회담을 열기 위한 대화의 통로가 마련되었습니다.

박정희 정부

남북 직통 전화 개설

키워드 돋보기

남북 직통 전화 개설을 통해 박정희 정부임을 알아야 해요!

박정희 정부 시기에는 평화 공존의 분위기가 형성되어 **남북 대화**가 시작되었고, 자주·평화·민족 대단결의 통일 원칙을 명시한 **7·4 남북 공동 성명**을 발표하였어요. 이에 통일 문제를 협의하기 위한 기구로 **남북 조절 위원회**를 구성하고 판문각에 남북 상설 **직통 전화**를 개설하였어요. 이로써 남북 적십자 회담을 위한 통로가 마련되었고, 1차 본회담이 개최되었어요.

① 금강산 관광 사업을 시작하였다. → 김대중 정부
　└ 김대중 정부 때 햇볕 정책의 실시로 금강산 해로 관광 사업을 시작하였어요.

② 남북한이 유엔에 동시 가입하였다. → 노태우 정부
　└ 노태우 정부 때 적극적인 북방 외교의 결과로, 남북한이 유엔에 동시 가입하였어요.

③ 7·4 남북 공동 성명을 발표하였다. → 박정희 정부
　└ 박정희 정부 때 자주·평화·민족 대단결의 통일 원칙을 명시한 7·4 남북 공동 성명을 발표하였어요.

④ 최초로 남북 정상 회담을 개최하였다. → 김대중 정부
　└ 김대중 정부 때 최초로 평양에서 남북 정상 회담이 개최하고 6·15 남북 공동 선언을 채택하였어요.

49 | 김영삼 정부 시기의 경제 상황

현대

정답 ④

다음 연설이 있었던 정부 시기의 경제 상황으로 옳은 것은?

[2점]

김영삼 정부 ◀

국민 여러분, 금융 실명제 실시를 위한 대통령 긴급 명령은 깨끗한 사회로 가기 위해 필수적인 제도 개혁입니다. 지하 경제가 사라질 것입니다. 검은돈이 없어질 것입니다.

키워드 돋보기

금융 실명제 실시를 통해 **김영삼 정부**임을 알아야 해요!

김영삼 정부는 탈세와 부정부패를 차단하기 위해 **대통령 긴급 명령**으로 금융 거래 시 실제 명의를 사용하는 **금융 실명제**를 실시하였어요. 또한 **경제 협력 개발 기구(OECD)**에 가입하는 등 경제 개방 정책을 추진하였어요. 그러나 국제 경제의 악화와 외환 부족으로 외환 위기를 맞아 **국제 통화 기금(IMF)**에 지원을 요청하였어요.

① 경부 고속도로를 준공하였다. → 박정희 정부
    └ 박정희 정부 시기에는 경부 고속도로를 준공하여 사회 간접 자본을 확충하였어요.

② 3저 호황으로 수출이 증가하였다. → 전두환 정부
    └ 전두환 정부 시기에는 국제적으로 유가 및 금리 하락과 달러화 약세 등 저달러, 저유가, 저금리의 3저 호황으로 수출이 증가하였어요.

③ 제1차 경제 개발 5개년 계획을 추진하였다. → 박정희 정부
    └ 박정희 정부 시기에는 경공업 중심의 제1차 경제 개발 5개년 계획을 추진하였어요.

④ 경제 협력 개발 기구(OECD)에 가입하였다. → 김영삼 정부
    └ 김영삼 정부 시기에는 경제 협력 개발 기구(OECD)에 가입하여 경제 개방을 추진하였어요.

기출 포인트 더보기   각 정부의 경제 상황

이승만 정부	농지 개혁법 실시, 삼백 산업(면방직·제당·제분) 발달
박정희 정부	• 제1~4차 경제 개발 5개년 계획 추진 • 경부 고속도로 개통, 연간 수출액 100억 달러 달성
전두환 정부	3저 호황으로 경제 발전
김영삼 정부	• 금융 실명제 실시, 경제 개발 협력 기구(OECD) 가입 • 외환 위기로 IMF(국제 통화 기금)에 지원 요청
김대중 정부	외환 위기 극복
노무현 정부	미국과 자유 무역 협정(FTA) 체결

---

50 | 시대별 국어 연구 단체

통합 주제

정답 ③

(가)~(다)에 대한 설명으로 옳은 것은?

[3점]

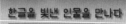
한글을 빛낸 인물을 만나다

신숙주	주시경	정세권
집현전	국문연구소	조선어학회
1420년 세종이 설치한 학문 연구 기관인 (가) 의 학사였다. 『훈민정음』 해례본과 『동국정운』 등의 저술에 참여하여 새 문자의 반포와 보급에 기여하였다.	1907년 국문 연구를 위해 학부에 설치한 (나) 에 참여하여 문자 체계와 표기법 등을 연구하였다. 큰 보따리에 책들을 넣어 다니며 한글 교육에도 힘썼다.	한옥을 여러 곳에 지어 쌓은 재력으로 『조선말 큰사전』 편찬을 추진하던 (다) 을/를 후원하였다. 1942년 (다) 사건으로 한글 학자들과 함께 끌려가 고문을 당하였다.

키워드 돋보기

(가) **신숙주**, 세종이 설치한 **학문 연구 기관**을 통해 **집현전**임을 알아야 해요!
(나) **주시경**, **1907년 국문 연구를 위해 학부에 설치**하였다는 것을 통해 **국문 연구소**임을 알아야 해요!
(다) **『조선어 큰사전』 편찬**을 추진하였다는 것을 통해 **조선어 학회**임을 알아야 해요!

(가) **집현전**은 조선 세종 때 학문 연구를 위해 궁중에 설치한 기관으로, **노사신, 신숙주, 박팽년** 등의 유능한 학자들이 배출되었어요. 집현전의 학자들은 한글 창제에도 깊이 관여하였으며, 훈민정음의 주석서인 **『훈민정음』 해례본**, 우리나라 최초의 표준음에 관한 운서인 **『동국정운』** 등의 서적들을 편찬하였어요.
(나) **국문 연구소**는 1907년에 학부대신의 청으로 대한 제국 학부에 설치했던 **국어 연구 기관**으로, **윤치오, 주시경, 지석영** 등이 중심이 되어 **국문 정리 및 연구 활동**을 하였어요.
(다) **조선어 학회**는 일제 강점기에 **이윤재, 최현배** 등이 주도하여 만든 **국어 연구 단체**로, **한글 맞춤법 통일안**과 표준어를 제정하였어요. 또한 **『조선말 큰사전』 편찬을 시도**하였으나, 일제가 조선어 학회를 독립운동 단체로 간주하여 회원들을 체포한 **조선어 학회 사건(1942)**으로 완성하지는 못하였어요. 한편 **정세권**은 일제 강점기에 한옥을 여러 곳에 지어 쌓은 재력으로 **조선어 학회를 후원**하였으며, 조선어 학회 사건 때 체포되어 고문을 받기도 하였어요.

① (가) - 『삼강행실도』 언해본을 편찬하였다. → X
    └ 『삼강행실도』 언해본은 조선 성종 때 편찬된 서적으로, 집현전과는 관련이 없어요. 한편, 『삼강행실도』는 세종 때 집현전에서 편찬되었어요.

② (나) - 한글 신문인 독립신문을 간행하였다. → 독립신문사
    └ 독립신문사는 서재필이 자신의 돈과 정부의 지원으로 설립한 신문사로, 한글 신문인 독립신문을 간행하였어요.

③ (다) - 한글 맞춤법 통일안을 제정하였다. → 조선어 학회
    └ 조선어 학회는 일제 강점기에 이윤재, 최현배 등이 주도하여 결성한 국어 단체로, 한글 맞춤법 통일안을 제정하였어요.

④ (가), (나), (다) - 창덕궁 후원에 설치되었다. → 규장각
    └ 조선 정조 때 왕실 도서관으로 설치된 기관인 규장각은 창덕궁 후원에 설치되었어요.

01 | 선사 시대
청동기 시대
정답 ④

(가) 시대의 생활 모습으로 옳은 것은? [1점]

> VR가상 체험관
>
> 금속 도구를 사용하기 시작한 (가) 시대의 대표적 유물인 비파형동검을 만들어 봅시다. 손잡이를 돌려 거푸집에 주물을 부어 보세요.
>
> 청동기 시대

키워드 돋보기

비파형동검을 통해 청동기 시대임을 알아야 해요!

청동기 시대는 청동이라는 금속을 사용하여 도구를 만들기 시작한 시대로, 청동 제품을 제작하는 일종의 틀인 **거푸집**을 이용하여 **비파형동검**을 제작하였어요. **비파형동검**은 대표적인 청동기 시대의 유물로, 비파(악기) 모양과 비슷하여 이름 붙여진 청동검이에요.

① 우경이 널리 보급되었다. → **철기 시대 이후**
  ㄴ 소를 이용해 밭을 가는 우경은 철기 시대에 시작된 것으로 추측되며, 이후 널리 보급되었어요.

② 철제 농기구를 사용하였다. → **철기 시대**
  ㄴ 철기 시대에는 쟁기 등의 철제 농기구를 사용하여 농사를 지어 생산력이 증대되었어요.

③ 주로 동굴이나 막집에서 살았다. → **구석기 시대**
  ㄴ 구석기 시대에는 이동 생활을 하여 주로 동굴이나 막집을 짓고 살았어요.

④ 지배층의 무덤으로 고인돌을 만들었다. → **청동기 시대**
  ㄴ 청동기 시대에는 계급이 발생하면서 지배자가 등장하였고, 지배층의 무덤으로 고인돌을 만들었어요.

기출 자료 더보기 청동기 시대의 유물

	비파형동검	비파(악기) 모양과 비슷하여 이름 붙여진 청동검
	고인돌	많은 인력을 동원하여 만든 청동기 시대 지배층의 무덤

02 | 선사 시대
동예
정답 ①

(가)에 들어갈 나라로 옳은 것은? [1점]

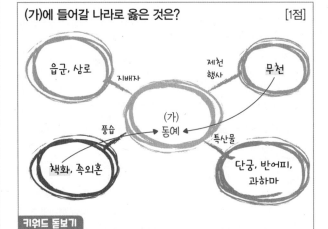

> 읍군, 삼로 ─지배자─
> 제천 행사─ 무천
> (가) 동예
> 풍습─ 책화, 족외혼
> 특산물─ 단궁, 반어피, 과하마

키워드 돋보기

무천, 책화를 통해 동예임을 알아야 해요!

동예는 강원도 북부의 동해안 일대에 위치한 군장 국가로, **읍군**, **삼로**라 불린 지배자(군장)가 각 부족을 다스렸어요. 특산물로 **단궁**(활), **과하마**(작은 말), **반어피**(바다표범의 가죽)가 유명하였고, 매년 10월에 **무천**이라는 제천 행사를 열어 하늘에 제사를 지냈어요. 또한 부족 간의 경계를 중시하여 다른 부족의 영역을 침범하면 노비나 소·말 등으로 배상하게 하는 **책화**의 풍습이 있었어요.

① 동예
  ㄴ 동예는 강원도 북부의 동해안 일대에 위치한 나라로, 매년 10월에 무천이라는 제천 행사를 열었으며, 부족 간의 경계를 중시하여 다른 부족의 영역을 침범하면 노비나 소·말 등으로 배상하게 하는 책화의 풍습이 있었어요.

② 부여
  ㄴ 부여는 만주 쑹화강 유역의 넓은 평야 지대에 위치한 나라로, 매년 12월에 영고라는 제천 행사를 열었어요.

③ 삼한
  ㄴ 삼한은 한반도 남부에 위치한 나라로, 신지·읍차의 지배자가 있었어요.

④ 옥저
  ㄴ 옥저는 함경도 지역에 위치한 나라로, 민며느리제와 가족 공동 묘(골장제) 등의 풍습이 있었어요.

기출 사료 더보기 동예 [33회]

○ 대군장이 없고 …… 후(侯), 읍군, 삼로 등이 있어 하호를 거느렸다.
○ 읍락이 서로 침범하면 벌로 생구(生口)나 소·말을 부과하는데 이를 책화라 한다. 사람을 죽인 자는 죽음으로 그 죄를 갚게 한다. — 『삼국지』 동이전

03 | 고대 | 백제 근초고왕의 업적
정답 ③

(가)에 들어갈 내용으로 옳은 것은? [2점]

〈다큐멘터리 기획안〉

백제, 전성기를 맞이하다

■ 기획 의도
　4세기 중반 활발한 대외 활동을 전개하고 백제를 발전시킨 근초고왕의 업적을 조명한다.

■ 구성 내용
　1부. 마한의 여러 세력을 복속시키다
　2부. _____(가)_____
　3부. 남조의 동진 및 왜와 교류하다

키워드 돋보기

근초고왕의 업적에 대해 알아야 해요!

백제 근초고왕은 4세기 중엽 활발한 대외 활동을 전개하여 **백제의 전성기를 이끈 왕**이에요. 그는 마한의 여러 세력을 복속시켜 전라도 지역을 차지하였으며, 중국 산둥·요서(랴오시) 지방으로도 진출하였어요. 또한 중국의 **동진 및 왜와 교류**하는 등 활발한 대외 교류를 펼쳤어요.

① **사비로 천도하다** → **백제 성왕**
　└ 백제 성왕은 백제의 중흥을 위해 웅진(공주)에서 대외 진출이 쉬운 사비(부여)로 천도하였어요.

② **22담로를 설치하다** → **백제 무령왕**
　└ 백제 무령왕은 지방에 행정 구역인 22담로를 설치하고 왕족을 파견하였어요.

③ **고국원왕을 전사시키다** → **백제 근초고왕**
　└ 백제 근초고왕은 고구려의 평양성을 공격하여 고국원왕을 전사시켰어요.

④ **독서삼품과를 시행하다** → **통일 신라 원성왕**
　└ 통일 신라 원성왕은 인재를 등용하기 위하여 유교 경전의 이해를 시험하는 독서삼품과를 시행하였어요.

기출 포인트 더보기　백제 근초고왕

마한 정벌	마한 지역을 모두 정벌하고 전라도 지역을 차지함
고구려 공격	고구려의 평양성을 공격하여 고국원왕을 전사시키고 황해도 일대까지 진출함
대외 교류	• 중국: 랴오시(요서)·산둥(산동) 지방으로 진출하고 중국의 동진과 교류함 • 일본: 규슈(큐수) 지방까지 진출함
『서기』 편찬	박사 고흥에게 명하여 역사서인 『서기』를 편찬하도록 함

---

04 | 고대 | 살수 대첩과 안시성 전투 사이의 사실
정답 ②

(가) 시기에 있었던 사실로 옳은 것은? [2점]

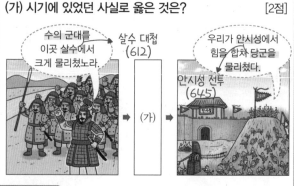

키워드 돋보기

- 수의 군대, 살수를 통해 살수 대첩(612)임을 알아야 해요!
- 안시성, 당군을 물리쳤다는 것을 통해 안시성 전투(645)임을 알아야 해요!

- **살수 대첩**은 수의 장수 우중문이 군대를 이끌고 고구려를 침입하자, 고구려 장군 **을지문덕**이 살수에서 **수나라의 군대를 크게 물리치며 승리를 거둔 전투**예요(612).
- **안시성 전투**는 수 멸망 이후 새롭게 중국을 통일한 **당**이 군대를 이끌고 고구려를 공격하였으나, 고구려가 **안시성에서 당나라 군대를 물리치며 승리를 거둔 전투**예요(645).

① **김흠돌이 반란을 도모하였다.** → 681년, 안시성 전투 이후
　└ 통일 신라 신문왕 때인 681년에 신문왕의 장인인 김흠돌이 반란을 일으켰다가 진압되었어요.

② **연개소문이 정변을 일으켰다.** → 642년, 연개소문의 정변
　└ 고구려 연개소문은 642년에 정변을 일으켜 영류왕을 폐하고 보장왕을 왕으로 세웠어요.

③ **장문휴가 당의 산둥 반도를 공격하였다.**
　　　　　　　　　　　→ 732년, 안시성 전투 이후
　└ 발해 무왕 때인 732년에 장문휴가 수군을 이끌고 당의 산둥 반도를 선제 공격하였어요.

④ **검모잠이 고구려 부흥 운동을 전개하였다.**
　　　　　　　　　　　→ 670년, 안시성 전투 이후
　└ 고구려 멸망 이후인 670년에 검모잠이 보장왕의 서자(혹은 외손자)인 안승을 왕으로 세워 당에 대항하는 등 고구려 부흥 운동을 전개하였어요.

기출 포인트 더보기　고구려와 수·당의 전쟁

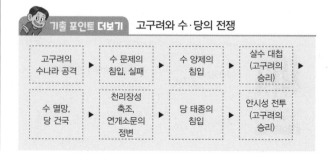

---

05 골품 제도

고대

정답 ①

다음 퀴즈의 정답으로 옳은 것은? [1점]

> 혈통에 따라 관직 진출뿐만 아니라 일상생활까지 차별한 신라의 신분 제도는 무엇일까요?

골품 제도

키워드 돋보기

관직 진출뿐만 아니라 일상생활까지 차별한 신라의 신분 제도를 통해 골품 제도임을 알아야 해요!

골품 제도는 신라의 신분 제도로, 출신 성분에 따라 골과 품으로 등급을 나누었어요. 신라인들은 골품 제도에 따라 관등 승진에 제한이 있어 큰 재주와 공이 있어도 진골이 아니면 최고 관직까지 오를 수 없었어요. 또한 골품제로 혼인, 집의 크기, 옷의 빛깔에 이르기까지 **일상생활 전반에 걸쳐 여러 가지 제약**이 있었어요.

①
골품 제도

→ **신라의 신분 제도**
ㄴ 골품 제도는 신라의 신분 제도로, 골품에 따라 승진의 제한을 두었을 뿐 아니라 일상생활까지 규제하였어요.

②
기인 제도

→ **고려의 지방 통제 제도**
ㄴ 기인 제도는 고려의 지방 통제 제도로, 태조 왕건 때 호족을 견제하기 위해 호족의 자제를 일종의 인질로 삼아 수도에 머물게 하였어요.

③
음서 제도

→ **고려 시대 문벌 귀족에게 주어진 정치적 특권**
ㄴ 음서 제도는 고려 시대 문벌 귀족에게 주어진 정치적 특권으로, 5품 이상 관료의 자제들은 과거 시험을 보지 않고도 관리가 될 수 있었어요.

④
상수리 제도

→ **신라의 지방 통제 제도**
ㄴ 상수리 제도는 신라의 지방 통제 제도로, 지방 귀족을 견제하기 위해 지방 귀족을 일정 기간 수도에 머무르게 하였어요.

기출 포인트 더보기 골품제

- 출신 성분에 따라 골(骨)과 품(品)으로 등급을 나누는 신라의 신분 제도
- 왕이 될 수 있는 성골, 왕족인 진골, 대족장 출신인 6두품, 그 아래의 5~1두품으로 구성
- 관직 승진뿐만 아니라 일상생활까지 규제

---

06 경주 분황사 모전 석탑

고대

정답 ①

(가)에 들어갈 문화유산으로 옳은 것은? [1점]

문화유산 카드

(가)
경주 분황사
모전 석탑

- 종목: 국보
- 소재지: 경상북도 경주시
- 소개: 신라 선덕 여왕 때 벽돌 모양으로 돌을 다듬어 쌓은 탑으로, 기단 위 모퉁이에 화강암으로 조각한 사자상이 놓여 있다.

키워드 돋보기

신라 선덕 여왕, 벽돌 모양으로 돌을 다듬어 쌓은 탑을 통해 경주 분황사 모전 석탑임을 알아야 해요!

경주 분황사 모전 석탑은 경상북도 경주시의 **분황사**에 있는 신라의 석탑이에요. 이 탑은 돌을 벽돌 모양으로 다듬어 쌓아 만들어진 석탑으로, 신라 **선덕 여왕** 때 건립되었어요. 또한, 기단 위 모퉁이에 화강암으로 조각한 사자상이 놓여 있으며, 현존하는 신라 석탑 중 가장 오래되었어요.

①
분황사 모전 석탑

→ **경주 분황사에 있는 신라의 석탑**
ㄴ 경주 분황사 모전 석탑은 신라 선덕 여왕 때 건립된 석탑으로, 돌을 벽돌 모양으로 쌓아 만들었어요.

②
정림사지 오층 석탑

→ **부여 정림사지에 있는 백제의 석탑**
ㄴ 부여 정림사지 오층 석탑은 백제의 석탑으로, 당나라 장수 소정방이 이 탑에 자신의 공적을 새겨 놓아 평제탑이라 불리기도 하였어요.

③
월정사 팔각 구층 석탑

→ **평창 월정사에 있는 고려의 석탑**
ㄴ 평창 월정사 팔각 구층 석탑은 고려의 석탑으로, 송의 영향을 받아 다각 다층 형태로 만들어졌어요.

④
화엄사 사사자 삼층 석탑

→ **구례 화엄사에 있는 통일 신라의 석탑**
ㄴ 구례 화엄사 사사자 삼층 석탑은 통일 신라의 석탑으로, 암수 네 마리의 사자를 각 모퉁이에 기둥 삼아 세워놓은 구조가 특징이에요.

제64회 점수공략 해설 해커스 한국사능력검정시험 한권완성 기출 500제 기본

07 | 고대 원종과 애노의 난 ✨

정답 ④

다음 사건이 일어난 시기를 연표에서 옳게 고른 것은? [2점]

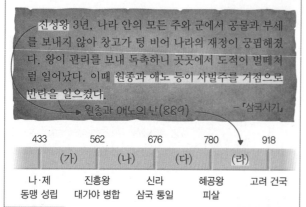

진성왕 3년, 나라 안의 모든 주와 군에서 공물과 부세를 보내지 않아 창고가 텅 비어 나라의 재정이 궁핍해졌다. 왕이 관리를 보내 독촉하니 곳곳에서 도적이 벌떼처럼 일어났다. 이때 원종과 애노 등이 사벌주를 거점으로 반란을 일으켰다.

→ 원종과 애노의 난(889)　－「삼국사기」

433		562		676		780		918
	(가)		(나)		(다)		(라)	

나·제 동맹 성립	진흥왕 대가야 병합	신라 삼국 통일	혜공왕 피살	고려 건국

키워드 돋보기

진성왕, 원종과 애노 등이 사벌주를 거점으로 반란을 일으켰다는 것을 통해 원종과 애노의 난임을 알아야 해요!

원종과 애노의 난은 신라 하대인 **진성 여왕** 때 과도한 수탈에 반발하여 **사벌주(상주)에서 일어난 농민 봉기**예요(889). 신라 하대에는 관리와 귀족들의 세금 수탈이 더욱 심해졌고, 이에 진성 여왕 때 원종과 애노의 난을 시작으로 붉은 바지를 입은 도적들이 일으킨 적고적의 난 등 농민 봉기가 일어났어요.

① (가)

② (나)

③ (다)

④ (라)
　└ 신라 하대인 진성 여왕 때 원종과 애노가 과도한 세금 수취에 반발하여 사벌주(상주)에서 봉기를 일으켰어요(889).

🧑 기출 포인트 더보기　신라 하대의 상황

왕권 약화	• 진골 귀족: 왕위 쟁탈전을 벌이면서 토지를 늘리고 농민에 대한 수탈 강화 • 6두품: 왕권 약화와 함께 중앙에서 밀려나고, 반신라적 경향을 띠면서 지방 호족과 결탁
지방 세력 성장	지방의 유력자를 중심으로 무장 조직 결성, 호족 세력으로 성장
농민 반란 발생	정부의 강압적인 수취로 농민이 몰락하며 원종과 애노의 난 등 농민 반란이 발생함

---

08 | 고대 견훤

정답 ④

밑줄 그은 '인물'에 대한 설명으로 옳은 것은? [2점]

문화유산을 찾아서-상주 편

이 사당은 후백제를 세운 인물을 기리고 있어.

그는 아들 신검에 의해 금산사에 유폐된 비운의 왕이기도 해.

견훤

키워드 돋보기

후백제, 아들 신검에 의해 금산사에 유폐를 통해 견훤임을 알아야 해요!

견훤은 신라 하대의 호족 출신으로, **완산주(전주)에서 후백제를 건국**하였어요. 이후 고려를 세운 태조 왕건과 후삼국의 주도권을 잡기 위해 다투었고, 그 과정에서 일어난 **공산 전투**에서 **고려를 상대로 크게 승리**하였어요. 한편, 견훤은 넷째 아들에게 왕위를 물려주려고 한 것에 불만을 품은 **첫째 아들 신검에 의해 금산사에 유폐**되었다가, 금산사를 탈출하여 **고려 왕건에게 투항**하였어요.

① 청해진을 설치하였다. → 장보고
　└ 장보고는 통일 신라 흥덕왕 때 완도에 청해진을 설치하여 해상 무역을 전개하였어요.

② 국호를 마진으로 하였다. → 궁예
　└ 궁예는 나라의 이름인 국호를 후고구려에서 마진으로 하고 수도를 철원으로 옮겼어요.

③ 경주의 사심관으로 임명되었다. → 신라 경순왕
　└ 신라 경순왕은 고려에 항복한 후 경주의 사심관으로 임명되어, 자신의 출신 지역을 다스리는 최초의 사심관이 되었어요.

④ 공산 전투에서 고려에 승리하였다. → 견훤
　└ 견훤은 후백제의 군대를 이끌고 공산 전투에서 고려에 승리하였어요.

🧑 기출 포인트 더보기　후백제

건국	견훤이 전라도 지역의 군사력과 호족의 후원을 바탕으로 완산주(전주)에서 건국
성장	• 충청도와 전라도 지역을 차지하여 경제 기반 확보 • 중국(후당·오월)과 적극적으로 교류
한계	• 신라에 적대적(신라를 침략하여 경애왕을 죽게 함) • 지나친 조세 수취 • 호족 포섭 실패

09 | 고대
발해의 문화유산

정답 ①

다음 자료에 해당하는 국가의 문화유산으로 옳은 것은?

[2점]

○ 대조영은 마침내 그 무리를 거느리고 동쪽으로 가서 계루부의 옛 땅을 차지하고, 동모산에 웅거하여 성을 쌓고 살았다.

○ 대인수가 왕위에 올라 연호를 건흥으로 바꾸었다. …… 여러 차례 학생들을 유학 보내어 고금의 제도를 익히게 하니, 비로소 해동성국에 이르렀다.
→ 발해

키워드 돋보기

대조영, 해동성국을 통해 발해임을 알아야 해요!

발해는 고구려 출신인 **대조영**이 고구려의 유민과 말갈족을 이끌고 만주 **동모산**에서 건국한 나라예요. 이후 선왕 때에는 고구려의 옛 땅을 대부분 회복하고 전성기를 맞이하여 중국으로부터 '바다 동쪽의 번성한 나라'라는 뜻의 '**해동성국**'이라고 불렸어요. 이러한 발해의 대표적인 문화유산으로는 **영광탑, 이불 병좌상, 발해 석등** 등이 있어요.

①
영광탑

→ **발해의 문화유산**
└ 영광탑은 중국 지린(길림)에 있는 발해의 문화유산으로, 중국 당나라의 영향을 받아 만든 전탑(흙으로 구워 만든 벽돌을 쌓아 올림)이에요.

②
금관총 금관

→ **신라의 문화유산**
└ 금관총 금관은 경주 금관총에서 발견된 신라의 금관으로, 신라 금관 양식을 대표하는 작품이에요.

③
금동대향로

→ **백제의 문화유산**
└ 금동대향로는 부여 능산리 절터에서 출토된 백제의 문화유산으로, 도교와 불교의 요소가 복합적으로 표현된 것이 특징이에요.

④
판갑옷과 투구

→ **대가야의 문화유산**
└ 판갑옷과 투구는 대가야의 문화유산으로, 고령 지산동 고분군에서 출토되었어요.

10 | 고려 시대
광종✦

정답 ④

(가)에 들어갈 내용으로 옳은 것은?

[2점]

청주 용두사지 철당간에는 준풍이라는 연호가 새겨져 있습니다. 이 연호를 사용한 왕의 업적을 대화창에 올려주세요.

ON 대화 창
노비안검법을 시행했어요.
관리의 복색을 제정했어요.
(가)

키워드 돋보기

준풍, 노비안검법을 통해 광종임을 알아야 해요!

광종은 태조 왕건이 죽은 뒤 왕권 다툼으로 정국이 불안정한 상황에서 고려의 4대 왕으로 즉위하여 **왕권 강화 정책**을 추진하였어요. 이를 위해 불법으로 노비가 된 자를 조사하여 양인으로 돌려놓는 **노비안검법을 시행**하여 호족과 공신 세력의 경제적·군사적 기반을 약화시켰어요. 또한 **광덕, 준풍** 등 독자적인 연호를 사용하였으며, 백관(모든 관리)의 **복색을 제정**하여 위계질서를 확립하였어요.

① 강화도로 천도했어요. → **고려 고종(최우 집권기)**
└ 고려 고종 때 당시 집권자였던 최우는 몽골이 고려에 침입하자 개경에서 강화도로 천도하였어요.

② 쌍성총관부를 수복했어요. → **고려 공민왕**
└ 고려 공민왕은 쌍성총관부를 공격하여 원에 빼앗겼던 철령 이북의 땅을 수복하였어요.

③ 지방에 12목을 설치했어요. → **고려 성종**
└ 고려 성종은 최승로의 건의에 따라 지방에 12목을 설치하고 지방관을 파견하였어요.

④ 과거제를 처음으로 시행했어요. → **고려 광종**
└ 고려 광종은 새로운 인재를 등용하기 위해 중국 후주 출신 쌍기의 건의를 받아들여 과거제를 처음으로 시행하였어요.

 **기출 사료 더보기** 고려 광종 [32회]

○ 왕 원년 봄 …… 연호를 광덕이라 정하였다.
○ 왕 11년 봄 …… 백관의 공복을 정하였다. 개경을 고쳐 황도(皇都)라 하고, 서경을 서도(西都)로 삼았다.
－「고려사」

제64회 기본 점수공략 해설의 해커스 한국사능력검정시험 한권완성 기출 500제 기본

현종과 인종 재위 사이 시기의 사실
정답 ②

(가) 시기에 있었던 사실로 옳은 것은? [2점]

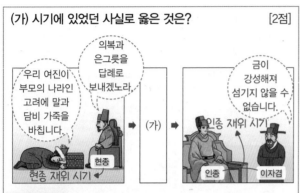

키워드 돌보기

- 현종을 통해 현종 재위 시기임을 알아야 해요!
- 인종, 이자겸을 통해 인종 재위 시기임을 알아야 해요!

- 11세기 고려 현종 때 여진이 고려에 조공을 바치며 복속하였고, 이에 고려는 의복과 은그릇을 답례로 보냈어요.
- 12세기 고려 인종 때 여진이 금을 건국하고 고려에 군신 관계를 요구하자, 당시 집권자였던 이자겸이 금의 사대 요구를 수용하였어요.

① 박위가 대마도를 정벌하였다. → 고려 창왕
   └ 고려 창왕 때인 1389년에 박위가 왜구의 근거지인 대마도를 정벌하였어요.

②윤관이 별무반 설치를 건의하였다. → 고려 숙종
   └ 고려 숙종 때인 1104년에 윤관이 여진 정벌을 위한 특수 부대인 별무반 설치를 건의하였어요.

③ 김윤후가 처인성 전투에서 승리하였다. → 고려 고종
   └ 고려 고종 때인 1232년에 김윤후가 처인성에서 몽골에게 승리하였어요.

④ 김춘추가 당과의 군사 동맹을 성사시켰다. → 신라 진덕 여왕
   └ 신라 진덕 여왕 때인 648년에 김춘추가 당에 가서 당과의 군사 동맹을 성사시켰어요.

 **기출 사료 더보기** 별무반 [58회]

윤관이 아뢰기를, "신이 여진에게 패배한 까닭은 그들은 기병이고 우리는 보병이어서 대적하기 어려웠기 때문입니다."라고 하였다. 이에 건의하여 비로소 별무반을 만들었다.
            – 『고려사절요』

해동통보
정답 ④

(가)에 들어갈 화폐로 옳은 것은? [1점]

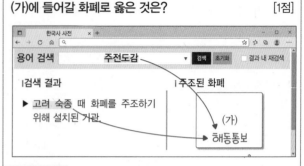

키워드 돌보기

주전도감, 고려 숙종을 통해 해동통보임을 알아야 해요!

해동통보는 고려 **숙종** 때 화폐를 주조하기 위해 설치된 기관인 **주전도감**에서 주조된 화폐예요. 숙종은 의천의 건의로 주전도감을 설치하고 이곳에서 **해동통보** 등과 같은 화폐를 주조하였어요.

①
명도전
  → 철기 시대의 중국 화폐
  └ 명도전은 중국의 화폐로, 철기 시대에 사용되었어요.

②
당백전
  → 흥선 대원군이 발행한 화폐
  └ 당백전은 흥선 대원군 집권기에 경복궁 중건에 필요한 공사 비용을 마련하기 위해 발행된 고액 화폐예요.

③
백동화
  → 근대 개항기의 화폐
  └ 백동화는 개항 이후 전환국에서 주조된 화폐예요.

④
해동통보
  → 고려 시대의 화폐
  └ 해동통보는 고려 숙종 때 주전도감에서 주조된 화폐예요.

 **기출 사료 더보기** 숙종 때의 화폐 주조 [46회]

○ 왕 6년, 은병을 화폐로 삼았는데, 은 1근으로 만들되 우리나라 지형을 본뜬 것으로 속칭 활구라 하였다.
○ 왕 7년, "화폐를 주조하는 법을 제정하니, 주조한 화폐 15,000관을 재추(宰樞)와 문무 양반 및 군인에게 하사하여 화폐 사용의 시초로 삼으며, 화폐의 명칭은 해동통보로 하라."라고 명하였다.

13 | 팔만대장경판

고려 시대

정답 ③

(가)에 들어갈 문화유산으로 옳은 것은? [2점]

오늘 합천 해인사에서는 [(가)]을 머리에 이고 가는 정대불사가 진행되었습니다. 이 행사는 부처의 힘으로 몽골의 침략을 물리치고자 만든 [(가)]을 강화도에서 해인사로 옮긴 것을 기념하기 위해 시작되었습니다.

팔만대장경판

해인사에서 정대불사 기념행사 열려

키워드 돋보기

합천 해인사, 부처의 힘으로 몽골의 침략을 물리치고자 만든 것을 통해 팔만대장경판임을 알아야 해요!

팔만대장경판은 불교 경전을 집대성하여 간행된 대장경판으로, 고려 시대에 부처의 힘으로 **몽골**의 침략을 물리치기 위해 제작되었어요. 이는 조선 시대에 팔만대장경 목판을 보관하기 위해 **합천 해인사**에 지은 해인사 장경판전에 보존되어 있어요.

① 초조대장경 → 거란의 침입을 극복하기 위해 간행된 불교 경전(고려)
  └ 초조대장경은 고려 현종 때 부처의 힘을 빌려 거란의 침입을 물리치고자 제작한 불교 경전으로, 몽골의 2차 침입 때 소실되었어요.

② 『직지심체요절』 → 금속 활자본(고려)
  └ 『직지심체요절』은 고려 말 우왕 때 청주 흥덕사에서 간행된 불교 서적으로, 현재 남아 있는 세계에서 가장 오래된 금속 활자본이에요.

③ 팔만대장경판 → 몽골의 침입을 극복하기 위해 간행된 불교 경전(고려)
  └ 팔만대장경판은 고려 무신 집권기에 부처의 힘으로 몽골의 침입을 극복하기 위해 간행된 불교 경전으로, 합천 해인사에 지은 해인사 장경판전에 보존되어 있어요.

④ 『무구정광대다라니경』 → 목판 인쇄본(통일 신라)
  └ 『무구정광대다라니경』은 경주 불국사 삼층 석탑(석가탑)에서 발견된 현존하는 최고(最古)의 목판 인쇄본이에요.

기출 포인트 더보기 고려의 대장경

초조대장경	• 목적: 부처의 힘을 빌려 거란의 침입을 물리치기 위해 간행 • 소실: 대구 부인사에서 보관하였으나 몽골의 2차 침입 때 소실
팔만대장경	• 목적: 초조대장경을 대신하여 부처의 힘으로 몽골의 침입을 극복하기 위해 간행 • 의의: 유네스코 세계 기록유산에 등재됨

---

14 | 묘청의 난과 만적의 난 사이의 사실

고려 시대

정답 ①

(가) 시기에 볼 수 있는 장면으로 옳은 것은? [3점]

한국사 연표

1135 ──── (가) ──── 1198

묘청의 난   만적의 난

키워드 돋보기

묘청의 난과 만적의 난 사이에는 무신 정변이 발생하였다는 사실을 알아야 해요!

• 고려 인종 때 **묘청** 등의 서경파가 서경 천도를 주장하였으나 개경파의 반대로 실패하자, 서경에서 국호를 대위국, 연호를 천개라 하고 난을 일으켰어요(**묘청의 난**, 1135). 반란은 진압되었으나 이후 보수적 문신 세력의 득세로 무신에 대한 차별이 심화되었고, 이는 무신 정변의 배경이 되었어요.

• 고려 **최충헌** 무신 집권기에 최충헌의 사노비였던 **만적**이 개경에서 노비들을 모아 **신분 해방을 주장**하며 반란을 일으켰어요(**만적의 난**, 1198).

①  문신의 관을 쓰고 있는 자는 모두 죽여라.
정중부

→ 1170년, 무신 정변
  └ 고려 의종 때 정중부 등이 무신에 대한 차별 대우에 반발하여 문신들을 제거하고 정권을 장악하였어요(무신 정변, 1170).

②  새로 제작한 화포로 진포에 침입한 왜구를 물리치자.
최무선

→ 고려 우왕, 만적의 난 이후
  └ 고려 우왕 때 최무선이 화통도감을 설치하여 화포와 화약을 제작하였고, 이를 이용해 진포에서 침입한 왜구를 격퇴하였어요.

③  이곳 흥화진에서 거란군을 모두 물리쳐라.
강감찬

→ 고려 현종, 묘청의 난 이전
  └ 고려 현종 때 강감찬이 압록강 유역의 흥화진에서 거란군을 물리쳤어요.

④  우리 삼별초는 여기 진도 용장성에서 적에 맞서 끝까지 싸울 것이다.
배중손

→ 고려 원종, 만적의 난 이후
  └ 고려 원종 때 삼별초는 고려 정부의 개경 환도에 반발하여 배중손의 지휘 아래 강화도에서 진도 용장성으로 이동하여 항쟁하였어요.

15 | 태조 왕건

정답 ①

밑줄 그은 '이 왕'의 업적으로 옳은 것은? [2점]

태조 왕건

이 왕은 후삼국을 통일하고 발해 유민까지 포용했어요. 저는 이것을 그림으로 표현해 보았어요.

신라 · 백제 · 고구려 · 발해

키워드 돋보기

후삼국을 통일하고 **발해 유민까지 포용**했다는 것을 통해 태조 왕건임을 알아야 해요!

태조 왕건은 후고구려의 궁예를 몰아내고 즉위하여, **고려를 건국**하였어요. 이후 고려가 후삼국의 주도권을 잡은 후에는 신라를 통합하고, 일리천(구미)에서 신검이 이끄는 후백제군을 크게 격파한 뒤 **후삼국을 통일**하였어요. 또한 거란에 의해 멸망한 **발해의 유민들을 포용**하고, 발해 왕자인 대광현에게 왕씨 성을 하사하여 왕족으로 대우하였답니다.

①흑창을 만들었다. → 고려 태조 왕건
└ 고려 태조 왕건은 빈민을 구제하기 위해 봄에 곡식을 빌려주었다가 가을에 갚게 하는 흑창을 만들었어요.

② 천리장성을 축조하였다. → 고구려 영류왕~보장왕, 고려 덕종~정종
└ 고구려는 영류왕 때 당의 침입에 대비하기 위해 천리장성을 축조하기 시작하여 보장왕 때 이를 완성하였으며, 고려는 덕종 때부터 압록강 하구에서 도련포를 잇는 천리장성을 축조하기 시작하여 정종 때 이를 완성하였어요.

③ 전민변정도감을 설치하였다. → 고려 공민왕
└ 고려 공민왕은 전민변정도감을 설치하여 불법으로 빼앗긴 토지를 돌려주거나 억울하게 노비가 된 자를 양민으로 해방시켰어요.

④ 전시과를 처음으로 시행하였다. → 고려 경종
└ 고려 경종은 농사를 짓는 땅인 전지와 땔감을 얻을 수 있는 땅인 시지를 등급에 따라 지급하는 전시과를 처음으로 시행하였어요.

기출 선택지 더보기 | 태조 왕건

· 기인 제도를 실시하였다. [63·35회]
· 사심관 제도를 실시하였다. [61·52·48회]
· 훈요 10조를 남겼다. [60·58·57·54회]
· 빈민 구제를 위해 흑창을 처음으로 설치하였다. [44·39회]
· 후삼국을 통일하였다. [45·41·36회]
· 『정계』와 『계백료서』를 지었다. [40회]

16 | 원 간섭기의 모습

정답 ③

밑줄 그은 '이 시기'에 볼 수 있는 모습으로 적절하지 않은 것은? [2점]

왼쪽 그림에서는 발립을 쓴 관리의 모습, 오른쪽 그림에서는 변발과 호복을 한 무사의 모습을 볼 수 있습니다. 이러한 복식은 이 시기 지배층 사이에서 유행하였습니다. → 원 간섭기

복식으로 배우는 한국사

이조년 초상 · 천산대렵도(일부)

키워드 돋보기

변발과 호복을 한 무사를 통해 원 간섭기임을 알아야 해요!

원 간섭기는 고려가 몽골이 세운 원나라의 간섭을 받던 시기로, 고려의 왕이 원의 공주와 혼인함으로써 고려는 원의 **부마국**(사위국)이 되었어요. 또한 이 시기에는 **변발**(몽골식 머리 모양), **호복**(몽골 복장), **발립**(갓) 등의 몽골 풍습이 유행하였어요.

① 매를 조련시키는 응방 관리 → 원 간섭기
└ 원 간섭기에는 매 징발을 위해 매를 사냥하고 조련시키는 기구로 응방이 설치되었어요.

② 원에 공녀로 끌려가는 여인 → 원 간섭기
└ 원 간섭기에는 결혼도감이라는 임시 관청을 통해 고려의 여성들이 원에 공녀로 끌려갔어요.

③황룡사 구층 목탑을 세우는 목공 → 삼국 시대(신라)
└ 신라 선덕 여왕 때 승려 자장의 건의로 황룡사 구층 목탑이 건립되었어요.

④ 권문세족에게 땅을 빼앗기는 농민 → 원 간섭기
└ 원 간섭기에는 권문세족이 불법적으로 농민의 땅을 빼앗아 농장을 확대하였어요.

기출 선택지 더보기 | 원 간섭기의 상황

· 정동행성이 설치되었다. [63·49·42회]
· 권문세족이 높은 관직을 독점하였다. [49회]
· 친원 세력이 대농장을 경영하였다. [37회]
· 결혼도감을 통해 여성들이 공녀로 보내졌다. [49회]

17 │ 이성계
고려 시대

정답 ③

(가) 인물에 대한 설명으로 옳은 것은? [3점]

〈한국사 토론〉
요동 정벌, 어떻게 볼 것인가?

저는 최영의 주장처럼 명의 철령위 설치에 맞서 요동 정벌을 추진해야 했다고 생각합니다.

아닙니다. 저는 요동 정벌은 무리라는 (가) 의 4불가론이 타당하다고 생각합니다. → 이성계

키워드 돋보기

요동 정벌은 무리라는 4불가론을 통해 이성계임을 알아야 해요!

이성계는 고려 말 왜구를 격퇴하며 성장한 신흥 무인 세력의 대표적인 인물이에요. 고려 말 우왕 때 명이 철령 이북의 땅을 차지하려 하자, 최영은 **요동 정벌**을 주장하였어요. 이에 이성계는 **4불가론**(요동 정벌에 반대하는 4가지 이유)을 들며 **요동 정벌**에 반대하였으나, 우왕과 최영의 명으로 요동 정벌에 나서게 된 이성계는 결국 **위화도**에서 **회군**을 단행하여 우왕과 최영을 몰아내고 **정권을 장악**하였고, **조선을 건국**하였어요.

① 강동 6주를 획득하였다. → 서희(고려)
 ∟ 서희는 거란의 1차 침입 때 외교 담판을 통해 거란으로부터 강동 6주를 획득하였어요.

② 비격진천뢰를 제작하였다. → 이장손(조선)
 ∟ 이장손은 조선 선조 때 포탄인 비격진천뢰를 제작하였어요.

③ 황산에서 왜구를 물리쳤다. → 이성계(고려)
 ∟ 이성계는 고려 우왕 때 황산에 침략한 왜구를 물리쳤어요.

④ 매소성 전투를 승리로 이끌었다. → 문훈 등(신라)
 ∟ 신라의 장수인 문훈 등은 이근행이 이끈 당군을 격파하고 매소성 전투를 승리로 이끌었어요.

기출 사료 더보기 이성계의 4불가론 [47회]

우왕과 최영이 요동 공격을 결정하자 이성계가 이르기를 "지금 출병하는 것은 네 가지 이유로 불가합니다. 작은 나라가 큰 나라를 공격할 수 없는 것이 첫 번째요, 여름에 군사를 동원할 수 없는 것이 두 번째요. 왜구가 빈틈을 노릴 수 있는 것이 세 번째요, 장마철이어서 활은 아교가 풀어지고 질병이 돌 것이니 이것이 네 번째입니다."라고 하였다.

18 │ 세종
조선 전기

정답 ②

다음 가상 인터뷰에 등장하는 왕의 업적으로 옳은 것은? [2점]

여진의 침입이 잦아 최윤덕과 김종서를 파견하여 4군 6진을 개척하였습니다. → 세종

조선의 북방 영토를 넓힌 과정을 말씀해 주세요.

키워드 돋보기

최윤덕과 김종서를 파견하여 4군 6진을 개척하였다는 것을 통해 세종임을 알아야 해요!

세종은 **최윤덕과 김종서**를 파견하여 국경 지역의 여진족을 몰아내고, 각각 **4군과 6진**을 설치하여 **북방 영토를 개척**하였어요. 이를 통해 압록강에서 두만강을 경계로 하는 오늘날의 국경선이 확보되었답니다.

① 비변사를 폐지하였다. → 흥선 대원군(고종)
 ∟ 흥선 대원군은 고종 때 왕권을 제약하던 기구인 비변사를 폐지하였어요.

② 『칠정산』을 편찬하였다. → 세종
 ∟ 세종은 한양을 기준으로 한 역법서인 『칠정산』을 편찬하였어요.

③ 『동의보감』을 간행하였다. → 광해군
 ∟ 광해군 때 허준이 전통 한의학을 정리해 편찬한 의학서인 『동의보감』을 간행하였어요.

④ 백두산 정계비를 건립하였다. → 숙종
 ∟ 숙종은 청과의 영토 분쟁이 일어나자, 청과의 국경을 확정하는 백두산 정계비를 건립하였어요.

기출 포인트 더보기 세종의 대외 정책

여진	김종서, 최윤덕을 북쪽으로 보내 여진족을 몰아낸 다음 4군(압록강 근처) 6진(두만강 근처) 설치
일본	• 강경책: 이종무를 보내 대마도(쓰시마 섬) 정벌 • 회유책 – 3포 개항: 부산포, 제포(진해), 염포(울산)를 개항하여 무역 허용 – 계해약조 체결: 3포 개항 이후 교역량이 지나치게 증가하자 조약을 체결하여 무역 규모를 제한함

정답 ①

(가)에 들어갈 왕으로 옳은 것은? [1점]

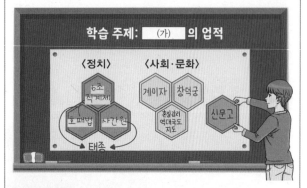

학습 주제: (가) 의 업적

〈정치〉
6조 직계제
호패법 사간원

〈사회·문화〉
계미자 창덕궁
혼일강리 역대국도 지도 신문고

→ 태종 ←

키워드 돋보기

6조 직계제, 호패법, 사간원을 통해 태종임을 알아야 해요!

태종은 두 차례의 왕자의 난 이후 즉위한 왕으로, 왕권 강화 정책을 비롯한 다양한 정책을 실시하였어요. 먼저 왕권을 강화하기 위해 6조가 의정부를 거치지 않고 왕에게 직접 보고하는 **6조 직계제**를 실시하였어요. 또한 조세·군역의 부과를 위해 16세 이상 양인 남자에게 일종의 신분증인 호패를 차게 하는 **호패법을 시행**하였고, 언론 기능을 담당하는 **사간원을 설치**하였어요. 나아가 활자 주조 관청인 주자소를 설치하고 **계미자를 주조**하는 등 문화 정책도 펼쳤어요.

①**태종 → 6조 직계제 실시, 호패법 시행**
└ 태종은 왕권 강화를 위해 의정부의 권한을 약화시키는 6조 직계제를 실시하였으며, 16세 이상 양인 남자에게 일종의 신분증인 호패를 차게 하는 호패법을 시행하였어요.

② **세조 → 직전법 실시**
└ 세조는 현직 관리에게만 토지의 수조권을 지급하는 직전법을 실시하였어요.

③ **중종 → 현량과 실시**
└ 중종은 조광조의 건의로 일종의 천거제인 현량과를 실시하였어요.

④ **영조 → 균역법 시행, 탕평비 건립**
└ 영조는 백성들의 군역 부담을 줄여주기 위해 1년에 2필씩 걷던 군포를 1필로 줄이는 균역법을 시행하였으며, 붕당의 폐해를 경계하기 위해 성균관 입구에 탕평비를 건립하였어요.

기출 포인트 더보기 왕자의 난

1차	• 원인: 태조 이성계가 이방원의 이복동생인 방석을 세자로 책봉 • 결과: 방원이 방석·방번 살해, 정도전·남은 등 제거 → 형 방과(정종)를 왕으로 추대
2차	• 원인: 형 방간과 박포가 방원에게 도전 • 결과: 방원이 방간을 유배 보냄, 박포 등 처형 → 정종이 방원(태종)을 세자로 삼고 양위

정답 ②

밑줄 그은 '제도'로 옳은 것은? [2점]

우리나라에 이런 제도가 생겼군.

방납의 폐단을 막고자 별도의 관청을 설치하니 각 고을은 토산물을 납부하던 공납을 대신하여 결 수를 기준으로 쌀이나 옷감, 동전 등으로 납부하라. → 대동법

앞으로 방납인의 토지 횡포에서 벗어날 수 있겠어!

키워드 돋보기

결 수를 기준으로 쌀이나 옷감, 동전 등으로 납부하는 것을 통해 대동법임을 알아야 해요!

대동법은 조선 후기 광해군 때 방납의 폐단을 해결하기 위해 시행된 제도예요. 방납은 농민들이 내야 하는 특산물을 대신 납부하는 것으로, 이때 대신 납부하는 이들이 농민에게 과도한 대가를 요구하는 폐단이 발생하였어요. 이에 집집마다 특산물을 납부하는 방식 대신 **토지 결 수**를 기준으로 쌀, 옷감, 동전 등으로 납부하는 대동법이 시행되었어요.

① **균역법 → 조선 후기의 군역 수취 제도**
└ 균역법은 조선 후기 영조 때 백성들의 군역 부담을 줄여주기 위해 1년에 2필씩 걷던 군포를 1필로 줄인 제도예요.

②**대동법 → 조선 후기의 공납 제도**
└ 대동법은 조선 후기 광해군 때 공납을 특산물 대신 쌀이나 옷감, 동전 등으로 납부하게 한 제도예요.

③ **영정법 → 조선 후기의 전세 제도**
└ 영정법은 조선 후기 인조 때 풍흉에 관계없이 토지 1결당 미곡 4~6두로 고정시킨 제도예요.

④ **직전법 → 조선 전기의 토지 제도**
└ 직전법은 조선 전기 세조 때 시행된 제도로, 과전법 체제에서 관리에게 지급할 토지가 부족해지자, 현직 관리에게만 토지의 수조권을 지급한 제도예요.

기출 선택지 더보기 대동법

• 공납의 부과 기준을 가호에서 **토지 결 수**로 바꾸었다. [42·38회]
• 관청에 물품을 조달하는 **공인의 등장** 배경이 되었다. [63·51·42회]
• **방납의 폐단을 해결**하고자 실시하였다. [44회]
• **선혜법**이라는 이름으로 **경기도**에서 처음 시행되었다. [33회]

21 임진왜란
조선 전기   정답 ②

(가) 전쟁에 대한 설명으로 옳지 <u>않은</u> 것은? [3점]

> **역사 탐방 계획서**
>
> 1. **주제:** (가) 의 격전지를 가다
> 2. **기간:** 2023년 ○○월 ○○일~○○일
> 3. **코스:** 진주 → 통영 → 부산
>
> 임진왜란
>
> **진주성** — 김시민 등이 왜군에 맞서 전투를 벌인 곳
>
> **한산도 앞바다** — 이순신이 학익진으로 왜군에 대승을 거둔 곳
>
> **동래읍성지 일대** — 송상현 등이 왜군과 맞서 싸운 곳

키워드 돋보기

진주성, 김시민, 한산도 앞바다, 이순신, 송상현을 통해 **임진왜란**임을 알아야 해요!

조선 선조 때 일본군이 조선을 침략하면서 **임진왜란이 발발**하였어요. 왜군이 부산을 침입한 직후 **송상현**이 동래부에서 항전하였으나 대패하였으며, 선조가 의주로 피난을 가는 등 불리한 전세가 계속되었어요. 이러한 상황에서 **이순신**이 **한산도 앞바다**에서 학이 날개를 편 모습처럼 적군을 포위하는 **학익진 전법**을 펼쳐 왜군에게 크게 승리하였어요(**한산도 대첩**). 이어서 **진주 목사 김시민** 등이 **진주성**에서 왜군을 상대로 항전하여 크게 승리하였어요(**진주 대첩**).

① 조헌이 금산에서 의병을 이끌었다. → **임진왜란**
   └ 임진왜란 때 조헌이 금산에서 의병을 이끌고 왜군에게 항전하였어요.

② 임경업이 백마산성에서 항전하였다. → **병자호란**
   └ 병자호란 때 임경업이 백마산성에서 청군에 항전하였어요.

③ 곽재우가 의병을 일으켜 정암진에서 싸웠다. → **임진왜란**
   └ 임진왜란 때 곽재우가 의병을 일으켜 의령의 정암진에서 왜군에 싸워 대승을 거두었어요.

④ 신립이 탄금대에서 배수의 진을 치고 전투를 벌였다.
                         → **임진왜란**
   └ 임진왜란 때 신립이 탄금대에서 배수의 진을 치고 왜군과 전투를 벌였으나, 패배하였어요.

---

22 명·청 교체기 조선의 대외 관계
조선 후기   정답 ②

(가)~(다) 학생이 발표한 내용을 일어난 순서대로 옳게 나열한 것은? [3점]

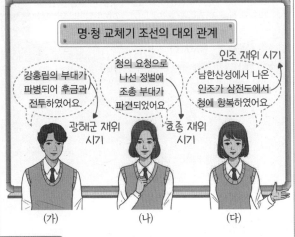

키워드 돋보기

- (가) **강홍립의 부대가 파병**되어 **후금과 전투**하였다는 것을 통해 광해군 재위 시기임을 알아야 해요!
- (나) **청의 요청으로 나선 정벌에 조총 부대가 파견**되었다는 것을 통해 효종 재위 시기임을 알아야 해요!
- (다) **인조가 삼전도에서 청에 항복**하였다는 것을 통해 인조 재위 시기임을 알아야 해요!

- (가) **광해군** 때 여진족이 후금을 건국하고 명을 위협하자, 명은 조선에 군대를 요청하였어요. 이때 광해군은 명의 요청을 수용하여 **강홍립의 부대를 파병**하였고, 강홍립에게 전투 상황에 따라 대처하도록 명령하였어요. 이에 따라 강홍립은 후금과의 전투에서 크게 패하자, 후금에게 투항하였어요.
- (나) **효종** 때 청에 당한 치욕을 씻고 복수하기 위해 조총 부대를 육성하는 등 **북벌**을 추진하였어요. 그러나 청의 세력이 커짐에 따라 북벌을 실행에 옮기지는 못하였고, 청의 요청에 따라 두 차례에 걸쳐 **나선(러시아) 정벌에 조총 부대를 파견**하였어요.
- (다) **인조** 때 청의 침략으로 **병자호란**이 일어나자, 인조는 **남한산성으로 피난**하여 청군에 항전하였어요. 청의 공격을 막아내지 못한 인조는 **삼전도**에 직접 나아가 청에 항복하였는데, 이때 청 태종에게 세 번 절하고 아홉 번 머리를 조아리는 예를 행하였어요(**삼전도의 굴욕**).

① (가) - (나) - (다)

② (가) - (다) - (나)
   └ 순서대로 나열하면 (가) 강홍립 부대 파병(광해군) - (다) 삼전도의 굴욕(인조) - (나) 나선 정벌에 조총 부대 파견(효종)이 돼요.

③ (나) - (가) - (다)

④ (다) - (나) - (가)

제64회 점수공략 해설

해커스 한국사능력검정시험 한권완성 기출 500제 기본

23 | 을사사화
정답 ④

(가)에 해당하는 사건으로 옳은 것은? [2점]

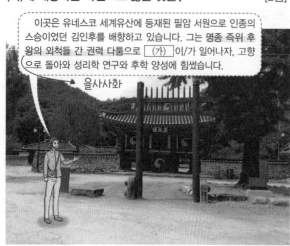

이곳은 유네스코 세계유산에 등재된 필암 서원으로 인종의 스승이었던 김인후를 배향하고 있습니다. 그는 명종 즉위 후 왕의 외척들 간 권력 다툼으로 (가) 이/가 일어나자, 고향으로 돌아와 성리학 연구와 후학 양성에 힘썼습니다.

→ 을사사화

키워드 돋보기

명종 즉위 후 왕의 외척들 간 권력 다툼을 통해 을사사화임을 알아야 해요!

을사사화는 명종 때 왕의 외척들 간의 권력 다툼이 원인이 되어 일어난 사건이에요. 조선 중종의 뒤를 이어 즉위한 인종이 일찍 죽고 어린 명종이 즉위하자, **왕의 외척들 간의 권력 다툼**이 발생하였어요. 이때 명종의 외척 세력(윤형원 등 소윤 세력)이 선왕인 인종의 외척 세력(윤임 등 대윤 세력)을 역적으로 몰아 숙청하였으며, 연루된 사림 세력까지 피해를 보게 되었어요.

① **경신환국** → 숙종 때 남인이 축출된 사건
  ↳ 경신환국은 숙종 때 서인이 남인인 허견(허적의 서자) 등의 역모를 고발한 사건으로, 남인들이 축출되는 결과를 가져왔어요.

② **기해예송** → 현종 때 자의 대비의 상복 기간을 두고 일어난 논쟁
  ↳ 기해예송은 현종 때 효종 사후 서인과 남인 사이에서 자의 대비의 상복 기간을 두고 일어난 논쟁으로, 1년복을 주장한 서인이 남인에게 승리하였어요.

③ **병인박해** → 천주교 신자와 프랑스인 선교사들을 처형한 사건
  ↳ 병인박해는 흥선 대원군 집권기에 천주교 신자와 프랑스인 선교사들을 처형한 사건으로, 병인양요의 원인이 되었어요.

④ **을사사화** → 명종 때 사림이 화를 입은 사건
  ↳ 을사사화는 명종 때 왕실 외척들 간의 권력 다툼이 원인이 되어 이에 연루된 사림들도 화를 입은 사건이에요.

기출 포인트 더보기 | 사화의 전개

사화	시기	원인
무오사화	1498년(연산군)	「조의제문」의 「사초」 기록 문제
갑자사화	1504년(연산군)	연산군의 생모 폐비 윤씨 사사 사건
기묘사화	1519년(중종)	조광조의 개혁 정치(위훈 삭제)
을사사화	1545년(명종)	왕실 외척 간의 대립(소윤 vs 대윤)

---

24 | 인왕제색도
조선 후기
정답 ②

다음 특별전에서 볼 수 있는 작품으로 옳은 것은? [2점]

○○미술관 특별전
겸재 정선, 우리 자연의 아름다움을 화폭에 담다
← 인왕제색도
화면을 넘기면 다른 작품을 볼 수 있습니다.

키워드 돋보기

겸재 정선을 통해 인왕제색도임을 알아야 해요!

인왕제색도는 조선 후기에 진경 산수화를 개척한 **겸재 정선**의 대표적인 작품으로, 비에 젖은 서울 인왕산의 모습을 사실적으로 표현한 것이 특징이에요. 한편, **진경 산수화**는 우리나라의 산천을 소재로 하여 자연을 사실적으로 표현한 그림으로, **조선 후기**에 유행하였어요.

①
영통동구도
→ **강세황**
↳ 영통동구도는 조선 후기의 화가인 강세황의 작품으로, 서양화의 원근법 등을 사용하였어요.

②
인왕제색도
→ **겸재 정선**
↳ 인왕제색도는 겸재 정선이 그린 진경 산수화로, 비에 젖은 서울 인왕산의 모습을 표현하였어요.

③
세한도
→ **추사 김정희**
↳ 세한도는 조선 후기의 문인 화가인 추사 김정희가 제주도 유배 생활 중 그린 그림이에요.

④
몽유도원도
→ **안견**
↳ 몽유도원도는 조선 전기의 화가 안견의 그림으로, 안평 대군의 꿈 이야기를 듣고 현실 세계와 이상 세계를 표현하였어요.

기출 자료 더보기 | 조선 후기 정선의 진경 산수화

▲ 인왕제색도

▲ 금강전도

188 폰 안에 쏙! 빈출 인물 카드·문화재 퀴즈 history.Hackers.com

25 조선 후기 | 조선 후기의 경제 상황 정답 ④

선생님의 질문에 대한 학생의 대답으로 옳지 <u>않은</u> 것은? [2점]

키워드 돋보기

상평통보가 **전국**에 유통된 **시기**를 통해 조선 후기임을 알아야 해요!

조선 후기에는 상업의 발달로 화폐인 **상평통보**가 **전국적으로 유통**되었어요. 상평통보는 조선 인조 때 처음 만들어졌으나, 당시에는 널리 사용되지 못하였어요. 그러나 이후 조선 숙종 때 동전 사용의 필요성이 높아지자, 상평통보가 공식 화폐로 채택되어 전국적으로 유통되었어요.

① 정기 시장인 장시가 전국 각지에서 열렸어요. → **조선 후기**
　└ 조선 후기에 정기 시장인 장시가 전국 각지에서 열렸어요.

② 관청에 물품을 조달하는 공인이 활동했어요. → **조선 후기**
　└ 조선 후기에는 관청에 물품을 조달하는 공인이 활동했어요.

③ 송상이 각지에 송방이라는 지점을 설치했어요. → **조선 후기**
　└ 조선 후기에는 송상이 전국 각지에 송방이라는 지점을 설치하고 청나라에 인삼을 판매하였어요.

④ 벽란도에서 활발한 국제 무역이 이루어졌어요. → **고려 시대**
　└ 고려 시대에는 예성강 하구의 벽란도가 국제 무역항으로 발전하면서 활발한 국제 무역이 이루어졌어요.

기출 사료 더보기　도고 [41회]

이른바 도고는 도성 백성이 견디기 어려운 폐단입니다. 근래에 물가가 뛰어오르는 것은 전적으로 부유한 도고가 돈을 많이 가지고서 높은 값으로 경향(京鄕)의 물건을 마구 사들여 저장해 두었다가, 때를 보아 이득을 노리기 때문입니다. 귀한 것, 천한 것 모두 그들이 장악하고 가격도 그들의 마음대로 하니 그 폐단으로 백성은 더욱 어렵습니다.
　　　　　　　　　　　　　　　　　　　　　　　　　　　– 「비변사등록」

▶ 도고(독점적 도매 상인) + 물건을 마구 사들여 저장해 두었다가, 때를 보아 이득을 노림 → 조선 후기의 경제 상황

---

26 조선 후기 | 정조 ✦ 정답 ③

밑줄 그은 '이 왕'의 업적으로 옳은 것은? [2점]

키워드 돋보기

초계문신제를 통해 정조임을 알아야 해요!

정조는 왕실 도서관이자 학문 연구 기관으로 **규장각**을 설치하고, 신진 인물이나 중·하급 관리 중 유능한 인사들을 재교육하는 **초계문신제**를 시행하였어요. 또한 왕권 강화를 위해 국왕의 친위 부대인 **장용영**을 설치하였어요. 이 외에도 시전 상인의 특권을 축소하기 위해 **신해통공**을 시행하여 육의전을 제외한 시전 상인의 **금난전권**(허가 받지 않은 상인의 활동을 금지할 수 있는 권리)을 폐지하였어요.

① 경복궁을 중건하였다. → **흥선 대원군**
　└ 흥선 대원군은 조선 고종 때 왕실의 권위를 회복하고자 임진왜란 당시 불에 탄 경복궁을 중건하였어요.

② 영선사를 파견하였다. → **고종**
　└ 고종은 개화 정책의 일환으로 영선사를 청에 파견하였어요. 영선사는 청의 기기국에서 무기 제조 기술을 배우고 돌아와 근대 무기 제조 공장인 기기창을 설립하는 데 기여하였어요.

③ 장용영을 창설하였다. → **정조**
　└ 정조는 왕권을 강화하기 위해 국왕의 친위 부대인 장용영을 창설하였어요.

④ 훈민정음을 창제하였다. → **세종**
　└ 세종은 한자를 알지 못하는 백성들을 위해 훈민정음(한글)을 창제하였어요.

기출 선택지 더보기　정조의 업적

- **초계문신제**를 시행하였다. [63·54·52·50회]
- 정책 연구 기관으로 **규장각**을 육성하였다. [54·38회]
- 왕의 친위 부대인 **장용영**을 설치하였다. [63·46·44·40회]
- **신해통공**을 시행하였다. [42회]
- **수원 화성**을 축조하였다. [43·42·35회]
- 「**대전통편**」을 편찬하였다. [49·43·41회]

27 홍경래의 난

정답 ③

밑줄 그은 '사건'에 대한 설명으로 옳은 것은? [2점]

이 지도는 홍경래가 주도하여 일으킨 사건을 진압하기 위해 관군이 정주성을 포위한 상황을 보여주고 있습니다.

→ 홍경래의 난

정주성공함작전도(모사본)

키워드 돋보기

홍경래가 주도한 것과 **관군이 정주성을 포위**한 것을 통해 **홍경래의 난**임을 알아야 해요!

홍경래의 난은 세도 정치 시기에 몰락 양반인 홍경래 등이 **서북인(평안도 지역 사람)**에 대한 **차별** 대우에 반발하여 일으킨 사건이에요. 평안도 지역은 예전부터 차별을 받아 이 지역 사람들은 '평안도 놈'이라는 천시를 받았고 세도 정치 시기에는 관리들로부터 더욱 심한 수탈을 받았어요. 이에 **홍경래 등이 주도**하여 봉기를 일으켰으나, 결국 **관군에게 진압**되며 홍경래의 난은 실패로 끝났어요.

① 보국안민, 제폭구민을 기치로 내걸었다. → **동학 농민 운동**
  └ 동학 농민 운동은 보국안민(나라를 보호하고 백성을 편안하게 함)과 제폭구민(폭정을 제거하고 백성을 구함)을 기치로 내걸었어요.

② 한성 조약이 체결되는 결과를 가져왔다. → **갑신정변**
  └ 갑신정변은 조선과 일본 사이에 한성 조약이 체결되는 결과를 가져왔어요.

③ 서북 지역민에 대한 차별에 반발하여 일어났다. → **홍경래의 난**
  └ 홍경래의 난은 몰락 양반인 홍경래를 중심으로 서북 지역민(평안도 지역 사람)에 대한 차별 대우에 반발하여 일어났어요.

④ 전개 과정에서 선혜청과 일본 공사관을 공격하였다. → **임오군란**
  └ 임오군란 전개 과정에서 구식 군인들은 선혜청과 일본 공사관을 공격하였어요.

기출 사료 더보기 홍경래의 난 [51회]

평서대원수는 급히 격문을 띄우노니 관서 지역의 모든 사람들은 들으라. …… 조정에서는 관서 지역을 썩은 흙과 같이 버렸다. 심지어 권세가의 노비들도 관서 사람을 보면 반드시 '평안도 놈'이라고 한다. 어찌 억울하고 원통하지 않겠는가.

28 운요호 사건

정답 ①

(가)에 들어갈 사건으로 옳은 것은? [1점]

역사 신문

제△△호   ○○○○년 ○○월 ○○일

일본과의 조약이 체결되다

무력 시위하는 일본 군인들

작년 가을 강화도와 영종도 일대에서 (가) 을 일으킨 일본과의 회담이 최근 수 차례 열렸다. 일본이 피해 보상과 조선의 개항을 일방적으로 요구하자, 조정에서는 이에 대한 찬반 논쟁 끝에 신헌을 파견하여 조·일 수호 조규를 체결하였다.

운요호 사건 ◄

키워드 돋보기

강화도와 영종도 일대에서 일으켰다는 것과 **조·일 수호 조규를 체결**하였다는 것을 통해 **운요호 사건**임을 알아야 해요!

운요호 사건은 일본 내에서 조선을 정벌하자는 정한론이 대두된 것의 영향으로 **일본 군함 운요호**가 강화도와 영종도 일대를 침입한 사건이에요. 일본 군함 운요호가 **강화도 초지진에 접근**하여 무력 시위를 벌이자 조선군이 경고 사격을 하였고, 이후 일본군은 **영종도(영종진)에 상륙**하여 약탈을 저질렀어요. 일본은 이를 구실로 조선 정부에 개항을 요구하였고, 그 결과 **조·일 수호 조규(강화도 조약)**가 체결되었어요.

① 운요호 사건
  └ 운요호 사건은 일본 군함 운요호가 문호 개방을 요구하며 강화도 초지진을 포격하고 영종진에 불법 침입하여 약탈을 저지른 사건이에요.

② 105인 사건
  └ 105인 사건은 일제가 데라우치 총독의 암살 미수 사건을 조작하여 105인의 독립 운동가들을 체포한 사건으로, 이로 인해 신민회가 와해되었어요.

③ 제너럴셔먼호 사건
  └ 제너럴셔먼호 사건은 미국 상선 제너럴셔먼호가 평양까지 들어와 통상을 요구하며 횡포를 부렸다가, 평양 관민에 의해 배가 불태워진 사건이에요. 이 사건이 원인이 되어 신미양요가 일어났어요.

④ 오페르트 도굴 사건
  └ 오페르트 도굴 사건은 독일 상인 오페르트가 남연군(흥선 대원군의 아버지)의 유해를 미끼로 통상을 요구하려 하였으나 묘 도굴에 실패한 사건이에요.

29 | 근대 임오군란 ✦✦
정답 ③

밑줄 그은 '변란'으로 옳은 것은? [2점]

키워드 돋보기

구식 군인들이 변란을 일으켰다는 것과 흥선 대원군을 통해 임오군란임을 알아야 해요!

임오군란은 고종 때 신식 군대인 **별기군과의 차별 대우, 급료의 체불** 등으로 불만이 커진 **구식 군인들이 일으킨** 사건이에요. 구식 군인들은 선혜청과 일본 공사관을 습격하였고, 이 과정에서 도시 하층민들까지 가담하면서 변란이 더욱 거세졌어요. 변란 수습을 위해 재집권한 흥선 대원군은 개화 정책 기구인 통리기무아문과 신식 구대인 별기군을 폐지하였어요. 그러나 변란은 민씨 세력의 요청을 받고 파병된 **청군에 의해 진압**되었고, 진압 과정에서 청군은 변란의 책임자로 지목된 **흥선 대원군을 청으로 압송**해 갔어요.

① 갑신정변 → 김옥균 등 급진 개화파가 일으킨 정변
   └ 갑신정변은 고종 때 김옥균 등 급진 개화파가 우정총국 개국 축하연을 이용해 일으킨 사건이에요.

② 신미양요 → 미군이 통상을 강요하며 강화도에 침입한 사건
   └ 신미양요는 흥선 대원군 집권기에 미군이 제너럴셔먼호 사건을 빌미로 통상 수교를 시도하기 위해 강화도에 침입한 사건이에요.

③ 임오군란 → 구식 군인들의 반란
   └ 임오군란은 고종 때 신식 군대인 별기군과의 차별, 급료 체불 등으로 불만이 쌓인 구식 군인이 일으킨 사건이에요.

④ 임술 농민 봉기 → 경상 우병사 백낙신의 수탈에 대한 반발
   └ 임술 농민 봉기는 철종 때 경상 우병사 백낙신의 수탈이 원인이 되어 몰락 양반 유계춘을 중심으로 일어난 사건이에요.

30 | 근대 안중근
정답 ③

밑줄 그은 '나'에 대한 설명으로 옳은 것은? [2점]

키워드 돋보기

이토 히로부미를 하얼빈역에서 처단하였다는 것을 통해 안중근임을 알아야 해요!

안중근은 대한 제국 말에 활동한 독립운동가로, 1909년 만주 하얼빈역에서 초대 통감이었던 **이토 히로부미를 처단**하였어요. 그는 이토 히로부미를 처단한 직후 체포되어 중국 뤼순(여순) 감옥에 수감되었어요. 안중근은 뤼순 감옥에 수감되어 **「동양평화론」**을 집필하던 중 순국하였어요.

① 중광단을 결성하였다. → 서일 등
   └ 서일 등 대종교 계열의 인사들이 북간도에서 무장 단체인 중광단을 결성하였어요.

② 독립 의군부를 조직하였다. → 임병찬
   └ 임병찬은 의병장 출신으로 고종의 밀지를 받아 독립 의군부를 조직하였어요.

③ 「동양평화론」을 집필하였다. → 안중근
   └ 안중근은 뤼순 감옥에 수감되어 「동양평화론」을 집필하던 중 순국하였어요.

④ 시일야방성대곡을 발표하였다. → 장지연
   └ 장지연은 을사늑약이 체결되자 을사늑약을 규탄하는 내용의 시일야방성대곡을 발표하였어요.

기출 자료 더보기 안중근의 「동양평화론」 [18회]

그는 「동양평화론」에서 일본 제국주의의 허구적 동양평화론에 반대하여 한·중·일 동북아 삼국이 자주 독립국으로 상호 제휴하는 형태의 반제국주의적 평화 체제를 주장하였다.

▲ 안중근

(가)에 해당하는 지역을 지도에서 옳게 찾은 것은? [2점]

이 책에 대해 소개해 주시겠습니까?

이 책은 [(가)] 시종기입니다. 우당 이회영의 부인이자 독립운동가인 이은숙이 국권 피탈 후 [(가)] 에서의 망명 생활과 신흥 강습소 설립 과정 등을 기록한 책입니다.

□ ① 충칭
□ ⓒ 서간도
□ ⓒ 하와이
□ ⓒ 멕시코

키워드 돋보기

이회영, 신흥 강습소 설립을 통해 서간도임을 알아야 해요!

서간도는 국권 피탈 이후 신민회 계열이 중심이 되어 독립운동 기지를 세운 지역이에요. **이회영, 이동녕** 등은 국권 피탈 이후 서간도의 삼원보로 망명하여 한인 자치 기구인 **경학사**를 조직하고, 독립군을 양성하기 위한 교육 기관으로 **신흥 강습소**를 설립하였어요. 신흥 강습소는 이후 신흥 무관 학교로 개편되었는데, 독립군 간부를 양성하는 데 큰 역할을 했어요.

① ① → **충칭**
ㄴ 충칭은 일제의 탄압을 피해 상하이를 떠나 이동했던 대한민국 임시 정부가 정착한 지역으로, 임시 정부는 충칭에서 한국광복군을 창설하였어요.

② ⓒ → **서간도**
ㄴ 서간도는 이회영 등 신민회의 주요 회원들이 독립군을 양성하기 위해 신흥 강습소를 설립한 지역이에요.

③ ⓒ → **하와이**
ㄴ 하와이는 박용만이 대조선 국민 군단을 조직하고 군사 훈련을 실시한 지역이에요.

④ ⓒ → **멕시코**
ㄴ 멕시코는 미주로 이주해 온 한인들이 숭무 학교를 설립하고 독립군을 양성하는 등 무장 투쟁을 준비한 지역이에요.

다음 공고가 발표된 시기 일제의 정책으로 옳은 것은? [2점]

〈토지 조사 사무원 생도 모집〉

조선 총독부에서는 토지 조사 사업을 진행할 사무원 및 기술원 생도를 모집합니다. ← 무단 통치 시기

□ 모집 인원: 150명
□ 수업 기간: 6개월 이내
□ 담당 기관: 임시 토지 조사국 사무원 양성과

키워드 돋보기

토지 조사 사업을 통해 무단 통치 시기임을 알아야 해요!

무단 통치 시기인 1910년대에 일제는 근대적 토지 소유권 확립이라는 명목하에 식민 통치를 위한 재정을 확보하고 조선의 토지를 약탈하기 위해 **토지 조사 사업**을 실시하였어요. 또한 일제는 강압적인 통치를 목적으로 군대의 경찰인 헌병이 일반 치안 업무까지 담당하는 **헌병 경찰 제도**를 시행하였으며, 조선인에게만 태형을 적용하는 **조선 태형령**을 제정하였어요.

① 농광 회사를 설립하였다. → 1904년, 국권 피탈 이전
ㄴ 1904년에 일부 민간인과 관리들은 일본의 토지 약탈을 막고자 농광 회사를 설립하여, 황무지를 우리 손으로 개간하려고 하였어요.

② 조선 태형령을 시행하였다. → 1912년~1920년, 무단 통치 시기
ㄴ 1912년에 일제는 조선 태형령을 시행하여 한국인에게만 태형을 가하였어요. 조선 태형령은 3·1 운동 발생 후인 1920년에 폐지되었어요.

③ 산미 증식 계획을 실시하였다. → 1920년대, 문화 통치 시기
ㄴ 1920년대 일제는 자국의 식량 부족을 해결하기 위해 조선의 쌀 생산량을 늘려 수탈하고자 산미 증식 계획을 실시하였어요.

④ 화폐 정리 사업을 추진하였다. → 1905년, 국권 피탈 이전
ㄴ 1905년에 재정 고문이었던 메가타는 화폐 정리 사업을 추진하였어요.

기출 포인트 더보기　**무단 통치 시기**

헌병 경찰제 실시	· 강압적 통치를 목적으로 헌병 경찰제를 실시함 · 군인인 헌병이 경찰 역할을 하며 일반 경찰의 업무까지 담당함
공포 분위기 조성	일반 관리는 물론 교사에게도 제복을 입고 칼을 착용하도록 함
회사령 제정	회사 설립 시 총독의 허가를 받도록 함(민족 자본의 성장 억제)

33 | 통합 주제
 양기탁

정답 ④

(가)에 들어갈 인물로 옳은 것은? [2점]

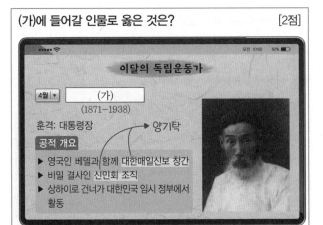

이달의 독립운동가

4월 ▼ | (가)
 (1871-1938)

훈격: 대통령장 → 양기탁

공적 개요
▶ 영국인 베델과 함께 대한매일신보 창간
▶ 비밀 결사인 신민회 조직
▶ 상하이로 건너가 대한민국 임시 정부에서 활동

키워드 돋보기

대한매일신보 창간, 신민회 조직을 통해 양기탁임을 알아야 해요!

양기탁은 독립운동가이자 언론인으로, 1904년에 영국인 베델과 함께 대한매일신보를 창간하였으며, 1907년에 안창호 등과 함께 비밀 결사인 신민회를 조직하여 활동하다 일제에 체포되었어요. 이후 양기탁은 만주에서 독립운동을 전개하다가, 1930년 상하이로 건너가 대한민국 임시 정부에서 활동하였어요.

① 김원봉 → 의열단 조직
└ 김원봉은 식민 통치 기관 파괴와 일제의 주요 요인 암살을 목표로 의열단을 조직하였어요.

② 나석주 → 동양 척식 주식회사·조선 식산 은행에 폭탄 투척
└ 나석주는 의열단원으로 동양 척식 주식회사와 조선 식산 은행에 폭탄을 투척하였어요.

③ 신익희 → 민주당 대통령 후보 출마
└ 신익희는 제3대 대통령 선거 때 민주당(야당) 대통령 후보로 출마하였으나, 급사하면서 이승만이 대통령에 당선되었어요.

④ 양기탁 → 대한매일신보 창간, 신민회 조직
└ 양기탁은 영국인 베델과 함께 대한매일신보를 창간하고, 안창호 등과 함께 신민회를 조직하여 활동하였어요.

34 | 근대
 전차 운행 이후의 사실

정답 ③

다음 상황 이후에 볼 수 있는 모습으로 가장 적절한 것은? [3점]

저것이 며칠 전 동대문에서 서대문까지 운행을 시작한 전차라는 것인가?

그렇다네. 한성 전기 회사에서 전기를 공급하여 운행한다더군.

전차 운행(1899)

키워드 돋보기

동대문에서 서대문까지 운행을 시작한 전차를 통해 전차 운행(1899)임을 알아야 해요!

대한 제국 시기에는 다양한 근대 문물이 도입되었어요. 1898년에는 황실과 미국인 콜브란의 합작으로 한성 전기 회사가 설립되어 한성 지역의 전등·전화·전차 가설 및 운영권을 가지게 되었어요. 이에 따라 한성 전기 회사는 이듬해인 1899년에 서대문과 청량리를 잇는 **전차를 최초로 개통**하였어요. 한편 같은 해에 일본은 서울과 인천을 잇는 한국 최초의 철도인 **경인선**을 개통하였으며, 이후 러·일 전쟁 중인 1905년에는 군사적 목적으로 서울과 부산을 연결하는 **경부선**을 개통하였어요.

① 한성순보를 발간하는 직원 → 1883년~1884년
└ 한성순보는 순 한문으로 발행한 우리나라 최초의 근대 신문으로, 1883년부터 1884년까지 박문국에서 발간되었어요.

② 만민 공동회에서 연설하는 백정 → 1898년
└ 만민 공동회는 1898년에 독립 협회가 개최한 근대적인 민중 대회예요. 독립 협회는 열강의 이권 침탈에 대항하여 자주 독립의 수호와 자유 민권의 신장을 위해 만민 공동회를 개최하였어요.

③ 경부선 철도 개통식에 참석하는 관리 → 1905년
└ 전차 운행(1899) 이후인 1905년에 일본이 군사적 목적으로 서울과 부산을 연결하는 경부선을 개통하였어요.

④ 동문학에서 영어를 공부하고 있는 학생 → 1883년~1886년
└ 동문학은 관립 외국어 교육 기관으로, 외국어 통역관을 양성하기 위해 1883년에 설립되어 1886년 근대식 관립 학교인 육영 공원이 세워질 때까지 운영되었어요.

기출 포인트 더보기 **근대의 전기·교통 시설**

전기	경복궁에 전등 설치(1887), 한성 전기 회사 설립(1899)
전차	서대문~청량리에 전차 가설(1899)
철도	경인선(1899), 경부선(1905), 경의선(1906) 등

정답 ②

(가)에 들어갈 전투로 옳은 것은? [1점]

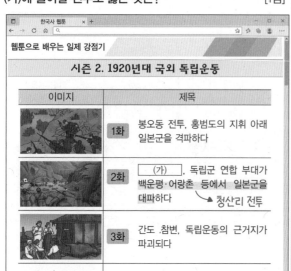

웹툰으로 배우는 일제 강점기

시즌 2. 1920년대 국외 독립운동

이미지	제목	
	1화	봉오동 전투, 홍범도의 지휘 아래 일본군을 격파하다
	2화	(가), 독립군 연합 부대가 백운평·어랑촌 등에서 일본군을 대파하다 → 청산리 전투
	3화	간도 참변, 독립운동의 근거지가 파괴되다

키워드 돋보기

백운평·어랑촌 등에서 **일본군을 대파**함을 통해 **청산리 전투**임을 알아야 해요!

청산리 전투는 1920년 일제가 봉오동 전투의 패배에 대한 보복으로 대규모의 군대를 만주로 보내면서 시작되었어요. 이에 일제에 대항하여 **김좌진의 북로 군정서와 홍범도의 대한 독립군** 등 여러 독립군 부대들이 연합하였고, 독립군 연합 부대는 **백운평, 어랑촌**, 고동하 등지에서 대승을 거두며 **일본군을 격퇴**하였어요.

① 영릉가 전투 → 조선 혁명군이 참가한 전투
  └ 영릉가 전투는 양세봉이 이끄는 조선 혁명군이 남만주 일대인 영릉가에서 중국 의용군과 연합하여 일본군을 격퇴한 전투예요.

②**청산리 전투 → 북로 군정서와 대한 독립군 등이 참가한 전투**
  └ 청산리 전투는 독립군 연합 부대가 청산리 일대인 백운평, 어랑촌, 고동하 등지에서 일본군을 격퇴한 전투예요.

③ 흥경성 전투 → 조선 혁명군이 참가한 전투
  └ 흥경성 전투는 양세봉이 이끄는 조선 혁명군이 남만주 일대인 흥경성에서 중국 의용군과 연합하여 일본군을 격퇴한 전투예요.

④ 대전자령 전투 → 한국 독립군이 참가한 전투
  └ 대전자령 전투는 지청천을 중심으로 한 한국 독립군이 북만주 일대인 대전자령에서 중국 호로군 등과 연합하여 일본군을 격퇴한 전투예요.

기출 포인트 더보기 **청산리 전투**

참가 부대	북로 군정서(김좌진) + 대한 독립군(홍범도) 등의 연합 부대
배경	일제가 봉오동 전투에 대한 보복으로 일본군을 만주에 투입
전개	독립군 부대들이 연합하여 일본군과 10여 차례의 전투를 벌임 (백운평, 어랑촌 등) → 독립군 연합 부대가 대승을 거두며 일본군 격퇴

정답 ④

(가)의 활동으로 옳은 것은? [2점]

이 장면은 새로운 기법으로 구현한 (가)의 충칭 청사와 그 요인들입니다. (가)은/는 3·1 운동을 계기로 수립되어 독립운동을 활발하게 전개하였습니다.

대한민국 임시 정부

키워드 돋보기

충칭 청사와 **3·1 운동을 계기로 수립**되었다는 것을 통해 **대한민국 임시 정부**임을 알아야 해요!

대한민국 임시 정부는 3·1 운동 직후 독립운동을 조직적으로 추진하고자 하는 필요성이 대두되면서 **상하이에서 수립**되었어요. 대한민국 임시 정부는 독립운동을 위한 자금을 모집하고 외교 활동을 전개하는 등의 다양한 활동을 펼쳤어요. 이후 1940년 **충칭**에 정착한 대한민국 임시 정부는 산하 군대로 **한국광복군을 창설**하였어요. 한국광복군은 이후 1941년 태평양 전쟁이 일어나자, 내일 선전 포고를 하고 연합군으로 참전하여 미얀마·인도 전선에서 영국군과 연합 작전을 수행하기도 했어요.

① 독립문을 건립하였다. → **독립 협회**
  └ 독립 협회는 청의 사신을 맞이하던 문인 영은문을 헐고 그 부근에 독립문을 건립하였어요.

② 서전서숙을 설립하였다. → **이상설**
  └ 이상설은 북간도에 서전서숙을 설립하여 민족 교육을 실시하였어요.

③ 대한국 국제를 반포하였다. → **대한 제국**
  └ 대한 제국의 고종 황제는 1899년에 대한국 국제를 반포하여 대한 제국이 전제 정치 국가이며, 황제권이 무한함을 강조하였어요.

④**한국광복군을 창설하였다. → 대한민국 임시 정부**
  └ 대한민국 임시 정부는 1940년에 임시 정부의 산하 군대로 한국광복군을 창설하였어요.

기출 사료 더보기 대한민국 임시 정부 수립 [44회]

1. 상하이와 러시아령에서 설립한 정부들을 일체 해소하고 오직 국내에서 13도 대표가 창설한 정부를 계승할 것이니 국내의 13도 대표가 민족 전체의 대표임을 인정함이라.
2. 정부의 위치는 아직 상하이에 둘 것이니 각지의 연락이 비교적 편리하기 때문이다.
   ⋮
4. 정부의 명칭은 대한민국 임시 정부라고 할 것이니 독립 선언 이후에 각지를 원만히 대표하여 설립된 역사적 사실을 살리기 위함이다.

37 | 일제 강점기
이봉창의 의거

정답 ①

(가)에 들어갈 내용으로 옳은 것은? [2점]

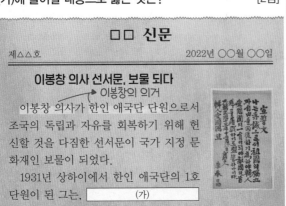

□□ 신문

제△△호　　　　　2022년 ○○월 ○○일

이봉창 의사 선서문, 보물 되다
→ 이봉창의 의거

이봉창 의사가 한인 애국단 단원으로서 조국의 독립과 자유를 회복하기 위해 헌신할 것을 다짐한 선서문이 국가 지정 문화재인 보물이 되었다.

1931년 상하이에서 한인 애국단의 1호 단원이 된 그는, (가)

키워드 돋보기

이봉창 의사, 한인 애국단 단원을 통해 이봉창의 의거임을 알아야 해요!

이봉창은 일제 강점기의 독립운동가로, 김구가 침체된 임시 정부의 활동에 활력을 불어 넣고자 조직한 **한인 애국단의 단원**이었어요. 그는 일본 **도쿄**에서 **일왕 히로히토의 마차에 폭탄을 투척**하였으나, 일왕을 죽이는 데는 실패하였어요. 그러나 이봉창의 의거는 침체되었던 임시 정부에 활기를 불러 일으키는 계기가 되었어요.

①도쿄에서 일왕을 향해 폭탄을 투척하였다. → 이봉창
　└ 이봉창은 한인 애국단의 단원으로, 일본 도쿄에서 일왕의 마차를 향해 폭탄을 투척하였어요.

② 홍커우 공원에서 일본군 장성 등을 살상하였다. → 윤봉길
　└ 윤봉길은 한인 애국단의 단원으로, 상하이 홍커우 공원에서 열린 일왕 탄생 축하 겸 상하이 점령 축하식에서 단상에 폭탄을 던져 일본군 장성 등을 살상하였어요.

③ 명동 성당 앞에서 이완용을 습격하여 중상을 입혔다. → 이재명
　└ 이재명은 서울 명동 성당 앞에서 이완용을 습격하여 중상을 입혔어요.

④ 샌프란시스코에서 친일 인사인 스티븐스를 사살하였다.
→ 장인환, 전명훈
　└ 장인환과 전명훈은 미국 샌프란시스코에서 친일 인사인 스티븐스를 사살하였어요.

기출 자료 더보기　한인 애국단 이봉창과 윤봉길

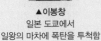

▲이봉창
일본 도쿄에서
일왕의 마차에 폭탄을 투척함

▲윤봉길
중국 상하이 홍커우 공원에서
폭탄을 투척함

---

38 | 근대
대한 제국 시기의 사실

정답 ①

(가) 시기에 있었던 사실로 옳은 것은? [2점]

대한 제국 → 고종이 러시아 공사관에서 경운궁으로 돌아와 황제로 즉위하고 국호를 (가) (으)로 선포한 이후에 사용한 어새입니다.

(가) 고종 황제 어새와 내함

키워드 돋보기

고종이 황제로 즉위함을 통해 **대한 제국**(1897~1910)임을 알아야 해요!

고종은 아관 파천으로 러시아 공사관에 있다가 1년 만에 경운궁(덕수궁)으로 환궁한 뒤, 자주 독립 의지를 표출하고자 하였어요. 이에 연호를 **광무**로 고친 후 스스로 황제라 칭하고 환구단에서 **황제 즉위식**을 거행하며 국호를 '**대한**'으로 하는 **대한 제국을 선포**하였어요(1897). 대한 제국 선포 이후 **광무개혁**이 실시되었는데, 이때 근대적인 토지 소유권 제도를 확립하기 위한 **양전 사업**이 실시되었어요. 이를 토대로 1901년에는 지계아문을 세워 근대적 토지 소유 증명서인 **지계를 발급**하였으나, 1904년에 일어난 러·일 전쟁으로 발급이 중단되었어요.

①지계가 발급되었다. → 대한 제국 시기
　└ 대한 제국 시기에 근대적인 토지 소유권 제도를 확립하기 위해 토지 소유자에게 근대적 토지 소유 증명서인 지계가 발급되었어요.

② 척화비가 건립되었다. → 1871년, 대한 제국 선포 이전
　└ 흥선 대원군 집권 시기인 1871년 신미양요 직후, 각지에 서양과의 통상 수교 거부 정책을 분명히 하는 척화비가 건립되었어요.

③ 육영 공원이 설립되었다. → 1886년, 대한 제국 선포 이전
　└ 1886년 정부의 주도로 근대 학문을 가르치기 위해 최초의 근대식 공립 학교인 육영 공원이 설립되었어요.

④ 군국기무처가 설치되었다. → 1894년, 대한 제국 선포 이전
　└ 1894년 제1차 갑오개혁 시기에 개혁을 추진하기 위한 기구로 군국기무처가 설치되었어요.

기출 선택지 더보기　광무개혁

- **구본신참**을 개혁 원칙으로 내세웠다. [47회]
- **대한국 국제**를 반포하였다. [58·40·34회]
- **양전**을 실시하고 **지계**를 발급하였다. [61·55·38·35회]
- **원수부**를 설치하였다. [45·40·34회]
- **실업 학교**가 설립되었다. [34회]

39

밑줄 그은 '이 시기'에 볼 수 있는 모습으로 적절하지 않은 것은?   [3점]

> 이것은 일제 강점기 학적부의 일부입니다. 중·일 전쟁 이후 침략 전쟁을 확대하던 이 시기에 일제는 학생들에게도 일본식으로 성명을 바꾸게 하는 창씨개명을 강요하였습니다.

키워드 돋보기

중·일 전쟁 이후 침략 전쟁을 확대하던 시기로, 창씨개명을 강요하였다는 것을 통해 민족 말살 통치 시기임을 알아야 해요!

민족 말살 통치 시기에 일제는 한국인의 민족 의식을 말살하여 침략 전쟁에 원활히 동원하기 위한 정책을 펼쳤어요. 이를 위해 학생은 물론 일반인에게도 천황에게 충성을 맹세하는 내용의 **황국 신민 서사**를 강제로 외우게 하였어요. 이에 더해 한국인의 성과 이름을 일본식으로 바꾸도록 하는 **창씨개명**을 강요하는 등 우리 민족의 민족성을 말살시키고자 하였어요.

① 공출을 독려하는 애국반 반장 → 민족 말살 통치 시기
 └ 민족 말살 통치 시기에 일제는 침략 전쟁 수행을 위한 식량과 전쟁 물자를 확보하기 위해 공출제를 실시하였어요.

② 황국 신민 서사를 암송하는 학생 → 민족 말살 통치 시기
 └ 민족 말살 통치 시기에 일제는 학생은 물론 일반인에게도 천황에 충성을 맹세하는 내용의 황국 신민 서사를 암송하게 하였어요.

③ 국민 징용령에 의해 끌려가는 청년 → 민족 말살 통치 시기
 └ 민족 말살 통치 시기에 일제는 국민 징용령을 제정하여 공사, 광산 등에 노동력을 동원하였어요.

④ 회사령을 공포하는 조선 총독부 관리 → 무단 통치 시기
 └ 회사령은 일제가 무단 통치 시기에 제정·공포한 법령으로, 회사 설립 시 조선 총독의 허가를 받도록 하였어요.

기출 포인트 더보기 민족 말살 통치 시기 인적 수탈

징병	육군 특별 지원병제(1938), 학도 지원병제(1943), 징병제(1944)를 실시함
징용	국민 징용령(1939)을 제정하여 공사, 광산 등에 노동력을 동원함
여성	• 여자 정신 근로령(1944)을 제정하여 여성들을 군수 공장에 강제로 동원함 • 젊은 여성을 일본군 '위안부'로 전쟁터에 강제 동원함

40

다음 퀴즈의 정답으로 옳은 것은?   [1점]

한국사 퀴즈 대회

> 제시된 힌트를 종합하여 알 수 있는 단체의 이름은 무엇일까요?

1단계	1927년에 결성된 여성 운동 단체
2단계	민족주의 세력과 사회주의 세력이 협동하여 설립
3단계	신간회의 자매 단체로 전국에 지회를 두고 활동

근우회

키워드 돋보기

1927년에 결성된 여성 운동 단체, 신간회의 자매 단체를 통해 근우회임을 알아야 해요!

근우회는 일제 강점기인 1927년에 결성된 **신간회의 자매 단체**로, 김활란을 중심으로 민족주의 계열과 사회주의 계열의 여성 운동가들이 연합하여 설립되었어요. 근우회는 조선 여성의 단결과 지위 향상을 목표로 **여성에 대한 차별 철폐**, 조혼 폐지, 부인 노동의 임금 차별 철폐 등을 담은 행동 강령을 발표하였어요. 또한 국내외에 60여 개의 **지회**를 설치하고, 기관지인 『**근우**』를 발간하였어요. 이 외에도 전국 순회 강연과 토론회, 야학 등을 열어 여성들의 의식 향상을 위해 힘썼으나, 신간회가 해소되면서 함께 해체되었어요.

① 근우회 → 일제 강점기의 여성 운동 단체
 └ 근우회는 1927년에 결성된 여성 운동 단체이자 신간회의 자매 단체로, 여성 계몽과 차별 철폐 등을 주장하였어요.

② 보안회 → 국권 피탈기의 애국 계몽 운동 단체
 └ 보안회는 1904년에 조직된 애국 계몽 운동 단체로, 일본의 황무지 개간권 요구에 대한 반대 운동을 전개하여 일본의 요구를 저지하였어요.

③ 송죽회 → 일제 강점기의 항일 비밀 여성 단체
 └ 송죽회는 1913년에 평양에서 조직된 항일 비밀 여성 단체로, 교육 활동을 통해 민족 의식을 고취시켰어요.

④ 색동회 → 일제 강점기의 소년 운동 단체
 └ 색동회는 1923년에 방정환이 중심이 되어 조직한 소년 운동 단체예요.

기출 자료 더보기 근우회 발기 취지서 [30회]

인간 사회는 많은 불합리를 산출하는 동시에 그 해결을 우리에게 요구하여 마지 않는다. 여성 문제는 그중의 하나이다. …… 우리 자체를 위하여, 우리 사회를 위하여 분투하려면 우선 조선 자매 전체의 역량을 공고히 단결하여 운동을 전반적으로 전개하지 아니하면 아니 된다. 일어나라. 오너라. 단결하자. 분투하자. 조선의 자매들아! 미래는 우리의 것이다.

41 현대 | 6월 민주 항쟁 ✨

정답 ③

밑줄 그은 '이 민주화 운동'에 대한 설명으로 옳은 것은?
[3점]

'고바우'가 바라본 우리 현대사

직선개헌

직선개헌

이 만화는 김성환이 그린 '고바우 영감'으로 1987년 7월 1일자 신문에 게재되었다.
호헌 철폐, 독재 타도를 외친 이 민주화 운동으로 대통령 직선제 개헌을 약속하는 발표가 나자, 기뻐하는 국민들의 모습을 작가가 네 컷 만화로 표현하였다.

→ 6월 민주 항쟁

키워드 돋보기

호헌 철폐, 독재 타도, 직선제 개헌을 통해 6월 민주 항쟁임을 알아야 해요!

6월 민주 항쟁은 국민들의 직선제 개헌 요구를 묵살하고 간선제를 유지하겠다는 전두환 정부의 4·13 호헌 조치에 반발하여 일어났어요. 더욱이 정부가 박종철 고문 치사 사건을 은폐·조작한 정황이 드러났고, 시위 도중 이한열이 최루탄에 맞아 쓰러지자 학생과 시민들은 '호헌 철폐, 독재 타도' 등의 구호를 내세우며 시위를 전개하였어요(6월 민주 항쟁). 그 결과 여당 대표 노태우는 6·29 민주화 선언을 통해 직선제 개헌을 약속하였고, 5년 단임의 대통령 직선제 개헌(제9차 개헌)이 이루어졌어요.

① 유신 체제가 붕괴되는 계기가 되었다. → **부·마 민주 항쟁**
　ㄴ 부·마 민주 항쟁은 박정희 정부의 유신 체제가 붕괴되는 계기가 되었어요.

② 양원제 국회가 출현하는 결과를 가져왔다. → **4·19 혁명**
　ㄴ 4·19 혁명 결과 이승만이 하야한 이후 수립된 허정 과도 정부 시기에 내각 책임제와 양원제 국회를 주요 내용으로 하는 헌법 개정이 단행되었어요.

③ 박종철과 이한열 등의 희생으로 확산되었다. → **6월 민주 항쟁**
　ㄴ 6월 민주 항쟁은 서울대 학생 박종철이 경찰의 고문으로 사망하고, 연세대 학생 이한열이 시위 도중 최루탄에 맞아 쓰러지는 사건이 발생하면서 더욱 확산되었어요.

④ 전개 과정에서 시민군이 자발적으로 조직되었다.
　→ **5·18 민주화 운동**
　ㄴ 5·18 민주화 운동 때 신군부가 광주 지역 학생과 시민들에게 무차별 폭력을 가하여 진압하자, 분노한 시민들에 의해 자발적으로 시민군이 조직되었어요.

42 통합 주제 | 김규식

정답 ③

(가)에 들어갈 내용으로 옳은 것은?
[3점]

역사 인물 카드

● 호: 우사
● 생몰: 1881년~1950년
● 주요 활동
　- 파리 강화 회의에 신한청년당 대표로 파견
　- 대한민국 임시 정부 부주석 등 역임
　- _____(가)_____
　- 남북 협상 참여

→ 김규식

키워드 돋보기

파리 강화 회의에 대표로 파견, 남북 협상 참여를 통해 김규식임을 알아야 해요!

김규식은 일제 강점기에 활동한 독립운동가이자 해방 이후의 정치가로, 1919년 **파리 강화 회의**에 신한청년당의 대표로 파견되었어요. 또한 그는 1944년 **대한민국 임시 정부**의 부주석을 역임했어요. 광복 이후에는 이승만의 정읍 발언 등으로 남북 분단의 조짐이 보이자 1946년 여운형과 함께 **좌·우 합작 위원회를 결성**하여 좌·우 합작 운동을 전개하였어요. 이후 유엔 소총회에서 남한만의 단독 총선거 실시가 결의되자, 분단을 우려한 김규식은 김구와 함께 1948년 평양에서 열린 **남북 협상**에 참여하였답니다.

① 대성 학교 설립 → **안창호**
　ㄴ 안창호는 민족 교육을 실시하기 위해 평양에 대성 학교를 설립하였어요.

② 「조선혁명선언」 작성 → **신채호**
　ㄴ 신채호는 의열단의 행동 강령인 「조선혁명선언」을 작성하였어요.

③ 좌·우 합작 위원회 결성 → **김규식**
　ㄴ 김규식은 중도파 여운형과 함께 좌·우 합작 위원회를 결성하였어요.

④ 「한국독립운동지혈사」 저술 → **박은식**
　ㄴ 박은식은 독립 투쟁 과정을 정리한 역사서인 「한국독립운동지혈사」를 저술하였어요.

기출 자료 더보기 | 김규식

· 1881년 부산 동래 출생
· 1919년 파리 강화 회의에 한국 대표로 참석(신한청년당)
· 1942년 대한민국 임시 정부 국무위원
· 1944년 대한민국 임시 정부 부주석
· 1946년 여운형과 함께 좌·우 합작 위원회 결성, 좌·우 합작 운동 전개
· 1948년 남북 협상 참여

해커스 한국사능력검정시험 한권완성 기출 500제 기본

43 | 현대 6·25 전쟁 ✦ 정답 ④

(가) 전쟁 중에 있었던 사실로 옳지 <u>않은</u> 것은? [2점]

➤ 6·25 전쟁

1·4 후퇴에 대해 검색해 줘.

검색 결과입니다.

(가) 전쟁 당시 압록강과 두만강 유역까지 북진했던 국군과 유엔군이 중국군의 공세에 밀려 서울 이남 지역까지 철수한 사건입니다. 이로 인해 수많은 피란민이 발생하였습니다.

키워드 돋보기

1·4 후퇴를 통해 6·25 전쟁임을 알아야 해요!

6·25 전쟁은 이승만 정부 시기인 1950년 6월 북한군이 남침을 하면서 시작된 전쟁이에요. 전쟁 시작 3일 만에 서울이 함락되었지만, 국군과 유엔군이 펼친 **인천 상륙 작전**이 성공하여 전세가 역전되었어요. 그러나 **중국군의 참전**으로 국군과 유엔군이 서울 이남까지 철수(**1·4 후퇴**)하였다가 다시 서울을 재탈환하였어요. 이후 전쟁이 교착 상태에 빠지자, 전쟁의 장기화를 우려한 소련의 제의로 1951년 휴전 회담이 진행되어 2년 만인 1953년에 **휴전 협정**이 체결되었어요.

① 흥남 철수 전개 → 6·25 전쟁 중
ㄴ 6·25 전쟁 중에 흥남 철수 작전이 전개되어 미군과 국군이 흥남항에서 선박을 이용하여 민간인과 군대를 철수시켰어요.

② 발췌 개헌안 통과 → 6·25 전쟁 중
ㄴ 6·25 전쟁 중인 1952년에 임시 수도 부산에서 대통령 직선제를 골자로 한 발췌 개헌안(1차 개헌안)이 통과되었어요.

③ 인천 상륙 작전 개시 → 6·25 전쟁 중
ㄴ 6·25 전쟁 중 유엔군과 국군은 맥아더 장군의 지휘 아래 인천 상륙 작전을 개시하여 서울을 탈환하였어요.

④ 반민족 행위 처벌법 제정 → 6·25 전쟁 이전
ㄴ 6·25 전쟁 이전인 1948년 9월에 제헌 국회는 친일파를 청산하고자 반민족 행위 처벌법을 제정하였어요.

기출 선택지 더보기 6·25 전쟁

• 학도병이 낙동강 전선에서 혈전을 치렀다. [45회]
• 인천 상륙 작전이 전개되었다. [50·49·47회]
• 흥남 철수 작전이 전개되었다. [55회]
• 중국군의 개입으로 서울을 다시 빼앗겼다. [58·45회]
• 판문점에서 휴전 회담이 진행되었다. [45회]
• 한 · 미 상호 방위 조약이 체결되었다. [54·42회]

---

44 | 현대 박정희 정부 ✦ 정답 ②

(가) 정부 시기에 있었던 사실로 옳은 것은? [2점]

사진으로 보는 (가) 정부

새마을 운동 | 광주 대단지 사건 | 100억 달러 수출 달성

← 박정희 정부 →

키워드 돋보기

새마을 운동, 100억 달러 수출 달성을 통해 박정희 정부임을 알아야 해요!

박정희 정부 시기인 1970년대에 제철, 자동차 등 중화학 공업의 성장을 목표로 제3·4차 경제 개발 계획을 수립·추진하였고, 그 결과 **수출 100억 달러**를 달성하는 성과를 냈어요. 또한 농촌 근대화를 목적으로 **새마을 운동**을 전개하였어요. 한편 박정희 정부는 서울 도심 정비를 위해 10만여 명의 주민을 경기도 광주로 이주시켰는데, 정부가 기반 시설 갖추지 않은 채 주민들을 강제 이주시키자, 광주 대단지의 주민들이 대규모 시위를 벌였어요(광주 대단지 사건).

① 농지 개혁법이 제정되었다. → 이승만 정부
ㄴ 이승만 정부 시기에 유상 매수·유상 분배를 원칙으로 하는 농지 개혁법이 제정되었어요.

② 경부 고속 도로를 준공하였다. → 박정희 정부
ㄴ 박정희 정부 시기에 경부 고속 도로를 준공하였어요.

③ 금융 실명제를 전면 실시하였다. → 김영삼 정부
ㄴ 김영삼 정부 시기에 금융 거래에서 당사자의 실명 사용을 의무화한 금융 실명제를 전면 실시하였어요.

④ 경제 협력 개발 기구(OECD)에 가입하였다. → 김영삼 정부
ㄴ 김영삼 정부 시기에 시장 개방 정책을 추진하여 경제 협력 개발 기구(OECD)에 가입하였어요.

기출 자료 더보기 박정희 정부의 수출 100억 달러 달성 [32회]

1962년만 하더라도 우리나라의 수출 실적은 겨우 5천여만 불의 미미한 것이었으며, 그나마도 대부분이 농수산물과 광산물 등 1차 산품이었습니다. 그로부터 불과 15년이 지난 오늘, 이제는 단일 업체가 6억 불 수출을 하게 되었는가 하면, 1억 불 이상 수출한 업체만도 17개사가 넘는 등 엄청난 기록들을 세웠습니다. 그리하여 우리는 당초 목표를 4년이나 앞당겨 100억 불 수출을 무난히 실현하였습니다.
— ○○○○년 대통령 치사(致辭)

45 | 현대
김대중 정부의 통일 노력

정답 ③

밑줄 그은 '정부'의 통일 노력으로 옳은 것은? [2점]

> IMF 구제 금융을 조기 상환한 이 정부 시기에 또 어떤 일들이 있었나요?
>
> 역사 토크
>
> 정주영이 소 떼를 몰고 북한을 방문하였어요.
>
> 한·일 월드컵 축구 대회가 개최되었지요.
>
> 김대중 정부

키워드 돋보기

IMF 구제 금융을 조기 상환하였다는 것과 한·일 월드컵 축구 대회가 개최되었다는 것을 통해 김대중 정부임을 알아야 해요!

김대중 정부는 외환 위기가 발생한 상황에서 출범하였어요. 이를 극복하기 위해 정부는 노사정 위원회를 설치하였고, 국민들은 **금 모으기 운동**을 전개하여 **국제 통화 기금(IMF)**의 지원 자금을 조기 상환하였어요. 또한 김대중 정부 시기에는 대북 화해 협력 정책인 햇볕 정책의 실시로, 1998년에 **정주영** 현대건설 명예 회장이 두 차례에 걸쳐 **소 떼를 몰고 북한**을 방문하였으며, 2000년에 김대중 대통령이 평양을 방문하여 최초의 남북 정상 회담이 개최되었어요. 한편 2002년에는 **한·일 월드컵 축구 대회**가 개최되기도 했답니다.

① 남북 기본 합의서를 채택하였다. → **노태우 정부**
  └ 노태우 정부는 남북 기본 합의서를 채택하여 상호 체제 인정, 상호 불가침, 교류·협력 확대 등에 합의하였어요.

② 남북한이 유엔에 동시 가입하였다. → **노태우 정부**
  └ 노태우 정부는 북한과 동시에 유엔에 가입하였고, 그 결과 남한과 북한이 각각 독립된 국가의 자격으로 유엔 회원국이 되었어요.

③ 6·15 남북 공동 선언을 발표하였다. → **김대중 정부**
  └ 김대중 정부는 평양에서 제차 남북 정상 회담을 개최하고, 6·15 남북 공동 선언을 발표하였어요.

④ 최초로 남북 간 이산가족 상봉을 성사시켰다. → **전두환 정부**
  └ 전두환 정부는 최초로 남북 간 이산가족 상봉을 성사시켰어요.

기출 포인트 더보기 각 정부의 통일 노력

전두환 정부	최초의 남북 이산가족 고향 방문과 예술 공연단 교환 실현
노태우 정부	남북한이 유엔에 동시 가입, 남북 기본 합의서 채택
김대중 정부	최초로 남북 정상 회담 개최, 6·15 남북 공동 선언 발표, 개성 공업 지구 건설에 합의, 경의선 복원 공사 등 진행
노무현 정부	개성 공단 건설, 제2차 남북 정상 회담 개최, 10·4 남북 공동 선언 채택

46 | 통합 주제
독도 ✦

정답 ④

밑줄 그은 '이 섬'에 대한 설명으로 옳은 것은? [1점]

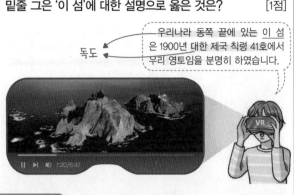

> 우리나라 동쪽 끝에 있는 이 섬은 1900년 대한 제국 칙령 41호에서 우리 영토임을 분명히 하였습니다.
>
> 독도
>
> VR

키워드 돋보기

우리나라 동쪽 끝에 있다는 것과 대한 제국 칙령 41호를 통해 독도임을 알아야 해요!

독도는 우리나라 동쪽 끝에 있는 섬으로, 신라 지증왕이 우산국을 복속한 이후부터 우리 영토였어요. 조선 숙종 때는 **안용복**이 일본으로 건너가 독도가 우리나라 영토임을 확인받고 돌아오기도 하였어요. 이후 대한 제국 시기에는 대한 제국 칙령 제41호를 통해 울릉도를 군으로 승격시키고 울도 군수가 독도를 관할하게 하여, 독도가 우리 영토임을 대내외적으로 선포하였어요.

① 정약전이 『자산어보』를 저술한 섬이다. → **흑산도**
  └ 흑산도는 조선 순조 때 정약전이 유배 생활을 하던 도중 『자산어보』를 저술한 섬이에요.

② 하멜 일행이 표류하다 도착한 섬이다. → **제주도**
  └ 제주도는 조선 효종 때 네덜란드 출신의 하멜이 일본 나가사키로 향하는 도중 태풍을 만나 일행과 표류하다 도착한 섬이에요.

③ 이종무가 왜구를 소탕하기 위해 정벌한 섬이다. → **대마도**
  └ 대마도는 조선 세종 때 이종무가 왜구를 소탕하기 위해 정벌한 섬이에요.

④ 안용복이 일본에 가서 우리 영토임을 확인받은 섬이다. → **독도**
  └ 독도는 조선 숙종 때 안용복이 일본에 가서 우리나라 영토임을 확인받은 섬이에요.

기출 선택지 더보기 독도

- 대한 제국이 칙령 제41호를 통해 관할 영토임을 명시하였다. [38·35·32회]
- 『세종실록』에서 「지리지」 부분을 살펴본다. [35회]
- 일본의 공식 기록인 태정관 지령을 찾아본다. [35회]
- 러·일 전쟁 때 일본이 불법으로 편입한 지역을 알아본다. [35회]
- 안용복의 활동을 정리한다. [34회]

(가) 문화유산으로 옳은 것은? [2점]

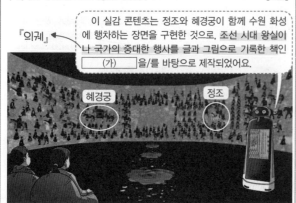

이 실감 콘텐츠는 정조와 혜경궁이 함께 수원 화성에 행차하는 장면을 구현한 것으로, 조선 시대 왕실이나 국가의 중대한 행사를 글과 그림으로 기록한 책인 (가) 을/를 바탕으로 제작되었어요.

『의궤』

혜경궁 / 정조

키워드 돋보기

조선 시대 왕실이나 국가의 중대한 행사를 글과 그림으로 기록한 책을 통해 『의궤』임을 알아야 해요!

『의궤』는 조선 시대 왕실이나 국가의 중대한 행사를 글과 그림으로 기록한 의례서로, 2007년에 유네스코 세계 기록유산으로 등재되었어요. 대중적으로 잘 알려진 『의궤』로는 정조와 혜경궁(정조의 어머니)이 함께 수원 화성에 행차하는 장면을 담아낸 『원행을묘정리의궤』가 있어요. 한편 『의궤』는 강화도 외규장각에서 보관하던 것을 **병인양요 때 프랑스군이 약탈**해 갔고, 이후 한국 정부의 요청으로 2011년 영구 임대 방식으로 모두 반환되었어요.

① 『**의궤**』 → 조선 시대 왕실·국가의 중요한 행사 과정을 기록한 의례서
└ 『의궤』는 조선 시대 왕실이나 국가의 중대한 행사를 글과 그림으로 기록한 의례서예요.

② 『**경국대전**』 → 성종 때 완성된 법전
└ 『경국대전』은 조선 세조 때 편찬되기 시작하여 성종 때 완성된 조선의 기본 법전이에요.

③ 『**삼강행실도**』 → 세종 때 편찬된 윤리서
└ 『삼강행실도』는 조선 세종 때 모범이 될만한 충신·효자·열녀 등의 행적을 글과 그림으로 설명한 윤리서예요.

④ 『**조선왕조실록**』 → 태조~철종까지의 역사를 기록한 역사서
└ 『조선왕조실록』은 조선 태조에서 철종까지의 역사를 시간 순으로 정리한 편년체 형식의 역사서예요.

(가)에 들어갈 지역으로 옳은 것은? [2점]

답사 보고서

◈ 주제: 우리 고장 (가) 의 역사를 찾아서
◈ 날짜: 2023년 ○○월 ○○일
◈ 내용: 미추홀이라고도 불린 우리 고장의 조선 시대, 개항기, 일제 강점기, 현대를 알 수 있는 대표적인 장소를 답사함.

장소	사진	설명
(가) 향교		- 유학을 교육하기 위해 지방에 세운 조선 시대 교육 기관
인천 개항 박물관		- 개항 후 일본 제일은행 지점 - 해방 후 한국은행 지점
제물포 구락부		- 개항기 외국인 사교장 - 일제 강점기 일본 재향 군인 회관 - 해방 후 미군 장교 클럽

키워드 돋보기

미추홀, 제물포를 통해 **인천**임을 알아야 해요!

인천은 한강 하류에 있는 광역시로, 백제를 건국한 온조의 형인 비류가 처음 터를 잡은 미추홀이 위치했던 지역이에요. 근대에는 일본의 강요로 맺은 **강화도 조약으로 부산, 원산에 이어 개항**되었으며, 개항 이후 **일본의 제일은행 지점**이 있었어요. 또한 인천에는 **제물포 구락부**가 설립되었는데, 제물포 구락부는 개항기에 외국인 사교장, 일제 강점기에 일본 재향 군인 회관, 해방 이후 미군 장교 클럽으로 사용되었어요.

① **군산**
└ 군산은 일제 강점기에 조선의 쌀이 일본으로 반출되던 지역이에요.

② **마산**
└ 마산은 4·19 혁명과 부·마 민주 항쟁이 일어난 지역이에요. 이승만 정부 때 마산 시위를 시작으로 4·19 혁명이 전개되었으며, 박정희 정부 때 부산과 마산 지역에서 유신 철폐와 독재 반대를 외치며 부·마 민주 항쟁이 일어났어요.

③ **목포**
└ 목포는 일제 강점기에 조선의 쌀이 일본으로 반출되던 지역이에요.

④ **인천**
└ 인천은 근대에 강화도 조약으로 개항된 지역이에요.

 **기출 포인트 더보기** 인천의 역사적 사실

고대	백제 시조 온조의 형 비류가 처음 터를 잡은 곳
근대	강화도 조약으로 개항됨
현대	• 6·25 전쟁 때 맥아더 장군의 주도로 인천 상륙 작전이 전개됨 • 2014년에 인천 아시안 게임이 개최됨

49 | 통합 주제 한국사에 큰 업적을 남긴 승려
정답 ①

(가)~(라)에 들어갈 내용으로 옳은 것은? [3점]

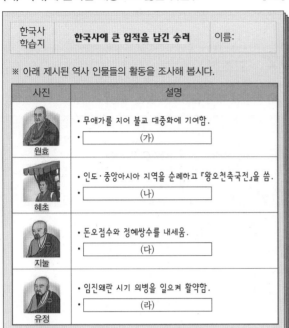

한국사 학습지	한국사에 큰 업적을 남긴 승려	이름:

※ 아래 제시된 역사 인물들의 활동을 조사해 봅시다.

사진	설명
원효	• 무애가를 지어 불교 대중화에 기여함. • (가)
혜초	• 인도·중앙아시아 지역을 순례하고 『왕오천축국전』을 씀. • (나)
지눌	• 돈오점수와 정혜쌍수를 내세움. • (다)
유정	• 임진왜란 시기 의병을 일으켜 활약함. • (라)

키워드 돋보기

원효, 혜초, 지눌, 유정을 비롯한 한국사에 큰 업적을 남긴 승려에 대해 알아야 해요!

(가) **원효**는 신라의 승려로, 불교의 대중화를 위해 **무애가**를 지었으며 불교의 이론을 정리한 『**십문화쟁론**』 등을 저술하였어요.
(나) **혜초**는 신라의 승려로, 인도와 중앙아시아 지역의 풍물을 기록한 『**왕오천축국전**』을 저술하였어요.
(다) **지눌**은 고려의 승려로, 불교계 개혁을 위해 정혜결사를 조직하고, 이후 이름을 **수선사 결사**로 바꾸었어요. 이러한 수선사 결사 운동을 통해 지눌은 선정(선)과 지혜(교)를 함께 수행해야 한다는 **정혜쌍수**와 내가 곧 부처임을 깨닫고 꾸준한 수행으로 이를 확인해야 한다는 **돈오점수**를 주장하였어요.
(라) **유정(사명 대사)**은 조선의 승려로, **임진왜란 때 의병장**으로 활약하였으며, 이후 전쟁 때 일본으로 잡혀간 조선인들의 포로 쇄환을 위해 파견되기도 했어요.

① (가) – 『십문화쟁론』을 저술함. → 원효 (신라)
  ㄴ 원효는 신라의 승려로, 현실에서의 대립과 다툼을 극복하고자 불교의 여러 이론을 10개로 분류해 정리한 『십문화쟁론』을 저술하였어요.

② (나) – 해동 천태종을 창시함. → 의천 (고려)
  ㄴ 의천은 고려의 승려로, 해동 천태종을 창시하여 교종을 중심으로 선종을 통합하고자 하였어요.

③ (다) – 세속 5계를 지음. → 원광 (신라)
  ㄴ 원광은 신라의 승려로, 화랑도의 행동 규범으로 세속 5계를 지었어요.

④ (라) – 수선사 결사를 제창함. → 지눌 (고려)
  ㄴ 지눌은 고려의 승려로, 순천 송광사를 중심으로 승려 본연의 자세로 돌아가 독경과 선을 수행하자는 수선사 결사를 제창하였어요.

50 | 통합 주제 시대별 교육 기관
정답 ④

(가)~(다)를 설립한 순서대로 옳게 나열한 것은? [3점]

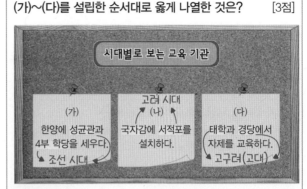

시대별로 보는 교육 기관

(가) 한양에 성균관과 4부 학당을 세우다. → 조선 시대
고려 시대 (나) 국자감에 서적포를 설치하다.
(다) 태학과 경당에서 자제를 교육하다. → 고구려(고대)

키워드 돋보기

(가) 성균관, 4부 학당을 통해 조선 시대임을 알아야 해요!
(나) 국자감, 서적포를 통해 고려 시대임을 알아야 해요!
(다) 태학, 경당을 통해 고구려(고대)임을 알아야 해요!

(가) **조선 시대**에는 수도인 한양에 최고의 학부이자 고등 교육 기관으로 **성균관**과, 중등 교육 기관으로 **4부 학당**을 설립하였어요.
(나) **고려 시대**에 숙종은 **국자감**에 **서적포**를 설치하여 서적 간행을 활성화하였어요.
(다) **고구려(고대)**는 최고 교육 기관으로 국립 대학인 **태학**을 설립하여 귀족 자제들을 교육하였으며, 지방에 청소년을 대상으로 한 교육 기관인 **경당**을 두어 학문과 무예(활쏘기)를 가르쳤어요.

① (가) – (나) – (다)
② (가) – (다) – (나)
③ (나) – (가) – (다)
④ (다) – (나) – (가)
  ㄴ 순서대로 나열하면 (다) 고구려(고대) – (나) 고려 시대 – (가) 조선 시대가 돼요.

기출 포인트 더보기 | 시대별 교육 기관

고대	태학(고구려)	소수림왕 때 설립된 국립 교육 기관
	경당(고구려)	글과 활쏘기를 가르치던 지방의 사립 교육 기관
	국학(통일 신라)	신문왕 때 설립된 유학 교육 기관
고려	국자감	고려의 최고 교육 기관, 유학·기술학 교육
조선	성균관	조선 최고의 학부이자 고등 교육 기관
	4부 학당	한양의 중등 교육 기관
	향교	지방의 중등 교육 기관, 중앙에서 교수나 훈도 파견
	서원	지방의 사립 교육 기관, 선현(선대의 훌륭한 유학자들)에 대한 제사와 성리학 연구

01 | 선사 시대
신석기 시대
정답 ③

(가)에 들어갈 내용으로 가장 적절한 것은? [1점]

겨울 방학 한국사 학습지

신석기 시대 사람의 하루가 담긴 가상 일과표를 만들어 봅시다.

꿈나라

간석기 손질하기
저녁 식사
(가)
가락바퀴로 실 뽑기
사슴 사냥하기
아침 식사
불씨 확인하기

키워드 돋보기

신석기 시대에 대해 알아야 해요!

신석기 시대는 돌을 갈아 만든 **간석기**를 사용한 시대예요. 이 시대에는 **농경**과 **목축**이 시작되어 식량을 생산했으며, 식량을 저장하기 위해 **빗살무늬 토기**와 같은 토기를 제작하였어요. 또한 **가락바퀴**를 이용하여 실을 뽑아 옷과 그물을 만들었으며, 나무 열매나 곡물 껍질을 벗기는 **갈돌과 갈판** 등의 도구를 사용하였어요.

① 거친무늬 거울 닦기 → **청동기 시대**
  └ 청동기 시대에는 거친무늬 거울, 청동 거울과 청동 방울 등과 같은 청동기를 제작하여 사용하였어요.

② 비파형동검 제작하기 → **청동기 시대**
  └ 청동기 시대에는 비파형동검과 같은 청동기를 제작하여 사용하였어요.

③ 빗살무늬 토기 만들기 → **신석기 시대**
  └ 신석기 시대는 음식을 저장하고 조리하기 위해 빗살무늬 토기와 같은 토기를 제작하였어요.

④ 철제 농기구로 밭 갈기 → **철기 시대**
  └ 철기 시대에는 쟁기, 쇠스랑 등의 철제 농기구를 사용하여 농업 생산력이 증대되었어요.

02 | 선사 시대
고조선
정답 ①

(가) 나라에 대한 설명으로 옳은 것은? [2점]

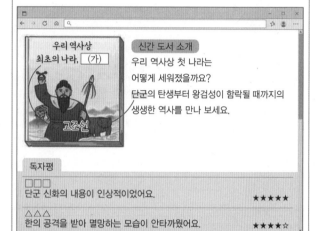

우리 역사상 최초의 나라, (가)

고조선

신간 도서 소개
우리 역사상 첫 나라는 어떻게 세워졌을까요? 단군의 탄생부터 왕검성이 함락될 때까지의 생생한 역사를 만나 보세요.

독자평

□□□ 단군 신화의 내용이 인상적이었어요. ★★★★★

△△△ 한의 공격을 받아 멸망하는 모습이 안타까웠어요. ★★★★☆

키워드 돋보기

우리 역사상 최초의 나라, 단군 등을 통해 고조선임을 알아야 해요!

고조선은 단군왕검이 건국한 **우리나라 최초의 국가**로, 청동기 문화를 바탕으로 성립되었어요. 이후 고조선은 우거왕 때 한 무제의 공격으로 수도 **왕검성**이 함락되면서 멸망하였어요. 한편 고조선은 살인죄, 상해죄, 절도죄 등에 대한 처벌 조항이 담긴 **범금 8조**를 두어 사회 질서를 유지하고자 하였어요.

① 범금 8조가 있었다. → 고조선
  └ 고조선은 사회 질서를 유지하기 위한 범금 8조(8조법)를 두어 살인죄, 상해죄, 절도죄 등을 처벌하였어요.

② 책화라는 풍습이 있었다. → 동예
  └ 동예는 읍락 간의 경계를 중시하여 다른 부족의 영역을 함부로 침입하였을 때 노비나 소, 말 등으로 변상하도록 하는 책화의 풍습이 있었어요.

③ 낙랑군과 왜에 철을 수출하였다. → 변한, 금관가야
  └ 변한과 금관가야에서는 철이 풍부하게 생산되어 낙랑과 왜에 철을 수출하였어요.

④ 제가 회의에서 나라의 중요한 일을 결정하였다. → 고구려
  └ 고구려는 귀족 회의인 제가 회의에서 국가의 중대사를 논의하고 결정하였어요.

기출 사료 더보기 고조선의 범금 8조(8조법) [30회]

범금 8조가 있다. 남을 죽이면 즉시 죽음으로 갚고, 남을 상해하면 곡식으로 배상한다. 남의 물건을 훔친 자가 남자면 그 집의 노(奴)로 삼으며 여자면 비(婢)로 삼는데, 자신의 죄를 용서받으려는 자는 한 사람마다 50만[전]을 내야 한다. - 『한서』

03 | 고대 연개소문

정답 ③

다음 가상 인터뷰의 주인공으로 옳은 것은? [2점]

10:07

대막리지와의 인터뷰

인터뷰에 응해 주셔서 감사합니다.

네, 반갑습니다.

대막리지에 오르기 전에 천리장성 축조를 감독하셨습니다. 지금도 공사가 계속되고 있는데 그 목적은 무엇인가요?

당의 침략에 대비해 서쪽 국경을 튼튼히 하기 위함입니다.

최근 신라의 김춘추가 군사 지원을 요청했는데 이에 대해 어떻게 생각하시나요?

왕께서 말씀하신 것처럼 신라가 죽령 서북의 땅을 돌려준다면 군사 지원을 고려해 볼 것입니다.

키워드 돋보기

대막리지, 천리장성 축조 감독을 통해 고구려 연개소문임을 알아야 해요!

연개소문은 고구려 영류왕 때 당의 침략에 대비하기 위해 쌓기 시작한 **천리장성의 축조**를 관리·감독하였어요. 이 과정에서 세력을 키운 연개소문은 정변을 일으켜 영류왕을 폐하고 보장왕을 옹립하였고, 스스로 **대막리지**가 되어 정권을 장악했어요.

① 김유신 → 황산벌 전투 승리
  └ 김유신은 통일을 이끈 신라의 장군으로, 황산벌 전투에서 계백이 이끄는 백제군을 격파하였어요.

② 장보고 → 청해진 설치
  └ 장보고는 전라남도 완도에 해군 기지이자 무역 거점인 청해진을 설치하였어요.

③ 연개소문 → 천리장성 축조 감독
  └ 연개소문은 영류왕 때 당의 침략에 대비하기 위해 쌓기 시작한 천리장성의 축조를 감독하였어요.

④ 흑치상지 → 백제 부흥 운동 전개
  └ 흑치상지는 백제 부흥 운동의 지도자로, 나·당 연합군의 공격으로 백제가 멸망한 뒤 임존성에서 군사를 일으켜 당에 대항하였어요.

04 | 고대 신라

정답 ③

밑줄 그은 '이 국가'에 대한 설명으로 옳은 것은? [2점]

이 유물은 2009년 포항 중성리에서 발견되었습니다. 현재 남아 있는 이 국가의 비석 중 가장 오래된 것으로, 당시의 관등 체계 및 골품제의 정비 과정 등을 알 수 있는 귀중한 자료입니다.

신라

키워드 돋보기

골품제의 정비 과정 등을 알 수 있다는 것을 통해 신라임을 알아야 해요!

신라는 골품 제도라는 신분 제도가 있어, 출신 성분에 따라 골과 품으로 등급을 나누었어요. 신라인들은 **골품 제도에 따라 관등 승진에 제한**이 있었으며, 집과 수레의 크기 등 일상생활까지 전반에 걸쳐 여러 가지 제약이 있었어요. 한편 신라는 귀족 회의인 **화백 회의에서 국가의 주요 사항을 만장일치제로 결정**하였어요.

① 진대법을 실시하였다. → 고구려
  └ 고구려는 고국천왕 때 봄에 곡식을 빌려주고 가을에 갚도록 한 제도인 진대법을 실시하여 빈민을 구제하였어요.

② 영고라는 제천 행사를 열었다. → 부여
  └ 부여는 매년 12월에 영고라는 제천 행사를 열어 하늘에 제사를 지냈어요.

③ 화백 회의라 불리는 합의 기구가 있었다. → 신라
  └ 신라는 귀족 회의인 화백 회의에서 국가의 중대사를 결정하였어요.

④ 왕족인 부여씨와 8성의 귀족이 지배층을 이루었다. → 백제
  └ 백제의 지배층은 왕족인 부여씨와 8성의 귀족으로 구성되었어요.

기출 포인트 더보기 삼국의 귀족 회의

제가 회의 (고구려)	유력 귀족들이 모여 국가의 중대사를 결정함
정사암 회의 (백제)	귀족들이 정사암에서 재상 선출 및 국가의 중대사를 결정함
화백 회의 (신라)	의장인 상대등과 귀족들로 구성. 국가의 주요 사항을 만장일치제로 결정함

05 고대 | 칠지도

정답 ①

(가)에 들어갈 문화유산으로 옳은 것은? [1점]

특별 사진전

문화유산으로 보는 백제의 대외 교류

백제 금동대향로 / 칠지도 (가) / 무령왕릉

키워드 돋보기

백제의 대외 교류를 통해 칠지도임을 알아야 해요!

칠지도는 백제가 왜에 하사한 철제 칼로, 백제와 왜의 교류 사실을 보여주는 문화유산이에요. 현재는 일본 이소노카미 신궁에 보관되어 있어요.

①

→ **백제의 문화유산**
└ 칠지도는 백제가 왜에게 하사한 철제 칼로, 백제와 왜의 교류 사실을 보여주는 문화유산이에요.

칠지도

②

→ **고려의 문화유산**
└ 청자 상감 운학문 매병은 고려 시대에 상감 기법으로 제작된 상감 청자예요.

청자 상감 운학문 매병

③

→ **신라의 문화유산**
└ 천마총 장니 천마도는 신라의 고분인 천마총 내부에서 출토된 신라의 문화유산으로, 말의 안장(장니) 장식에 그려진 그림이에요.

천마총 장니 천마도

④

→ **신라의 문화유산**
└ 호우총 청동 그릇은 경주 호우총에서 발견된 신라의 청동 그릇으로, 바닥에 고구려 광개토 대왕의 이름이 새겨져 있어 당시 신라와 고구려의 교류를 확인할 수 있어요.

호우총 청동 그릇

06 고대 | 발해 ✨

정답 ③

(가) 국가에 대한 설명으로 옳은 것은? [2점]

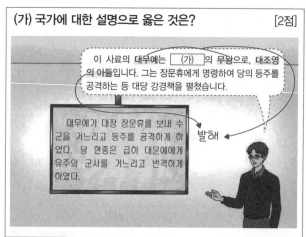

이 사료의 대무예는 (가) 의 무왕으로, 대조영의 아들입니다. 그는 장문휴에게 명령하여 당의 등주를 공격하는 등 대당 강경책을 펼쳤습니다.

대무예가 대장 장문휴를 보내 수군을 거느리고 등주를 공격하게 하였다. 당 현종은 급히 대문예에게 유주의 군사를 거느리고 반격하게 하였다. → 발해

키워드 돋보기

대무예, 무왕, 대조영의 아들 등을 통해 발해임을 알아야 해요!

발해는 고구려 장군 출신인 대조영이 만주 지린성 동모산에서 건국한 나라예요. 이후 발해는 무왕(대무예) 때 장문휴의 수군을 보내 당의 등주(산둥 반도)를 선제공격하는 등 대당 강경책을 펼치기도 했어요. 한편 **선왕** 때에는 고구려의 옛 땅을 대부분 회복하며 전성기를 맞이하였으며, 중국 당나라로부터 **해동성국**(바다 동쪽의 번성한 나라)이라 불렸어요.

① **마한의 소국 중 하나였다.** → 백제
└ 백제는 마한의 소국 중 하나였던 백제국에서 출발하여 한강을 중심으로 성장하였어요.

② **상수리 제도를 실시하였다.** → 통일 신라
└ 통일 신라는 지방 귀족의 자제를 일정 기간 수도에 머무르게 하는 상수리 제도를 실시하였어요.

③ **전성기에 해동성국이라 불렸다.** → 발해
└ 발해는 선왕 때 고구려의 옛 영토를 대부분 회복하고 전성기를 맞이하여 중국으로부터 해동성국이라 불렸어요.

④ **광덕, 준풍 등의 연호를 사용하였다.** → 고려
└ 고려는 광종 때 왕의 권위를 높이고자 광덕, 준풍 등 독자적인 연호를 사용하였어요.

기출 선택지 더보기  발해

- 해동성국이라고도 불렸다. [54·50·47·45·42·41회]
- 5경 15부 62주로 지방 행정 제도를 정비하였다. [52·46·44·42회]
- 교육 기관으로 주자감을 두었다. [46·42회]
- 당의 산둥 반도를 공격하였다. [51·39회]
- 거란의 침략을 받아 멸망하였다. [39회]

07 | 고대 집사부

정답 ③

다음 퀴즈의 정답으로 옳은 것은? [2점]

제시된 힌트를 종합하여 알 수 있는 기구는 무엇일까요?

수업 마무리 퀴즈

○ 신라의 중앙 행정 기구인 14부 중 하나
○ 왕의 명령 전달과 국가 기밀을 담당함
○ 장관을 중시 또는 시중이라 부름
→ 집사부 ←

키워드 돋보기

신라의 중앙 행정 기구인 **14부 중 하나**라는 것과 장관을 **중시 또는 시중**이라 부른다는 것을 통해 집사부임을 알아야 해요!

집사부는 신라의 중앙 행정 기구인 14부 중 하나로, **왕의 명령 전달과 국가 기밀**을 담당하는 **국정 총괄 기구**였어요. 집사부의 장관을 중시 또는 시중이라 불렀는데, **시중(중시)**을 중심으로 국정을 운영하였어요.

①
의정부 → 조선의 국정 총괄 기구
└ 의정부는 조선의 중앙 정치 기구로, 재상(영의정·좌의정·우의정)의 합의를 통해 국정을 총괄하였어요.

②
정당성 → 발해의 국정 총괄 기구
└ 정당성은 발해의 중앙 행정 기구인 3성 중 하나로, 정당성의 장관인 대내상이 국정을 총괄하였어요.

③
집사부 → 신라의 국정 총괄 기구
└ 집사부는 신라의 중앙 행정 기구인 14부 중 하나로, 장관인 시중(중시)을 중심으로 국정을 운영하였어요.

④
도병마사 → 고려의 국방·군사 문제 논의 기구
└ 도병마사는 국방·군사 문제를 담당한 고려의 임시 회의 기구로, 중서문하성과 중추원의 고위 관리들이 모여 국가의 중대사를 결정하였어요.

08 | 고대 신라의 경제 상황

정답 ④

(가) 국가의 경제 상황으로 옳은 것은? [3점]

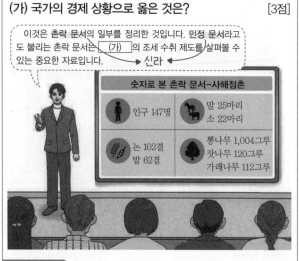

이것은 촌락 문서의 일부를 정리한 것입니다. 민정 문서라고도 불리는 촌락 문서는 <u>(가)</u> 의 조세 수취 제도를 살펴볼 수 있는 중요한 자료입니다. → 신라

숫자로 본 촌락 문서-사해점촌

인구 147명	말 25마리 / 소 22마리
논 102결 / 밭 62결	뽕나무 1,004그루 / 잣나무 120그루 / 가래나무 112그루

키워드 돋보기

촌락 문서, 민정 문서를 통해 신라임을 알아야 해요!

신라 촌락 문서(민정 문서)는 서원경에 속한 촌을 비롯한 4개 촌락의 **경제 상황이 기록된 문서**로, 일본 도다이사(동대사) 쇼소인(정창원)에서 발견되었어요. 이 문서는 **세금 징수와 노동력 동원을 위해 작성**한 것으로, 촌락의 인구 수, 토지 종류와 면적, 소·말의 수, 뽕·잣나무 수 등이 기록되어 있어요.

① 활구라고 불리는 은병이 유통되었다. → 고려
└ 고려 숙종 때 고액 화폐인 은병이 유통되었는데, 이는 입구가 넓어 활구라고도 불렸어요.

② 고추, 담배 등이 상품 작물로 재배되었다. → 조선
└ 조선 후기에 소득이 높은 고추, 담배 등이 상품 작물로 재배되었어요.

③ 관청에 물품을 조달하는 공인이 활동하였다. → 조선
└ 조선 후기에 대동법의 시행으로 관청에 필요한 물품을 조달하는 상인인 공인이 활동하였어요.

④ 시장을 감독하기 위한 기구로 동시전이 설치되었다. → 신라
└ 신라 지증왕 때 시장을 감독하기 위한 기구로 동시전이 설치되었어요.

기출 포인트 더보기 신라 촌락 문서(민정 문서)

발견 장소	일본 도다이사 쇼소인
조사 지역	서원경(청주) 지방의 4개 촌락
목적	세금 징수와 노동력 동원을 위해 작성
작성	변동 사항을 조사하여 촌주가 3년마다 작성
조사 대상	토지, 호(戶), 사람(= 호구, 戶口), 가축(소·말)의 수, 나무(뽕·잣·호두)의 수 등

09 고대 최치원

정답 ④

밑줄 그은 '이 인물'로 옳은 것은? [1점]

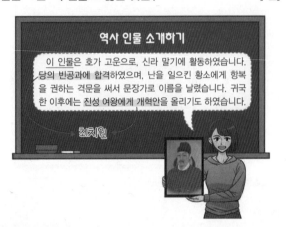

역사 인물 소개하기

이 인물은 호가 고운으로, 신라 말기에 활동하였습니다. 당의 빈공과에 합격하였으며, 난을 일으킨 황소에게 항복을 권하는 격문을 써서 문장가로 이름을 날렸습니다. 귀국한 이후에는 진성 여왕에게 개혁안을 올리기도 하였습니다.

최치원

키워드 돋보기

당의 빈공과에 합격하였다는 것과 **진성 여왕에게 개혁안을 올렸다**는 것을 통해 최치원임을 알아야 해요!

최치원은 통일 신라의 **6두품 출신** 학자로, 당에 건너가 외국인을 대상으로 한 과거 시험인 **빈공과**에 합격하여 당에서 관직 생활을 했어요. 이후 신라로 귀국한 최치원은 당시 통일 신라의 왕이었던 **진성 여왕**에게 **시부책** 10여 조를 올려 당시 혼란했던 사회를 바로잡고자 했답니다.

① 강수 → 「청방인문표」 작성
└ 강수는 신라의 6두품 출신 유학자로, 외교 문서 작성을 잘하여 당에 보내는 「청방인문표」를 집필하였어요.

② 설총 → 이두 정리
└ 설총은 원효의 아들로, 한자의 음훈을 빌려 우리말을 표기한 이두를 정리하였어요.

③ 김부식 → 『삼국사기』 저술
└ 김부식은 고려의 유학자로, 현존하는 가장 오래된 우리나라 역사서인 『삼국사기』를 저술하였어요.

④ 최치원 → 시무 10여 조 건의
└ 최치원은 신라의 6두품 출신 유학자로, 진성 여왕에게 사회 개혁안인 시무 10여 조를 건의하였어요.

기출 자료 더보기 최치원의 활동

- 신라 하대의 학자이자 정치가
- 신라 6두품 출신으로 당에 유학하여 빈공과에 합격, 당나라 지방관이 됨
- 황소의 난 때 「토황소격문」을 지어 문장가로 이름을 떨침
- 「계원필경」을 정강왕에게 바침
- 진성 여왕에게 시무책 10여 조를 올림
- 주요 저술: 「토황소격문」, 「계원필경」 등

---

10 고려 시대 태조 왕건

정답 ②

(가) 왕에 대한 설명으로 옳은 것은? [2점]

짐의 후사들이 나라의 기강을 어지럽힐까 걱정되어 훈요 10조를 남기니, 후세에 전하여 귀감으로 삼도록 하라.

태조 왕건

네, 분부대로 하겠습니다.

(가)

박술희

키워드 돋보기

훈요 10조를 남겼다는 것을 통해 태조 왕건임을 알아야 해요!

태조 왕건은 고려를 건국한 이후, 호족을 견제하기 위해 중앙 고위 관리를 출신 지역의 사심관으로 임명하여 출신 지방의 호족을 관리하게 하는 **사심관 제도**와, 호족의 자제를 일종의 인질로 삼아 수도에 머물게 하는 **기인 제도**를 실시하였어요. 또한 후대 왕들이 왕으로서 지켜야 할 정책 방향을 정리한 **훈요 10조**를 남겼어요.

① 집현전을 설치하였다. → 조선 세종
└ 조선 세종은 젊고 유능한 학자들이 학문 연구와 정책 자문에 힘쓸 수 있도록 학문 연구 기관인 집현전을 설치하였어요.

② 기인 제도를 실시하였다. → 고려 태조 왕건
└ 고려 태조 왕건은 호족을 견제하기 위해 호족의 자제를 일종의 인질로 삼아 수도에 머물게 하는 기인 제도를 실시하였어요.

③ 나선 정벌을 단행하였다. → 조선 효종
└ 조선 효종은 청나라의 요청에 따라 나선(러시아) 정벌을 위해 두 차례에 걸쳐 조총 부대를 파견하였어요.

④ 노비안검법을 시행하였다. → 고려 광종
└ 고려 광종은 강제로 노비가 된 자를 해방시키는 노비안검법을 시행하여 호족과 공신 세력의 경제적·군사적 기반을 약화시켰어요.

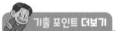

기출 포인트 더보기 태조 왕건의 업적

고려 건국	국호를 '고려'로, 도읍을 '송악(개경)'으로 정하여 고려 건국
후삼국 통일	평화적으로 신라 통합, 후백제 격퇴
민생 안정책	• 세금을 수확량의 1/10로 경감 • 빈민을 구제하기 위한 기구인 흑창 설치
호족 통합·견제책	• 호족 통합책: 유력 호족과 정략 결혼, 공신에게 왕씨 성 하사, 공로에 따라 역분전 지급 • 호족 견제책: 사심관 제도, 기인 제도
편찬 사업	훈요 10조 반포, 『정계』·『계백료서』 저술

11 | 고려 시대
고려 시대 반란의 전개 과정
정답 ③

(가)~(다)를 일어난 순서대로 옳게 나열한 것은? [3점]

키워드 돋보기

- (가) **문신의 관을 쓴 자는 모두 죽여라!**, 정중부를 통해 **무신 정변(1170)**임을 알아야 해요!
- (나) **군사를 동원하여 궁궐로 가자!**, 이자겸을 통해 **이자겸의 난(1126)**임을 알아야 해요!
- (다) **국호를 대위, 연호를 천개**, 묘청을 통해 **묘청의 난(1135)**임을 알아야 해요!

- (가) **무신 정변**: 1170년(고려 의종)에 무신 차별에 불만을 가진 정중부, 이의방 등의 무신들이 보현원에서 문신을 제거하는 정변을 일으켰어요.
- (나) **이자겸의 난**: 1126년(고려 인종)에 이자겸은 왕(인종)이 자신을 제거하려 하자 척준경과 더불어 왕의 측근 세력을 제거하고 궁궐을 불태우는 등 난을 일으켰어요.
- (다) **묘청의 난**: 1135년(고려 인종)에 묘청이 국호를 대위, 연호를 천개라 하며 서경에서 반란을 일으켰어요. 그러나 묘청의 난은 김부식이 이끈 관군의 공격으로 약 1년 만에 진압되었어요.

① (가) – (나) – (다)

② (나) – (가) – (다)

③ (나) – (다) – (가)
 └ 순서대로 나열하면 (나) 이자겸의 난(1126) – (다) 묘청의 난(1135) – (가) 무신 정변(1170)이 돼요.

④ (다) – (나) – (가)

기출 사료 더보기 무신 정변 [38회]

정중부가 성난 목소리로 한뢰에게 따지기를, "이소응이 비록 무인이기는 하나 벼슬이 3품인데 어째서 이처럼 심하게 모욕을 하는가?"라고 하였다. …… 처음에 정중부와 이의방 등이 약속하여 말하기를, "우리들은 오른쪽 어깨를 드러내고 관모를 벗을 것이다. 그렇게 하지 않은 사람은 모두 죽이자."라고 하였다.

12 | 고려 시대
고려의 지방 통치
정답 ②

다음 사건이 있었던 국가의 지방 통치에 대한 설명으로 옳은 것은? [2점]

역사 신문

제△△호 ○○○○년 ○○월 ○○일

공주 명학소, 충순현으로 승격

공주 명학소 사람 망이·망소이가 무리를 불러 모아 난을 일으켜 공주를 함락하였다. 이에 정부는 명학소를 충순현으로 승격하는 조치를 취했다. 이는 소의 주민으로서 그들이 겪어야 했던 차별이 철폐됨을 의미하는 것으로, 정부의 이번 조치가 해결책이 될 수 있을지 결과가 주목된다.
→ 망이·망소이의 난 → 고려

키워드 돋보기

망이·망소이가 무리를 불러 모아 난을 일으켜 공주를 함락하였다는 것을 통해 망이·망소이가 봉기하였던 국가가 고려임을 알아야 해요!

고려는 일반 군현 외에도 향·부곡·소라는 특수 행정 구역을 운영하였어요. 이곳의 주민들은 일반 군현에 거주하는 주민들에 비해 많은 차별을 받았는데, 이로 인해 **공주 명학소**에서 **망이·망소이**가 봉기를 일으키는 일이 발생하기도 하였어요(**망이·망소이의 난**).

① 지방에 22담로를 두었다. → 백제
 └ 백제는 무령왕 때 지방에 22담로를 두고 왕족을 파견하여 지방에 대한 통제를 강화하였어요.

② 양계에 병마사를 파견하였다. → 고려
 └ 고려는 북쪽의 국경 지역에 군사 행정 구역인 양계를 두고 병마사를 파견하였어요.

③ 주요 지역에 5소경을 설치하였다. → 통일 신라
 └ 통일 신라는 수도인 경주가 동남쪽에 치우친 것을 보완하기 위해 지방의 주요 지역에 5소경을 설치하였어요.

④ 전국을 5경 15부 62주로 나누었다. → 발해
 └ 발해는 선왕 때 5경 15부 62주로 지방 제도를 정비하였어요.

기출 포인트 더보기 고려의 지방 제도

5도	일반 행정 구역, 안찰사를 파견함
양계	군사 행정 구역, 병마사를 파견함
향·부곡·소	• 특수 행정 구역 • 향·부곡 주민들은 농업에 종사하고, 소 주민들은 수공업에 종사함

13 | 고려의 교육 기관
고려 시대
정답 ②

교사의 질문에 대한 답변으로 옳지 <u>않은</u> 것은? [2점]

키워드 돋보기

고려의 교육 기관에 대해 알아야 해요!

고려는 **성종** 때 중앙의 최고 교육 기관으로 **국자감**을 설립하고, 지방의 교육 기관으로 **향교**를 설립하였어요. 국자감은 유학부와 기술학부로 구성되어 유학과 기술학 교육을 담당하였고, 향교는 지방의 유학 교육을 담당하였어요. 이후 고려 중기에는 최충의 **문헌공도**를 포함한 **사학 12도**가 번성하기도 했어요.

① 최고 국립 교육 기관으로 **국자감**을 두었어요.
　　　　　　　　　　　　　　　　　　→ 고려의 최고 국립 교육 기관
　└ 국자감은 고려 성종 때 설립된 고려의 최고 국립 교육 기관이에요.

②**경당**에서 글과 활쏘기를 가르쳤어요. → 고구려의 청소년 교육 기관
　└ 경당은 지방에 설치된 고구려의 교육 기관으로, 청소년을 대상으로 학문과 무예(활쏘기)를 가르쳤어요.

③ **문헌공도** 등 **사학 12도**가 번성하였어요. → 고려의 사립 교육 기관
　└ 고려의 사립 교육 기관으로 문헌공도(9재 학당)를 포함한 12개의 사학(사학 12도)이 번성하였어요.

④ 지방에 유학 교육을 담당하는 **향교**가 있었어요.
　　　　　　　　　　　　　　　　　　→ 고려의 지방 교육 기관
　└ 향교는 고려의 지방 교육 기관으로, 지방의 유학 교육을 담당하였어요.

기출 포인트 더보기 　고려의 교육 기관

관학	• 중앙: 국자감에서 유학과 기술학(율학·서학·산학) 교육을 실시 • 지방: 향교를 두어 지방 관리와 서민 자제들의 유학 교육 담당
사학	최충의 문헌공도(9재 학당)를 포함한 12개의 사학(사학 12도) 발달

14 | 원 간섭기의 사실 ✦
고려 시대
정답 ②

밑줄 그은 '시기'에 있었던 사실로 옳은 것은? [2점]

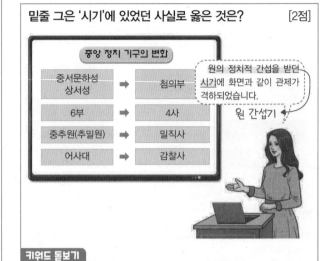

키워드 돋보기

원의 정치적 간섭을 받던 원 간섭기에 대해 알아야 해요!

원 간섭기는 고려가 몽골이 세운 원나라의 간섭을 받던 시기로, 고려의 왕이 원의 공주와 혼인함으로써 고려는 원의 **부마국**(사위국)이 되었어요. 이 시기에 고려의 중앙 정치 기구인 중서문하성과 상서성(2성)은 **첨의부**로, 6부는 **4사**로 통폐합되었으며, 중추원은 **밀직사**로 격하되었어요.

① 별무반이 편성되었다. → 고려 중기
　└ 고려 중기 숙종 때 윤관의 건의로 여진 정벌을 위한 특수 부대인 별무반이 편성되었어요.

②정동행성이 설치되었다. → 원 간섭기
　└ 원 간섭기에는 일본 원정을 위한 기구로 정동행성이 설치되었으며, 이는 일본 원정 이후에도 남아 있어 고려의 내정을 간섭하였어요.

③ 6조 직계제가 실시되었다. → 조선 전기
　└ 조선 전기 태종과 세조 때 왕권을 강화하기 위해 의정부의 권한을 약화시키는 6조 직계제가 실시되었어요.

④ 김흠돌의 난이 진압되었다. → 신라 중대
　└ 신라 중대 신문왕 때 신문왕의 장인인 김흠돌이 반란을 일으켰다가 진압되었어요.

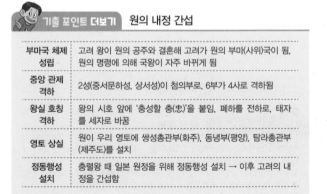
기출 포인트 더보기 　원의 내정 간섭

부마국 체제 성립	고려 왕이 원의 공주와 결혼해 고려가 원의 부마(사위)국이 됨, 원의 명령에 의해 국왕이 자주 바뀌게 됨
중앙 관제 격하	2성(중서문하성, 상서성)이 첨의부로, 6부가 4사로 격하됨
왕실 호칭 격하	왕의 시호 앞에 '충성할 충(忠)'을 붙임, 폐하를 전하로, 태자를 세자로 바꿈
영토 상실	원이 우리 영토에 쌍성총관부(화주), 동녕부(평양), 탐라총관부(제주도)를 설치
정동행성 설치	충렬왕 때 일본 원정을 위해 정동행성 설치 → 이후 고려의 내정을 간섭함

15 | 고려 시대
공민왕✦✦

정답 ④

(가) 왕의 업적으로 옳은 것은? [2점]

동영상으로 보는 (가) 이야기

기철 등 친원 세력을 제거하다
05:32
조회수 63만 회

쌍성총관부를 공격하다
07:25
조회수 36만 회

→ 공민왕

키워드 돋보기

친원 세력을 제거한 것과 **쌍성총관부를 공격**한 것을 통해 공민왕임을 알아야 해요!

공민왕은 즉위 후 원의 간섭에서 벗어나기 위한 정책을 추진하였어요. 이에 기철 등 친원 세력을 제거하였으며, 변발과 호복 등의 **몽골식 풍습**을 금지하였어요. 뿐만 아니라 **신돈**을 등용하고 **전민변정도감**을 운영하여 권문세족이 불법적으로 차지한 토지를 원래 주인에게 돌려주고, 강제로 노비가 된 자를 양민으로 해방하였어요.

① 사비로 천도하였다. → 백제 성왕
└ 백제 성왕은 백제의 중흥을 위해 웅진(공주)에서 사비(부여)로 천도하고, 국호를 백제에서 남부여로 바꾸었어요.

② 북한산 순수비를 세웠다. → 신라 진흥왕
└ 신라 진흥왕은 영토를 한강 유역까지 넓힌 후, 이를 기념하여 북한산 순수비를 세웠어요.

③ 독서삼품과를 실시하였다. → 통일 신라 원성왕
└ 통일 신라 원성왕은 유교 경전의 이해를 시험하여 관리를 채용하는 독서삼품과를 실시하였어요.

④ 전민변정도감을 설치하였다. → 고려 공민왕
└ 고려 공민왕은 전민변정도감이라는 임시 기구를 설치하여 불법으로 빼앗긴 토지를 돌려주거나 억울하게 노비가 된 자를 양민으로 해방시켰어요.

기출 포인트 더보기 공민왕의 반원 자주 개혁

친원 세력 기구 혁파	• 기철 등 친원 세력 제거 • 내정 간섭 기구인 정동행성 이문소 폐지
영토 회복	쌍성총관부를 공격하여 철령 이북의 땅을 무력 수복
몽골풍 폐지	변발 및 호복(오랑캐의 복장) 등 몽골풍 폐지

---

16 | 고려 시대
영주 부석사 무량수전

정답 ④

(가)에 들어갈 문화유산으로 가장 적절한 것은? [2점]

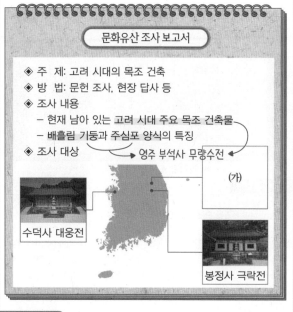

문화유산 조사 보고서

◈ 주 제: 고려 시대의 목조 건축
◈ 방 법: 문헌 조사, 현장 답사 등
◈ 조사 내용
 – 현재 남아 있는 고려 시대 주요 목조 건축물
 – 배흘림 기둥과 주심포 양식의 특징
◈ 조사 대상 → 영주 부석사 무량수전

수덕사 대웅전

(가)

봉정사 극락전

키워드 돋보기

고려 시대의 주요 목조 건축물, 배흘림 기둥, 주심포 양식을 통해 영주 부석사 무량수전임을 알아야 해요!

영주 부석사 무량수전은 경상북도 영주에 위치한 **고려 시대의 목조 건축물**이에요. 공포(지붕 처마의 무게를 받치기 위한 나무 재료)가 기둥 위에만 있는 **주심포 양식**으로 축조되었으며, 기둥은 양 끝보다 가운데가 볼록한 **배흘림 기둥**이 사용된 것이 특징이에요.

①
종묘 정전

→ 조선 왕조 사당인 종묘의 주요 건축물
└ 종묘 정전은 조선의 역대 왕과 왕비의 신주를 모신 사당(종묘)의 주요 건축물이에요.

②
경복궁 근정전

→ 조선의 정궁인 경복궁의 주요 건축물
└ 경복궁 근정전은 조선의 정궁(경복궁)의 주요 건축물로, 신하들이 조회를 하거나 공식적인 의식(행사)을 치르던 곳이었어요.

③
법주사 팔상전

→ 보은에 있는 조선 후기의 목조 건축물
└ 법주사 팔상전은 보은에 있는 조선 후기의 목조 건축물로, 우리나라에 남아 있는 가장 오래된 목조 오층탑이에요.

④
부석사 무량수전

→ 영주에 있는 고려 시대의 목조 건축물
└ 부석사 무량수전은 영주에 있는 고려 시대의 목조 건축물로, 주심포 양식과 배흘림 기둥이 특징이에요.

정답 ①

정답 ①

다음 건의를 받아들여 제정한 법으로 옳은 것은? [3점]

> 전하께서는 무릇 수도에 거주하는 관료에게 는 단지 경기 안의 토지만을 지급하고, 그 밖의 토지는 허락하지 마십시오. 이를 법으로 제정하 셔서 백성과 더불어 다시 시작하십시오. 그렇게 하여 국가 재정을 넉넉하게 하고, 백성의 삶을 풍요롭게 하며, 조정의 선비들을 우대하고, 군 대의 군량을 넉넉하게 하십시오. – 조준의 상소

→ 과전법

키워드 돋보기

경기 안의 토지만을 지급, **조준**을 통해 과전법임을 알아야 해요!

과전법은 고려 말 **공양왕** 때 시행된 토지 제도로, 이 제도에 따라 전·현직 관리를 대상으로 **경기** 지역에 한하여 토지에 대한 수조권을 지급하였어요. 과전법은 **조준과 정도전 등의 건의**로 제정되었는데, 국가 재정을 확보하고 신진 사대부의 경제적 기반을 마련하기 위한 목적이 있었어요.

① **과전법** → 고려 말~조선 전기의 토지 세도
  └ 과전법은 고려 말 공양왕 때 제정되어 조선 전기 세조 때 직전법이 실시되기 전까지 시행된 토지 제도였어요. 이 제도에 따라 전·현직 관리에게 경기 지역 토지의 수조권을 지급하였어요.

② **대동법** → 조선 후기의 공납 수취 제도
  └ 대동법은 광해군 때 집집마다 특산물로 납부하던 공납을 토지 결 수를 기준으로 쌀, 베 등으로 납부하게 한 제도예요.

③ **영정법** → 조선 후기의 전세 수취 제도
  └ 영정법은 인조 때 풍년이나 흉년에 관계없이 전세를 토지 1결당 4~6두로 고정한 제도예요.

④ **호패법** → 조선 시대의 신분 증명 제도
  └ 호패법은 16세 이상의 남자들에게 일종의 신분증인 호패를 가지고 다니게 하던 제도로, 태종 때부터 조세 징수와 군역 부과를 위해 실시되었어요.

밑줄 그은 '왕'의 재위 시기에 있었던 사실로 옳은 것은? [2점]

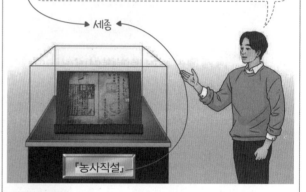

> 이 책은 정초, 변효문 등이 왕의 명을 받아 편찬한 농서입니다. 우리 풍토에 맞는 농법을 보급하기 위해 각 지역에 있는 노련한 농부들의 경험을 수집하여 간행하였습니다.

→ 세종

『농사직설』

키워드 돋보기

정초, 변효문, 『농사직설』을 통해 세종임을 알아야 해요!

세종 재위 시기에는 다양한 서적이 편찬되었는데, 그중 **정초, 변효문** 등에게 명령하여 우리 풍토에 맞는 농법을 정리한 농서인 **『농사직설』**을 편찬하였어요.

① **자격루가 제작되었다.** → 조선 세종
  └ 조선 세종 때 자동으로 시간을 알려주는 장치를 갖추고 있는 물시계인 자격루가 제작되었어요.

② **화통도감이 설치되었다.** → 고려 우왕
  └ 고려 우왕 때 최무선의 건의로 화통도감이 설치되었어요. 최무선은 화통도감에서 화약과 화포를 제작하였어요.

③ **『삼국유사』가 저술되었다.** → 고려 충렬왕
  └ 고려 충렬왕 때 승려 일연에 의해 『삼국유사』가 저술되었어요.

④ **백두산 정계비가 건립되었다.** → 조선 숙종
  └ 조선 숙종 때 청과의 영토 분쟁이 일어나자 청과의 국경을 확정하는 백두산 정계비가 건립되었어요.

기출 포인트 더보기 과전법

주도 인물	조준, 정도전 등 신진 사대부
목적	국가 재정을 확보하고 신진 사대부의 경제적 기반을 마련하기 위함
특징	관리들에게 경기 지역에 한정하여 수조권이 설정된 토지(과전)를 지급함

기출 선택지 더보기 세종의 업적

• 학문 연구 기관인 **집현전**을 설치하였다. [54·50·49·47·44회]
• **훈민정음**을 창제(반포)하였다. [58·57·46·44·43회]
• **4군 6진**을 개척하였다. [54·48·45·44·43회]
• **『농사직설』**을 간행하였다. [54·52·42회]

19 조선 전기 성종 정답 ②

밑줄 그은 '왕'에 대한 설명으로 옳은 것은? [2점]

> 조선 왕실은 자손이 태어나면 전국 각지의 명당에 태실을 만들어 탯줄을 보관하였습니다. 이곳은 『국조오례의』를 편찬하는 등 통치 체제 정비에 큰 역할을 한 조선 제9대 왕의 태실입니다. 원래 경기도 광주시에 있던 것을 조선 총독부가 창경궁으로 옮겨 왔습니다.

키워드 돋보기

『국조오례의』를 편찬한 것을 통해 성종임을 알아야 해요!

성종은 통치 규범들을 확립하기 위해 많은 서적을 편찬하였는데, 세조 때부터 편찬되기 시작한 조선의 기본 법전인 『경국대전』을 완성 및 반포하였으며, 국가의 의례를 정비한 『국조오례의』와 궁중 음악을 집대성한 『악학궤범』을 편찬하였어요.

① 훈민정음을 창제하였다. → 세종
ㄴ 세종은 우리 민족의 독창적인 문자인 훈민정음(한글)을 창제하였어요.

②『경국대전』을 완성하였다. → 성종
ㄴ 성종은 세조 때부터 편찬되기 시작한 조선의 기본 법전인 『경국대전』을 완성·반포하였어요.

③ 초계문신제를 시행하였다. → 정조
ㄴ 정조는 인재를 양성하기 위해 젊고 유능한 관리를 재교육하는 초계문신제를 시행하였어요.

④ 위화도 회군을 단행하였다. → 태조 이성계
ㄴ 고려 말 이성계는 우왕의 명으로 요동 정벌에 나섰으나, 요동 정벌에 반대하며 위화도에서 군대를 돌려 돌아온 후 권력을 장악하고 조선을 건국하였어요.

기출 포인트 더보기 성종 때의 편찬 사업

『경국대전』	• 세조 때 편찬 시작하여 성종 때 반포된 조선의 기본 법전 • 『이전』, 『호전』, 『예전』, 『병전』, 『형전』, 『공전』의 6전으로 구성
『동국여지승람』	각 도의 지리, 풍속 등을 수록
『동국통감』	• 서거정 등이 편찬 • 고조선부터 고려까지의 역사 정리
『악학궤범』	음악 원리와 역사·악기·무용 등을 총정리
『국조오례의』	왕실의 행사를 유교의 예법에 맞게 정리

20 통합 주제 기묘사화와 기해예송 사이의 사실 정답 ②

(가), (나) 사이의 시기에 있었던 사실로 옳은 것은? [3점]

(가) 조광조가 조정을 어지럽히고 윤리를 무너뜨렸으니 처벌함이 마땅합니다. / 그리하시오. → 기묘사화
(나) 자의 대비께서는 기년복을 입으셔야 합니다. / 무슨 말씀이오. 삼년복을 입으시는 것이 맞습니다. → 기해예송

키워드 돋보기

(가) 조광조, 처벌함이 마땅함을 통해 기묘사화(중종)임을 알아야 해요!
(나) 자의 대비, 기년복, 삼년복을 통해 기해예송(1차 예송, 현종)임을 알아야 해요!

(가) 조선 전기 중종 때 등용된 조광조가 위훈 삭제 등의 급진적 개혁을 주장하자, 이에 반발한 훈구는 조광조가 왕위를 노리고 있다고 모함하였고, 이로 인해 기묘사화가 발생하여 조광조와 그를 따르던 사람이 제거되었어요.
(나) 조선 후기 현종 때 효종의 사망 후 자의 대비의 상복 착용 기간을 두고 기해예송(1차 예송)이 발생했어요. 기해예송 때 서인은 기년복(1년복)을, 남인은 삼년복을 주장하였는데, 서인의 주장이 받아들여졌어요.

① 김옥균 등이 갑신정변을 일으켰다. → 기해예송 이후
ㄴ 근대 개항기에 김옥균 등의 급진 개화파가 소극적인 개화 정책에 불만을 품고 갑신정변을 일으켰어요.

② 사림이 동인과 서인으로 나뉘었다. → 기묘사화와 기해예송 사이
ㄴ 조선 전기 선조 때 사림이 동인과 서인으로 나뉘어 붕당을 형성하였어요.

③ 성균관 입구에 탕평비가 건립되었다. → 기해예송 이후
ㄴ 조선 후기 영조 때 붕당의 폐해를 경계하기 위해 성균관 입구에 탕평비가 건립되었어요.

④ 왕자의 난으로 정도전 등이 피살되었다. → 기묘사화 이전
ㄴ 조선 전기 태조(이성계) 때 세자 책봉에 불만을 품은 이방원이 일으킨 왕자의 난으로 개국 공신인 정도전과 남은 등이 피살되었어요.

기출 포인트 더보기 사림과 관련된 사건 순서

무오사화, 갑자사화 (연산군군) ▶ 기묘사화 (중종) ▶ 을사사화 (명종) ▶ 사림이 동인과 서인으로 분화 (선조) ▶ 동인이 남인과 북인으로 분당 (선조) ▶ 기해예송, 갑인예송 (현종) ▶ 경신환국, 기사환국, 갑술환국 (숙종)

(가)에 들어갈 내용으로 옳은 것은?　　　　　　[1점]

한국사 탐구 계획서

■ **주제:** 외세의 침략을 물리친 전투

■ **목적:** 우리 역사 속에서 외세의 침략에 맞서 승리한 전투를 시대별로 살펴보고, 그 역사적 의미와 교훈을 되새겨 본다.

■ **방법:** 문헌 조사, 인터넷 검색 등

■ **시대별 탐구 내용**　　→ 귀주 대첩

시대	탐구 내용
삼국 시대	을지문덕의 지략으로 수의 침략을 물리친 살수 대첩
고려 시대	강감찬의 지휘로 거란의 대군을 섬멸한 　(가)
조선 시대	이순신이 학익진으로 왜군을 격퇴한 한산도 대첩

키워드 돋보기

고려 시대, 강감찬, 거란의 대군을 섬멸을 통해 귀주 대첩임을 알아야 해요!

귀주 대첩은 **고려 현종** 때 전개된 거란과의 항쟁이에요. 당시 거란은 강동 6주의 반환을 요구하며 고려를 세 번째로 침입하였는데, 이때 **강감찬**이 고려군을 이끌고 귀주 지역에서 **거란의 대군을 섬멸**하였어요.

① 귀주 대첩　→ **고려와 거란의 전투**
　└ 고려 현종 때 강감찬이 귀주에서 거란군을 격퇴한 전투예요.

② 진포 대첩　→ **고려와 왜구의 전투**
　└ 고려 말 우왕 때 최무선 등이 진포에서 화포를 이용하여 왜구를 격퇴한 전투예요.

③ 행주 대첩　→ **조선과 왜의 전투**
　└ 임진왜란 때 권율이 행주산성에서 왜군을 상대로 대승을 거둔 전투예요.

④ 황산 대첩　→ **고려와 왜구의 전투**
　└ 고려 말 우왕 때 이성계가 황산에서 왜구를 격퇴한 전투예요.

기출 사료 더보기　귀주 대첩 [41회]

거란군이 귀주를 통과하자 강감찬 등이 동쪽 들판에서 맞아 싸우니, …… 적의 시체가 들을 덮었고 사로잡은 포로, 노획한 말과 낙타, 갑옷, 병장기를 다 셀 수 없을 지경이었다.

다음 대화에 나타난 시기의 경제 상황으로 옳은 것은? [2점]

기근이 심하다고 들었는데, 호남의 상황은 어떠하오?

통신사 조엄이 들여온 고구마가 구황 작물의 역할을 할 것으로 기대하였으나 흉년에도 이를 재배하는 백성을 찾아보기 어렵습니다. 수령과 아전들의 수탈로 재배를 포기하였기 때문입니다.

조선 후기

키워드 돋보기

고구마, 구황 작물을 통해 조선 후기임을 알아야 해요!

조선 후기에는 흉년이 들 때 큰 도움이 되는 **고구마**, 감자와 같은 **구황 작물**이 널리 재배되었고, 소득이 높은 담배, 면화 등이 **상품 작물**로 재배되었어요. 또한 조선 숙종 때 동전 사용의 필요성이 높아지자, **상평통보**가 공식 화폐로 채택되어 전국적으로 유통되었어요.

① 상평통보가 유통되었다.　→ **조선 후기**
　└ 조선 후기 숙종 때 상평통보가 공식 화폐로 주조되어 널리 유통되었어요.

② 전시과 제도가 실시되었다.　→ **고려 시대**
　└ 고려 시대에는 토지 제도로 전시과 제도가 실시되어, 이에 따라 관리에게 농사를 지을 수 있는 땅인 전지와 땔감을 거둘 수 있는 시지가 지급되었어요.

③ 벽란도가 국제 무역항으로 번성하였다.　→ **고려 시대**
　└ 고려 시대에는 예성강 하구에 위치한 벽란도가 국제 무역항으로 번성하였어요.

④ 팔관회의 경비 마련을 위해 팔관보가 설치되었다.　→ **고려 시대**
　└ 고려 시대에는 팔관회의 경비 마련을 위한 재단인 팔관보가 설치되었어요.

기출 사료 더보기　상평통보 [43회]

허적, 권대운 등의 대신들이 동전을 만들어 통용할 것을 청하였다. 왕이 여러 신하에게 물으니, 신하들이 모두 그 편리함을 말하였다. 왕이 그 말에 따라 호조 등에 명하여 상평통보를 주조하고, 동전 4백 문(文)을 은 1냥 값으로 정하여 시중에 유통하게 하였다.

23 | 조선 전기 | 이황

정답 ②

(가)에 들어갈 인물로 옳은 것은? [1점]

여기는 도산 서당으로, 『성학십도』를 저술한 성리학자 (가) 이/가 제자들을 양성한 곳입니다. 그의 사후 제자들이 스승을 추모하고자 서당 뒤편으로 도산 서원을 조성하면서 한 공간에 서원과 서당이 공존하는 보기 드문 형태를 갖추게 되었습니다.

이황

키워드 돋보기

『성학십도』, 도산 서원을 통해 이황임을 알아야 해요!

이황은 조선 전기의 대표적인 성리학자로, **예안 향약**을 만들고 보급하여 향촌 교화에 기여하였으며, 군주가 지켜야 할 도를 쉽게 이해할 수 있도록 그림과 함께 설명한 **『성학십도』**를 저술하였어요. 한편 이황이 죽고 난 이후에는 그를 기리기 위해 안동에 **도산 서원**이 건립되었답니다.

① 서희 → 강동 6주 획득
  ∟ 서희는 고려 시대의 문신으로, 거란의 1차 침입 때 외교 담판을 통해 거란으로부터 강동 6주를 획득하였어요.

②이황 → 『성학십도』 저술
  ∟ 이황은 조선 전기의 성리학자로, 군주가 지켜야 할 도를 그림과 함께 설명한 『성학십도』를 저술하였어요.

③ 박제가 → 『북학의』 저술
  ∟ 박제가는 조선 후기의 중상학파 실학자로, 『북학의』를 저술하여 청의 문물을 수용할 것을 주장하고 수레와 선박의 이용을 권장하였어요.

④ 정몽주 → 고려 왕조 유지 주장
  ∟ 정몽주는 고려 말 온건파 사대부로, 고려 왕조의 유지를 주장하다가 이방원에 의해 죽임을 당하였어요.

기출 포인트 더보기 퇴계 이황

- 주리론 주장, 동인에게 영향을 줌
- 주세붕이 세운 백운동 서원을 사액 서원으로 공인할 것을 왕에게 건의함
- 예안 향약 실시
- 『주자서절요』, 『성학십도』 등을 저술함
- 제자들이 이황의 학문과 덕행을 기리기 위해 도산 서원을 지음

---

24 | 조선 후기 | 병자호란 이후의 사실

정답 ①

다음 상황 이후에 전개된 사실로 옳은 것은? [2점]

남한산성을 나와 삼전도에 도착한 왕께서 청 황제 앞에 나아가 항복의 예를 행하였다. 예를 마치고 해 질 무렵이 되자 청 황제가 왕에게 도성으로 돌아가도록 허락하였다. 포로로 사로잡힌 이들이 도성으로 돌아가는 왕을 보고 "우리 임금이시여, 우리 임금이시여, 우리를 버리고 가십니까."라며 울부짖는데, 그 수가 만 명을 헤아렸다.
— 삼전도의 굴욕 → 병자호란

키워드 돋보기

삼전도에 도착한 왕께서 청 황제 앞에 나아가 항복의 예를 행하였다는 것을 통해 삼전도의 굴욕이 일어난 병자호란임을 알아야 해요!

조선 인조 때 청의 침략으로 **병자호란**이 일어나자, 인조는 남한산성으로 피난하여 청군에 항전하였어요. 청의 공격을 막아내지 못한 인조는 **삼전도**에 직접 나가 청에 항복하였는데, 이때 청 태종에게 세 번 절하고 아홉 번 머리를 조아리는 예를 행하였어요(**삼전도의 굴욕**).

①북벌이 추진되었다. → 효종 (조선), 병자호란 이후
  ∟ 병자호란 이후 청에 대한 반감이 커진 상황에서, 효종 때 청에게 당한 굴욕을 갚기 위해 조종 부대를 육성하는 등 북벌이 추진되었어요.

② 강화도로 천도하였다. → 무신 집권기, 병자호란 이전
  ∟ 고려 최우 무신 집권기에 몽골 침입에 대비하기 위해 개경에서 강화도로 천도하였어요.

③ 쓰시마 섬을 정벌하였다. → 창왕 (고려), 세종 (조선), 병자호란 이전
  ∟ 고려 창왕 때 박위를 보내 왜구의 근거지인 쓰시마 섬(대마도)을 정벌하였으며, 이후 조선 세종 때에는 이종무를 보내 쓰시마 섬을 정벌하였어요.

④ 최씨 무신 정권이 붕괴하였다. → 무신 집권기, 병자호란 이전
  ∟ 고려 무신 집권기 최충헌, 최우, 최항, 최의까지 4대로 이어지는 최씨 무신 정권이 내부 분열로 인해 일어난 김준, 유경 등의 정변으로 붕괴되었어요.

기출 포인트 더보기 병자호란

배경	후금이 청으로 국호를 고치고 조선에 군신 관계를 요구함
전개	• 조선 내에서 주전론(전쟁을 하자는 주장)이 우세해지자 청이 조선을 침입함 • 인조가 남한산성으로 피난하여 저항함, 임경업이 백마산성에서 항전함
결과	• 청과 군신 관계 체결(삼전도의 굴욕) • 두 왕자(소현 세자, 봉림 대군)와 신하들이 볼모로 청에 끌려감
영향	• 청에서 돌아온 봉림 대군이 효종으로 즉위하여 북벌을 추진함 • 송시열 등이 청을 정벌하자는 북벌론을 주장함

(가)에 들어갈 부대로 옳은 것은? [2점]

월간 여행과 역사

특집
네덜란드에서 만난 조선의 무관, 박연

네덜란드 알크마르에 세워진 이 동상의 주인공은 벨테브레이로, 조선에 정착하여 박연이라는 이름으로 살았다. 네덜란드 출신이었던 그는 조선 연안에 표류한 후 서울로 압송되었고, 이후 (가) 에 소속되어 서양의 화포 기술을 전수하였다. 임진왜란 중 설치된 (가) 은/는 포수, 사수, 살수의 삼수병으로 구성되었다.

→ 훈련도감

키워드 돋보기

임진왜란 중 설치, 포수, 사수, 살수의 삼수병으로 구성을 통해 훈련도감임을 알아야 해요!

훈련도감은 임진왜란 시기 휴전 협상 중 **유성룡**의 건의로 설치되었으며, 조총을 다루는 포수와 활을 다루는 사수, 창과 칼을 다루는 살수의 **삼수병**으로 구성되었어요. 이후 인조 때 제주도에 표류한 후 조선에 귀화한 네덜란드인 **박연(벨테브레이)**이 훈련도감에 소속되어 서양의 화포 기술을 전수하기도 했답니다.

① 9서당 → 통일 신라의 중앙군
└ 9서당은 통일 신라의 중앙군으로, 신문왕 때 정비되었어요.

② 별기군 → 근대의 신식 군대
└ 별기군은 근대에 개화 정책의 일환으로 조직된 신식 군대예요.

③ 삼별초 → 고려 최씨 무신 정권의 사병 조직
└ 삼별초는 고려 최씨 무신 정권의 사병 조직으로, 고려 정부가 몽골과 강화를 맺고 개경으로 환도하는 것에 반발하여 진도와 제주도로 옮겨 가며 끝까지 항전하였어요.

④ 훈련도감 → 조선 후기의 중앙군
└ 훈련도감은 임진왜란 중 유성룡의 건의로 설치된 군사 조직으로, 조선 후기의 중앙군인 5군영 중 가장 먼저 설치되었어요.

기출 자료 더보기 훈련도감 [35회]

조선 후기 5군영의 하나로, 훈국(訓局)이라고도 한다. 임진왜란 중에 군사 조직을 재정비할 필요성이 커짐에 따라 설치되었다. 군사들은 포수·살수·사수의 삼수병으로 편성되었으며, 대부분 급료를 받는 상비군으로서 직업 군인의 성격을 띠었다.

밑줄 그은 '시기'의 사실로 옳은 것은? [3점]

문학으로 만나는 한국사

구만 리 긴 하늘에도 머리 들기 어렵고
삼천 리 넓은 땅에서도 발을 펴기 어렵다.
늦은 밤 누대에 오르니 달을 감상하고자 함이 아니요
삼일 동안 곡기를 끊었으니 신선이 되기 위함이 아니로다.

→ 세도 정치 시기

[해설] 김삿갓으로 널리 알려진 김병연은 안동 김씨 등 소수 외척 가문이 중심이 되어 권력을 독점하던 시기에 전국을 방랑하며 많은 시를 남겼다. 그는 안동 김씨였으나 할아버지가 반역죄로 처형당했기에 관직에 진출하지 못하였다. 김병연이 지은 것으로 전해지는 위 시에는 그의 이러한 처지가 잘 나타나 있다.

키워드 돋보기

안동 김씨 등 소수 외척 가문이 중심이 되어 권력을 독점하였다는 것을 통해 세도 정치 시기임을 알아야 해요!

세도 정치는 소수의 특정 가문이 권력을 독점하는 정치 형태로, 순조, 헌종, 철종 때 전개되었어요. 이 시기에는 **안동 김씨, 풍양 조씨**와 같은 **소수의 외척 가문**이 비변사의 요직을 독점하면서 **권력을 장악**하였어요.

① 최승로가 시무 28조를 올렸다. → 고려 시대
└ 고려 성종 때 최승로가 유교 정치의 이념을 담아 성종에게 시무 28조를 올렸어요.

② 수양 대군이 계유정난을 일으켰다. → 조선 전기
└ 조선 단종 때 왕의 숙부였던 수양 대군(세조)이 김종서 등을 제거하고 권력을 장악한 계유정난을 일으켰어요.

③ 지방 세력 통제를 위해 사심관 제도가 실시되었다. → 고려 시대
└ 고려 태조 왕건 때 지방 세력 통제를 위해 중앙 고위 관리를 출신 지역의 사심관으로 임명하여 출신 지방의 호족을 관리하게 하는 사심관 제도가 실시되었어요.

④ 삼정의 문란을 바로잡기 위해 삼정이정청이 설치되었다.
→ 세도 정치 시기
└ 세도 정치 시기인 조선 철종 때 임술 농민 봉기가 일어나자, 박규수의 건의로 삼정의 문란을 바로잡기 위한 기구인 삼정이정청이 설치되었어요.

기출 포인트 더보기 세도 정치의 폐해

- 비변사가 국정 총괄 기구로 자리 잡고 소수의 외척 가문이 비변사의 요직을 독점하여 권력을 장악함
- 과거제의 운영에 각종 부정 행위가 발생하였고, 매관매직이 성행함
- '전정(토지의 세금), 군정(군역을 대신해 내는 포), 환곡'의 삼정이 문란해짐
- 삼정의 문란, 자연재해 등으로 농민들이 봉기를 일으킴

밑줄 그은 '이 인물'에 대한 설명으로 옳은 것은? [2점]

이 인물은 유학, 서양 과학 등 여러 학문을 융합하여 독창적 사상을 정립하였습니다. 그가 저술한 『의산문답』에는 무한 우주론에 대한 설명과 함께, 중국 중심 세계관에 대한 비판적 인식이 잘 드러나 있습니다.

조선 후기 북학파 실학자인 이 인물에 대해 알려 주세요.

홍대용

키워드 돋보기

조선 후기 북학파 실학자, 『의산문답』, 무한 우주론을 통해 홍대용임을 알아야 해요!

담헌 홍대용은 조선 후기의 **중상학파 실학자**이자, 과학 사상가로 활동한 인물이에요. 그는 자신의 저서인 『**의산문답**』에서 지전설과 지구가 우주의 중심이 아닌 무수한 별 중 하나라는 **무한 우주론**을 주장하며 중국 중심의 세계관에서 벗어나고자 하였어요.

① 추사체를 창안하였다. → 김정희
  └ 김정희는 조선 후기의 서화가로, 중국의 다양한 글씨체를 종합적으로 연구하여 독창적인 추사체를 창안하였어요.

②지전설을 주장하였다. → 홍대용
  └ 홍대용은 『의산문답』에서 지구가 자전한다는 지전설을 주장하며 중국 중심의 세계관을 비판하였어요.

③ 사상 의학을 정립하였다. → 이제마
  └ 이제마는 『동의수세보원』을 저술하여 사상 의학을 정립하였어요.

④ 대동여지도를 제작하였다. → 김정호
  └ 김정호는 10리마다 눈금을 거리로 표시한 목판 지도인 대동여지도를 제작하였어요.

 기출 자료 더보기 홍대용

- 생몰: 1731년~1783년
- 호: 담헌(湛軒)
- 대표 저술: 『의산문답』
- 주요 활동
  – 지전설 및 무한 우주론 제시
  – 천문 관측 기구인 혼천의 제작
  – 중국 중심의 화이론적 세계관 비판

(가)에 들어갈 문화유산으로 옳은 것은? [1점]

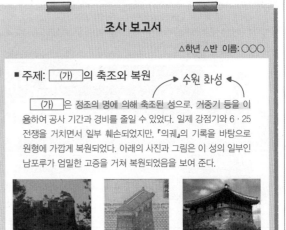

조사 보고서

△학년 △반 이름: ○○○

■ 주제: (가) 의 축조와 복원 → 수원 화성

(가) 은 정조의 명에 의해 축조된 성으로, 거중기 등을 이용하여 공사 기간과 경비를 줄일 수 있었다. 일제 강점기와 6 · 25 전쟁을 거치면서 일부 훼손되었지만, 『의궤』의 기록을 바탕으로 원형에 가깝게 복원되었다. 아래의 사진과 그림은 이 성의 일부인 남포루가 엄밀한 고증을 거쳐 복원되었음을 보여 준다.

훼손된 모습 | 『의궤』에 묘사된 포루 | 복원 후 모습

키워드 돋보기

정조의 명에 의해 축조된 성, 거중기 등을 이용하였다는 것을 통해 수원 화성임을 알아야 해요!

수원 화성은 정조 때 정약용이 발명한 **거중기를 이용**해 건설한 성곽으로, 정조는 아버지인 사도 세자의 무덤을 수원으로 옮긴 후 수원에 화성을 건립하고 **정치적 이상을 실현하는 도시**로 육성하였어요.

① 공산성 → 공주에 위치한 산성
  └ 공산성은 공주에 위치한 산성이자 웅진을 방어하기 위해 만든 성으로, 당시 웅진성이라 불렸어요.

② 전주성 → 전주에 위치한 산성
  └ 전주성은 후백제의 견훤이 왕궁이 있던 도시를 방어하기 위해 축조한 산성이에요.

③수원 화성 → 수원에 위치한 산성
  └ 수원 화성은 정조가 자신의 정치적 이상을 실현하기 위해 건설한 도시로, 정약용이 발명한 거중기를 이용해 축조되었어요.

④ 한양 도성 → 서울에 위치한 산성
  └ 한양 도성은 조선의 수도인 한양을 방어하기 위해 축조한 성곽이에요.

기출 사료 더보기 정조의 수원 화성 건립 [34회]

왕(정조) 13년 기유년에 사도 세자의 무덤을 수원 화산으로 옮기고 이름을 현륭원으로 바꾼 다음 화성을 크게 쌓았다. …… 19년 을묘년에는 자궁(慈宮)*을 모시고 현륭원에 배알한 후 화성 행궁으로 돌아와 술잔을 올려 수(壽)를 빌고 하교하기를, "일찍 아버지를 여읜 나로서 이곳에서 이 예를 거행하고 나니 지극한 소원이 대강 풀린 셈이다."라고 하였다.

*자궁(慈宮): 혜경궁 홍씨를 가리킴.

제63회 점수공략 해설 해커스 한국사능력검정시험 한권완성 기출 500제 기본

(가)에 들어갈 내용으로 가장 적절한 것은?
[2점]

이곳은 석파정으로 고종의 아버지인 이하응의 별장이었습니다. 그는 아들 고종이 12세의 어린 나이에 왕위에 오르자 10여 년간 국정을 장악하였습니다. 이 시기에 있었던 사실을 대화창에 올려 주세요.

흥선 대원군 집권 시기

ON 대화 창

당백전이 발행되었어요.

호포제가 실시되었어요.

글쓰기 (가)

키워드 돋보기

고종의 아버지, 10여 년간 국정 장악을 통해 흥선 대원군 집권 시기임을 알아야 해요!

흥선 대원군은 고종의 아버지로, 고종이 어린 나이에 왕위에 오르자 고종을 대신하여 나라를 다스렸어요. 그는 왕실의 권위를 회복하기 위해 임진왜란 중 소실된 **경복궁**을 **중건**하였으며, 공사비를 마련하기 위해 고액 화폐인 **당백전을 발행**하였어요. 또한, 삼정의 문란 중 군정의 폐단을 해결하기 위해 **호포제를 실시**하여 양반에게도 군포를 내게 하였어요.

① 녹읍이 폐지되었어요. → 통일 신라 신문왕
 └ 통일 신라 신문왕 때 조세를 거두고 노동력까지 동원할 수 있었던 녹읍이 폐지되었어요.

② 장용영이 설치되었어요. → 조선 정조
 └ 조선 정조 때 왕권을 강화하기 위해 국왕의 친위 부대인 장용영이 설치되었어요.

③ 척화비가 건립되었어요. → 흥선 대원군 집권기(고종)
 └ 흥선 대원군 집권기인 신미양요 직후, 종로와 전국 각지에 서양과의 통상 수교 거부 정책을 분명히 하는 척화비가 건립되었어요.

④ 요동 정벌이 추진되었어요. → 고려 우왕
 └ 고려 말 우왕 때 명이 철령 이북에 명의 군영인 철령위를 설치하겠다고 통보하자, 최영을 중심으로 요동 정벌이 추진되었어요.

기출 사료 더보기 척화비 건립 [45회]

이때에 이르러서는 돌을 캐어 종로에 비석을 세웠다. 그 비면에는 "서양 오랑캐가 침범하는데 싸우지 않으면 곧 화의하는 것이요, 화의를 주장함은 나라를 팔아먹는 것이다."라고 썼다. 또 그 옆에는 작은 글자로 …… "병인년에 비문을 짓고 신미년에 세운다."라고 하였다.
 – 『대한계년사』

(가)~(다)를 일어난 순서대로 옳게 나열한 것은?
[3점]

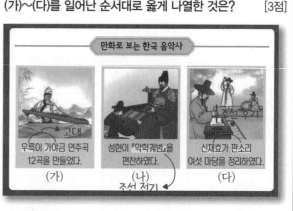

만화로 보는 한국 음악사

고대
우륵이 가야금 연주곡 12곡을 만들었다.
(가)

성현이 『악학궤범』을 편찬하였다.
(나)
조선 전기

신재효가 판소리 여섯 마당을 정리하였다.
(다)

키워드 돋보기

(가) 우륵, 가야금을 통해 고대임을 알아야 해요!
(나) 『악학궤범』을 통해 조선 전기임을 알아야 해요!
(다) 신재효, 판소리를 통해 조선 후기임을 알아야 해요!

(가) 고대 대가야의 **우륵**이 왕의 명령을 받아 **가야금 연주곡 12곡**을 만들었어요.
(나) **조선 전기**인 **성종** 때 성현이 음악의 이론과 역사 등을 집대성한 음악 이론서인 『**악학궤범**』을 편찬하였어요.
(다) 조선 후기에 **신재효**가 판소리를 **여섯 마당**으로 정리하였어요.

①(가) – (나) – (다)
 └ 순서대로 나열하면 (가) 우륵이 가야금 연주곡 12곡을 만듦(고대) – (나) 『악학궤범』 편찬(조선 전기) – (다) 신재효의 판소리 여섯 마당 정리(조선 후기)가 돼요.

② (나) – (가) – (다)

③ (나) – (다) – (가)

④ (다) – (나) – (가)

기출 포인트 더보기 판소리

특징	• 감정 표현이 직접적이고 솔직하여 서민 문화의 중심으로 성장함 • 신재효가 판소리 사설을 창작하고 여섯 마당을 정리함
대표 작품	『춘향가』·『심청가』·『흥보가』·『적벽가』·『수궁가』 → 유네스코 세계 무형유산

31 | 근대 조·미 수호 통상 조약

정답 ①

밑줄 그은 '조약'에 대한 설명으로 옳은 것은? [3점]

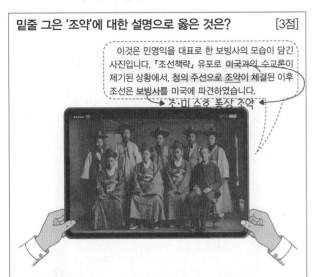

이것은 민영익을 대표로 한 보빙사의 모습이 담긴 사진입니다. 『조선책략』 유포로 미국과의 수교론이 제기된 상황에서, 청의 주선으로 조약이 체결된 이후 조선은 보빙사를 미국에 파견하였습니다.

→ 조·미 수호 통상 조약 ←

키워드 돋보기

미국, 청의 주선으로 체결, 보빙사를 통해 조·미 수호 통상 조약임을 알아야 해요!

조·미 수호 통상 조약은 『조선책략』 유포와 미국과의 수교론이 제기된 상태에서 청의 주선으로 조선이 미국과 체결한 근대적 조약이었어요(1882). 조약 체결 이후 조선 정부는 미국의 주한 공사 파견에 대한 답례로 홍영식·서광범·박정양 등으로 구성된 보빙사를 미국에 파견하였어요(1883).

① **최혜국 대우가 규정되어 있다.** → 조·미 수호 통상 조약
└ 조·미 수호 통상 조약은 서양 국가와 처음 맺은 조약으로, 최혜국 대우 등을 처음으로 규정한 불평등 조약이에요.

② 통감부가 설치되는 결과를 가져왔다. → 을사늑약
└ 을사늑약의 체결 결과 통감부가 설치되고 이토 히로부미가 초대 통감으로 부임하였어요.

③ 부산, 원산, 인천을 개항하는 배경이 되었다. → 강화도 조약
└ 강화도 조약은 조선과 일본이 맺은 최초의 근대적 조약으로, 이는 부산, 원산, 인천을 개항하는 배경이 되었어요.

④ 일본 공사관에 경비병이 주둔하는 계기가 되었다.
→ 제물포 조약
└ 제물포 조약은 임오군란 결과 체결된 조약으로, 이는 일본 공사관에 경비병이 주둔하게 되는 계기가 되었어요.

기출 포인트 더보기 조·미 수호 통상 조약

배경	『조선책략』의 유포, 청의 알선
내용	• 거중조정 조항(양국 중 한 나라가 위협받으면 서로 돕는다는 규정) • 치외 법권 인정, 최혜국 대우 규정 → 불평등 조항 • 미국 수출입 상품에 낮은 비율의 관세 부과
결과	미국에 사절단인 보빙사 파견

32 | 근대 우정총국

정답 ②

(가)에 들어갈 내용으로 옳은 것은? [2점]

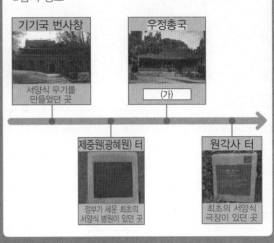

답사 안내

■ 주제: 개항 이후 설립된 근대 시설의 자취를 찾아서
■ 일시: 2023년 ○○월 ○○일 09:00~17:00
■ 답사 장소

기기국 번사창
서양식 무기를 만들었던 곳

우정총국
(가)

제중원(광혜원) 터
정부가 세운 최초의 서양식 병원이 있던 곳

원각사 터
최초의 서양식 극장이 있던 곳

키워드 돋보기

근대 시설인 우정총국에 대해 알아야 해요!

우정총국은 1884년에 조선 정부가 세운 근대 시설 중 하나로, 근대적 우편 업무를 담당하기 위해 세워졌어요. 그러나 급진 개화파가 우정총국 개국 축하연을 이용해 갑신정변을 일으켜 우편 업무가 중단되었고 우정총국은 폐지되었어요.

① 나운규의 아리랑이 개봉되었던 곳 → 단성사
└ 단성사는 한국 최초의 상설 영화관으로, 일제 강점기에 단성사에서 나운규가 만든 영화 아리랑이 개봉되었어요.

② **근대적 우편 업무를 담당하였던 곳** → 우정총국
└ 우정총국은 근대적 우편 업무를 담당하기 위해 설립한 근대 시설로, 갑신정변 이후에 폐지되었어요.

③ 순 한문 신문인 한성순보가 발간되었던 곳 → 박문국
└ 박문국은 출판을 담당하기 위해 설치한 근대 기관으로, 최초의 근대적 순 한문 신문인 한성순보가 발간되었어요.

④ 헐버트를 교사로 초빙해 근대 학문을 가르쳤던 곳 → 육영 공원
└ 육영 공원은 정부가 근대 학문을 가르치기 위해 설립한 최초의 공립 학교로, 미국인 헐버트·길모어 등을 교사로 초빙하여 근대적 학문을 가르쳤어요.

33 | 근대 군국기무처

정답 ④

(가)에 들어갈 기구로 옳은 것은? [2점]

키워드 돋보기

노비 제도가 폐지되었다는 것과 과거 제도를 없애고 연좌제를 폐지했다는 것을 통해 제차 갑오개혁을 추진한 군국기무처임을 알아야 해요!

군국기무처는 제1차 갑오개혁 시기에 개혁을 추진한 최고 결정 기구로, 김홍집이 총재를 맡았어요. 제1차 갑오개혁 때에는 군국기무처를 중심으로 노비 제도, 과거제, 연좌제를 폐지하는 등 다양한 개혁이 추진되었어요.

① 비변사 → 조선 후기 국정 총괄 기구(조선)
  └ 비변사는 조선 중종 때 3포 왜란을 계기로 처음 설치된 임시 회의 기구였으나, 임진왜란을 거치며 조선 후기에 국정 총괄 기구로 성장하였어요.

② 원수부 → 대한 제국 황제 직속 군 통수 기관(근대)
  └ 원수부는 대한 제국 시기에 황제의 군사권을 강화하기 위해 설치한 황제 직속의 군 통수 기관이에요.

③ 홍문관 → 조선 시대 국왕의 자문 기구(조선)
  └ 홍문관은 조선 시대 국왕의 자문 기구로, 임금에게 유학 경서를 가르치는 경연을 주관하였어요.

④ 군국기무처 → 제차 갑오개혁 추진 기구(근대)
  └ 군국기무처는 근대적 개혁을 추진하기 위해 제차 갑오개혁 때 설치된 최고 정책 결정 기구로, 노비 제도·과거제 폐지 등을 추진하였어요.

기출 포인트 더보기 제1차 갑오개혁

배경	일본이 경복궁을 점령하고 김홍집 내각을 수립하여 조선에 내정 개혁 강요
개혁 추진	군국기무처를 중심으로 개혁을 추진함
개혁 내용	• '개국' 기원 사용 • 과거제 폐지 • 탁지아문이 재정에 관한 모든 사무 담당(재정의 일원화) • 은본위 화폐 제도 채택, 도량형 통일 • 공·사 노비제 철폐 • 연좌제 폐지, 조혼 금지, 과부 재가 허용 등

---

34 | 근대 독립신문

정답 ③

밑줄 그은 '이 신문'에 대한 설명으로 옳은 것은? [2점]

키워드 돋보기

서재필, 우리나라 최초의 민간 신문을 통해 독립신문임을 알아야 해요!

독립신문은 미국에서 귀국한 **서재필** 등이 정부의 지원을 받아 창간한 **우리나라 최초의 민간 신문**으로, 나라 안팎의 소식을 백성들에게 알리는 역할을 하였어요. 또한 **한글판과 영문판으로 발행**되어 남녀노소뿐만 아니라 외국 사람들까지도 조선의 사정을 알 수 있도록 하였어요.

① 천도교의 기관지였다. → 만세보
  └ 만세보는 천도교의 기관지로, 민족 의식을 고취시키기 위해 발간되었어요.

② 박문국에서 발간하였다. → 한성순보
  └ 한성순보는 박문국에서 발간한 우리나라 최초의 근대 신문으로, 열흘에 한 번씩 간행되었어요.

③ 한글판과 영문판으로 발행되었다. → 독립신문
  └ 독립신문은 서재필 등이 정부의 지원을 받아 창간한 우리나라 최초의 민간 신문으로, 한글판과 영문판으로 발행되었어요.

④ 시일야방성대곡이라는 논설을 실었다. → 황성신문
  └ 황성신문은 유생층을 대상으로 한 신문으로, 을사늑약의 부당성을 비판한 장지연의 '시일야방성대곡'이라는 논설을 실었어요.

기출 포인트 더보기 근대 신문

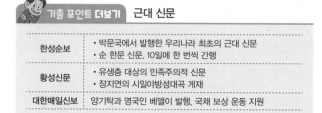

한성순보	• 박문국에서 발행한 우리나라 최초의 근대 신문 • 순 한문 신문, 10일에 한 번씩 간행
황성신문	• 유생층 대상의 민족주의적 신문 • 장지연의 시일야방성대곡 게재
대한매일신보	양기탁과 영국인 베델이 발행, 국채 보상 운동 지원

35 | 근대 | 을미사변 이후의 사실
정답 ④

다음 가상 뉴스가 보도된 이후에 전개된 사실로 옳은 것은? [2점]

속보입니다. 오늘 새벽 한성에 주둔 중인 일본군 수비대 등이 궁궐에 침입하여 왕비를 시해하는 만행을 저질렀습니다. 최근 부임한 일본 공사가 사건을 지휘한 것으로 지목되고 있어 충격을 더하고 있습니다.
→ 을미사변(1895)

속보 | **일본군 수비대 등이 왕비 시해**

키워드 돋보기

일본군 수비대 등이 궁궐에 침입하여 왕비를 시해하였다는 것을 통해 을미사변(1895)임을 알아야 해요!

을미사변은 청·일 전쟁 이후 명성 황후(민비)가 일본의 압력에서 벗어나기 위해 러시아 세력과 손을 잡자, 친러 정책에 위기를 느낀 일본이 한성에 주둔 중인 **일본군 수비대** 등을 보내 **경복궁에 침입**하여 **왕비**인 **명성 황후(민비)**를 시해한 사건이에요(1895).

① 외규장각 도서가 약탈되었다. → 1866년
　└ 병인양요 때인 1866년에 프랑스군이 퇴각하는 과정에서 『의궤』를 포함한 외규장각 도서가 약탈되었어요.

② 김윤식이 영선사로 파견되었다. → 1881년
　└ 1881년에 김윤식 등이 청의 근대 무기 제조 기술을 배우기 위해 영선사로 파견되었어요.

③ 제너럴셔먼호 사건이 발생하였다. → 1866년
　└ 1866년에 미국 상선 제너럴셔먼호가 평양까지 들어와 통상을 요구하며 횡포를 부렸다가, 평양 관민에 의해 불타 침몰한 제너럴셔먼호 사건이 발생하였어요.

④ **고종이 러시아 공사관으로 피신하였다.** → 1896년
　└ 을미사변으로 신변의 위협을 느낀 고종이 1896년에 몰래 궁을 떠나 러시아 공사관으로 피신하는 아관 파천을 단행하였어요.

기출 포인트 더보기　아관 파천

배경	· 을미사변 이후 고종은 신변의 위협을 느낌 · 러시아는 조선에서의 영향력을 강화하고자 함
전개	고종에 대한 일본의 압력 고조 → 친러파가 러시아 공사 베베르와 함께 고종의 거처를 러시아 공사관으로 옮김
결과	· 친러 내각 수립 · 러시아의 내정 간섭과 열강의 이권 침탈 본격화

---

36 | 근대 | 신민회
정답 ③

(가)에 들어갈 단체로 옳은 것은? [1점]

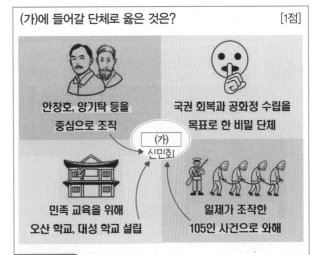

안창호, 양기탁 등을 중심으로 조직 | 국권 회복과 공화정 수립을 목표로 한 비밀 단체
(가) 신민회
민족 교육을 위해 오산 학교, 대성 학교 설립 | 일제가 조작한 105인 사건으로 와해

키워드 돋보기

안창호, 양기탁 등을 중심으로 조직, 오산 학교, 대성 학교 설립, 105인 사건으로 와해를 통해 신민회임을 알아야 해요!

신민회는 안창호, 양기탁 등을 중심으로 조직된 비밀 단체로, 실력 양성을 통한 **국권 회복과 공화정 수립**을 목표로 하였어요. 이를 위해 **오산 학교, 대성 학교**를 세워 민족 교육을 추진하고, 신흥 강습소를 설립해 독립군을 양성하였어요. 그러나 신민회는 일제가 독립운동가들이 데라우치 총독 암살을 모의하였다고 조작한 **105인 사건**으로 와해되었어요.

① 근우회 → 일제 강점기 여성 운동 단체
　└ 근우회는 일제 강점기의 여성 단체이자 신간회의 자매 단체로, 여성 계몽과 차별 철폐 등을 주장하였어요.

② 보안회 → 근대 애국 계몽 운동 단체
　└ 보안회는 근대의 애국 계몽 운동 단체로, 일본의 황무지 개간권 요구에 대한 반대 운동을 전개하여 일본의 요구를 저지하였어요.

③ **신민회 → 근대 애국 계몽 운동 단체**
　└ 신민회는 안창호, 양기탁 등을 지도부로 하여 비밀리에 조직된 근대의 애국 계몽 운동 단체로, 오산 학교, 대성 학교를 세우는 등의 활동을 전개하였어요.

④ 조선어 학회 → 일제 강점기 국어 연구 단체
　└ 조선어 학회는 일제 강점기의 국어 연구 단체로, 한글 맞춤법 통일안과 표준어를 제정하고, 『조선말 큰사전』 편찬을 주도하였어요.

기출 포인트 더보기　 신민회

조직	안창호, 양기탁, 박은식 등을 중심으로 조직
목표	· 실력 양성을 통한 국권 회복 · 공화 정치 체제의 근대 국가 수립
방향	실력 양성론 + 독립 전쟁론
활동	· 실력 양성: 민족 교육 추진, 민족 산업 육성, 민족 문화 양성 · 독립 전쟁: 독립군 기지 건설
해산	105인 사건으로 해산

정답 ②

(가)에 들어갈 인물로 옳은 것은? [2점]

이것은 구 서울역사 앞에 세워진 (가) 의사의 동상입니다. 당시 65세였던 그는 새로 부임하는 사이토 총독을 향해 이곳에서 폭탄을 던졌으나, 뜻을 이루지 못하고 체포되어 이듬해 서대문 형무소에서 순국하였습니다. → 강우규

키워드 돋보기

사이토 총독을 향해 폭탄을 던졌다는 것을 통해 강우규임을 알아야 해요!

강우규는 일제 강점기의 독립운동가로, 만주와 연해주를 오가며 독립운동을 전개하였어요. 그는 **노인 동맹단**에 가입하여 활동하였으며, **서울역**에서 새로 부임하는 **사이토 마코토 총독**의 마차에 **폭탄을 투척**하였으나 총독 암살에는 실패하였어요. 이후 그는 체포되었고, 이듬해인 1920년에 서대문 형무소에서 순국하였어요.

① 김구 → 한인 애국단 조직
┗ 김구는 침체된 대한민국 임시 정부의 활기를 불어넣기 위해 1931년에 상하이에서 한인 애국단을 조직하였어요.

②강우규 → 사이토 마코토 총독을 향해 폭탄 투척
┗ 강우규는 노인 동맹단의 단원으로, 서울역에서 새로 부임하는 사이토 마코토 총독의 마차에 폭탄을 투척하는 의거를 일으켰어요.

③ 윤봉길 → 상하이에서 의거
┗ 윤봉길은 한인 애국단의 단원으로, 상하이 훙커우 공원에서 열린 일왕 탄생 축하 겸 상하이 점령 축하식에서 단상에 폭탄을 던져 일본 고위 관리를 처단하였어요.

④ 이승만 → 대한민국 임시 정부 초대 대통령
┗ 이승만은 대한민국 임시 정부의 초대 대통령으로, 미국 정부에 국제 연맹이 대한민국을 위임 통치해 줄 것을 건의한 위임 통치 청원서를 보냈어요.

기출 포인트 더보기 의열 투쟁

강우규 의거	노인 동맹단원 강우규가 사이토 마코토 총독에게 폭탄 투척(1919)	
의열단	박재혁	부산 경찰서에 폭탄 투척(1920)
	김익상	조선 총독부에 폭탄 투척(1921)
	김상옥	종로 경찰서에 폭탄 투척(1923)
	나석주	동양 척식 주식회사와 조선 식산 은행에 폭탄 투척(1926)

정답 ④

다음 인물에 대한 설명으로 옳은 것은? [3점]

역사 인물 카드

손 병 희

• 생몰: 1861년~1922년
• 호: 의암
• 주요 활동
  – 교조 신원 운동에 참여함
  – 동학의 3대 교주로 취임함
  – 동학을 천도교로 선포함

키워드 돋보기

손병희에 대해 알아야 해요!

의암 **손병희**는 종교인이자 독립 운동가로, 제2차 동학 농민 운동 당시 북접의 대표로 참여하였어요. 또한 **동학의 3대 교주로 취임**하여 동학을 **천도교로 선포**하였으며, 3·1 운동 당시 민족 대표 33인 중 천도교 측의 대표로 독립 선언에 참여하였어요.

① 청산리 전투를 승리로 이끌었다. → 김좌진, 홍범도 등
┗ 김좌진이 이끄는 북로 군정서군과 홍범도가 이끄는 대한 독립군의 연합 부대가 청산리 전투에서 일본군에 맞서 승리하였어요.

② 하얼빈에서 이토 히로부미를 처단하였다. → 안중근
┗ 안중근은 대한 제국 말에 활동한 독립운동가로, 1909년에 만주 하얼빈역에서 초대 통감인 이토 히로부미를 처단하였어요.

③ 헤이그 만국 평화 회의에 특사로 파견되었다.
→ 이상설, 이위종, 이준
┗ 이상설, 이위종, 이준은 을사늑약의 부당성을 세계에 알리기 위해 네덜란드 헤이그에서 열린 만국 평화 회의에 특사로 파견되었어요.

④민족 대표 33인 중 한 명으로 독립 선언에 참여하였다.
→ 손병희
┗ 손병희는 종교인이자 독립운동가로, 3·1 운동 당시 민족 대표 33인 중 천도교 측의 대표로 독립 선언에 참여하였어요.

기출 포인트 더보기 손병희의 활동

• 최시형(2대 교주) 등과 함께 교조(1대 교주) 최제우의 신원 운동을 전개함
• 동학 농민 운동 전개 과정에서 북접 농민군을 지휘·통솔함
• 동학의 3대 교주로 취임함
• 동학을 천도교로 개칭함
• 천도교 측 대표로 3·1 운동에 참여함
• 대한 국민 의회 대통령에 추대됨

39 | 민립 대학 설립 운동

정답 ④

(가)에 들어갈 민족 운동으로 옳은 것은? [1점]

(가) 에 대해 검색해 줘.

검색 결과입니다.

1920년대 초반 실력 양성 운동의 일환으로 이상재, 이승훈 등이 고등 교육 기관을 설립하기 위해 전개한 운동입니다.

1년 내 1천만 원 조성을 목표로 모금 활동을 추진하였으나, 조선 총독부의 방해와 자연재해 등으로 성과를 거두지 못하였습니다.

민립 대학 설립 운동

키워드 돋보기

이상재, 이승훈 등이 고등 교육 기관을 설립하기 위해 전개한 운동을 통해 **민립 대학 설립 운동**임을 알아야 해요!

민립 대학 설립 운동은 이상재, 이승훈 등이 고등 교육 기관 설립을 위해 조선 민립 대학 기성회를 조직하며 시작된 민족 교육 운동이에요. 이 운동은 '한민족 1천만이 한 사람이 1원씩'이라는 구호를 내세우며 모금 활동을 전개하였으나, 일제의 방해와 가뭄·수해 등으로 실패하였어요.

① 6·10 만세 운동 → 만세 운동
ㄴ 6·10 만세 운동은 대한 제국의 마지막 황제였던 순종이 서거하자, 순종의 인산일(장례일)인 6월 10일에 전개된 만세 운동이에요.

② 물산 장려 운동 → 실력 양성 운동
ㄴ 물산 장려 운동은 회사령 철폐 이후 일본 기업이 조선에 활발하게 진출하자 국산품 애용을 통해 민족 산업을 육성하고자 '내 살림 내 것으로' 등의 표어 아래 전개된 운동이에요.

③ 광주 학생 항일 운동 → 항일 민족 운동
ㄴ 광주 학생 항일 운동은 3·1 운동 이후 최대 규모의 항일 민족 운동으로, 광주에서 나주로 가는 통학 열차에서 발생한 한·일 학생의 충돌을 일본 경찰이 편파적으로 수사한 것을 계기로 일어난 운동이에요.

④ 민립 대학 설립 운동 → 민족 교육 운동
ㄴ 민립 대학 설립 운동은 이상재 등이 조선 민립 대학 기성회를 조직하여 전개한 민족 교육 운동으로, '한민족 1천만이 한 사람이 1원씩'이라는 구호로 모금 운동을 전개하였어요.

기출 포인트 더보기 민립 대학 설립 운동

배경	• 제2차 조선 교육령이 공포되어 대학 설립이 가능해짐 • 고등 교육의 필요성이 나타남
활동	• 이상재, 이승훈 등이 조선 민립 대학 기성회를 조직하며 시작됨 • '한민족 1천만이 한 사람이 1원씩'이라는 구호로 모금 운동 전개
결과	• 일제의 방해와 가뭄·수해 등으로 모금 운동 실패 • 일제가 회유책으로 경성 제국 대학을 설립함

40 | 강주룡

정답 ①

(가)에 해당하는 인물로 옳은 것은? [2점]

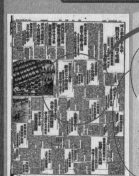

신문으로 보는 일제 강점기 노동 운동

내용 살펴보기

평양 을밀대 지붕 위에 올라갔다가 평양 경찰서에 검속되어 있는 평원 고무 공장 파업 여공 (가) 이 31일 밤까지 단식을 계속하고 있다. …… 그는 평원 고무 공장이 임금 삭감을 취소하지 않으면 먹지 않겠다고 버티는 중이다.

강주룡

키워드 돋보기

평양 을밀대 지붕에 올라갔다는 것과 **평원 고무 공장 파업 여공**을 통해 강주룡임을 알아야 해요!

강주룡은 평양 평원 고무 공장의 노동자로, 1931년에 회사에서 일방적으로 임금 삭감, 근무 시간 연장, 정리해고 등을 단행하자, 임금 삭감 반대와 노동 조건 개선 등을 주장하며 동료들과 함께 파업을 주도하였어요. 또한 이를 알리기 위해 을밀대 지붕 위에 올라가 고공 농성을 전개하였답니다.

①
강주룡

→ 고공 농성 전개
ㄴ 강주룡은 평양 평원 고무 공장 노동자로, 회사에서 일방적인 임금 삭감, 정리해고 등을 단행하자 임금 삭감 반대와 노동 조건 개선 등을 주장하며 을밀대 지붕 위에 올라가 고공 농성을 전개하였어요.

②
남자현

→ 사이토 총독 암살 기도
ㄴ 남자현은 만주에서 활동한 독립운동가로, 조선 총독이었던 사이토 마코토의 암살을 기도하였어요.

③
유관순

→ 3·1 운동 참여
ㄴ 유관순은 항일 독립운동가로, 3·1 운동 당시 천안 아우내 장터에서 직접 만든 태극기를 나눠주며 독립 만세 운동을 주도하였어요.

④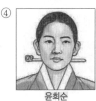
윤희순

→ 을미의병·정미의병 지원
ㄴ 윤희순은 항일 독립운동가로, 을미의병과 정미의병 때 의병 활동을 지원하였어요.

41 조선 혁명군

정답 ③

(가)에 들어갈 무장 투쟁 단체로 옳은 것은? [3점]

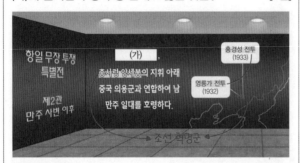

항일 무장 투쟁 특별전

제2관 만주 사변 이후

(가),
총사령관 양세봉의 지휘 아래 중국 의용군과 연합하여 남 만주 일대를 호령하다.

흥경성 전투 (1933)

영릉가 전투 (1932)

→ 조선 혁명군

키워드 돋보기

총사령 양세봉, 영릉가 전투, 흥경성 전투를 통해 조선 혁명군임을 알아야 해요!

조선 혁명군은 1930년대 초에 남만주 일대에서 총사령관 양세봉을 중심으로 활동한 조선 혁명당 산하의 군사 조직으로, 중국 의용군과 연합하여 영릉가 전투(1932), 흥경성 전투(1933) 등에서 일본군을 상대로 크게 승리하였어요.

① 의열단 → 김원봉 등이 조직한 의열 단체
 └ 의열단은 1919년에 김원봉 등이 만주 지린(길림)에서 조직한 의열 단체로, 식민 통치 기관 파괴와 일제의 주요 요인 처단을 목표로 활동하였어요.

② 북로 군정서 → 김좌진이 이끈 독립군 부대
 └ 북로 군정서는 만주 지역에서 김좌진이 이끈 독립군 부대로, 청산리 전투에서 일본군에게 크게 승리하였어요.

③ 조선 혁명군 → 양세봉이 이끈 독립군 부대
 └ 조선 혁명군은 총사령관 양세봉을 중심으로 중국 의용군과 연합 작전을 수행하여 영릉가 전투, 흥경성 전투에서 일본군에게 크게 승리하였어요.

④ 한국광복군 → 대한민국 임시 정부의 산하 군대
 └ 한국광복군은 1940년에 창설된 대한민국 임시 정부의 산하 군대로, 미국과 연계하여 국내 진공 작전을 추진하였어요.

기출 자료 더보기 조선 혁명군의 영릉가 전투 [44회]

때는 해동 무렵이어서 얼음이 풀린 소자강은 수심이 깊었다. 게다가 얼음덩이가 뗏목처럼 흘러내렸다. 하지만 앞에 있는 이 강을 건너지 못하면 영릉가로 쳐들어 갈 수 없었다. 밤 12시까지 영릉가에 들어가 반드시 공격을 알리는 신호탄을 울려야만 했다. 양세봉 사령은 전사들에게 소자강을 건너라고 명령하고 자기부터 강물에 뛰어들었다.

42 민족 말살 통치 시기의 모습✧

정답 ③

밑줄 그은 '시기'에 볼 수 있는 모습으로 가장 적절한 것은? [2점]

저는 지금 제주 송악산에 있는 일제 동굴 진지에 와 있습니다. 동굴 진지는 일제가 일으킨 태평양 전쟁이 전개되던 시기에 송악산 주변 군사 시설 경비와 연안으로 침투하는 연합군에 대한 대비를 위해 만들어졌습니다.

민족 말살 통치 시기

키워드 돋보기

일제가 일으킨 태평양 전쟁이 전개되던 시기를 통해 민족 말살 통치 시기임을 알아야 해요!

민족 말살 통치 시기에 일제는 중·일 전쟁(1937)과 태평양 전쟁(1941)을 일으키며 침략 전쟁을 확대하였어요. 일제는 한국인을 침략 전쟁에 원활히 동원하기 위해 민족의식을 말살하는 정책을 펼쳤으며, 이를 위해 일본 천황에게 충성을 맹세하는 내용의 황국 신민 서사를 강제로 외우게 하였어요. 또한 전쟁에 필요한 인력 동원을 위해 국민 징용령, 징병제 등을 실시하였어요.

① 원산 총파업에 참여하는 노동자 → 문화 통치 시기
 └ 문화 통치 시기인 1929년에 석유 회사의 일본인 감독이 조선인 노동자를 폭행한 사건이 계기가 되어 원산 노동자 총파업이 일어났어요.

② 만민 공동회에서 연설하는 백정 → 대한 제국 시기
 └ 대한 제국 시기인 1898년에 독립 협회가 대중 집회인 만민 공동회를 개최하였어요.

③ 황국 신민 서사를 암송하는 학생 → 민족 말살 통치 시기
 └ 민족 말살 통치 시기에 일제는 조선인에게 일본 천황에게 충성을 맹세하는 내용의 황국 신민 서사를 강제로 외우게 하였어요.

④ 조선 태형령을 관보에 싣는 관리 → 무단 통치 시기
 └ 무단 통치 시기인 1912년에 일제는 한국인에 한하여 재판 없이 태형을 가할 수 있는 조선 태형령을 실시하였어요.

기출 사료 더보기 황국 신민화 정책 [43회]

이미 육군 특별 지원병령이 공포되고 이제 조선 교육령이 다시 개정되었으니 관민에게 그 깊은 뜻을 알리고자 한다. 대체로 조선 통치의 목표는 조선인들이 참된 황국 신민으로서의 본질에 철저하게 하여, 내선일체를 이루어 …… 동아(東亞)의 일에 대처하도록 하는 것이다.
– 총독 미나미 지로 유고(諭告)

43 | 조선 건국 동맹

정답 ④

(가)에 들어갈 단체로 옳은 것은? [2점]

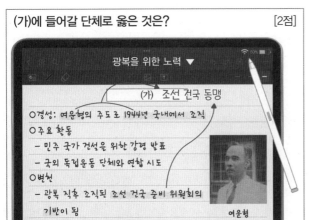

광복을 위한 노력 ▼

(가) 조선 건국 동맹

○결성: 여운형의 주도로 1944년 국내에서 조직
○주요 활동
 - 민주 국가 건설을 위한 강경 발표
 - 국외 독립운동 단체와 연합 시도
○변천
 - 광복 직후 조직된 조선 건국 준비 위원회의
  기반이 됨

여운형

키워드 돋보기

여운형의 주도로 1944 국내에서 조직, 조선 건국 준비 위원회의 기반이 되었다는 것을 통해 조선 건국 동맹임을 알아야 해요!

조선 건국 동맹은 일제의 패망과 광복에 대비하여 **여운형의 주도로 1944년 국내에서 비밀리에 조직된 단체**로, 광복 직후 사회의 질서를 유지하고 독립 국가를 건설하기 위해 조직된 **조선 건국 준비 위원회의 기반**이 되었어요.

① 독립 의군부 → 임병찬이 조직한 비밀 결사 단체
 ㄴ 독립 의군부는 임병찬이 고종의 밀명을 받아 1912년에 조직한 국내 비밀 결사 단체예요.

② 민족 혁명당 → 의열단이 중심이 되어 조직한 단체
 ㄴ 민족 혁명당은 중국 내 독립운동 조직을 통합하기 위한 민족 유일당 운동의 일환으로 의열단이 중심이 되어 1935년에 결성한 단체예요.

③ 조선 의용대 → 김원봉이 창설한 한인 무장 조직
 ㄴ 조선 의용대는 1930년대 후반에 김원봉이 중국 국민당의 지원을 받아 창설한 군사 조직이자, 중국 관내에서 결성된 최초의 한인 무장 부대예요.

④ 조선 건국 동맹 → 여운형이 조직한 건국 준비 활동 단체
 ㄴ 조선 건국 동맹은 일제의 패망과 광복에 대비하여 1944년에 여운형의 주도로 국내에서 비밀리에 조직된 단체로, 광복 직후 조직된 조선 건국 준비 위원회의 기반이 되었어요.

기출 포인트 더보기 여운형

- 1886년 경기도 양평군 출생
- 1918년 신한청년당 결성
- 1945년 조선 건국 준비 위원회 위원장에 취임
- 1946년 좌·우 합작 위원회 조직
- 1947년 서울 혜화동에서 피살

---

44 | 제헌 국회

정답 ②

밑줄 그은 '국회'에 대한 설명으로 옳은 것은? [3점]

이 사진은 5·10 총선거를 통해 구성된 국회의 개원식 모습입니다. 임기 2년의 국회의원으로 구성된 이 국회는 국호를 대한민국으로 결정하고 헌법을 제정하였습니다.

제헌 국회

키워드 돋보기

5·10 총선거를 통해 구성, 임기 2년의 국회의원으로 구성을 통해 제헌 국회임을 알아야 해요!

제헌 국회는 1948년에 실시된 우리나라 최초의 민주적인 보통 선거인 **5·10 총선거를 통해 구성된 2년 임기의 국회**예요. 대통령 간선제 등의 내용을 담은 제헌 헌법을 공포하고, 이승만을 대통령으로, 이시영을 부통령으로 선출하여 대한민국 정부 수립을 선포하였어요. 또한 친일파 청산을 위해 **반민족 행위 처벌법**, 농지를 농민에게 적절히 분배하여 농가 경제의 자립과 농업 생산력을 증진하기 위해 **농지 개혁법**, 일본인 소유의 재산 처리를 위해 **귀속 재산 처리법**을 제정하였어요.

① 3선 개헌안을 통과시켰다. → 제7대 국회(박정희 정부)
 ㄴ 제7대 국회에서는 대통령의 3선 연임을 허용하는 3선 개헌안을 통과시켰어요.

② 농지 개혁법을 제정하였다. → 제헌 국회(이승만 정부)
 ㄴ 제헌 국회에서는 국가가 한 가구당 3정보 이상의 농지를 유상으로 매수하고, 유상으로 농민에게 분배하는 농지 개혁법을 제정하였어요.

③ 5·16 군사 정변으로 해산되었다. → 제5대 국회(장면 내각)
 ㄴ 제5대 국회는 1961년에 일어난 5·16 군사 정변으로 해산되었어요.

④ 국회의원의 3분의 1을 대통령이 추천하였다.
 → 제9대 국회(박정희 정부)
 ㄴ 제9대 국회는 유신 헌법에 따라 구성되었는데, 국회의원 정수의 3분의 1을 대통령이 추천하였어요.

45 | 현대 | 박정희 정부 시기의 사회 모습 ✨ 정답 ①

밑줄 그은 '정부' 시기에 볼 수 있는 사회 모습으로 가장 적절한 것은? [2점]

긴급 조치 9호로 피해를 당한 국민과 그 가족에 대해 국가의 배상 책임이 있다는 대법원 판결이 나왔습니다. 긴급 조치 9호에는 정부가 선포한 유신 헌법을 부정하거나 반대 또는 비방하는 행위 등을 금지하고, 위반할 경우 영장 없이 체포·구속해 1년 이상의 징역에 처한다는 내용이 담겨 있습니다. —박정희 정부

당시 대한뉴스 화면
헌법 부정행위 금지
대법원 "긴급 조치 9호로 인한 피해, 국가가 배상해야"

키워드 돋보기

긴급 조치 9호와 유신 헌법을 부정하거나 비방하는 행위 등을 금지함을 통해 박정희 정부임을 알아야 해유!

박정희 정부는 1972년 10월 유신을 발표하고 유신 헌법을 제정하여 독재 체제를 강화하였어요. 유신 헌법에 따라 대통령에게는 국민의 기본권을 제한할 수 있는 **긴급 조치권, 국회의원 3분의 1 추천권, 국회 해산권** 등이 부여되었어요. 한편, 박정희 정부는 긴급 조치를 이용해 민주주의를 요구하는 학생들과 국민들을 탄압하였는데, 1974년부터 1975년까지 총 9차례나 선포되었어요.

① **부·마 민주 항쟁에 참여하는 학생** → 박정희 정부
└ 박정희 정부 시기에 야당 총재 김영삼이 유신 체제를 비판하다가 국회의원 직에서 제명되자, 부산과 마산에서 시민들과 학생들이 유신 체제에 반대하는 부·마 민주 항쟁을 전개하였어요.

② 서울 올림픽 대회 개막식을 관람하는 시민 → **노태우 정부**
└ 노태우 정부 시기에 서울 올림픽 대회를 개최하여 국민의 일체감을 증대시키고 국제적 지위를 향상시켰어요.

③ 금융 실명제 시행 속보를 시청하는 회사원 → **김영삼 정부**
└ 김영삼 정부 시기에 금융 거래에서 당사자의 실명 사용을 의무화한 금융 실명제가 시행되었어요.

④ 반민족 행위 특별 조사 위원회에 체포되는 친일 행위자
→ 이승만 정부
└ 이승만 정부 시기에 제헌 국회에서 반민족 행위 처벌법을 제정하고 반민족 행위 특별 조사 위원회를 조직하여 친일파를 청산하고자 하였어요.

46 | 현대 | 전두환 정부 시기의 경제 상황 정답 ③

(가) 정부 시기의 경제 상황으로 옳은 것은? [2점]

2023년 △△월 △△일
○○ 신문
정치 경제 사회 문화 **스포츠**

스포츠) 축구

프로 축구 출범 40주년 맞아

전두환 정부

프로 축구가 올해로 출범 40주년을 맞게 된다. '슈퍼 리그'라는 이름 아래 다섯 팀으로 시작하였던 프로 축구는 현재 팀 수가 크게 늘어나 승강제가 시행될 정도로 규모가 확대되었다.

슈퍼 리그 개막 행사

5·18 민주화 운동이 진압된 이후 집권한 (가) 정부는 프로 야구 출범 이듬해인 1983년에 프로 축구를 출범시켰다. 이로써 프로 스포츠 시대가 본격화하였지만, 정치에 대한 국민의 관심을 돌리기 위한 조치였다는 비판을 받기도 한다.

키워드 돋보기

프로 축구 출범, 5·18 민주화 운동이 진압된 이후 집권을 통해 전두환 정부임을 알아야 해요!

5·18 민주화 운동이 진압된 이후 집권한 전두환 정부는 국민의 정치적 관심을 다른 곳으로 돌리기 위해 유화 정책을 실시하였어요. 이에 따라 **통행 금지가 해제**되었으며, **프로 야구단과 프로 축구단을 창단**하였어요. 한편, 전두환 정부 시기에는 전 세계적으로 나타난 **저유가, 저달러, 저금리의 3저 호황**으로 한국 경제가 성장하였어요.

① 제1차 경제 개발 5개년 계획이 수립되었다. → **박정희 정부**
└ 박정희 정부 시기에 주로 소비재 수출 산업을 육성하는 경공업 중심의 제1차 경제 개발 5개년 계획이 수립되었어요.

② 경제 협력 개발 기구(OECD)에 가입하였다. → **김영삼 정부**
└ 김영삼 정부 시기에 경제 협력 개발 기구(OECD)에 가입하여 시장 개방 정책을 추진하였어요.

③ 저금리·저유가·저달러의 3저 호황이 있었다. → **전두환 정부**
└ 전두환 정부 시기에 국제적으로 유가 및 금리 하락과 달러화 약세 등 저달러, 저유가, 저금리의 3저 호황으로 물가가 안정되고 수출이 증가하였어요.

④ 미국과의 자유 무역 협정(FTA)이 체결되었다. → **노무현 정부**
└ 노무현 정부 시기에 미국과 자유 무역 협정(FTA)을 체결하여 경제 개방을 추진하였어요.

 **기출 자료 더보기** 전두환 정부의 국민 회유책

· 컬러 텔레비전 방송 시작
· 두발 및 교복 자율화 조치
· 야간 통행 금지 해제
· 프로 야구 출범

47 | 현대 | 김대중

현대

정답 ①

학생들이 공통으로 이야기하는 인물로 옳은 것은? [2점]

- 제15대 대통령에 당선되어 평화적 여야 정권 교체를 이루었어.
- 분단 이후 처음으로 남북 정상 회담을 갖고, 6·15 남북 공동 선언을 발표하였지.
- 민주주의와 인권, 한반도 긴장 완화에 기여한 공로를 인정받아 노벨 평화상을 수상하였어.

→ 김대중

키워드 돋보기

6·15 남북 공동 선언을 발표하였다는 것과 노벨 평화상을 수상하였다는 것을 통해 김대중임을 알아야 해요!

김대중은 제15대 대통령으로 당선된 정치인으로, 대북 화해 협력 정책인 햇볕 정책을 추진하여 남북 관계를 개선하고자 하였어요. 햇볕 정책의 결과 김대중 대통령이 2000년 6월 평양을 방문하며, 최초로 제1차 남북 정상 회담이 개최되었어요. 또한 이 회담에서 남북한 정상은 남북 교류와 경제 협력 활성화 등에 합의하는 6·15 남북 공동 선언을 발표하였어요. 이처럼 김대중 대통령은 북한과의 평화와 화해를 위해 노력한 공로를 인정받아 2000년에 노벨 평화상을 수상하였어요.

① 김대중
  ㄴ 김대중은 제15대 대통령을 역임한 정치인으로, 최초로 남북 정상 회담을 개최하고 6·15 남북 공동 선언을 발표하였으며, 노벨 평화상을 수상하였어요.

② 김영삼
  ㄴ 김영삼은 제14대 대통령을 역임한 정치인으로, 군인이 아닌 일반 국민이 수립한 문민정부를 출범시켰으며 역사 바로 세우기 운동, 금융 실명제 시행 등의 정책을 실시하였어요.

③ 윤보선
  ㄴ 윤보선은 4·19 혁명 이후 제4대 대통령을 역임한 정치인으로, 박정희 등 군부 세력이 일으킨 5·16 군사 정변 이후에 하야 성명을 발표하며 대통령직에서 물러나게 되었어요.

④ 최규하
  ㄴ 최규하는 10·26 사태 이후 제10대 대통령으로 선출되었던 정치인으로, 전두환 등 신군부 세력이 일으킨 12·12 사태 때 실권을 잃고 대통령직에서 사임하였어요.

기출 선택지 더보기 | 김대중 정부

- 한·일 월드컵 축구 대회를 개최하였다. [52·51·45회]
- 남북 정상 회담을 개최하였다. [45·44·41회]
- 개성 공단 조성에 합의하였다. [54·49·43·42회]
- 6·15 남북 공동 선언이 발표되었다. [49·48·47·46회]

---

48 | 세시 풍속 | 정월 대보름

세시 풍속

정답 ④

(가)에 들어갈 명절로 옳은 것은? [1점]

키워드 돋보기

부럼 깨기, 오곡밥 먹기, 음력 1월 15일을 통해 정월 대보름임을 알아야 해요!

정월 대보름은 음력 1월 15일로 1년 중 첫 보름달이 뜨는 날이에요. 정월 대보름에는 귀밝이술과 오곡밥, 부럼 등을 먹는 풍습이 있었으며, 부스럼 예방을 위한 부럼 깨기, 해충 피해 방지를 위한 쥐불놀이, 액운을 물리치고 복을 기원하는 달집 태우기 등을 하며 보름달에 소원을 빌었어요.

① 단오 → 음력 5월 5일
  ㄴ 단오는 음력 5월 5일로, 수릿날이라고도 불렸어요. 이 날에는 창포물에 머리를 감고 씨름, 널뛰기, 그네뛰기 등을 즐겼으며 수레바퀴 모양의 수리취떡을 만들어 먹는 풍습이 있었어요.

② 동지 → 양력 12월 22·23일경
  ㄴ 동지는 양력 12월 22·23일경으로 1년 중 가장 밤이 길고 낮이 짧은 날이에요. 이 날에는 귀신을 쫓기 위해 새알심이 들어간 팥죽을 먹었어요.

③ 한식 → 양력 4월 5·6일경
  ㄴ 한식은 동지로부터 105일째 되는 날인 양력 4월 5·6일경으로, 불을 피우지 않고 찬 음식을 먹는 풍습이 있었어요.

④ 정월 대보름 → 음력 1월 15일
  ㄴ 정월 대보름은 음력 1월 15일로, 부럼 깨기·쥐불놀이·달집 태우기 등을 하였으며, 귀밝이술·오곡밥, 부럼 등을 먹는 풍습이 있었어요.

정답 ①

(가)에 들어갈 섬으로 옳은 것은? [1점]

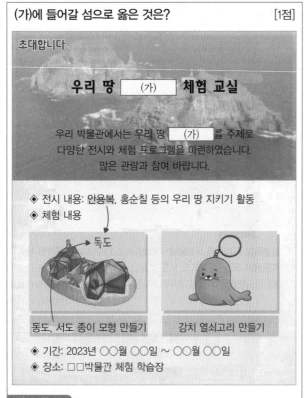

초대합니다

우리 땅 (가) 체험 교실

우리 박물관에서는 우리 땅 (가) 를 주제로 다양한 전시와 체험 프로그램을 마련하였습니다. 많은 관람과 참여 바랍니다.

◈ 전시 내용: 안용복, 홍순칠 등의 우리 땅 지키기 활동
◈ 체험 내용

독도

동도, 서도 종이 모형 만들기 | 강치 열쇠고리 만들기

◈ 기간: 2023년 ○○월 ○○일 ~ ○○월 ○○일
◈ 장소: □□박물관 체험 학습장

키워드 돋보기

안용복과 동도, 서도 종이 모형 만들기를 통해 독도임을 알아야 해요!

독도는 **동도와 서도**로 구성된 우리나라의 가장 동쪽에 위치한 섬으로, 신라 지증왕이 우산국(울릉도)을 정벌한 이후부터 우리의 영토였어요. 조선 후기 숙종 때 **안용복**이 울릉도와 독도 근처에 자주 출몰하는 일본 어부들을 쫓아내고 일본에 건너가 **울릉도와 독도가 우리 영토임을 확인받았어요.**

① **독도** → 안용복의 영토 확인
└ 독도는 우리나라 가장 동쪽에 위치한 섬으로, 조선 후기 숙종 때 안용복이 일본에 건너가 울릉도와 독도가 우리 영토임을 확인받고 돌아왔어요.

② **진도** → 삼별초의 대몽 항쟁 전개
└ 진도는 고려 시대에 삼별초가 정부의 개경 환도에 반발하며 대몽 항쟁을 전개한 섬이에요.

③ **거문도** → 영국의 불법 점령
└ 거문도는 근대에 영국이 러시아의 남하를 견제하기 위해 불법으로 점령한 섬이에요.

④ **제주도** → 삼별초의 대몽 항쟁 전개, 제주 4·3 사건 발생
└ 제주도는 고려 시대에 삼별초가 대몽 항쟁을 전개한 마지막 섬으로, 현대에는 제주 4·3 사건이 발생하여 많은 도민들이 희생되었어요.

정답 ④

학생들이 공통으로 이야기하는 지역으로 옳은 것은? [2점]

모둠별 학습 활동

주제: ○○의 역사 알아보기

고려 시대 12목의 하나였어.

임진왜란 때 김시민 장군이 왜군에 맞서 싸운 장소지.

진주

조선 후기에 유계춘의 주도로 농민 봉기가 일어난 곳이야.

일제 강점기에 조선 형평사 창립 대회가 개최되었어.

키워드 돋보기

임진왜란 때 김시민, 유계춘의 주도로 농민 봉기가 일어난 곳, 조선 형평사 창립 대회 개최를 통해 진주임을 알아야 해요!

진주는 임진왜란 때 진주 목사였던 **김시민**이 진주성에서 일본군을 상대로 크게 승리한 곳으로, 조선 후기에는 이곳에서 몰락 양반인 **유계춘**의 주도로 **임술 농민 봉기**가 일어났어요. 이후 일제 강점기에 백정의 차별 철폐를 목표로 진주에서 **조선 형평사 창립 대회**가 개최되기도 했어요.

① **강릉**
└ 강릉은 조선의 대표 성리학자인 율곡 이이가 태어난 오죽헌이 있는 지역이에요.

② **군산**
└ 군산은 일제 강점기에 쌀을 일본으로 실어 나르는 주요 항구였어요.

③ **대구**
└ 대구는 일본의 차관을 갚기 위해 전개된 국채 보상 운동이 처음 시작된 지역이에요.

④ **진주**
└ 진주는 임진왜란 때 김시민이 일본군을 상대로 크게 승리한 지역이에요. 이후 조선 후기에는 유계춘의 주도로 진주에서 임술 농민 봉기가 시작되었으며, 일제 강점기에 조선 형평사 창립 대회가 개최된 곳이기도 해요.

기출 포인트 더보기 진주

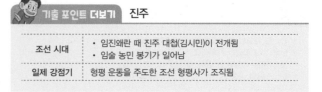

조선 시대	• 임진왜란 때 진주 대첩(김시민)이 전개됨 • 임술 농민 봉기가 일어남
일제 강점기	형평 운동을 주도한 조선 형평사가 조직됨

01 | 선사 시대 청동기 시대

정답 ②

다음 축제에서 체험할 수 있는 활동으로 적절한 것은? [1점]

청동기 문화 체험 축제

부여 송국리 유적에서 출토된 유물을 중심으로 청동기 시대의 생활 모습을 체험할 수 있는 축제에 여러분을 초대합니다.

■ 기간: 2022년 ○○월 ○○일~○○일
■ 장소: 부여 송국리 유적 일대

키워드 돋보기

청동기 시대의 생활 모습에 대해 알아야 해요!

청동기 시대는 청동이라는 금속을 사용하여 도구를 만들기 시작한 시대로, 비파형동검과 **거친무늬 거울** 등을 제작하였어요. 또한 이 시대에는 **벼농사**가 처음 시작되었으며, 곡식을 수확할 때 **반달 돌칼**과 같은 농경용 석기를 사용하여 농업 생산력이 증가하였어요. 이러한 청동기 시대의 대표적인 유적지로는 **부여 송국리 유적**이 있어요.

① 막집 지어 보기 → **구석기 시대**
  ┖ 구석기 시대에는 동굴이나 강가에 막 지은 막집을 짓고 생활하였어요.

②민무늬 토기 만들기 → **청동기 시대**
  ┖ 청동기 시대에는 무늬가 없는 민무늬 토기 등을 만들어 식량을 저장하는 데 사용하였어요.

③ 철제 갑옷 입어 보기 → **철기 시대**
  ┖ 철기 시대에는 철제 갑옷과 무기를 생산하여 주변 국가들과 전쟁하였어요.

④ 주먹도끼로 나무 손질하기 → **구석기 시대**
  ┖ 구석기 시대에는 돌을 깨뜨려 만든 뗀석기인 주먹도끼를 이용하여 나무를 손질하거나 짐승을 사냥하였어요.

02 | 고대 고구려 광개토 대왕

정답 ④

(가)에 들어갈 내용으로 옳은 것은? [2점]

고구려 광개토 대왕

· 고구려 제19대 왕
· 영락이라는 연호를 사용함
· (가)
· 한강 이북 지역을 차지함
· 숙신, 후연, 거란, 동부여 등을 정벌함

(앞면)　　　(뒷면)

키워드 돋보기

영락과 숙신, 후연, 거란, 동부여 등을 정벌하였다는 것을 통해 고구려 광개토 대왕임을 알아야 해요!

고구려 광개토 대왕은 활발한 정복 활동을 전개하여 남쪽으로는 **한강 이북 지역을 차지**하고, 북쪽으로는 **숙신, 후연, 거란, 동부여 등을 정벌**하였어요. 또한 **영락**이라는 독자적인 연호를 사용하여 고구려가 자주적인 국가임을 드러내었어요.

① 태학을 설립함 → **소수림왕**
  ┖ 소수림왕은 최고 교육 기관으로 국립 대학인 태학을 설립하여 인재를 양성하였어요.

② 평양으로 천도함 → **장수왕**
  ┖ 장수왕은 국내성에서 평양으로 천도하고, 남진 정책을 본격화하였어요.

③ 천리장성을 축조함 → **영류왕~보장왕**
  ┖ 영류왕은 당의 침입에 대비하여 천리장성의 축조를 시작하였어요. 이후 보장왕 때 천리장성의 축조가 완성되었어요.

④신라에 침입한 왜를 격퇴함 → **광개토 대왕**
  ┖ 광개토 대왕은 신라 내물 마립간의 요청으로 군대를 보내 신라에 침입한 왜를 격퇴하고 금관가야를 공격하여 한반도 남부까지 영향력을 확대하였어요.

 기출 사료 더보기 **광개토 대왕의 신라 구원** [45회]

영락 10년, 왕이 보병과 기병 도합 5만 명을 보내어 신라를 구원하게 하였다. [고구려군이] 남거성을 거쳐 신라성에 이르니 그곳에 왜적이 가득하였다. 고구려군이 도착하니 왜적이 퇴각하였다.

03 | 부여

선사 시대

정답 ③

다음 퀴즈의 정답으로 옳은 것은? [2점]

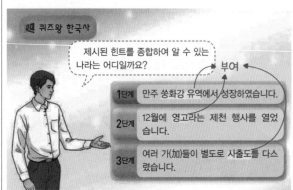

퀴즈왕 한국사

제시된 힌트를 종합하여 알 수 있는 나라는 어디일까요? → 부여

1단계 만주 쑹화강 유역에서 성장하였습니다.

2단계 12월에 영고라는 제천 행사를 열었습니다.

3단계 여러 가(加)들이 별도로 사출도를 다스렸습니다.

키워드 돋보기

쑹화강 유역, 영고, 사출도를 통해 부여임을 알아야 해요!

부여는 만주 **쑹화강 유역**의 넓은 평야 지대에서 성장한 나라로, 왕 아래에 있는 마가, 우가, 저가, 구가의 가(加)들이 별도로 **사출도**라는 행정 구역을 다스린 **연맹 왕국**이었어요. 부여에서는 매년 12월에 **영고**라는 제천 행사를 열어 하늘에 제사를 지냈어요.

① **가야**
  ㄴ 가야는 낙동강 하류의 변한 지역에서 성장한 6개 나라의 연맹 국가예요.

② **동예**
  ㄴ 동예는 강원도 북부의 동해안 지역에 위치한 나라로, 매년 10월에 무천이라는 제천 행사를 열었으며, 읍락 간의 경계를 중시한 책화가 있었어요.

③ **부여**
  ㄴ 부여는 만주 쑹화강 유역의 넓은 평야 지대에 위치한 나라로, 매년 12월에 영고라는 제천 행사를 열었으며, 왕 아래에 여러 가(加)들이 별도로 사출도라는 행정 구역을 다스렸어요.

④ **옥저**
  ㄴ 옥저는 함경도 지역에 위치한 나라로, 민며느리제와 가족 공동 묘 등의 풍습이 있었어요.

기출 사료 더보기 **부여의 풍습** [35회]

12월 제천 행사 때에는 연일 크게 모여서 먹고 마시며 노래하고 춤추니, 그 이름을 영고라 한다. 이때에는 형옥(刑獄)을 판단하여 죄수를 풀어 준다. 전쟁을 할 때에도 하늘에 제사를 지내고 소를 잡아서 그 발굽을 가지고 길흉을 점친다.
– 「후한서」

---

04 | 삼국 시대의 문화유산

고대

정답 ②

(가)에 들어갈 문화유산으로 옳지 않은 것은? [2점]

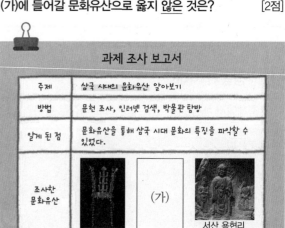

과제 조사 보고서

주제	삼국 시대의 문화유산 알아보기
방법	문헌 조사, 인터넷 검색, 박물관 탐방
알게 된 점	문화유산을 통해 삼국 시대 문화의 특징을 파악할 수 있었다.
조사한 문화유산	금관총 금관 / (가) / 서산 용현리 마애 여래 삼존상

키워드 돋보기

삼국 시대의 문화유산에 대해 알아야 해요!

삼국 시대의 문화유산으로는 고구려, 백제, 신라의 문화유산이 남겨져 있어요. 그중 **금관총 금관**은 경주 금관총에서 발견된 **신라**의 금관으로, 신라 금관 양식을 대표하는 작품이에요. 또한 **서산 용현리 마애 여래 삼존상**은 절벽에 조각(마애)된 **백제**의 불상으로, '백제의 미소'라는 별칭을 가지고 있어요.

①
금동 연가 7년명 여래 입상

→ **고구려**의 문화유산
  ㄴ 금동 연가 7년명 여래 입상은 고구려의 불상으로, 광배 뒷면에 '연가 7년'이라는 글씨가 새겨져 있는 것이 특징이에요.

②
논산 관촉사 석조 미륵보살 입상

→ **고려**의 문화유산
  ㄴ 논산 관촉사 석조 미륵보살 입상은 고려의 불상으로, 은진 미륵이라고도 불려요.

③
천마총 장니 천마도

→ **신라**의 문화유산
  ㄴ 천마총 장니 천마도는 신라의 고분인 천마총 내부에서 출토된 신라의 문화유산으로, 말의 안장 장식에 그려진 그림이에요.

④
장군총

→ **고구려**의 문화유산
  ㄴ 장군총은 고구려의 돌무지무덤으로, 다듬은 돌을 계단식으로 쌓아 올린 것이 특징이에요.

---

05 | 백제
고대 정답 ②

(가) 국가에 대한 설명으로 옳은 것은? [2점]

이 전시실에서는 한성을 빼앗긴 뒤, 웅진과 사비에서 국력을 회복하며 문화의 꽃을 피운 (가) 의 문화유산을 감상할 수 있습니다.
→ 백제

키워드 돋보기

한성, 웅진, 사비를 통해 백제임을 알아야 해요!

백제는 온조가 한강 유역의 토착 세력과 결합하여 **한성**(하남 위례성)에서 건국한 나라예요. 이후 백제는 5세기 **개로왕** 때 고구려 장수왕의 공격을 받아 **수도 한성을 빼앗겼고**, 뒤이어 즉위한 **문주왕** 때 **웅진(공주)으로 천도**하였어요. 이후 6세기 **성왕** 때 수도를 웅진에서 대외 진출이 용이한 **사비(부여)**로 옮겼어요.

① 주몽이 건국하였다. → **고구려**
  ┗ 고구려는 부여에서 내려온 주몽이 압록강 유역의 졸본 지역에서 건국한 나라예요.

②**지방에 22담로를 두었다.** → **백제**
  ┗ 백제는 무령왕 때 지방 행정 구역인 22담로를 두고 왕족을 파견하여 지방에 대한 통제를 강화하였어요.

③ 8조법으로 백성을 다스렸다. → **고조선**
  ┗ 고조선은 사회 질서 유지를 위한 8조법(범금 8조)을 두어 살인죄, 상해죄, 절도죄 등을 처벌하였어요.

④ 골품제라는 신분 제도가 있었다. → **신라**
  ┗ 신라에는 골품제라는 신분 제도가 있어 골품에 따라 관직 승진에 제한을 두었을 뿐만 아니라 일상생활까지 규제하였어요.

 기출 선택지 더보기 백제

- 하남 위례성에 도읍을 정하였다. [42·39·34회]
- 왕족인 **부여씨**와 8성의 **귀족**이 지배층을 이루었어요. [32회]
- 정사암에 모여 국가의 중대사를 결정하였다. [52·44·43·42·35·34회]
- 22담로에 왕족을 파견하였다. [54·51·44·39회]

---

06 | 살수 대첩 ✨
고대 정답 ③

다음 가상 뉴스에서 보도하고 있는 사건이 일어난 시기를 연표에서 옳게 고른 것은? [3점]

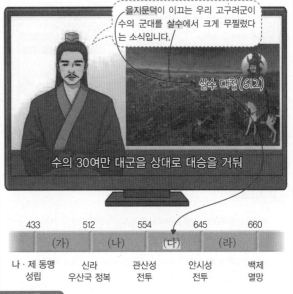

을지문덕이 이끄는 우리 고구려군이 수의 군대를 살수에서 크게 무찔렀다는 소식입니다.
→ 살수 대첩(612)
수의 30여만 대군을 상대로 대승을 거둬

433	512	554	645	660
(가)	(나)	(다)	(라)	
나·제 동맹 성립	신라 우산국 정복	관산성 전투	안시성 전투	백제 멸망

키워드 돋보기

을지문덕, 살수를 통해 살수 대첩(612)임을 알아야 해요!

살수 대첩은 고구려를 침략한 수의 군대를 을지문덕이 살수에서 크게 격파한 전투예요. 고구려 **영양왕** 때 수가 중국을 통일하자, 이를 견제하여 **수의 요서 지방을 선제공격**하였어요. 이에 대응하여 수 문제가 고구려를 침입하였지만 큰 성과 없이 퇴각하였고, 이후 **수 양제**가 대군을 이끌고 고구려를 침입하였어요. 이때 고구려의 **을지문덕**이 살수에서 우문술·우중문이 이끄는 30만의 별동대를 크게 무찔렀어요(살수 대첩, 612).

① (가)
② (나)
③**(다)**
  ┗ 612년에 수 양제가 고구려를 침입하자, 고구려 장군 을지문덕이 이끄는 고구려군이 살수에서 수의 대군을 크게 무찔렀어요.
④ (라)

 **기출 사료 더보기** 살수 대첩 [39회]

을지문덕이 우문술의 군사가 굶주린 기색이 있음을 보고 이들을 피곤하게 만들려고 매번 싸울 때마다 달아났다. …… 가을 7월에 살수(薩水)에 이르러 [적의] 군사가 반쯤 강을 건넜을 때 아군이 뒤에서 적군을 공격하여 우둔위 장군 신세웅을 전사시켰다.
― 『삼국사기』

07 | 신라의 삼국 통일 과정

고대

정답 ①

(가)~(다)를 일어난 순서대로 옳게 나열한 것은? [3점]

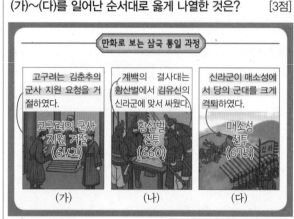

만화로 보는 삼국 통일 과정

고구려는 김춘추의 군사 지원 요청을 거절하였다.
고구려의 군사 지원 거절 (642)
(가)

계백의 결사대는 황산벌에서 김유신의 신라군에 맞서 싸웠다.
황산벌 전투 (660)
(나)

신라군이 매소성에서 당의 군대를 크게 격퇴하였다.
매소성 전투 (675)
(다)

키워드 돋보기

(가) 고구려는 김춘추의 군사 지원 요청을 거절했다는 것을 통해 고구려의 군사 지원 거절(642)임을 알아야 해요!

(나) 계백, 황산벌, 김유신을 통해 황산벌 전투(660)임을 알아야 해요!

(다) 신라군이 매소성에서 당의 군대를 크게 격퇴했다는 것을 통해 매소성 전투(675)임을 알아야 해요!

(가) **고구려의 군사 지원 거절:** 신라는 백제 의자왕의 공격으로 대야성이 함락당하자 **김춘추**를 고구려에 보내 **군사 지원**을 요청하였으나, **고구려는 이를 거절하였어요**(642). 고구려와의 동맹에 실패한 신라는 김춘추를 당에 보내 동맹을 제의하였고, 당이 신라의 동맹 제의를 수용하면서 나·당 동맹이 결성되었어요.

(나) **황산벌 전투:** 계백이 이끄는 백제의 결사대는 **황산벌**에서 김유신이 이끄는 신라군에 맞서 싸웠지만, 패배하였어요(660).

(다) **매소성 전투:** 신라와 당이 연합하여 백제와 고구려를 멸망시킨 이후, 당이 한반도 전체를 지배하려 하자, 나·당 전쟁이 일어났어요. 이때 **신라군이 매소성에서 당의 20만 대군을 크게 격파하였고**(675), 연이어 기벌포에서 설인귀가 이끄는 당군을 상대로 승리를 거두었어요. 이로써 신라는 대동강 이남 지역에서 당의 세력을 몰아내고 삼국 통일을 완성하였어요.

① **(가) - (나) - (다)**
└ 순서대로 나열하면 (가) 고구려의 군사 지원 거절(642) - (나) 황산벌 전투(660) - (다) 매소성 전투(675)가 돼요.

② (나) - (가) - (다)

③ (나) - (다) - (가)

④ (다) - (나) - (가)

기출 포인트 더보기 | 신라의 삼국 통일 과정

나·당 동맹 결성(648) → 황산벌 전투(신라 vs 백제, 660) → 사비성 함락, 백제 멸망(660) → 평양성 함락, 고구려 멸망(668) → 매소성 전투(신라 vs 당, 675) → 기벌포 전투(신라 vs 당, 676) → 신라의 삼국 통일(676)

---

08 | 경주 불국사의 문화유산

고대

정답 ①

다음 일기의 소재가 된 절에서 볼 수 있는 문화유산으로 옳은 것은? [1점]

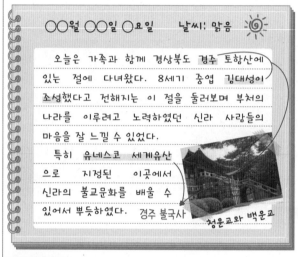

○○월 ○○일 ○요일   날씨: 맑음

오늘은 가족과 함께 경상북도 경주 토함산에 있는 절에 다녀왔다. 8세기 중엽 김대성이 조성했다고 전해지는 이 절을 둘러보며 부처의 나라를 이루려고 노력하였던 신라 사람들의 마음을 잘 느낄 수 있었다.

특히 유네스코 세계유산으로 지정된 이곳에서 신라의 불교문화를 배울 수 있어서 뿌듯하였다. 경주 불국사

청운교와 백운교

키워드 돋보기

경주, 김대성이 조성했다는 것, 유네스코 세계유산을 통해 경주 불국사임을 알아야 해요!

경주 불국사는 신라의 수도였던 **경주**에 위치한 절로, **통일 신라 경덕왕** 때의 관리 **김대성**이 조성했다고 알려져 있어요. 경주 불국사는 석굴암과 함께 1995년에 유네스코 세계 문화유산으로 지정되었어요.

①
불국사 삼층 석탑

→ 경주 불국사에 있는 통일 신라의 석탑
└ 불국사 삼층 석탑은 경주 불국사에 위치한 통일 신라의 석탑으로, 이중 기단 위에 3층의 탑신부로 구성되어 있어요.

②
쌍봉사 철감선사탑

→ 화순 쌍봉사에 있는 통일 신라의 승탑
└ 쌍봉사 철감선사탑은 화순 쌍봉사에 위치한 통일 신라의 승탑으로, 선종이 유행하면서 만들어졌어요.

③
이불 병좌상

→ 발해의 문화유산
└ 이불 병좌상은 발해의 불상으로, 고구려의 영향을 받았으며 나란히 앉아 있는 두 부처를 표현하였어요.

④
성덕 대왕 신종

→ 통일 신라의 문화유산
└ 성덕 대왕 신종은 통일 신라 혜공왕 때 만들어진 종으로, 에밀레종이라고 불리기도 해요.

(가) 국가에 대한 설명으로 옳은 것은? [2점]

역사 신문

제△△호　　　　　　　　○○○년 ○○월 ○○일

특집 기획 **해동성국으로 우뚝 서다**

고구려를 계승한 (가) 은/는 선왕 때 요동에서 연해주에 이르는 최대 영토를 확보하였다. 이후 당으로부터 '바다 동쪽의 융성한 나라'를 뜻하는 '해동성국'이라 불렸다. 이를 통해 이 국가의 국제적 위상을 알 수 있다.

키워드 돋보기

고구려를 계승한 것과 **해동성국**을 통해 **발해**임을 알아야 해요!

발해는 고구려 장군 출신인 **대조영**이 만주 지린성 동모산에서 건국한 나라로, 스스로 **고구려를 계승**한 국가임을 내세웠어요. 이후 발해는 **선왕** 때 고구려의 옛 땅을 대부분 회복하며 전성기를 맞이하였고, 중국(당)으로부터 '바다 동쪽의 융성한 나라'를 뜻하는 **'해동성국'**이라 불렸어요.

① 한의 침략을 받아 멸망하였다. → **고조선**
└ 고조선은 우거왕 때 한의 침략을 받아 수도인 왕검성이 함락되며 멸망하였어요.

②중앙 정치 조직을 3성 6부로 정비하였다. → **발해**
└ 발해는 당의 제도를 수용하여 중앙 정치 조직을 3성 6부로 정비하였어요.

③ 정사암에서 국가의 중대사를 결정하였다. → **백제**
└ 백제는 정치를 논의하던 장소인 정사암에서 귀족들이 모여, 회의를 통해 국가의 중대사를 결정하였어요.

④ 화랑도를 국가적인 조직으로 운영하였다. → **신라**
└ 신라는 진흥왕 때 청소년 수련 집단인 화랑도를 국가적인 조직으로 운영하였어요.

기출 사료 더보기 발해 [43회]

대씨는 처음에 읍루의 동모산을 지키고 있었다. ……대조영이 도읍을 세우고 진왕(震王)이라고 자칭하였다. 바다 북쪽을 병탄하니 땅은 사방 5천리였으며, 병사는 수십 만에 달하였다. ……5경 15부 62주를 지닌 요동의 성대한 국가가 되었다.

ㅡ「요사」

(가) 지역에서 있었던 사실로 옳은 것은? [2점]

키워드 돋보기

고려의 수도, 만월대, 선죽교를 통해 **개성**임을 알아야 해요!

개성은 고려의 수도였던 지역으로, 이곳에는 고려 시대의 문화유산들이 많이 남아 있어요. 그중 **만월대**는 고려 태조 왕건이 창건하여 거처하던 궁궐터이며, **선죽교**는 고려 말 정몽주가 이방원 일파에게 죽임을 당한 다리예요. 이 밖에도 개성에는 고려 공민왕릉과 고려 첨성대, 성균관 등의 문화유산이 있어요.

① 묘청이 난을 일으켰다. → **평양**
└ 평양은 고려 인종 때 묘청이 국호를 대위, 연호를 천개라 하고 난을 일으킨 지역이에요.

② 원이 쌍성총관부를 설치하였다. → **화주**
└ 화주는 고려 고종 때 원(몽골)이 철령 이북 지역을 직접 통치하기 위해 쌍성총관부를 설치한 지역이에요.

③만적이 신분 해방을 도모하였다. → **개성**
└ 개성은 고려 최충헌 무신 집권기에 최충헌의 사노비인 만적이 신분 해방을 주장하며 봉기를 모의한 지역이에요.

④ 삼별초가 최후의 항쟁을 전개하였다. → **제주도**
└ 제주도는 몽골과의 강화에 반대하는 삼별초가 최후의 항전을 벌인 지역이에요.

기출 포인트 더보기 개성의 역사적 사실

고대	궁예가 후고구려를 건국함(송악)
고려 시대	• 고려의 수도 • 만적의 난이 발생함, 정몽주가 개성 선죽교에서 이방원 세력에 의해 피살됨
조선 시대	송상의 근거지
현대	개성 공단이 건설됨, 개성 역사 유적 지구가 2013년 유네스코 세계 문화유산에 등재됨

해커스 한국사능력검정시험 한권완성 기출 500제 기본

제61회 점수공략 해설

11 태조 왕건 ✨

정답 ③

(가) 왕이 추진한 정책으로 옳은 것은? [2점]

희랑 대사는 화엄학에 조예가 깊은 승려로 후삼국을 통일한 ___(가)___ 의 스승으로 알려져 있습니다. 현재 두 인물을 표현한 문화유산은 각각 남한과 북한에 있는데 오늘 이렇게 가상 만남의 자리를 마련하게 되었습니다.

남북 문화유산의 만남

태조 왕건

키워드 돋보기

후삼국을 통일하였다는 것을 통해 태조 왕건임을 알아야 해요!

태조 왕건은 후고구려의 궁예를 몰아내고 즉위하여, **고려를 건국**하였어요. 이후 고려가 후삼국의 주도권을 잡은 후에는 신라의 항복을 받아 신라를 병합하고, 일리천(구미)에서 후백제군을 크게 격파한 뒤 **후삼국을 통일**하였답니다.

① 노비안검법을 시행하였다. → 광종
ㄴ 광종은 호족들이 불법적으로 노비로 삼은 사람들을 양인으로 해방하는 노비안검법을 시행하였어요.

② 지방에 12목을 설치하였다. → 성종
ㄴ 성종은 최승로의 건의에 따라 지방 주요 거점에 12목을 설치하고 관리를 파견하여 중앙 집권 체제를 강화하였어요.

③ 사심관 제도를 실시하였다. → 태조 왕건
ㄴ 태조 왕건은 중앙 고위 관리를 출신 지역의 사심관으로 임명하여 출신 지방의 호족을 관리하게 하는 사심관 제도를 실시하였어요.

④ 활구라고 불린 은병을 제작하였다. → 숙종
ㄴ 고려 숙종은 고액 화폐인 은병을 제작하였는데, 이는 입구가 넓어 활구라고도 불렸어요.

---

12 최충

정답 ①

다음 인물의 활동으로 옳은 것은? [2점]

나는 고려의 문신 최충이오. 지공거가 되어 과거를 주관하였고, 이후 후학을 양성하는 데 힘썼소. 이곳은 후대 사람들이 나를 기리기 위해 세운 노동 서원이라오.

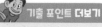

키워드 돋보기

최충의 활동에 대해 알아야 해요!

최충은 고려 시대의 문신으로, 과거 시험의 감독관인 **지공거**가 되어 과거를 주관하였어요. 이후 그는 문종 때 **문하시중**이 되어 국정을 총괄하였으며, 벼슬에서 물러난 후에는 사립 교육 기관인 **9재 학당을 건립**하여 후학 양성에 힘썼어요.

① 9재 학당을 열었다. → 최충
ㄴ 최충은 고려의 문신으로, 벼슬에서 물러난 후 사립 교육 기관인 9재 학당을 건립하여 후학 양성에 힘썼어요.

② 『삼국유사』를 집필하였다. → 일연
ㄴ 일연은 고려의 승려로, 충렬왕 때 역사서인 『삼국유사』를 집필하였어요.

③ 『제왕운기』를 저술하였다. → 이승휴
ㄴ 이승휴는 고려의 문신으로, 단군 조선부터 고려 충렬왕 때까지의 역사를 서사시로 정리한 『제왕운기』를 저술하였어요.

④ 시무 28조를 작성하였다. → 최승로
ㄴ 최승로는 고려의 문신으로, 성종에게 사회 개혁안인 시무 28조를 작성하여 올렸어요.

기출 포인트 더보기 최충

- 해동공자로 불림
- 과거 시험의 감독관인 지공거가 되어 과거를 주관
- 문종 때 문하시중이 됨
- 사립 교육 기관인 9재 학당을 건립

13 | 고려 시대
고려의 경제 상황✨

정답 ②

(가) 국가의 경제 상황으로 옳은 것은? [2점]

"화폐를 주조하는 법을 제정하니 …… 화폐의 명칭은 해동통보로 하라."라고 명하였다. → 고려

숙종의 화폐 이야기
조회수 5,061회 · 2022.10.22. ♥ 788 ↗공유 ⬇저장

키워드 돋보기

해동통보를 통해 고려임을 알아야 해요!

고려 **숙종**은 의천의 건의로 화폐 주조 관청인 **주전도감**을 설치하고, 해동통보, 삼한통보 등의 화폐를 제작하였어요.

① 모내기법이 전국적으로 확산되었다. → 조선
└ 조선 후기에는 모내기법이 전국적으로 확산되어, 1년에 벼와 보리를 모두 농사짓는 이모작이 가능해졌어요.

②벽란도가 국제 무역항으로 번성하였다. → 고려
└ 고려는 송을 비롯한 여러 나라와의 국제 무역이 발달하여 수도 개경과 가까운 예성강 하구에 위치한 벽란도가 국제 무역항으로 번성하였어요.

③ 낙랑군과 왜 사이에서 중계 무역을 하였다. → 금관가야
└ 금관가야는 풍부한 철의 생산과 해상 교통에 유리한 입지 조건을 이용하여 낙랑과 왜를 연결하는 중계 무역을 전개하였어요.

④ 청해진을 중심으로 해상 무역을 전개하였다. → 통일 신라
└ 통일 신라의 장보고는 완도에 해군 기지이자 무역 거점인 청해진을 설치하여, 해적들을 소탕하고 해상 무역을 전개하였어요.

 **기출 포인트 더보기** 고려의 화폐 주조

성종	최초의 화폐인 건원중보 발행
숙종	• 삼한통보·해동통보: 승려 의천의 건의로 주전도감(화폐 주조 담당 관청)을 설치하고 화폐 주조 • 은병(활구): 우리나라의 지형을 본따 만든 고가의 화폐

---

14 | 고려 시대
귀주 대첩과 충주성 전투 사이의 사실 정답 ②

(가), (나) 사이의 시기에 있었던 사실로 옳은 것은? [3점]

〈역사 만화 동영상 대본〉

고려의 대외 관계

(가) 귀주 대첩(1019)
S#7. 강감찬이 군사들을 지휘하고 있다.
강감찬: 이곳 귀주에서 거란군을 무찌르자.
군사들: 와!(함성을 지르며 공격한다.)

(나) 충주성 전투(1253)
S#9. 김윤후가 군사들을 향해 외치고 있다.
김윤후: 너희들이 힘을 다해 싸우면 귀천을 가리지 않고 모두 벼슬을 줄 것이다.
군사들: 네, 죽음을 각오하고 싸우겠습니다.

키워드 돋보기

(가) 강감찬, 귀주, 거란군을 통해 귀주 대첩(1019)임을 알아야 해요!
(나) 김윤후, 귀천을 가리지 않고 벼슬을 준다는 것을 통해 충주성 전투(1253)임을 알아야 해요!

(가) 고려 현종 때 거란이 강동 6주의 반환을 요구하며 고려에 **3차 침입**하자, 강감찬이 귀주에서 거란군을 상대로 대승을 거두었어요(귀주 대첩, 1019).
(나) 고려 고종 때 몽골이 **5차 침입**하자, 당시 충주산성 방호별감이었던 **김윤후**가 충주성의 백성들을 이끌고 몽골군을 격퇴하였어요(충주성 전투, 1253).

① 서희가 강동 6주를 획득하였다. → 993년, (가) 이전
└ 성종 때인 993년에 서희가 거란 소손녕과의 외교 담판을 통해 강동 6주를 획득하였어요.

②윤관이 동북 9성을 축조하였다. → 1107년
└ 예종 때인 1107년에 윤관이 별무반을 이끌고 여진족을 정벌한 후, 그 지역에 동북 9성을 축조하였어요.

③ 박위가 쓰시마 섬을 토벌하였다. → 1389년, (나) 이후
└ 창왕 때인 1389년에 박위가 왜구의 근거지인 쓰시마 섬을 토벌하였어요.

④ 최무선이 진포에서 왜구를 물리쳤다. → 1380년, (나) 이후
└ 우왕 때인 1380년에 최무선이 화통도감에서 제작한 화포를 이용하여 진포에서 왜구를 물리쳤어요.

 기출 자료 더보기 김윤후의 활동

▲ 김윤후

• 고려 시대의 승려 출신 장군
• 몽골의 2차 침입 때 처인성에서 적장 살리타를 사살(처인성 전투)
• 몽골의 5차 침입 때 충주성 전투에서 노비 문서를 불태우고, 몽골군에 맞서 싸움(충주성 전투)

밑줄 그은 '그 일'에 해당하는 내용으로 옳은 것은? [2점]

> 몽골군의 침략으로 부인사에 보관된 대장경판이 남김없이 불에 탔습니다. 이런 큰 보배가 없어졌는데 어찌 감히 일이 어려운 것을 염려하여 다시 만들지 않겠습니까? 이제 왕과 신하 모두 한마음으로 담당 관청을 설치하고 <u>그 일</u>을 맡아 시작할 것을 다짐합니다. 원하옵건대 <u>부처님</u>께서는 신통한 힘으로 흉악한 <u>오랑캐를 물리치시고</u> 다시는 우리 땅을 밟는 일이 없게 해 주소서.

→ 팔만대장경

키워드 돋보기

몽골군이 침략, 부처님, 오랑캐를 물리침을 통해 팔만대장경임을 알아야 해요!

고려 최우 집권기 때 몽골의 침입으로 부인사의 초조대장경이 불에 타자, 이를 대신해 부처의 힘을 빌려 몽골의 침입을 극복하고자 팔만대장경을 제작하였어요.

① 『삼국사기』 편찬
 └ 고려 인종 때 김부식이 왕명으로 역사서인 『삼국사기』를 편찬하였어요.

②『팔만대장경』 제작
 └ 고려 최우 집권기 때 부처의 힘을 빌려 몽골의 침입을 극복하고자 팔만대장경을 제작하였어요.

③ 『직지심체요절』 간행
 └ 고려 우왕 때 청주 흥덕사에서 현존하는 세계에서 가장 오래된 활판 인쇄본인 『직지심체요절』이 간행되었어요.

④ 『무구정광대다라니경』 인쇄
 └ 통일 신라 시기에 현존하는 세계에서 가장 오래된 목판 인쇄본인 『무구정광대다라니경』이 인쇄되었어요.

다음 상황 이후에 일어난 사실로 옳은 것은? [2점]

무신 이소응이 무술 겨루기에서 이기지 못하고 달아나자, 문신 한뢰가 갑자기 이소응의 뺨을 때렸어요. 이때 왕과 문신들이 손뼉을 치며 웃었어요.

이에 차별 대우를 받으며 불만이 쌓여 왔던 무신들은 정변을 일으켜 문신들을 제거하고 권력을 장악하였어요.

무신 정변(1170)

키워드 돋보기

불만이 쌓인 무신들이 정변을 일으켜 문신들을 제거하였다는 것을 통해 무신 정변(1170)임을 알아야 해요!

고려 의종 때 정중부 등의 무신들이 무신에 대한 차별 대우에 불만을 품고 정변을 일으켜 문신들을 제거하였어요(무신 정변, 1170). 이후 소수의 무신들이 권력을 장악하는 무신 집권기가 성립되었어요.

① 김헌창이 난을 일으켰다. → 822년
 └ 신라 하대인 822년에 웅천주(공주) 도독이었던 김헌창이 자신의 아버지가 왕위에 오르지 못한 것에 불만을 품고 난을 일으켰어요.

② 장문휴가 등주를 공격하였다. → 732년
 └ 발해 무왕 때인 732년에 장문휴가 해군을 이끌고 당의 산둥 반도 등주를 공격하였어요.

③ 최치원이 시무 10여 조를 건의하였다. → 894년
 └ 신라 하대인 894년에 최치원이 진성 여왕에게 사회 개혁안인 시무 10여 조를 건의하였어요.

④ 망이·망소이가 공주 명학소에서 봉기하였다. → 1176년
 └ 정중부 집권기인 1176년에 망이·망소이가 특수 행정 구역인 공주 명학소에서 가혹한 수탈에 저항하여 봉기하였어요(망이·망소이의 난).

기출 포인트 더보기 무신 집권기에 일어난 반란

망이·망소이의 난	공주 명학소에서 망이·망소이가 가혹한 수탈에 저항하여 무리를 모아 봉기
김사미·효심의 난	운문(김사미) 지역과 초전(효심) 지역에서 봉기
만적의 난	최충헌의 노비 만적이 개성(개경)에서 신분 해방을 주장하며 봉기를 모의

17 | 도병마사

정답 ④

학생들이 공통으로 이야기하는 기구로 옳은 것은? [2점]

> 고려의 독자적인 정치 기구야.
>
> 국방과 군사 문제 등을 논의했어.
>
> 중서문하성과 중추원의 고위 관료가 참여했어.
>
> 도병마사
>
> 충렬왕 때 명칭이 도평의사사로 바뀌었지.

키워드 돋보기

고려의 독자적인 정치 기구, 국방과 군사 문제, 도평의사사를 통해 **도병마사**임을 알아야 해요!

도병마사는 고려의 독자적인 정치 기구이자 회의 기구로, **중서문하성과 중추원의 고위 관료**들이 모여 **국방과 군사 문제** 등을 논의하였어요. 이후 도병마사는 원 간섭기인 **충렬왕 때 도평의사사**로 확대·개편되어 국가의 모든 중대사를 회의하여 결정하는 최고 정무 기관이 되었어요.

① 도방 → 고려 무신 집권기의 사병 집단
ㄴ 도방은 고려 무신 집권기에 경대승에 의해 처음 설치된 사병 집단으로, 최충헌 집권 후 다시 설치되고 기능이 강화되었어요.

② 어사대 → 고려의 감찰 기구
ㄴ 어사대는 고려 시대에 관리의 감찰과 탄핵을 담당한 기구예요.

③ 의금부 → 조선 시대 국왕 직속의 사법 기구
ㄴ 의금부는 조선 시대에 반역죄, 강상죄 등 국가의 대역 죄인을 심판한 국왕 직속의 사법 기구예요.

④ 도병마사 → 고려의 회의 기구
ㄴ 도병마사는 고려의 독자적인 정치 기구로, 국방과 군사 문제를 논의하였어요.

기출 자료 더보기   도병마사 [35회]

고려의 회의 기구로 중서문하성과 중추원의 고위 관료들이 모여 주로 국방과 군사 문제를 다루었다. 후에 그 기능과 역할이 확대되어 국정 전반의 중요 사항을 논의하였다. 충렬왕 때에 이르러 그 명칭이 도평의사사로 바뀌었다.

---

18 | 최영

정답 ②

(가)에 들어갈 인물로 옳은 것은? [2점]

> 이곳은 고려 말 홍산에서 왜구의 침입을 격퇴하는 데 큰 공을 세운 (가) 의 무덤이란다. 그는 우왕 때 요동 정벌을 추진했으나, 이성계의 위화도 회군으로 뜻을 이루지 못하였단다.

키워드 돋보기

홍산에서 왜구의 침입을 격퇴했다는 것과 요동 정벌을 추진했다는 것을 통해 **최영**임을 알아야 해요!

최영은 고려 말의 신흥 무인 세력으로, 이성계와 함께 홍건적과 왜구를 격퇴하는 과정에서 성장하였어요. 특히 그는 우왕 때 **홍산**에서 **왜구**의 **침입을 격퇴**하는 데 큰 공을 세웠어요(홍산 대첩). 이후 최영은 명이 철령 이북에 철령위 설치를 통보하자, 우왕과 함께 **요동 정벌**을 추진하였으나, 이에 반대한 **이성계**가 **위화도에서 회군**함으로써 요동 정벌은 실패하고, 최영은 이성계에 의해 제거되었어요.

① 양규 → 고려 초기의 무신
ㄴ 양규는 고려 초기의 무신으로, 현종 때 거란이 2차 침입하자, 흥화진 전투에서 거란군에 승리하였어요.

② 최영 → 고려 말의 신흥 무인 세력
ㄴ 최영은 고려 말의 신흥 무인 세력으로, 우왕 때 홍산에서 왜구를 크게 물리쳤어요(홍산 대첩). 이후 그는 요동 정벌을 추진하였으나, 위화도 회군으로 정권을 장악한 이성계에 의해 제거되었어요.

③ 이종무 → 조선 전기의 무신
ㄴ 이종무는 조선 전기의 무신으로, 세종 때 왜구의 근거지인 대마도(쓰시마섬)를 정벌하였어요.

④ 정몽주 → 고려 말의 온건파 사대부
ㄴ 정몽주는 고려 말 온건파 사대부로, 고려 왕조의 유지를 주장하다가 이방원 세력에 의해 죽임을 당하였어요.

기출 포인트 더보기   고려 말 왜구의 침입과 격퇴

홍산 대첩	최영이 홍산에서 왜구를 격퇴함
진포 대첩	최무선 등이 진포에서 화포를 이용하여 왜구를 격퇴함
황산 대첩	이성계가 황산에서 왜구를 격퇴함

19 | 경복궁

정답 ①

(가)에 들어갈 문화유산으로 옳은 것은? [1점]

> 임금께서 큰 복을 받으시라는 뜻에서 한양의 새로운 궁궐 이름을 (가) 으로 하기를 청합니다. 또한 중심이 되는 정전은 나랏일을 부지런히 해야 한다는 의미로 근정전이라 짓고자 합니다.

경복궁

> 그 뜻이 좋구나. 그렇게 하도록 하라.

정도전 / 태조

키워드 돋보기

큰 복을 받으시라는 뜻과 근정전을 통해 경복궁임을 알아야 해요!

경복궁은 **태조** 때 한양으로 천도하면서 지어진 **조선의 정궁**(임금이 정무를 보고 생활하는 궁궐)으로, **정도전**이 임금께서 **큰 복을 받으시**라는 뜻으로 경복궁이라는 이름을 지었어요. 이러한 경복궁의 정전은 **근정전**이에요.

① **경복궁 → 조선의 정궁**
└ 경복궁은 태조 때 지어진 조선의 정궁으로, 정도전이 임금께서 큰 복을 받으시라는 뜻으로 이름을 지었어요.

② **경운궁 → 대한 제국의 정궁**
└ 경운궁은 고종이 아관 파천 이후 환궁한 곳으로, 고종 퇴위 이후 덕수궁으로 이름을 바꿨어요.

③ **경희궁 → 조선의 서궐**
└ 경희궁은 조선 후기 광해군 때 지어진 궁궐로, 도성 내 서쪽에 있어 서궐로 불렸어요.

④ **창경궁 → 조선의 동궐**
└ 창경궁은 조선 시대에 창덕궁과 함께 동궐로 불렸으나, 일제에 의해 동물원과 식물원이 설치되었어요.

기출 포인트 더보기 | 조선의 주요 궁궐

경복궁	• 임금이 정무를 보고 생활하던 정궁 • 임진왜란 때 화재로 소실되었다가, 흥선 대원군 때 중건됨 • 대표 건물: 근정전, 경회루 등
창덕궁	• 태종 때 한양 재천도를 위해 건립한 궁궐 • 대표 건물: 인정전, 주합루 등
창경궁	• 성종 때 왕실 대비전의 어른들을 모시기 위해 지은 궁 • 일제에 의해 동물원, 식물원, 박물관 등이 설치됨
경희궁	• 광해군 때 유사시 임금이 본궁을 떠나 지내기 위해 건립된 궁 • 영조 때 경희궁으로 개칭됨
덕수궁	• 고종이 아관 파천 이후 환궁한 뒤 대한 제국의 정궁 역할을 함 • 대표 건물: 중명전, 석조전, 석어당 등

---

20 | 세조 재위 시기의 사실

정답 ④

(가) 왕의 재위 기간에 있었던 사실로 옳은 것은? [2점]

> 카드 뉴스 제작
> **주제: 조선의 국왕, (가)**
> 계유정난을 일으키는 장면부터 시작해 볼까?
> 왕권 강화를 위해 집현전을 폐지한 내용을 다루자.
> 현직 관리에게만 수조권을 지급한 직전법의 내용도 넣어보자.
> 세조

키워드 돋보기

계유정난, 집현전을 폐지함, 직전법을 통해 세조임을 알아야 해요!

세조는 **계유정난**을 통해 권력을 장악한 후, 조카인 단종을 몰아내고 왕위에 올랐어요. 이후 성삼문 등의 집현전 학자들이 상왕인 단종의 복위 운동을 벌이자 **집현전과 경연을 폐지**하였어요. 또한 세조는 관리에게 지급할 토지가 부족해지자 현직 관리에게만 토지를 지급하는 **직전법**을 실시하였어요.

① **계미자가 주조되었다. → 태종**
└ 태종 때 활자 주조 관청인 주자소가 설치되어, 활자인 계미자가 주조되었어요.

② **균역법이 실시되었다. → 영조**
└ 영조 때 백성들의 군역 부담을 줄이기 위하여 군포를 2필에서 1필로 줄이는 균역법이 실시되었어요.

③ **기묘사화가 일어났다. → 중종**
└ 중종 때 기묘사화가 일어나 조광조 등의 사림 세력이 축출되었어요.

④ **6조 직계제가 시행되었다. → 세조**
└ 세조 때 왕권을 강화하기 위해 태종 때 시행되었던 6조 직계제가 다시 시행되었어요.

기출 포인트 더보기 | 세조의 정책

왕권 강화	• 6조 직계제 부활 • 경연·집현전 폐지 • 종친과 측근 세력 대거 등용 • 유향소 폐지 • 「경국대전」 편찬 시작
경제 정책	직전법 실시 – 현직 관리에게만 수조권 지급 – 수신전·휼양전 폐지

21 | 임진왜란 중의 사실 ✨
조선 전기

정답 ③

밑줄 그은 '이 전쟁' 중에 있었던 사실로 옳은 것은? [3점]

> 『쇄미록』은 오희문이 <u>이 전쟁</u> 중에 있었던 일을 적은 일기입니다. 개인 일기인 까닭에 주로 사생활을 기록한 부분이 많지만 왜군의 침입과 약탈을 비롯해 곽재우, 김덕령 등 의병장의 활동도 기록되어 있습니다.

> 네, 그렇습니다. 이 일기를 통해 전란으로 인한 피란민의 생활 등 당시의 사회상도 알 수 있어 그 가치가 더욱 크다고 할 수 있습니다.

키워드 돋보기

왜군의 침입, 곽재우, 김덕령 등을 통해 임진왜란임을 알아야 해요!

조선 선조 때 **왜군의 침입**으로 **임진왜란**이 발발하였어요. 이때 곽재우, 김덕령, 정문부 등이 의병을 일으켜 왜군을 물리치는 데 큰 활약을 하였어요.

① 별기군 창설 → 근대
　└ 근대인 1881년에 조선 정부의 초기 개화 정책의 일환으로 신식 군대인 별기군이 창설되었어요.

② 2군 6위 편성 → 고려 시대
　└ 고려 시대에는 중앙군으로 2군 6위가 편성되었어요.

③ 훈련도감 설치 → 임진왜란 중
　└ 임진왜란 중에 유성룡의 건의로 사수, 살수, 포수의 삼수병으로 구성된 훈련도감이 설치되었어요.

④ 나선 정벌 단행 → 조선 후기
　└ 조선 후기 효종 때 청의 요청으로 나선(러시아) 정벌을 단행하였어요.

기출 포인트 더보기 훈련도감

· 임진왜란 때 휴전 협상 중 유성룡의 건의로 왜군의 조총 부대에 맞서 설치됨
· 포수(총)·사수(활)·살수(칼·창)의 삼수병으로 편제됨

---

22 | 홍문관
조선 전기

정답 ④

(가)에 들어갈 내용으로 옳은 것은? [2점]

> 옥당이라 쓰여 있는 이 현판은 창덕궁 내의 홍문관 청사에 걸려있던 것입니다. 홍문관은 활발한 언론 활동을 통해 사헌부·사간원과 함께 3사라고 불렸습니다. 또한 [　(가)　]

키워드 돋보기

홍문관에 대해 알아야 해요!

홍문관은 조선 성종 때 집현전을 계승하여 설치된 국왕의 자문 기구로, **옥당**, **옥서**라는 별칭으로도 불렸어요. 홍문관은 주로 **왕의 자문**에 응하는 일과 **경연**을 담당하였으며, 활발한 언론 활동을 통해 **사헌부·사간원**과 함께 3사라고 불리며 청빈함을 요구하는 청요직으로 인식되었어요.

① 수원 화성에 외영을 두었습니다. → 장용영
　└ 장용영은 조선 정조 때 설치된 왕의 친위 부대로, 서울에 내영을, 수원 화성에 외영을 두었어요.

② 한양의 치안과 행정을 맡았습니다. → 한성부
　└ 한성부는 조선 시대에 수도인 한양의 치안과 행정을 맡았어요.

③ 재정의 출납과 회계를 관장하였습니다. → 호조
　└ 호조는 조선 시대의 6조(이조·호조·예조·병조·형조·공조) 중 하나로, 재정의 출납과 회계를 관장하였어요.

④ 왕의 정책 자문과 경연을 담당하였습니다. → 홍문관
　└ 홍문관은 조선 시대 국왕의 자문 기구로, 임금에게 유학의 경서를 가르치는 경연을 주관하였어요.

기출 포인트 더보기 조선의 3사(삼사)

사헌부	관리의 비리를 감찰	양사(대간): 서경권 행사
사간원	정책에 대한 간언·간쟁을 담당	
홍문관	· 집현전을 계승한 국왕의 자문 기구 · 경연을 주관하였으며, 옥당·옥서라고도 불림	

23 | 인조반정

정답 ④

다음 검색창에 들어갈 사건으로 옳은 것은? [1점]

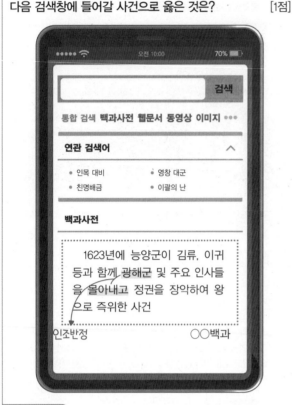

통합 검색 **백과사전** 웹문서 동영상 이미지 •••

연관 검색어 ⌃

• 인목 대비 • 영창 대군
• 친명배금 • 이괄의 난

백과사전

1623년에 능양군이 김류, 이귀 등과 함께 광해군 및 주요 인사들을 몰아내고 정권을 장악하여 왕으로 즉위한 사건

인조반정 ○○백과

키워드 돋보기

광해군을 몰아냈다는 것을 통해 **인조반정**임을 알아야 해요!

능양군(인조)은 1623년에 광해군이 계모인 **인목 대비**를 폐하고, 이복동생인 **영창 대군**을 죽인 것을 구실로 김류, 이귀 등 서인 세력과 함께 **반정**을 일으켜 광해군을 몰아내고 정권을 장악하여 왕위에 올랐어요(**인조반정**).

① **경신환국** → 숙종 때 남인이 축출된 사건
  └ 경신환국은 숙종 때 서인이 남인인 허견(허적의 서자) 등의 역모를 고발한 사건으로, 남인이 축출되는 결과를 가져왔어요.

② **무오사화** → 연산군 때 사림이 화를 입은 사건
  └ 무오사화는 연산군 때 김종직이 쓴 「조의제문」의 내용이 발단이 되어 사림이 화를 입은 사건이에요.

③ **신유박해** → 순조 때 천주교도를 탄압한 사건
  └ 신유박해는 순조 즉위 후 집권한 노론 벽파가 남인 시파를 탄압하고자 천주교를 탄압한 사건으로, 이승훈 등이 처형되고, 정약용·정약전 등이 유배되었어요.

④ **인조반정** → 광해군이 폐위되고 인조가 왕위에 오른 사건
  └ 인조반정은 능양군(인조)이 서인과 함께 광해군을 몰아내고 왕위에 오른 사건이에요.

---

24 | 조선 후기의 모습

정답 ①

다음 대화가 이루어진 시기에 볼 수 있는 모습으로 적절하지 않은 것은? [2점]

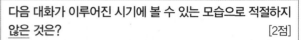

이보게! 자네 형님이 공명첩을 샀다는 소문이 진짜인가?

조선 후기

그렇다네. 담배 농사를 시작하더니, 그걸로 돈을 많이 모으셨다는군.

키워드 돋보기

공명첩, 담배 농사를 통해 조선 후기임을 알아야 해요!

조선 후기에는 정부가 모자란 국가 재정 확충을 위해 일부 상민들에게 돈이나 곡식을 받고 이름이 비어 있는 관직 임명장인 **공명첩**을 발급했어요. 또한 농업에서는 **담배, 인삼** 등 소득이 높은 **상품 작물**이 재배되기도 하였어요.

① **녹읍을 지급받는 귀족** → 고대
  └ 고대에는 귀족들에게 토지에서 세금을 거둘 수 있는 수조권과 노동력 징발권이 포함된 토지인 녹읍이 지급되었어요.

② **고구마를 재배하는 농민** → 조선 후기
  └ 조선 후기에는 흉년이 들 때 큰 도움이 되는 고구마, 감자와 같은 구황 작물이 널리 재배되었어요.

③ **관청에 물품을 조달하는 공인** → 조선 후기
  └ 조선 후기에는 대동법의 시행으로 관청에 필요한 물품을 조달하는 상인인 공인이 등장하였어요.

④ **청과의 무역으로 부를 축적한 만상** → 조선 후기
  └ 조선 후기에는 의주의 만상이 청과의 무역을 주도하며 부를 축적하였어요.

기출 선택지 더보기   조선 후기의 상업

• 만상, 내상 등이 활발하게 활동하였다. [52회]
• 보부상이 전국의 장시를 연결하였다. [49회]
• 개시와 후시를 통한 국경 무역이 활발했어요. [49·41회]
• 송상, 만상이 대청 무역으로 부를 축적하였다. [46·43·41·38·32회]
• 독점적 도매 상인인 도고가 성장하였다. [45·44·34회]

25 조선 후기 | 박지원

정답 ③

(가)에 들어갈 인물로 옳은 것은? [1점]

- 조선 후기 실학자
- 연행사의 일원으로 청에 다녀옴
- (가) → 박지원
- 「양반전」을 지어 양반의 무능함을 비판함
- 「열하일기」를 지어 청의 선진 문물 도입을 주장함

키워드 돋보기

「양반전」, 「열하일기」를 통해 박지원임을 알아야 해요!

박지원은 조선 후기의 중상학파 실학자로, **연행사**(청의 수도인 연경에 파견되었던 사신)의 일원으로 청에 다녀온 후, 청의 문물을 소개한 「**열하일기**」를 저술하여 수레와 선박의 이용 등 청의 선진 문물 도입을 주장하였어요. 한편 박지원은 소설 「**양반전**」을 저술하여 조선 후기 양반들의 위선과 무능함을 비판하였어요.

①
이이
→ 「성학집요」 저술
ㄴ 이이는 조선 전기의 성리학자로, 군주가 수양해야 할 덕목을 제시한 「성학집요」를 저술하였어요.

②
김정희
→ 추사체 창안
ㄴ 김정희는 조선 후기의 문인이자 서화가로, 독창적인 글씨체인 추사체를 창안하였어요.

③
박지원
→ 「열하일기」 저술
ㄴ 박지원은 조선 후기의 실학자로, 연행사의 일원으로 청에 다녀온 후에 「열하일기」를 저술하여 청의 선진 문물 도입을 주장하였어요.

④
송시열
→ 북벌 주장
ㄴ 송시열은 조선 후기 서인을 대표하는 인물로, 효종 때 「기축봉사」라는 상소문을 올려 북벌을 주장하였어요.

기출 포인트 더보기   박지원의 활동

청나라 방문	연행사(베이징에 간 사신)를 따라 청나라의 수도 연경(베이징)에 다녀옴
토지 개혁론	한전론 주장(토지 소유의 상한선 설정, 그 이상의 토지 소유 금지)
상공업 진흥책	수레 선박의 이용, 화폐 유통의 필요성 주장
저술 활동	「열하일기」, 「양반전」, 「허생전」 등

---

26 조선 후기 | 세도 정치 시기 삼정의 문란

정답 ④

다음 자료에 대한 탐구 활동으로 적절한 것은? [2점]

문학으로 만나는 한국사

시아버지 죽어 이미 상복 입었고,
갓난아기 배냇물은 아직 마르지도 않았는데,
삼대(三代) 이름은 군적에 모두 올랐네.
달려가서 억울함을 호소해도,
호랑이 같은 문지기가 가로막고,
이정(里正)은 호통치며 외양간 소마저 끌고 가네.

이것은 정약용의 「여유당전서」에 실린 시의 일부입니다. 정약용은 유배 당시에 전해 들은 농민들의 비참함과 원통함을 시로 표현하였습니다.
→ 세도 정치 시기 삼정의 문란

키워드 돋보기

삼대 이름이 군적에 모두 올랐다는 것과, 농민들의 비참함을 통해 세도 정치 시기 삼정의 문란임을 알아야 해요!

세도 정치 시기에는 수령과 향리의 수탈로 전정, 군정, 환곡의 **삼정이 문란**하였는데, 그중 군정의 문란으로는 **죽은 사람에게 군포를 징수하는 백골징포**, **어린 아이에게 군포를 징수하는 황구첨정** 등의 폐단이 있었어요. 한편 정약용은 유배 당시에 전해 들은 **농민들의 비참함**을 표현한 시를 「**여유당전서**」에 싣기도 하였어요.

① 과전법 실시의 배경에 대해 살펴본다. → 고려 말
ㄴ 고려 말에 전시과 체제가 붕괴되며 권문세족이 대토지를 소유하고 토지를 겸병하여 국가 재정이 부족해지자, 과전법을 실시하였어요.

② 조선 형평사의 활동 내용을 조사한다. → 일제 강점기
ㄴ 일제 강점기에 백정에 대한 차별 철폐를 위해 조선 형평사가 조직되어 형평 운동을 전개하였어요.

③ 전민변정도감이 설치되는 과정을 알아본다. → 고려 말
ㄴ 고려 말 공민왕 때 권문세족의 경제적 기반을 약화시키기 위해 전민변정도감이 설치되었어요.

④ 세도 정치 시기 삼정의 문란에 대해 찾아본다. → 세도 정치 시기
ㄴ 세도 정치 시기에는 수령과 향리의 수탈로 전정, 군정, 환곡의 삼정이 문란하여 백골징포, 황구첨정 등의 폐단이 발생하였어요.

기출 포인트 더보기   삼정의 문란

전정	토지에 부과하는 세금으로, 토지에 대한 세금 외에 여러 가지 잡세를 추가하여 징수함
군정	군역에 부과하는 세금으로, 백골징포, 황구첨정 등의 폐단이 발생함
환곡	강제로 곡식을 빌려주고 지나치게 비싼 이자를 받는 고리대로 변질됨

밑줄 그은 '학교'로 옳은 것은?　　　　[2점]

이것은 1886년에 선교사 스크랜턴이 여성의 신학문 교육을 위해 세운 <u>학교</u> 사진이야. 최초의 여의사 박에스더, 3·1 운동으로 순국한 유관순 등이 이 <u>학교</u>에서 공부했지.

할머니, 이 사진은 무엇인가요?

이화 학당

키워드 돋보기

스크랜턴이 여성의 신학문 교육을 위해 세운 학교라는 것을 통해 이화 학당임을 알아야 해요!

이화 학당은 1886년에 개신교 선교사인 스크랜턴이 여성의 신학문 교육을 위해 세운 최초의 여성 교육 기관으로, 우리나라 최초의 여의사인 박에스더, 3·1 운동 때 순국한 유관순 등이 이곳에서 공부하였어요.

① 배재 학당 → 선교사 아펜젤러가 설립한 근대식 사립 학교
└ 배재 학당은 선교사 아펜젤러가 서울에 세운 근대식 사립 학교로, 신학문을 가르쳤어요.

② 오산 학교 → 이승훈이 설립한 민족 학교
└ 오산 학교는 신민회 회원인 이승훈이 정주에 설립한 민족 교육 기관이에요.

③ 육영 공원 → 조선 정부가 설립한 근대식 관립 학교
└ 육영 공원은 정부가 근대 학문을 가르치기 위해 설립한 최초의 공립 학교예요.

④ 이화 학당 → 선교사 스크랜턴이 설립한 여성 교육 기관
└ 이화 학당은 선교사 스크랜턴이 세운 최초의 여성 교육 기관으로, 박에스더, 유관순 등이 이곳에서 공부하였어요.

기출 포인트 더보기　근대의 교육 기관

원산 학사	덕원 부사와 덕원·원산 주민들이 설립한 최초의 근대식 사립 학교
육영 공원	• 정부가 세운 최초의 근대식 공립 학교, 외국어와 근대 학문 교육 • 헐버트·길모어 등 외국인 교사 초빙
배재 학당	개신교 선교사 아펜젤러가 서울에 설립한 근대식 사립 학교, 신학문 보급에 기여함
이화 학당	개신교 선교사 스크랜턴이 서울에 설립한 여성 사립 학교, 근대적 여성 교육을 실시함

(가) 사건에 대한 설명으로 옳은 것은?　　　　[2점]

이달의 인물 소개

한국의 문화유산을 지켜낸 박병선 박사

프랑스 국립 도서관 사서였던 박병선 박사는 　(가)　 때 프랑스군이 약탈해 간 외규장각 『의궤』의 소재를 확인하였다.
그는 오랜 노력 끝에 『의궤』의 목록을 만들어 세상에 공개하였고, 2011년 『의궤』가 145년 만에 우리 땅으로 돌아오게 하는 데 기여하였다.

키워드 돋보기

프랑스군이 약탈해 간 외규장각 『의궤』를 통해 병인양요임을 알아야 해요!

병인양요는 프랑스가 병인박해를 구실로 함대를 파견하여 강화도에 침입한 사건이에요. 한편 프랑스군은 퇴각하면서 강화도의 외규장각에 보관되어 있던 『의궤』를 약탈하였으며, 『의궤』는 2011년에 영구 임대 방식으로 반환되었어요.

① 청군의 개입으로 진입되었다. → 임오군란, 갑신정변 등
└ 청군의 개입으로 진압된 사건은 임오군란, 갑신정변 등이 있어요.

② 제너럴셔먼호 사건이 배경이 되었다. → 신미양요
└ 신미양요는 미군이 제너럴셔먼호 사건을 빌미로 통상 수교를 시도하기 위해 강화도에 침입한 사건이에요.

③ 양헌수 부대가 정족산성에서 활약하였다. → 병인양요
└ 병인양요 때 양헌수 장군이 이끄는 부대가 정족산성에서 프랑스군에 맞서 항전하였어요.

④ 제물포 조약이 체결되는 결과를 가져왔다. → 임오군란
└ 임오군란의 결과 조선과 일본 사이에 제물포 조약이 체결되어 조선 정부가 일본 정부에 배상금을 지불하고, 일본 공사관에 일본 경비병이 주둔하는 것을 허용하였어요.

기출 포인트 더보기　병인양요

배경	프랑스가 병인박해(천주교 신자와 프랑스 선교사를 처형한 사건)를 구실로 통상 수교를 시도함
전개	프랑스군은 강화도를 점령하고 한성으로 진격하려 하였으나 한성근(문수산성), 양헌수(정족산성) 부대가 프랑스군을 격퇴함
결과	프랑스군이 퇴각하는 과정에서 『의궤』를 비롯한 외규장각의 도서 등의 문화재를 약탈해 감

29 | 근대
통리기무아문 설치와 갑신정변 사이의 사실
정답 ③

(가) 시기에 있었던 사실로 옳은 것은? [3점]

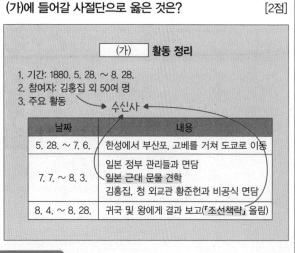

통리기무아문 설치(1880)
이번에 설치할 통리기무아문의 담당 업무와 관리 임용에 대해 정해 보았습니다.

갑신정변(1884)
외국 군대를 끌어들여 변란을 일으킨 김옥균, 박영효 등을 처벌하게 하소서.

→ (가) →

키워드 돋보기

- 통리기무아문을 통해 통리기무아문 설치(1880)임을 알아야 해요!
- 변란, 김옥균, 박영효를 통해 갑신정변(1884)임을 알아야 해요!

- 1880년에 조선 정부의 개화 정책을 총괄하는 기구로 **통리기무아문**이 설치되었어요.
- 1884년에 **김옥균, 박영효** 등의 급진 개화파가 우정총국 개국 축하연에서 일본군을 끌어들여 정변을 일으켰어요(**갑신정변**). 이들은 집권 세력이었던 민씨 일파를 제거하고 정권을 장악한 뒤 개혁 정책을 담은 14조 혁신 정강을 발표하였으나, 청군이 개입하면서 정변은 3일 만에 실패로 끝났어요.

① 탕평비가 건립되었다. → 조선 영조, 1742년
  └ 조선 후기 영조 때인 1742년에 붕당의 폐해를 경계하기 위해 성균관 입구에 탕평비가 건립되었어요.

② 간도 협약이 체결되었다. → 1909년
  └ 1909년에 청과 일본 사이에 간도 협약이 체결되어 간도가 청의 영토로 귀속되었어요.

③ 구식 군인들이 임오군란을 일으켰다. → 1882년
  └ 1882년에 신식 군대인 별기군과의 차별로 불만이 쌓인 구식 군인들이 임오군란을 일으켰어요.

④ 어영청을 강화하며 북벌이 추진되었다. → 조선 효종
  └ 조선 후기 효종 때 병자호란으로 청에게 당한 굴욕을 갚기 위해 어영청을 강화하는 등 북벌이 추진되었어요.

기출 포인트 더보기 | 임오군란

원인	• 구식 군인에 대한 차별 심화 • 일본의 경제 침투로 민중 생활 악화
전개	구식 군인들의 봉기 → 민씨 세력 축출 → 흥선 대원군의 일시적 재집권 → 청의 군란 진압
결과	• 일본과 제물포 조약 체결 • 청과 조·청 상민 수륙 무역 장정 체결, 조선에 대한 청의 내정 간섭 강화

---

30 | 근대
수신사
정답 ③

(가)에 들어갈 사절단으로 옳은 것은? [2점]

___(가)___ 활동 정리

1. 기간: 1880. 5. 28. ~ 8. 28.
2. 참여자: 김홍집 외 50여 명
3. 주요 활동 → 수신사

날짜	내용
5. 28. ~ 7. 6.	한성에서 부산포, 고베를 거쳐 도쿄로 이동
7. 7. ~ 8. 3.	일본 정부 관리들과 면담 일본 근대 문물 견학 김홍집, 청 외교관 황준헌과 비공식 면담
8. 4. ~ 8. 28.	귀국 및 왕에게 결과 보고(『조선책략』 올림)

키워드 돋보기

김홍집, 일본 근대 문물 견학, 『조선책략』을 통해 수신사임을 알아야 해요!

수신사는 근대에 **일본에 파견된 사절단**으로, 2차 수신사로 파견된 **김홍집**은 일본의 근대 문물을 견학한 후, 귀국하면서 청 외교관 황준헌이 쓴 『조선책략』을 가져와 국내에 소개하였어요.

① 보빙사 → 미국에 파견된 사절단
  └ 보빙사는 우리나라에서 서양에 파견한 최초의 사절단으로, 조·미 수호 통상 조약 이후 미국 공사 부임에 대한 답례로 미국에 파견되었어요.

② 성절사 → 명·청에 파견된 사절단
  └ 성절사는 조선 시대에 명과 청에 파견된 사절단으로, 황제와 황후의 생일을 축하하기 위해 파견되었어요.

③ 수신사 → 일본에 파견된 사절단
  └ 수신사는 일본에 파견된 사절단으로, 2차 수신사로 파견된 김홍집은 황준헌이 쓴 『조선책략』을 가져와 국내에 소개하였어요.

④ 영선사 → 청에 파견된 사절단
  └ 영선사는 청에 파견된 사절단으로, 김윤식 등이 청의 기기국에서 무기 제조 기술을 배워왔어요.

기출 포인트 더보기 | 근대의 사절단

수신사(일본)	총 세 차례에 걸쳐 일본에 파견됨
조사 시찰단(일본)	일본의 정부 기구와 산업 시설을 시찰하기 위해 비밀리에 파견됨
영선사(청)	• 청의 근대 무기 제조술을 배우기 위해 파견됨 • 근대 무기 제조 공장인 기기창 설립의 계기가 됨
보빙사(미국)	조·미 수호 통상 조약 체결을 계기로 민영익 등 파견

동학 농민 운동 ✨

정답 ②

(가) 운동에 대한 설명으로 옳은 것은? [2점]

사발통문 봉기의 주모자가 드러나지 않게 작성된 문서	**장태(복원)** 황룡촌 전투에서 사용한 농민군의 무기	**공주 우금치 전적** 농민군이 일본군·관군을 상대로 격전을 벌였던 곳

동학 농민 운동

키워드 돋보기

황룡촌 전투, 공주 우금치를 통해 동학 농민 운동임을 알아야 해요!

동학 농민 운동은 고부 민란을 수습하기 위해 파견된 이용태가 관련자들을 탄압한 것이 원인이 되어 일어났어요. **전봉준**의 주도로 백산에 집결한 동학 농민군은 **황토현·황룡촌 전투**에서 승리하고 전주성까지 점령하였어요. 이에 정부는 동학 농민군과 **전주 화약**을 체결하였으나 일본군이 철수하지 않고 기습적으로 경복궁을 점령한 뒤 내정을 간섭하자, 동학 농민군은 2차로 봉기하였어요. 그러나 동학 농민군은 **공주 우금치**에서 일본군과 관군에게 패배하였어요(우금치 전투).

① 박규수가 안핵사로 파견되었다. → 임술 농민 봉기
  └ 임술 농민 봉기가 전국으로 확산되자, 상황을 수습하기 위해 박규수가 안핵사로 파견되었어요.

②전개 과정에서 집강소가 설치되었다. → 동학 농민 운동
  └ 동학 농민 운동 때 전주 화약이 체결된 이후, 동학 농민군은 집강소를 설치하여 폐정 개혁안을 추진하였어요.

③ 한성 조약이 체결되는 결과를 가져왔다. → 갑신정변
  └ 갑신정변의 결과, 조선은 일본과 한성 조약을 체결하여 일본에 배상금을 지불하고, 일본 공사관 신축 비용을 부담하였어요.

④ 평안도 지역 차별에 반발하여 일어났다. → 홍경래의 난
  └ 홍경래의 난은 조선 후기 순조 때 홍경래 등이 세도 정치 시기의 수탈과 평안도 지역에 대한 차별에 반발하여 일어났어요.

기출 포인트 더보기 집강소와 교정청

구분	집강소	교정청
설치 시기	전주 화약 체결 이후	
주도	동학 농민군	조선 정부
목적	폐정 개혁안 실천	폐정 개혁안 수용 및 자주적 개혁 추진

우리나라의 관리 등용 제도

정답 ③

(가)~(라) 제도에 대한 설명으로 옳은 것은? [3점]

> **기록으로 보는 관리 등용 제도**
>
> (가) 처음으로 독서삼품을 정하여 관리를 선발하였다. → 독서삼품과(통일 신라)
> (나) 쌍기의 말을 받아들여 과거로 관리를 뽑았으며, 이로부터 학문을 숭상하는 풍조가 비로소 일어났다. → 과거제(고려)
> (다) 천거한 사람들을 한곳에 모아 시험을 치르면 많은 인재를 얻을 수 있을 것입니다. 이는 한(漢)에서 시행한 현량과의 뜻을 이은 것입니다. → 현량과(조선)
> (라) 군국기무처에서 올린 의안에, …… 과거제의 변통에 대한 재가를 받아 별도로 선거조례(選擧條例)를 정한다. → 선거조례(근대)

키워드 돋보기

(가) **독서삼품**을 통해 독서삼품과(통일 신라)임을 알아야 해요!
(나) **쌍기, 과거**를 통해 과거제(고려)임을 알아야 해요!
(다) **천거, 현량과**를 통해 현량과(조선)임을 알아야 해요!
(라) **군국기무처, 선거조례**를 통해 선거조례(근대)임을 알아야 해요!

(가) **독서삼품과**는 유교 경전의 이해 수준을 시험하여 관리를 채용하는 제도로, 통일 신라 **원성왕** 때 시행되었어요.
(나) **고려**의 **과거제**는 광종 때 **쌍기**의 건의로 시행된 관리 등용 제도예요.
(다) 조선의 **현량과**는 일종의 천거제로, 중종 때 **조광조**의 건의로 시행되었어요.
(라) **선거조례**는 제1차 **갑오개혁** 때 **군국기무처**의 건의로 시행된 관리 등용 제도예요.

① (가) - 문과, 무과, 잡과로 구분하여 선발하였다. → 과거제(조선)
  └ 조선의 과거제는 문관을 선발하는 문과, 무관을 선발하는 무과, 기술관을 선발하는 잡과로 구분하여 선발하였어요.

② (나) - 신라 원성왕 재위 시기에 시행되었다. → 독서삼품과(통일 신라)
  └ 독서삼품과는 통일 신라 원성왕 재위 시기에 시행되었어요.

③(다) - 조광조 등 사림 세력이 실시를 주장하였다. → 현량과(조선)
  └ 현량과는 조광조 등 사림 세력의 주장으로 실시되었어요.

④ (라) - 광무개혁의 일환으로 단행되었다. → X
  └ 광무개혁의 일환으로 관립 실업 학교인 상공 학교(1899)와 기술 교육 기관이 설립되었어요. 선거조례는 광무개혁 이전인 제1차 갑오개혁 때 단행되었어요.

33 | 근대
독립 협회

정답 ②

(가)에 들어갈 단체로 옳은 것은? [1점]

〈한국사 역할극〉

2모둠: 민중을 계몽하자! (가) 의 활동

독립 협회

서재필

윤치호

2모둠의 역할극에 대한 감상을 말해 볼까요?

독립신문이 발행되고 널리 읽히는 장면을 잘 표현했어요.

수백 명이 모인 토론회 장면을 빔 프로젝터로 실감나게 표현한 게 대단했어요.

키워드 돋보기

서재필, 독립신문을 통해 독립 협회임을 알아야 해요!

독립 협회는 서재필, 윤치호 등 신지식인이 중심이 되어 창립한 단체로, 독립신문을 발행하여 민중들에게 계몽 사상을 전파하였어요. 또한 근대적인 민중 집회인 만민 공동회를 열고, 토론회·강연회를 개최하여 민중에게 새로운 지식과 교양을 보급하기 위해 노력하였어요.

① 신민회 → 근대의 애국 계몽 운동 단체
 └ 신민회는 근대에 안창호, 양기탁 등을 지도부로 하여 비밀리에 조직된 근대의 애국 계몽 운동 단체로, 대성 학교, 오산 학교 등을 설립하여 민족 교육을 실시하였어요.

②독립 협회 → 근대적 사회 정치 단체
 └ 독립 협회는 근대에 서재필, 윤치호 등을 중심으로 창립된 사회·정치 단체로, 독립신문을 발행하고 토론회·강연회를 개최하여 민중들에게 계몽 사상을 전파하였어요.

③ 대한 자강회 → 근대의 애국 계몽 운동 단체
 └ 대한 자강회는 근대에 고종 강제 퇴위 반대 운동을 주도한 애국 계몽 운동 단체로, 일제에 의해 해산되었어요.

④ 조선어 학회 → 일제 강점기의 국어 연구 단체
 └ 조선어 학회는 일제 강점기에 활동한 국어 연구 단체로, 한글 맞춤법 통일안과 외래어 표기법 통일안을 제정하였어요.

기출 사료 더보기 독립 협회 [48회]

우리 대조선국이 독립국이 되어 세계 여러 나라와 어깨를 나란히 하니, 이는 우리 동포 이천만이 오늘날 맞이한 행복이다. 여러 사람의 의견으로 독립 협회를 조직하여 옛 영은문 자리에 독립문을 새로 세우고, 옛 모화관을 고쳐 독립관이라 하고자 한다. 이는 지난날의 치욕을 씻고 후손들에게 본보기를 보여 주고자 함이다.

---

34 | 근대
을사늑약

정답 ④

밑줄 그은 '이 조약'에 대한 설명으로 옳은 것은? [2점]

이곳은 네덜란드 헤이그에 있는 이준 열사 기념관입니다. 그는 대한 제국의 외교권을 박탈한 이 조약의 부당함을 세계에 알리기 위해 이상설, 이위종과 함께 만국 평화 회의에 특사로 파견되었습니다.

을사늑약

키워드 돋보기

대한 제국의 외교권을 박탈하였다는 것을 통해 을사늑약임을 알아야 해요!

을사늑약(제2차 한·일 협약)은 이토 히로부미가 고종의 동의 없이 강제로 체결한 조약이에요. 을사늑약의 결과 일제는 대한 제국의 외교권을 박탈하였어요. 이에 고종은 을사늑약의 부당성을 폭로하기 위해 네덜란드 헤이그에서 열린 만국 평화 회의에 이상설, 이준, 이위종을 특사로 파견하였으나, 일본의 방해를 받아 실패로 끝났어요.

① 청·일 전쟁의 배경이 되었다. → 톈진 조약
 └ 톈진 조약은 갑신정변 이후 청과 일본이 체결한 조약으로, 조선에 파병 시 상대국에도 이를 알린다는 내용이 있어 청·일 전쟁의 배경이 되었어요.

② 최혜국 대우의 조항이 들어 있다. → 조·미 수호 통상 조약 등
 └ 조·미 수호 통상 조약에는 한 나라가 어떤 외국에 부여하고 있는 가장 유리한 대우를 상대국에도 부여한다는 최혜국 대우 조항이 들어 있어요.

③ 운요호 사건을 계기로 체결되었다. → 강화도 조약
 └ 강화도 조약은 일본 군함 운요호가 강화도에 접근하여 무력시위를 벌인 운요호 사건을 계기로 체결되었어요.

④통감부가 설치되는 결과를 가져왔다. → 을사늑약
 └ 을사늑약 체결 결과 서울에 통감부가 설치되고 이토 히로부미가 초대 통감으로 부임하였어요.

기출 사료 더보기 을사늑약 [33회]

제2조 일본국 정부는 한국과 타국 사이에 현존하는 조약의 실행을 완수할 임무가 있으며, 한국 정부는 지금부터 일본국 정부의 중개를 거치지 않고서는 국제적 성질을 가진 어떤 조약이나 약속을 맺지 않을 것을 약속한다.

해커스 한국사능력검정시험 한권완성 기출 500제 기본

제61회 점수공략 해설

(가) 시기에 시행된 정책으로 옳은 것은? [2점]

역사 탐방 사전 학습지

이름	○○○	학번	△학년 △반 △△번

장소 | 서울 덕수궁

왜 가고 싶나요? → 대한 제국

고종은 국가의 위상을 높이기 위해 황제에 오르고 (가) 의 수립을 대내외에 선포하였습니다. 이 시기에 고종이 머물렀던 덕수궁에서 그 흔적을 찾아보고 싶습니다.

관련 자료를 찾아볼까요?

덕수궁 중화전   덕수궁 정관헌

키워드 돋보기

고종이 황제에 올랐다는 것을 통해 대한 제국임을 알아야 해요!

고종은 아관 파천 이후 **경운궁(덕수궁)**으로 돌아온 뒤, 연호를 광무로 고치고 **황제에 올라 대한 제국의 수립을 선포**하였어요(1897). 대한 제국 시기에는 **광무개혁**을 실시하여 대한 제국의 헌법인 대한국 국제를 반포하고, 여러 분야에서 개혁 정책을 추진하였어요.

① **지계가 발급되었다.** → 대한 제국 시기
└ 대한 제국 시기에 광무개혁을 실시하여 근대적 토지 소유 증명서인 지계를 토지 소유자에게 발급하였어요.

② 척화비가 건립되었다. → 흥선 대원군 집권기
└ 흥선 대원군 집권기에 서양과의 통상 수교 거부 의지를 밝히는 내용의 척화비가 종로와 전국 각지에 건립되었어요.

③ 홍범 14조가 반포되었다. → 제2차 갑오개혁 시기
└ 제2차 갑오개혁 때 고종이 홍범 14조를 반포하여 개혁의 기본 방향을 제시하였어요.

④ 치안 유지법이 제정되었다. → 문화 통치 시기
└ 문화 통치 시기에 일제에 의해 식민 통치를 부정하는 사회주의자나 독립운동가의 처벌을 규정한 치안 유지법이 제정되었어요.

기출 포인트 더보기   광무개혁

정치	대한국 국제 반포, 원수부(황제 직속 군사 기관) 설치
경제	양전 사업 실시, 지계 발급
교육	상공 학교, 기술 교육 기관 설립
외교	• 간도 관리사 파견 • 독도를 관할 구역에 포함(대한 제국 칙령 제41호)

밑줄 그은 '이 부대'에 대한 설명으로 옳은 것은? [2점]

○○에게 → 13도 창의군

이보게, 나는 마침내 의병에 합류하였네. 황제 폐하께서 강제로 그 자리에서 내려오셔야 했던 사건은 여전히 울분을 참을 수 없게 만드네. 일제가 끝내 우리 군대를 강제로 해산시키는 과정에서 동료들의 죽음을 보며 가만히 있을 수 없었네. 나는 13도의 의병이 모여 조직되고 이인영 총대장이 지휘하는 이 부대에 가담하여 끝까지 나라를 지키려고 하네. 자네도 우리와 뜻을 같이하면 좋겠네.

옛 동료가

키워드 돋보기

군대를 강제로 해산시켰다는 것과 13도의 의병이 모였다는 것을 통해 13도 창의군임을 알아야 해요!

13도 창의군은 정미의병 때 결성된 부대예요. 1907년에 일제가 **고종을 강제로 퇴위**시키고 한·일 신협약(정미 7조약)을 체결한 뒤, 부속 밀약을 통해 **대한 제국의 군대를 강제로 해산**시키자 이에 반발하여 **정미의병**이 일어났어요. 이때 **이인영**을 총대장, 허위를 군사장으로 하는 의병 연합 부대인 **13도 창의군**이 결성되었어요.

① **서울 진공 작전을 전개하였다.** → 13도 창의군
└ 13도 창의군은 서울 진공 작전을 전개하여 동대문 일대까지 진격하였으나, 일본군의 강한 반격으로 후퇴하였어요.

② 일제의 탄압을 피해 자유시로 이동하였다. → 대한 독립 군단
└ 대한 독립 군단은 일제 강점기에 서일을 중심으로 결성된 독립군 연합 부대로, 일제의 탄압을 피해 러시아 자유시로 이동하였어요.

③ 어재연의 지휘 아래 광성보에서 활약하였다. → X
└ 미국이 강화도를 침입한 신미양요가 일어나자 어재연이 이끄는 조선 수비대가 광성보에서 항전하였어요.

④ 황푸 군관 학교에서 군사 훈련을 실시하였다. → 의열단
└ 의열단은 개별적인 의거 활동에서 조직적인 항일 무장 투쟁으로 활동 방향을 바꾸고 단원 일부가 황푸 군관 학교에 입학하여 군사 훈련을 실시하였어요.

기출 포인트 더보기   정미의병

원인	고종 황제 강제 퇴위, 대한 제국 군대 해산 → 해산된 군인이 의병에 합류하면서 군사력 강화
활동	• 13도 창의군을 조직하여 서울 진공 작전이 전개되었으나 전국적으로 소규모 부대에 의한 유격전이 전개됨 • 일본의 남한 대토벌 작전과 국권 피탈로 많은 의병들이 국외로 이동하여 독립군으로 활동함

밑줄 그은 '전투'로 옳은 것은? [1점]

이것은 1920년 10월 김좌진의 북로 군정서군 등 독립군 연합 부대가 백운평, 천수평, 어랑촌 일대에서 일본군과 싸워 크게 승리한 전투입니다.

청산리 전투

키워드 돋보기

김좌진의 북로 군정서군, 백운평, 천수평, 어랑촌 일대에서 일본군과 싸워 크게 승리하였다는 것을 통해 청산리 전투임을 알아야 해요!

청산리 전투는 1920년에 **독립군 연합 부대**가 청산리 일대에서 일본군과 싸워 승리한 전투예요. 일제가 독립군을 소탕하기 위해 대규모 병력을 이끌고 만주의 독립군을 추격해 오자, **김좌진의 북로 군정서군**과 홍범도의 대한 **독립군** 등의 독립군 연합 부대가 **백운평, 천수평, 어랑촌** 등 **청산리** 일대에서 일본군과 맞서 싸워 큰 승리를 거두었어요.

① 백강 전투 → 백제 부흥 세력과 나·당 연합군이 싸운 전투
  ㄴ 백강 전투는 백제가 멸망한 후 백제 부흥군과 이들을 지원하러 온 왜군이 백강 어귀에서 나·당 연합군과 벌였던 전투예요.

② 진주성 전투 → 임진왜란 때 일어난 전투
  ㄴ 진주성 전투(진주 대첩)은 임진왜란 때 왜군이 진주성에 쳐들어오자, 진주 목사 김시민이 왜군을 상대로 큰 승리를 거둔 전투예요.

③ 청산리 전투 → 북로 군정서군과 대한 독립군 등이 참가한 전투
  ㄴ 청산리 전투는 김좌진의 북로 군정서군과 홍범도의 대한 독립군 등의 독립군 연합 부대가 청산리 일대에서 일본군을 격퇴한 전투예요.

④ 대전자령 전투 → 한국 독립군이 참가한 전투
  ㄴ 대전자령 전투는 1933년에 지청천을 중심으로 한 한국 독립군이 북만주 일대인 대전자령에서 중국 호로군 등과 연합하여 일본군을 격퇴한 전투예요.

기출 자료 더보기 청산리 전투 [43회]

우리 중대는 백운평에서 김좌진 사령관의 본대와 합류하였다. 1920년 10월 21일부터 적군과의 싸움이 시작되었다. 적의 기병을 섬멸하고 포위망을 교묘히 빠져나가면서 싸웠다. 완루구에서는 우리 군대의 복장이나 모자가 적들과 비슷한 데다가 짙은 안개 때문에 적군들은 서로 싸우다가 죽기도 하였다. 우리는 6일간의 전투에서 포위를 뚫고 기적적으로 살아남았다.

(가)에 해당하는 인물로 옳은 것은? [2점]

이 시는 일제 강점기 민족 저항 시인 ___(가)___ 의 대표적인 작품입니다. 그는 조선은행 대구 지점 폭파 사건에 연루되어 수감 생활을 하던 당시의 수인 번호를 따서 호를 지었습니다. 이제 그의 시를 노래로 만나 보겠습니다.

이육사

광야

지금 눈 내리고
매화 향기 홀로 아득하니
내 여기 가난한 노래의 씨를 뿌려라

다시 천고의 뒤에
백마 타고 오는 초인이 있어
이 광야에서 목놓아 부르게 하리라

키워드 돋보기

조선은행 대구 지점 폭파 사건, 광야를 통해 이육사임을 알아야 해요!

이육사는 일제 강점기의 독립운동가이자 저항 시인으로, 의열단에 가입하여 활동하다가 **조선은행 대구 지점 폭파 사건**에 연루되어 대구 형무소에 투옥되었어요. 이때 그는 수인 번호였던 264번을 따와 호를 '육사'라고 지었어요. 이후 그는 시를 통해 조국 독립의 의지를 드러내었는데, 대표작으로는 **광야** 등이 있어요.

① 심훈 → 『상록수』, 「그날이 오면」 저술
  ㄴ 심훈은 일제 강점기의 소설가이자 시인으로, 대표작으로는 소설 『상록수』와 시 「그날이 오면」이 있어요.

② 윤동주 → 「서시」, 「별 헤는 밤」 등 저술
  ㄴ 윤동주는 일제 강점기의 저항 시인으로, 대표작으로는 「서시」, 「별 헤는 밤」 등이 있어요.

③ 이육사 → 「광야」 등 저술
  ㄴ 이육사는 일제 강점기의 독립운동가이자 저항 시인으로, 대표작으로는 「광야」가 있어요.

④ 한용운 → 「님의 침묵」 등 저술
  ㄴ 한용운은 일제 강점기에 활동한 독립운동가이자 시인으로, 3·1 운동 때 민족 대표로 참여하였으며 대표작으로는 「님의 침묵」이 있어요.

해커스 한국사능력검정시험 한권완성 기출 500제 기본

제61회 점수공략 해설

산미 증식 계획
정답 ③

민족 말살 통치 시기 ✨
정답 ①

밑줄 그은 '이 정책'으로 옳은 것은? [2점]

그렇다네. 일제가 1920년부터 실시한 이 정책으로 쌀 생산량이 늘었지만 이보다 더 많은 양의 쌀을 일본으로 가져가 우리의 식량 사정이 더욱 나빠졌다네.

이 많은 쌀을 전부 일본으로 가져간다는 말인가?

산미 증식 계획

키워드 돋보기

쌀 생산량이 늘었지만 이보다 더 많은 양의 쌀을 일본으로 가져간다는 내용을 통해 산미 증식 계획임을 알아야 해요!

산미 증식 계획은 일제가 조선을 자국의 식량 공급 기지로 만들기 위해 1920년부터 실시한 농업 정책이에요. 일제는 본국의 급속한 공업화 정책으로 쌀값이 폭등하고 식량이 부족해지자, 조선을 자국의 식량 공급 기지로 만들기 위해 산미 증식 계획을 실시하였어요. 산미 증식 계획 실시 결과 쌀 생산량은 늘어났지만, 일제가 늘어난 생산량보다 더 많은 쌀을 일본으로 가져가 우리나라의 식량 사정이 더 나빠졌어요.

① 방곡령
└ 방곡령은 근대 개항기에 식량난을 해결하기 위해 조선의 지방관이 그 지방에서 생산된 곡식을 타 지방이나 외국으로 유출하는 것을 금지한 조치예요.

② 신해통공
└ 신해통공은 조선 정조 때 육의전을 제외한 시전들의 금난전권(난전을 단속하는 권리)을 폐지한 것이에요.

③ 산미 증식 계획
└ 산미 증식 계획은 1920년대 일제가 자국의 식량 부족 문제를 해결하기 위해 조선의 쌀 생산량을 늘려 수탈하고자 실시한 농업 정책이에요.

④ 토지 조사 사업
└ 토지 조사 사업은 1910년대에 일제가 식민지 통치를 위한 재정을 확보하고 조선의 토지를 약탈하기 위해 실시한 정책이에요.

기출 자료 더보기 산미 증식 계획 [51회]

· 정의: 일제가 조선을 자국의 식량 공급 기지로 만들기 위해 1920년부터 추진한 농업 정책
· 시행 배경: 일제는 급격한 공업화와 농촌의 황폐화로 자국의 식량 사정이 악화하자, 조선을 이용하여 식량 부족 문제를 해결하려 하였다.

다음 다큐멘터리에서 볼 수 있는 장면으로 적절하지 않은 것은? [3점]

〈다큐멘터리 기획안〉

일제의 침략 전쟁에 동원된 한국인들

■ 기획 의도

일제는 태평양 전쟁을 도발하면서 인적·물적 자원 수탈을 더욱 강화하였다. 당시 우리의 민족 의식을 말살하고 수많은 한국인을 침략 전쟁에 동원한 실상에 대해 구체적으로 살펴보고자 한다.

■ 구성 내용 → 민족 말살 통치 시기

1. 징병제, 총알받이로 내몰린 청년들
2. 일본군 '위안부', 인권을 유린당한 여성들
⋮

키워드 돋보기

태평양 전쟁과 징병제, '위안부'를 통해 민족 말살 통치 시기임을 알아야 해요!

민족 말살 통치 시기에 일제는 태평양 전쟁을 일으키면서 인적·물적 자원 수탈을 더욱 강화하였으며, 이에 따라 징병제(1944) 등을 통해 한국인을 강제로 침략 전쟁에 동원하였어요. 또한 일제는 여자 정신 근로령(1944)을 통해 여성들을 군수 공장에 강제로 동원하고, 젊은 여성을 일본군 '위안부'로 강제 동원하였어요.

① 태형을 집행하는 헌병 경찰 → 무단 통치 시기
└ 무단 통치 시기에 일제는 조선 태형령을 제정하여 한국인에게만 태형을 가하였고, 헌병 경찰제를 실시하여 군인인 헌병이 일반 경찰의 역할을 수행하게 하였어요.

② 강제 징용으로 끌려가는 청년 → 민족 말살 통치 시기
└ 민족 말살 통치 시기에 일제는 국민 징용령을 제정하여 공사, 광산 등에 한국인을 강제로 동원하였어요.

③ 공출로 가마솥을 빼앗기는 농민 → 민족 말살 통치 시기
└ 민족 말살 통치 시기에 일제는 침략 전쟁 수행을 위한 전쟁 물자를 확보하기 위해 공출제를 실시하고 쌀을 비롯하여 농기구, 가마솥 등 금속 제품까지 수탈하였어요.

④ 황국 신민 서사를 암송하는 학생 → 민족 말살 통치 시기
└ 민족 말살 통치 시기에 일제는 조선인에게 일왕에 충성을 맹세하는 내용의 황국 신민 서사를 강제로 외우게 하였어요.

41 | 세시 풍속
단오
정답 ①

밑줄 그은 '이날'에 해당하는 세시 풍속으로 옳은 것은? [1점]

음력 5월 5일인 오늘은 한국의 전통 명절입니다. 여러분이 드시는 수리취떡은 이날에 만들어 먹는 음식입니다. 마당에서도 다양한 체험 행사가 진행 중입니다. 어떤 행사에 참여하실 건가요?

저는 창포물에 머리를 감아보려 합니다.

단오

저는 친구와 함께 씨름 경기에 참여할 겁니다.

키워드 돋보기

음력 5월 5일과 **창포물에 머리를 감는**다는 것을 통해 **단오**임을 알아야 해요!

단오는 음력 5월 5일로, **수릿날**이라고 불리기도 하였어요. 1년 중 양기가 가장 왕성한 날로 여겨졌으며, 이 날 여자들은 **창포물에 머리를 감고** 창포 뿌리를 깎아 비녀를 만들었어요. 또한 **씨름**, 널뛰기, 그네뛰기 등을 즐겼으며, 수레바퀴 모양의 **수리취떡**을 만들어 먹었습니다.

① 단오 → 음력 5월 5일
  ㄴ 단오는 음력 5월 5일로, 창포 삶은 물에 머리를 감고 씨름 등의 놀이를 하였어요.

② 동지 → 양력 12월 22·23일경
  ㄴ 동지는 양력 12월 22·23일경으로, 1년 중 밤이 가장 길고 낮이 가장 짧은 날이며, 귀신을 쫓기 위해 팥죽을 먹었어요.

③ 추석 → 음력 8월 15일
  ㄴ 추석은 음력 8월 15일로, 한가위라고도 불리며 송편을 먹고 씨름 등을 즐겼어요.

④ 한식 → 양력 4월 5·6일경
  ㄴ 한식은 양력 4월 5·6일경으로 동지로부터 105일째 되는 날이며, 불을 사용하지 않고 찬 음식을 먹었어요.

기출 포인트 더보기   단오

날짜	음력 5월 5일
다른 이름	수릿날, 중오절, 천중절
특징	1년 중 양기가 가장 왕성한 날
관련 풍속	• 여자들은 창포 삶은 물에 머리를 감고, 창포 뿌리를 깎아 비녀를 만듦 • 씨름·널뛰기·그네뛰기·석전 등을 즐김 • 수레바퀴 모양의 수리취떡을 만들어 먹음

42 | 일제 강점기
윤봉길
정답 ②

(가)에 들어갈 인물로 옳은 것은? [1점]

나는 지금 상하이에 있는 매헌 기념관에 와 있어.

거기는 어떤 곳이야?

윤봉길 → 한인 애국단 소속으로 홍커우 공원에서 의거를 일으킨 (가) 을/를 기념하는 곳이야.

그런 의미가 있는 곳이구나.

키워드 돋보기

한인 애국단과 **홍커우 공원**에서 **의거를 일으켰다**는 것을 통해 **윤봉길**임을 알아야 해요!

윤봉길은 김구가 조직한 **한인 애국단** 소속으로, 중국 상하이 **홍커우 공원**에서 열린 일왕의 생일 겸 상하이 사변(일본이 중국 상하이를 침략한 사건)의 승리를 축하하는 기념식장에 폭탄을 던져 **일본군 장성과 고관들을 처단**하였어요.

① 나석주 → 조선 식산 은행과 동양 척식 주식회사에 폭탄 투척
  ㄴ 나석주는 의열단 단원으로, 조선 식산 은행과 동양 척식 주식회사에 폭탄을 투척하였어요.

② 윤봉길 → 홍커우 공원 의거
  ㄴ 윤봉길은 한인 애국단 단원으로, 중국 상하이의 홍커우 공원에서 폭탄을 투척하여 일본군 장성과 고위 관리를 처단하였어요.

③ 이봉창 → 일왕의 마차에 폭탄 투척
  ㄴ 이봉창은 한인 애국단 단원으로, 일본 도쿄에서 일왕의 마차에 폭탄을 투척하는 의거를 일으켰어요.

④ 이회영 → 신흥 무관 학교 설립
  ㄴ 이회영은 신민회 회원으로, 서간도에 신흥 무관 학교(신흥 강습소)를 설립하여 독립군을 양성하였어요.

(가) 군대에 대한 설명으로 옳은 것은? [2점]

> 뮤지컬로 역사를 만나다
>
> ### 작전명 독수리
>
> "오늘 이 시간부터 아메리카 합중국과 대한민국 임시 정부의 비밀 공작이 시작되었다."
>
> 대한민국 임시 정부의 ___(가)___ 와/과 미국의 전략 정보국(OSS)이 합작한 국내 진공 작전, 일명 '독수리 작전'에 대한 이야기를 뮤지컬로 보여 드립니다. → 한국광복군
>
> ■ 일시: 2022년 ○○월 ○○일 오후 7시
> ■ 장소: △△문화회관 ◇◇홀

키워드 돋보기

대한민국 임시 정부, 미국의 전략 정보국(OSS)이 합작한 국내 진공 작전을 통해 한국광복군임을 알아야 해요!

한국광복군은 1940년에 대한민국 임시 정부가 창설한 군대로, 태평양 전쟁이 일어나자 연합군의 일원으로 참전하였어요. 또한 미국 **전략 정보국(OSS)**과 연계하여 국내 진공 작전을 추진하였으나, 일본의 무조건 항복으로 실행에 옮기지는 못했어요.

① 고종의 밀지를 받아 조직되었다. → 독립 의군부
    └ 독립 의군부는 의병장 출신 임병찬이 고종의 밀지를 받아 조직하였어요.

② 「조선혁명선언」을 활동 지침으로 삼았다. → 의열단
    └ 의열단은 신채호가 작성한 「조선혁명선언」을 활동 지침으로 삼아 활동하였어요.

③ 지청천을 총사령관으로 하여 창설되었다. → 한국광복군
    └ 한국광복군은 지청천을 총사령관으로 하여 창설되었어요.

④ 영릉가 전투에서 한·중 연합 작전을 전개하였다. → 조선 혁명군
    └ 조선 혁명군은 한·중 연합 작전을 전개하여 중국 의용군과 함께 영릉가 전투에서 일본군을 격파하였어요.

기출 자료 더보기   한국광복군의 국내 진공 작전 [43회]

드디어 3개월 간에 걸친 제1기 50명의 미국 전략 정보국(OSS) 특수 공작 훈련이 끝났다. …… 국내로 진입한다는 것은 죽음을 각오해야만 하는 것이기 때문에 50명 모두 굳은 각오로 자원하였다. 야음을 틈타 낙하산을 타고 투하한다든가 잠수함으로 상륙시킨다든가 하는 구체적인 작전까지 결정되어 있었다.

다음 사진전에 전시될 사진으로 적절하지 않은 것은? [2점]

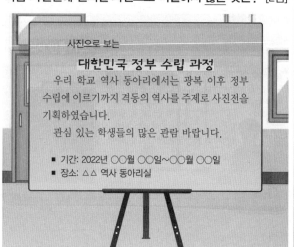

> 사진으로 보는
>
> ### 대한민국 정부 수립 과정
>
> 우리 학교 역사 동아리에서는 광복 이후 정부 수립에 이르기까지 격동의 역사를 주제로 사진전을 기획하였습니다.
> 관심 있는 학생들의 많은 관람 바랍니다.
>
> ■ 기간: 2022년 ○○월 ○○일~○○월 ○○일
> ■ 장소: △△ 역사 동아리실

키워드 돋보기

대한민국 정부 수립 과정에 대해 알아야 해요!

광복 이후에 열린 모스크바 삼국 외상 회의에서 결정된 사항을 실행하기 위해 **제1차 미·소 공동 위원회**를 개최하였으나, 의견 대립으로 결렬되어 분단의 조짐이 나타났어요. 이에 여운형과 김규식 등은 **좌·우 합작 위원회**를 조직하여 좌·우 합작 운동을 전개하였으나 실패하였고, 결국 한반도 문제는 유엔에 넘어갔어요. 이후 유엔 총회에서 남북한 총선거 실시를 의결하면서 유엔 한국 임시 위원단이 한국에 파견되었어요. 그러나 북한과 소련의 거부로 남북한 총선거는 실시되지 못했고, 결국 남한에서만 5·10 총선거가 실시되어 제헌 국회가 구성되었고, 제헌 국회에서 이승만을 대통령으로 선출하며 1948년 8월 15일에 **대한민국 정부**가 수립되었어요.

① → 1948년 5월 10일
5·10 총선거 실시
    └ 5·10 총선거는 1948년에 실시된 우리나라 최초의 민주적인 보통 선거로, 그 결과 제헌 국회가 구성되었어요.

② → 대한민국 정부 수립 이전
6·10 만세 운동 전개
    └ 6·10 만세 운동은 1926년 대한 제국의 마지막 황제였던 순종의 인산일(장례일)에 맞춰 전개된 만세 운동이에요.

③ → 1946년 7월
좌·우 합작 위원회 활동
    └ 좌·우 합작 위원회는 1946년에 중도파인 여운형(좌익)과 김규식(우익)이 통일 정부 수립을 위해 조직한 단체예요.

④ → 1946년 3월
제1차 미·소 공동 위원회 개최
    └ 제1차 미·소 공동 위원회는 모스크바 삼국 외상 회의에서 결정된 사항을 실행하기 위해 1946년에 개최된 회의예요.

<table>
<tr><td>

45 ^{현대} **5·18 민주화 운동** ✦

</td><td>정답 ④</td></tr>
</table>

(가)에 들어갈 민주화 운동으로 옳은 것은? [1점]

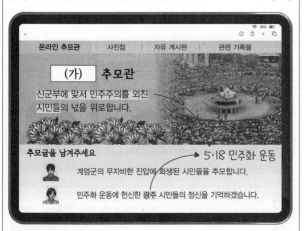

온라인 추모관 | 사진첩 | 자유 게시판 | 관련 기록물

(가) 추모관

신군부에 맞서 민주주의를 외친 시민들의 넋을 위로합니다.

추모글을 남겨주세요 → 5·18 민주화 운동

계엄군의 무자비한 진압에 희생된 시민들을 추모합니다.

민주화 운동에 헌신한 광주 시민들의 정신을 기억하겠습니다.

키워드 돋보기

신군부에 맞서 민주주의를 외친 시민들, 광주를 통해 5·18 민주화 운동임을 알아야 해요!

5·18 민주화 운동은 전두환을 중심으로 한 신군부가 쿠데타를 일으켜 권력을 장악한 후 비상 계엄을 확대하자, 이에 반발하여 일어난 민주화 운동이에요. 광주 지역 학생들과 시민들은 신군부에 맞서 민주주의의 회복과 계엄령 철폐 등을 요구하며 민주화 운동을 전개하고 시민군을 조직하였으나, 계엄군에 의해 무력으로 진압되었어요.

① 4·19 혁명 → 3·15 부정 선거에 대한 저항
  └ 4·19 혁명은 이승만 정부의 3·15 부정 선거에 저항하여 일어났으며, 이승만이 하야하는 결과를 가져왔어요.

② 6월 민주 항쟁 → 4·13 호헌 조치에 대한 저항
  └ 6월 민주 항쟁은 전두환 정부가 대통령 간선제를 유지하겠다는 4·13 호헌 조치를 발표하자, 이에 반발하여 일어난 민주화 운동이에요.

③ 부·마 민주 항쟁 → 박정희 정부의 유신 체제에 대한 저항
  └ 부·마 민주 항쟁은 박정희 정부가 유신 체제를 비판한 야당 총재 김영삼을 국회의원직에서 제명하자, 부산과 마산에서 시민과 학생들이 일으킨 민주화 운동이에요.

④ 5·18 민주화 운동 → 신군부의 계엄령 확대에 대한 저항
  └ 5·18 민주화 운동은 신군부가 전국으로 비상 계엄을 확대하자, 광주의 학생과 시민들이 계엄령 철폐 등을 요구하며 일어난 민주화 운동이에요.

기출 포인트 더보기 | 5·18 민주화 운동

원인	신군부 세력의 비상 계엄령 확대와 김대중 등 주요 정치 인사 및 학생 운동 지도부 체포
전개	광주의 학생들과 시민들이 계엄령 철폐와 신군부 퇴진, 김대중 석방 등을 요구하며 민주화 운동을 전개 → 신군부 세력이 무력으로 진압
영향	5·18 민주화 운동 기록물이 2011년 유네스코 세계 기록유산으로 등재됨

<table>
<tr><td>

46 ^{현대} **노태우 정부 시기의 통일 노력**

</td><td>정답 ①</td></tr>
</table>

다음 자료에 나타난 정부 시기의 통일 노력으로 옳은 것은? [3점]

북방 외교를 통해 소련과 국교를 수립하고, 남북 관계의 진전을 이루었다.

화해와 불가침 및 교류 협력에 관한 내용을 담은 남북 기본 합의서를 채택하였다.

평화와 통일을 위한 준비 과정으로 한반도 비핵화 공동 선언에 합의하였다.

→ 노태우 정부 ←

1/3 | 2/3 | 3/3

키워드 돋보기

북방 외교, 남북 기본 합의서, 한반도 비핵화 공동 선언을 통해 노태우 정부임을 알아야 해요!

노태우 정부 시기에는 적극적인 북방 외교 정책을 통해 소련·중국 등 사회주의 국가와 국교를 수립하였고, 동시에 북한과의 대화를 시도하여 남북 고위급 회담이 개최되었어요. 그 결과 국제 평화와 안전 보장을 목적으로 남북한이 유엔에 동시 가입하였으며, 북한과 남북 기본 합의서를 채택하였어요. 또한 이 시기에 남북한은 핵 전쟁의 위험을 제거하고 평화 통일의 기반을 다지기 위해 한반도 비핵화 공동 선언에 합의하였어요.

① 남북한 유엔 동시 가입 → 노태우 정부
  └ 노태우 정부 시기에 남북한이 유엔에 동시 가입하였어요.

② 남북 이산가족 최초 상봉 → 전두환 정부
  └ 전두환 정부 시기에 남북 이산가족 최초 상봉과 예술 공연단 교환이 이루어졌어요.

③ 7·4 남북 공동 성명 발표 → 박정희 정부
  └ 박정희 정부 시기에 자주·평화·민족 대단결의 통일 원칙을 명시한 7·4 남북 공동 성명을 발표하였어요.

④ 6·15 남북 공동 선언 채택 → 김대중 정부
  └ 김대중 정부 시기에 최초로 남북 정상 회담이 개최되어 6·15 남북 공동 선언을 채택하였어요.

기출 포인트 더보기 | 노태우 정부의 통일 노력

남북 대화	• 남북 고위급 회담 개최 • 남북한 유엔 동시 가입
남북 기본 합의서	• 상호 체제 인정, 상호 불가침, 교류·협력 확대 합의 • 남북 교류를 민족 내부의 교류로 인정
한반도 비핵화 공동 선언	한반도 비핵화에 대한 공동 선언에 합의

47 │ 김영삼 정부 시기의 사실

현대

정답 ②

밑줄 그은 '정부' 시기에 있었던 사실로 옳은 것은? [3점]

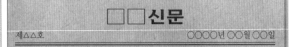

□□신문

제△△호 　　　　　　　　○○○○년 ○○월 ○○일

국민학교 명칭, 역사 속으로 사라지다

　정부는 광복 50주년을 맞이하여 일제 강점기에 황국 신민의 양성을 목적으로 지어진 국민학교 명칭을 초등 학교로 변경한다고 발표했다. 이에 따라 내년 2월말까 지 전국 국민학교의 간판을 초등학교로 바꿔 달고 학교 의 직인과 생활기록부 등에 적혀 있는 국민학교라는 명 칭도 모두 바꾸기로 하였다.

└ 김영삼 정부

키워드 돋보기

국민학교 명칭을 초등학교로 변경한다는 것을 통해 김영삼 정부임을 알아야 해요!

김영삼 정부 시기에는 일제의 잔재를 없애기 위해 **역사 바로 세우기 운동**을 전개하여 **조선 총독부 건물을 철거**하고 전직 대통령인 전두 환과 노태우를 구속하였으며, **국민학교라는 명칭을 초등학교로 변경** 하였어요.

① 삼청 교육대가 운영되었다. → 전두환 정부
└ 전두환 정부 시기에는 사회 정화를 명분으로 삼청 교육대가 운영되어 많은 민간인들이 강제로 군사 훈련과 노동을 강요당했어요.

②조선 총독부 건물이 철거되었다. → 김영삼 정부
└ 김영삼 정부 시기에 광복 50주년을 맞아 전개된 역사 바로 세우기 운동의 일환으로 조선 총독부 건물이 철거되었어요.

③ 반민족 행위 처벌법이 제정되었다. → 이승만 정부
└ 이승만 정부 시기에 제헌 국회에 의해 친일파를 청산하고자 반민족 행위 처벌법이 제정되었어요.

④ 서울에서 G20 정상 회의가 개최되었다. → 이명박 정부
└ 이명박 정부 시기에 서울에서 국제 경제 협의 기구인 G20 정상 회의가 개 최되었어요.

기출 포인트 더보기 　김영삼 정부

금융 실명제	모든 금융 거래를 실제 본인의 이름으로 하도록 함
역사 바로 세우기 운동	조선 총독부 건물 철거, 국민학교를 초등학교로 개칭, 전직 대통령 전두환과 노태우 구속 등
시장 개방	세계 무역 기구(WTO), 경제 협력 개발 기구(OECD)에 가입
외환 위기	국제 경제의 악화와 외환 부족으로 IMF(국제 통화 기금)에 지원 요청

---

48 │ 김대중 정부 시기의 경제 상황

현대

정답 ④

다음 뉴스가 보도된 정부 시기의 경제 상황으로 옳은 것은? [2점]

오늘 서울 월드컵 경기장에서 제17회 FIFA 한·일 월드컵 축구 대회 개막식이 열렸습니다. 이번 월드컵 대회는 아시아 지역에서 처음 열리는 대회로서 세계인의 큰 관심을 끌고 있습니다.

김대중 정부

서울에서 월드컵 개막식 성공적으로 열려

키워드 돋보기

FIFA 한·일 월드컵 축구 대회를 통해 김대중 정부임을 알아야 해요!

김대중 정부 시기인 2002년에는 제17회 FIFA 한·일 월드컵 축구 대회와 부산 아시안 게임 등 국제 스포츠 대회가 개최되었어요.

① 경부 고속도로를 준공하였다. → 박정희 정부
└ 박정희 정부 시기에는 경부 고속도로를 준공하여 사회 간접 자본을 확충 하였어요.

② 세계 무역 기구(WTO)에 가입하였다. → 김영삼 정부
└ 김영삼 정부 시기에는 세계 무역 기구(WTO)에 가입하여 시장 개방 정책 을 추진하였어요.

③ 제1차 경제 개발 5개년 계획이 추진되었다. → 박정희 정부
└ 박정희 정부 시기에는 경공업 중심의 제1차 경제 개발 5개년 계획을 추 진하였어요.

④국제 통화 기금(IMF)의 구제 금융을 조기 상환하였다.
→ 김대중 정부
└ 김대중 정부 시기에는 강도 높은 구조 조정, 금 모으기 운동 등을 통해 국 제 통화 기금(IMF)의 구제 금융을 조기 상환하였어요.

기출 자료 더보기 　김대중 정부의 경축사 [33회]

IMF 위기 상황 아래 대통령에 취임하면서 저는 우리 국민의 저력에 대한 확신이 있었기에 1년 반 안에 외환 위기를 이겨내겠다고 약속할 수 있었고, 또 이 약속을 지킬 수 있었습니다. 대북 정책에 있어서도 안보를 바탕으로 한 포용 정책을 일관 되게 추진해서 한반도의 전쟁 위기를 감소시키겠다고 한 약속을 지켜가고 있습니 다.
－광복절 경축사

49 | 통합 주제 우리나라의 구휼 제도

정답 ①

(가)에 들어갈 내용으로 옳은 것은? [2점]

주제 탐구 활동 계획서

○학년 ○반 ○모둠

주제: 역사 속 백성들을 위한 구휼 제도

• **선정 이유**

우리 역사 속에서 자연 재해나 경제적 위기 상황에 직면한 백성들을 위해 국가가 실시한 구휼 제도에 대해 시대별로 살펴보고, 그 역사적 의미와 교훈에 관하여 생각해 보고자 한다.

• **시대별 탐구 내용**

구분	삼국 시대	고려 시대	조선 시대
내용	고구려의 진대법 실시	(가)	환곡제 운영

키워드 돋보기

우리나라 역사 속 백성들을 위한 구휼 제도에 대해 알아야 해요!

우리나라에는 자연 재해나 경제적 위기에 직면한 백성들을 위해 국가가 실시한 **구휼 제도**가 있었어요. 먼저 **삼국 시대**에 고구려의 **고국천왕**은 매년 봄에 곡식을 빌려주고 이른 겨울에 갚도록 한 **진대법**을 실시하였어요. **고려 시대**에는 **태조 왕건**이 빈민 구휼 기관으로 **흑창**을 설치하였으며, **성종** 때 흑창을 **의창**으로 확대·개편하여 운영하였어요. 한편, **조선 시대**에는 흉년이나 춘궁기에 어려운 백성에게 곡식을 빌려주고 추수기에 빌려준 곡식과 그에 대한 이자를 거두던 **환곡제**가 운영되었어요.

① **의창 설치 → 고려 시대의 구휼 제도**

└ 고려 성종 때 빈민 구제를 위해 봄에 곡식을 빌려주고 가을에 갚게 한 의창이 설치되었어요.

② **신문고 운영 → 조선 시대의 고발 제도**

└ 조선 시대에는 백성들이 억울한 일을 호소할 수 있도록 대궐 앞에 신문고라는 북을 설치하여 운영하였어요.

③ **제중원 설립 → 근대의 병원**

└ 근대에 최초의 근대식 병원인 광혜원이 설립되었으며, 이는 같은 해 제중원으로 이름이 바뀌었어요.

④ **호포제 실시 → 근대의 군포 징수 제도**

└ 조선 고종 때 흥선 대원군은 양반에게도 군포를 부과하는 호포제를 실시하였어요.

---

50 | 통합 주제 대구

정답 ①

(가)에 들어갈 지역으로 옳은 것은? [2점]

키워드 돋보기

공산 전투, 국채 보상 운동을 통해 대구임을 알아야 해요!

대구는 통일 신라 **신문왕**이 **천도**하려고 했던 지역으로, 후삼국 시대에는 **공산 전투**가 벌어지기도 했어요. 이후 근대에는 김광제, 서상돈 등에 의해 **국채 보상 운동**이 일어났으며, 현대에는 이승만 정부의 부당한 선거 개입에 저항한 **2·28 민주 운동**이 일어났어요.

① **대구**

└ 대구는 후삼국 시대에 공산 전투가 벌어졌으며, 근대에 국채 보상 운동이 시작된 지역이에요.

② **안동**

└ 안동은 후삼국 시대에 고창 전투가 벌어졌으며, 유네스코 세계 문화유산인 조선 시대의 하회마을과 도산 서원, 병산 서원이 있는 지역이에요.

③ **울산**

└ 울산은 통일 신라 시대에 국제 무역항으로 번성하여 아라비아 상인까지 왕래한 지역이에요.

④ **청주**

└ 청주는 고려 시대에 흥덕사에서 『직지심체요절』이 간행된 지역이에요.

 **대구의 역사적 사실**

통일 신라	신문왕이 천도하려고 시도함
고려 시대	공산 전투(고려 vs 후백제)
근대	서상돈, 김광제의 주도로 국채 보상 운동이 시작됨
현대	이승만 독재 정권에 저항한 2·28 민주화 운동이 일어남

이렇게 고퀄인데 모두 무료!?
해커스한국사
무료 학습자료 모음

해커스한국사의 흥미 유발 테스트
초시생을 위한 흥미 유발성 테스트로 쉽고 재미있게 한국사 세계로 입문!

해커스한국사의 무료 퀴즈
빈출 문항만 집약해놓은 데일리/챕터별 퀴즈로 한국사 합격에 한걸음 더!

해커스한국사의 무료 유튜브 강의
개념 정리부터 고득점 문제 풀이는 물론, 시험장 TIP까지! 입맛대로 골라 듣기!

한능검의 모든 것 해커스한국사 ▾ 검색 에서 확인 가능합니다.   **history.Hackers.com**

한국사능력검정시험 1위* 해커스한국사
모바일 바로 채점+약점 분석 서비스

한 눈에 보는 서비스 사용법

Step 1.
교재 구입 후 정해진 시간 내 문제풀이
& 교재 내 QR 코드 인식!

Step 2.
모바일로 접속 후 [교재명 입력]란에
자동 채점할 회차 선택!

Step 3.
교재 내 표시한 정답
모바일 채점페이지에 입력!

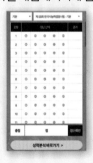

Step 4.
채점 후 나의 점수, 합격여부,
취약 영역 분석까지 확인하기!

**실시간 나의 점수&
취약영역 확인**

**문제별 응시자 평균 점수와
나의 점수 확인**

**개인별 맞춤형
학습진단**

한국사 단기합격의 모든 것, 해커스한국사   history.Hackers.com

바로 이용하기 ▶

해커스 한국사능력검정시험 한권완성 기출 500제 기본 (4·5·6급)

교과서 연계 학습표

한국사능력검정시험 기본에 출제되는 개념은 초등 사회/중학 역사 교과서에 나오는 개념과 비슷해요.
〈해커스 한국사능력검정시험 한권완성 기출 500제 기본〉의 [시대별 기출 200제]로 시험 공부를 하면 학교 공부에도 도움이 되니,
아래의 표를 보고 연계하여 학습해보세요!

해커스 한국사능력검정시험 한권완성 기출 500제 기본 [시대별 기출 200제]	초등 사회 3, 5, 6학년 교과서	중등 역사② 교과서
Ⅰ. 선사 시대	**3학년 2학기** Ⅱ-1 옛날과 오늘날의 생활 모습 **5학년 2학기** Ⅰ-1 나라의 등장과 발전	Ⅰ-1 선사 문화와 고조선 Ⅰ-2 여러 나라의 성장
Ⅱ. 고대	**5학년 2학기** Ⅰ-1 나라의 등장과 발전	Ⅰ-3 삼국의 성립과 발전 Ⅱ-1 신라의 삼국 통일과 발해의 건국 Ⅱ-2 남북국의 발전과 변화 Ⅰ-4 삼국의 문화와 대외 교류 Ⅱ-3 남북국의 문화와 대외 관계
Ⅲ. 고려 시대	**5학년 2학기** Ⅰ-2 독창적 문화를 발전시킨 고려	Ⅲ-1 고려의 건국과 정치 변화 Ⅲ-2 고려의 대외 관계 Ⅲ-3 몽골의 간섭과 고려의 개혁 Ⅲ-4 고려의 생활과 문화
Ⅳ. 조선 시대	**5학년 2학기** Ⅰ-3 민족 문화를 지켜 나간 조선	Ⅳ-1 통치 체제와 대외 관계 Ⅳ-2 사림 세력과 정치 변화 Ⅳ-4 왜란·호란의 발발과 영향 Ⅴ-1 조선 후기의 정치 변동 Ⅴ-2 사회 변화와 농민의 봉기 Ⅳ-3 문화의 발달과 사회 변화 Ⅴ-3 학문과 예술의 새로운 경향 Ⅴ-4 생활과 문화의 새로운 양상
Ⅴ. 근대	**5학년 2학기** Ⅱ-1 새로운 사회를 향한 움직임 Ⅱ-2 일제의 침략과 광복을 위한 노력	Ⅵ-1 국민 국가의 수립 Ⅵ-2 자본주의와 사회 변화
Ⅵ. 일제 강점기	**5학년 2학기** Ⅱ-2 일제의 침략과 광복을 위한 노력	
Ⅶ. 현대	**6학년 1학기** Ⅰ-1 민주주의의 발전과 시민 참여 Ⅱ-2 우리나라의 경제 성장 **6학년 2학기** Ⅱ-1 한반도의 미래와 통일	Ⅵ-2 자본주의와 사회 변화 Ⅵ-3 민주주의의 발전 Ⅵ-4 평화 통일을 위한 노력
Ⅷ. 통합 주제		

해커스

한국사능력검정시험 기본 (4·5·6급)

회차별 기출 300제

해커스 한국사능력검정시험 교재 시리즈

해커스
한국사능력검정시험
심화 (1·2·3급)

해커스
한국사능력검정시험
**2주 합격
심화 (1·2·3급)**

해커스
이명호
**스토리로 암기하는
한국사능력검정시험
심화 (1·2·3급) 상/하**

해커스
한국사능력검정시험
**시대별 기출문제집
심화 (1·2·3급)**

해커스
한국사능력검정시험
**회차별 기출문제집
심화 (1·2·3급)**

해커스
한국사능력검정시험
**초단기 5일 합격
심화 (1·2·3급)**

해커스
한국사능력검정시험
**기선제압 막판 3일 합격
심화 (1·2·3급)**

해커스
한국사능력검정시험
**2주 합격
기본 (4·5·6급)**

해커스
한국사능력검정시험
**한권완성 기출 500제
기본 (4·5·6급)**

13910

9 788969 654915
ISBN 978-89-6965-491-5

○ 차례

시대별 빈출 암기노트

주제별 빈출 암기노트

구석기~철기 시대(고조선)

약 70만년 전   기원전 8000년   기원전 2000년   기원전 5세기

구석기 시대

주거 동굴, 바위 그늘, 강가의 막집

도구
• 뗀석기: 돌을 깨뜨려서 날을 만든 도구
• 주먹도끼, 긁개, 밀개, 슴베찌르개, 찍개 등

경제 도구를 이용한 사냥, 채집, 어로(물고기 잡이)

사회 이동 생활, 무리 사회, 평등 사회

유적지 연천 전곡리[아슐리안형 주먹도끼 출토], 공주 석장리[남한에서 최초로 발견된 구석기 시대 유적지], 단양 수양개

신석기 시대

주거 움집[원형, 중앙에 화덕]

도구
• 간석기: 돌괭이, 돌낫 등의 농기구, 갈돌과 갈판 등의 조리 도구
• 토기: 빗살무늬 토기[식량 조리·보관]

경제
• 농경과 목축 시작[사냥과 고기잡이 병행]
• 원시적 수공업 시작[가락바퀴, 뼈바늘]

사회 정착 생활, 씨족 사회, 평등 사회

유적지 서울 암사동, 제주 고산리

청동기 시대

주거 지상 가옥화된 움집, 취락 형성

도구
• 농기구: 반달 돌칼
• 청동기: 비파형동검, 거친무늬 거울
• 토기: 미송리식 토기, 민무늬 토기, 붉은 간 토기

경제 일부 잡곡 저습지에서 벼농사 시작

사회 사유 재산과 계급 발생, 군장[족장] 국가 등장

유적지 의주 미송리 동굴, 부여 송국리, 여주 흔암리

무덤 고인돌[지배층의 무덤] 등

철기 시대

도구
• 무기: 철제 무기
• 농기구: 철제 농기구
• 청동기: 세형동검, 잔무늬 거울
• 토기: 덧띠 토기, 검은 간 토기
• 기타: 명도전, 붓

경제 봉상 사회

사회 연맹 왕국 등장

유적지 창원 다호리

무덤 독무덤, 널무덤 등

기원전 2333년   기원전 194년   기원전 108년

고조선 건국

단군 조선
• 건국: 단군 왕검이 B.C. 2333년 아사달에서 건국
• 대외 관계: 중국 연나라 장수 진개의 침입을 받음
• 체제 정비: 왕위 세습(부왕 - 준왕), 왕 밑에 상·경·대부 등 관직 설치
• 사회: 8조법[살인, 상해, 절도죄 등]

위만 조선 성립

위만 조선
• 성립: 중국의 진·한 교체기에 고조선으로 망명한 위만이 세력을 키워 준왕을 몰아내고 왕위에 등극
• 발전: 철기 문화를 본격적으로 수용하여 영토 확장
• 경제: 한반도 남부의 진과 중국의 한 사이에서 중계 무역 전개

고조선 멸망

멸망
• 우거왕 때 한 무제의 공격으로 멸망
• 한나라는 고조선 영토에 한 군현 설치

2 초기 국가

1) 부여

위치
만주 쏭화강 유역

정치
- 5부족 연맹체
  - 중앙: 왕
  - 사출도: 마가, 우가, 저가, 구가
- 왕권 미약: 수해나 흉년 시 왕에게 책임을 묻기도 함

경제
- 반농반목(농경·목축)
- 특산물: 말, 주옥, 모피

사회·문화
- 순장: 임금이 죽으면 껴묻거리와 함께 사람을 묻음
- 우제점법: 소를 죽여 그 굽이 모양으로 길흉을 점침
- 법률: 1책 12법(남의 물건을 훔치면 12배로 배상)

제천 행사
12월 영고

2) 고구려

위치
만주 졸본 지방에 건국 → 국내성으로 중심지 이동

정치
- 계루부 고씨 중심의 5부족 연맹체
- 왕 아래 대가들이 각기 관리(사자·조의·선인)를 거느림
- 제가 회의: 대가들이 모여 회의

경제
정복 전쟁으로 식량 조달 → 부경(창고에 약탈 곡식 저장)

사회·문화
- 서옥제: 신부 집 뒤에 서옥을 짓고 살다가 자식이 장성하면 신부를 데리고 신랑 집으로 돌아가는 혼인 풍습
- 법률: 1책 12법(남의 물건을 훔치면 12배로 배상)

제천 행사
10월 동맹(국동대혈)

3) 옥저

위치
함경도 동해안

정치
- 군장 국가: 읍군, 삼로라는 군장이 지배
- 고구려의 압력을 받아 연맹 왕국으로 발전하지 못하고 멸망

경제
- 소금, 해산물이 풍부 → 고구려에 공물로 납부
- 농경이 발달함

사회·문화
- 민며느리제: 여자 아이를 남자 집에서 데려다가 키운 후 여자 집에 예물을 치르고 혼인을 함
- 가족 공동 무덤: 가족이 죽으면 가매장하였다가 나중에 그 뼈를 추려서 가족 공동 무덤에 안치함

4) 동예

위치
강원도 북부 동해안

경제
- 윤택한 경제생활
- 특산물: 단궁, 과하마, 반어피

사회·문화
- 족외혼: 같은 씨족이 아닌 다른 씨족과 과 혼인
- 책화: 다른 부족의 영역을 침범하면 노비·소·말 등으로 변상
- 주가: 철(凸)자형, 여(呂)자형 기옥에 서 생활

제천 행사
10월 무천

5) 삼한

위치
한반도 남부

정치
- 마한, 진한, 변한으로 구성
- 마한이 삼한 연맹체 주도
- 군장 국가: 신지, 읍차 등이 군장이 지배
- 제정 분리
  - 군장: 정치적 지배자
  - 천군: 종교를 주관하는 제사장, 신성 지역인 소도 지배

경제
- 벼농사 발달
- 변한은 철이 많이 생산됨

제천 행사
5월 수릿날, 10월 계절제

1) 고구려

1~3C		4C			5C			7C		
진대법 실시		고국원왕 전사	불교 공인, 태학 설립		신라 구원	평양 천도	한성 함락	살수 대첩	안시성 전투	고구려 멸망
194		371	372		400	427	475	612	645	668

[태조왕]
· 왕권 강화: 계루부 고씨의 왕위 세습, 형제 상속제
· 정복 활동: 옥저 정복, 만주 지방으로 세력 확대

[고국천왕]
· 왕권 강화: 부자 상속제 마련
· 을파소를 국상으로 기용
· 진대법 실시

[미천왕]
· 낙랑군과 대방군 축출

[고국원왕]
· 백제 근초고왕의 평양성 공격으로 전사

[소수림왕]
· 체제 정비: 율령 반포, 중앙 집권 체제 강화
· 대외 정책: 중국 전진과 수교
· 불교 공인, 태학 설립

[광개토 대왕]
· 왕권 강화: 영락이라는 연호와 태왕의 호칭 사용
· 대외 정책: 백제 공격, 한강 이북 차지, 신라 구원 (倭 격퇴), 만주 일대 장악

[장수왕]
· 대외 정책
 - 남진 정책이 일환으로 평양 천도
 - 백제 수도 한성을 함락시키고 한강 유역 장악
· 광개토 대왕릉비 건립

[영양왕]
· 한강 유역 공격(590, 온달 장군)
· 수 양제 침입 → 살수 대첩(612, 을지문덕)

[보장왕]
· 연개소문 집권: 대당 강경책 전개, 천리장성 완성
· 당 태종 침입 → 안시성 전투(645, 양만춘) 승리
· 고구려 멸망(668)

2) 가야

3C		5C		6C			
				금관가야 멸망		대가야 멸망	
				532		562	

[전기 가야 연맹]
· 성립: 김해 지역에서 김수로가 건국한 금관가야 이를 중심으로 전기 가야 연맹 형성
· 해체: 고구려 광개토 대왕의 공격을 받아 해체
· 경제: 풍부한 철 생산, 중계 무역 발달
· 주요 고분 유적: 김해 대성동 고분(금관가야)

[후기 가야 연맹]
· 고령의 대가야를 중심으로 후기 가야 연맹 형성
· 발전
 - 중국과 수교
 - 백제·신라와 동맹 → 고구려에 대항
 - 신라와 결혼 동맹 체결
· 주요 고분 유적: 고령 지산동 고분(대가야)

[멸망]
· 금관가야: 신라 법흥왕에 의해 멸망(532)
 → 금관가야의 일부 왕족이 멸망 후 신라의 진골로 편입
· 대가야: 신라 진흥왕에 의해 멸망(562)

백제

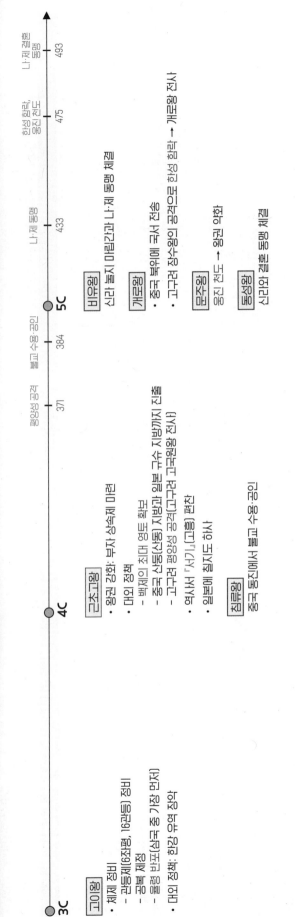

3C 평양성 공격 371 · 불교 수용 공인 384 · 나·제 동맹 433 · 한성 함락, 웅진 천도 475 · 나·제 결혼 동맹 493

3C

고이왕
- 체제 정비
  - 관등제(6좌평, 16관등) 정비
  - 공복 제정
  - 율령 반포(삼국 중 가장 먼저)
- 대외 정책: 한강 유역 장악

4C

근초고왕
- 왕권 강화: 부자 상속제 마련
- 대외 정책
  - 백제의 최대 영토 확보
  - 중국 산둥(산동) 지방과 일본 규슈 지방까지 진출
  - 고구려 평양성 공격(고구려 고국원왕 전사)
- 역사서 『서기』(고흥) 편찬
- 일본에 칠지도 하사

침류왕
중국 동진에서 불교 수용·공인

5C

비유왕
신라 눌지 마립간과 나·제 동맹 체결

개로왕
- 중국 북위에 국서 전송
- 고구려 장수왕의 공격으로 한성 함락 → 개로왕 전사

문주왕
웅진 천도 → 왕권 약화

동성왕
신라와 결혼 동맹 체제 체결

6C

사비 천도 538 · 관산성 전투 554

무령왕
- 체제 정비: 지방에 22담로에 왕족 파견
- 대외 정책: 중국 남조의 양나라와 외교 관계 강화

성왕
- 국가 정비: 사비(부여) 천도, 국호를 남부여로 개칭
- 체제 정비: 중앙 관청 확대(22부), 행정 구역 정비(수도 5부, 지방 5방)
- 대외 정책: 한강 하류 지역 일시 회복
  → 신라에 빼앗김 → 복수전(관산성 전투)에서 성왕 전사
- 불교 전파: 노리사치계를 일본에 파견

7C

대야성 전투 642 · 백제 멸망 660

무왕
- 미륵사 건립
- 익산 천도 시도(→ 실패)

의자왕
- 대외 정책: 신라 대야성을 공격하여 함락시킴
- 사치와 향락을 지속하여 국력 약화
- 계백의 결사대가 신라와의 황산벌 전투에서 패배
- 백제 멸망(660)

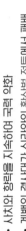

4C

내물 마립간
- 체제 정비
  - 김씨의 왕위 세습(기존: 박·석·김씨 교대)
  - 마립간 칭호 사용
- 광개토 대왕의 도움으로 왜구 격퇴

5C ― 나·제 동맹 (433) ― 나·제 결혼 동맹 (493)

눌지 마립간
- 왕위 부자 상속제 확립
- 백제 비유왕과 나·제 동맹 체결
- 불교 수용(법흥왕 때 공인)

소지 마립간
- 백제 동성왕과 나·제 결혼 동맹 체결

6C ― 우산국 정벌 (512) ― 금관가야 정복 (532) ― 대가야 정복 (562)

지증왕
- 체제 정비: 중국의 제도 채택, 국호를 신라, 지배자의 칭호를 왕으로 개칭
- 우산국(울릉도) 정벌[512, 이사부]
- 우경 보급, 순장 금지
- 동시, 동시전 설치

법흥왕
- 체제 정비: 병부와 상대등 설치, 율령 반포, 공복 제정
- 왕권 강화: 연호 사용[건원], 이차돈의 순교로 제기로 불교 공인
- 금관가야 정복[532]

진흥왕
- 한강 유역 완전 장악, 대가야 정복[562]
- 단양 신라 적성비 건립, 순수비(북한산비, 창녕비 등) 건립
- 화랑도 정비
- 역사서 『국사』[거칠부] 편찬

7C ― 나·당 동맹 체결 (648) ― 백제 정복 (660) ― 고구려 정복 (668) ― 매소성 전투 (675) ― 기벌포 전투, 삼국 통일 (676)

선덕 여왕
- 문화 사업: 황룡사 구층 목탑 건립, 첨성대 축조
- 백제 의자왕의 공격으로 대야성 함락

진덕 여왕
- 나·당 동맹 체결[김춘추]

무열왕
- 최초의 진골 출신 왕
- 체제 정비: 중시 기능 강화, 중국식 시호 사용
- 백제 정복

문무왕
- 고구려 정복
- 당과의 매소성 전투[675], 기벌포 전투[676] 승리 → 삼국 통일 완성
- 체제 정비: 중앙 관제 설치, 외사정 파견

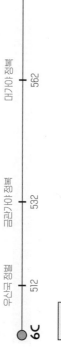

1) 신라(통일 이후)

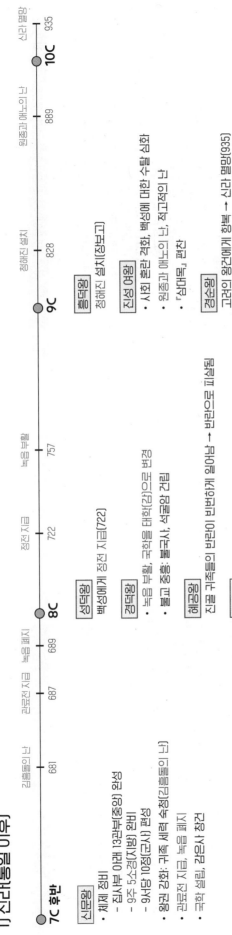

7C 후반 — 681 김흠돌의 난 / 687 관료전 지급 / 689 녹읍 폐지 / **8C** / 722 정전 지급 / 757 녹읍 부활 / **9C** / 828 청해진 설치 / **10C** / 889 원종과 애노의 난 / 935 신라 멸망

[신문왕]
• 체제 정비
  - 집사부 이래 13관부(중앙) 완성
  - 9주 5소경(지방) 완비
  - 9서당 10정(군사) 편성
• 왕권 강화: 귀족 세력 숙청(김흠돌의 난)
• 관료전 지급, 녹읍 폐지
• 국학 설립, 감은사 창건

[성덕왕]
백성에게 정전 지급(722)

[경덕왕]
• 녹읍 부활, 국학을 태학(감)으로 변경
• 불교 중흥: 불국사, 석굴암 건립

[혜공왕]
진골 귀족들의 반란이 빈번하게 일어남 → 반란으로 피살됨

[원성왕]
독서삼품과 실시

[흥덕왕]
청해진 설치(장보고)

[진성 여왕]
• 사회 혼란 가중, 백성에 대한 수탈 심화
• 원종과 애노의 난, 적고적의 난
• 『삼대목』 편찬

[경순왕]
고려의 왕건에게 항복 → 신라 멸망(935)

2) 발해

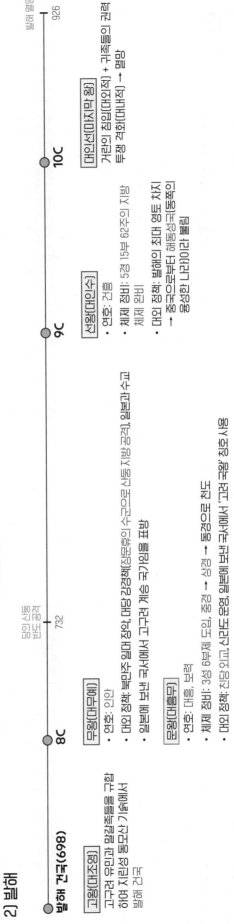

당의 산둥 반도 공격

발해 건국(698) — **8C** / 732 / **9C** / 926 발해 멸망 / **10C**

[고왕(대조영)]
고구려 유민과 말갈족들을 규합하여 지린성 동모산 기슭에서 발해 건국

[무왕(대무예)]
• 연호: 인안
• 대외 정책: 북만주 일대 장악, 대당 강경책(장문휴가 수군으로 산둥 지방 공격), 일본과 수교
• 일본에 보낸 국서에서 고구려 계승 국가임을 표방

[문왕(대흠무)]
• 연호: 대흥, 보력
• 체제 정비: 3성 6부제 도입, 중경 → 상경 → 동경으로 천도
• 대외 정책: 친당 외교, 신라도 운영, 일본에 보낸 국서에서 '고려 국왕' 칭호 사용

[선왕(대인수)]
• 연호: 건흥
• 체제 정비: 5경 15부 62주의 지방 체제 완비
• 대외 정책: 발해의 최대 영토 차지
  → 중국으로부터 해동성국(동쪽의 융성한 나라)이라 불림

[대인선(마지막 왕)]
거란의 침입(대외적) + 귀족들의 권력 투쟁 격화(대내적) → 멸망

고려 시대 〈빈출 시대 1위〉

1) 태조 왕건~의종

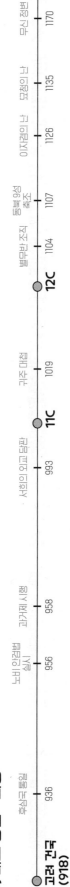

고려 건국 (918)

후삼국 통일 936 / 노비안검법 실시 956 / 과거제 시행 958 / 서희의 외교 담판 993 / 귀주 대첩 1019 / **11C** / 별무반 조직 1104 / 동북 9성 축조 1107 / **12C** / 이자겸의 난 1126 / 묘청의 난 1135 / 무신 정변 1170

[태조 왕건]
- 고려 건국, 발해 유민 수용
- 후삼국 통일: 공산 전투 패배 → 고창 전투 승리 → 신라 항복 → 일리천 전투 승리 → 후삼국 통일
- 북진 정책: 서경(평양) 중시, 대거란 강경책(만부교 사건)
- 호족 통합책: 혼인 정책, 역분전 지급
- 호족 견제책: 사심관 제도와 기인 제도
- 민생 안정책: 조세 완화(취민유도), 흑창(구휼 기관) 설치
- 『정계』, 『계백료서』, 자술, 훈요 10조 반포
- 연호 사용(광덕, 준풍), 공복 제정, 제위보 설치

[광종]
- 왕권 강화책
 - 노비안검법 실시(956)
 - 과거제 시행(쌍기)

[경종]
시정 전시과 실시

[성종]
- 최승로의 시무 28조 수용 → 유교 정치 이념 확립
- 통치 체제 정비
 - 2성 6부 설치, 도병마사와 식목도감 정비
 - 12목 설치, 지방관(목사) 파견, 향리제 정비
- 국자감 설치
- 대외 정책: 거란의 1차 침입 → 서희의 외교 담판(993) → 강동 6주 획득
- 의창과 상평창 설치
- 건원중보 발행

[목종]
개정 전시과 실시

[현종]
- 지방 행정 개편: 5도 양계
- 대외 정책
 - 거란의 2차 침입: 양규의 흥화진 전투
 - 거란의 3차 침입: 강감찬의 귀주 대첩(1019)
 - 나성 축조(강감찬의 건의)

[숙종]
- 대외 정책: 별무반 설치(1104, 윤관)
- 주전도감 설치
- 해동통보, 삼한통보 발행
- 서적포 설치

[예종]
- 대외 정책: 윤관이 별무반을 이끌고 여진 정벌(1107)
 → 동북 9성 축조
 → 관리 문제로 2년 후 여진에게 동북 9성 반환
- 국자감에 7재(전문 강좌) 설치
- 양현고(장학 재단) 설치, 청연각·보문각 설치

[인종]
- 이자겸의 난(1126): 인종이 이자겸 제거 시도
 → 이자겸이 척준경과 난을 일으킴
 → 인종이 척준경을 회유하여 이자겸 제거
 → 척준경 제거, 난 진압
- 묘청의 난: 묘청이 서경 천도와 금국(여진) 정벌 주장
 → 개경파의 반대로 중단
 → 묘청이 국호를 대위국, 연호를 천개라 하여 난을 일으킴(1135)
 → 김부식이 이끄는 관군에 의해 진압

[의종]
무신 정변 발발(1170): 정중부·이의방 등이 무신들이 문신 제거
 → 의종 폐위

2) 명종~공양왕

명이·망소이의 난	최충헌 집권	강화 천도 처인성 전투	개경 환도	쌍성총관부 수복	위화도 회군	과전법 제정	고려 멸망
1176	1196	1232	1270	1356	1388	1391	1392

12~13C 무신 집권기

명종[정중부~최충헌 집권기]
- 무신 정권 수립: 정중부 → 경대승(도방 설치) → 이의민 → 최충헌
- 최씨 무신 정권 성립[최충헌]: 봉사 10조 제시, 교정도감 설치
  [최이 무신 정권의 최고 권력 기구로 활용], 도방 확대
- 사회 혼란: 명이·망소이의 난[1176], 만적의 난[1198]

고려조[최우 집권기]
- 최우 집권기
  - 정방[인사 행정 담당 기구], 서방[문신 숙위 기구] 설치
  - 삼별초 조직: 최씨 무신 정권의 군사적 기반
- 대외 항쟁: 몽골의 침입에 맞서 항전
  - 1차 침입: 저고여 피살 사건을 구실로 침입 → 박서의 분전[귀주],
    몽골군 철수 이후 최우가 대몽 항쟁을 위해 강화도로 천도[1232]
  - 2차 침입: 강화 천도 구실로 침입 → 처인성 전투[김윤후]
  - 3차 침입: 황룡사 구층 목탑 소실, 팔만대장경 조판
  - 5차 침입: 충주 전투[김윤후]
  - 6차 침입: 충주 다인철소 주민들이 몽골에 대항

원종
- 몽골과 강화, 개경 환도[1270] → 원 간섭기 시작
- 영토 상실: 원이 쌍성총관부, 동녕부, 탐라총관부 설치
- 삼별초의 항쟁[1270~1273]: 강화도[배중손] → 진도[배중손]
  → 제주도[김통정]

13~14C 원 간섭기

충렬왕
- 원의 내정 간섭
  - 부마국[사위국] 체제 성립
  - 관제 개편: 중앙 관제 격하[2성 → 첨의부, 6부 → 4사], 왕실 용
    어 격하[왕의 시호 앞에 '충' 사용]
  - 정동행성 설치: 일본 원정을 위한 기구 → 원정 실패 이후 부속
    기구인 이문소를 통해 내정 간섭

충렬왕
- 도평의사사 → 도평의사사로 개편
- 『삼국유사』[일연], 『제왕운기』[이승휴] 편찬

충선왕
- 관제 개편: 정방 폐지 시도, 사림원 설치
- 소금 전매제 실시, 이름 충숙왕에게 양위한 두 연경[북경]에 만권
  당 설치

공민왕
- 반원 자주 정책
  - 기철 등 친원파 숙청, 정동행성 이문소 폐지
  - 관제 복구: 2성 6부 체제
  - 몽골풍의 의복[호복]과 변발 금지
- 왕권 강화 정책
  - 정방 폐지: 인사권 장악
  - 신진 사대부 등용
  - 전민변정도감 설치[1366], 신돈 등용

우왕
- 요동 정벌: 명이 철령위 설치 요구 → 최영이 요동 정벌 주장
  → 이성계의 반대에도 요동 정벌 단행[이성계 파견]
- 위화도 회군[1388]: 이성계가 위화도에서 회군하여 최영과 제거, 우왕
  폐위 → 정치·군사적 실권 장악
- 『직지심체요절』인쇄[1377]

공양왕
- 과전법 제정[1391]: 신진 사대부의 경제적 기반 마련
- 고려 멸망[1392]: 혁명파 사대부가 정몽주 등 온건파 사대부 제거
  → 이성계가 즉위하여 조선 건국

15C

한양 천도 1394 · 제1차 왕자의 난 1398 · 주자소 설치 1403 · 대마도 정벌 1419 · 훈민정음 반포 1446

조선 건국 (1392)

태조 이성계
- 도읍 기틀 마련: 한양 천도, 경복궁 건설
- 정도전 등용
  - 조선의 기틀 마련(경복궁, 근정전 등 이름 지음)
  - 저술: 『조선경국전』, 『불씨잡변』 등
- 제1차 왕자의 난(이방원) → 정도전 등 제거됨

태종 이방원
- 왕권 강화
  - 6조 직계제 실시
  - 사병 폐지
  - 사간원 독립
- 양전 사업과 호패법 실시
- 신문고 설치
- 주자소 설치, 계미자 주조
- 혼일강리역대국도지도 제작

세종
- 체제 정비: 의정부 서사제 실시, 집현전 설치
- 대외 정책
  - 4군 6진 설치, 대마도 정벌(이종무)
  - 3포 개항, 계해약조 체결
- 전분 6등법, 연분 9등법 실시
- 훈민정음 창제·반포
- 측우기, 자격루 제작
- 『농사직설』, 『칠정산』, 『향약집성방』, 『삼강행실도』 편찬
- 갑인자 주조

세조(수양대군)
- 왕권 강화: 6조 직계제 부활, 집현전과 경연 폐지, 유향소 폐지
- 『경국대전』 편찬 시작
- 직전법 실시
- 서울 원각사지 십층 석탑 건립
- 이시애의 난 진압

16C

『경국대전』 반포 1485 · 무오사화 1498 · 갑자사화 1504 · 기묘사화 1519 · 을사사화 1545 · 을묘왜변 1555 · 임진왜란 1592

성종
- 체제 정비
  - 『경국대전』 완성·반포
  - 홍문관 설치
- 사림파 등용
- 관수 관급제 실시
- 『국조오례의』, 『동국여지승람』, 『동국통감』, 『동문선』, 『금양잡록』, 『악학궤범』 편찬

연산군
- 무오사화 발발
- 갑자사화 발발
- 중종반정 발생

중종
- 개혁 추진: 조광조 등용
- 조광조의 개혁 정치: 현량과 실시, 소격서 폐지, 향약 실시, 위훈 삭제 건의
- 기묘사화 발발
- 3포 왜란 → 비변사 설치

명종
- 을사사화 발발
- 을묘왜변 발생 → 비변사 상설 기구화
- 직전법 폐지
- 임꺽정의 난
- 『구황촬요』 간행(기근에 대비)

선조
- 사림이 동·서 붕당 → 붕당 형성
- 정여립 모반 사건(기축옥사)
  → 동인이 남북으로 대립
- 임진왜란: 한산도·행주 대첩
- 정유재란: 명량·노량 해전
- 훈련도감(중앙군)과 속오군(지방군) 편성

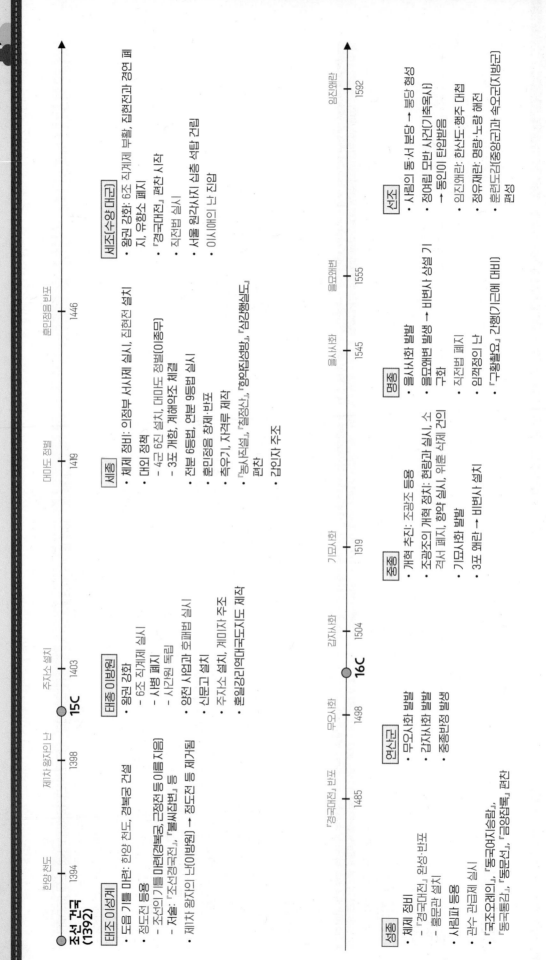

조선 후기

17C

대동법 실시	인조반정	정묘호란	병자호란	기해예송	갑인예송	경신환국	기사환국	갑술환국
1608	1623	1627	1636	1659	1674	1680	1689	1694

광해군
- 전쟁 피해 수습, 기유약조 체결
- 중립 외교 전개
- 대동법 실시[경기도에 한정]
- 『동의보감』[허준] 편찬
- 인조반정 발생[1623]

인조
- 친명 배금 정책 → 정묘호란, 병자호란 발발
- 어영청, 총융청, 수어청 설치
- 영정법 실시
- 이괄의 난[1624]

효종
- 북벌 운동 추진, 어영청 강화
- 청의 요청으로 두 차례 나선[러시아]
 정벌에 동원

현종
- 기해예송[효종 사후]
 - 서인 1년 vs 남인 3년 → 서인 승리
- 갑인예송[효종비 사후]
 - 서인 9개월 vs 남인 1년 → 남인 승리

숙종
- 경신환국: 남인 몰락, 서인 집권
- 기사환국: 서인 몰락, 남인 집권
- 갑술환국: 남인 몰락, 서인 집권
- 금위영 설치[5군영 완성]
- 백두산 정계비 건립
- 대동법 전국 실시

18C

탕평비 건립	균역법 실시
1742	1750

영조
- 이인좌의 난 진압
- 완론 탕평: 온건한 탕평책 전개, 탕평비 건립
- 왕권 강화: 산림 부정, 이조 전랑 권한 약화
- 균역법 실시
- 신문고 부활 청계천 준설
- 『속대전』 편찬, 『동국문헌비고』 간행

19C

신해통공 반포	홍경래의 난	임술 농민 봉기
1791	1811	1862

정조
- 준론 탕평: 적극적인 탕평책 전개
- 왕권 강화
 - 초계문신제 시행
 - 규장각·장용영 설치
 - 수원 화성 건설
- 신해박해[진산 사건]
- 신해통공 반포: 시전 상인의 금난전권 폐지
- 『대전통편』, 『무예도보통지』 간행
- 거중기 발명[정약용]

순조
- 정순 왕후의 수렴 청정
- 안동 김씨 일파의 세도 정치 시작
- 공노비 해방
- 신유박해
- 홍경래의 난[1811]

철종
- 세도 정치 지속, 삼정의 문란[전정, 군정, 환곡]
- 임술 농민 봉기[1862]
- 삼정이정청 설치

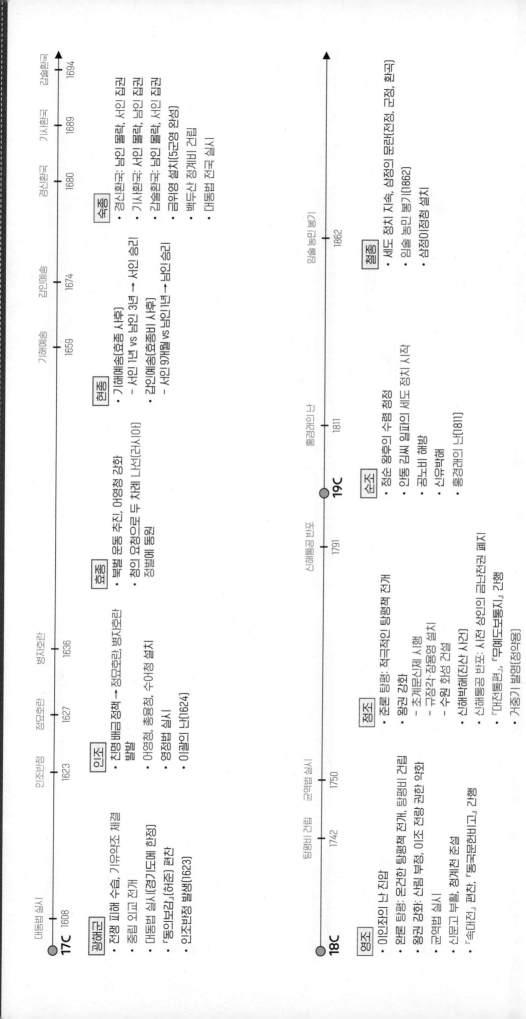

1) 고종 즉위 ~ 제2차 갑오개혁

고종 즉위
(1863)

흥선 대원군의 정책

- 안동 김씨 축출, 비변사 폐지
- 서원 철폐(47곳 제외), 만동묘 철폐
- 경복궁 중건, 당백전 발행
- 삼정의 개혁
  - 전정: 양전 시업
  - 군정: 호포제 실시
  - 환곡: 사창제 실시

1866

병인박해

- 흥선 대원군이 프랑스 선교사와 천주교도 처형

제너럴셔먼호 사건

- 미국 상선 제너럴셔먼호가 횡포를 부림 → 평안도 관찰사 박규수와 평양 관민이 선박 소각

병인양요

- 병인박해를 빌미로 프랑스군이 강화도 침입
- 한성근(문수산성)과 양헌수(정족산성) 부대가 격퇴 → 프랑스군이 외규장각 도서 등 약탈

1868

오페르트 도굴 사건

- 독일 상인 오페르트가 통상 요구를 거듭 당함
- 남연군(흥선 대원군의 아버지) 묘 도굴을 시도하였으나 실패 → 조선 내 반외세 감정 고조

1871

신미양요

- 미국이 제너럴셔먼호 사건을 구실로 침입 (로저스 제독, 강화도)
- 강화도에서 어재연 근대가 항전 → 퇴각 중 어재연의 수(帥)자기 약탈

척화비 건립

- 흥선 대원군이 전국 각지에 척화비 건립 (통상 수교 거부 정책)

1876

강화도 조약 체결

- 원인: 운요호 사건(일본이 운요호를 보내 무력 도발, 1875)
- 결과: 부산·원산·인천 개항, 일본의 해안 측량권과 치외 법권 인정(최초의 근대적·불평등 조약)

1882

조·미 수호 통상 조약 체결

- 원인: 「조선책략」 유포, 청의 알선
- 결과: 거중 조정, 치외 법권, 최혜국 대우 규정, 수출입 상품에 대한 관세 부과
- 제물포 조약(조선-일본) 체결, 조·청 상민 수륙 무역 장정(조선-청) 체결

임오군란

- 구식 군인에 대한 차별로 발생
- 흥선 대원군 재집권, 개화 정책 중단
- 청 군대가 군란 진압(민씨 정권의 요청)
- 제물포 조약(조선-일본) 체결, 조·청 상민 수륙 무역 장정(조선-청) 체결

1884

갑신정변

- 우정총국 개국 축하연 때 급진 개화파가 정변 단행
  → 14개조 혁신 정강 발표
  → 3일 만에 종결
- 한성 조약(조선 - 일본), 톈진 조약(청 - 일본, 1885) 체결

1885

거문도 사건

- 영국이 러시아의 남하 견제를 구실로 거문도 불법 점령

1894

황토현·황룡촌 전투	전주 화약	청·일 전쟁	우금치 전투
1894. 4.	1894. 5.	1894. 6.	1894. 11.

제1차 동학 농민 운동

- 고부 민란을 수습하려 온 관리의 탄압
  → 전봉준과 동학 농민군 봉기
  → 황토현·황룡촌 전투, 전주성 점령
  → 청·일 군대 파견 → 전주 화약 체결
  → 집강소 설치, 폐정 개혁안 실천

제1차 갑오개혁

- 군국기무처(총재 김홍집) 주도
- '개국' 기원 사용, 신분 제도 철폐, 과거제 폐지, 재정 일원화(탁지아문)으로 등

제2차 동학 농민 운동

- 일본의 경복궁 점령과 내정 간섭 심화
  → 공주 우금치 전투에서 동학 농민군 패배, 전봉준 등 주동자 체포

제2차 갑오개혁

- 청·일 전쟁에서 승기를 잡은 일본이 친일 내각 수립
- 고종이 홍범 14조, 교육입국 조서 반포

2) 을미사변 ~ 한·일 병합 조약

1895

을미사변
삼국 간섭으로 세력이 약해진 일본이 세력 만회를 위해 민비(명성 황후)를 시해

을미개혁
단발령 공포, 태양력 사용 등

을미의병
유생 이병찬(유인석, 이소응)을 중심으로 전개
→ 고종의 해산 권고 조칙으로 자진 해산

1896

아관 파천
을미사변 이후 고종이 러시아 공사관으로 피신
→ 러시아의 간섭 시작

독립 협회 창립
· 서재필이 자주 국권 회복을 위해 창립
· 독립신문 발행, 만민 공동회 개최, 러시아의 절영도 조차 저지
· 만민 공동회를 개최하여 헌의 6조 결의, 중추원 관제 반포 → 의회 설립 단계까지 갔으나 좌절

1897

대한 제국 성립
고종이 환궁한 후 대한 제국을 선포하고 황제로 즉위(연호 광무)

광무개혁
· 구본신참의 원칙에 따라 개혁 추구
· 대한국 국제 반포, 양전 사업 실시(지계 발급), 원수부를 설치하여 황제의 군사권 강화

1904

한·일 의정서 1904. 2.
제1차 한·일 협약 1904. 8.

러·일 전쟁 발발
대한 제국 내의 주도권을 두고 러시아와 일본이 전쟁 시작

한·일 의정서
일본의 대한 제국 내 군사 기지 사용권 보장

제1차 한·일 협약
러·일 전쟁에서 전세가 유리해진 일본이 협약을 체결
· 고문 정치 - 외교(스티븐스)
· 재정(메가타) - 화폐 정리 사업

1905

을사늑약 1905. 11.

러·일 전쟁 종전
일본의 승리 → 포츠머스 조약으로 러시아가 조선에 대한 일본의 지배권을 인정

을사늑약(제2차 한·일 협약)
· 고종의 비준 없이 체결됨
· 통감 정치: 통감부 설치, 외교권 박탈
· 을사의병 거병(최익현, 신돌석)

1907

한·일 신협약 1907. 7.

국채 보상 운동
· 배경: 일본의 차관 도입 강요로 외채 증가
· 전개: 서상돈 중심으로 시작(대구)
→ 대한매일신보 등의 후원으로 전국적으로 확대(서울)
→ 통감부의 방해로 실패

헤이그 특사 파견
고종이 을사늑약의 부당함을 알리기 위해 헤이그 만국 평화 회의에 특사 파견 → 고종의 강제 퇴위

한·일 신협약(정미 7조약)
· 차관 정치 실시, 통감의 권한 강화
· 군대 해산 → 정미의병 확대(13도 창의군 결성, 서울 진공 작전)

1909

기유각서
사법권 박탈 → 추후 경찰권 박탈(1910. 6.)

1910

한·일 병합 조약 1910. 8.

한·일 병합 조약
· 국권 피탈, 식민 통치 시작
· 통감부를 총독부로 개편

1) 일제의 통치 방식

일제의 통치 방식

무단 통치

1910 한·일 병합
1912 조선 태형령 제정 / 토지 조사 사업 실시

통치 정책
- 조선 총독부(일제 식민 통치 기관), 중추원(총독부의 자문 기구) 설치
- 헌병 경찰제 실시: 군인인 헌병이 경찰 업무 담당, 즉결 처분권 행사(범죄 즉결례)
- 조선 태형령 제정
- 공포감 조성: 교사가 제복과 칼 착용
- 기본권 박탈: 언론·출판·집회·결사의 자유 박탈
- 민족 독립운동 탄압: 105인 사건 → 신민회 해체(1911)

경제 정책
- 토지 조사 사업 실시
  - 방법: 토지 조사령(1912) 공포, 기한부 신고제 실시
  - 결과: 토지 약탈로 인한 농민 몰락, 지세 수입 증가
- 회사령 제정: 회사 설립을 총독의 허가제로 함
  → 민족 자본의 성장 억제
- 삼림령·어업령·조선 광업령 제정

제1차 조선 교육령 제정
- 보통학교의 수업 연한을 4년으로 함

문화 통치

1919 3·1 운동, 대한민국 임시 정부 수립
1920 신문 종간 계획 실시

통치 정책
- 친일파 양성을 통한 우리 민족의 분열을 목적으로 함
- 문관 총독 임명 가능
  → but 광복까지 임명 X
- 보통 경찰제로 전환
  → but 고등 경찰제 실시, 경찰 인원 수 증가
- 조선·동아일보 창간 허용
  → but 검열·정간·기사 삭제
- 교육 기회 확대(제2차 조선 교육령)
  → but 고등 교육 제한

치안 유지법 제정
사회주의자와 독립운동가를 탄압하려는 수단

경제 정책
- 신미 증식 계획 실시
  - 방법: 토지 개량, 수리 시설 개선
  - 결과: 국내 식량 부족, 만주에서 잡곡 수입 증가, 농민 몰락, 쌀 중심의 농업 구조 형성
- 회사령 철폐(신고제), 관세 철폐 → 일본의 경제 침탈 심화

1925 치안 유지법 제정
1926 6·10 만세 운동

민족 말살 통치

1931 만주 사변
1937 중·일 전쟁 발발
1938 국가 총동원법 제정

통치 정책
- 병참 기지화 정책(전시 체제 돌입)
- 황국 신민화 정책
  - 내선일체(일본과 조선은 하나) 강조
  - 신사 참배·궁성 요배 강요
  - 황국 신민 서사 암송 강요
  - 창씨개명 강요
- 조선 사상범 보호 관찰령 제정(1936)
- 조선 사상범 예방 구금령 제정(1941)
- 조선·동아일보 등의 한글 신문 폐간(1940)

인적·물적 자원 수탈
- 국가 총동원법 제정(1938)
- 인적 수탈: 지원병제(1938), 학도 지원병제(1943), 징병제(1944), 국민 징용령(1939), 여자 정신 근로령(1944), 여자 근로 정신대 재개, 미곡 공출제, 식량 통제

국민학교령
소학교를 국민학교로 개칭

제4차 조선 교육령 제정
조선어·조선사 교육 금지

1945 광복

해커스 한국사능력검정시험 한권완성 기출 500제 기본

2) 민족 독립운동

민족 독립 운동

타임라인: **1910** — 독립 의군부 1912 — 대한 광복회 1915 — **1919** 대한민국 임시 정부 수립 / 봉오동·청산리 전투 1920 — 6·10 만세 운동 1926 — 신간회 1927 — 광주 학생 항일 운동 1929 — **1931** 한인 애국단 — 조선 의용대 1938 — 한국광복군 1940 — **1945** 광복

국내 민족 운동(비밀 결사)

- **독립 의군부**
  - 조직: 임병찬이 고종의 밀지를 받아 조직
  - 활동: 복벽주의 주장, 조선 총독부에 국권 반환 요구서 제출 시도
- **대한 광복회**
  - 조직: 박상진의 주도 아래 조직
  - 목표: 공화 정체의 국민 국가 수립

국외 독립운동 기지 건설

- 서간도(삼원보): 경학사 조직, 신흥 무관 학교 설립(독립군 양성)
- 북간도: 중광단 조직[이후 북로 군정서로 개편], 서전서숙[이상설] 설립
- 연해주(신한촌): 권업회 조직[권업신문 발행], 대한 광복군 정부 수립[무장 독립 투쟁 준비]
- 중국 상하이: 신한청년단 조직, 김규식을 파리 강화 회의에 파견
- 미주: 대한인 국민회[외교 활동], 대조선 국민 군단[군사 훈련], 숭무 학교[독립군 양성] 창설, 멕시코, 공립 협회

3·1 운동

- 고종의 인산일을 기점으로 일어난 민족 최대의 만세 운동
- 일제의 통치 방식이 변화하는 계기[무단 통치 → 문화 통치]
- 대한민국 임시 정부 수립과 중국 5·4 운동에 영향을 줌

1919

대한민국 임시 정부

- 3·1 운동 이후 조직적인 독립운동의 필요성이 대두되면서 상하이에 수립
- 교통국·연통제[비밀 행정 조직망] 운영
- 파리 위원부·구미 위원부 설치 → 외교 활동 전개
- 독립 공채 발행: 독립운동 자금 마련
- 문화 활동: 독립신문 발간, 「한·일관계사료집」 편찬
- 국민 대표 회의(1923) 개최: 창조파 vs 개조파 → 결렬

의열단

- 김원봉이 조직한 의열 단체
- 활동 지침: 신채호의 「조선혁명선언」
- 의거 활동: 김익상[조선 총독부]·김상옥[종로 경찰서]·나석주 [동양 척식 주식 회사, 조선 식산 은행] 등

국내 민족 운동

- 6·10 만세 운동[순종 인산일], 광주 학생 항일 운동
- 신간회: 비타협적 민족주의 + 사회주의 계열
- 물산 장려 운동, 민립 대학 설립 운동, 형평·소년·농민·노동 운동

1931

한인 애국단

- 김구가 조직함
- 이봉창 의거: 일본 도쿄에서 일왕 히로히토의 마차에 폭탄 투척 → 실패
- 윤봉길 의거: 상하이 사변에서 승리한 일본이 훙커우 공원에서 개최한 전승 축하식에 폭탄 투척 → 일본군 장성과 고관 살상

항일 무장 투쟁

- 한국 독립군: 총사령 지청천, 중국 호로군 등과 연합, 쌍성보·대전자령·사도하자 전투
- 조선 혁명군: 총사령 양세봉, 중국 의용군과 연합, 영릉가·흥경성 전투
- 조선 의용대: 김원봉이 우한에서 조직한 중국 관내 최초의 한인 무장 투쟁 단체

한국광복군

- 대한민국 임시 정부 산하 군대
- 대일 선전 포고
- 연합군의 일원으로 태평양 전쟁 참전
- 국내 진공 작전 계획

국외 독립 투쟁

- 봉오동 전투[홍범도의 [대한 독립군] → 청산리 전투[김좌진의 북로 군정서] → 간도 참변 → 대한 독립 군단 결성 → 자유시 참변 → 3부[육군 주만 참의부, 정의부, 신민부] 성립 → 미쓰야 협정 → 3부 통합 운동

현대

1) 모스크바 3국 외상 회의 ~ 장면 내각

1945. 12.

모스크바 3국 외상 회의
- 내용: 한국에 대한 4개국(미·영·중·소)의 신탁 통치 실시, 미·소 공동 위원회 설치 등
- 영향: 우익(김구, 이승만)의 반탁 운동 vs 좌익(박헌영)의 찬탁 운동
→ 좌·우의 대립 심화

1946. 3.

제1차 미·소 공동 위원회
정부 구성원에 대한 입장 차이로 결렬
- 미국: 신탁 통치 찬·반탁 모든 세력 포함(좌·우익 모두 포함)
- 소련: 신탁 통치 찬탁 세력만 포함(좌익만 참여)

1946. 6.

정읍 발언
- 이승만이 정읍에서 남한만의 단독 정부 수립을 주장
- 좌·우익 대립이 격화됨

1946. 7.

좌·우 합작 위원회
- 여운형(중도 좌파), 김규식(중도 우파)이 주도 아래 조직
- 미 군정이 초기에 지원
- 좌·우 합작 7원칙 발표(1946. 10.)
 - 좌·우 합작을 통한 통일 정부 수립
 - 토지 개혁·친일파 청산 문제에 합의
- 냉전 체제 강화에 따른 미 군정의 지원 철회 + 여운형 암살 → 좌·우 합작 운동 실패

1947. 11.

유엔 총회의 결의
- 냉전이 격화되면서 제2차 미·소 공동 위원회가 완전히 결렬 → 미국의 제안으로 한반도 문제가 유엔에 이관됨
- 한반도에서 인구 비례에 따른 총선거 실시 결의
→ 유엔 한국 임시 위원단 파견
→ 소련과 북한이 임시 위원단의 입북 거부

1948. 2.~4.

유엔 소총회의 결의
접근 가능한 남한에서만의 단독 선거 실시 결의

남북 협상
- 김구·김규식이 남북 협상 제의
- 평양에서 남북 지도자 회의 개최(김구·김규식/김두봉·김일성)
- 남북 조선 제 정당 및 사회 단체 공동 성명서 발표

1948. 5.~8.

5·10 총선거 실시
- 남한만의 총선거 실시
→ 제헌 국회의원 선출(1948. 5. 10.)
- 제주 4·3 사건(1948. 4. 3.)으로 인해 제주도 일부 지역에서 선거가 무효 처리됨

대한민국 정부 수립
제헌 국회에서 대통령 이승만, 부통령 이시영 선출(1948. 8. 15.)

1948. 8.~

이승만 정부
- 반민족 행위 처벌법 제정(1948): 반민족 행위 특별 조사 위원회 설치 → 국회 프락치 사건 + 반민특위 습격 사건 → 친일파 청산 좌절
- 6·25 전쟁(1950~1953): 북한군의 기습 남침 → 서울 함락 → 유엔군 참전 → 인천 상륙 작전 → 서울 탈환 → 중국군 개입 → 1·4 후퇴 → 서울 재탈환 → 휴전 회담 시작 → 이승만 정부의 반공 포로 석방 → 휴전 협정 체결
- 장기 집권 모색
 - 발췌 개헌(1952): 정·부통령 직선제 개헌
 - 사사오입 개헌(1954): 개헌 당시의 대통령[이승만]에 한하여 중임 제한 철폐
- 4·19 혁명(1960): 3·15 부정 선거 → 마산 의거 → 학생·시민 중심의 대규모 시위 → 비상 계엄령 발표 → 대학 교수단의 시국 선언문 발표 → 이승만 하야
- 경제 정책: 농지 개혁법 제정, 귀속 재산 처리법 제정(1949)

1960

장면 내각
- 성립: 4·19 혁명 이후 허정 과도 정부가 제3차 개헌 단행[내각 책임제, 국회 양원제] → 제5대 총선에서 민주당 압승 → 대통령 윤보선, 국무총리 장면 선출 → 장면 내각 출범
- 경제 정책: 경제 개발 5개년 계획 추진 시도

6·25 전쟁 발발 · 1950 | 발췌 개헌 · 1952 | 사사오입 개헌 · 1954 | 4·19 혁명

2) 박정희 정부 ~ 노무현 정부

1963　1965　1972　1979　1980　1981　1987　**1988**　1991

한일 협정　7·4 남북 공동 성명, 유신 체제 성립　부·마 항쟁　5·18 민주화 운동　6월 민주 항쟁　서울 올림픽　남북 기본 합의서

박정희 정부
- 5·16 군사 정변(1961): 군정 실시, 5차 개헌(대통령 직선제)
  → 박정희 정부 수립(1963)
- 한일 국교 정상화: 한·일 회담(1962) → 6·3 사태(1964)
  → 한·일 협정(1965)
- 베트남 파병: 경제 개발에 필요한 자금 마련, 브라운 각서 체결(1966)
- 3선 개헌: 대통령의 3선 연임 허용
- 유신 체제 성립: 10월 유신 선포(1972)
  → 통일 주체 국민회의에서 대통령 간접 선거, 대통령 권한 강화
- 유신 체제 반대 운동: 3·1 민주 구국 선언 → YH 무역 사건
  → 부·마 항쟁 → 10·26 사태로 유신 체제 붕괴
- 경제 정책: 제1~4차 경제 개발 5개년 계획 추진, 새마을 운동, 수출 100억 불 달성
- 통일 정책: 7·4 남북 공동 성명 → 남북 조절 위원회 설치

전두환 정부
- 5·18 민주화 운동(1980) 탄압 이후 집권
- 언론 기본법 제정, 삼청 교육대 운영, 대학 졸업 정원제·중학교 의무 교육 실시
- 유화 정책: 프로 야구단·축구단 창단, 0간 통행 금지 해제
- 6월 민주 항쟁(1987): 박종철 고문 치사 사건 → 4·13 호헌 조치
  → 이한열 최루탄 치사 사건 → 6·10 국민 대회[호헌 철폐·독재 타도]
  → 6·29 민주화 선언(5년 단임의 대통령 직선제 개헌)
- 경제 정책: 3저 호황(저유가, 저금리, 저달러)으로 국제 수지 흑자
- 통일 정책: 최초로 남북 이산가족 고향 방문
- 국민 연금 제도 실시

노태우 정부
- 3당 합당: 민주 자유당 창립, 여소야대의 정국 극복
- 지방 자치제 부분 실시
- 서울 올림픽(1988) 개최
- 북방 외교 추진: 중국, 소련 등의 사회주의 국가와 국가간 수교
- 통일 정책
  - 남북한 유엔 동시 가입
  - 남북 기본 합의서: 상호 체제 인정, 국가로는 불승인
  - 한반도 비핵화 공동 선언

1993　1997　**1998**　2000　**2003**　2007

금융 실명제　외환 위기　제1차 남북 정상 회담　제2차 남북 정상 회담

김영삼 정부
- 지방 자치제 전면 실시
- 역사 바로 세우기 운동: 5·18 민주화 운동 등에 대한 특별법 제정
- 금융 실명제 실시
- WTO(세계 무역 기구), OECD(경제 협력 개발 기구) 가입
- 외환 위기(IMF 체제) 도래

김대중 정부
- 평화적인 여야 정권 교체
- 국민 기초 생활 보장법 제정
- 외환 위기 극복: 금 모으기 운동 전개, 노사정 위원회 설치
- 통일 정책
  - 햇볕 정책: 금강산 해로 관광 시작, 남북 교류 확대
  - 제1차 남북 정상 회담: 6·15 남북 공동 선언 발표, 개성 공단 조성 합의

노무현 정부
- 호주제 폐지
- FTA 체결: 미국, 칠레, 유럽 연합 등
- 통일 정책
  - 개성 공단 건설
  - 제2차 남북 정상 회담: 10·4 남북 공동 선언 발표
  - 노인 장기 요양 보험제 제정

1) 고대 ~ 고려 시대

구분	중앙 정치 조직	지방 행정 제도	군사 제도
통일 신라	국정을 총괄하는 집사부와 13부로 구성 집사부: 왕명 출납과 국정 총괄[시중(중시)] 왕 ↓ 병부 조부 창부 예부 영객부 좌·우 공장부 예작부 승부 선부 사정부 위화부 이방부 ├ 군사 담당 ├ 사정부 위화부: 관리 감찰, 인사	• 9주: 전국을 9주로 재편하고, 주 아래 군·현에 지방관 파견 • 5소경: 군사적·행정적 요충지, 수도가 동쪽에 치우쳐 있음을 보완, 지방의 균형 발전 도모 • 특수 행정 구역: 향, 부곡 • 상수리 제도: 지방 세력 견제	• 중앙군: 9서당(고구려, 백제 유민 포함하는 민족 융합 정책) • 지방군: 10정[9주에 1정씩 배치하되 국경 지역인 한주에는 2정 배치]
발해	3성 6부제: 당의 제도를 수용하였으나 독자성 유지 정당성[대내상]: 국정 총괄 왕 ─ 좌사정: 충부·인부·의부 ─ 이원적인 통치 체제 　　 우사정: 지부·예부·신부 ─ 6부는 유교식 명칭 사용 선조성: 정책 심의 중대성: 정책 수립 중정대: 관리 감찰 문적원: 도서 관리	• 5경: 수도를 포함하여 전략적인 요충지에 설치 • 15부: 지방 행정의 중심지 • 62주: 15부의 하부 행정 단위	• 중앙군: 10위[왕궁과 수도 경비] • 지방군: 농병 일치 군사 조직
고려	2성 6부제 왕 ├ 중서문하성 ← 도병마사 (국방·군사 문제 논의) └ 상서성 ← 식목도감 (의례·법제 기능)　대간 중서문하성: 최고 관서, 국정 총괄[문하시중] ├ 재신: 2품 이상 고관, 국정 심의·결정 └ 낭사: 3품 이하 관리, 언관 기능 상서성: 이부·호부·예부·병부·형부·공부 중추원: 왕명 출납, 군사 기밀 담당 어사대: 관리 감찰·탄핵 삼사: 회계 담당	• 5도: 일반 행정 구역, 안찰사 파견 • 양계(동계·북계): 군사 행정 구역, 병마사 파견 • 주현의 수 < 속현의 수 　[지방관 파견 ○]　[지방관 파견 ×] • 향리가 실질적인 행정 업무 담당 • 향·부곡·소: 특수 행정 구역	• 중앙군 　– 2군: 국왕의 친위 부대 　– 6위: 수도 방위, 국경 방어 • 지방군 　– 주현군: 5도를 지키는 예비군 　– 주진군: 양계를 지키는 상비군 • 특수군 　– 광군: 거란의 침입에 대비하기 위해 정종이 창설 　– 별무반: 여진을 정벌하기 위해 윤관의 건의로 숙종이 창설(신기군, 신보군, 항마군) 　– 삼별초: 최씨 무신 정권의 군사적 기반(좌·우별초, 신의군)

2) 조선 시대 ~ 근대

구분	중앙 정치 조직	지방 행정 제도	군사 제도

조선 전기	**왕권과 신권의 조화를 추구**
	왕 ─ 의정부: 국정 총괄
	 └ 6조: 이조·호조·예조·병조·형조·공조
	승정원: 왕명 출납 ┐ 왕권 강화 기구
	의금부: 대역 죄인 심판 ┘
	사헌부: 관리 감찰 ┐
	사간원: 국왕에게 간쟁, 간언 ├ 삼사: 언론 기능
	홍문관: 경연 담당 ┘
		• 8도 아래 부·목·군·현 설치
		• 관찰사: 수령을 지휘·감독하기 위해 전국 8도에 파견, 감사 또는 방백이라고도 불림
		• 수령: 8도 하위의 모든 지역에 파견, 수령 가사 수행
		• 향리: 수령 보좌, 세습적인 이전으로 격하됨
			• 중앙군: 5위(궁궐과 수도 경비)
			• 지방군
			  - 진관 체제: 지역 단위 방어 체제
			  - 제승방략 체제: 유사시에 각 고을의 수령이 소속된 군사를 이끌고 지정된 지역으로 가서 방어
			• 잡색군: 서리, 잡학인, 노비 등으로 구성된 예비군(농민 제외)

조선 후기	**비변사가 국정 총괄**
	- 3포 왜란을 계기로 여진족, 왜구에 대비하기 위한 임시 회의 기구 설치 → 을묘왜변을 계기로 상설 기구화
	- 임진왜란 이후 거의 모든 정무를 총괄하여 의정부와 6조 중심의 행정 체계가 유명무실해짐 → 세도 정치기에 국정 총괄 기구가 됨
		• 유향소(향촌 자치 기구), 경재소(유향소를 통제하기 위한 기구) 설치
		• 향·부곡·소 폐지, 모든 군현에 지방관 파견
			• 훈련도감 설치(임진왜란 중)
			  - 포수, 사수, 살수의 삼수병으로 편성
			  - 장기간 근무를 하고 일정한 급료를 받는 상비군(일종의 직업 군인)
			• 5군영: 훈련도감, 어영청, 총융청, 수어청, 금위영으로 구성

근대	• 흥선 대원군: 비변사 축소·폐지, 의정부 부활 • 개항 이후: 통리기무아문과 12사 • 갑오개혁: 궁내부, 의정부 80문(1차) → 내각 7부(2차)	• 제2차 갑오개혁: 8도를 23부로 개편 • 대한 제국: 23부를 13도로 개편	• 개항 이후: 5군영을 2영(무위영, 장어영)으로 개편, 별기군 창설 • 제2차 갑오개혁: 훈련대·시위대 설치 • 을미개혁: 친위대(중앙군), 진위대(지방군) 설치 • 대한 제국: 무관 학교 설립, 군부 증강, 원수부 설치

구분	제도명	시행 시기	대상 및 지급 기준	특징
고대	녹읍·식읍	고대 전 시기	• 녹읍: 관료 귀족에게 지급한 일정한 지역의 토지 • 식읍: 왕족·공신에게 지급한 일정한 지역의 토지	• 조세 수취와 노동력 징발 기능 • 신문왕 때 녹읍 폐지 → 경덕왕 때 부활
고대	관료전	통일 신라 신문왕	• 관리에게 지급 • 관등에 따라 차등 있게 수조권 지급	왕권 강화 정책과 관련됨 (경덕왕 때 왕권이 약화되면서 폐지됨)
	정전	통일 신라 성덕왕	일반 백성들에게 정전을 지급하고 세금 징수	국가가 농민과 토지에 대한 지배력 강화
	역분전	태조 왕건	고려 건국에 공을 세운 공신들에게 지급	전시과 제도의 모태
고려	시정 전시과	경종	전·현직 관리에게 인품, 관등을 고려하여 지급	• 전지(농사짓는 땅)와 시지(땔감을 얻을 수 있는 임야) 지급 • 토지에 대한 수조권 지급
	개정 전시과	목종	전·현직 관리에게 관등을 고려하여 지급	문관 우대, 현직 우대
	경정 전시과	문종	현직 관리에게 관등을 고려하여 지급	무관 대우 상승
	과전법	고려 말 공양왕	• 전·현직 관리를 18과로 나누어 수조권 지급 • 경기 지역에 한정	• 고려 말 혁명파 사대부들이 마련한 토지 제도 → 조선 전기까지 이어짐 • 원칙적으로 세습 금지, 수신전·휼양전 등으로 세습 허용
조선	직전법	세조	현직 관리에게만 수조권 지급	• 토지 이후를 염려하는 관리들이 농장 확대 및 수조권 남용 • 수신전·휼양전 폐지
	관수 관급제	성종	지방 관청에서 농민으로부터 세금을 거둔 후 관리에게 지급	• 국가의 토지 지배력 강화 • 관리들이 토지를 사적으로 소유해 농장이 확대되는 폐단 발생
	직전법 폐지	명종	농장 확대로 수조권 지급이 유명무실해지자 직전법 폐지, 관리들에게 녹봉만 지급	수조권 지급 제도 소멸, 지주 전호제 확대
근대	양전·지계 사업	대한 제국 고종	양지아문, 지계아문을 통해 토지 조사 실시	최초의 토지 소유권 증명서인 지계 발급
일제 강점기	토지 조사 사업	1912~1918	토지 조사령 공포(1912): 지정된 기간 안에 신고해야 소유권 인정, 신고 절차 복잡	총독부 지세 수입 증가, 농민 몰락
현대	농지 개혁	이승만 정부	• 3정보 이상의 토지 소유 금지 • 유상 매입·유상 분배 원칙에 따라 실시	농민 중심의 토지 제도 확립, 지주제 소멸

3 수취 제도

구분	조세 [토지에 부과하는 세금]	공납 [지방의 토산물 수취]	역 [노동력 수취]
통일 신라	생산량의 1/10 수취	촌락 단위로 특산물 수취	16~60세 남자에게 군역과 요역 부과 - 군역: 군사 동원 - 요역: 국가 사업에 필요한 노동력 동원
고려	• 생산량의 1/10 수취 • 토지 비옥도에 따라 3등급으로 나누어 차등 징수 • 세금은 조운을 통해 수도 개경으로 운반	• 각 지방의 토산물 징수 • 상공(정기)과 별공(수시)으로 구분 • 중앙에서 필요한 현물의 양을 각 군현에 할당하면 각 군현은 집집마다 부과하여 징수	16~60세 남자에게 군역과 요역 부과

조선
전기
	• 생산량의 1/10을 원칙으로 수취 → 토지 비옥도는 고려하지 않아 폐단 발생
	• 세종 때 전분 6등법(토지 비옥도 고려)과 연분 9등법(풍흉 고려) 실시
	• 1결당 최고 20두~최저 4두 징수
	• 세금은 조운을 통해 수도 한양으로 운반
		• 현물을 집집마다 할당하여 징수
		• 종류
		  - 상공: 정기적, 매년 지정된 물품 납부
		  - 별공: 부정기적, 국가에서 필요한 물품을 때마다 징수
		  - 진상: 지방관이 특산물을 국왕에게 상납
		• 폐단: 중앙 관청의 서리, 상인이 공물을 대신 내주고 큰 대가를 챙기는 방납의 폐단 발생
			16~60세 남자에게 군역과 요역 부과
			- 군역
			  - 정군: 일정 기간 교대로 복무
			  - 보인: 정군의 비용 부담
			  - 요역: 가호를 기준으로 선발
			- 폐단
			  - 방군수포제: 관청이나 군대에서 포를 받고 군역 면제
			  - 대립: 사람을 사서 군역을 대신 지게 함

조선 후기	영정법(인조) - 배경: 양난 이후 토지 황폐화, 전세 제도 문란 가중 - 내용: 풍흉에 관계 없이 토지 1결당 쌀 4~6두로 고정 - 한계: 지주에게 부과된 각종 잡세가 농민에게 전가됨	대동법(광해군) - 배경: 과중한 공물 부담, 방납의 폐단 - 전개: 광해군 때 경기 지역에서 시범적으로 실시 → 숙종 때 전국으로 확대 실시 - 내용: 토지 결수에 따라 쌀·동전 등 납부(대개 1결당 12두), 담당 기관으로 선혜청 설치 - 결과: 상품 화폐 경제 성장, 화폐 유통 확대, 공인 성장 - 한계: 별공·진상 존속, 지방 재정 악화, 대동세가 소작농에게 전가됨	균역법(영조) - 각종 명목을 붙여 농민에게 군포를 과중 부과, 강제 징수 → 농민 부담 증가 - 내용: 1년에 2필씩 내던 군포를 1필로 감면 - 재정 보충책: 결작(지주에게 1결당 2두), 선무군관포(군포 1필) 등으로 보충 - 한계: 지주가 내야 하는 결작의 부담이 소작농에게 전가됨

4 교육 제도

구분		교육 제도
고구려		• 태학(소수림왕): 귀족 자제에게 교육을 한 국립 학교 • 경당(장수왕): 지방에 설치된 사립 교육 기관으로 지방 평민 자제에게 한학과 무술 교육
통일 신라		국학: 신문왕 때 유교 정치 이념을 확립하고자 설치, 박사와 조교가 교수를 담당
발해		주자감: 유교 경전을 교육
고려 시대		• 국자감: 중앙 교육 기관으로, 유학(국자학·태학·사문학)과 기술학(율학·서학·산학) 교육 실시 • 향교: 지방 관리와 서민 자제를 교육
조선 시대		• 성균관 - 서울(중앙)에 위치한 조선 최고의 학부이자 고등 교육 기관 - 구조: 대성전(공자를 비롯한 성현의 위패를 봉안하고 제사 지내는 사당), 명륜당(유학을 가르치던 강당), 동·서재(기숙사) 등으로 이루어짐 - 4학(4부 학당) · 중앙의 중등 교육 기관, 중등·동학·남학·서학으로 구성, 문묘(공자 사당)가 없는 순수 교육 기관 • 향교 - 지방의 중등 교육 기관, 성현에 대한 제사·유생 교육·지방민 교화 담당, 전국 부·목·군·현에 하나씩 설립 - 중앙에서 교원인 교수와 훈도를 파견하여 교육 • 서당: 초등 교육을 담당하던 사립 교육 기관, 선비와 평민의 자제 입학 • 서원 - 선현에 대한 제사를 지내고 성리학을 연구하던 사립 교육 기관 - 시초: 주세붕의 백운동 서원 → 사액 서원으로 공인됨(소수 서원)

구분		교육 제도
근대		• 교육 입국 조서(1895) - 제2차 갑오개혁 - 한성 사범 학교 등 주요 관립 학교 설립 - 사립 학교의 발전: 배재 학당, 이화 학당, 오산 학교, 대성 학교 등 → 사립학교령(1908)으로 통제
일제 강점기		• 제1차 조선 교육령: 보통학교의 수업 연한을 4년으로, 실업 교육 위주 • 제2차 조선 교육령: 보통학교의 교육 연한을 4년에서 6년으로 연장 • 제3차 조선 교육령: 조선어를 수의(선택)과목으로 지정하여 사실상 폐지 • 제4차 조선 교육령: 조선어·조선사 교육 금지
현대	미 군정기	6·3·3·4 학제(초등 6년, 중등 3년, 고등 3년, 대학 4년)
	이승만 정부	헌법에 초등학교(당시 국민학교) 의무 교육을 규정
	장면 내각	학도 호국단 폐지, 교육 자치제 실시
	박정희 정부	• 국민 교육 헌장 선포(1968) • 중학교 무시험 추첨제, 대학 입학 예비고사 시행(1969) • 고교 평준화 정책 실시(1974)
	전두환 정부	대입 본고사 폐지, 과외 금지 조치, 졸업 정원제 실시
	김영삼 정부	• 대학 수학 능력 시험 실시 • 국민학교를 초등학교로 개칭
	김대중 정부	중학교 무상 의무 교육 전면 실시(2005년 완료)

5 외적의 침입

구분	외적	시기	주요 내용
고구려	수나라	영양왕	• 1차 침입: 수 문제의 침입 • 2차 침입: 수 양제가 침입하였으나 을지문덕이 살수에서 격파(살수 대첩)
	당나라	보장왕	고구려의 대당 강경책(연개소문의 천리장성 축조) → 안시성 전투에서 양만춘과 군민들이 당의 군대를 격파
신라	당나라	문무왕	매소성 전투, 기벌포 전투 → 신라의 삼국 통일 달성
고려	거란(1차 침입)	성종	서희의 외교 담판으로 강동 6주 획득
	거란(2차 침입)	현종	• 양규가 흥화진 전투에서 격퇴 • 초조대장경 조판
	거란(3차 침입)	현종	• 강감찬이 귀주에서 격퇴(귀주 대첩) • 국경에 천리장성 축조
	여진	숙종~예종	• 숙종 때 윤관의 건의로 별무반 조직 • 예종 때 윤관이 여진을 토벌하고 동북 9성 축조
	몽골	고종	• 박서가 귀주성에서 항쟁, 김윤후가 처인성 전투(살리타 사살), 충주성 전투 • 팔만대장경 조판
	홍건적	공민왕	개경이 함락되어 왕이 안동(복주)으로 피난
	왜구	우왕	• 진포 대첩: 최무선이 최초로 화포를 사용하여 왜구 격파 • 황산 대첩: 이성계가 왜구 격퇴
	왜구	중종~명종	• 3포 왜란(중종): 3포에 거주하던 왜인이 난을 일으킴, 임시 회의 기구로 비변사 설치 • 을묘왜변(명종): 왜구가 전남 지역에 침입한 사건으로, 비변사가 상설 기구화됨
조선	일본	선조	• 임진왜란 주요 전투: 옥포 해전, 한산도 대첩[이순신], 진주 대첩(김시민), 행주 대첩(권율) 등 • 정유재란 주요 전투: 명량 해전·노량 해전[이순신]
	후금(청)	인조	• 정묘호란: 후금이 친명 배금 정책 등을 명분으로 침입 → 정묘약조 체결 • 병자호란: 청이 군신 관계를 요구하며 침입 → 삼전도의 굴욕, 청과 군신 관계 체결

구분	주요 내용
고구려	• 『유기』 100권(미상) • 『신집』 5권(이문진, 영양왕)
백제	• 『서기』(고흥, 근초고왕)
신라	• 『국사』(거칠부, 진흥왕) • 『화랑세기』(김대문), 『제왕연대력』(최치원)
고려	• 『삼국사기』(김부식) - 현존하는 우리나라 최고(最古)의 역사서, 유교적 합리주의 사관에 기초 - 신라 계승 의식 반영(신라에 우리하게 서술) • 『동명왕편』(이규보): 고구려 동명왕에 대한 영웅 서사시(고구려 계승 의식) • 『해동고승전』(각훈): 삼국 시대 이래의 승려들의 전기를 기록 • 『삼국유사』(일연) - 불교사 중심으로 민간 설화, 전래 기록 수록 - 단군 신화 수록 • 『제왕운기』(이승휴) - 우리 역사를 중국사와 대등하게 파악 - 발해사를 우리 역사에 포함
조선 시대	• 『조선왕조실록』(태조~철종) - 『사초』, 『시정기』, 『비변사등록』 등을 통합하여 편찬 - 편년체 형식으로 서술 • 『동국통감』(성종) - 서거정 등이 고조선~고려 말까지의 역사를 서술 - 유교적 명분론에 입각한 편년체 사서 • 『발해고』(유득공): 고대사 연구의 시야를 만주까지 확대, 남북국 시대라는 용어를 최초 사용 • 『금석과안록』(김정희): 북한산비와 황초령비가 진흥왕 순수비임을 고증
근대	『독사신론』(신채호): 근대 민족주의 사학의 방향 제시
일제 강점기	• 『조선상고사』, 『조선사연구초』(신채호) • 『한국통사』, 『한국독립운동지혈사』(박은식) • 『조선사회경제사』, 『조선봉건사회경제사』(백남운)

선사 시대의 유물

구석기 시대

■ 주먹도끼(뗀석기)

짐승을 사냥하거나 짐승의 가죽을 벗기는 데 사용

■ 슴베찌르개

자루에 연결하여 창끝이나 화살촉 등으로 사용

신석기 시대

■ 빗살무늬 토기

음식의 저장과 조리를 위해 제작

■ 가락바퀴

뼈바늘과 함께 옷이나 그물을 제작하는 데 사용

■ 갈돌과 갈판

나무 열매나 곡물 껍질을 벗기는 데 사용

청동기 시대

■ 비파형동검

청동기 시대의 동검

■ 반달 돌칼

곡식의 이삭을 수확하는 데 사용

■ 미송리식 토기

- 민무늬 토기의 종류
- 손잡이가 있는 것이 특징

철기 시대

■ 세형동검

비파형동검보다 가늘어진 철기 시대의 동검

■ 명도전

중국의 동전으로, 철기 시대 유물과 함께 발견

■ 창원 다호리 붓

한반도에서 한자를 사용하고 있었음을 보여줌

해커스 한국사능력검정시험 해설강의 history.Hackers.com

고구려

■ 광개토 대왕릉비

- 만주에 위치
- 장수왕이 광개토 대왕을 기리기 위해 건립

■ 충주 고구려비

- 충주에 위치
- 한반도에서 발견된 유일한 고구려비

가야

■ 금관가야 철제 갑옷

김해 대성동 고분군에서 출토됨

■ 대가야 판갑옷과 투구

고령 지산동 고분군에서 출토됨

■ 대가야 금동관

고령 지산동 고분군에서 출토됨

백제

■ 칠지도

- 4세기 근초고왕 때 일본에 하사한 검으로 추정됨
- 현재 일본 이소노카미 신궁에서 보관

■ 산수무늬 벽돌

자연과 함께 살고자 하는 백제인의 예술 세계를 보여 줌(도교와 관련)

■ 백제 금동대향로

- 도교와 불교 사상이 함께 반영됨
- 부여 능산리 절터에서 출토됨

신라

■ 호우명 그릇

- 경주 호우총에서 출토됨
- 광개토 대왕의 이름이 새겨져 있어 당시 신라와 고구려의 관계를 보여 줌

■ 서울 북한산 신라 진흥왕 순수비

- 진흥왕이 한강 하류 지역 정복 후 순수한 것을 기념하기 위해 건립
- 조선 후기 김정희가 「금석과안록」에서 진흥왕 순수비임을 고증함

■ 단양 신라 적성비

진흥왕이 단양이 적성을 점령한 뒤 금을 세운 지역에 포상한다는 내용을 적어 건립

■ 성덕 대왕 신종

- 경덕왕 때 제작을 시작하여 혜공왕 때 완성
- 에밀레종이라고도 불림

발해

■ 연화문 와당

고구려의 영향을 받은 기와

■ 치미

발해에서 사용된 장식 기와

■ 돌사자상

발해 정혜 공주 묘에서 출토

■ 발해 석등

발해 석조 미술의 대표적인 작품

예술품

고려

■ 청자 참외모양 병

참외 모양을 닮은 고려 청자

■ 청자 상감 운학문 매병

· 12세기 중엽부터 개발된 상감 청자
· 구름과 학이 무늬를 새김

■ 수월관음도

관음보살상을 그린 그림

■ 양류관음도(혜허)

고려시대 승려인 혜허가 그린 관음보살상 그림

조선 전기

■ 분청사기 박지태극문 편병

태극 무늬가 새겨진 것이 특징

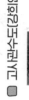

■ 분청사기 음각어문 편병

두 마리의 물고기가 새겨짐

■ 초충도(신사임당)

풀과 벌레를 소재로 하여 그린 그림

■ 초충도(신사임당)

풀과 벌레를 소재로 하여 그린 그림

■ 몽유도원도(안견)

· 안평 대군의 꿈을 그린 그림
· 현실과 이상 세계의 조화를 표현

■ 고사관수도(강희안)

간결하고 과감한 필치로 인물의 내면 세계를 표현

조선 후기

- **백자 철화 포도원숭이문 항아리**

포도 덩굴을 생생하게 표현

- **백자 달항아리**

사대부의 취향을 반영하여 순백의 고상함 표현

- **백자 청화죽문 각병**

대나무를 그린 선비의 당당함과 기개 표현

- **인왕제색도(정선)**
인왕산의 경치를 그린 진경 산수화

- **금강전도(정선)**
금강산의 경치를 그린 진경 산수화

- **민화**

조선 후기에 서민들 사이에서 유행한 그림

- **영통동구도(강세황)**
서양화의 기법을 사용하여 그린 작품

- **세한도와 추사체(김정희)**

김정희가 그린 문인화와 독창적인 글씨체
▲ 세한도
▲ 추사체

- **총석정도(김홍도)**
김홍도가 그린 선수화

- **자리짜기(김홍도)**
실을 뽑고 자리를 짜는 모습을 그린 풍속화

- **무동(김홍도)**

춤추는 아이와 악사들의 모습을 그린 풍속화

- **파적도(김득신)**

병아리를 물고 도망가는 고양이를 그린 풍속화

- **미인도(신윤복)**
여인의 전신상을 부드럽고 섬세한 필치로 그린 작품

- **단오풍정(신윤복)**

단오를 즐기는 여성들의 모습을 그린 풍속화

- **월하정인(신윤복)**

달빛 속에서 두 연인이 만나는 모습을 그린 풍속화

고구려 [국내성 시기 돌무지무덤 → 평양성 시기 굴식 돌방무덤]

■ **[국내성 시기 돌무지무덤]** (대표 고분: 장군총)

- 장군총은 계단식 무덤으로, 돌로만 이루어져 있음
- (계단 위에 봉분이 있는 백제의 계단식 돌무지무덤과 다른 점)
→ 호석(무덤을 지지해 주는 굄돌)

■ **[평양성 시기 굴식 돌방무덤]**

(굴식 돌방무덤은 겉모양은 중요하지 않음)

벽화
방

- 굴로 들어가면 돌로 된 방이 나오는 구조
  └ 굴식   └ 돌방
- 벽이 있어 다양한 벽화가 그려짐
- 대표 고분: 강서 대묘, 무용총, 각저총 등

출토된 벽화
- ▲ 무용도(무용총)
- ▲ 접객도(무용총)
- ▲ 씨름도(각저총)
- ▲ 수산리 고분 벽화
- ▲ 사신도 중 현무(강서 대묘)
- ▲ 통구 12호분 벽화

백제 [한성 시기 계단식 돌무지무덤 → 웅진 시기 벽돌무덤 → 사비 시기 굴식 돌방무덤]

■ **[한성 시기 계단식 돌무지무덤]**

- 고구려의 돌무지무덤과 모양이 비슷한데, 이는 백제 건국 세력이 고구려 계통임을 보여 줌
- 3계단 위에 봉분이 있는 것이 고구려의 무덤과 다른 점

■ **[웅진 시기 벽돌무덤]** (대표 고분: 무령왕릉)

- 중국 남조의 영향을 받아 벽돌무덤 양식으로 축조됨

무령왕릉에서 출토된 유물

- ▲ 금제 관식
- ▲ 묘지석
  죽은 사람의 인적 사항을 기록
- ▲ 무령왕릉 석수
  죽은 사람의 ... 악귀를 쫓기 위해 무덤 안에 넣음

■ **[사비 시기 굴식 돌방무덤]** (대표 고분: 부여 능산리 고분군)

- 규모는 작지만 세련된 형태
- 벽과 천장에 벽화를 그려 넣기도 함

신라 [통일 이전 돌무지덧널무덤 → 통일 이후 굴식 돌방무덤]

[통일 이전] 돌무지덧널무덤
(겉은 다 독같이 생겼기 때문에 내부 구조와 출토된 유물이 중요함)

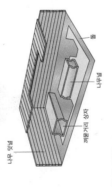

- 나무 덧널 위에 돌을 쌓고 그 위를 다시 흙으로 덮음
- 도굴이 어려워 껴묻거리가 많이 출토됨
- 대표 무덤: 천마총, 황남대총, 호우총 등

천마총에서 출토된 유물

▲ 금제 관모

▲ 금제 관식

▲ 천마도
(말이 안장 장식에 그려짐)

[통일 이후] 굴식 돌방무덤 (대표 고분: 경주 김유신묘)

무덤 주위에 12지 신상을 두른 것이 특징
(시험에 자주 나오지는 않지만 돌무지덧널무덤 문제
에서 선택지로 출제됨)

발해

정혜 공주 묘[굴식 돌방무덤]

모줄임 천장 구조

- 문왕의 딸인 정혜 공주의 묘
- 고구려의 영향을 받은 모줄임 천장 구조가 특징

정혜 공주 묘에서 출토된 유물

▲ 돌사자상

정효 공주 묘[벽돌무덤]

- 문왕의 딸인 정효 공주의 묘
- 무덤 위에 벽돌 쌓은 독특한 양식이 특징
- 벽화가 그려져 있음

정효 공주 묘의 벽화

불상

삼국 (고구려, 백제, 신라)

■ 고구려 금동 연가 7년명 여래 입상

광배의 뒷면에 연가 7년이라고 새겨짐

■ 백제 서산 용현리 마애 여래 삼존상

· 절벽에 조각(마애)된 불상
· '백제의 미소'라는 별칭 보유

■ 신라 경주 배동 석조 여래 삼존 입상

온화하고 자비로운 불성을 나타냄

■ 금동 미륵보살 반가 사유상

└ 한쪽 다리를 구부려 다른 쪽
　다리 위에 올려놓고 있는 자세

일본 고류사 목조 미륵보살상에 영향을 줌

통일 신라

■ 경주 석굴암 본존불

· 인공 석굴인 석굴암 안에 있는 불상
· 통일 신라인의 뛰어난 조화미와 비례미를 엿볼 수 있음

■ 철원 도피안사 철조 비로자나불 좌상

· 신라 말의 불상
· 호족들이 자신의 힘을 과시하기 위해 제작

■ 경주 감산사 석조 미륵보살 입상

통일 신라 시대에 유행하였던 보살상

통일 신라의 조형 양식으로 제작

발해

■ 이불 병좌상

└ 두 부처가 앉아 있는 불상

고구려의 영향을 받음(광배)

고려

■ 하남 하사창동 철조 석가여래 좌상

- 고려 초기의 대형 철불
- 지방 호족과 연관되어 있음

■ 파주 용미리 마애이불 입상

└ 정방에 있는 두 명의 불상

고려 초기의 지방화된 불상

■ 영주 부석사 소조 여래 좌상

- 의상이 지은 부석사에 있음
- 신라 양식을 계승하여 제작

■ 안동 이천동 마애 여래 입상

바위에 옷주름과 손을 조각하고 부처 머리만 따로 올려 제작

■ 논산 관촉사 석조 미륵보살 입상

- 고려 초기의 불상
- 호족들의 지원으로 지방색이 드러남

■ 서울 보타사 마애 보살 좌상

- 여말선초 시기에 조성된 마애 보살 좌상
- 뚜렷한 이목구비와 초승달 모양의 눈썹 등이 특징

백제

■ 익산 미륵사지 석탑
└ 백제 역사 유적 지구에 포함됨

- 우리나라에 현존하는 최고(最古)의 석탑
- 목탑의 양식을 본떠 만듦
- 석탑 내부에서 신라 정명구와 금제 사리 봉안기가 출토됨

■ 부여 정림사지 오층 석탑
└ 백제 역사 유적 지구에 포함됨

- 목탑에서 석탑으로 넘어가는 과도기적 형태의 탑
- 백제 예술의 정수
- 평제탑이라고 불리기도 하였음
  └ 백제를 평정하고 세운 탑

신라(통일 이전)

■ 경주 분황사 모전 석탑
└ 전탑(벽돌탑)의 양식을 모방한 석탑

- 돌을 벽돌 모양으로 만들어 쌓은 탑
- 현존하는 신라 석탑 중 제일 오래됨

발해

■ 발해 영광탑

- 중국의 영향을 받아 만든 전탑
  (벽돌탑)

신라(통일 이후)

■ 경주 감은사지 동·서 삼층 석탑

- 신라 중대의 석탑
- 2층 기단 위에 3층의 탑신부를 올린 통일 신라의 전형적인 석탑 양식으로 만들어짐

■ 경주 불국사 삼층 석탑(석가탑)

- 신라 중대의 석탑
- 불국사의 서쪽 탑
- 탑신부에서 『무구정광대다라니경』 출토

■ 경주 불국사 다보탑

- 신라 중대의 석탑
- 불국사의 동쪽 탑
- 기존 석탑과는 다른 독특한 양식으로 건립

■ 안동 법흥사지 칠층 전탑

- 원형이 보존된 한국 최고(最古)의 전탑
  (벽돌탑)

신라(통일 이후)

■ 양양 진전사지 삼층 석탑

- 신라 하대의 석탑
- 기단부와 1층 탑신부에 불상 조각

■ 화순 쌍봉사 철감선사 승탑

신라 하대 선종의 유행으로 승려의 사리를
모시기 위해 만든 승탑

고려

■ 평창 월정사 팔각 구층 석탑

- 송의 영향을 받음
- 팔각형의 모양으로 축조된 탑신부가 특징

■ 개성 경천사지 십층 석탑

상륜부 있음

- 원의 영향을 받음
- 일본으로 반출되었다가 되돌려 받아 경복궁으로
옮겨짐. 이후 국립 중앙 박물관으로 이건됨

■ 충주 정토사지 홍법국사탑

- 고려 전기의 탑
- 탑의 몸돌을 공모양으로 제작

조선

■ 서울 원각사지 십층 석탑

상륜부 없음

- 고려 경천사지 십층 석탑의 영향을 받아 세조
때 건립
- 상륜부가 없는 것이 경천사지 십층 석탑과 다른 점
- 종로 탑골 공원에 위치

불교 건축

신라

■ 양양 낙산사

문무왕 때 의상이 건립

■ 경주 불국사

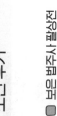

- 경덕왕 때 김대성이 불국토의 이상을 실현하고자 건립
- 유네스코 세계 문화유산에 등재됨

고려

■ 안동 봉정사 극락전

- 주심포 양식 건물
- 우리나라에 현존하는 가장 오래된 목조 건물

■ 영주 부석사 무량수전

- 주심포 양식 건물
- 배흘림 기둥이 특징

■ 예산 수덕사 대웅전

- 주심포 양식 건물
- 맞배 지붕이 특징

조선 전기

■ 합천 해인사 장경판전

- 팔만대장경 보관
- 유네스코 세계 문화유산에 등재됨

조선 후기

■ 보은 법주사 팔상전

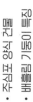

현존하는 우리나라 유일의 목조 오층탑

■ 김제 금산사 미륵전

┌ 건물이 오페된 사찰
정유재란 때 소실되어 인조 때 다시 지은 목조 건물

■ 구례 화엄사 각황전

임진왜란 때 불탄 것을 다시 지은 건물

명칭	이미지	설명
경복궁 근정전		• 경복궁의 정전 • 신하들이 조회를 하거나 공식적인 의식을 치르던 곳
경복궁 경회루		• 연못 안에 만들어진 누각 - 사신 접대 및 연회 장소 • 태종 때 지어짐
덕수궁 중명전		을사늑약이 체결된 곳
덕수궁 석조전		• 대한 제국 시기에 르네상스 양식으로 건립된 서양식 석조 건물 • 1946년에 제1차 미·소 공동 위원회가 열린 장소
사직단		조선 시대에 토지를 관장하는 사신과 곡식을 주관하는 직신에게 제사를 지내던 제단
선농단	-	조선 시대에 국왕이 농사와 관련된 신농씨와 후직씨에게 풍년을 기원하는 제사를 지내던 제단

명칭	이미지	설명
문묘		• 유교의 성인인 공자와 여러 성현들의 위패를 모시고 제사 드리던 곳 • 성균관과 향교에 설치
한양 도성	-	• 수도인 한양을 방어하기 위해 축조된 성곽 • 4대문(흥인지문, 돈의문, 숭례문, 숙정문)과 4소문 및 암문, 수문, 여장, 옹성 등이 방어 시설을 갖추고 있음
동관왕묘		• 중국 촉나라 장수 관우의 제사를 지내던 곳 • 임진왜란 이후에 세워짐
환구단		고종이 황제 즉위식을 거행한 곳
구 러시아 공사관		을미사변 이후 신변에 위협을 느낀 고종이 거처를 옮긴 곳
손탁 호텔		대한 제국 시기에 독일 여성 손탁이 세운 서양식 호텔

15 필수 근대 문물

1883
- 기기창(무기 제조) 설립
- 전환국(화폐), 박문국(출판) 설치
- 한성순보 발행
- 원산 학사 설립

- 서울 명동 성당 건립

- 한성 전기 회사설립
- 황성신문 발간

1884

우정총국 설치

1885

광혜원 설립
- 배재 학당 설립

1886
- 육영 공원 설립
- 이화 학당 설립
- 한성주보 발행

1887

경복궁에 전등 설치

1890

구 러시아 공사관 완공

1896

독립신문 발간

1897

독립문 건립

1898
- 서대문 - 청량리 전차 개통
- 경인선 개통

1899

1900
- 만국 우편 연합 가입
- 한성 전기 회사가 서울에 가로등 설치

1904
- 대한매일신보 발간
- 세브란스 병원 설립

1905

경부선 개통

1906

만세보 발행

1907

운산 학교 설립

1908
- 동양척식 주식회사 설립
- 원각사 설립

1910

덕수궁 석조전 완공

유네스코 세계 문화·자연 유산

현존 해인사 장경판전	팔만대장경을 보관하기 위해 지은 조선 시대 건축물
종묘	조선 시대 왕과 왕비의 신주를 모시고 제사를 지내는 유교 사당
불국사·석굴암	• 불국사: 경덕왕 때 김대성이 불국토를 실현하기 위해 건립 • 석굴암: 경덕왕 때 김대성이 본존불을 모시기 위해 만든 인공 석굴
창덕궁	광해군 때부터 고종 때까지 임금이 정사를 보던 정궁
수원 화성	정조가 건설하려 한 이상 도시로, 군사적·상업적 기능 보유
고인돌 유적	고창·화순·강화 세 지역에 남아 있는 고인돌 고분
경주 역사 유적 지구	경주에 흩어져 있는 신라의 유적을 5개 지구로 분류한 유적 지구
제주 화산섬과 용암 동굴	한라산·성산 일출봉·거문오름 용암 동굴계 등 3개 구역
조선 왕릉	조선의 왕과 왕비 및 추존된 왕의 왕릉의 무덤
한국의 역사 마을 (하회와 양동)	한국의 대표적인 씨족 마을인 안동의 하회 마을과 경주의 양동 마을
남한산성	• 유사 시 임시 수도의 기능을 담당할 수 있게 축조된 산성 도시 • 병자호란 때 인조가 피난한 곳
백제 역사 유적 지구	백제의 옛 수도였던 공주시·부여군과 전도였던 익산시의 역사 유적
산사, 한국의 산지 승원	양산 통도사, 영주 부석사, 안동 봉정사, 보은 법주사, 공주 마곡사, 순천 선암사, 해남 대흥사로 구성된 7곳의 산지 승원
한국의 서원	영주 소수서원, 안동 도산서원, 대구 도동서원, 안동 병산서원, 논산 돈암서원 등으로 구성된 9곳의 서원
한국의 갯벌	서천갯벌(충남 서천), 고창갯벌(전북 고창), 신안갯벌(전남 신안), 보성-순천 갯벌(전남 보성·순천) 등 총 4개로 구성된 연속유산
가야 고분군	김해 대성동 고분군, 함안 말이산 고분군, 합천 옥전 고분군, 고령 지산동 고분군, 고성 송학동 고분군, 창녕 교동과 송현동 고분군, 남원 유곡리와 두락리 고분군 등 7개의 가야 고분군

유네스코 세계 기록유산

『훈민정음(해례본)』	조선 시대 세종과 집현전 학자들이 창제한 문자
『조선왕조실록』	왕의 사후에 춘추관 내에 설치된 실록청에서 사관들이 작성한 『사초』를 기본으로 「시정기」, 「승정원일기」 등을 통합하여 편찬한 편년체 사서
『직지심체요절』	1377년 청주 흥덕사에서 금속 활자로 간행된 현존하는 가장 오래된 금속 활자본
『승정원일기』	조선 시대의 왕명 출납 기관인 승정원의 업무를 기록한 것
『의궤』	• 조선 시대 왕실의 주요 행사를 그림과 글로 남긴 것 • 강화도의 외규장각에서 보관하던 중 병인양요 때 프랑스에게 약탈당함
팔만대장경판	고려 시대에 부처의 힘으로 몽골의 침입을 극복하고자 강화도에서 제작
『동의보감』	광해군 때 허준이 저술한 백과사전식 의서
『일성록』	정조가 세손 시절부터 일기 형식으로 기록한 것
5·18 민주화 운동 기록물	5·18 민주화 운동의 발발과 진압, 이후의 진상 규명 및 보상 등과 관련된 자료를 포함하는 기록물
『난중일기』	이순신 장군이 임진왜란(1592~1598)을 겪으며 저술한 친필 일기
새마을 운동 기록물	새마을 운동에 관한 정부의 행정 문서와 사진, 영상 등의 자료
한국의 유교 책판	조선 시대에 718종의 유교 서책을 간행하기 위해 판각한 책판
KBS특별생방송 '이산 가족을 찾습니다' 기록물	• 남한 내에서 흩어진 이산가족을 찾기 위해 방영된 특별 생방송 • 1983년 KBS에서 방송한 녹화 원본, 업무 수첩 등이 기록물
조선 왕실 어보와 어책	조선 왕실에서 책봉할 때 제작한 어래를 도장이나 어보와 그 교서인 어책
국채 보상 운동 기록물	1907년부터 일어난 국채 보상 운동의 전 과정을 보여주는 기록물
조선 통신사 기록물	총 12회에 걸쳐 파견되었던 조선 통신사에 관한 기록물
4·19 혁명 기록물	4·19 혁명의 전후 과정과 관련된 일체의 기록물
동학 농민 혁명 기록물	1894 ~ 1895년 조선에서 발발한 동학 농민 혁명과 관련된 기록물

17

빈출 지역

1) 한반도 북부

만주(간도)

선사 시대	• 선사 시대 우리 민족의 생활권으로 비파형동검·미송리식 토기 등이 출토됨 • 고조선과 부여의 영역
고대	• 고구려: 광개토 대왕이 확보한 지역, 광개토 대왕릉비 건립, 장군총 조성 • 발해: 발해의 중심 영역
일제 강점기	• 서간도: 경학사, 부민단, 신흥 무관 학교 등 설립 • 북간도: 중광단, 명동 학교, 서전서숙 등 설립 • 봉오동·청산리 전투

원산

근대	• 강화도 조약을 통해 개항 • 원산 학사 설립
일제 강점기	원산 노동자 총파업 전개

평양(서경)

고대	안동 도호부 설치 지역
고려 시대	• 태조가 훈요 10조에서 서경의 중요성 강조 • 묘청의 서경 천도 운동, 조위총의 난, 동녕부 설치
조선 시대	임진왜란 때 조·명 연합군이 평양성 탈환, 유상의 활동 거점
근대	제너럴셔먼호 사건 발생, 대성 학교 설립
일제 강점기	물산 장려 운동 시작(조만식, 조선 물산 장려회 발족)
현대	남북 협상(남북 지도자 회의) 실시, 남북 정상 회담 개최

개성(개경)

고대	궁예가 후고구려 건국[901]
고려 시대	• 고려의 수도 • 만적의 난 발생 • 정몽주가 개성 선죽교에서 이방원에 의해 피살됨
조선 시대	송상의 근거지
현대	개성 공단 설치, 개성 역사 유적 지구가 2013년 유네스코 세계 문화유산에 등재

만주 · 평양 · 원산 · 개성 · 서울 · 강화도 · 공주 · 강진 · 경주 · 진주 · 대구 · 안동 · 울릉도·독도 · 제주 · 동 해 · 황 해

2) 한반도 남부

충주	고대	• 고구려 장수왕이 진출함: 충주 고구려비 • 삼국시대부터 교통의 요지임: 충주 탑평리 칠층 석탑(중앙탑)
	고려 시대	충주 청룡사 보각국사탑
	조선 시대	탄금대 전투(신립, 임진왜란)
울릉도·독도	고대	지증왕 때 이사부가 정벌(우산국)
	조선 시대	• 『세종실록』「지리지」에 우리나라 영토로 기재됨 • 숙종 때 안용복이 일본으로 건너가 우리 땅임을 주장함
	근대	대한 제국 칙령 제41호를 통해 독도가 우리 땅임을 천명, 일본이 러·일 전쟁 중 불법으로 자국 영토에 편입
안동 (고창)	고려 시대	고창 전투, 공민왕의 피난처, 이천동 마애여래 입상, 봉정사 극락전
	조선 시대	도산 서원
진주	조선 시대	진주 대첩(김시민), 임술 농민 봉기
	일제 강점기	조선 형평사(형평 운동) 조직
강진	고려 시대	요세의 백련 결사, 고려 청자(상감 청자)의 주요 생산지 지역
	조선 시대	정약용의 유배지(다산 초당)

강화도	선사 시대	고인돌 유적지
	고려 시대	• 몽골 침입기의 임시 수도, 삼별초의 항쟁 • 팔만대장경 조판, 『상정고금예문』 인쇄
	근대	병인·신미양요, 운요호 사건, 강화도 조약
공주	선사 시대	공주 석장리 유적
	고대	• 백제: 문주왕 때 천도한 백제의 두 번째 수도(웅진), 송산리 고분군 • 통일 신라: 김헌창(웅천주 도독)이 난 발생
	고려 시대	망이·망소이의 난(명학소)
	근대	우금치 전투(동학 농민 운동)
제주도	선사 시대	제주 고산리 유적
	고려 시대	삼별초의 항쟁, 원이 탐라총관부 설치
	조선 시대	벨테브레·하멜 표류, 김만덕의 빈민 구제 활동
	현대	제주 4·3 사건 발생

18

빈출 인물 (고대~조선) 〈빈출 주제 19〉

고대의 인물들

[신라 원효(617~686)]
69·64·60·52·50회 출제
- 일심 사상 강조, 아미타 신앙 강조
- 무애가를 지어 민간에 유포
- 요석 공주와의 사이에서 설총을 출생
- 주요 저술: 『십문화쟁론』, 『대승기신론소』

[신라 의상(625~702)]
69·50회 출제
- 화엄 사상 전파
- 화엄종 개창
- 영주 부석사, 양양 낙산사 건립
- 관음 신앙 강조
- 주요 저술: 『화엄일승법계도』

[신라 최치원(857~?)]
69·67·63·60회 출제
- 6두품 출신 유학자
- 당에 유학하여 빈공과 합격
- 당의 반란군인 황소를 치기 위한 「토황소격문」 저술
- 진성 여왕에게 시무 100여 조 건의
- 주요 저술: 『계원필경』, 『제왕연대력』

[후백제 견훤(867~936)]
69·64·60·54회 출제
- 완산주를 도읍으로 하여 후백제 건국
- 전라도, 충청도 일대 장악
- 중국의 오월·후당과 외교 전개
- 신라를 침략하여 경애왕 살해
- 아들인 신검에 의해 금산사에 유폐되었다가 왕건에게 투항

[후고구려 궁예(?~918)]
69·64·60·54회 출제
- 신라 왕족 출신
- 강원도, 경기도 일대 장악
- 송악을 도읍으로 하여 후고구려 건국
- 도읍을 송악에서 철원으로, 국호를 마진에서 태봉으로 변경
- 국정 총괄 기구인 광평성 설치
- 지나친 조세 수취, 미륵 신앙을 이용한 전제 정치를 전개하다가 신하들에 의해 축출됨

고려의 인물들

[묘청(?~1135)]
52·49회 출제
- 고려 중기의 승려
- 인종에게 서경 천도와 금국 정벌, 칭제 건원을 주장
- 서경 천도 운동이 실패하자 난을 일으킴(묘청의 난)

[의천(1055~1101)]
64·60·58·54회 출제
- 화엄종을 바탕으로 불교 통합 시도
- 국청사 창건, 해동 천태종 창시
- 교관겸수 주장
- 화폐 사용 주장, 『신편제종교장총록』, 교장(속장경) 간행

[지눌(1158~1210)]
69·64·60·54회 출제
- 순천 송광사(수선사)를 중심으로 수선사 결사 운동 전개
- 정혜쌍수, 돈오점수 주장
- 저술: 『권수정혜결사문』

[최충헌(1149~1219)]
66·51·50회 출제
- 사병 조직인 도방 확대
- 명종에게 개혁안인 봉사 10조를 올림
- 교정도감을 설치하고 교정별감의 자리에 오름

[최우(?~1249)]
67·57·48·40회 출제
- 인사 기구인 정방을 설치하고, 문신 숙위 기구인 서방 설치
- 특수군인 삼별초 설치
- 몽골이 침입하자 강화도로 천도

조선의 인물들

■ 삼봉 정도전[1342~1398]
67·66·60·57회 출제
· 조선 건국을 주도한 혁명파 신진 사대부
· 재상 중심의 정치 강조
· 제1차 왕자의 난 때 이방원에게 의해 제거됨
· 주요 저술: 『조선경국전』, 『불씨잡변』

■ 점필재 김종직[1431~1492]
44회 출제
· 영남 출신의 사림파 학자
· 정여창, 김굉필, 김일손 등 양성
· 주요 저술: 「조의제문」(단종의 왕위를 찬탈한 세조를 빗대어 비판하는 내용으로, 이후 무오사화의 원인이 됨)

■ 정암 조광조[1482~1519]
67·66·60·51회 출제
· 중종 때 등용된 사림파 인물
· 현량과 실시, 소격서 폐지 주장
· 위훈 삭제 주장
· 향약을 최초로 시행(여씨 향약)
· 기묘사화로 처형됨

■ 퇴계 이황[1501~1570]
63·49·46·44회 출제
· 주리론 주장, 동인에 영향을 줌
· 백운동 서원을 사액 서원으로 건의
· 도산 서원에서 후학 양성
· 예안 향약 실시
· 주요 저술: 『주자서절요』, 『성학십도』

■ 율곡 이이[1536~1584]
69·61·57·54·48회 출제
· 신사임당의 아들로, 강릉 오죽헌에서 출생
· 주기론 주장
· 해주 향약 실시
· 주요 저술: 『격몽요결』, 『동호문답』, 『성학집요』

■ 성호 이익[1681~1763]
60회 출제
· 조선 후기의 중농학파 실학자
· 한전론(토지 매매의 하한선 설정) 주장
· 나라를 좀먹는 6종의 화폐의 폐단을 지적
· 주요 저술: 『성호사설』, 『곽우록』

■ 다산 정약용[1762~1836]
69·66·60·57·54회 출제
· 조선 후기의 중농학파 실학자
· 여전론(농지 공동 소유) 주장
· 거중기, 주교(배다리) 제작
· 신유박해 때 강진으로 유배됨(다산 초당)
· 주요 저술: 『경세유표』, 『목민심서』, 『흠흠신서』

■ 담헌 홍대용[1731~1783]
69·63·55·54회 출제
· 조선 후기의 중상학파 실학자
· 지전설, 우주 무한론 주장
· 혼천의 제작
· 주요 저술: 『의산문답』, 『임하경륜』, 『담헌집』

■ 연암 박지원[1737~1805]
69·66·61·60·50회 출제
· 조선 후기의 중상학파 실학자
· 한전론(토지 매매시 상한선 설정) 주장
· 연행사를 따라 청에 다녀옴
· 수레·선박·화폐의 필요성 주장
· 주요 저술: 『열하일기』, 『양반전』, 『허생전』

■ 추사 김정희[1786~1856]
69·63·61·58·54회 출제
· 『금석과안록』에서 진흥왕 순수비를 고증함
· 독자적인 서체인 추사체 창안
· 수준 높은 문인화 작품을 남김
· 대표 작품: 세한도

19

빈출 인물 (근대~현대) 〈빈출 주제 3위〉

근대의 인물들

박규수(1807~1876) 3회 출제
- 1807년 박지원의 손자로 출생
- 1862년 임술 농민 봉기 담당 안핵사로 파견
- 1866년 평안도 관찰사 재직 중 대동강을 침략한 미 상선 제너럴셔먼호를 불리침
- 1872년 중국 사행을 다녀온 후 북학을 계승한 개화 사상을 발전시킴

최익현(1833~1906) 67·66·58회 출제
- 1873년 흥선 대원군의 하야와 고종의 친정을 주장하는 상소를 올림
- 1876년 왜양 일체론을 주장하며 개항에 반대
- 1905년 을사의병 거병
- 1906년 체포된 이후 쓰시마 섬에서 순국

주시경(1876~1914) * 호: 한힌샘, 백천 57·52·50회 출제
- 1894년 배재 학당 입학
- 1896년 독립신문 창간 참여
- 1907년 국문 연구소에서 활동
- 1910년 「국어문법」 발간

안중근(1879~1910) 67·66·64·63·60회 출제
- 1907년 국채 보상 운동에 참가
- 1909년 하얼빈에서 이토 히로부미 사살
- 1910년 「동양평화론」 저술, 뤼순 감옥에서 순국

일제 강점기의 인물들

박은식(1859~1925) 69·64·58·52·50회 출제
- 1898년 독립 협회에 가입, 황성신문 주필 담당
- 1925년 대한민국 임시 정부 제2대 대통령 취임
- *저술: 「유교구신론」, 「한국통사」, 「한국독립운동지혈사」

홍범도(1868~1943) 67·66·60회 출제
- 1907년 정미의병 때 평민 의병장으로 활약함
- 1920년 대한 독립군 총사령관으로 봉오동 전투 안 청산리 전투에서 승리
- 1937년 러시아에 의해 중앙아시아로 강제 이주

이승훈(1864~1930) 69회 출제
- 1907년 신민회 가입 후 오산 학교(정주) 설립
- 1919년 3·1 운동 때 민족 대표 33인 중 기독교 대표 활동
- 1924년 동아일보 사장 취임, 민립 대학 설립 추진

이상설(1870~1917) 67·64·63·58·51회 출제
- 1906년 북간도에 서전서숙 설립
- 1907년 헤이그 특사로 파견
- 1914년 대한 광복군 정부의 정통령으로 취임

이회영(1867~1932) 61·60·58회 출제
- 1907년 신민회 조직
- 1910년 한일 병합 이후 전 재산을 정리해 서간도로 이주
- 1911년 경학사, 신흥 강습소 설립

이동휘(1873~1935) 61·60·52회 출제
- 1907년 신민회 참여
- 1908년 서북학회 창립
- 1914년 대한 광복군 정부 부통령 취임
- 1919년 대한민국 임시 정부 국무총리 취임

안창호[1878~1938] 64·52·49·47·43회 출제
1907년 신민회 조직
1908년 대성 학교(평양) 설립
1910년 미국에서 대한인 국민회 조직
1913년 미국에서 흥사단 조직

신채호[1880~1936] 67·64·60·51·50·49회 출제
1907년 신민회 조직
1919년 대한민국 임시 정부에서 활동
1923년 「조선혁명선언」 발표
*저술: 「독사신론」, 「조선사연구초」, 「조선상고사」

조소앙[1887~1958] 49·46회 출제
1918년 무오 독립 선언서 작성
1930년 김구·안창호 등과 함께 한국 독립당 창당
삼균주의 제창
1934년 임시 정부 건국 강령의 이론적 기초 마련
[1941년 임시 정부가 건국 강령 발표]

지청천[1888~1957] 58·44회 출제
1919년 신흥 무관 학교에서 독립군 양성
1920년 대한 독립 군단에 참여
1932년 한국 독립군 총사령관으로 쌍성보 전투에서 승리
1940년 한국광복군 총사령관에 취임

김좌진[1889~1930] 63·58회 출제
1916년 대한 광복회에서 활동
1919년 북로 군정서 군대에 취임
1920년 청산리 전투에서 승리, 대한 독립 군단 결성
1925년 신민부 결성

양세봉[1896~1934] 58회 출제
1923년 육군 주만 참의부 소대장에 취임
1929년 국민부에서 활동
1932년 조선 혁명군 총사령관으로 영릉가 전투에서 승리
1933년 흥경성 전투에서 승리

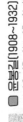

김원봉[1898~1958] 67·64·48회 출제
1919년 만주 지린에서 의열단 조직
1935년 중국 관내에서 민족 혁명당 창설
1938년 조선 의용대 창설
1942년 한국광복군에 합류
1948년 남북 협상 때 월북

이봉창[1900~1932] 64·52·48·44·43회 출제
1931년 한인 애국단 가입
1932년 일본 도쿄에서 일왕에게 폭탄 투척

윤봉길[1908~1932] 67·64·63·61·54회 출제
1926년 농촌 계몽 활동 전개
1931년 한인 애국단 가입
1932년 상하이 훙커우 공원에서 열린 일본군의 상하이 점령 기념식에서 폭탄을 투척해 일본인 고관 사살

현대의 인물들

이승만[1875~1965] 69·63·50회 출제
1919년 대한민국 임시 정부 초대 대통령
1946년 정읍 발언(단독 정부 수립 주장)
1948년 대한민국 초대 대통령 취임
1960년 4·19 혁명으로 하야

김구[1876~1949] 63·49·41회 출제
1893년 동학에 가입
1931년 한인 애국단 조직
1940년 대한민국 임시 정부 주석에 취임
1945년 신탁 통치 반대 운동 전개
1948년 남북 협상 주도

김규식[1881~1950] 69·64·52·51·50회 출제
1919년 파리 강화 회의에 한국 대표로 참석
1944년 대한민국 임시 정부 부주석에 취임
1946년 여운형과 함께 좌·우 합작 위원회 조직
1948년 남북 협상에 참여

여운형[1886~1947] 69·60·58·52·49회 출제
1918년 신한청년당 결성
1944년 조선 건국 동맹 조직
1945년 조선 건국 준비 위원회 조직
1946년 좌·우 합작 위원회 조직
1947년 서울 혜화동에서 피살

근대의 구국 운동 단체

단체	설립	활동	해산
독립 협회	서재필, 윤치호 등이 주도하여 설립[1896]	• 만민 공동회, 관민 공동회 개최 • 헌의 6조 결의, 중추원 관제 반포 • 독립신문 발행 • 러시아의 절영도 조차 요구를 저지함	보수 세력이 독립 협회를 모함하는 익명서를 퍼뜨림 → 고종이 황국 협회와 군대를 동원하여 강제 해산시킴
보안회	원세성, 송수만 등이 결성[1904]	일본의 황무지 개간권 요구 저지	일본이 압력으로 해산됨
대한 자강회	장지연을 중심으로 설립[1906]	지회를 설치하고 월보를 간행함	고종의 강제 퇴위 반대 운동을 주도하다 해산됨
신민회	안창호, 신채호, 양기탁 등이 주도하여 조직한 비밀 결사 단체[1907]	• 민족 교육을 위해 대성 학교(평양), 오산 학교(정주) 설립 • 자기 회사, 태극 서관 설립 • 서간도 삼원보에 독립 운동 기지 건설, 신흥 강습소 설립	일제가 조작한 105인 사건으로 해산됨

일제 강점기의 국내 활동 단체

단체	설립	활동
독립 의군부	고종의 밀명으로 임병찬이 조직[1912]	• 복벽주의(왕정 복고)를 내세움 • 조선 총독부와 일본 정부에 국권 반환 요구서를 보내려다 실패함
대한 광복회	박상진 등이 대구에서 조직[1915]	• 국권 회복과 공화 정체의 국민 국가 수립을 목표로 함 • 군자금 모금 활동을 전개하며 친일파 처단
천도교 소년회	방정환, 김기전 등이 결성[1921]	• 소년 운동 전개 • 어린이날을 제정하고 잡지 『어린이』를 간행함
신간회	비타협적 민족주의 계열과 사회주의 계열이 연합하여 설립[1927]	• 강령: 민족의 정치적·경제적·사회적 각성, 민족 대단결, 기회주의 배격 • 원산 노동자 총파업 지원 • 광주 학생 항일 운동에 진상 조사단 파견, 민중 대회를 계획하였으나 무산됨
근우회	신간회의 자매 단체로 설립[1927]	• 강연회와 토론회를 열어 여성 의식 계몽 운동 전개 • 기관지인 『근우』 발행

일제 강점기의 국외 활동 단체

단체	조직	활동
대한 독립군	홍범도를 사령관으로 하여 만주에서 조직(1919)	봉오동 전투, 청산리 전투에서 승리 → 청산리 전투 이후 대한 독립 군단에 합류
북로 군정서	• 서일 등 대종교인들을 중심으로 이루어진 중광단이 확대·개편되어 조직(1919) • 사령관으로 김좌진, 교관으로 이범석 등이 참여	청산리 전투에서 승리한 이후 대한 독립 군단에 합류
의열단	김원봉, 윤세주 등이 중심이 되어 만주 지린(길림)에서 결성(1919)	• 신채호의 「조선혁명선언」을 활동 지침으로 삼음 • 의거 활동: 부산 경찰서(박재혁), 조선 총독부(김익상), 종로 경찰서(김상옥), 동양 척식 주식회사와 조선 식산 은행(나석주)에 폭탄 투척
대한 독립 군단	봉오동·청산리 전투 이후 일제의 업력이 거세지자, 밀산부에 집결한 독립군 부대들이 서일을 총재로 하여 편성함(1920)	소련 지유시로 이동하여 내전에 참여하였으나 무장 해제 과정에서 희생당함(자유시 참변)
한인 애국단	김구가 국민 (대표) 회의 이후 침체된 임시 정부에 활기를 불어넣기 위해 상하이에서 조직(1931)	• 이봉창: 도쿄에서 일왕이 마차에 폭탄 투척 • 윤봉길: 상하이 훙커우 공원에서 열린 일본의 승전 기념식에서 폭탄을 던져 고관들을 살상
조선 혁명군	• 남만주 국민부의 산하 군대로 조직(1929) • 총사령관: 양세봉	중국 의용군과 연합하여 영릉가·흥경성 전투 등에서 승리
한국 독립군	• 북만주 혁신 의회의 산하 군대로 조직(1931) • 총사령관: 지청천	중국 호로군 등과 연합 작전을 수행하여 쌍성보·대전자령·사도하자 전투 등에서 승리
조선 의용대	• 중국 관내에서 조직된 최초의 한인 부대(1938) • 김원봉이 조선 민족 전선 연맹이 산하 군대로 조직	• 중국군과 연합하여 정보 수집, 포로 심문 수행 • 일부는 중국 화북 지방으로 이동하고 김원봉 등은 한국광복군에 합류
한국광복군	• 대한민국 임시 정부가 충칭에서 창설(1940) • 총사령관: 지청천	• 태평양 전쟁(1941)이 발발하자, 대일 선전 포고 후 연합군의 일원으로 참전 • 미얀마·인도 전선에서 영국군과 연합 작전 수행 • 미국 전략 정보국(OSS)의 도움을 받아 국내 진공 작전을 계획하였으나 실행하지 못함

해커스 한국사능력검정시험 한권완성 기출 500제 기본

세시 풍속	날짜	특징	세시 풍속	날짜	특징
설날	음력 1월 1일	• 한 해의 시작인 음력 정월 초하루를 일가 친척과 보냄 • 조상에게 차례·성묘하고, 윷놀이·널뛰기 등을 즐김 • 삼재에 해당하는 사람은 집 안 문설주에다 매 3마리를 그려서 액운을 막음	칠석	음력 7월 7일	• 헤어져 있던 견우와 직녀가 지내가 만나는 날 • 여인들이 바늘을 찌는 직녀별을 보며 바느질 솜씨가 늘기를 기원 • 의복과 서적 말리기, 시짓기, 칠석제 등을 지냄 • 밀전병, 호박전 등을 만들어 먹음
대보름	음력 1월 15일	• 가장 큰 보름이라는 뜻 • 줄다리기, 놋다리밟기, 차전놀이, 석전, 부럼깨기, 달집태우기 등을 즐김 • 귀밝이술, 오곡밥, 묵은 나물, 부럼 등을 먹음	백중	음력 7월 15일	• 농민들이 음식과 술을 나누어 머으며 휴식을 취하는 날 • 동네 머슴들을 하루 쉬게 하고 돈을 주어 즐기게 하였는데, 여기에서 백중장이 유래함 • 백중놀이, 씨름, 호미걸이 등을 지냄
삼짇날	음력 3월 3일	• 강남 갔던 제비가 돌아온다는 날 • 각시놀음, 활쏘기 대회 등을 함 • 진달래 꽃을 따다가 화전을 만들어 먹음 • 녹두 가루로 만든 면에 오미자 국물을 띄워 만든 화면들을 먹음	추석	음력 8월 15일	• 우리나라의 대표적인 명절로 중추절, 가배, 한가위라고도 불림 • 새로 수확한 곡식과 과실로 차례를 지내고 햇쌀로 송편을 만들어 먹음 • 줄다리기, 씨름, 강강술래 등을 즐김
한식	양력 4월 5~6일경	• 동지로부터 105일째 되는 날 • 불을 금하고 찬 음식을 먹음 • 종묘와 각 능에 제향을 하고, 민간에서는 차례를 지내고 성묘를 함	입동	양력 11월 7~8일경	• 24절기 중 열아홉 번째 절기로, 겨울이 시작된다는 의미를 갖고 있음 • 겨울을 나기 위한 김장 담그기와 어르신의 보양을 위한 치계미를 만들기도 함
단오	음력 5월 5일	• 수릿날, 천중절 등으로 불림 • 창포 물에 머리를 감고, 창포 뿌리를 깎아 비녀를 만듦 • 씨름, 널뛰기, 그네뛰기, 송파산대놀이, 석전 등을 즐김 • 수리취떡이나 앵두로 만든 화채 등을 만들어 먹음	동지	양력 12월 22일경	• 1년 중 밤이 가장 긴 날 • 작은 설이라고도 부름 • 팥죽을 쑤어 먹고, 집 안 곳곳에 팥죽을 뿌려 액을 막고 잡귀를 물리침
유두	음력 6월 15일	• 동쪽으로 흐르는 물에 머리를 감아 액운을 씻는 날 • 밀쌀 가루를 쪄서 구슬같이 만든 다음 꿀물에 넣어 먹는 수단을 즐김	섣달 그믐	음력 12월 30일	• 음력으로 한 해의 마지막 날 • 제석, 눈셋 세는 날이라고도 불림 • 새벽닭에 닭이 올 때까지 잠을 자지 않고 새해를 맞이함(수세) • 일가 친척을 방문해 묵은 세배를 함